Bürgerkrieg um Worte

Georgij Kisewalter, Ein Blinder bittet einen Papageien um Almosen (1988),
Ausschnitt. Die Texte der vier Sprechblasen lauten:
„Und wo bleibt unsere nationale Schule?",
„Ich verstehe nicht, was der Autor sagen wollte",
„Das Thema ist nicht mehr aktuell, und überhaupt ist das keine Malerei",
„Hier ist die Dekadenz des Postmodernismus eindeutig zu erkennen"

Birgit Menzel

Bürgerkrieg um Worte

Die russische Literaturkritik
der Perestrojka

2001

BÖHLAU VERLAG KÖLN WEIMAR WIEN

Als Habilitationsschrift auf Empfehlung der Philosophischen Fakultät der
Universität Rostock gedruckt mit Unterstützung der Deutschen
Forschungsgemeinschaft

Die Deutsche Bibliothek – CIP-Einheitsaufnahme

Menzel, Birgit:
Bürgerkrieg um Worte: die russische Literaturkritik
der Perestrojka / Birgit Menzel. –
Köln ; Weimar ; Wien : Böhlau, 2001
Zugl.: Rostock, Univ., Habil.-Schr., 1997
ISBN 3-412-06500-5

Umschlagabbildungen:
Vorne: Grigori Bruskin, Fundamentales Lexikon (Ausschnitt), 1987
Hinten: Georgij Kisewalter, Ein Blinder bittet einen Papageien um Almosen
(Ausschnitte), 1988

Druck und Buchbinder: MVR Druck GmbH, Brühl
Gedruckt auf chlor- und säurefreiem Papier
Printed in Germany
ISBN 3-412-06500-5

Für Max

Vorbemerkung

Die Arbeit an diesem Buch begann 1992 im Rahmen des Graduierten-kollegs „Umwandlungsprozesse der gesellschaftlichen Systeme in Ost- und Südosteuropa seit den 80er Jahren und ihre historischen Voraussetzungen" am Osteuropa-Institut der Freien Universität Berlin und wurde 1996 abgeschlossen. 1997 wurde sie als Habilitationsschrift an der Universität Rostock angenommen.

An der Entstehung sind viele Menschen mit ihren Ideen, kritischen Anmerkungen und Diskussionsbeiträgen beteiligt. Sie können unmöglich alle hier genannt werden. Einigen möchte ich allerdings an dieser Stelle meinen besonderen Dank sagen: Prof. Witold Kośny, Aleksandr Archangel'skij (Moskau), Marina Koreneva (St. Petersburg), Barbara Schweizerhof und Markus Wehner für ihr gnadenloses Lektorat, Rosalinde Sartorti, den beiden Gutachtern Prof. em. K.-D. Seemann und Prof. em. Karlheiz Kasper, Britta Scholze und Clemens Friedrich für ihre Beratung bei den philosophischen Aspekten, den TeilnehmerInnen des Berliner Colloquiums und den TeilnehmerInnen der Forschungsgruppe zum Glossarium SozRealismus in Bielefeld, vor allem Evgenij Dobrenko, Hans Günther, Katerina Clark und Marina Balina. Wissenschaft lebt nun einmal davon, daß man Gedanken neu kombiniert und weiterdenkt, an denen andere das Urheberrecht besitzen. Und wie viele Kochbücher sie auch befragt haben mag – für das Gericht, das sie serviert, trägt allein die Autorin die Verantwortung.

Vor der Drucklegung wurde das Manuskript in Bezug auf relevante Neuveröffentlichungen der behandelten Kritiker und auf den Forschungsstand von Anfang 2000 aktualisiert. Die Entstehung und Publikation des Buches wurde ermöglicht durch die großzügige Finanzierung der Deutschen Forschungsgemeinschaft.

Inhaltsverzeichnis

Einleitung

Der seit Mitte der 1980er Jahre in Rußland eingeleitete Transformations-
prozeß hat einen grundlegenden Wandel im Literatursystem ausgelöst,
dessen Wurzeln weit hinter das Jahr 1917 zurück bis in die erste Hälfte
des 19. Jhs. hineinreichen. Die Literaturkritik nimmt in diesem Prozeß
eine Schlüsselposition ein, da in ihr alle Veränderungen in der Literatur
und darüber hinaus wesentliche kulturelle und gesellschaftliche Probleme
reflektiert werden. An ihrer Situation und ihren Diskussionen zeigen sich
auch die weitreichenden geistigen und sozialen Umschichtungen, denen
die russische Intelligenz heute unterworfen ist. Dieses Buch bietet ein
Gesamtbild der russischen Literaturkritik zwischen 1986 und 1993 und
läßt sich von der Frage leiten, ob die Literaturkritik den Prozeß der
Transformation befördert oder inwieweit sie eher zu seiner Verzögerung
beigetragen hat. Transformation wird dabei als Entstaatlichung der Literatur in bezug auf die Institutionen wie auch auf das Bewußtsein verstanden, also das Akzeptieren ihrer Autonomie, ihre Entideologisierung, Pluralität als unumkehrbare Existenzform bei garantiertem freien Zugang
aller potentiellen Rezipienten zu allen literarischen Produktionen, sowie
freier Äußerungs- und Publikationsmöglichkeit.

Für eine solche Untersuchung stellen sich mehrere Probleme. Auch
wenn die Perestrojka heute eine abgeschlossene Periode ist, haben wir es
doch mit einer historisch offenen, sich verändernden Situation zu tun.
Umso wichtiger erscheint es allerdings, die Anfänge des Umbruchs zu
dokumentieren und in den historischen Kontext einzuordnen, da sich in
dieser Zeit alle weiterwirkenden Probleme in konzentrierter Form stellten. Unumgänglich ist auch, daß in eine „Kritik der Kritik", die noch dazu einer aktuellen Situation gilt, eigene Wertungen mit eingehen. Um jedoch eine allzu große Nähe zum Gegenstand zu vermeiden, geht es hier
zunächst um eine möglichst genaue Beschreibung der Entwicklung. Das
methodische Vorgehen wird reflektiert und begründet, und eigene Wertungen werden, wo immer sie auftreten, transparent gemacht.

Ein Schwerpunkt liegt auf der Analyse der soziologischen und ko m-
munikativen Bedingungen der Literaturkritik und auf dem Wandel der
Institutionen – Medien, Zensur und Verbände. Dabei stehen zum einen
die Kritiker als Akteure und Textproduzenten, zum anderen die sogenannten dicken Zeitschriften als wichtigstes Publikationsmedium der rus-

sischen Kritik im Mittelpunkt. Darstellungsformen, Konventionen und Genres der Literaturkritik und deren Aussagekraft für ihren Funktionswandel werden am Beispiel der Zeitschrift „Znamja" erörtert. Ein weiterer Schwerpunkt liegt auf dem literarischen bzw. ideologischen Normengefüge, auf der Entwicklung der Denk- und Wertungsmuster, die anhand von zwei exemplarischen Diskussionen vorgestellt werden.

Für die Untersuchung wurden die wichtigsten dicken Zeitschriften systematisch ausgewertet: „Znamja", „Novyj mir", „Oktjabr'", „Družba narodov", „Zvezda", „Naš sovremennik" und „Moskva". Eine Reihe weiterer Zeitschriften wurde kursorisch herangezogen sowie die wichtigsten Tages- und Wochenzeitungen. Informationen über die Kritiker habe ich durch persönliche Interviews und empirische Recherchen, sowie durch eine schriftliche Umfrage an dreißig Literaturkritiker in Moskau, St. Petersburg und einigen anderen Städten, ermittelt.[1] Zitate sind durchgängig in deutscher Übersetzung wiedergegeben. Nur wenn sie als Belege für stilistische oder rhetorische Merkmale dienen, ist daneben auch das russische Original zitiert, das bei längeren Zitaten der Lesbarkeit wegen in kyrillischer Schrift, ansonsten in Transliteration wiedergegeben ist.

Forschungssituation

„In keinem Land der Welt findet man eine solche Fülle an Forschungen zur Literaturkritik und einzelnen Kritikern wie bei uns,"[2]

stellte Egorov 1980 fest. Tatsächlich gibt es zur *Geschichte der russischen Literaturkritik* in der sowjetischen Historiographie eine Vielzahl von Untersuchungen. Aber fast alle diese Forschungen sind von der jahrzehntelangen ideologischen Polarisierung geprägt, folglich in ihrer Per-

---

1   Die Umfrage orientierte sich an P. GLOTZ: Buchkritik in deutschen Zeitungen, Hamburg 1968. Sowohl die sozialökonomische Dimension der Analyse dieser im Fach Publizistik entstandenen Dissertation als auch die Auseinandersetzung mit verschiedenen seinerzeit heftig umstrittenen kulturtheoretischen Ansätzen, wie z.B. der Frankfurter Schule, und nicht zuletzt die vergleichende Betrachtung unterschiedlicher nationaler Literaturkritiken, wie der deutschen und amerikanischen, machten diese Studie für die Übertragung auf russische Verhältnisse anregend.

2   B. F. EGOROV: O masterstve literaturnoj kritiki. Žanry. Kompozicija. Stil', L 1980, S. 7.

spektive, Gewichtung und Bewertung einseitig und wenig zuverlässig.[3] Überblicksdarstellungen, wie die von Kulešov, Mordovčenko und Muromskij und auch die zweibändige „Istorija russkoj kritiki" von Gorodeckij,[4] bieten zwar außerordentlich detailreiches Material, leiden aber durchweg an einer schematischen Vereinfachung der Geschichte im Sinne statischer Positionsbeschreibungen oder Epochenabfolgen und sind wenig problemorientiert. Auch die Untersuchungen von B. Egorov, besonders „Bor'ba ėstetičeskich idej v Rossii serediny XIX veka" und „Bor'ba ėstetičeskich idej v Rossii v 1860-ch godov"[5], zeichnen sich durch Materialfülle aus, sind ideengeschichtlich ausgerichtet und insgesamt mehr sach- als problemorientiert. Sie heben sich aber insofern von den übrigen ab, als sie unterdrückten Traditionen und Kritikern mehr Gewicht geben und die Kritik von verschiedenen Seiten aus untersuchen.

Ähnliches gilt für einschlägige russische Untersuchungen zur Geschichte des Journalismus, wie „Očerki po istorii russkoj žurnalistiki i kritiki", und zu den Literaturzeitschriften, wie Vacuro/Gilell'son.[6]

Trotz der quantitativen Fülle gibt es keine einschlägigen ideologiekritischen Forschungen. Folglich muß man sich weiterhin auf Überblicksdarstellungen und Monographien stützen. Städtkes Monographie „Ästhetisches Denken in Rußland" von 1978 bietet als erste Studie mit einem sozial- und funktionsgeschichtlichen Ansatz methodologisch bis heute

---

3 Ein Beispiel ist die Einstellung zur vormarxistischen Literaturkritik der „Narodniki". N. K. Michajlovskij, zu Lebzeiten außerordentlich populär, wurde in den zwanziger Jahren aufgrund widersprüchlicher Einschätzungen Lenins ediert und erforscht. In der Stalinzeit geriet er dann allerdings als Antimarxist in Verruf, wurde während des Tauwetters als Vorläufer des Liberalismus wieder ausgegraben, nur um in den darauffolgenden Jahren der sogenannten Stagnation wiederum mit dem Bann der Vergessenheit belegt zu werden. Nach 1986 wurde Michajlovskij nunmehr von verschiedenen Seiten in eine negative Reihe der Wegbereiter des Bolschewismus und der Revolution gestellt. Vgl. hierzu M. G. PETROVA/V. G. CHOROS: Dialog o Michajlovskom, in: N. K. Michajlovskij: Literaturnaja kritika, S. 6-47.

4 V. I. KULEŠOV: Istorija russkoj kritiki XVIII, XIV vv. 2. izd., M. 1978; N. MORDOVČENKO: Russkaja kritika v pervoj četverti 19-go veka, M 1959; 2. Aufl. 1966; V. P. MUROMSKIJ: Russkaja sovetskaja literaturnaja kritika (Voprosy istorii, teorii, metodologii), L 1985, Istorija russkoj kritiki, otv. red. B. P. Gorodeckij, M-L 1958.

5 B. F. EGOROV: Bor'ba ėstetičeskich idej v Rossii serediny XIX veka (1848-1861), L 1982. DERS.: Bor'ba ėstetičeskich idej v Rossii 1860-ch godov, L 1991.

6 Očerki po istorii russkoj žurnalistiki i kritiki, L 1950; V. Ė. VACURO/M. I. GILELL'SON: Skvoz' „umstvennye plotiny". Očerki o knigach i presse puškinskoj pory, M 1986.

eine Orientierung.[7] Städtke geht davon aus, daß man „das Verhältnis von sozialer Determiniertheit, Textstruktur und ästhetischer Qualität", sozialökonomische wie auch institutionelle Aspekte im Zusammenhang betrachten muß. Aber das von ihm ausgebreitete Material basiert größtenteils auf Informationen aus zweiter Hand, also auf ihrerseits bereits selektiv aufgearbeiteten sowjetischen Forschungen.

Von westlicher Seite gibt es zwei Überblicksdarstellungen zur Geschichte der russischen Literaturkritik: Welleks universalgeschichtlich angelegtes Standardwerk „A History of Modern Criticism"[8] geht ausführlich auf die russische Kritik ein und regt eine sehr wünschenswerte komparatistische Betrachtungsweise an, die leider bis heute nicht weiter aufgegriffen worden ist. Aber sein Buch ist, beeinflußt von der in der amerikanischen Literaturwissenschaft seinerzeit vorherrschenden Tradition des „New Criticism", eine reine Ideengeschichte und bleibt in seinen Wertpositionen in modernistischen Konventionen befangen. Das Buch „Russian Literary Criticism" von Stacy[9] geht, teilweise sehr oberflächlich kompiliert, auch seiner Intention nach über einen ersten informativen Eindruck nicht hinaus.

Auch die Forschungen zu einzelnen Kritikern und Strömungen der vorrevolutionären Epochen – sowjetische wie westliche – sind sehr ungleichgewichtig und in ihrer Auswahl und Gewichtung von der erwähnten Polarisierung geprägt. Dies gilt für die sowjetischen wie auch für die westlichen. Am wenigsten bearbeitet ist bisher die Literaturkritik der symbolistischen Epoche. Rabinowitz stellte 1991 fest:

> Of all the facets of literary endeavour (devoted to the decade of Russian modernism), criticism and journalism (...) have suffered the greatest scholarly neglect; they remain among the darkest corners in our understanding of Russian symbolism.[10]

Während etwa die sowjetische Belinskij-Forschung alle Widersprüche zudeckt und einseitig auf dessen Spätwerk wie auch auf den Realismus fixiert ist, woran auch Vorstöße einzelner Spezialisten in den siebziger

---

7   K. STÄDTKE: Ästhetisches Denken in Rußland. Kultursituation und Literaturkritik, Berlin 1978.
8   R. WELLEK: A History of Literary Criticism, 1750-1950, New Haven/London 1966; dt.: Geschichte der Literaturkritik (4 Bde), Berlin 1959-1960.
9   R. H. STACY: Russian Literary Criticism. A Short History, Syracuse/N.Y. 1974.
10 S. J. RABINOWITZ: A Room of His Own: The Life and Work of Akim Volynskii, in: RUSSIAN REVIEW 50 (1991) 3, S. 289-309, hier S. 290.

Jahren nichts ändern konnten,[11] konzentrieren sich die einschlägigen westlichen Belinskij-Monographien von Fasting, Terras und Randall[12] nur auf den Ideengehalt seiner Schriften, auf die Einflüsse durch die westeuropäische Philosophie, und bewerten Belinskijs Eigenständigkeit, seinen Stil und seine Schreibweise entsprechend skeptisch bis negativ. Einige von ihnen, besonders Terras, erleichtern allerdings durch ihre zahlreichen Quellenverweise einen Einstieg in weitere Forschungen. Monographien zu Literaturkritikern des 19. Jhs., wie Lehmann zu Grigor'ev, Brojde und Shulak zu Družinin, Koepnick zu Bulgarin und Greč, Gerstein zu Strachov und Spengler zu Merežkovskij,[13] sind ausschließlich ideengeschichtlich orientiert und stehen ganz im Rahmen der traditionellen Einflußforschung. Neue Ansätze sind allerdings in einigen jüngst erschienenen Studien der 90er Jahre besonders über Pisarev (Pozefsky, Kondakov), Černyševskij (Paperno), Bulgarin (Akimova, Thumin) und Grigor'ev (Nosov, Dowler) zu finden.[14]

---

[11] Kontroversen über die Mängel der Belinskij-Forschung gab es immer wieder. Eine über das Erbe der revolutionär-demokratischen Kritiker 1973-1974 geführte Auseinandersetzung ist dokumentiert bei A. M. BROJDE: K polemike o Belinskom v sovetskom literaturovedenii, in: SVANTEVIT (1975) 1, S. 43-55.

[12] S. FASTING: V. G. Belinskij. Die Entwicklung seiner Literaturtheorie, Bergen/Oslo 1972; V. TERRAS: Belinskij and Russian Literary Criticism, Madison/Wisc. 1974; F. RANDALL: Vissarion Belinskii, Newtonville 1987; H. E. BOWMAN: V. Belinski 1811-1848. A study in the origin of Social Criticism in Russia, Cambridge 1954; T. PROCTOR: Dostoevski and the Belinski school of Literary Criticism, Mouton 1969.

[13] J. LEHMANN: Der Einfluß der Philosophie des deutschen Idealismus in der russischen Literaturkritik des 19. Jahrhunderts. Die „organische Kritik" Apollon Grigor'evs, Heidelberg 1975; A. BROJDE: A. V. Družinin. Žižn' i tvorčestvo, Copenhagen 1986; H. S. SHULAK: Aleksander Druzhinin an his place in Russian criticism, Berkeley 1967; T. KOEPNICK: The journalistic careers of F. V. Bulgarin and N. I. Grech: Publicism and politics in Tsarist Russia, 1812-1859, Ann Arbor 1976; L. GERSTEIN: Nikolai Strakhov, Cambridge/Mass. 1971; U. SPENGLER: Merežkovskij als Literaturkritiker, Luzern/ Frankfurt 1972.

[14] P. C. POZEFSKY: Dmitrii Pisarev and the nihilistic imagination. Social and psychological sources of Russian radicalism (1860-1868), Ann Arbor 1993; I. KONDAKOV (Hg.): D. I. Pisarev. Issledovanija i materialy, M 1995; I. PAPERNO: Chernyshevsky and the Age of Realism, Stanford 1988; N. N. AKIMOVA: Bulgarin i Gogol', in: RL (1996) 2, S. 3-22; 3, S. 3-18; D. A. THUMIN: In the Spirit of the Government. Faddei Bulgarin and the Formation of the „Middle Class" in Russia, 1789-1859, Cambridge/Mass. 1995; S. NOSOV: Apollon Grigor'ev, M 1990; W. DOWLER: An unnecessary Man. The Life of Apollon Grigorev, Toronto 1995.

Zukünftige Historiker der Literaturkritik werden im übrigen in Bezug auf Methode und Material auch auf einige neuere literatursoziologische Untersuchungen zum literarischen Leben bzw. zur Professionalisierung (Todd, Kiely)[15] und zu Literaturzeitschriften in Rußland zurückgreifen können.

Seit der Wende um 1989/90 haben sich die Voraussetzungen für die Erforschung der vorrevolutionären Literaturkritik durch neue textkritische Ausgaben erheblich verbessert.[16] Seitdem gibt es Tendenzen, die unter dem Eindruck der Perestrojka frühere Mängel der sowjetischen Forschung mit umgekehrtem Vorzeichen fortsetzen,[17] aber auch einzelne Studien, die von einer weniger ideologisch verzerrten Aufarbeitung der Geschichte zeugen.[18]

Die neueste Untersuchung zur Literaturtheorie und –kritik des 18./19. Jahrhunderts hat Murašov[19] 1993 unter dem Titel „Jenseits der Mimesis" vorgelegt. Diese Studie zeigt erstmals den Zusammenhang von theoretischem Konzept, Ideengehalt und Schreibweise der russischen Literaturkritik auf und analysiert die spezifische Form russischer Literaturkritik als Modell kultureller Selbstbeschreibung. Auch diese Arbeit erscheint allerdings in vielen Aspekten problematisch, zum Beispiel indem sie nicht zwischen Literaturtheorie und Literaturkritik unterscheidet. Ausschließlich auf die Literaturtheorie beschränkt, betrachtet Murašov Belinskijs Werk isoliert von jeglicher historisch-konkreten Kommunika-

---

15 W. M. TODD (Hg.): Literature and Society in Imperial Russia 1800-1914, Stanford 1978; DERS.: Fiction and Society in the Age of Pushkin. Ideology, Institutions, and Narrative, Cambridge/London 1986; T. J. KIELY: The Professionalization of Russian Literature. A Case Study of V. Senkovskij, V. Odoevskij et al., Ann Arbor 1998. Angaben über Untersuchungen zu Literaturzeitschriften s. im Kap. 5.2 zur historischen Rolle der literarischen Monatszeitschriften.

16 Vgl. Kap. 2.2 Fn 17.

17 Novye Tendencii v razvitii sovetskoj literatury i kritiki. Sbornik obzorov, M 1989.

18 RUSSKAJA LITERATURNAJA KRITIKA. Istoričeskie i teoretičeskie podchody. Mežvuzovskij sbornik naučnych trudov, Saratov 1991; I. KONDAKOV: Razdvoenie edinogo (Dve linii v razvitii russkoj kul'tury), in: VL (1991) 7, S. 38-83; DERS.: Pokušenie na literaturu (O bor'be „literaturnoj kritiki" s literaturoj v russkoj kul'ture), in: VL (1992) 2, S. 75-127; DERS.: Pered strašnym vyborom, in: VL (1993) 6, S. 72-121; DERS.: „Populjarizator otricatel'nych doktrin" („Fenomen Pisareva" i èstetika russkogo radikalizma), in: VL (1995) 5, S. 171-210.

19 J. MURAŠOV: Jenseits der Mimesis. Russische Literaturtheorie im 18. und 19. Jh von M. V. Lomonosov zu V. G. Belinskij, München 1993. Auch DERS.: Die ästhetische Entgrenzung des Begriffs. Zu V. G. Belinskijs früher Literaturtheorie, in: ZFSL 37 (1992) 2, S. 184-196.

tionssituation, was gerade der Literaturkritik nicht gerecht werden kann, und konzentriert sich zudem nur auf einen äußerst schmalen Textkorpus aus dessen Frühwerk. Dennoch hat er mit dem Synkretismus in Belinskijs Werk und dessen kulturhistorischen Voraussetzungen einen Aspekt der russischen Literaturkritik herausgearbeitet, der mir für deren nationale Eigenart und auch in der hier interessierenden Gegenwart außerordentlich bedeutsam erscheint.

Noch unbefriedigender als zum 19. Jh. ist der Forschungsstand zur Literaturkritik im 20. Jh. Zwar gibt es von sowjetischer Seite eine Reihe von Materialsammlungen und Dokumentationen,[20] aber auffallend wenige Monographien und bisher keinerlei analytische Studien oder historische Darstellungen. Dies ist teils auf die ideologischen Schranken, teils aber auch auf mangelndes theoretisches bzw. kommunikationssoziologisches Instrumentarium zurückzuführen.

Zwar kann das literarische Leben der zwanziger Jahre allgemein und in bezug auf einzelne Gruppierungen und die literaturpolitische Entwicklung als gut erforscht gelten. Aber wenn man von der ausgezeichneten Studie von Hankin (1953) zur Literaturwissenschaft und –kritik der Nachkriegszeit und einigen neueren Texteditionen, besonders der von Hiersche und Kowalski (1990),[21] absieht, gibt es bisher kaum Forschungen über die sowjetische Literaturkritik noch über die Kritik in den verschiedenen Zentren der Emigration. In bezug auf die dreißiger bis fünfziger Jahre wie auch auf die Periode nach Stalins Tod hat sich allerdings in jüngster Zeit von westlicher Seite aus die Forschungslage durch einige Monographien und Einzelstudien zur Literaturkritik oder -politik sowie durch eine Reihe von rezeptionsgeschichtlichen Arbeiten und Untersuchungen zum literarischen Leben wie auch zum sozialistischen Realis-

---

[20] Russkaja sovetskaja literaturnaja kritika (1935-1955). Chrestomatija, M 1983; Literatura i sovremennost' 25 Bde., M 1960-1989 (enthält nur literaturkritische Artikel, wurde allerdings mit Bd. 24-25: 1986-1987 eingestellt); Die Reihe „Russkie Sovetskie Pisateli. Prozaiki" war mit 7 Bd. M 1959 - 1972 abgeschlossen, während die Reihe „Russkie (sovetskie) Pisateli. Poéty" weitergeführt wird und mit Bd. 18 (SPb 1995) bei „Pasternak" angelangt ist (Dokumentiert werden auch Zeitschriften- und Zeitungsartikel bis 1993); JU. D. RYSKIN (Hg.): Sovetskoe literaturovedenie i kritika, teorija literatury. Bibliografičeskij ukazatel', 4 Bde, M 1989.

[21] R. M. HANKIN: Postwar Soviet Ideology and Literary Scholarship, in: E. Simmons (Hg.): Through the Glass of Soviet Literature. Views of Soviet Society, New York 1953, S. 244-290; A. Hiersche/E. Kowalski (Hgg.): Literaturtheorie und Literaturkritik in der frühsowjetischen Diskussion. Standorte, Programme, Schulen. Dokumente, Bern/Berlin 1990.

mus verbessert. Studien wie die von Kneip, Kretzschmar, Eggeling[22] und insbesondere die Arbeiten von Dobrenko,[23] sind Beispiele für eine neue materialgesättigte, analytisch reflektierende und historisch begründete Erforschung der sowjetischen Literaturkritik.

In der westlichen Forschung sind vor allem bestimmte Perioden oder einzelne Zeitschriften untersucht worden. Maguires Studie zu „Krasnaja nov'" (1968) war die erste Untersuchung einer sowjetischen Zeitschrift. Weitere Analysen folgten zu „Lef", „Novyj Lef", „Junost'" und „Novyj mir".[24] Allerdings beziehen sie sich meist auf inhaltliche Aspekte und die politisch-ideologische Programmatik dieser Zeitschriften und gehen weniger speziell auf deren Literaturkritik ein. Aber auch dabei zeigt sich wieder, daß in der westlichen Forschung mit ihrer aussschließlichen Aufmerksamkeit für reformpolitische oppositionelle Strömungen ein ähnliches Ungleichgewicht herrscht wie in der sowjetischen, so daß das von ihr entworfene Bild nicht den tatsächlichen Verhältnissen der kulturellen Situation entspricht. Nicht zufällig gibt es ganze sechs Einzeluntersuchungen über die Zeitschrift „Novyj mir", nahm diese doch in den Jahren nach Stalins Tod eine kulturpolitische Schlüsselstellung ein.[25]

---

[22] H. KNEIP: Regulative Prinzipien und formulierte Poetik des sozialistischen Realismus. Untersuchungen zur Literaturkonzeption in der Sowjetunion und Polen (1945-1956), Frankfurt / M. 1995; D. KRETZSCHMAR: Sowjetische Alltagsliteratur und ihre Rezeption durch die Literaturkritik. Dargestellt anhand ausgewählter Werke der sechziger und siebziger Jahre, Bochum 1988; DERS.: Die sowjetische Kulturpolitik 1970-1985. Von der verwalteten zur selbstverwalteten Kultur, Bochum 1993; W. EGGELING: Die sowjetische Literaturpolitik zwischen 1953 und 1970. Zwischen Entdogmatisierung und Kontinuität, Bochum 1994.

[23] E. DOBRENKO: Metafora vlasti. Literatura stalinskoj épochi v istoričeskom osveščenii, München 1993; DERS.: „Zapuščennyj sad veličin" (Mentalitet i kategorii socrealističeskoj kritiki: pozdnij stalinizm), in: VL(1993) 1, S. 28-61; DERS.: Formovka sovetskogo čitatelja, SPb 1997; engl.: The Making of the State Reader. Social and aesthetic Contexts of the Reception of Soviet Literature, Stanford 1997.

[24] R. MAGUIRE: Red Virgin Soil, Princeton 1968; G. WILBERT: Entstehung und Entwicklung der „linken" Kunst und der „Linken Front der Künste" (LEF), 1917-1925, Gießen 1976; H. STEPHAN: „'Lef' and the Left Front of the Art", München 1981; N. KOLCHEVSKA: „Novyj Lef", Ann Arbor 1981; T. POGACAR: „Junost'", Kansas 1985.

[25] E. B. ROGOVIN-FRANKEL: „Novyj mir". A Case study in the Politics of Literature, 1952-58, Cambridge 1981; D. R. SPECHLER: Permitted Dissent in the USSR. Novy mir and the Soviet Regime, N.Y. 1982; T. MILLER:"Novyj mir" in 1925-1934. A Study in Early Soviet Literature and Journalism, (Diss.) Ann Arbor 1976; R. OPITZ: „Novyj mir" in den 1930er Jahren, in: ZFSL 36 (1991) 2, S. 207-219; J. KÖHLER: Literaturkritik in „Novyj mir" von 1945 bis 1956, Bonn 1975; N. BIOUL-ZEDGINIDZE:

Für die jüngste Perestrojka-Zeit gibt es inzwischen einige Untersuchungen über die Entwicklung der literarischen Zeitschriften von Irlenkäuser, Graffy, Pittman und Menzel.[26] Auch ihnen geht es in erster Linie darum, den Zensurabbau und den Prozeß der Veränderungen des literarischen und kulturellen Lebens allgemein zu dokumentieren. Speziell auf die Rolle der Literaturkritik in der Perestrojka sind bisher nur Mondry und Engel.[27] Mondry dokumentiert kritisch aktuelle Positionen und Diskussionen, geht in der Erörterung historischer Voraussetzungen allerdings kaum über die jüngste sowjetische Vergangenheit hinaus.

Die *Poetik* und *Darstellungsweisen* der russischen Literaturkritik sind bisher erst sehr wenig untersucht worden.[28] Dazu gehören etwa Probleme des Zusammenhangs von Genres, Aufbau, Funktion und Literaturkonzeption. In der russisch-sowjetischen Forschung ist diese Lücke wohl auf die lange Zeit vorherrschenden ideologischen Reserven gegen jeden vermeintlichen Formalismus zurückzuführen. Von den wenigen Untersuchungen mit dem Schwerpunkt auf Genres und auf der sprachlich-for-

---

Literaturnaja kritika žurnala „Novyj mir" A. T. Tvardovskogo (1958-1970), M 1996 (Diss. Genf 1992).

[26] O. IRLENKÄUSER: Die russischen Literaturzeitschriften seit 1985. Kontinuität und Neubeginn, München 1994; J. GRAFFY: The Literary Press, in: J. Graffy/G. Hosking (Hgg.): Culture and The Media in the USSR Today, London 1989, S.107-139; R. PITTMANN: Perestroika and Soviet Cultural Politics. The Case of the Major Literary Journals, in: SOVIET STUDIES 42 (1990) 1, S.111-132; B. MENZEL: Krise der Aufklärer und Neue Solisten. Russische Literaturzeitschriften 1993-94, in: WSA 35 (1995), S. 341-362.

[27] H. MONDRY: The Evaluation of ideological trends in recent soviet literary scholarship, München 1990; DIES.: Nineteenth Century Russian Literature in Today's Ideological Debates: A Quest for National Identity in Soviet Literary Criticism, Berichte des Bundesinstituts für ostwissenschaftliche und internationale Studien 9, Köln 1991; DIES.: O „literaturnosti" polemiki v kritike perioda glasnosti i postglasnosti, in: VL (1994) 4, S. 102-119; DIES.: Literary Criticism in Russia Today: The Last Days of Ideology or its Flourishing? Ms. eines Vortrags auf dem V. Weltkongreß des CCEES in Warschau August 1995; CH. ENGEL: Leser und Literaturbetrieb. Ein kritischer Streifzug durch die aktuelle Diskussion in sowjetischen Zeitschriften, in: OE (1989) 2-3, S.151-164; DIES.: Abschied von einem Mythos. Funktionswandel des gegenwärtigen russischen Literatursystems, in: OE (1991) 9, S. 831-846; DIES.: Der Umgang mit dem Neuen: Tendenzen in der russischen Literaturkritik (1986-1992), Ms. eines Vortrags im Dezember 1994 in Berlin.

[28] EGOROV stellte 1980 fest: „Zur ästhetischen Form und künstlerischen Qualität der Literaturkritik gibt es bis heute erst beschämend wenige Forschungen." in: DERS.: O masterstve literaturnoj kritiki, S. 13. Denselben Mangel beklagt 1980 auch V. GUSEV: O žanrach i stiljach sovremennoj sovetskoj kritiki, in: Problemy teorii literaturnoj kritiki. Sbornik statej, M 1980, S. 242-260, hier S. 242.

malen Seite der Literaturkritik ist wiederum Egorov hervorzuheben. Seine Arbeiten bemühen sich sowohl um eine Beschreibung der Poetik als auch um eine historische Rekonstruktion literaturkritischer Genres.[29]

Gemessen daran, daß diesem Aspekt in der westlichen, speziell der deutschsprachigen Forschung, in der die Literaturkritik ohnehin ein Stiefkind ist, bis heute so gut wie gar keine Aufmerksamkeit gewidmet wird,[30] gibt es in der sowjetischen Forschung immerhin einige Arbeiten zu Genres, Stil und Rhetorik der Kritik, die trotz mancher Einseitigkeit Anregungen bieten, etwa das Lehrbuch von Baranov/Bočarov/Surovcev (1982) und Aufsätze von Gusev, Štejngol'd, Zel'dovič und Šaginjan.[31]

Innovative Ansätze in der sowjetischen und postsowjetischen Forschung zur Literaturkritik und -rezeption sind hauptsächlich von Seiten der empirischen Literatursoziologie ausgegangen. Seit den sechziger Jahren gibt es, besonders vom „Institut für Buch und Leser" an der Moskauer Lenin-Bibliothek aus, zahlreiche Studien zur empirischen Leserforschung im 19. und 20. Jh., zur Geschichte von Presse, Buch- und Verlagswesen, die zum Teil in Kenntnis des westlichen Forschungsstandes geschrieben worden sind.[32] Hier wurden Probleme der Literaturkritik behandelt, die von literaturwissenschaftlichen Forschungen bislang ausgeklammert wurden, wie etwa Hierarchien in der literarischen und kulturellen Kommunikation, Leserbedürfnisse, Zensur und Entwicklungen literarischer Autoritäten. Diese Forschungen sind im Westen bisher jedoch

---

[29] B. F. EGOROV: O masterstve literaturnoj kritiki.

[30] Vermutlich hängt dieser Mangel damit zusammen, daß die Literaturkritik in Deutschland immer entweder im Rahmen der philosophischen Ästhetik oder unter publizistischen Gesichtspunkten als Buchkritik in Zeitungen existiert hat und entsprechend marginal in der Literaturwissenschaft oder Publizistik behandelt worden ist.

[31] V. L. BARANOV/A. G. BOČAROV/JU. SUROVCEV: Literaturno-chudožestvennaja kritika, M 1982; V. GUSEV: O žanrach i stiljach sovremennoj sovetskoj kritiki; A. ŠTEINGOL'D: Dialogičeskaja priroda literaturnoj kritiki, in: RL (1988) 1, S. 60-78; DIES.: Vlast' momenta v literaturnoj kritike, in: RL (1992) 1, S. 69-84; M. G. ZEL'DOVIČ: Teoretičeskaja istorija literaturnoj kritiki kak literaturovedčeskaja disciplina, in: FILOLOGIČESKIE NAUKI (1991) 5, S. 22-29 DERS.: Metod kritika i metod pisatelja. Problemy istorii kritiki, Bd. 5, Kujbyšev 1980; DERS.: Programmnost' kritiki i kritičeskie žanry. K postanovke problemy, in: Russkaja literaturnaja kritika. Istorija i teorija, Saratov 1988, S. 88-97; R. ŠAGINJAN: Priroda kritiki v svete specifiki ee predmeta. Problemy metodiki, Taškent 1986. – Weitere Angaben zu einzelnen literaturkritischen Genres im Kapitel 5.2.2.

[32] KNIGA, ČTENIE, BIBLIOTEKA. Zarubežnye issledovanija po sociologii literatury. Annotirovannyj bibliografičeskij ukazatel' za 1940-1980gg., M 1982.

erst kaum zur Kenntnis genommen worden.[33] Besonders den Untersuchungen von Gudkov, Dubin, Švedov und Rejtblat verdankt dieses Buch
entscheidende Anregungen.[34]

---

[33] Hierzu B. MENZEL: Der sowjetische Leser als Thema der Forschung. Probleme, Methoden und Ergebnisse der empirischen Literatursoziologie, in: Guski/Kosny (Hgg.):
Sprache-Text-Geschichte. Festschrift für Klaus-Dieter Seemann, München 1997, S.
184-200.

[34] KNIGA I ČTENIE V ZERKALE SOCIOLOGII, 2 Bde, M 1990; L. GUDKOV/B. DUBIN: Literatura kak social'nyj institut. Stat'i po sociologii literatury, M 1994. Zu weiteren Angaben vgl. Kapitel 2.4 Soziale Entstaatlichung und Kapitel 5 Die Monatszeitschriften.

1. Theoretische Überlegungen zur Literaturkritik

1.1 Vorbemerkung

Seit der Oktoberrevolution in Rußland und der späteren politisch-ideologischen Polarisierung waren Konzeptionen von Literatur, Theorie und Kritik in Ost und West jahrzehntelang polemisch aufeinander bezogen. Eine vermeintlich neutrale Theoriebildung der Literaturkritik konnte es kaum geben. Für eine Analyse der russischen Literaturkritik der jüngsten Vergangenheit stehen mindestens vier Kontexte zur Verfügung, in denen theoretische Reflexion stattgefunden hat:

1. die sowjetische marxistisch-leninistische Literaturkritik;[1]
2. die nichtsowjetische (westliche) marxistische Literaturkritik;
3. die nichtmarxistische russische Literaturkritik (Emigration) und
4. die Literaturkritik in der westlichen, vor allem in der deutschsprachigen und anglo-amerikanischen Forschung.[2]

---

[1] In der sowjetischen Forschung gab es insbesondere nach den ZK-Resolutionen über die Literaturkritik von 1972 und 1982 verstärkte Anstrengungen der Theoriebildung. Ende der siebziger Jahre erschien eine Fülle von akademischen Sammelbänden und Einzelarbeiten. Besonders an dem Buch von JU. BURSOV: Kritika kak literatura, M 1976 entzündeten sich Kontroversen darüber, ob die Kritik zur Literatur oder zur Literaturwissenschaft gehöre. Vgl. V. F. VOROB'EV: O prirode literaturnoj kritiki, in: RL (1978) 4, S. 92-105, der die Diskussion zusammenfaßt, und V. S. BRJUCHOVECKIJ: Kritika kak myšlenie i dejatel'nost', in: RL (1984) 4, S. 70-84.

[2] Zwischen 1968 und 1976 geriet die deutsche Literaturkritik als eine unbestrittene Instanz der „hohen" Kultur im Zuge gesellschaftspolitischer Veränderungen und einer neuen Entfaltung der „Massenkultur" in eine Legitimationskrise. Herausgefordert von Anhängern demokratischer Reformen in Politik, Kultur und Wissenschaft, wurde sie selbst zur Zielscheibe der Kritik, und es entbrannte eine sich über mehrere Jahre hinziehende polemische Debatte über die sogenannten „Großkritiker". In jüngster Zeit sind teilweise dieselben „Großkritiker" medienwirksam – als „literarisches Quartett" im Fernsehen – wieder ins Zentrum öffentlicher Aufmerksamkeit gerückt. Die Probleme, die in den Kontroversen über das Verhältnis von elitärer Autonomieästhetik, breitem Bildungsanspruch und Massenkultur zur Sprache kamen, wurden auch von der germanistischen Forschung aufgegriffen und bearbeitet.
Einige der aus dieser Krise hervorgegangenen neueren Arbeiten stellten eine Weiterentwicklung der Konstanzer Schule der Rezeptionsästhetik- und geschichte dar, da sie auch die Konsequenzen der seit den späten siebziger Jahren eingetretenen Situation einer Annäherung an die populäre Kultur mitreflektieren, die als „postmoderne

Nach dem Ende der Sowjetunion ist eine Situation eingetreten, in der zum ersten Mal verschiedene Theoriekonzepte ohne ideologische Scheuklappen verglichen, auf ihre Relevanz geprüft und öffentlich verhandelt werden können. Heute, da die politische Polarisierung aufgebrochen ist, wird in Rußland selbst die sowjetische Vergangenheit weitgehend abgelehnt und vielfach für abgeschlossen erklärt. Der sozialistische Realismus war jedoch viele Jahrzehnte lang die Grundlage des literarischen Normensystems. Wenn man ihn nicht auf die dogmatischen Phasen seines Kanons beschränkt,[3] sondern als „formulierte Poetik"[4] und „offene Methode"[5] versteht, so ist kaum anzunehmen, daß sich seine Wirksamkeit bereits erschöpft hat und er per Deklaration innerhalb weniger Monate abgelegt werden konnte. Nicht nur sowjetische Theoretiker und Ideologen haben diese Literaturkritik geprägt, sondern vorrevolutionäre Traditionen des 19. Jhs. sind von ihr auf bestimmte Weise beerbt worden. Traditionen, die in sowjetischer Zeit verschüttet wurden, gewinnen wieder neue Aktualität. Schließlich werden auch die jüngsten im Westen entwickelten Theorien einer poststrukturalistischen oder postmodernen Lite-

---

Konstellation" bezeichnet wird und als „Ende der Autonomieästhetik" beschrieben worden ist. Vgl. besonders N. MECKLENBURG: Kritisches Interpretieren. Untersuchungen zur Theorie der Literaturkritik, München 1972; P.-U. HOHENDAHL: Literaturkritik und Öffentlichkeit, München 1974; DERS.: Literaturkritik. Textdokumentation zur Geschichte einer literarischen Gattung, Bd. 1, Vaduz 1984; DERS. (Hg.): Geschichte der deutschen Literaturkritik (1730-1980), Stuttgart 1985; P. GEBHARDT: Literarische Kritik, in: DERS. (Hg.): Erkenntnis der Literatur, Tübingen 1982, S. 79-109. Wichtige Anstöße für die Erforschung der Literaturkritik lieferten ferner J. HABERMAS: Strukturwandel der Öffentlichkeit, Neuwied/Berlin 1962 und einige kritisch-theoretische Arbeiten aus der Literaturkritik-Forschung der DDR, etwa R. WEIMANN: „New Criticism" und die Entwicklung bürgerlicher Literaturwissenschaft. Geschichte und Kritik autonomer Interpretationsmethoden, München 1974, 2. Aufl. (zuerst Weimar 1962).

3   Zur Entwicklung des sozialistisch-realistischen Kanons H. GÜNTHER: Die Lebensphasen eines Kanons, in: J. u. A. Assmann (Hgg.): Kanon und Zensur. Zur Archäologie der literarischen Kommunikation II, München 1987, S. 138-148. Zur neueren Kanon-Diskussion S. J. SCHMIDT/P. VORDERER: Kanonisierung in Mediengesellschaften, in: A. Poltermann (Hg.): Literaturkanon-Medienereignis – kultureller Text, Berlin 1995, S. 144-159.

4   Zum Begriff „formulierte Poetik" KNEIP: Regulative Prinzipien, S. 18f.

5   TH. LAHUSEN: Socialist Realism in Search of Its Shores: Some Historical Remarks on the „Historically Open Aesthetic System of the Truthful Representation of Life", in: Th. Lahusen/E. Dobrenko (Hgg.): Socialist Realism Without Shores, Durham/London 1997, S. 5-26.

raturkritik in die literarische Öffentlichkeit des neuen Rußland getragen und dort diskutiert.

Es erscheint dem Gegenstand wenig angemessen, die russische Literaturkritik seit Beginn der Perestrojka allein von einem westlichen Theorieansatz aus zu analysieren, dem die Erfahrung und das Verständnis einer autonomen Literatur in einer marktwirtschaftlich organisierten Gesellschaft zugrundeliegt.[6] Ebensowenig sind marxistisch orientierte Konzeptionen, die in westlichen wissenschaftlichen Zusammenhängen seit den siebziger Jahren entwickelt wurden,[7] geeignet, diese Institution zu beschreiben, weil sie selbst häufig von ideologischen Prämissen aus urteilen, die nicht auf die postsowjetische Gegenwart übertragbar sind oder die sich durch die historische Entwicklung selbst überholt haben. Die russische Literaturkritik der achtziger und neunziger Jahre kann nur in jenem Bezugssystem marxistisch-leninistischer Normen analysiert werden, aus dem und gegen das sie ihre Bestimmung und ihre Begriffe definierte und aus dem sie ihre gesellschaftliche Rolle und ihren herausragenden institutionellen Status bezog.

Mit dem gesellschaftspolitischen Wandel in der Endphase der Sowjetunion vollzog sich zugleich der epochale Umbruch eines ganzen Literatursystems, von dessen Auswirkungen auch die westliche Literaturwissenschaft nicht unberührt bleiben kann. Zur Analyse der spät- und postsowjetischen Literaturkritik scheint daher ein funktionsorientierter Ansatz der Betrachtung am geeignetsten, wie er in den Arbeiten tschechischer, polnischer und kroatischer Strukturalisten entwickelt worden ist. Dieser quasi an der Schnittstelle zwischen nichtsowjetischer, marxistischer und westlicher Theoriebildung angesiedelte Ansatz verdankt zwar manche seiner Elemente einer produktiven Begegnung mit dem Marxis-

---

6   Beispiele für eine solche Theoriebildung sind etwa MECKLENBURG: Kritisches Interpretieren; N. FRYE: Analyse der Literaturkritik, Stuttgart 1964. Einen guten Überblick über westliche Theoriekonzepte gibt GEBHARDT: Literarische Kritik. Den Stand theoretischer Diskussion in Deutschland dokumentiert zuletzt der Sammelband eines DFG-Symposiums zur Literaturkritik: W. BARNER (Hg.): Literaturkritik. Anspruch und Wirklichkeit. DFG-Symposium 1989, Stuttgart 1990. Er ist gegliedert in „Literaturkritik als Institution", „Literaturkritik als Literatur", „Literaturkritik und philosophische Ästhethik" und „Literaturkritisches Werten".

7   Von den zahlreichen Beiträgen und Diskussionen zur marxistischen Theorie einer Literaturkritik wären etwa zu nennen H.-D. WEBER: Über eine Theorie der Literaturkritik. Die falsche und die berechtigte Funktion der Frühromantik, München 1971; F. RADDATZ: Marxismus und Literatur. Eine Dokumentation, 3 Bde, Reinbek 1969; P. C. HOGAN: The Politics of Interpretation. Ideology, Professionalism and the Study of Literature, Oxford 1990.

mus, verbindet sie jedoch mit phänomenologischen und semiotischen Ansätzen und entwickelt sie dadurch weiter. Er läßt eine allgemeine theoretische Bestimmung von Literaturkritik zu und berücksichtigt zugleich ihre unter den Bedingungen des sozialistischen Systems spezifische ideologische und institutionelle Einbindung.[8]

1.2 Bestimmung und Abgrenzung der Literaturkritik

Die Literaturkritik wird hier als ein Gebrauchsgenre bestimmt, das zwischen Literatur, Literaturwissenschaft und Publizistik angesiedelt ist und sich durch offene Grenzen gegenüber allen drei Bereichen auszeichnet. Gebrauchstexte unterscheiden sich von literarischen Texten durch die Dominanz der praktischen Funktionen über die ästhetische Funktion. Als argumentierendes Genre ist die Literaturkritik prinzipiell situationsgebunden; sie kann sich aber durch eine Tendenz zur Polyvalenz zum Ästhetischen, zur Literatur hin öffnen. Auf der anderen Seite sind ihre Grenzen zu den pragmatisch-diskursiven Bereichen Literaturwissenschaft, Publizistik und Kulturpolitik[9] teilweise fließend.

Literaturkritische Äußerungen können auf so vielfältige Weise vorgebracht werden, daß eine eindeutige Definition des Gegenstands kaum möglich ist. Daher erscheint eine Bestimmung eher über ihre konstitutiven Merkmale sinnvoll, so wie auch die Eingrenzung ihrer Produzenten im Grunde nur auf pragmatische Weise erfolgen und vom Interesse der Analyse geleitet sein kann. Alle theoretischen Bestimmungen von Lite-

---

[8] J. MUKAROVSKY: „Die Lehre von den Funktionen ist, neben der Lehre von der Semantik der Kunst, in der Lage, eine organische Verbindung zwischen der Soziologie der Kunst und dem Studium des künstlerischen Aufbaus herzustellen, zwischen Gebieten also, die bisher – zum Schaden der Sache – eher eine Tendenz zu gegenseitiger Isolierung gezeigt haben." Dt. zit. nach A. FLAKER: Stilformation und gesellschaftliche Funktion der Literatur, in: Rezeptionsästhetik und Literaturgeschichte (Sonderband der Zeitschrift Umjetnost Riječi), Zagreb 1977, S. 83-96, hier S. 86. Zur literaturtheoretischen Standortbestimmung des tschechischen Strukturalismus J. STRIEDTER: Zum Verhältnis von tschechischem Strukturalismus zu russischem Formalismus, in: F. Vodička: Die Struktur der literarischen Entwicklung, S. VII-CIII (auch in: Rezeptionsästhetik und Literaturgeschichte, Zagreb 1977, S. 107-151.)

[9] Unter „Kulturpolitik" werden hier „alle organisierten und institutionalisierten Aktivitäten des Staates und der Gesellschaft" verstanden, die „die Bildung, Wissenschaft und Kunst eines Landes bestimmen und lenken". W. KOŠNY: A. S. Griboedov. Poet und Minister, Berlin 1985, S. 42.

raturkritik lassen sich auf vier Merkmale hin in Übereinstimmung bringen, die hier für sie als konstitutiv betrachtet werden: *explizite Wertung*,
Aktualität , *Öffentlichkeit* und *Polyfunktionalität*.

Explizite Wertung

Jeder literaturkritische Text enthält drei verschiedene Satzarten: deskriptive, explikative und evaluative Aussagen.[10] Innerhalb der drei Satzarten
sind die beschreibenden Sätze die sachlichsten. Sie enthalten Aussagen
über inhaltliche oder formal-sprachliche Merkmale des besprochenen literarischen Textes und unterliegen am ehesten den klassischen Wahr-
heitskategorien von „wahr-falsch". Damit haben sie für den Leser Erkenntniswert oder informative Bedeutung. In den explikativen Aussagen,
die Erklärungsbehauptungen enthalten, werden die beschriebenen Inhalte
und Verfahren in einen sowohl werkimmanenten als auch literaturhistorischen oder gesellschaftlichen Kontext gestellt. Deskriptive und explikative Aussagen dienen eher der Erkenntnis, während die evaluativen Aussagen Wertungen über ästhetische Qualitäten des Textes, über seine
Funktion für die Rezipienten oder über seinen „Rang" in verschiedenen
Zusammenhängen enthalten. Evaluative Aussagen geben Auskunft darüber, welche Elemente in welcher Weise über den Wert eines Werkes
entscheiden.[11] Wertende Sätze unterliegen nicht dem Kriterium „wahr-
falsch", sondern dem Kriterium „stimmig-nicht stimmig".
  Deskriptive und explikative Satzarten gibt es sowohl in der Literaturwissenschaft als auch in der Kritik. Bei der Bewertung zeichnen sich jedoch Unterschiede zwischen beiden Bereichen ab. Anders als die Literaturwissenschaft und -geschichte aber, die ein Werk im Zusammenhang
mit den übrigen historischen Erscheinungen zu verstehen und den ursprünglichen literarischen und kulturellen Kontext zu rekonstruieren ver-

---

[10] Vgl. hierzu J. SŁAWIŃSKI: Funktionen der Literaturkritik, in: DERS.: Literatur als Sy-
      stem und Prozeß, München 1975, S. 40-64; S. J. SCHMIDT: Grundriß der empirischen
      Literaturwissenschaft, Frankfurt 1991, S. 350f.
[11] Sławiński macht die prinzipielle Differenz zwischen Literaturkritik und -wissenschaft
      an den evaluativen Aussagen fest, die in einer literaturwissenschaftlichen Analyse
      fehlten. Jene beziehe sich allein auf die „erfundene" Wirklichkeit. Wenn man sich al-
      lerdings literaturwissenschaftliche Interpretationen vor Augen führt, die fraglos wert-
      volle Klassiker-Werke bestätigen bzw. Abwertungen bestimmer nichtkanonisierter
      Genres, Autoren oder Verfahren vornehmen, so kann man der Behauptung einer wer-
      tungsfreien Literaturwissenschaft, wie bereits ausgeführt, nur mit großen Bedenken
      begegnen.

suchen,[12] bewertet die Literaturkritik das Werk im Rahmen bestimmter Postulate und macht es so zu einem Argument in einem größeren, oft ideologischen Zusammenhang. Die wertenden Aussagen sind den deskriptiven und explikativen stets übergeordnet.

Aktualität

Literaturkritik muß sich zwar nicht ausschließlich, wie in westlichen Ländern üblich, mit literarischen Neuerscheinungen befassen; aber auch wenn es sich um Werke der Vergangenheit handelt, werden sie immer in ihrem Bezug zur Gegenwart beurteilt. Diese aktuelle Perspektive kann über ästhetische oder Zeitbezüge hergestellt werden, d.h. entweder wird die Aktualität eines Werkes nach seinem Stellenwert in einer ästhetischen Tradition bestimmt oder an seinem Bezug zur allgemeinen gegenwärtigen literarischen oder gesellschaftlichen Situation gemessen.

Öffentlichkeit

Literaturkritik ist in weit höherem Maße als die Literatur und auch Literaturwissenschaft an öffentliche Kommunikationsformen und damit an die gegebenen Bedingungen, Einrichtungen und Medien dieser Öffentlichkeit gebunden. Sie kann geradezu als eine Modell-Institution der Öffentlichkeit gelten.[13] Habermas hat die Unterscheidung zwischen „Öffentlichkeit" als *historischer Kategorie* , als tatsächlicher Struktur, und als *Modell* eingeführt, das entweder im Sinne eines *Ideals* oder eines *Ideologems* verwendet wird.[14] Für die Analyse der sowjetischen Gesellschaft sind alle drei Bedeutungen des Begriffs relevant. Tatsächlich existierten eine ritualisierte offizielle Öffentlichkeit und daneben verschiedene Formen inoffizieller Kommunikation im Sinne einer Gegenöffentlichkeit. Gegenüber der inszenierten staatlichen Öffentlichkeit bekannte sich die oppositionelle Intelligenz der Tauwetterzeit emphatisch zu einer gesellschaftlichen Öffentlichkeit und orientierte sich damit am Vorbild

---

[12] Zur Abgrenzung zwischen Literaturwissenschaft, -geschichte und -kritik auch VODIČKA: Die Literaturgeschichte, in: Vodička: Die Struktur, S. 65.

[13] Im breitesten Verständnis ist Literaturkritik „öffentliche Kommunikation über Literatur, die die Darstellung und Bewertung dieser Literatur zu ihrer Sache macht." P.-U. HOHENDAHL: Einleitung in: Hohendahl (Hg.) Geschichte der deutschen Literaturkritik, S. 2.

[14] Vgl. hierzu HABERMAS: Strukturwandel der Öffentlichkeit, GEBHARDT: Literarische Kritik, S. 79-109 und HOHENDAHL: Literaturkritik und Öffentlichkeit; DERS.: Vorüberlegungen.

der „idealisierten, in unbegrenzter und herrschaftsfreier Kommunikation erzielten Übereinstimmung",[15] während mit dem Ideologem „Öffentlichkeit" („obščestvennost'") bestimmte gesellschaftspolitische Handlungen propagandistisch legitimiert wurden oder man die Bevölkerung für bestimmte Kampagnen zu mobilisieren versuchte.

Polyfunktionalität

Die Literaturkritik ist in ihrem Status zwischen ästhetischen und pragmatischen Kommunikationsformen, zwischen Produzenten und Rezipienten, zwischen Literatur, Politik und Markt angesiedelt und kann daher verschiedenste Funktionen erfüllen. Im Unterschied zur Literatur entscheidet in der Kritik jedoch nicht die ästhetische, sondern die gesellschaftliche Funktion. Ein Kritiker kann das besprochene Werk quasi durch sein Schreiben „vollenden" oder in seiner Darstellung zu ihm in Konkurrenz treten, so daß die kritische Äußerung sich der literarischen Produktion nähert. Wird das besprochene Werk nicht, wie in der Literaturwissenschaft, auf einen zu rekonstruierenden Kontext, sondern auf ein zukunftsgerichtetes, auf Veränderung zielendes programmatisches Konzept des Kritikers bezogen, so geschieht die Äußerung eher aus Anlaß eines Werkes und in normativer Funktion. Wenn die Postulate des Kritikers nicht im Material der besprochenen Literatur verwurzelt sind, sondern aus ideologisch-politischen Vorgaben stammen, zeichnet sich eine Annäherung der Kritik an die Kulturpolitik ab. Aus dem Verhältnis von institutionellen, erkenntnismäßigen, pragmatischen und schöpferischen Elementen in einer Kritik ergibt sich ihr jeweils spezifischer Charakter, läßt sich ihre Position zwischen Literatur, Literaturwissenschaft und Kulturpolitik ablesen.[16]

Welche Funktionen kann nun die Literaturkritik konkret erfüllen? Żołkiewski[17] zählt fünf Aufgabenbereiche auf, aus denen sich ihre Bedeutung und ihr möglicher Einfluß ableiten:

1. Literaturkritik formuliert und formt das literarische Bewußtsein und den literarischen Geschmack des Leserpublikums.
2. Literaturkritik gibt den Lesern Normen und Stereotype der Rezeptionshaltung vor und stellt gleichzeitig alte Normen und Stereotype in Frage.

---

[15] HABERMAS: Strukturwandel, S. 157.

[16] Vgl. hierzu SŁAWIŃSKI: Funktionen der Literaturkritik.

[17] S. ŻOŁKIEWSKI: Pomysły do teorii odbioru dzieł literackich, in: PAMIĘTNIK LITERACKI 67 (1967) 3, S. 3-41, hier S. 39. Dazu auch KOŚNY: A. S. Griboedov, S. 51-52.

3. Literaturkritik ist gesellschaftliche Kontrollinstanz der Literatur und der schriftstellerischen Arbeit, indem sie bestimmte Forderungen an den Schriftsteller und die gesellschaftliche Aufgabe von Literatur stellt.

4. Literaturkritik ist eine besondere Institution der gesellschaftlichen (öffentlichen) Meinung, sie verwendet Literatur als Argument und Beweis innerhalb umfassenderer ideologischer Diskussionen.

5. Literaturkritik übernimmt Informationsaufgaben gegenüber den Lesern, sie dient dem Verlags- und Buchmarkt und beeinflußt die Literaturpolitik.

Jede Literaturkritik erfüllt aber nicht nur selbst bestimmte gesellschaftliche Funktionen, sondern sie weist der Literatur bestimmte Funktionen zu, was bei ihrer Analyse unterschieden werden muß. Die potentiellen oder beabsichtigten Wirkungen literarischer Werke lassen sich trotz aller Vielfalt letztlich auf wenige Grundfunktionen reduzieren und liegen in drei Bereichen:[18]

– im Bereich der Kognition

Zu einer über das Leseerlebnis hinausgehenden erkenntnisbestimmten Rezeption kommt es, wenn das im Werk präsentierte Modell von Wirklichkeit (als Modell einer möglichen oder denkbaren Welt) mit der eigenen Welt des Rezipienten konfrontiert und er dadurch veranlaßt wird, Grenzen und Defizite seiner Erfahrungswirklichkeit zu sehen. Das von der Literatur angebotene Modell kann entweder abgelehnt oder als Alternative erkannt werden und dann den Leser zu einer veränderten Wahrnehmung der eigenen Realität bewegen.

– im Bereich der Norm

Literatur wird als Verletzung, Durchbrechung oder Bestätigung bestehender Normen wahrgenommen, die als „Gegebenheiten des sogenannten kollektiven Bewußtseins" definiert werden. „Von einer wirklichen Norm kann man erst dann sprechen, wenn es sich um allgemein anerkannte Ziele handelt, denen gegenüber der Wert als unabhängig vom Willen des Individuums und von seinem subjektiven Entschluß existierend empfunden wird."[19] Es handelt sich dabei sowohl um ästhetische als auch um ethische, moralisch-sittliche Normen. Die Literatur kann eine Funktion im Bereich der moralisch-sittlichen Norm erfüllen, indem sie der beste-

---

[18] Hierbei beziehe ich mich auf SCHMIDT: Grundriß, S. 151ff.

[19] J. MUKAROVSKY: Ästhetische Funktion, Norm und ästhetischer Wert als soziale Fakten, in: DERS.: Kapitel aus der Ästhetik, S. 7-112, hier S. 37.

henden Welt den Entwurf einer besseren entgegenstellt, indem sie die
schlechte Welt kritisch präsentiert und damit ihre Verbesserung nahelegt.
Das Ausmaß, in dem Normkonflikte in der Literatur thematisiert und öf-
fentlich in der Literaturkritik verhandelt werden können, hängt von der
Struktur der literarischen und gesellschaftlichen Öffentlichkeit und ihrer
Toleranzschwelle ab.

– im Bereich der Emotion

Bei einer emotionsbetonten Lektüre wirkt das Werk vor allem gefühlsbe-
stimmt auf das Erleben. Dabei kann das Vergnügen an der Darstellung,
das Nachvollziehen beschriebener Gefühle, Stimmungen und Leiden-
schaften, der Genuß am Spiel mit ästhetischen Möglichkeiten oder einfach der Unterhaltungswert dominieren.

Die „hedonistisch-emotionale" Funktion von Literatur ist mit den übrigen verbunden, allerdings in unterschiedlicher Weise. So kann Unter-
haltungs- oder Trivialliteratur der sittlichen Erbauung dienen, aber der
dem Genuß folgende Erkenntnisschritt bleibt aus, weil vorherrschende
Normen bestätigt und nicht hinterfragt werden. Die Literaturkritik kann
verschiedene Haltungen zur Bedeutung dieser Funktion der Literatur ein-
nehmen, von der ausdrücklichen Befürwortung ästhetisch-spielerischer
oder unterhaltender Elemente bis hin zu ihrer expliziten Ablehnung.

1.3   Literaturkritik und Ideologie

Als ein argumentierendes Genre, das auf Überzeugung zielt, ohne sich
auf verifizierbare Urteile stützen zu können, hat Literaturkritik immer mit
Ideologie zu tun. Da es unterschiedliche Definitionen und Vorstellungen
von Ideologie mit überwiegend negativen Konnotationen gibt, die offizielle sowjetische Literaturkritik sich aber im positiven Sinne als Ideologie
verstand, ist eine Klärung dieses für die Situation der russischen Literaturkritik zentralen Begriffs erforderlich.

Ideologie wird in dieser Untersuchung nicht mit „falschem Bewußtsein" gleichgesetzt,[20] sondern als ein Phänomen verstanden, das unver-

---

20 In diesem Sinne definieren z.B. Kołakowski, Stojanović und auch Marx den Begriff.
    L. Kołakowski: „Unter Ideologie verstehen wir die Summe der Auffassungen, die ei-
    ner sozialen Gruppe (einer Klasse, aber nicht nur ihr) zur Organisierung der *Werte*
    dient, die das mystifizierte Bewußtsein dieser Gruppe und ihre Tätigkeit zum Aus-

meidlich, aber nicht zwingend oder ausschließlich negativ ist. Ideologie ist in allen gesellschaftlichen und kulturellen Situationen anzutreffen, die auf ökonomischer, sozialer und politischer Ungleichheit basieren, von Interessenkonflikten bestimmt sind und in denen sich Menschen über kollektive Handlungen für gesellschaftliche Veränderung einsetzen. Autoritär und repressiv wird eine Ideologie dann, wenn sie monopolisiert ist und hinter sich einen Machtapparat mit physischer Gewalt versammelt. In pluralistischen Gesellschaften konkurrieren verschiedene Ideologien miteinander um die Gunst der sozialen Gruppen. Kline/van der Zweerde schlagen für den Begriff folgende Definition vor:

> Ideologie ist eine relativ kohärente Sammlung von theoretischen Annahmen und praktischen Urteilen, deren Funktion es ist, die Bindungen und Handlungen sozialer Gruppen zu organisieren. Diese Funktion kann sie unabhängig davon, ob diese theoretischen Annahmen wahr, falsch oder in ihrem Wahrheitsgehalt unbestimmt sind, erfüllen.[21]

Die Ideologie beginnt dort, wo Argumente aufhören, Theorien aber dennoch weiterwirken, indem sie soziale Gruppen binden und zu Handlungen motivieren können. Nicht eine Aussage als solche ist also bereits ideologisch, sondern sie muß, um ideologisch zu sein, eine tatsächliche Wirkung erzielen im Sinne einer *Motivation* und *Legitimation* ihrer Adressaten. Damit bewegt sich die Ideologie in einem Raum zwischen rationaler Überzeugung und physischer Gewalt. Wichtig für unseren Zusammenhang ist, daß eine Ideologie auch dann weiterwirken kann, wenn sich die Theorie, auf die sie sich beruft, als unwahr oder falsch erwiesen

---

druck bringen. (...) Wir verwenden also den Begriff Ideologie etwa in dem Sinne, in dem ihn Marx benützte, nicht aber in dem Sinne, in dem er in der jetzigen marxistischen Literatur gebräuchlich ist. Für Marx enthielt der Begriff Ideologie eine negative Beurteilung, er bedeutete jedenfalls ein deformiertes Bewußtsein." In: Aktuelle und nichtaktuelle Begriffe des Marxismus, in: L. KOŁAKOWSKI: Der Mensch ohne Alternative. Von der Möglichkeit und Unmöglichkeit, Marxist zu sein, München 1960, S. 7-39, hier S. 24f. Ich beziehe mich in diesem Abschnitt auf die Darstellung und eingehende Diskussion der Ideologie-Problematik im Zusammenhang mit dem sowjetischen Marxismus-Leninismus bei E. VAN DER ZWEERDE: Soviet Philosophy – the Ideology and the Handmaid. A Historical and Critical Analysis of Soviet Philosophy with a Case-Study into Soviet History of Philosophy, Nijmegen 1994, Chapter I.3, S. 49-68.

[21] VAN DER ZWEERDE: Soviet Philosophy, S. 50, bezieht sich mit leichten Abwandlungen auf G. L. KLINE: Philosophy, Ideology, and Policy in the Soviet Union, in: THE REVIEW OF POLITICS 26 (1964) 2, S. 174-190, S. 174.

hat. Für alle ideologischen Aussagen sind drei Merkmale charakteristisch:

- *Wahrheitsanspruch.* Hypothesen werden als Wissen ausgegeben und erheben einen Anspruch auf Wahrheit und Objektivität, wobei sie sich auf ein theoretisches Konzept berufen.

- *Ausschluß von Alternativen.* Gleichzeitig wird ein dringender Handlungsbedarf behauptet und die angebotene Lösung als einzig mögliche angeboten. Alternative Möglichkeiten werden verschwiegen, Transparenz wird grundsätzlich vermieden, da Alternativen kritisches Denken fördern, durch das ideologisches Denken jedoch aufgebrochen wird.

- *Ein Übergang von der Theorie zur Praxis.* Durch kausale und finale Bezüge wird die Möglichkeit eines direkten Übergangs von einer theoretischen bzw. fiktiven Annahme zu einer praktischen Handlung unterstellt und angestrebt.

Eine Literaturkritik, die sich ausschließlich als Ideologiekritik versteht, selbst Ideologie entlarvt oder solche in literarischen Werken aufzudecken sucht, verhält sich dann komplementär zu einer ideologischen, wenn sie die ästhetischen Potentiale der Literatur nur auf ihre inhaltlichen Aspekte, auf ihre mimetischen oder wirklichkeitsverändernden Potentiale reduziert.

1.4   Die Literaturkritik als Teil des literarischen Kommunikationssystems

Literaturkritische Äußerungen werden im weiteren Sinne als Handlungen verstanden, die sich im Rahmen eines literarischen und im weiteren Sinne gesellschaftlichen Kommunikationssystems vollziehen. Sie sind damit immer an bestimmte politische, ökonomische, soziale und kulturelle Bedingungen gebunden, die in ihrer Bedeutung in der Regel nicht gleichwertig sind. In der Sowjetunion waren die ökonomischen und sozialen Bedingungen von den politischen dominiert, während sich seit dem Zusammenbruch des kommunistischen Systems eine umgekehrte Entwicklung abzeichnet.

Literaturkritik wird hier – im Anschluß an S. J. Schmidt[22] – als ein Teil des literarischen Kommunikationssystems gesehen, das durch die vier Handlungsbereiche *„Produktion"*, *„Rezeption"*, *„Distribution"* und *„Verarbeitung"* bestimmt wird. Die Literaturkritik gehört in diesem Kommunikationssystem, ähnlich wie die Bereiche Literaturwissenschaft, Übersetzung, Verfilmung und Sprachunterricht, zum Handlungsbereich der *„Verarbeitung"*. Produktion und Rezeption sind obligatorische Elemente literarischer Kommunikation und können im nicht-öffentlichen Raum – im Sinne von nicht „allgemein zugänglich" – stattfinden, wobei unter *„Rezeption"* der Prozeß verstanden wird, in dem literarische Texte zunächst nur als Kommunikate im Bewußtsein der Leser entstehen und existieren. Unter *„Distribution"* wird die mediale und technisch-organisatorische Übermittlung und Verbreitung der Literatur von den Produzenten zu den Rezipienten verstanden. Dazu gehören ebenso die Textedierung wie die von der Organisation des Buch- und Verlagswesens abhängigen Mechanismen des Vertriebs. Im Prozeß der literaturkritischen *„Verarbeitung"* werden im Unterschied zur Rezeption auf der Basis als literarisch erachteter Texte neue (sprachliche) Texte formuliert mit der Intention, die Wirkung der ersteren im literarischen bzw. gesellschaftlichen Leben zu beeinflussen.[23]

Die Literaturkritik ist an die Distribution gebunden, da sie als Vermittlungsinstanz zwischen Autoren und Rezipienten davon auszugehen hat, daß die Werke, die sie öffentlich verhandelt, den Lesern grundsätzlich verfügbar sind. Für die Distributionsbedingungen können, je nach der gesamtgesellschaftlichen Organisation, politische oder ökonomische Prinzipien ausschlaggebend sein. Während eine von politischen Prinzipien gelenkte Distribution gewöhnlich unabhängig von der Nachfrage er-

---

[22] Ich beziehe mich hier auf SCHMIDT: Grundriß, der die einzelnen Handlungsrollen literarischer Kommunikation am differenziertesten herausgearbeitet und diskutiert hat, und dessen Kategorien sich deshalb für eine empirisch begründete Analyse der Literaturkritik besonders eignen. Der systemtheoretische Ansatz, der mit seinen konstruktivistischen Implikationen und der dazugehörigen Gesellschaftstheorie bei Schmidt wesentlich weitergeht und in der neueren Literaturwissenschaft nicht unumstritten ist, wird hier allerdings nicht übernommen, ebenso wie ich auf eine Übernahme von Schmidts wucherndem terminologischen Apparat weitgehend verzichte. Vgl. zu Stand und Diskussion des systemtheoretischen Ansatzes in der Literaturwissenschaft S. J. SCHMIDT: Diskurs und Literatursystem, in: Fohrmann/Müller (Hgg.): Diskurstheorien, S. 134-158; N. WERBER: Literatur als System. Zur Ausdifferenzierung literarischer Kommunikation, Opladen 1992.

[23] SCHMIDT: Grundriß, bes. S. 170-185, 324-372.

folgt und meist durch die Zensur eingeschränkt wird, vollzieht sich in einer vom Markt und von ökonomischen Mechanismen regulierten Öffentlichkeit und in nicht-öffentlichen literarischen Kommunikationsprozessen die Distribution in erster Linie nach dem Prinzip von Angebot und Nachfrage. In der Sowjetunion gab es seit den sechziger Jahren drei verschiedene Distributionssysteme nebeneinander, der offizielle, politisch gelenkte und die nicht-öffentlichen Bereiche des Samizdat und des Tamizdat. Für die Literaturkritik, deren Akteure Zugang zu allen drei Bereichen hatten, war diese Diskrepanz zwischen Produktions-, Distributions- und Rezeptionsbedingungen von besonderer Relevanz. Ihr Handeln bedeutete ein permanentes Ausbalancieren zwischen öffentlicher und nicht-öffentlicher literarischer Kommunikation.

Über die allgemeinen Bedingungen hinaus ist literaturkritisches Handeln immer an konkrete Situationen gebunden und den Strategien ihrer Akteure unterworfen. Zu seinen unmittelbaren Voraussetzungen gehören außerdem die *Fähigkeiten, Bedürfnisse, Motive* und *Intentionen* der Kritiker.[24] Dazu gehören wiederum soziale Existenz- und Karrierebedingungen, institutionelle und Gruppenbindungen. Hinzu kommen historische Voraussetzungen, auf denen ihr Handeln indirekt basiert oder auf die sich die Akteure im Sinne von Traditionen explizit berufen. Alle diese Aspekte sind in einer empirisch begründeten Analyse der Literaturkritik miteinzubeziehen.

1.5   Marxistische / Marxistisch-leninistische Literaturkritik

Alle bisher erörterten konstitutiven Merkmale und allgemeinen Ausführungen über die Stellung der Kritik im literarischen Kommunikationssystem stehen aus marxistischer Sicht in einer bestimmten hierarchischen Beziehung zueinander. Von einer konsistenten marxistischen Theorie der Literaturkritik kann allerdings kaum gesprochen werden, da sie seit ihren ersten Ansätzen im 19. Jh. über ihre Operationalisierung durch Lukács und Lunačarskij bis hin zu den wechselnden Direktiven des sozialistischen Realismus immer wieder verändert und den jeweiligen politischen Erfordernissen angepaßt worden ist und von daher einen ausgesprochen

---

[24] Ebd., S. 41f., 72.

eklektischen Charakter hat.[25] Als Grundprinzipien der marxistisch-leninistischen Literaturkritik können folgende skizziert werden:

Aus der Auffassung der *Klassengebundenheit* jeder Literatur resultiert das Postulat einer *klaren Aussage über die Perspektive des Autors.* Plechanov begründete das für die Kritik notwendige Verfahren der Sozialanalogie. In jedem Werk sei „die gesellschaftliche Einstellung, die darin zum Ausdruck kommt," zu ermitteln und den Verhältnissen der gegebenen Epoche gegenüberzustellen, denn „der Künstler, und sei er auch ein Genius, schafft selbst keine ästhetischen Anschauungen, sondern er formuliert allein die Anschauungen seiner Klasse."[26] Für den *Akt der Wertung* ergibt sich aus den Prinzipien der marxistisch-leninistischen Ästhetik eine für jedes ideologische Denken typische Einheit von Erkennen, Werten und Gestalten. Nur was als richtig erkannt worden ist, kann auch als gut bewertet und positiv dargestellt werden.

Für die *marxistisch-leninistische Theorie der Literatur und Kritik* wurden vor allem Lenins Schriften „Parteiorganisation und Parteiliteratur" (1905) und seine Artikel über L. N. Tolstoj grundlegend.[27] Das dort in politischem Zusammenhang formulierte Postulat der *Parteilichkeit* wurde zu Beginn der dreißiger Jahre auf die Literatur übertragen. In dem

---

25 A. LUNAČARSKIJ: Tezisy o zadačach marksistskoj kritiki, in: DERS.: Stat'i o literature, M 1957, S. 104-118; G. LUKÁCS: Chudožnik i kritik, in: LITERATURNYJ KRITIK (1939) 7, S. 3-31; dt.: Schriftsteller und Kritiker (1939), in: DERS.: Kunst und objektive Wahrheit, Leipzig 1977, S. 218-260. Vgl. dazu H. GÜNTHER: Die Verstaatlichung der Literatur. Entstehung und Funktionsweise des sozialistisch-realistischen Kanons der 30er Jahre, Stuttgart 1984. Eine Zusammenstellung von Dokumenten zur Formulierung einer marxistisch-leninistischen Theorie der Literaturkritik ist A. Hiersche/E. Kowalski (Hgg.): Literaturtheorie und Literaturkritik in der frühsowjetischen Diskussion.

26 G. PLECHANOV: Kritika, in: DERS.: PSS, Bd. 5, M 1931, S. 666. „Die erste Aufgabe der literarischen Kritik besteht nach meiner Meinung darin, das soziologische Äquivalent der von ihr untersuchten literarischen Erscheinungen zu bestimmen, die Autoren, die in ihren Werken mir angenehme gesellschaftliche Bestrebungen zum Ausdruck bringen, zu loben und die ablehnen zu müssen, die als Repräsentanten der unangenehmen dienen." G. PLECHANOV: Predislovie k tret'emu izdaniju sbornika „Za dvadcat' let", in: DERS.: Iskusstvo i literatura, M 1948, S. 207-215, hier S. 207; dt. zit. nach: H. Ch. Buch (Hg.): Parteilichkeit der Literatur. Materialien zu einer undogmatischen marxistischen Ästhetik, Reinbek 1972, S. 73-81, S. 73.

27 V. LENIN: Partijnaja organizacija i partijnaja literatura, in: V. I. LENIN O KUL'TURE I ISKUSSTVE, M 1956, S. 41-45; DERS.: Lev Tolstoj kak zerkalo russkoj revoljucii, in: Lenin o kul'ture i isskustve, M 1956, S. 73-77; DERS.: L. N. Tolstoj, ebd., S. 91-95; DERS.: L. N. Tolstoj i sovremennoe raboče dviženie, ebd., S. 96-98; DERS.: Tolstoj i proletarskaja bor'ba, ebd., S. 99f.

Artikel „Lev Tolstoj als Spiegel der russischen Revolution" beschrieb
Lenin Tolstoj als genialen Künstler und wahrhaften Realisten und zugleich als reaktionären Denker und damit typischen Vertreter der adligen
Klasse. Indem er zwischen Künstler und Denker unterschied und Tolstoj
als einen Spiegel für die Widersprüche der vorrevolutionären Gesellschaft betrachtete, begründete Lenin eine Sichtweise, die die literarische
Tradition nutzte und sich zugleich von ihr distanzierte. Zum Maßstab der
Bewertung wurde deren Verhältnis zum „kritischen Realismus". Von Lenins Formulierung, Aufgabe der Literatur sei es, „alle und jegliche Mas-
ken herunterzureißen", leitete man die Aufgabe ab, im Rahmen des
ideologischen Kampfes bürgerlich-reaktionäres Gedankengut auch in der
Literatur zu entlarven.

Im *sozialistischen Realismus* erhielt die Theorie der marxistisch-leninistischen Literaturkritik ihre konkreteste Ausprägung und nahm operative Gestalt an.[28] Zu seinen für die Kritik wichtigsten regulativen Prinzipien gehörten: Adressatenbezogenheit, Massenwirksamkeit und Verständlichkeit.

Da die Literatur Entwürfe für gesellschaftliches Handeln liefern soll, gehört es zu ihren wichtigsten Aufträgen, für alle verständlich zu schreiben.
Lunačarskij schrieb dazu:

> Alle Formen der Verhüllung, der hermetischen Geschlossenheit, alle Formen,
> die nur kleine Kreise von spezialisisierten Ästheten ansprechen, jegliche Art

---

[28] Der sozialistische Realismus wird hier nicht nur als Katalog von Normen, als Methode oder Stilformation verstanden, sondern als eine *„formulierte Poetik"*. Damit gilt
er gleichermaßen als „Komplex von Normen und Regeln", als „Idealtypus von Dich-
tungen" und als „Dokument des literarischen Bewußtseins, das Zeugnis davon ablegt,
wie ein Autor, eine literarische Gruppe oder Strömung, aber auch eine künstlerische
Schaffensmethode oder politische Instanz Dichtung verstehen. (...) Die formulierte
Poetik manifestiert sich im Kontext literaturkritischer Äußerungen und ist Ergebnis
literaturkritischen Handelns". Der sozialistische Realismus ist damit:
1. eine spezifische Kulturkonzeption, d. h. ein ideologisches und philosophisches
Fundament weltanschaulicher, gesellschaftspolitischer, historiosophischer und anderer Auffassungen,
2. eine bestimmte Poetik,
3. ein Komplex bevorzugter Themen und Ideen und
4. ein Komplex künstlerisch-literarischer Mittel. Dazu KNEIP: Regulative Prinzipien,
bes. S. 18-28, hier S. 19. Kneip konzentriert sich besonders auf Theoriedebatten in
den vierziger bis siebziger Jahren in der Sowjetunion und in der DDR, während H.
Günther, der eine ähnlich weite Konzeption vertritt, die theoretische Konzeption und
Schlüsseldiskussionen in der Konstitutionsphase des sozialistischen Realismus behandelt. GÜNTHER: Die Verstaatlichung der Literatur.

künstlerischer Erschwerung (uslovnost') und Rafinesse müssen von der marxistischen Kritik geahndet werden.[29]

Aus der didaktischen Intention marxistisch-leninistischer Literaturkritik in der sozialistischen Gesellschaft ergibt sich ferner die Aufgabe, nicht erst die Rezeption zu lenken, sondern möglichst bereits in den Produktionsprozeß der Literatur einzugreifen:

> In erster Linie muß der marxistische Kritiker ein Lehrer des Schriftstellers sein. (...) Nicht nur der nichtproletarische Schriftsteller ist oft geradezu säuglingshaft naiv in bezug auf die gesellschaftlichen Interessen, er begeht die allergröbsten Fehler aufgrund seiner primitiven Vorstellungen von den Gesetzen des gesellschaftlichen Lebens, auf Grund seines mangelnden Verständnisses für die grundsätzlichen Erfordernisse unserer jetzigen Epoche. (...) Der Schriftsteller ist ein feinsinniges Wesen, das sich der unmittelbaren Einwirkung der Realität aussetzt und in den meisten Fällen weder besondere Fähigkeiten noch ein ausgeprägtes Interesse für abstrakt-wissenschaftliche Gedankengänge hat.[30]

Außer den primären ideologischen und damit obligatorischen Prinzipien „Parteilichkeit" („*partijnost'*"), „Ideengehalt" („*idejnost'*") und „Volksverbundenheit" („*narodnost'*") ist von den fakultativen ästhetischen Prinzipien des sozialistischen Realismus, zu denen *Typisierung, Wahrhaftigkeit, revolutionäre Romantik, positiver Held, Widerspiegelung, historischer Optimismus* und *Gegenwartsthematik*[31] gehören, keines gleichbleibend kanonisiert worden. Ihre konkrete Anwendung auf die verschiedenen literarischen Gattungen bleibt daher immer offen, und hierin liegen die Spielräume für Kontroversen. Aus der Unklarheit bei gleichzeitigem normativen Anspruch erklärt sich nicht nur die permanente Umstrittenheit dieser Prinzipien, sondern auch die uneinheitliche Begriffsbestimmung des sozialistischen Realismus in der westlichen Forschung. Im Unterschied zu den obligatorischen ideologischen Prinzipien handelt es sich bei diesen Prinzipien zudem um ästhetische Kategorien, die nicht notwendig an die marxistische Ideologie gebunden und daher auch in nichtsozialistischen normativen Kunstkonzeptionen möglich sind.

Mit der Operationalisierung marxistisch-leninistischer Literaturtheorie im sozialistischen Realismus war eine enorme Aufwertung der *Institutionen* der Literaturkritik und eine von der politischen Macht gestützte

---

[29] LUNAČARSKIJ: Tezisy, S. 113.
[30] Ebd., S. 115.
[31] KNEIP: Regulative Prinzipien, S. 70-98.

Hierarchisierung ihrer Autoritäten[32] verbunden. Höchste „institutionelle Autorität" erhielten in diesem System Parteiresolutionen und Presseorgane der Partei und des Schriftstellerverbandes, gefolgt von anonymen oder gekennzeichneten literaturpolitischen Leitartikeln und kollektiven Verlautbarungen von Redaktionen. Erst danach kamen persönliche Äußerungen einzelner Kritiker, deren Verbindlichkeit abhängig war von deren Stellung im staatlich-administrativen Apparat. Auf diese Weise erhielt die Literaturkritik einen vorwiegend *exegetischen Charakter.*

Eines der wichtigsten Steuerungsinstrumente literarischer Kommunikation stellt die *Zensur* dar, die im sowjetischen Literatursystem in allen Formen – Selbstzensur, Vor- und Nachzensur – existierte, auch wenn ihre Existenz als Institution offiziell immer verschwiegen und verschleiert wurde. Daß die Grenzen zwischen Literaturkritik und Zensur als fließend aufgefaßt wurden, belegt schon die 1928 von Lunačarskij erhobene Forderung, die marxistische Kritik müsse auch bereits positiv eingeschätzte Werke einer zweiten Prüfung unterziehen und gegebenenfalls in ihnen enthaltene „schädliche, vergiftende und im Sinne konterrevolutionärer Propaganda gefährliche Erscheinungen" aufdecken: „Es versteht sich von selbst, daß in solchen Fällen schon nicht mehr die marxistische Kritik, sondern die marxistische Zensur auf den Plan tritt."[33]

Die sowjetische Zensur existierte einerseits als von der Literaturkritik unabhängige Institution. Indem sie literarische Texte noch vor ihrer Publikation sichtete und bewertete, nahm sie deren Aufgaben vorweg und stand damit häufig im Widerspruch zu deren Interessen. Andererseits erfüllte die Kritik umgekehrt auch Funktionen der Zensur, indem Literaturkritiker als Redakteure über die Veröffentlichung von Manuskripten entschieden oder durch nichtöffentliche Rezensionen Einfluß auf Publikationsmöglichkeiten nahmen.[34] Die vielfältigen Ausprägungen dieses Steuerungsinstruments im sowjetischen Literaturbetrieb lassen vermuten, daß auch nach der offiziellen Abschaffung der Zensur ihre Folgen noch lange spürbar sein werden, sei es in Form von sich selbst zensierendem

---

[32] Das Problem der Autorität und des Dreiecksverhältnisses Kritiker-Autor-Leser diskutieren eingehend, allerdings ohne auf die Rolle der Literaturkritik in staatsgelenkten Literatursystemen einzugehen, H. DUNCAN: Die Literatur als gesellschaftliche Institution, in: J. Strelka/ W. Hinderer (Hgg.): Moderne amerikanische Literaturtheorien, Frankfurt 1970, S. 318-337; C. VAN REES: The Institutional Foundation of a Critic's Connoisseurship, in: POETICS (1989) 18, S. 179-198.
[33] LUNAČARSKIJ : Tezisy, S. 111.
[34] Zum Aufbau und zur Arbeitsweise der sowjetischen Zensur wie auch ihren Auswirkungen auf die Literaturkritik vgl. Kapitel 5.4.1.2.

Denken oder als Weiterwirken der äsopischen Strategien ihres Unterlaufens auf den Stil und die Darstellungsweisen literarischer und literaturkritischer Texte.

2. Kultursoziologische Rahmenbedingungen 1986-1993

2.1 Vorbemerkung

Die Veränderungen der literarischen Kommunikationssituation in Rußland seit 1986 sind durch einen weitgehenden Rückzug des Staates aus dem Bereich der Kultur ausgelöst worden. Nach mehr als siebzig Jahren der staatlichen Kontrolle, Steuerung und Verfügungsgewalt über das kulturelle Leben bedeutet diese radikale Entstaatlichung innerhalb weniger Jahre einen tiefgreifenden Einschnitt, der weit mehr als die Verselbständigung kultureller Institutionen umfaßt. Die Dominanz des Politischen in der Regulierung kultureller und gesellschaftlicher Beziehungen wurde von einer Dominanz des Ökonomischen abgelöst. Das Ausmaß der Umwälzungen war jedoch keineswegs von Anfang an abzusehen, sondern ergab sich aus dem Verlauf der Reformen, die eine zunehmende Eigendynamik entfalteten. Ähnlich wie die 1956 von Chruščev begonnene Entstalinisierung wurde auch die Perestrojka nach dem Amtsantritt von Gorbačev im März 1986 auf Initiative der politischen Führung eingeleitet. Die Entscheidung, durch einen begrenzten Zensurabbau die politische Beschränkung der öffentlichen Kommunikation zu lockern und einen kontrollierten Freiraum für gesellschaftliche Diskussionen zuzulassen, basierte auf der Einsicht, daß die dringend benötigten Wirtschaftsreformen, durch die allein das Überleben des Systems zu sichern war, nur mit breiter Unterstützung der kulturellen Elite durchzusetzen waren. Diese politische Liberalisierung löste allerdings einen weitgehenden Umbruchprozeß aus, der in Verbindung mit Machtkämpfen und nationalen Bewegungen schließlich zum Ende des kommunistischen Systems und des sowjetischen Imperiums führte.

Die Auflösung der verstaatlichten ökonomischen Strukturen und der marktwirtschaftliche Einbruch erfolgten erst an der Schwelle der neunziger Jahre. Während der Zensurabbau Ende 1990 weitgehend abgeschlossen war und sich nach der Öffnung der Grenzen und der Vereinigung ehemals getrennter Kommunikationssphären auch eine relativ stabile Sphäre der Öffentlichkeit herausgebildet hatte, waren die ökonomischen und sozialen Umwälzungen für die Kulturschaffenden und ihre Auswirkungen auf das literarische Leben immer noch im Gange. Im Untersuchungszeitraum von 1986-1993 gibt es zwei Einschnitte, die Kommerzialisierung und der Putsch von 1991, die eine Periodisierung in zwei Phasen nahelegen:

1. In den Jahren 1986-1990 standen politische Reformen im Mittelpunkt. Diese Phase der gesellschaftlichen *Mobilisierung* [1] löste das seit Mitte der siebziger Jahre vorherrschende Prinzip einer defizitären Verteilung kultureller Güter ab.

2. Ab 1991 setzte die von verschiedenen Maßnahmen der Entstaatlichung begleitete massive *Kommerzialisierung* der Literatur ein, mit der zugleich eine neue Periode der *Differenzierung* auf allen Ebenen der literarischen Kommunikation begann. Der Putsch im August 1991 brachte mit dem Verbot der KPdSU auch das Ende der Perestrojka, das Ende der Herrschaft einer Partei und Ideologie, den Zerfall staatlicher Institutionen im gesamten Kulturbereich und im Dezember die Auflösung des sowjetischen Imperiums.

2.2 Politische Entstaatlichung: Zensurabbau und Wandel der Institutionen (1986-1990)

Auf der politischen Ebene vollzog sich die Entstaatlichung vor allem durch den Abbau der Zensur und durch die Verselbständigung bzw. Auflösung der künstlerischen Verbände und Organisationen, die bis dahin über die meisten gedruckten Medien, Verlage und Druckereien verfügt hatten. Eine Lockerung der Zensur machte sich nach dem Amtsantritt von Gorbačev ab Mitte bemerkbar 1986 und vollzog sich von da ab in immer neuen Schüben von Tabuverletzungen, die sich als „konzentrische Kreise"[2] beschreiben lassen. Jeder Schub war mit Kämpfen und Kontroversen verbunden, die auf politisch-administrativer, publizistisch-literaturkritischer und ökonomischer Ebene ausgetragen wurden, bis im August 1990 die Vorzensur im Bereich der Literatur und Kunst offiziell aufgehoben wurde.[3] Mit der Veröffentlichung der Werke Solženicyns,

---

[1] DUBIN: Dinamika pečati, S. 84f.

[2] A. ARCHANGEL'SKIJ: Kulturelle Integration, in: Kultur im Umbruch. Polen, Tschechoslowakei, Rußland, hg. Forschungsstelle Osteuropa, Bremen 1992, S. 198-217.

[3] Die Hauptbehörde für Zensur GLAVLIT wurde in GUOT (Glavnoe upravlenie obščestvennych tajn) umbenannt; näher dazu TREPPER: Kulturbetrieb, in: Kultur im Umbruch, S. 155-197, hier S. 165.

dem symbolträchtigsten Feind des sowjetischen Regimes, kam der Prozeß des Zensurabbaus zum Abschluß. Vorangetrieben wurde dieser Prozeß vor allem von Zeitungs- und Zeitschriftenredaktionen, Verlagen, einzelnen couragierten Publizisten, Schriftstellern und anderen Persönlichkeiten des kulturellen Lebens.

Einzelne Voranzeichen für eine liberalere Handhabung der Zensur waren seit Anfang 1986 erkennbar, als einige neue Romane offiziell anerkannter Autoren erschienen, die den bis dahin offiziell tolerierten Themenkanon erweiterten. Čingiz Ajtmatovs Roman „Placha" (Nm 1986/6-9) behandelte erstmals das religiöse Thema und Drogenprobleme, Valentin Rasputin in seinem Roman „Požar" (Ns 1985/7) die Naturzerstörung, und Viktor Astaf'ev schilderte in „Pečal'nyj detektiv"[4] (Ok 1986/1) russische Alltagszustände in bis dahin nicht gekannter negativ-pessimistischer Schärfe. Als im April 1986, aus Anlaß seines 100. Geburtstags, erstmals einige Gedichte von Nikolaj Gumilev in der in Massenauflage erscheinenden illustrierten Wochenzeitschrift „Ogonek" publiziert wurden und im Juni Andrej Platonovs Roman „Juvenil'noe more" erschien, wertete man dies bereits als Beginn eines neuen Tauwetters. Auf dem VIII. Sowjetischen Schriftstellerkongreß im Juni 1986 wurden Forderungen nach weiteren literarischen Rehabilitationen laut. Diese Vorstöße konnten sich der Unterstützung der politischen Führung versichern, da Gorbačev im gleichen Monat auf einem Treffen mit Schriftstellern die literarische Intelligenz aufgefordert hatte, an seiner Politik des „neuen Denkens" mitzuwirken. Im September 1986 rief der neue Generalsekretär die Kulturschaffenden dazu auf, „Glasnost'" herzustellen, „weiße Flecken" der Vergangenheit zu beseitigen und in offener Weise über die gesellschaftlichen Probleme Bilanz zu ziehen.[5]

Von einem *ersten Schub* der Veröffentlichungen früher verbotener Literatur läßt sich allerdings erst im Herbst 1986 sprechen, nachdem seit Oktober einige Schlüsselpositionen literarischer Zeitschriften mit Schriftstellern aus der Tauwetter-Generation besetzt worden waren, die sich aktiv für die proklamierten Reformen einsetzten und den Kampf gegen die Funktionäre des Apparates aufnahmen. Sergej Zalygin wurde Chefredakteur von „Novyj mir", Grigorij Baklanov übernahm die Leitung von „Znamja", Vitalij Korotič die Leitung von „Ogonek". In dieser ersten

---

4   Zur Diskussion über diesen Roman vgl. VL (1986) 11, engl. in: STUDIES IN SOVIET LITERATURE (1988) XXIV, vol. 4, S. 4-43.
5   Rede Gorbačevs vor sowjetischen Schriftstellern im September 1986: „Nur durch Kritik und Selbstkritik können wir uns kontrollieren", in: FR 18.9.1986.

Welle des Zensurabbaus gelangten früher verbotene Werke aus drei Bereichen an die breite Öffentlichkeit:

1. Zwischen den zwanziger und fünfziger Jahren geschriebene Werke verstorbener Dichter und Schriftsteller der vorrevolutionären Generation, die anfangs noch anerkannt waren, dann aber in die „innere Emigration" gedrängt wurden. Zu diesen Autoren gehörten vor allem Achmatova, Mandel'štam, Pasternak, Platonov und Bulgakov. Parallel dazu erfolgte ein Durchbruch für die Literatur aus der *ersten Emigration*, als im November/Dezember 1986 zum ersten Mal Texte von Chodasevič und Nabokov Sowjetunion publiziert wurden.[6] Widerstände und polemische Kontroversen kreisten um das Problem der klassischen Moderne bzw. Avantgarde, in deren Verlauf von Gegnern der Perestrojka, wie dem Schriftsteller Petr Proskurin wiederholt der Vorwurf einer literarischen „Nekrophilie" geäußert wurde.[7] Diese Werke des sogenannten „literarischen Erbes" forderten zwar zu einer Revision der Maßstäbe literaturkritischer Bewertung heraus, wurden aber zunächst noch als Teil der historischen Vergangenheit und als deutlich von der Gegenwart getrennt wahrgenommen.

2. Antistalinistische, bisher zurückgehaltene *Schubladenromane sowjetischer Gegenwartsautoren aus den sechziger und siebziger Jahren*, von denen die populärsten Romane Vladimir Dudincevs „Belye odeždy" (Ne 1987/1-4), Anatolij Rybakovs „Deti Arbata" (Dn 1987/ 4-6), Alek-

---

[6] Von Chodasevič erschienen erstmals im November 1986 sechzehn Gedichte in OG (1.485.000 Ex.), eingeleitet von Voznesenskij, und in DN (1987) 1-4. Die erste Veröffentlichung Nabokovs wagte an entlegener Stelle die Fachzeitschrift ŠACHMATNOE OBOZRENIE (1986) 16 mit kurzen Auszügen aus seiner Autobiographie „Drugie berega", eingeleitet von Iskander. Größere Publizität erlangte dann allerdings der Roman „Zaščita Lužna", der in MO (1986) 12 erschien. (Diesen Hinweis verdanke ich Herrn Prof. Kasack.) Zur Rehabilitation dieser Dichter vgl. CH. HÜLLEN: Der Tod im Werk Vladimir Nabokovs (Terra Inkognita), München 1990, S. 66-72; DERS.: Zwischen zwei Ufern: Vladimir Nabokov in der Sowjetunion (1986-1988), in: E. Reissner (Hg.): Perestrojka und Literatur, Berlin 1990, S. 205-221; F. GÖBLER: Vladislav Chodasevič in der Sowjetunion, ebd., S. 104-120.
Ein 1993 erschien eine erste, von der Moskauer Lenin-Bibliothek herausgegebene Bibliographie der zwischen 1986 und 1990 in der Sowjetunion publizierten Werke emigrierter Autoren einschließlich ihrer literaturkritischen bzw. –wissenschaftlichen Rezeption: Literatura russkogo zarubež'ja vozvraščaetsja na rodinu (1986-1990), vyp. 1, čast' 1, M 1993.

[7] Vgl. zu dieser Kontroverse mit dem Schwerpunkt auf Positionen und Auseinandersetzungen der Schriftsteller B. MENZEL: Streitkultur oder „literarischer Bürgerkrieg"? Der sowjetische Literaturbetrieb und die Perestrojka, in: OE (1990) 7, S. 606-620.

sandr Beks „Novoe naznačenie" (Zn 1986 /10-11) und Boris Možaevs „Mužiki i baby" (Don 1987/1-3) waren.

3. Aleksandr Tvardovskijs in den Jahren 1967-69 geschriebenes Poem „Po pravu pamjati" (Zn 1987/2, Nm 1987/3) weitete die Auseinandersetzung mit der Vergangenheit der dreißiger und vierziger Jahre in die nachstalinsche Zeit aus und führte sie an die noch lebende Generation heran. Mit dieser Veröffentlichung begann die Diskussion über den Charakter, die Verantwortung und Rolle der am Tauwetter beteiligten Generationen.[8] Dadurch wurde die Vergangenheit zunehmend als unmittelbare Vorgeschichte der Gegenwart wahrgenommen, Literatur der Vergangenheit entsprechend in aktueller Perspektive betrachtet. All diesen sowjetischen Autoren war gemeinsam, daß sie die Stalinzeit auf neue Weise, mit neuen Themen bearbeiteten, ohne jedoch die Grundlagen des kommunistischen Systems anzuzweifeln.

Ein *zweiter Schub* im Abbau der Zensur setzte 1988 mit dem gegen heftige Widerstände erkämpften Durchbruch der Literatur von noch lebenden Autoren der *dritten Emigration* ein. Den Anfang machte Iosif Brodskij (Nm 1987/12). Anders als drei Jahrzehnte zuvor im Fall Pasternak verhalf diesmal die Verleihung des Nobelpreises an Brodskij am 22.10.1987 und der damit verbundene Druck der internationalen Öffentlichkeit der Literatur aus der dritten Emigration zum Durchbruch.[9] Mit der Veröffentlichung der jüngsten Emigrantenliteratur aus den letzten beiden Jahrzehnten wurde zum ersten Mal die Grenze überschritten, an der die Tauwetter- Periode in den sechziger Jahren stehengeblieben war. Die Jahre 1988/89 waren beherrscht von einer Publikationswelle der

---

8   Eine Dokumentation dieser Diskussion findet sich bei TREPPER: Die Auseinandersetzung. Ferner DAVIES: Perestrojka und Geschichte. Die Wende in der sowjetischen Historiographie, München 1991, S. 70ff.

9   Noch im August 1987 hatte Zalygin als Chefredakteur von „Novyj mir" Vojničs Bitte um den Abdruck einer Erzählung verweigert, die dieser 1967 geschrieben hatte und die damals, bereits druckfertig, in Tvardovskijs „Novyj mir" an der Zensurschwelle der Redaktion gescheitert war. Zalygin begründete seine Ablehnung mit dem Hinweis auf die Menge anonymer Graphomanen, die jetzt alle ihre vermeintlich wertvollen Werke veröffentlicht sehen wollten. ZALYGIN: „Mir scheint, bei Ihnen – V. Vojnovič – ist der Eindruck entstanden, als ob Novyj mir jetzt all das veröffentliche, was irgendwann und irgendwo aus irgendwelchen Gründen abgelehnt und nicht gedruckt wurde. (...) Es hat mich gewundert, daß Dutzende von Autoren, die uns jetzt ihre Werke anbieten, diese eben für Werke (...) von höchstem künstlerischen Wert (...) halten." in: Brieffreundschaft, in: Sz 22./23. 8. 1987, S. 122; auch: Putem vzaimnoj perepiski, in: NOVOE RUSSKOE SLOVO 21.6.1987. Angriffe auf Brodskij äußerte P. GORELOV: „Mne nečego skazat'..." , in: KOMSOMOL'SKAJA PRAVDA am 19.3.1988.

Emigrationsliteratur, insbesondere von Autoren der dritten Emigration wie Viktor Nekrasov (Dn 1988/8), Vladimir Vojnovič (Dn 1989/1, 12), Andrej Sinjavskij (Vl 1989/2) und Vasilij Aksenov (Ju 1989/6-7). Parallel dazu erfolgte die Veröffentlichung von Romanen wie Boris Pasternaks „Doktor Živago" (Nm 1988/ 1-4) und Evgenij Zamjatins „My" (Zn 1988/4), im Ausland längst berühmten Werken, die das problematische Verhältnis der Intelligenz zu Revolution und Bürgerkrieg behandeln und deren Autoren zur „inneren Emigration" gehörten. Anfang 1988 begann auch die verstärkte Publikation von zurückgehaltenen Werken der westlichen Moderne, von europäischen und amerikanischen Autoren, wie F. Kafka („Zamok", Il 1988/1-3, Ne 1988/1-4), A. Huxley („O divnyj novyj mir", Il 1988/4), A. Koestler („Slepjaščaja t'ma", Ne 1988/7-8), T. S. Eliot („Ubijstvo", V mire knig 1988/4), G. Lorca (Stichotvorenija, Don 1988/7), J.-P. Sartre und V. Woolf. Und im Februar 1989 eröffnete die Zeitschrift „Inostrannaja Literatura" eine Serie von Interviews mit Schriftstellern aus der dritten Emigration. Vor der Perestrojka und noch bis Ende der achtziger Jahre war diese Zeitschrift für viele das attraktivste literarische Periodikum und zugleich ein Nadelöhr, durch das viele Texte westlicher Literatur, die teilweise nie als Buch erscheinen konnten, eine breitere Leserschicht erreichten.

An der ersten gemeinsamen Konferenz von sowjetischen und Schriftstellern aus der Emigration in Kopenhagen im März 1988 konnten erstmals auch Literaturkritiker (Galina Belaja, Natal'ja Ivanova teilnehmen. Weitere Konferenzen folgten im selben Jahr in Amsterdam, Lissabon und Barcelona.[10]

In diesen Jahren organisierten sich die Gegner der Perestrojka. Diese Zeit war vor allem von dem erbitterten politischen Machtkampf geprägt, hinter dem bereits handfeste ökonomische Interessen standen. Auch personalisierten sich die Auseinandersetzungen im literarischen Leben zunehmend, so daß der Literaturkritiker Sergej Čuprinin zu Recht eine „Wende vom Literatur- zum Literatenstreit" diagnostizierte.[11]

Im Herbst des Jahres 1988 setzte schließlich ein *dritter Schub* ein, der die drei letzten Säulen der Zensur – Staatsfeindlichkeit, religiöse Propaganda und Pornographie – zu Fall brachte. Wieder wurden gleichzeitig mehrere Publikationsverbote durchbrochen, diesmal in bezug auf die Literatur aus der vorrevolutionären, der frühsowjetischen und der jüngsten Vergangenheit. Die Kritik am Stalinismus weitete sich auf das kommuni-

---

[10] Ebd., S. 122.
[11] S. ČUPRININ: Iz smuty, in: LO (1989) 3, S. 15.

stische System, die Revolution und deren philosophische Begründer Lenin und Marx aus und erfaßte so auch die Grundlagen der marxistisch-leninistischen Lehre. Neben publizistischen Artikeln und Memoiren bekannter sowjetischer Literaten gab die Erzählung von Vasilij Grossman („Vse tečet", Ok 1989/6) hierzu entscheidende Anstöße.[12] Begünstigt durch die Tausendjahrfeier der orthodoxen Kirche, eröffnete im Oktober 1988 die Wochenzeitung „Literaturnaja gazeta" eine Serie mit dem Titel „Iz istorii russkoj filosovskoj mysli", in der zum ersten Mal Texte und Porträts russischer Religionsphilosophen wie Aleksej Losev, Pavel Florenskij, Nikolaj Berdjaev und Vladimir Solov'ev vorgestellt wurden. Während der erste längere Artikel über Dmitrij Merežkovskij im November 1986, obwohl sachlich fundiert, noch aus marxistischer Perspektive polemisch gegen den dekadenten Bourgeois geschrieben war,[13] wurden die Publikationen von Vasilij Rozanov, Vladimir Solov'ev, Nikolaj Fedorov, Petr Struve und Konstantin Leont'ev in Zeitschriften wie „Novyj mir" und „Voprosy literatury" von wohlwollenden bis ehrerbietigen Kommentaren begleitet. Mit dem Abbau der letzten Zensurschranken gegenüber religiös-philosophischen Schriften und Autoren des sogenannten „Silbernen Zeitalters" wurden auch Publikationen von früher verdrängten Literaturkritiken und eine neue Aufarbeitung ihrer Geschichte möglich. Zahlreiche Wiederabdrucke literaturkritischer Essays und Artikel von Schriftstellern und Kritikern des 19. und 20. Jhs., vornehmlich solchen aus der Jahrhundertwende, bezeugten das gesteigerte Interesse an dieser Geschichte.[14] Anfang der neunziger Jahre folgten ihnen auch seriös

---

[12] Den Anstoß für die politische Debatte gab schon früher der Artikel des Philosophen A. CIPKO: Istoki Stalinizma, in: NAUKA I ŽIZN (1988) 11, S. 45-55; M. WEHNER: Auf der Suche nach „Wahrheit"? Zum polemischen Streit sowjetischer Historiker und Publizisten über die 20er Jahre und die Ursprünge des Stalinismus, in: OE (1990) 12, S. 1129-1144; DAVIES: Perestroika und Geschichte, S. 248.

[13] S. POVARCOV: Traektorija padenija (O literaturno-ėstetičeskich koncepcijach D. Merežkovskogo), in: VL (1986) 11, S. 153-191.

[14] K. LEONT'EV: Analiz, stil' i vejanie. O romanach grafa L. N. Tolstogo. Kritičeskij ėtjud, in: VL (1988) 12, S. 201-247; (1989) 1, S. 203-249; B. ZAJCEV: O russkich i sovetskich pisateljach, in: RL (1989) 1, S. 193-206; DERS.: Literaturnye portrety, in: ZN (1989) 10, S. 87-202; V. ROZANOV: V. Rozanov – Literaturnyj kritik, in: VL (1988) 4, S. 176-200; P. FLORENSKIJ: O literature, in: VL (1988) 1, S. 146-176; V. NABOKOV: Pis'ma o russkoj poėzii (18 Rezensionen aus der Emigrantenzeitschrift „Rul'"), in: LO (1989) 3, S. 96-108; M. BERKOVSKIJ: Mir sozdavaemyj literaturoj. Sost. G. Belaja, M 1989.

edierte Buchausgaben. [15] Artikel und Bücher von ehemals aus dem literarischen Leben verdrängten oder emigrierten Literaturkritikern, wie Julij Ajchenval'd und Arkadij Belinkov,[16] die bei den zeitgenössischen Intellektuellen hohes Ansehen besessen hatten, konnten nun wieder oder erstmals gedruckt werden.

Schließlich waren die Publikationen von Werken einiger emigrierter Schriftsteller, wie Saša Sokolov (Ok 1989/3), Jurij Mamleev (Zn 1990/7) und Ė. Limonov (Zn 1989/11), und Gegenwartsautoren aus dem russischen Untergrund, wie der Moskauer Konzeptualisten (Vladimir Sorokin: Rodnik 1989/11 und M 1990; Dmitrij Prigov: Den' poėzii, M 1989, Dn 1990/4; Lev Rubinštejn: Lo 1989/10),[17] mit moralischen und ästhetischen Tabubrüchen von neuer Qualität verbunden. Im August 1988 äußerte Elena Čukovskaja erstmals öffentlich die Forderung nach einer Freigabe von Solženicyns Werken,[18] deren Durchsetzung allerdings noch ein ganzes weiteres Jahr dauerte. Die letzten Widerstände gegen eine Aufhebung der Zensur kamen sowohl von nationalbolschewistischen Gegnern als auch von reformsozialistischen Anhängern der Perestrojka.[19]

Die einzige offizielle Organisation im Literaturbereich war der Schriftstellerverband der UdSSR (Sojuz Pisatelej SSSR), der Filialen in Rußland (Sojuz Pisatelej RSFSR) und anderen Republiken sowie in den

---

[15] Ab 1993-94 begann in Moskau unter dem Titel „Istorija ėstetiki v pamjatnikach i dokumentach" eine Serie mit ästhetischen und literaturkritischen Schriften von Autoren des 19. und des frühen 20. Jhs. zu erscheinen, deren Bände teilweise bereits Jahre früher fertiggestellt waren, darunter N. K. MICHAJLOVSKIJ: Literaturnaja kritika i vospominanija, M 1995; D. S. MEREŽKOVSKIJ: ĖSTETIKA I KRITIKA, M 1994; V. IVANOV: Lik i ličiny Rossii. Ėstetika i literaturnaja teorija, M 1995; A. BELYJ: Ėstetika. Kritika. Teorija simvolizma, 2 Bde (1996 i.Dr.).

[16] JU. AJCHENVAL'D : Sbornik pedagogičeskich, filosofskich i literaturnych statej, M 1990; A. BELINKOV: O literature, in: VL (1988) 1, S. 146-176; DERS.: Zdača i gibel' sovetskogo intelligenta. Ju. Oleša, in: VOLGA (1990) 7, S. 3-89.

[17] In der Sowjetunion erschienen erstmals Texte von V. SOROKIN in: RODNIK (1989) 11; erste Publikation in großer Auflage: DERS.: „Odinokaja garmon'", „Žena ispytatelja" und „Osen'", in: LG 6.3.1991; L. RUBINŠTEJN: Iz neizdannogo, in: LO (1989) 10, S. 87-92; Eine Bibliographie von Prigovs Publikationen in Rußland steht in: RUSSIAN LITERATURE XXXIX-I (1996) 1, S. 35-38.

[18] E. ČUKOVSKAJA: Vernut' Solženicynu graždanstvo, in: KNIŽNOE OBOZRENIE 5.8.1988. Die Autorin ist die Tochter von Lidija Čukovskaja und Enkelin von Kornej Čukovskij, der Solženicyn in der Zeit der Verfolgung verteidigt hatte.

[19] Näheres bei B. MENZEL: Entmythisierung in der russischen Literatur am Beispiel von A. I. Solschenizyn, in: C. Friedrich/B. Menzel (Hgg.): Osteuropa im Umbruch. Alte und neue Mythen, Bern/Berlin 1994, S. 109-124.

städtischen Metropolen (vor allem in Moskau und Leningrad) besaß.[20]
Eine wichtige Rolle für die soziale Absicherung der im Literaturbetrieb
Beschäftigten spielte auch der dem Schriftstellerverband angegliederte
Literaturnyj Fond. Sein Vermögen bezog der Schriftstellerverband in erster Linie aus den Einnahmen der ihm unterstellten Zeitschriftenredaktionen, Verlage und Druckereien, aus Lizenzen, Autorenrechten, viel weniger aus Mitgliedsbeiträgen.[21] Zwischen 1986 und 1989 entbrannte ein
Machtkampf zwischen Reformanhängern und –gegnern aus dem Apparat,
in dem es um die politische Führung in diesen Institutionen und damit
auch um den monopolisierten Zugang zu den Produktionsmitteln (Verlage, Druckereien) ging. Danach liefen die Auseinandersetzungen zunehmend auf eine Spaltung der Verbände hinaus. Stationen der Konflikte
waren verschiedene offene Briefe, über denen die beiden Lager schließlich unversöhnlich auseinanderbrachen. Der erste Anlaß war der offene
Brief der Leningrader Parteifunktionärin Nina Andreeva am 13.3.1988,[22]
ein von den Gegnern Gorbačevs im Politbüro gestützter Frontalangriff
auf die Parteiführung und ihre reformpolitische Linie. Der Vorstand des
russischen Schriftstellerverbandes befürwortete den Brief und beteiligte
sich als einziger künstlerischer Verband nicht an dem Protest gegen diesen Brief. Im Januar 1989 druckten nationalistische Schriftsteller zu-
stimmend erneut den sogenannten „Brief der 11" von 1969 ab, eine Denunziation der Zeitschrift „Novyj mir" und ihres Chefredakteurs Tvardovskij die damals zu dessen Absetzung geführt hatte.[23] Daraufhin gründete im Februar 1989 die Fraktion der Reformanhänger im russischen
Schrifstellerverband die Vereinigung „Aprel'" mit eigenem Verlag. Noch
im Sommer 1989 wurde eine hitzige Debatte über eine neue Satzung des
sowjetischen Schriftstellerverbandes und eine neue Festsetzung der Normen des sozialistischen Realismus geführt. Aber nach weiteren scharfen
Kontroversen auf dem 6. Plenum des russischen Schrifstellerverbandes
im November 1989, der von nationalistischen Gegnern der Perestrojka

---

[20] Der sowjetische Schriftstellerverband hatte Mitte der achtziger Jahre ca. 10.000 Mit-
      glieder, doppelt so viele wie Mitte der sechziger Jahre. GRAFFY: The Literary Press,
      hier S. 132. Vgl. auch J. u. C. GARRARD: Inside the Writers' Union, London 1990.
[21] O literaturnom fonde Sojuza SSR. Svod zakonov SSSR, Bd. 3 II., M 1987, S. 692;
      Stichwort „Literaturnyj Fond" in: W. KASACK: Lexikon der russischen Literatur des
      20. Jahrhunderts, 2. neu bearb. u. wesentlich erw. Aufl., München 1992, S. 681f. da-
      zu auch H. TREPPER: Kulturbetrieb. Die künstlerischen Verbände, in: Forschungs-
      stelle Osteuropa (Hg.): Kultur im Umbruch, S. 190-198.
[22] Offener Brief von Nina Andreeva in: SR13.3.1988.
[23] „Pis'mo 11", in: Ns (1989) 1, S. 175f.; zuerst in: OG26.7.1969.

dominiert wurde, setzte mit der Teilung des Leningrader Verbandes im Dezember 1989 der allgemeine Auflösungsprozeß des Schriftstellerverbandes ein.[24]

Zusammen mit einigen Putschisten publizierten im Juli die national-bolschewistischen Führer des russischen Verbandes unter dem Titel „Slovo k narodu" einen offenen Aufruf zum politischen Umsturz.[25] Nach dem Putsch im August 1991 war endgültig klar, daß es keine gemeinsame Ebene zwischen Gegnern und Befürwortern der Reformen mehr geben konnte. Wegen des dringenden Verdachts auf Unterstützung der Putschisten wurde der Führung des Unionsverbandes und des russischen Schriftstellerverbandes (der RSFSR) von einem erweiterten Leitungsgremium, in Verbindung mit dem russischen PEN-Zentrum, das Vertrauen entzogen. Der russische Verband erklärte daraufhin seinen Austritt aus dem Unionsverband. Nach den baltischen Schriftstellern traten weitere nationale Einzelverbände noch vor Ende 1991 aus dem sowjetischen Verband aus.

Im Januar 1992 gründeten sich zwei Folgeverbände des russischen und parallel dazu auch zwei des ehemaligen sowjetischen Schriftstellerverbandes:[26] die reformorientierte Vereinigung „Sodružestvo", die beauftragt wurde, den anstehenden 9.und letzten Schriftstellerkongreß vorzubereiten, der endgültig über das Schicksal des aufgelösten Verbandes entscheiden sollte, und die von Nationalpatrioten beherrschte Vereinigung „Soobščestvo", die sich als erste Schriftsteller-Organisation der eurasischen Ideologie verschrieb. Der Kongreß fand zwar, nachdem er dreimal verschoben worden war, im Juni 1992 noch statt; aber die demokratischen Mitglieder aus Rußland und anderen Republiken boykottierten

---

24 Zur Dokumentation des 6. Plenums des Schriftstellerverbandes der RSFSR vgl. „Vse zaedino!", in: OG (1989) 48, S. 6-9 und 31; B. MENZEL: Streitkultur oder „literarischer Bürgerkrieg". Die Spaltung wurde vorangetrieben von dem „Offenen Brief der 74", in dem wiederum nationalistische Schriftsteller und Kritiker vom ZK der Partei und dem Obersten Sowjet administrative Maßnahmen gegen die Reformanhänger verlangten. „Pis'mo pisatelej Rossii", in: LR 2.3.1990. Der Brief wurde u.a. von den Literaturkritikern T. Gluškova, V. Bondarenko, M. Lobarov, V. Kožinov, P. Vychodcev und S. Kunjaev unterzeichnet.

25 SLOVO K NARODU (unterzeichnet u.a. von Ju. Bondarev, A. Prochanov, V. Rasputin und G. Sjuganov), in: SOVETSKAJA ROSSIJA 23.7.1991.

26 Die beiden Folgeverbände des russischen Schriftstellerverbandes nannten sich „Sojuz Pisatelej Rossii" (SPR) unter der Leitung des nationalbolschewistischen Schriftstellers Bondarev (im Februar 1992 2099 Mitglieder) und „Sojuz Rossijskich Pisatelej" (SRP) der „Demokraten" (im Febr. 1992 523 Mitglieder). Beide Verbände konzentrierten sich hauptsächlich auf Moskau und Leningrad/St. Petersburg.

ihn, so daß nur noch fünf mittelasiatische Republiken unter der Führung
des Verbandes der Schriftsteller Rußlands vertreten waren und er nur
noch eine kleine Minderheit der Schriftsteller repräsentierte. Dieser Kongreß bildete den ruhmlosen, öffentlich kaum noch beachteten Schluß-
punkt im Auflösungsprozeß des einst so mächtigen sowjetischen Schriftstellerverbandes.[27]

Der politische Funktionsverlust des Schriftstellerverbandes ging einher mit dem Verlust an gesellschaftlicher Bedeutung, der Streichung
staatlicher Subventionen und mit der seit 1989/90 einsetzenden Kommerzialisierung. Die politisch-ideologischen Auseinandersetzungen wurden zunehmend von einem sich verschärfenden Kampf um die Sicherung
der Besitzstände bestimmt. Die Verbände und ihre Medien verfügten
nicht nur über die Produktionsmittel, sondern auch über riesige Besitztü-
mer und Vermögen. Allein die zahlreichen über das ganze Land verteil-
ten Erholungsheime, die teilweise riesige Ländereien mit eigener Infra-
struktur besaßen, zeugten davon, daß der Schriftstellerverband eine erhebliche ökonomische Machtbasis besaß. Da zwischen den Schriftstellern selbst keine Einigung erzielt werden konnte, wurde das Vermögen
des durch politische Machtkämpfe gespaltenen Schriftstellerverbands
nach der Auflösung der Sowjetunion im Juni 1992 vom russischen Staat
beschlagnahmt. Die meisten Zeitschriften und Verlage machten sich selbständig. Über die ungeteilte Erhaltung des Litfond mit gewerkschaft-
sähnlichen Funktionen konnte zuvor im Mai 1992 noch eine Einigung
erzielt werden.

2.3   Ökonomische Entstaatlichung: Kommerzialisierung
(1990-1993)

Weit nachhaltiger als der Zensurabbau und die Auflösung der künstlerischen Verbände wirkte sich die 1990 einsetzende Kommerzialisierung
auf alle, die im Literaturbetrieb tätig waren, aus. Literaten und Kritiker

---

[27] Vgl. hierzu, zur Eurasien-Ideologie und zur Rolle der Schriftsteller in ihrer Propagierung K. HIELSCHER: Geschichtsmythen der russischen „Neuen Rechten": der Eurasismus, in: Friedrich/Menzel (Hgg.): Osteuropa im Umbruch, S. 91-106; DIES.: Verschwörung gegen das russische Volk? Nationalismus und Antisemitismus in Literatur
und Publizistik der Perestrojka-Periode, in: E. Reißner (Hg.): Perestrojka und Literatur, Berlin 1990, S. 190-204.

waren davon nicht nur mittelbar betroffen, da sich die Produktions- und Distributionsbedingungen für die Literatur wie auch die gesamte Medienlandschaft veränderten, sondern auch unmittelbar, indem ihre Gehälter, Honorare und überhaupt alle Einkünfte aus literaturbezogener Arbeit erheblich sanken.

Der Buch- und Zeitschriftenmarkt war der erste gesellschaftliche Bereich, in dem die Produktion auf das Prinzip von Angebot und Nachfrage umgestellt wurde und sich tatsächliche Marktverhältnisse entwickelten. Seine Kommerzialisierung ergab sich geradezu zwangsläufig aus den Folgen der Glasnost'-Politik des Zensurabbaus. Als es nämlich 1986-1989 unter dem Druck der massenhaften Nachfrage zu einer Flut von Neuveröffentlichungen kam, stellte sich heraus, daß mit der Aufgabe staatlich gelenkter Produktionsvorgaben auch das gesamte sowjetische Produktions- und Vertriebssystem nicht mehr aufrechterhalten werden konnte.

Eine der wichtigsten Folgen der Glasnost'-Politik in der ersten, „politischen" Phase der Perestrojka war die Erweiterung der literarischen Kommunikationsmöglichkeiten, die als das *Ende des Bücherdefizits* bezeichnet worden ist.[28] Seit den siebziger Jahren gehörte es zu den „normalen" Gegebenheiten des literarischen Lebens, daß Buchtitel trotz fehlender Nachfrage in millionenfacher Auflage gedruckt und vertrieben wurden. Titel, nach denen es eine reale Nachfrage gab, waren dagegen grundsätzlich Mangelware und immer schnell vergriffen. Obwohl die UdSSR zu den weltweit führenden Ländern in der Produktion von Büchern gehörte,[29] gab es ein riesiges Bücherdefizit. Einer der Hauptgründe dafür war das durch Zentralisierung und politische Gängelung gelähmte, technologisch völlig rückständige sowjetische Produktions- und Vertriebssystem für Bücher und Zeitschriften. Die bis Ende der achtziger Jahre existierenden Verlags- und Vertriebspraktiken stammten ohne wesentliche Änderungen noch aus den dreißiger Jahren. Sie waren aus der unmittelbar politischen Zielsetzung einer kulturellen Massenmobilisierung der überwiegend bäuerlichen Bevölkerung entstanden, deren niedriges Bildungsniveau angehoben werden sollte. Zugleich dienten sie dem

---

[28] In diesem Teil stütze ich mich auf verschiedene literatursoziologische Studien von GUDKOV und DUBIN, insbes. Literaturnaja kul'tura. Process i racion, in: VL (1988) 2, S. 168-189, hier S. 186; auch in: DIES.: Intelligencija. Zametki o literaturno-političeskich illjuzijach, M 1995, S. 8-41; B. DUBIN: Dinamika pečati i transformacija obščestva, in: VL (1991) 9-10, S. 84-97, hier S. 90.

[29] Vgl. dazu CH. ENGEL: Leser und Literaturbetrieb. Ein kritischer Streifzug durch die aktuelle Diskussion in sowjetischen Zeitschriften, in: OE (1989) 2-3, S.151-164.

Ziel einer Vereinheitlichung der Leserschaft und ihrer durch Ge-
schmacksnivellierung verbesserten Lenkung. Damals hatte man im
Kampf um den Massenleser große Sortimente, Titelvielfalt, freien Ver-
kauf und längere Absatzfristen abgelehnt.[30] Daher war die Anzahl der
Titel von Büchern und Zeitschriften umgekehrt proportional zu ihrer
Auflagenhöhe reduziert worden.

Die fortschreitende Urbanisierung und das steigende Bildungsniveau
hatte seit den fünfziger Jahren zu einer starken Differenzierung der sowjetischen Gesellschaft geführt. Spätestens seit den sechziger Jahren erwies sich daher das zentralistisch gesteuerte Produktions- und Verlagssystem als überholt und ineffektiv. Durch die Monopolisierung der Produktion und des Vertriebs von Büchern wurde jede Rückkoppelung an
eine reale Nachfrage oder an einen längerfristig wirkenden Absatz ver-
hindert.[31] Die an planwirtschaftlichen Zielen orientierte Praxis, daß neu
produzierte Bücher innerhalb von maximal drei Monaten verkauft sein
mußten, hielt sich bis in die achtziger Jahre. In der Veröffentlichungspo-
litik gliederte man einerseits in „politisch Notwendiges", das ohne Rücksicht auf Absatz und Nachfrage gedruckt wurde, und in Bücher, die einen
realen Bedarf erfüllten. Ein Großteil der politischen und literarischen
Druckerzeugnisse für massenpropagandistische Zwecke, die keinen Absatz fanden, wanderte entweder in den Müll oder wurde im Laufe der
Zeit als sogenannte „Makulatur", d.h. zum Gegenwert der entsprechenden Papiermenge, gegen andere, von den Käufern gewünschte Bücher
eingetauscht.

Die Anzahl der Verlage war sowohl im internationalen als auch im
Vergleich zu den frühen zwanziger Jahren außerordentlich gering: In der
gesamten Sowjetunion gab es nur 250 Verlage.[32] Obwohl die Leserschaft

---

30 Einer der Ideologen der Kollektivierung des Buches, N. B. NOVIKOV, schrieb: „Es
    wird Zeit, daß wir uns von der Fetischisierung des sogenannten Sortiments verab-
    schieden. (...) Die Zeit des freien Handels gehört der Vergangenheit an. Nun ist eine
    Zeit der sozialistischen Form und Methode der Arbeit mit dem Buch angebrochen.
    Ein Buch kann nur für vorher bestimmte Nutzer gedruckt werden, und sein vollstän-
    diger Vertrieb hat innerhalb einer bestimmten kurzen Frist von weniger als drei Mo-
    naten zu erfolgen." Zit. aus GUDKOV/DUBIN: Literaturnaja kul'tura, S. 173.
31 Im Jahre 1959 besaßen 43% der Bevölkerung eine höhere Bildung, während es Ende
    der siebziger Jahre bereits 81% waren. Mitte der achtziger Jahre hatten fünfmal so-
    viele Menschen eine höhere Schul- oder Universitätsbildung als Anfang der sechziger
    Jahre. STEL'MACH: Čtenie pod cenzury (unveröff. Ms. eines Vortrags auf dem V.
    Weltkongreß des CCEES in Warschau August 1995), S. 2.
32 Im Vergleich dazu gab es Anfang der zwanziger Jahre annähernd 2.000 Verlage ver-
    schiedenster Typen. GUDKOV/DUBIN: Literaturnaja kul'tura. Ferner K. DITTRICH: Das

erheblich zugenommen hatte, blieb die Anzahl der jährlich produzierten Titel zwischen 1962-1985 fast konstant.[33] Ebenso verhielt es sich mit der gemessen am Bedarf viel zu niedrigen Anzahl der Zeitungen und dicken Zeitschriften.[34] Das Prinzip der Vorfinanzierung der literarischen Monatszeitschriften durch Abonnements im Jahresrhythmus setzte eine relativ konstante Leserschaft und Preisentwicklung sowie eine langfristig stabile Planung voraus. Verbreitet war dieses Subskriptionssystem auch für Bücher und mehrbändige Gesamtausgaben. Dadurch daß Verlage und Zeitschriften grundsätzlich an Partei- und staatliche Organisationen gebunden waren, wurde schließlich fast der gesamte Gewinn abgeschöpft[35] und jahrzehntelang auf Verschleiß produziert. Mittel für Investitionen zur Modernisierung standen dadurch kaum zur Verfügung, und das Verlagssystem blieb technologisch so veraltet, daß diese Erblast zu Beginn der neunziger Jahre ganze Branchen wie die Papierindustrie, Druckereien und Typographien, blockierte.[36]

Verlagswesen stochert im Nebel von Dezentralisierung, Demonopolisierung und Neuorientierung, in: BÖRSENBLATT DES DEUTSCHEN BUCHHANDELS (1992) 2, S. 20-24.

[33] GUDKOV/DUBIN: Literaturnaja kul'tura, geben folgende weitere Zahlen an: 1932 wurden in der Sowjetunion 53.500 Titel für ca. 10-12 Mio. Leser produziert, 1939 waren es 45.800 für 15,9 Mio. Leser und 1985 84.000 für 161,2 Mio. Leser, wobei aber nur 45.200 in den freien Verkauf gelangten. Die übrigen wurden über Subskription, an Bibliotheken oder im Tausch gegen Makulatur-Papier vertrieben. Anders ausgedrückt, entspricht die durchschnittliche Anzahl an produzierten Buchtiteln pro Jahr Mitte der achtziger Jahre dem Stand von 1913 und ist etwa halb so groß wie in den westlichen Industrieländern. Gegenüber dieser Einschränkung des Angebots hat sich die Auflagenzahl durchschnittlich um das 18fache erhöht.

[34] Während zwischen 1922 und 1935 47 neue Zeitschriften erschienen, davon allein 21 zwischen 1922 und 1925, waren es zwischen 1935-85 ganze 17. 1988 wurden in der Sowjetunion insgesamt 1.578 Zeitschriften herausgegeben, eine Zahl, die sich im Vergleich zur Situation in Rußland 1913 mit mehr als 8.000 lächerlich gering ausnimmt. L. GUDKOV: Krepostnaja pečat', in: OG (1990) 19, S. 7-8; GUDKOV/DUBIN: Literaturnaja kul'tura, S. 186f.

[35] Der Verlag „Sovetskij pisatel'" mußte, wie die meisten anderen, 90% seines Verdienstes an den Schriftstellerverband abgeben und durfte nur 8% einbehalten. Auskunft der ehemaligen Redakteurin des Verlages N. A. Ninova (April 1992).

[36] So waren zum Beispiel Ende der achtziger Jahre 60% aller Druckerei-Maschinen im Land älter als sechzig Jahre. Siehe GUDKOV/DUBIN: Literaturnaja kul'tura, S. 175. Im Gegensatz zu westlichen Ländern wurden in der Sowjetunion nicht 50-70%, sondern nur 12% des Holzes zu Papier verarbeitet. Während man in den USA aus einem Kubikmeter Nutzholz 164 kg Papier produzierte, waren es in der Sowjetunion nur 27,3 kg.

Aber die sogenannte „Defizitierung des Buches", die mit dem Ende des Tauwetters begann und mit dem Beginn der Regressionsperiode unter Brežnevzur Regel wurde, ergab sich nach Ansicht von Soziologen nicht nur aus den technologischen Mängeln des veralteten Systems. Sie war auch Teil einer politischen Strategie der geförderten und gelenkten Mangelwirtschaft.[37] Zwar konnten im Laufe des Tauwetters etliche früher verbotene Autoren rehabilitiert werden. Ihre Bücher erschienen jedoch, sofern sie überhaupt gedruckt wurden und nicht in den Verlagen „eingefroren" liegenblieben, in stark limitierten Auflagen oder an entlegener Stelle, so daß sie nur einen kleinen Kreis auserwählter Leser hatten. Aus diesem Grund erlangten private Hausbibliotheken für Angehörige der Intelligenz eine besondere Bedeutung. Nach soziologischen Umfragen hatten 96 Prozent aller Kaufwilligen vor 1986 Probleme, die von ihnen gewünschten Bücher zu finden. 68 Prozent der Leser erwarben ihre Bücher auf dem Schwarzmarkt. Die übrigen, also mehr als ein Drittel aller erwachsenen Leser, konnten allenfalls über Hausbibliotheken die gewünschten Bücher erhalten. Der größte Teil der Leserschaft war daher auf öffentliche Bibliotheken angewiesen, in die jedoch nur 10 Prozent aller neu publizierten Titel gelangten. Durch die rigide Zensurpraxis wurden zwischen 1969-1979 mehr als 8.000 Titel von insgesamt 600 Autoren aus den öffentlichen Bibliotheken entfernt. Von den 500-600 meistgefragten Titeln der Bibliotheken waren 30-70 Prozent unter Verschluß, das heißt, sie wurden nur mit Sondergenehmigungen an wenige Spezialisten ausgeliehen. Allein in der Moskauer Lenin-Bibliothek unterlagen 1983 1.131.559 Bücher den Regeln der „Sonderaufbewahrung" („specchran"), und jährlich kamen weitere 33.000 Titel hinzu.[38]

Die durch Glasnost' ausgelöste Liberalisierung der Publikationspraxis führte zwischen 1986 und 1990 zu einem einzigartigen Boom der literarischen und gesellschaftspolitischen Wochen- und Monatszeitschriften. Diese konnten durch ihre periodische Erscheinungsweise wesentlich schneller als Buchverlage auf die Veränderungen reagieren und ihre Auflagen um 80 bis 430 Prozent erhöhen. Als jedoch um 1989/90 die allgemeine wirtschaftliche Lage im Land einen Tiefpunkt erreichte, fand

---

[37] GUDKOV/DUBIN: Literaturnaja kul'tura, S. 186 und DUBIN: Dinamika pečati, S. 90.

[38] Diese Angaben stammen aus STEL'MACH: Čtenie pod cenzury; ferner: GUDKOV/DUBIN: Literaturnaja kul'tura, S. 11. In der Sowjetunion waren der Statistik nach Mitte der achtziger Jahre von 161,2 Mio. Einwohnern 40-50 Mio. aktive Leser. 80% aller Befragten gaben als Hauptfreizeitbeschäftigung das Lesen an. 91% der Befragten gaben an, öffentliche Bibliotheken zu benutzen.

der Auflagenboom ein abruptes Ende. Ein radikales Sofortprogramm, der sogenannte 500-Tage-Plan, zur weitgehenden Privatisierung und Entstaatlichung der sowjetischen Wirtschaft nach westlichem Vorbild wurde entwickelt und diskutiert. Und unter dem Druck der gesamtwirtschaftlichen Krise setzte die Entstaatlichung des Buchmarkts ein.[39] Im Rückblick kann der Auflagenboom der Zeitschriften nur im Zusammenhang mit dem politisch bedingten Hinauszögern der ökonomischen Krise betrachtet werden.

Für die Kommerzialisierung des Buchmarkts waren drei Maßnahmen ausschlaggebend:

- die *Freigabe der Preise* – zunächst der Papierpreise – während der Subskriptionsphase im September 1990 für die Jahresabonnements 1991, seit Januar 1992 die Freigabe aller Preise

- die *Streichung von Partei- bzw. staatlichen Subventionen* für Verlage, Druckereien, Zeitschriften und Organisationen, begleitet von einer *Steuerpolitik,* die jede kulturelle Entwicklung hemmte, gefolgt vom *Zusammenbruch des zentralisierten Vertriebsnetzes*

- die Ermöglichung unabhängiger Mediengründungen durch das *Pressegesetz* vom Juni 1990.

Freigabe der Preise

In der Sowjetunion teilten sich Staat und Partei faktisch das Monopol auf die Papierproduktion, Druckkapazitäten und den Vertrieb von Druckerzeugnissen.[40] Eines der wichtigsten Ziele der Reformpolitik im Bereich der Kultur war deshalb die Beseitigung dieses Monopols, um einen freien Wettbewerb und offenen Zugang zu den Publikationsmedien zu gewährleisten. Im Herbst 1990 wurde die Freigabe der Papierpreise, eine der Grundbedingungen für die Herausbildung eines freien Wettbewerbs, für den 1.1.1991 angekündigt. Die Folge war ein drastischer Preisanstieg aller Druckerzeugnisse. Mit Beginn des Abonnementsjahres 1991 erfolgte ein erdrutschartiger Auflageneinbruch der literarischen Zeitschriften:

---

[39] Zur Diskussion und Entscheidung über den 500-Tage-Plan vgl. M. MOMMSEN: Wohin treibt Rußland? Eine Großmacht zwischen Anarchie und Demokratie, München 1996, S. 135ff. Zur weiteren Entwicklung der Reformpolitik vgl. L. TRAUTMANN: Rußland zwischen Diktatur und Demokratie. Die Krise der Reformpolitik seit 1993, Baden-Baden 1995.

[40] Vgl. hierzu eingehender H. TREPPER: Die „Freiheit des Wortes“: Nach dem Pressegesetz. Arbeitspapiere und Materialien der Forschungsstelle Osteuropa Bremen, No. 1, Bremen 1991.

TABELLE 1: Auflagen der wichtigsten literarisch-publizistischen Zeitschriften 1985-1993[41]

	1985	1986	1987	1988	1989	1990	1991	1992	1993
NM	430.000	415.000	495.000	1.15Mio.	1.55Mio.	2.7Mio.	200.000	241.300	60.000
DN	156.000	160.000	150.000	800.000	1.1Mio.	800.000	200.000	100.000	45.000
ZN	175.000	250.000	270.000	500.000	980.000	1Mio.	419.000	192.000	73.000
ZV	120.000	120.000	140.000	150.000	210.000	340.000	130.000	70.000	35.000
MO	500.000	500.000	430.000	750.000	770.000	450.000	150.000	85.000	35.000
NS	200.000	220.000	220.000	240.000	313.000	488.000	311.000	163.000	92.000
OK	156.000	175.000	185.000	252.000	385.000	335.000	242.000	114.000	60.000
LG						4.2Mio.		1.2Mio.	
VL	15.000	15.000	15.000	16.000	16.000	26.000	13.000	8.800	4-17.000

Zwar war für diese Entwicklung der Preisanstieg ausschlaggebend – innerhalb kürzester Zeit wurde der für eine traditionell große Stammleserschaft übliche Erwerb mehrerer Monatszeitschriften unerschwinglich –, aber der erhebliche Rückgang der Abonnentenzahlen ließ sich nicht allein auf ökonomische Ursachen zurückführen, zumal andere, nichtliterarische Zeitungen und Zeitschriften ihre Auflagen halten oder sogar noch steigern konnten.[42] Hinzu kam, daß mit Beginn der neunziger Jahre der erste übergroße Hunger nach Informationen gestillt war und die meisten der ehemals unterdrückten Werke des „literarischen Erbes" veröffentlicht waren. Das Bedürfnis nach Aufklärung über die eigene Geschichte konnte inzwischen durch andere als literarische Quellen erfüllt werden, da sich neben der Publizistik und den elektronischen Medien andere Foren öffentlicher Auseinandersetzung und wissenschaftliche Einzeldisziplinen stärker entwickelt hatten. Schließlich waren in der wirtschaftlichen Krise viele Menschen mit der Bewältigung praktischer Probleme beschäftigt oder hatten ihre Aktivitäten in andere Bereiche verlegt.

Für die Buchproduktion brachte die Erhöhung der Papierpreise und der damit verbundenen Kosten für Druck und Typographie eine dramatische Reduktion der publizierten Titel.[43] In staatlichen Verlagen ging die

---

41 Die Angaben beziehen sich auf den jeweiligen Jahresdurchschnitt. B. Dubin nennt als weitere Vergleichszahlen: OGONEK: 1981: 1.79.000; 1993: 300.000; IL: 1981: 525.000; 1993: 95.000; B. DUBIN: Žurnal'naja kul'tura postsovetskoj épochi, in: NLO (1993) 4, S. 304-311.

42 Ebd., S. 305.

43 DUBIN: Dinamika pečati, S. 95. Nach meinen Recherchen publizierte allein die Literaturredaktion des parteieigenen Verlages „Lenizdat" in Leningrad bis 1988 jährlich

Zahl der Buchtitel um 30 Prozent zurück, die Auflagen fielen insgesamt um 40 Prozent. 1991 sank in Rußland zum ersten Mal seit 1941 die Gesamtproduktion von Büchern.[44] Erst 1993 nahm absolut gesehen die Titelmenge an jährlich produzierten Büchern wieder zu.[45] Von 1990 bis 1993 fiel die Gesamtauflage aller Zeitschriften im Lande auf weniger als ein Zwölftel (von 5.010 Mio. Exemplaren 1990 auf 411 Mio. Exemplaren 1993).

Obwohl die Preisfreigabe Marktmechanismen in Gang setzte, war damit der Einfluß des Staates mit seinen monopolisierenden Tendenzen noch keineswegs gebrochen. Der „Apparat" gab seinen Einfluß nicht widerstandslos auf, und die Gegner der Reformen versuchten mit allen Mitteln, durch künstlich geschaffene Engpässe, überhöhte Preisforderungen und Nachlässe für Gesinnungsgenossen die Papierabgabe weiterhin nach ihren politischen Interessen zu kontrollieren.

So erhielten die inzwischen in ihrer politischen Ausrichtung scharf polarisierten Zeitschriften staatliche Papierkontingente in unterschiedlichem Ausmaß. Die angebliche Papierknappheit wurde als politisches Druckmittel eingesetzt.[46] Wie weit diese Kontrolle reichte, mag die Tatsache verdeutlichen, daß noch 1990 49,5 Prozent aller Papierkapazität für 1.200 politisch-gesellschaftliche Periodika zu überwiegend propagandistischen Zwecken und nur 18,5 Prozent für insgesamt 135 literarische Zeitschriften verwendet wurden.[47] Die dadurch in Gang gesetzte Preisspirale erhöhte die Unsicherheit auf Seiten der Redaktionen wie der Leser und bewirkte so die besonders drastischen Auflagensenkungen im letzten Jahr der Perestrojka.

250-300 Titel, 1992 nur noch 50, davon 25 kleinere Broschüren. Das Verhältnis von literarischen Titeln einerseits und politischen, wissenschaftlichen und historischen Titeln andererseits, das früher 3:1 betrug, hat sich inzwischen umgekehrt. Der Verlag „Sovetskij pisatel'" publizierte in Leningrad zwischen 1973-86 jährlich 68 literarische Titel, 1991 nur noch 10. Beide Verlage gaben 1991-92 kein Buch eines lebenden Autors heraus. Vgl. dazu auch die Diskussion „Smert' kul'turnoj knigi?", in: LG 26.2. 1992.

[44] TREPPER: Kulturbetrieb.
[45] L. GUDKOV/B. DUBIN: Veränderungen im Massenbewußtsein, in: Forschungsstelle Osteuropa (Hg.): Russland. Fragmente einer postsowjetischen Kultur, Bremen 1996, S. 74-83, hier S. 78. E. NEMIROVSKIJ: Nametilsja perelom? in: KNIŽNOE OBOZRENIE 8.11.1994.
[46] Das wurde besonders deutlich an den Problemen der Zeitschrift „Novyj mir". Vgl. dazu z.B. die Berichte von H. VON SSACHNO in: SZ 29.5.1990, 12.6.1990 und 5.3.1991.
[47] GUDKOV: Krepostnaja pečat'.

Eine weitere Schwierigkeit auf dem Weg zur ökonomischen Unabhängigkeit war die Parteikontrolle über die Druckkapazitäten (Druckereien und Typographien), die bis zum Putsch im August 1991 und indirekt auch danach noch nahezu ungebrochen bestand. 98 Prozent aller Druckereien befanden sich im Besitz der Partei. Über gezielte Verzögerungen, Auflagenstops und unerfüllbare Forderungen konnte sie die Herausgabe vieler Zeitschriften beeinträchtigen. Der Kampf um die Pressefreiheit wurde dadurch vor allem ein Kampf um den Zugang zu den Produktionsmitteln und –ressourcen.

Streichung von Partei- bzw. staatlichen Subventionen, Steuerpolitik und Zusammenbruch des Vertriebsnetzes

Da die Subventionen für die meisten Verlage, Zeitungen und Zeitschriften gestrichen wurden, waren staatliche Verbände, Verlage und Redaktionen, ohne im geringsten darauf vorbereitet zu sein, plötzlich gezwungen, ihre Produktion an der Nachfrage zu orientieren. Sie mußten mit anderen in Konkurrenz treten, eine eigene Preispolitik, also auch Marktforschung betreiben und angemessene Eigentums- bzw. Finanzierungsformen finden. Außerdem sahen sie sich zu erheblichen Umgestaltungen ihrer Programme genötigt. Es stellte sich heraus, daß die Interessen eines großen Teils der Leserschaft sich nicht auf die „hohe", sondern auf die früher ebenfalls unzugängliche, vor allem ausländische Unterhaltungs- und Massenliteratur richteten. Gewinne konnten nur über kommerziell erfolgreiche Massenproduktionen auf Kosten literarischer Qualität erzielt werden, mit denen dann, wenn überhaupt, anspruchsvollere Literatur verlegt werden konnte. Schriftsteller, Kritiker, Übersetzer, alle im Literatursystem Produzierenden verloren ihre finanzielle Absicherung und waren plötzlich darauf angewiesen, ihre Produkte als Ware anzubieten und interessierten Verlagen zu verkaufen.[48] Ganze etablierte Bereiche der Literatur, wie zum Beispiel die Kinderliteratur[49] oder Gegenwartsly-

---

[48] So bezog z.B. der für die soziale Versorgung der Schriftsteller zuständige „Litfond" des sowjetischen Schriftstellerverbandes (SP SSSR) bis 1989 jährlich 70-80 Mio. Rubel hauptsächlich aus den Einkünften der Periodika und weniger aus den Mitgliedsbeiträgen. Allein die Zeitung „Literaturnaja gazeta" führte jährlich 35% ihres Umsatzes und 1988-89 zusätzliche 50 Mio. Rubel an ihn ab, eine Agentur für Urheberrechte beanspruchte bis 1991 darüber hinaus bis zu 25% aller Autorenhonorare. Vgl. TREPPER: Die „Freiheit des Wortes", S. 7; DITTRICH: Das Verlagswesen, S. 20; GARRARD: Inside the Writers' Union, S. 120-133.

[49] Allein 1989 ging die Produktion von Titeln der Kinderliteratur um 33%, d.h. um 218 Mio. Exemplare zurück. Ebd., S. 24.

rik, aber auch Literaturkritik in Buchform, wurden zeitweise ganz gestrichen oder zumindest stark reduziert.

So umfassend die Verstaatlichung des Verlagswesens in Zeiten der Sowjetunion gewesen war, so problematisch waren nun einige Folgen der abrupten Entstaatlichung. Dazu gehörte eine Steuerpolitik, die jede Initiative zur Selbständigkeit und damit eine eigenständige kulturelle Entwicklung hemmte. Zuvor von jeglichen ökonomischen Erwägungen künstlich freigehalten, wurden die Institutionen von Kultur und Literatur auf einmal steuerlich ebenso behandelt und belastet wie jedes andere kommerzielle Unternehmen. Dies galt selbst für Einrichtungen, die unter allen Bedingungen der staatlichen Förderung bedürften.[50] Kulturelle Institutionen wurden zu Steuerabgaben von bis zu 40 Prozent ihres Umsatzes gezwungen, was den Übergang zu wirtschaftlicher Selbständigkeit ausschloß, ja, ökonomische Initiative hemmte. Verschärfend kam hinzu, daß neue, über den Markt gesteuerte Regulierungsmechanismen noch nicht in Kraft getreten waren, so daß von einem entfalteten Markt auch nicht annähernd die Rede sein konnte. Viele, vor allem neue Verlage orientierten sich an billigster Produktion und momentanen massenhaften Leserinteressen, um rasch zu hohen Profiten zu kommen. Langfristige Planungen und Investitionen spielten daher kaum noch eine Rolle.

Als ein entscheidendes Hindernis bei der Herausbildung eines nicht staatlich gelenkten Buch- und Zeitschriftenmarktes erwies sich das ungelöste Problem der *Distribution*. War das zentralisierte Vertriebssystem schon in den ersten Jahren der Perestrojka überlastet gewesen, so brach es nach der Streichung der Subventionen im Zuge der Kommerzialisierung endgültig zusammen. Ohne ein landesweit funktionierendes, nicht staatlich kontrolliertes Verteilungsnetz mußte die angestrebte Demokratisierung im Bereich von Literatur und Publizistik jedoch eine Illusion bleiben, da ein solcher Buchmarkt weder eine freie Wahl noch freien Zugang zu allen Druckerzeugnissen gewährleistete.

Im sowjetischen Literatursystem waren Auflagen höhen jeweils, sofern sie nicht parteipolitisch vorgegeben waren, von der zentralen Vertriebsorganisation „Sojuzkniga" festgelegt, die zugleich eine Abnahmegarantie gab und oft komplette Auflagen nach Plan übernahm. Dadurch waren weder kleinere Probeauflagen möglich, noch hatte ein Verlag Ein-

---

[50] Dazu gehören etwa die Museen. Die Regierung Jelzins empfahl ihnen den Verkauf ihrer Werke, sofern sie sich selbst nicht ökonomisch zu tragen vermochten. Über den Ausverkauf der nationalen Kulturgüter wurde im Laufe des Jahres 1992 eine erbitterte öffentliche Debatte geführt. TREPPER: Kulturbetrieb, S. 183-186.

fluß auf die Auflage eines erfolgversprechenden Buches. In den Jahren 1986-1989 liefen Druck und Vertrieb von schwer verkäuflichen „Makulaturprodukten" und begehrten Werken des neu gehobenen literarischen Erbes noch parallel. Durch den enormen Auflagenanstieg der Periodika wurde der traditionelle landesweite Vertrieb über die Post jedoch vollends überfordert, er wurde stockender und unzuverlässig. Nicht selten kam es auch zu politisch bedingten Eingriffen, Sabotagen und Verzögerungen. In manchen Regionen verweigerte die Post 1991 die Zustellung von Periodika, in anderen Regionen wurden Abonnements für „liberale" Zeitschriften nur in Kombination mit der „Pravda" oder einer anderen parteioffiziellen Zeitung angenommen.[51]

So entwickelte sich schnell ein „wilder Markt", der dem staatlichen Vertrieb zumindest in den Metropolen, wo sich ein freier Verkauf außerhalb des Abonnementssystems entfaltete, bald gleichwertig, wenn nicht gar überlegen war, aber keine rationelle Verteilung im landesweiten Maßstab zuließ. Vor allem die Leser außerhalb von Moskau und Petersburg waren durch das ungelöste Problem der Distribution benachteiligt. Der Aufbau eines privaten oder halbstaatlichen Zwischenhandelsnetzes über das ganze Land begann erst in den neunziger Jahren, und es ist davon auszugehen, daß die Schere zwischen Angebot und realer Nachfrage auf dem nach der Auflösung der Sowjetunion erheblich verkleinerten Buchmarkt noch auf absehbare Zeit ungeschlossen bleiben wird.

Pressegesetz

Der Erlaß des Pressegesetzes im Juni 1990 war das Ergebnis des Kampfes vieler gesellschaftlicher Kräfte um freie Meinungsäußerung und die Abschaffung der Zensur.[52] Die formalrechtliche Absicherung der Pressefreiheit bedeutete einen entscheidenden Durchbruch zur Enthierarchisierung des Literaturbetriebs, zur Unabhängigkeit der Medien und zu einer Differenzierung der Verlagslandschaft. Das Gesetz, am 12.6.1990 vom Obersten Sowjet der UdSSR verabschiedet, legte fest, daß Einzel-

---

51 H. TREPPER: Massenmedien in Rußland (Januar 1992–April 1993), Arbeitspapiere und Materialien der Forschungsstelle Osteuropa Bremen No. 6, Bremen 1993 und DIES.: Kultur und Markt 1992/1993 in Rußland. Anatomie eines Diskurses, Arbeitspapiere und Materialien der Forschungsstelle Osteuropa Bremen No. 9, Bremen 1994.

52 Näher zum Pressegesetz und seinen Auswirkungen bei S. VON STEINSHOFF: Rußland auf dem Weg zur Meinungsfreiheit. Die Pluralisierung der russischen Presse zwischen 1985 und 1993, Münster/ Hamburg 1994, insbes. S. 220-282.

personen oder Gruppen ohne vorherige Zensur ein Medium gründen konnten, indem sie sich als juristische Person registrieren ließen und einen Herausgeber festlegten. Damit konnten sich Verlage und Redaktionen von den Verbänden unabhängig machen und bisher illegal existierende Zeitschriften offiziell anerkennen lassen.[53] Die meisten großen Verlage und auch Zeitschriften mußten ihre Rechtsform nun grundsätzlich umgestalten. Sie bildeten Aktiengesellschaften oder Genossenschaften, teilweise mit ausländischer Beteiligung, und suchten die Kooperation untereinander oder mit Unternehmen aus anderen Branchen.

Allerdings führte der Machtkampf zwischen dem Schriftstellerverband und anderen „schöpferischen Verbänden" einerseits und den nach Eigenständigkeit drängenden Medien andererseits zunächst zu scharfen Konflikten. Es kam zu konkurrierenden Doppelregistrierungen mit schwer lösbaren juristischen Problemen, zumal im zeitlichen Abstand zwischen der Souveränitätserklärung der RSFSR im Sommer 1990 und der Auflösung der Sowjetunion Ende 1991 rechtsfreie Räume entstanden waren. So kam es vor, daß sowohl die Redaktion einer Zeitschrift als auch der Schriftstellerverband, der Anspruch auf diese Zeitschrift erhob, sich als Herausgeber registrieren ließen. Diese Unsicherheiten beeinträchtigten erheblich die Planung und Gestaltung der Programme von Verlagen und Zeitschriften. Für den Schriftstellerverband war der Besitz der Zeitschriften die wichtigste finanzielle Einnahmequelle. Mit ihrer Unabhängigkeit ging dem Verband zugleich ein großer Teil seiner politischen Bedeutung, seiner ideologischen Legitimation und Kontrolle über den Literaturbetrieb verloren. Auch in den folgenden Jahren drängten sich, besonders außerhalb der Metropolen, Kräfte der politischen Exekutive den Initiatoren neuer Verlage und Zeitschriften als juristische Gründer auf und sicherten sich auf diese Weise weiterhin politischen Einfluß auf die Medien. Als Druckmittel besaßen sie zum Beispiel weiterhin die Verfügung über Räumlichkeiten oder über Kanäle für finanzielle Zuwendungen in- und ausländischer Organisationen.[54]

Auflagensturz und Auflösungserscheinungen vieler Medien als Folge der Preisfreigabe, der Streichung staatlicher Subventionen und des Pres-

---

[53] Verlagsgründungen auf der Basis von Kooperativen hatte es schon seit 1987 gegeben. Der erste Kooperativ-Verlag – „Žarki" in Novosibirsk – wurde am 29.5.1987 gegründet, jedoch bald danach wieder aufgelöst (LG 10.6.1987). Am 23.10.1987 erließ die Ministerkonferenz noch ein Verbot von Kooperativverlagen. GRAFFY: The Literary Press, S. 134.

[54] Vgl. dazu H. TREPPER: Kultur und „Markt", in: Forschungsstelle Osteuropa (Hg.): Russland. Fragmente eines postsowjetischen Kultur, Bremen 1996, S. 105-133.

segesetzes gingen allerdings mit Neugründungen teilweise erfolgreicher kleinerer Verlage und Kooperativen einher, so daß sich die Verlagslandschaft stark zu differenzieren begann. In der RSFSR stieg die Zahl der Verlage zwischen 1990 und 1993 von ca. 150 auf einige tausend an. Zwar hatten die ehemals großen Staats- und Parteiverlage – wie etwa „Sovetskij pisatel'", „Chudožestvennaja literatura" oder „Izvestija" – durch etablierte Strukturen, eigene Druckereikomplexe und technisch modernere Ausstattung bessere Ausgangsbedingungen auf dem entstehenden Markt, die sie bis dahin auch durch eine verdeckte Monopolisierung ausgenutzt hatten.[55] Große Verlage erwiesen sich, angewiesen auf zentralisierte Distribution, jedoch in ihrer Planung als sehr unflexibel, waren personell überbesetzt und arbeiteten daher oftmals ökonomisch ineffektiv.[56] Seit dem Pressegesetz tauchte eine wachsende Anzahl neuer, privater Verlage auf, meist in Form von Kooperativen, welche bis 1991 als staatlich erwünschte Organisationsform begünstigt wurden. Sie versuchten, sich sowohl mit kommerziell ausgerichteten Programmen für breite Leserschichten als auch mit qualitativ anspruchsvollen Angeboten für einen gezielten Adressatenkreis zu etablieren. Für viele von ihnen war die anfangs vielversprechende Existenz jedoch nur von kurzer Dauer.

Nach dem Auflageneinbruch wurde von allen Seiten die Gefahr eines bevorstehenden Endes aller dicken Zeitschriften beschworen. Gründe für diese Besorgnis waren die politisch bedingten Engpässe bei der Papierzuteilung, die einige Zeitschriften zwangen, unregelmäßig zu erscheinen oder ihr Erscheinen vorübergehend ganz einzustellen. Schriftsteller und andere Kulturschaffende richteten dramatische Appelle an die Adresse der Regierung und forderten eine Fortführung der staatlichen Protektion der Zeitschriften.[57] Die Regierung sicherte Anfang 1992 zwar finanzielle

---

[55] Am Beispiel des Zeitungsverlagskomplexes „Izvestija" mit einer großen eigenen Druckereianlage wird deutlich, wie dieser nun dem russischen Parlament unterstellte Großverlag sein Monopol weiterhin aufrechterhielt. Da viele kleinere Verlage und Zeitschriften auf seine Druckerei angewiesen waren, mußten sie sich auf eine Warteliste setzen lassen, deren Regeln aber die Verlagsleitung nach eigenem Gutdünken und politischer Gesinnung bestimmte.

[56] Die Vorausplanungsdauer für ein Buch betrug nach Auskunft von G. G. Orel vom Verlag „Chudožestvennaja literatura" SPb durchschnittlich drei bis vier Jahre. Der Verlag „Izvestija" hatte z.B. 1993 4.000 Mitarbeiter; die Redaktionen der Zeitschriften müßten, um ökonomisch effektiv zu arbeiten, ihr Personal um bis zu zwei Drittel reduzieren.

[57] Im Februar 1992 richtete das russische PEN-Zentrum einen von 84 Kulturschaffenden unterzeichneten Appell an die russische Regierung. ZAJAVLENIE PEN-CENTRA: Dorožaet vse, deševleet liš' tvorčeskij trud, in: NG 26.2.1992.

Unterstützung in geringem Umfang und gewisse Steuererleichterungen zu, behielt ihre Abstinenz im kulturellen Bereich jedoch insgesamt bei. Wie aus der oben stehenden Tabelle hervorgeht, konnten trotz gegenteiliger Befürchtungen die meisten bekannten dicken Zeitschriften 1993 (und darüber hinaus) weiter erscheinen, wenngleich ihre Auflagen und teilweise auch ihr Umfang sich erheblich verringert haben. Der Literaturkritiker V. Lakšin wandte sich im Oktober 1993 mit einem eindringlichen Plädoyer für die Erhaltung der Monatszeitschriften als traditionsreicher Institutionen der russischen Kultur an die UNESCO in Paris.[58]

Wie im Verlagswesen wuchs auch die Konkurrenz auf dem Zeitschriftenmarkt: Neben die traditionellen dicken Zeitschriften trat eine große Anzahl neuer Periodika.[59] Allein die Zahl der registrierten Periodika stieg von Ende 1991 bis Ende 1992 von 400 auf 1.269.[60] 1993 war ihre Gesamtzahl kaum mehr festzustellen, da ständig neue Zeitschriften hinzukamen, viele von ihnen jedoch nicht lange überlebten. Noch aufschlußreicher als der quantitative Zuwachs sind die vielfältigen Formen der neuen literarischen Periodika, die sich oft von den dicken Monatszeitschriften unterscheiden.[61]

Der enorme Aufschwung publizistischer Massenkommunikationsmittel war mit einem Bedeutungsanstieg von *Tages- und Wochenzeitungen* verbunden. Dabei hatte sich während der ersten politischen Phase der Perestrojka die bestehende Presselandschaft neu gruppiert. Einige Zeitungen und Zeitschriften, wie „Ogonek", „Komsomol'skaja pravda" und „Izvestija", wandelten ihr Profil und wurden zu Flaggschiffen der Reformpolitik. In den großen kulturell-literarischen Wochenzeitungen wie „Literaturnaja gazeta" oder „Literaturnaja Rossija" verdrängte die politische Publizistik die literarischen und literaturkritischen Beiträge mehr und mehr auf den zweiten Platz. Einige neugegründete Zeitungen machten diesen traditionellen Zeitungen nach 1991 ernsthaft Konkurrenz. Die Zeitung „Nezavisimaja gazeta", von jungen Aussteigern aus großen Redaktionen und Verlagen gegründet, war die erste Tageszeitung, die der Literaturkritik nicht nur in Form einer eigenen Rubrik einen festen Platz einräumte, sondern auch mit neuen, den veränderten Funktionen ange-

---

58 V. LAKŠIN: Okno v mir, in: LG 27.10.1993.
59 Vgl. den umfassenden Bestandskatalog neuer Periodika einschließlich des Samizdat, die zwischen 1987 und 1991 in der Sowjetunion erschienen sind: Novaja periodika i samizdat na territorii Sovetskogo sojuza 1987-1991, zusammengestellt und bearbeitet von E. Schemkova, Forschungsstelle Osteuropa Bremen, Bremen 1992.
60 GUDKOV: Krepostnaja pečat'.
61 Vgl. dazu MENZEL: Krise der Aufklärer und neue Solisten.

paßten Formen der Kritik auftrat. Andere Zeitungen, wie „Obščaja gazeta" und „Segodnja", folgten ihr.

Die Kommerzialisierung der Buch- und Zeitschriftenproduktion hat dazu geführt, daß erstmals nach siebzig Jahren ideologischer Bevormundung die Leserbedürfnisse eine entscheidende Rolle spielen. Dabei wurde vor allem den Interessen der breiten Masse Rechnung getragen. Nach einer bilanzierenden Erhebung des Buchmarktes wurden Ende 1993 an erster Stelle die Bedürfnisse der Durchschnittsleser nach Belletristik und praxisbezogenen Büchern aller Art befriedigt. Das Interesse an literarisch anspruchsvollen Büchern wurde immerhin wesentlich stärker berücksichtigt als vor 1986. Hingegen war die Nachfrage im Bereich von Wissenschaft und Technik zwar besser, aber noch lange nicht ausreichend gesättigt.[62]

Für die Literaturkritik hat diese Entwicklung einen starken Rückgang ihrer Absatzmöglichkeiten und ihrer Buchproduktion mit sich gebracht. Dies führte dazu, daß sich seit 1992/93 ihr Publikationsort in hohem Maße von Büchern und Zeitschriften auf Zeitungen verlagerte. Dadurch daß der Buchmarkt erheblich vielfältiger und unübersichtlicher geworden ist, kommen auf die Literaturkritik neue Aufgaben zu, wie die Information über Neuausgaben und damit eine orientierende Vorauswahl für die Leser. Es ist davon auszugehen, daß, wie auch immer sich die Lage der dicken Zeitschriften weiterentwickeln wird, die Kritik in Tages- und Wochenzeitungen weiter an Bedeutung zunehmen wird.

---

[62] A. REJTBLAT: Izdatel'skij repertuar: krizis ili vozvraščenie k norme? in: KNIŽNOE DELO (1994) 3, S. 13-14. Als Vergleichsjahr wurde das Jahr 1984 herangezogen.

2.4   Soziale Entstaatlichung: Statusverlust der Intelligenz

Nicht weniger einschneidend als der Verlust politischer Stabilität und
ökonomischer Sicherheit waren die sozialen und sozialpsychologischen
Auswirkungen des Umbruchs auf die literarische Intelligenz. Sie sind im
Zusammenhang mit dem tiefgreifenden Umschichtungs- und Auflö-
sungsprozeß zu sehen, der die russische sogenannte „humanitäre" oder
„Massenintelligenz" seit Beginn der neunziger Jahre erfaßte. Damit sind
sowohl Intellektuelle in schöpferisch-geistigen Berufen und im kultur-
verwaltenden Apparat als auch Personen mit höherer Bildung in anderen
Berufen gemeint. Die Soziologen Gudkov und Dubin definieren die
„Massenintelligenz" als „Trägerin von Bildung und 'hoher Kultur', als
Ideologin 'demokratischer Reformen von oben' und als Bewahrerin der
politischen Mythologie einer aufgeklärten und vernünftigen Macht."[63] In
dieser Bestimmung ist die Ambivalenz der Intelligenz zwischen Loyalität
und Opposition betont, die Diskrepanz zwischen ihrem vielfach oppositionellen Selbstverständnis und ihrer objektiv vom Staatsapparat abhängigen Position, in der sie eine zentrale integrative Funktion erfüllte.

Der gesellschaftliche Status und das Selbstbild der literarischen Intelligenz vor der Perestrojka war wesentlich von dem *Bücherdefizit* geprägt,
das hier schon über den wirtschaftlichen und technologischen Aspekt
hinaus als politische Strategie beschrieben worden ist. Seit den siebziger
Jahren war die soziale Differenzierung weniger über materielle Werte erfolgt, was die Knappheit an Konsumgütern ohnehin nicht zuließ, als vor
allem über die Akkumulation von geistigen Gütern der „hohen" Kultur.
Der Besitz von Büchern, die ähnlich defizitär wie Konsumgüter, dafür
aber ungleich angesehener waren, wurde zum *symbolischen Kapital*[64] der

---

63 In der Diktion und Bestimmung des Begriffs „Intelligenz" folge ich Shlapentokh, der
    die Intelligenz formal und funktional und nicht normativ – etwa als Gesinnungsge-
    meinschaft oder im Sinne eines „Gewissens der Nation" – oder als eigenständige
    Klasse definiert, sondern als eine „Bevölkerungsgruppe mit höherem Bildungsgrad,
    die mit der Produktion von Dingen oder Ideen beschäftigt ist". V. SHLAPENTOKH: So-
    viet Intellectuals and Political Power. The Post Stalin Era, Princeton 1990, S. 5; fer-
    ner GUDKOV/DUBIN: Veränderungen im Massenbewußtsein, in: Forschungsstelle
    Osteuropa (Hg.): Fragmente, S. 74. Sowohl Shlapentokh als auch Gudkov und Dubin
    gehen davon aus, daß die „humanitäre" Intelligenz in der Sowjetunion im allgemei-
    nen staatsnäher und konservativer gewesen sei als etwa die technische Intelligenz.

64 Zur Verwendung des von Bourdieu (P. BOURDIEU: Die feinen Unterschiede. Kritik
    der gesellschaftlichen Urteilskraft, Frankfurt 1982, (frz. 1979)) geprägten Begriffs
    „symbolisches Kapital" im Kontext der sowjetischen literarischen Intelligenz
    GUDKOV/DUBIN: Bez naprjaženija... Zametki o kul'ture perechodnogo perioda, in: NM

Intelligenz und damit auch zu einem Statussymbol. Große Hausbibliotheken mit seltenen Büchern adelten ihre Besitzer. Über ihre Zusammensetzung gab es ähnlich normative Vorstellungen wie in der offiziellen
Hierarchie. Der stark mündlich geprägte Austausch über die Lektüre bestimmter Bücher und über Ereignisse des literarischen Lebens sorgte für
ein Netz von informellen Kanälen.[65] Einzelne Bücher konnnten so in
kurzer Zeit zu Sensationen werden, Rangordnungen wurden geschaffen
und verworfen. Man konnte dabei von einem überschaubaren Kreis von
Rezipienten und von einer gewissen Homogenität ausgehen, die den einzelnen das Gefühl der Zugehörigkeit zu einer Diskurs- oder Gesinnungs-
gemeinschaft vermittelte.[66]

Als ein weiteres Kennzeichen der Intelligenz ist von soziologischer
Seite aus wiederholt die distanzierte Haltung sowohl zur herrschenden
Macht als auch zur Masse der Bevölkerung genannt worden. Entsprechend ihrem didaktisch-aufklärerischen Selbstverständnis nahm die Intelligenz die Bevölkerung in erster Linie als „Masse" („tolpa") wahr, als
das nicht von der Intelligenz erzogene „Volk" („narod").[67] Die Grundhaltung der Kritik an der herrschenden Macht ging einher mit der Erwartung sozialer Absicherung und Protektion durch den Staat. Auf ihr
symbolisches Kapital, auf das alternative Informationsmonopol und auf
den Auftrag, Werte an die Masse vermitteln zu müssen, gründete sich das
„charismatische Selbstbild"[68] der Intelligenz. Die von der politischen
Macht gestützte und sozial gesicherte Existenz bot den meisten in das
kulturelle Leben integrierten Intellektuellen erst die Möglichkeit, sich

---

(1993) 2, S. 242-523, auch in: DIES.: Intelligencija, S. 95-117. Zur politisch bedingten
Mangelwirtschaft DIES.: Konec charizmatičeskoj épochi. Pečat' i izmenenija v siste-
mach cennostej obščestva, in: SVOBODNAJA MYSL' (1993) 5, S. 32-44; auch in: DIES.:
Intelligencija, S. 135-152.

65   „Verbal communication plays a critical role in the intellectual culture. In this respect,
the Soviet intellectuals and intelligentsia, like their counterparts in most Eastern Europe, differ from their counterparts in Western Europa and the United States."
SHLAPENTOKH: Soviet Intellectuals and Political Power, S. 71.

66   Beyrau verwendet, mit Rekurs auf die russische Geschichte, den Begriff „Diskurs-
Gemeinschaft" in: D. BEYRAU: Intelligenz und Dissens. Die russischen Bildungsschichten in der Sowjetunion 1917 bis 1985. Schlögel verwendet zur Charakterisierung der – allerdings vorrevolutionären – russischen Intelligenz den Begriff „moralischer Gesinnungsverband" oder „Weltanschauungsgemeinschaft". K. SCHLÖGEL:
Russische Wegzeichen, in: DERS.: (Hg.): Wegzeichen. Zur Krise der russischen Intelligenz, Frankfurt/M. 1990, S. 5-44, hier S. 13.

67   Ebd., S. 128; SHLAPENTOKH: Soviet Intellectuals, S. 4.

68   GUDKOV/DUBIN: Konec charizmatičeskoj épochi.

den praktischen Gegebenheiten der sowjetischen Lebens- und Alltags-
verhältnisse weitgehend zu entziehen. Sich mit ihnen ernsthaft zu befassen, lehnten die meisten von ihnen ab, so daß sich ihre kritische Einstellung gegenüber dem herrschenden Regime mit einer ähnlich großen Distanz zum Alltagsleben verband. Nicht nur wurde materieller Wohlstand
verachtet und geistigen Werten entgegengesetzt, sondern auch der gesamte Bereich praktischer Lebens- und Alltagsorganisation war mit starken Ressentiments belegt. Auf diese Weise verfestigte sich mit dem Bücherdefizit das bereits historisch tradierte Bewußtsein des Gegensatzes
von materiellen und geistigen Werten und setzte die für die russische Intelligenz typische Ethik des Verzichts fort.

Zu Beginn der Perestrojka, in der *Mobilisierungsphase* zwischen 1986
und 1989, ging es den reformbereiten Intellektuellen vor allem darum,
die Regierung bei der Durchsetzung ihrer neuen Politik zu unterstützen
und selbst Positionen im Apparat zu erobern. Ihr vordringliches Bemühen richtete sich darauf, die Gesellschaft aufzuklären und noch mehr die
Regierung in ihrer neuen Politik zu beraten. Schriftsteller (Ajtmatov,
Granin, Rasputin) und später auch Literaturwissenschaftler (z.B. Marietta
Čudakova) wurden als Konsultanten aus dem Kulturleben in den Präsi-
dialrat unter Gorbačev und Jelzin berufen und gelangten so in den unmittelbaren Einflußbereich der politischen Macht. Vor allem die ältere
Generation war die eigentliche Adressatin von Gorbačevs Appellen zur
Unterstützung seiner Politik und zur Durchführung der kulturellen Re-
formen. Sie ließ sich für die Perestrojka im Sinne einer Vollendung des
Tauwetters begeistern und damit für die Ziele der politischen Führung
der Partei gewinnen. Die Literaturkritikerin Alla Latynina schrieb 1987:
„Erst jetzt können wir hoffen, daß es der Literatur endlich gelingt, das zu-
endezusagen, was ihr zwanzig Jahre vorher nicht zu sagen gelungen
ist.“[69] Die soziale Existenz der Intellektuellen blieb in den ersten drei
Jahren der Perestrojka von den Veränderungen unberührt und war weiterhin von der Position in der Hierarchie des Apparates abhängig. Dadurch waren die integrierten Intellektuellen, besonders die der älteren und
mittleren Generation, der Sorge um ihre materielle Lage weitgehend ent-
hoben.

Die ersten Jahre der Perestrojka, die geprägt waren von einem allgemeinen Informationshunger und von dem gewaltigen Auflagenanstieg
der literarischen Periodika, gaben ihnen Anlaß zu kühnsten Hoffnungen
darauf, daß man, anders als drei Jahrzehnte zuvor im Tauwetter, die frü-

---

[69] A. LATYNINA: Dogovorit' do konca, in: ZN (1987) 12, S. 211-220, hier S. 220.

her verbotene Literatur nun in Massenauflagen verbreiten könne. Diese Erfahrung vermittelte den meisten Angehörigen der literarischen Intelligenz den Eindruck, als stimmten Angebot und Nachfrage nun endlich und dauerhaft überein.Viele Intellektuelle unter den Befürwortern der Reformen setzten große Hoffnungen auf den Markt, der als Mittel zur Befreiung, als Entfesselung kreativer Kräfte gesehen und geradezu verklärt wurde. Sie verbanden damit Vorstellungen einer zivilen, demokratischen Gesellschaft und eine Beförderung der „hohen" Kultur.[70] Diese Hoffnungen erwiesen sich jedoch bald als Illusionen.

Stattdessen erlebten sie nun den Zusammenbruch des ganzen paternalistischen Staatsgefüges und all jener staatlichen Institutionen, die ihnen ihre Autorität garantiert hatten, und mußten eine Entwertung aller professionellen literarischen und wissenschaftlichen Arbeit erfahren. Daß die ökonomische Verselbständigung mit solchen tiefgreifenden Folgen für ihren sozialen und gesellschaftlichen Status verbunden war, kam für die meisten plötzlich und unerwartet.

Vor allem für die ältere Generation der Intelligenz war das Ende des politischen Systems und der marxistisch-leninistischen Staatsdoktrin in mehrfacher Hinsicht ein Schock mit verheerenden sozialpsychologischen Folgen. Mit dem politischen System brach für viele auch die Grundlage ihrer eigenen Weltanschauung zusammen. Nicht nur kündigte der Staat seine Fürsorgepflicht auf, sondern auch ein großer Teil der Leserschaft wandte sich weitgehend von der Literatur ab. Anfang 1991 stellte Anninskij resigniert fest, nachdem er die aus seiner Sicht katastrophale Lage im Land skizziert hatte:

> Kann die Literatur in dieser Situation irgendwie helfen? Ach, nichts kann sie jetzt ausrichten, verschwunden sind alle gewohnten Werte, alle ihre Traditionen, ihre Strömungen. (...) Überhaupt ist das Interesse verschwunden. Keine Leser, keine Zuschauer. Die „Nachrichten" liest unser Leser, die Zeitung „Kommersant", die Zeitung „Völlig geheim" liest er. Fernsehen schaut er. Frieden wird' s nicht geben – gar nichts wird es geben.[71]

Innerhalb kurzer Zeit standen die meisten Intellektuellen völlig unvorbereitet vor der Notwendigkeit, ihr berufliches Leben selbst zu organisie-

---

70 Dazu S. ZIMMER: Der Mythos von der Macht des Marktes, in: Friedrich/Menzel (Hgg.): Osteuropa im Umbruch, S. 81-90.

71 L. ANNINSKIJ: Anketa, in: MO (1991) 1, S. 188. Die 1989 gegründete Zeitschrift „Soveršenno sekretno" (Völlig geheim) ist auf skandalöse Veröffentlichungen aller Art spezialisiert und wurde von der russischen Filiale des Internationalen Detektivverbandes herausgegeben.

ren, sich ohne staatlichen Schutz auf einem freien Markt zu behaupten und als konkurrenzfähig gegenüber jüngeren, ausländischen oder emigrierten Kollegen zu erweisen. Diese ökonomische Unsicherheit und der neue Konkurrenzdruck stürzte die ältere und teilweise auch die mittlere Generation in eine tiefe Identitätskrise. Sie fiel zusammen mit einem allgemeinen Autoritäts- und Prestigeverlust der Kultur und der höheren Bildung in der Gesellschaft. Dieser wurde begleitet von Angriffen vornehmlich aus den Reihen der jungen Generation, die mit dem politischen Apparat auch die gesamte liberale Opposition der Perestrojka-Intelligenz nunmehr selbst als machtfixiert und normativ, ja sogar als Kollaborateure der herrschenden Macht bloßstellten. Die meisten Intellektuellen erlebten die Entwertung ihrer gesellschaftlichen Rolle und ihres traditionellen Ansehens als katastrophalen Verfall der gesamten Kultur. Ein Teil der oppositionellen Intelligenz erkannte zu seinem eigenen Erschrecken erstmals seine Abhängigkeit von der staatlichen Macht.

Andererseits darf bei aller Kritik an dem mythisch verklärten Selbstverständnis der Intelligenz nicht übersehen werden, daß sich gerade in ihren informellen Kreisen und halbprivaten Zirkeln während der vergangenen Jahrzehnte auch ein Handeln und Bewußtsein herausgebildet hatte, das mit tatsächlicher Zivilcourage verbunden war, daß Inhalte alternativen Denkens und eine künstlerische Praxis entwickelt wurden, welche die Perestrojka geistig vorbereitet hatte.[72] Die Intelligenz als eine homogene Diskurs-Gemeinschaft steht heute vor ihrer Auflösung. Gudkov und Dubin stellten 1993 fest: „Heute verschwindet der Typus des sozial und kulturell engagierten, besorgten, nicht-professionellen, aber von seiner Sache überzeugten Dilettanten."[73]

In der neuen Situation einer im gesamtgesellschaftlichen Leben relativ geringeren Bedeutung der Literatur nähert diese sich nun eher dem, was Karl Mannheim, bezogen auf die westlichen Gesellschaften, als „sozial freischwebende Intellektuelle" bezeichnet hat. Als deren Bedingungen gelten im Literaturbereich ein kommerzialisierter Buchmarkt, die Trennung in verschiedene Leserschichten und Massenkonsumenten von Lite-

---

[72] Insofern erscheinen mir manche der äußerst kritischen Schlußfolgerungen, die Gudkov und Dubin aus ihren Analysen ableiten, überzogen, zumal ihre Kommentare über die westliche Intelligenz deutlich positiver ausfallen. Die Härte ihres Urteils könnte mit ihrer eigenen Enttäuschung zusammenhängen, da sie nach eigenen Angaben ihre Studien in den siebziger Jahren mit emphatischen Hoffnungen auf die oppositionelle Kraft dieser Intelligenz begonnen hatten. GUDKOV/DUBIN: Vorwort, in: DIES.: Intelligencija, S. 3-7. Auch M. MOMMSEN: Wohin treibt Rußland?, S. 21-40.

[73] GUDKOV/DUBIN: Bez naprjaženija, S. 245.

ratur, eine zunehmende *Differenzierung* des literarischen und kulturellen Lebens und nicht zuletzt eine stärkere Professionalisierung der literarischen Intelligenz.[74]

2.5   Kulturelle Entstaatlichung: Veränderung der Öffentlichkeitsstruktur

Die bedeutendste kulturelle Veränderung seit 1986 ist die Aufhebung von Barrieren zwischen den offiziellen und den inoffiziellen kulturellen Sphären, aber auch zwischen der sowjetischen und der Kultur der Emigration. Zum ersten Mal seit Anfang der zwanziger Jahre ist so wieder ein ungeteilter öffentlicher Raum entstanden, in dem alle Kulturproduzenten und –konsumenten an der öffentlichen literarischen Kommunikation teilhaben können, in dem zumindest keiner durch politische Verfügung vom Zugang zur Öffentlichkeit ausgeschlossen ist.

Der offizielle Literatur- und Kulturbetrieb in der Sowjetunion war analog zum politisch-administrativen Apparat bis in die achtziger Jahre eher nach dem vormodernen Prinzip einer Ständeordnung organisiert, als daß er der intendierten modernen Industrienation entsprach.[75] Hierarchische Beziehungen waren nicht durch sachliche, sondern durch persönliche Abhängigkeitsverhältnisse geprägt, entscheidend waren nicht professionelle, sondern Machtgesichtspunkte. Dieser Apparat sicherte sich eine „repräsentative Öffentlichkeit",[76] d.h. der öffentliche Bereich der Kultur diente weniger dem selbstregulierten Austausch verschiedener Interessen- und Bevölkerungsgruppen als vielmehr der repräsentativen Selbstdarstellung und Demonstration von Macht und institutioneller Autorität. In hochritualisierten Verhaltensformen und festgelegten rhetorischen Regeln wurde eine Scheinwirklichkeit erzeugt, die auf dem Mythos einer

---

[74] K. MANNHEIM: Wissenssoziologie, Neuwied/Berlin 1964, S. 454ff. In Ansätzen hat es diese Situation schon einmal in den frühen zwanziger Jahren der Sowjetunion gegeben. Die von den Formalisten entwickelten und gepflegten Formen kultureller Arbeit und Kommunikation können als Beispiel dafür gelten. Zur „Intellektuellenkultur" der Formalisten in den zwanziger Jahren A. GUSKI: Literatur und Arbeit. Produktionsskizze und Produktionsroman im Rußland des 1. Fünfjahrplans (1928-1932), Wiesbaden 1995, S. 28ff.

[75] Diese These vertritt A. MEIER: Abschied von der sozialistischen Ständegesellschaft, in: AUS POLITIK UND ZEITGESCHICHTE (1990) B 16-17, S. 3-14.

[76] HABERMAS: Strukturwandel, bes. S. 20-75.

einheitlichen sowjetischen Gesellschaft basierte, in der die Bevölkerung nur als zu erziehendes Objekt und als Ideologem („obščestvennost'") eine Rolle spielte. Alles, was diesem Selbstbild nicht entsprach und sich nicht in das „ständische" Machtgefüge integrieren ließ, wurde von der Öffentlichkeit ausgegrenzt und gleichzeitig für nicht-existent erklärt.[77]

Als im Verlauf der Perestrojka Staat und Partei ihr Monopol auf die Bestimmung und Kontrolle der Öffentlichkeit aufgaben, trat die längst schon existierende Vielschichtigkeit des kulturellen Lebens öffentlich in Erscheinung, die bis dahin immer künstlich verdeckt worden war. Seit den fünfziger Jahren, noch stärker seit Mitte der sechziger Jahre, war das kulturelle Leben in den städtischen Zentren der Sowjetunion gespalten. Neben der offiziellen Kultur existierten mehrere nichtöffentliche Sphären, in der sich die oppositionelle Intelligenz eigene Kommunikationsformen geschaffen hatte. Allen gemeinsam war, daß sie von der *offiziellen Kultur* ausgeschlossen waren und daß sie die Distribution von Literatur und Publizistik auf illegale Weise über Samizdat (Selbstverlag) oder Tamizdat (Publikation im Ausland) selbst organisierten.

Zu dieser *inoffiziellen Kultur*[78] gehörten einerseits regimekritische Künstler und Intellektuelle, die von der Sphäre der öffentlichen Kommunikation ausgeschlossen waren. Sie strebten aber nach Zugängen zur Öffentlichkeit, konzentrierten sich auf Ideologiekritik und auf Denk- und Handlungsstrategien im Sinne von Alternativen zur herrschenden Macht, da sie von einem ähnlichen aufklärerischen, didaktischen Impetus getragen wurden wie die Vertreter der offiziellen Kultur. In der Mehrheit waren diese Intellektuellen demselben geschichtsphilosophischen Fortschrittsdenken und dem Fernziel einer sozialistischen Gesellschaft verpflichtet, gingen jedoch davon aus, daß die gegenwärtig herrschenden Machthaber dieses Ziel verraten und in sein Gegenteil verkehrt hätten. Die Konflikte zwischen nationalistischen und westlich-liberal gesinnten, marxistischen und antimarxistischen wie auch religiösen Konzepten und Auffassungen über die politische Perspektive des Landes verliefen inner-

---

[77] Dieser Mechanismus zeigt sich deutlich am Beispiel der Affäre um den von allen Institutionen unabhängigen Literaturalmanach „Metropol'" 1979.

[78] Dazu B. GROYS: Paradigmawechsel in der inoffiziellen Kultur der Sowjetunion, in: D. Beyrau/ W. Eichwede (Hgg.): Auf der Suche nach Autonomie, Bremen 1989, S. 53-64. Groys spricht von der zweiten oppositionellen Sphäre als Dissidenten-Kultur und nur von der dritten als „inoffizieller Kultur", während hier beide Sphären als inoffizielle Kultur behandelt werden und die nichtideologische dritte Sphäre als Untergrundkultur bezeichnet wird. Auch K. EIMERMACHER: Die Gleichzeitigkeit des Ungleichzeitigen, in: Kopfbahnhof 2, Leipzig 1990, S. 169-191.

halb der inoffiziellen Kultur zwar offener und wurden schärfer ausgetragen als in der offiziellen; in ihrem politisch dominierten Kulturverständnis, in ihren Werthierarchien und in der negativen Fixierung auf die So-
wjetmacht wies diese Schicht der Oppositionellen aber mehr strukturelle
Parallelen zur offiziellen als zu der im folgenden beschriebenen dritten
Sphäre der Untergrundkultur auf. Kollektivität war auch unter den Dissidenten einer der höchsten Werte, und trotz aller Kontroversen verstanden
sich diese Intellektuellen im weitesten Sinne als „pluralistisch organisierte Schicksalsgemeinschaft (...), die ihren Gegner einzig und allein in
der offiziellen Kunst hatte."[79]

Eine *dritte Sphäre der Untergrundkultur* entwickelte sich seit Mitte
der sechziger Jahre fernab von allen ideologisch-politischen Auseinandersetzungen. Zu ihr gehörten Künstler, Literaten und Intellektuelle, die
sich konsequent individualistisch der eigenen Arbeit widmeten und gar
nicht erst einen Zugang zur Öffentlichkeit anstrebten, sondern von vornherein außerhalb von allen Institutionen ihren Weg suchten. Die Differenz zur regimekritischen Opposition lag also in der unterschiedlichen
Einstellung und im Grad der inneren Distanz zu den Institutionen der offiziellen Kultur.[80]

Wie viele andere Intellektuelle, die in ihrer Tätigkeit auf offizielle Publikationsmedien angewiesen und in den Literaturbetrieb integriert waren, bewegten sich auch die meisten Literaturkritiker bis in die achtziger
Jahre gleichzeitig in mehreren kulturellen Sphären und hatten Zugang zu
den im Samizdat kursierenden Schriften. Man kann davon ausgehen, daß
ein großer Teil der Literatur, die ab 1986 durch den Zensurabbau an die
breite Öffentlichkeit gelangte, den Literaturkritikern schon lange vorher
bekannt war. Dadurch besaßen sie ein Informationsmonopol, das sie als
Kenner und Teilhaber der inoffiziellen Kultur auswies, obwohl sie zugleich in die offizielle Kultur integriert waren.

Mit der Konstituierung einer neuen Öffentlichkeit verbanden sich allerdings noch ganz andere, für die meisten Intellektuellen unerwartete
Folgen. Die Aufhebung der Zensur führte auch zur Auflösung der bis dahin homogenen Kreise der inoffiziellen Kultur, von denen zumindest die
zweite ihre Identität aus dem Gegensatz zur staatlichen offiziellen Kultur
bezogen hatte. Die Produkte ihrer ehemals subversiven künstlerischen
Tätigkeit wurden nun in Rußland zu einer neuen Avantgarde stilisiert und
im Westen zu prestigeträchtigen Objekten einer modischen Russophilie

---

79 EIMERMACHER: Die Gleichzeitigkeit, S. 188.
80 GROYS: Paradigmawechsel, S. 57.

gemacht. In diesem Prozeß ging der informelle Zusammenhalt der Untergrundkultur verloren, und ihre oppositionelle Substanz wurde weitgehend aufgesogen. Sowohl die offizielle als auch die inoffizielle Intelligenz wurden in der neuen Situation mit der existierenden Massenkultur konfrontiert, also mit der Diskrepanz zwischen ihrem ideologischen Konstrukt von Öffentlichkeit als ihrem Adressaten und der Wirklichkeit. Als Ergebnis der Glasnost' erhielt die breite Masse der Bevölkerung Zugang zu den zuvor exklusiv von der Intelligenz gehüteten geistigen Gütern. Die Freigabe des Marktes gewährte ihr, mit allen durch die Probleme des chaotischen Übergangs bedingten Einschränkungen, die Freiheit der Wahl. Die Masse der Leserschaft verhielt sich keineswegs wie ein kritisch und mündig räsonnierendes Publikum, so wie es sich die oppositionelle Intelligenz vorgestellt hatte, sondern überließ sich der neuen Vielfalt der angebotenen Kulturgüter. Die Enttäuschung vieler Reformanhänger war also eher eine Desillusionierung aufgrund eigener realitätsferner Erwartungen an ihr Publikum.

Versucht man eine Gewichtung der gesellschaftlichen Rahmenbedingungen der Literaturkritik nach ihrer Relevanz vorzunehmen, so kommt man zu dem Schluß, daß durch die Kommerzialisierung des Literatur- und Kulturbetriebs die vormals politisch dominierte Kultur weitgehend von ökonomischen Prinzipien und Regulierungsmechanismen abhängig geworden ist. Ein monokausales Erklärungsmuster, nach dem die Gesetze des Marktes die Kultur vernichtet hätten, greift allerdings zu kurz. Die tieferen Ursachen für die Krise der Intelligenz liegen eher auf der sozialpsychologischen Ebene und sind in kulturellen Haltungen und Wertorientierungen zu suchen. Gewiß ist für den Bereich der Literatur, in dem Ökonomie siebzig Jahre nicht nur keine Rolle gespielt hat, sondern ökonomische Erwägungen in Verbindung mit Kultur immer negativ besetzt waren, die Tragweite dieses Einschnitts nicht hoch genug einzuschätzen. Keiner der im Literatursystem Handelnden kann sich dem Druck der neuen Umstände entziehen.

Während die politische Entstaatlichung eine Demokratisierung im Sinne einer Erweiterung literarischer Kommunikationsmöglichkeiten und einer freien Wahl des Lesestoffes brachte, haben die ungelösten Probleme der Distribution und die im Kulturbereich falsch verstandenen und gesamtgesellschaftlich mangelhaften Ansätze einer ökonomischen Liberalisierung diese Chance wieder unterlaufen. Auch auf den Kulturbereich trifft daher das Problem zu, das Offe für die Transformation der russischen Gesellschaft insgesamt formuliert hat: Ökonomische Liberalisierung ist die Voraussetzung für eine Demokratisierung, dasselbe gilt auch umgekehrt; beides muß jedoch gleichzeitig und zudem in wesentlich kürzerer Zeit als in Westeuropa verwirklicht werden. Man müsse also, so Offe, davon ausgehen, daß sich auf absehbare Zeit immer wieder Problemlösungen gegenseitig blockieren.[81]

---

[81] C. OFFE: Das Dilemma der Gleichzeitigkeit. Demokratisierung und Marktwirtschaft in Osteuropa, in: MERKUR (1991) 4, S. 279-292.

3. Normen, Funktionen und Postulate der Literaturkritik

3.1 Ziele und Aufgaben 1986-1993

Der gesellschaftliche Umbruch in Rußland hat den Status und die institutionelle Verankerung der russischen Literaturkritik seit 1986 innerhalb weniger Jahre grundlegend verändert. Literaturkritik ist aber nicht nur von den aktuellen sozialen Bedingungen und vom Stellenwert der Literatur in der Gesellschaft abhängig. Ihr Handeln leitet sich auch von Normen und Konventionen ab, die sich über lange historische Zeiträume herausgebildet haben. Um die neue Rolle, den Funktionswandel der Kritik im gegenwärtigen Umbruch zu verstehen, sollen daher im folgenden ihre aktuellen Postulate dargestellt und dann zu ihren historischen Voraussetzungen in Beziehung gesetzt werden. Dabei wird auch der Frage nachgegangen, welche Traditionen der Literaturkritik aus ihrer eigenen Geschichte überhaupt zur Verfügung stehen, an die sie bei einer Neuorientierung anknüpfen kann. Vier eigenständige Traditionen werden in den wichtigsten programmatischen Zügen vorgestellt: die didaktische, die „organische", die symbolistische und die formalistische Tradition.[1] Schließlich wird die in den folgenden Kapiteln untersuchte literaturkritische Praxis, ihre Wertungen wie auch Verhaltenskonventionen, an ihren formulierten Zielen beurteilt.

Als Grundlage der Darstellung wurden explizite Aussagen – Aufsätze, Artikel, Reden und Interviews – vornehmlich von professionellen Literaturkritikern, aber auch von Literaturfunktionären, Schriftstellern oder Soziologen, über die Ziele und Aufgaben der Literaturkritik herangezogen. Neben Äußerungen von administrativer Seite, etwa auf Schriftsteller- oder Parteikongressen, gab es etliche Beiträge zu Leistungen, Mängeln und Funktionen der Kritik in Zeitungen und Zeitschriften. Seit Ende der achtziger Jahre wurden zahlreiche Umfragen speziell zu diesem Thema durchgeführt. Man hat es hier also mit fremdformulierten, institutionell autorisierten wie auch mit selbstformulierten Soll-Funktionen zu

---

[1] René Wellek, der auch diese vier Richtungen der russischen Literaturkritik anführt, spricht von „Positionen". WELLEK: The Essential Characteristics of Russian Literary Criticism.

tun.[2] Allerdings lassen sich dabei reflektierte Funktionen der Kritik nicht immer von Auffassungen über die zu beurteilende Literatur trennen.

Offizielle Postulate 1986-1989

Die von Gorbačev beschworene „wahrhafte Revolution des Bewußtseins" zur „Schaffung eines neuen Lebens"[3] sollte maßgeblich von der Literatur und Literaturkritik vorangetrieben werden. Im Entwurf eines neuen Parteiprogramms der KPdSU von Ende 1985 wurden die Aufgaben der Literaturkritik als einem der wichtigsten Ideologieträger formuliert:

> Die KPdSU begegnet dem Talent und dem künstlerischen Bemühen mit Fürsorge und Achtung. Zugleich richtet sich ihr Kampf, in der Vergangenheit wie auch in Zukunft, gestützt auf die schöpferischen Verbände, auf die öffentliche Meinung und auf die marxistisch-leninistische Kritik, gegen alle Erscheinungen der Ideenlosigkeit und weltanschaulichen Indifferenz: gegen ästhetische Farblosigkeit und Handwerkelei.[4]

In seinen Begriffen und Formulierungen knüpft dieser Text unmittelbar an die früheren Parteiresolutionen von 1972 und 1982 zur Literaturkritik an.[5] Typische Ideologeme der offiziellen literaturpolitischen Rhetorik sind die Ablehnung von „Ideenlosigkeit" (bezidejnost') und „weltanschaulicher Indifferenz" (mirovozzrenčeskaja vsejadnost'), „ästhetischer Farblosigkeit" (ėstetičeskaja serost') und „Handwerkelei" (remeslenničestvo), ebenso wie die Berücksichtigung der „öffentlichen Meinung" (obščestvennoe mnenie), die als Mitstreiterin der Kritik in der Umsetzung der ideologischen Ziele bezeichnet wird. Auch die stilistische Unschärfe in solchen rituell-formelhaften Formulierungen wie „mit Achtung dem Talent und der künstlerischen Suche begegnen" (uvažitel'no otnositsja k talantu, k chudožestvennomu poisku) zeigt, daß sich an der offiziellen Rhetorik nichts geändert hatte.

In ihren Forderungen an die Literaturkritik zwischen 1985 und 1988 setzte die Partei ihre seit den sechziger Jahren verfolgte Strategie fort, di-

---

2   Zu den Kategorien „Kann-, Muß- und Soll-Erwartungen" vgl. R. DAHRENDORF. Homo sociologicus. Ein Versuch zur Geschichte, Bedeutung und Kritik der Kategorie der sozialen Rolle, Köln (8. Aufl., zuerst 1958) 1969, bes. S. 35-42.

3   M. S. GORBAČEV: O chode realizacii rešenij XXIV s-ezda KPSS i zadačach po uglubleniju perestrojki. Doklad na XIX Vsesojuznoj konferencii KPSS 28.6.1988, in: PRAVDA 29.6.1988.

4   Zit. nach F. KUZNECOV: Točka otčeta, in: ZN (1986) 1, S. 222-232, hier S. 224.

5   Vgl. hierzu die Ausführungen unter 3.2.1.1.

rekte kulturpolitische Eingriffe vom ZK aus möglichst zu vermeiden und stattdessen Druck auf die Vermittlungsinstanzen auszuüben, Entscheidungs- und Kontrollfunktionen an die Kulturschaffenden selbst zu delegieren. Mit dieser Strategie glaubte man, die antiwestliche Propaganda und den Kampf gegen die wachsenden unterschwelligen Einflüsse der künstlerischen Moderne in der sowjetischen Literatur effektiver führen zu können.

Die offiziellen Reden und programmatischen Publikationen zur Literaturkritik waren bis 1988/89 in Inhalt und Duktus noch ganz im Stil der administrativen Lenkung gehalten. Den Rechenschaftsbericht zur Literaturkritik hielt auf dem 8. Allrussischen Schriftstellerkongreß im Juni 1986 der mit vielen Ehrungen ausgestattete Literaturfunktionär Vitalij Ozerov (*1917).6 Er bezeichnete die Literaturkritik als wichtigsten politischen Transmissionsriemen der Partei. Ihre Fortschritte und Mängel maß er an den vom 27. Parteitag aufgestellten politischen Vorgaben, einem „neuen Denken", das von „Kritik und Selbstkritik" und von einem „Dialog mit der Geschichte" geprägt sein sollte. Im Mittelpunkt standen die Forderungen nach mehr Einfluß und didaktischer Wirksamkeit der „literaturkritischen Kader". Die Kritik müsse die Rolle eines Initiators im „Glasnost'-Prozeß" übernehmen. In den Zeitschriften sei Raum für Polemiken und Diskussionen einzurichten, jährliche Rechenschaftsberichte sollten den Fortschritt des literarischen Prozesses dokumentieren. Die Haltung gegenüber Autoren müsse mutiger, unabhängiger werden. Ozerov wandte sich gegen Tendenzen der Kritik, nur bereits bekannte Schriftsteller zu hofieren. Er sprach sich für eine straffere Organisation der Kritiker im Schriftstellerverband aus, für die Unterweisung junger Nachwuchskräfte und eine enge Zusammenarbeit mit Schulbuch- und Lehrplanerarbeitungen. Die Kritik solle nicht in erster Linie den künstlerischen Ausdruck und Stil eines Werkes, sondern seinen Denkstil beurteilen, sie solle zwar Konflikte aufdecken, aber immer positive Lösungsangebote machen und so eine weltanschauliche Leitfunktion erfüllen. Ozerov forderte eine Wiederbelebung der revolutionär-demokratischen

---

6 V. OZEROV: Literaturnaja kritika: čtkost' kriteriev, vysota trebovatel'nosti, in: VL (1986) 9, S. 3-30. Ozerov war in den fünfziger Jahren stellvertretender Chefredakteur der „Literaturnaja gazeta" und seit 1959 Sekretär des sowjetischen Schriftstellerverbandes.

Literaturkritik im Sinne Dobroljubovs, die sich von einer mythologisierenden Verklärung der patriarchalischen Vergangenheit absetze.[7]

Als offizielle Postulate waren auch die Ausführungen einer von der Akademie der Wissenschaften 1989 herausgegebenen Publikation über „neue Tendenzen in der Entwicklung der sowjetischen Literatur und Literaturkritik (1986-88)" zu verstehen. Es gehörte zu den typischen Strategien ideologischer Verschleierung, daß dabei kein Unterschied zwischen gewünschten und tatsächlichen Tendenzen gemacht wurde.[8] A. Revjakina schrieb in ihrer Einführung zu dem Band: Charakteristisch für die neuere Literaturkritik sei die Wendung zur Publizistik, zu nichtliterarischen Fragen der nationalen und multinationalen sowjetischen Kultur, der Ökologie und anderer globaler Probleme geworden.

Zum neuen Maßstab für die Beurteilung der Literatur wurde das „Allgemeinmenschliche" („obščečelovečeskoe"), ein schillernder und vieldeutiger Begriff, der in der Vergangenheit von Vertretern verschiedener ideologischer Richtungen verwendet worden und daher unterschiedlich besetzt war. Neoslavophile Intellektuelle und die sogenannten Dorfschriftsteller hatten besonders in den siebziger Jahren damit argumentiert, um universelle ethische Grundwerte zu rehabilitieren. Im offiziellen Verständnis entsprach der Begriff des „Allgemeinmenschlichen" damals dem sogenannten „abstrakten Humanismus" und wurde als unmarxistische Verschleierung des klassen- und systembedingten Gegensatzes zwischen „bürgerlichem" und „sozialistischem Humanismus" abgelehnt. Seit dem Amtsantritt Gorbačevs rückte die Betonung globaler Probleme und gesamteuropäischer Zusammengehörigkeit in den Mittelpunkt der politischen Rhetorik, und in diesem Kontext wurde auch der Begriff „Allgemeinmenschlichkeit" positiv aufgewertet. Revjakina leitete die Rolle der Literaturkritik aus der neuen Politik der Partei ab, die die entscheidenden Vorgaben für die „revolutionäre Erneuerung", für ein „selbständiges kritisches Denken" liefere, und zitierte Gorbačevs Rede vor der 19. Parteikonferenz im Juni 1988. Aus der Internationalisierung der weltweiten Probleme erwachse, so Gorbačev, nunmehr die Notwendigkeit, „die im Marxismus von Anfang an enthaltene Idee der Wechselbeziehung von

---

7   In ähnlich administrativem Duktus äußerte sich in seinem Beitrag auch der Kritiker und Funktionär F. Kuznecov. Er war von 1977 bis 1987 Sekretär des Moskauer Schriftstellerverbandes und ist seit 1988 Direktor des Gor'kij-Instituts für Weltliteratur (IMLI). KUZNECOV: Točka otčeta.

8   A. REVJAKINA: Formirovanie novogo myšlenija: Sovetskaja literatura i kritika v kontekste sovremennoj obščestvennoj situacii, in: Novye tendencii, S. 5-35.

proletarisch-klassengebundenen und allgemeinmenschlichen Interessen neu zu überdenken".[9]

Liberale, reformorientierte Kritik 1986-1989

Von den Literaturkritikern des liberal-demokratischen Lagers wurden die Zielsetzungen der Partei mit Begeisterung begrüßt und deren Postulate eines „neuen Denkens" emphatisch übernommen. Als einer der ersten griff Igor' Dedkov die neue Losung im Oktober 1986 in seinem Artikel „Vozmožnost' novogo myšlenija" auf.[10] Besonders 1986/87 war die Beschwörung eines unteilbaren Humanismus (auch „Pan-Humanismus" genannt) in der Literatur und Kultur in vielen Beiträgen verbreitet, verbunden mit einem positiven Bekenntnis zur westlichen Kultur und Zivilisation, das teilweise verklärende Züge annahm. Für die westlich orientierte, liberal gesinnte Intelligenz, die einen ungeteilten Humanismusbegriff bis dahin abgelehnt hatte, bedeutete die positive Umwertung des Begriffs „Allgemeinmenschlichkeit" einen Schritt über die Ziele der Tauwetterperiode hinauszugehen. Alla Latynina bemerkte, daß es erst in der Perestrojka zu einer neuen Rehabilitation des „abstrakten Humanismus" gekommen sei.[11] Von manchen Autoren wurde dabei mehr der ethische, christliche Auftrag betont, etwa von Dmitrij Lichačev und Daniil Granin die mit mehreren vieldiskutierten Artikeln die öffentliche Rehabilitierung allgemeinmenschlicher christlicher Grundwerte einleiteten.[12] In diesem Zusammenhang tauchte auch die Forderung nach einer komparatistischen Betrachtung auf,[13] nach einer Kritik, die die russische Literatur im Kontext der europäischen und Weltliteratur des 20. Jhs. erforsche.

Zu den emphatisch erhobenen Forderungen der ersten Perestrojka-Jahre gehörte die Forderung nach einer Rückkehr der Kritik zur *Lehre Lenins* und zur *„realen Kritik"* nach dem Vorbild Dobroljubovs. Die Aufwertung Lenins und der Partei in expliziter Abgrenzung von den

---

[9] GORBAČEV: O chode realizacii.

[10] I. DEDKOV: Vozmožnost' novogo myšlenija, in: NM (1986) 10, S. 229-234.

[11] So A. LATYNINA in: Kolokol'nyj zvon – ne molitva, in: NM (1988) 8, S. 233-244, hier S. 235.

[12] D. GRANIN: O miloserdii, in: LG 18.3.1987; DERS.: „Ècho dal'nee i blizkoe", in: LG 27.5.1987; DERS.: „Mimoletnoe videnie", in: OG (1988) 6, S. 9-29; A. GULYGA: Poiski absoljuta, in: OK (1987) 10, S. 245-253; S. AVERINCEV: Vizantija i Rus'. Dva tipa duchovnosti, in: NM (1988) 7, S. 210-220; D. LICHAČEV: Trevoga sovesti, in: LG 1.1.1987; DERS.: Ot pokajanija k dejstviju, in: LG 9.9.1987.

[13] N. ANASTAS'EV: Napravljajuščaja ideja iskusstva (Zametki zarubežnika), in der Umfrage „O čem my molčim? I počemu?" VL (1989) 3, S. 59-83.

späteren Parteiführern Stalin und Brežnev war ein Kernstück des „neuen Denkens" – auch dieser Begriff stammte von Lenin – und der von Gorbačev beabsichtigten kontrollierten Reform des Sozialismus.[14] Die „revolutionär-demokratischen" Kritiker Belinskij und Dobroljubov, die auch schon von ihren Zeitgenossen als Šestidesjatniki bezeichnet worden waren, erhielten durch Jubiläumsdaten zusätzliche Aufmerksamkeit.[15] Das Interesse war nicht nur auf deren publizistisches Pathos, sondern auch auf das nach wie vor aktuelle Konzept des „kritischen Realismus" zurückzuführen. Der Literaturwissenschaftler Čingiz Gusejnov sprach sich für eine stärkere Herausarbeitung des „kritischen Realismus" aus und wollte den Begriff nicht nur auf die Literatur der Vergangenheit angewandt sehen:

> Die Kategorie des 'kritischen Realismus', die (auch wenn sie aus historisch bedingten Gründen nicht so genannt worden ist) schon von der revolutionär-demokratischen Ästhetik erfaßt und begründet wurde, ist jene methodologische Orientierung, die die Möglichkeit gibt, progressive Linien und Entwicklungen in der Kultur (und in der nationalen Wirklichkeit) nicht nur des russischen, sondern auch anderer Völker unseres Landes zu begreifen und auszudrücken.[16]

Die Abrechnung mit der Stalin- und Brežnev-Zeit zugunsten einer massiven Aufwertung Lenins und einiger seiner Weggenossen, die Betonung des demokratischen Potentials der Revolution von 1917 und der daraus resultierenden Alternativen zum Stalinismus war ein zentrales Anliegen in den politischen Debatten und wurde sowohl in der Literaturkritik als auch in einigen populären dramatischen und literarischen Werken zu Beginn der Perestrojka vertreten.[17] Unter den leninistischen Prinzipien der

---

14   Noch 1990 zur Feier von Lenins 100. Geburtstag nannte Gorbačev diesen ein Genie (M. S. GORBAČEV: Slovo o Lenine, in: PRAVDA 21.4.1990). Als Beispiel für die breite Propagierung dieser Linie sei die Darstellung Lenins und der Partei in dem 1987 neu aufgelegten Lehrbuch für die 10. Klassen genannt: „Russkaja sovetskaja literatura v 10-om klasse. Učebnoe posobie", M 1987.

15   1986 jährten sich zum 150. Mal der Geburtstag Dobroljubovs und zum 175. Mal der Geburtstag Belinskijs. F. KUZNECOV: Rodoslovnaja našich dnej. Tradicii russkich revoljucionnych demokratov i sovremennost', M 1986; DERS./ST. LESNEVSKIJ: V mire Dobroljubova. Sbornik statej, M 1989; vgl. auch MONDRY: The Evaluation of ideological trends.

16   Č. GUSEJNOV: Ėtot živoj fenomen: Sovetskaja mnogonacional'naja literatura včera ii segodnja, M 1988, S. 113, zit. nach REVJAKINA: Formirovanie novogo myšlenija, S. 10.

17   Der Dramatiker Michail Šatrov entwarf in seinen Stücken ein positives, von Verklärung freies Leninbild. M. ŠATROV: Diktatura sovesti, in: TEATR (1986) 6; DERS.:

Literaturkritik verstand der Herausgeber der Zeitschrift „Voprosy literatury", Dmitrij Urnov,[18] in erster Linie eine parteiliche, marxistisch-leninistische Beurteilung, die klare Unterscheidung zwischen einer progressiven und einer reaktionären Literatur sowie eine ideologische Stellungnahme zum Ideengehalt und zur Weltanschauung der besprochenen Schriftsteller.

Die Forderung nach einer Rückbesinnung auf die revolutionär-demokratische Kritik erhob im Juni 1987 erstmals Jurij Burtin ein ehemaliger Mitarbeiter Tvardovskijs in der Zeitschrift „Novyj mir", in seinem vieldiskutierten Artikel „Real'naja kritika – včera i segodnja", daß die Literaturkritik ihren Namen derzeit gar nicht verdiene; ihre Funktion sei mehr denn je, „die Bilder eines Schriftstellers in die Sprache des gesellschaftlichen Denkens zu übersetzen und sie dadurch in einen Akt nationaler Selbstwerdung zu verwandeln". Sie sei keinesfalls eine nur der Literatur dienende Gattung. „Reale Kritik" im Sinne Dobroljubovs definierte er als „publizistische Erforschung der Wirklichkeit mit dem Material (oder besser gesagt am Material) der belletristischen Literatur." Für die Gegenwart hieße das, eine Bilanz der Entwicklung des Sozialismus in der Sowjetunion zu ziehen. Es sei Aufgabe der Literaturkritik, die gesellschaftliche Gegenwart auf den Nenner einer alles verbindenden Idee zu bringen, die heute nur die Demokratie sein könne.[19] Burtin, dessen Artikel sich polemisch gegen den gesamten offiziellen Literaturbetrieb seit Mitte der sechziger Jahre richtete, den er der moralischen Korruption und geistigen Stagnation bezichtigte, forderte die Kritik auch zu einer Abrechnung mit dem sozialistischen Realismus auf, der nichts weiter gewesen sei als ein von Machtinteressen gesteuertes literaturpolitisches Phantom.

Dal'še, dal'še, dal'še, in: ZN(1988) 1. Auch in den außerordentlich erfolgreichen Romanen „Belye oděždy" von V. Dudincev und „Deti Arbata" von A. Rybakov findet die Abrechnung mit Stalin zugunsten Lenins und der Revolution statt.

[18] D. URNOV: Peremeny i mnenija. O literature v period perestrojki, in: VL (1988) 8, S. 26-47; DERS.: Marksistsko-leninskie kriterii cennosti v literature, M 1986.

[19] JU. BURTIN: Real'naja kritika – včera i segodnja, in: NM (1987) 6, S. 222-239. Burtin eröffnete zwei Monate später mit seiner Polemik „Vam – iz drugogo pokolenija" über Tvardovskijs erstmals publiziertes Poem „Po pravu pamjati" die Diskussion über die Tauwetterzeit und die kulturtragende Rolle der Zeitschrift „Novyj mir". Dazu H. TREPPER: Rückblick: Die Auseinandersetzung um die Zeitschrift „Novyj mir" und ihren Chefredakteur A. Tvardovskij, in: Arbeitspapiere und Materialien der Forschungsstelle Osteuropa, No. 9, Bremen 1991, S. 24-46.

All diese Äußerungen belegen, daß nicht nur Funktionäre, sondern auch zahlreiche Literaturkritiker 1987/88 zum Sprachrohr der neuen Parteipolitik wurden. Die Kritik, so der vorherrschende Tenor, müsse der Regierung helfen, ihre Reformen durchzusetzen. Getragen von der Hoffnung, der alte Interessenkonflikt zwischen Staat und Gesellschaft könne nun endlich aufgehoben werden, sahen sie ihre Funktion in erster Linie in der Umsetzung des von der Partei geforderten „neuen Denkens".

Auf den ersten Blick verwundert das vehemente Einklagen leninistischer Prinzipien und revolutionär-demokratischer Traditionen von Seiten der oppositionell zum Apparat eingestellten Kritiker. Denn beides gehörte ja immer schon zu den propagandistischen Grundfesten, zum dogmatischen Kanon sowjetischer Kulturpolitik. Es waren vor allem die liberalsozialistisch gesinnten Befürworter der Perestrojka, die bei aller Öffnung gegenüber dem Westen eine Läuterung zum revolutionären Leninismus forderten und sich gegen stalinistische Fehlentwicklungen und slavophilen Antimarxismus in der Brežnev-Zeit wandten. Damit wollten sie die in den sechziger Jahren abgebrochenen Reformen zuendeführen. Burtin nannte als Gegner, gegen die sich reale Kritik heute durchsetzen müsse, einerseits die seit den siebziger Jahren zunehmend verbreitete slavophile Kritik in der Tradition der „Bodenständigkeit" („počvenničestvo") und andererseits Nachkommen der stalinistisch-normativen Kritik der „Ermilov-Periode".[20] Mit der Forderung nach einer „realen Kritik" war also in erster Linie eine Abrechnung mit dem Stalinismus und der Brežnev-Ära gemeint. „Das entscheidende Element an der Literatur, wenn sie baldmöglich ihre gesellschaftlich vorbestimmte Rolle erfüllen will, ist ihr ideologisch und sozial aufgeladener, auf eine spezifische Welterkenntnis hin orientierender Inhalt," schrieb der Kritiker Jurij Andreev.[21]

Auch nach Auffassung von Natal'ja Ivanova, Igor' Suchich, Anatolij Bočarov und Igor' Dedkov[22] sollte die Literaturkritik aus litera-

---

20   Vladimir Ermilov, geb. 1904, war einer der am meisten gefürchteten offiziellen Kritiker der Stalinzeit. Als einer der wenigen Funktionäre der RAPP konnte er sich in den folgenden Jahrzehnten der Verfolgung entziehen und seine Position behalten, während viele Kritiker den Säuberungen von 1937/38 zum Opfer fielen. Zwischen 1946 und 1950 war Ermilov Chefredakteur der „Literaturnaja gazeta".

21   Ju. ANDREEV: Glavnoe zveno, zit. nach V. LUK'JANIN: Metodologija na rasput'e, in: LO (1988) 10, S. 29-31, hier S. 30.

22   N. IVANOVA: „Die Aufgabe der Kritik ist es, über die Literatur 'Krisenerscheinungen' der Gesellschaft herauszuarbeiten." DIES.: Anatomija pererożdenija, in: DN (1987) 8, S. 241; I. SUCHICH: Dodumyvat' do konca. K charakteristike sovremennoj literaturnoj

rischen Werken vor allem gesellschaftliche Krisenerscheinungen filtern. Der Wert eines literarischen Werkes sollte laut Dedkov danach bemessen werden, ob es eine klare weltanschauliche Botschaft enthalte und ob es nachvollziehbare, lebens- und volksnahe Darstellungen menschlicher Handlungen und Persönlichkeiten vorstelle. Für Dedkov bestand die einzig legitime Funktion der Literatur darin, auf die Weltanschauung des Lesers einzuwirken:

> Nur die Literatur kann wirklich das menschliche Leben verstehen, seine unendliche Vielfalt wahrnehmen. (...) Sie ist dazu berufen, die Schöpfung zu bewahren, eine lebensspendende Kraft eigener Art zu sein, das in einzelne Stücke zerfallene Leben „zusammenzunähen", seine Ganzheitlichkeit und eine allgemeinmenschliche Sprache wieder herzustellen. (...) Es gibt die Hoffnung, daß gerade die Literatur aus diesem ganzen Chaos etwas Vernünftiges, die Menschen Verbindendes macht, durch ihre Kunst, die weder Philosophie noch Geschichtsphilosophie oder soziale Analyse ausschließt. So kann sie den Zerfallsprozessen etwas entgegensetzen und der Gesellschaft geistige Gesundheit und moralisches Gespür wiedergeben. [23]

Die liberal gesinnten Vertreter der gesellschaftspolitisch engagierten Richtung („graždanskoe napravlenie") beriefen sich, neben den genannten Kritikern aus dem 19. Jh., besonders auf einige Vorgänger, die in den fünfziger Jahren dem Tauwetter zum Durchbruch verhalfen, wie Mark Ščeglov und Aleksandr Makarov. Auch Literaturwissenschaftler(innen) wie Lidija Ginzburg die als Schülerin von Jurij Tynjanov in der Tradition der Formalen Schule stand, wurden von einigen als ihre Vorbilder genannt.

Urnov wandte sich gegen eine „populistische" Kritik, die sich am Geschmack der Leser orientiere und Publikumserfolgen das Wort rede. Als Beispiel nannte er Rybakovs „Deti Arbata".[24] Für ihn hatte die Literaturkritik gezielt die Widerspiegelung quasi-realer Beziehungen in der Literatur aufzuspüren und sich auf die Darstellung von lebensechten Menschen und ihren Handlungen zu konzentrieren. Als Qualitätskriterium für die Literatur nannte er „die Fülle der anschaulichen Bilder, (...) das phy-

---

situacii, in: Lo (1988) 6, S. 33-37; N. IVANOVA in: OG (1988) 11, S. 25-29; DEDKOV: Vozmožnost' novogo myšlenija; BOČAROV in der von mir durchgeführten Umfrage.

[23] I. DEDKOV: Interview „Ėta bezcennost' konkretnost' žzni", in: Lo (1991) 2, S. 3-10, hier S. 7.

[24] D. URNOV in der Umfrage der LG vom 27.1.1988.

sisch nachvollziehbare Erleben von Persönlichkeiten, die im Bewußtsein, unabhängig von dem Buch, weiterleben."[25]

Unter dem Eindruck einer zunehmenden Radikalisierung und Personalisierung der polemischen Debatten 1987/88, in deren Verlauf nicht nur Schriftsteller, sondern vor allem auch Kritiker sich in leidenschaftlichen gegenseitigen Anklagen, Denunziationen und Abrechnungen ergingen, wurden immer häufiger auch die Formen der Kommunikation kritisiert. Forderungen nach einer Entpolitisierung, nach Versachlichung und Überwindung dualistischer Wertungen tauchten auf.[26] Allerdings standen dahinter nicht immer dieselben Vorstellungen. Nüchtern urteilende Teilnehmer der Debatte, wie Latynina plädierten für die Herausbildung einer Streitkultur, die eine Position nicht um den Preis der unbedingten Vernichtung des Gegners durchsetze.

Neoslavophile, nationalpatriotische Kritik 1986-1989

Auch Literaturkritiker, die sich seit den siebziger Jahren mit nationalistischen Einstellungen exponiert hatten, sahen die wichtigsten Aufgaben der Kritik in ihrer soziologisch-publizistischen Funktion, allerdings mit anderen Intentionen. Wenn Michail Sinel'nikov schrieb, daß man heute mehr denn je auf die Harmoniebedürfnisse der Menschen eingehen müsse,[27] so ging es ihm darum, dem vermeintlich drohenden kulturellen Verfall ein ideell-ästhetisches Bollwerk entgegenzustellen. Angesichts der durch den Umbruch hervorgerufenen Erschütterungen, die viele frühere Sicherheiten zerstört hätten, müsse die Kritik nun Widersprüchliches glätten („oglažívat'") und einheitliche Prinzipien herausarbeiten. So ein verteidigungswürdiges Heiligtum sei die nationale Einheit der Literatur. Vadim Kožinovsprach sich für eine feste Orientierung an der unverbrüchlichen Wahrheit der russischen klassischen Literatur aus. Nicht kritische, analytische Distanz, sondern allein die Liebe zur erhabenen, ewigen Kunst und ihrer Schönheit sei ein Gradmesser für jede ernstzunehmende Kritik, schrieb er, und spielte dabei den „Ignoranten" („nevežda") Belinskij gegen Puškin aus, dessen Epoche die einzige wirklich kultur-

---

[25] URNOV, zit. nach S. ZENKIN: Svjaščenno li zaveščannoe? Polemičeskie zametki ob odnoj éstetičeskoj tradicii, in: LO (1989) 7, S. 89-95, S. 90.

[26] So etwa von der Mehrheit der von „Voprosy literatury" durchgeführten Umfrage („O čem my molčim?" In: VL (1988) 11, S. 78-104) über die Mängel und Aufgaben der gegenwärtigen Literaturkritik.

[27] M. SINEL'NIKOV: „Dolžny byt' vse-taki svjatyni...", LG 20.3.1988; DERS.: Starye bedy i novye mify. Polemičeskie zametki, in: MO (1989) 12, S. 183-196.

volle gewesen sei.[28] „Literatur heilt unsere Seelen, und die Literaturkritik bestimmt die Methode der Heilung," schrieb der Germanist Jurij Archipov.[29]

Zu den zentralen Postulaten dieser Richtung gehörte bereits seit den siebziger Jahren die „Volkstümlichkeit" (*narodnost'*) im Sinne einer nationalen russischen Eigenständigkeit. Sie wurde als wichtigster Wert der Literatur angesehen. Aleksandr Bajgušev band den literarischen Wert eines Werkes grundsätzlich an die russische Nationalität und sah das wichtigste Gut von Literatur und Kritik im „Russentum, in der erhabenen und traditionsreichen Ausrichtung auf die Formung der Seele."[30] Seiner Ansicht nach wurde die Literaturkritik gegenwärtig immer „unrussischer" und entferne sich von ihrer eigentlichen Aufgabe, Bildung und Intelligenz zu erhalten.

Der Ruf nach Konsolidierung, nach einer harmonisierenden, einheitsstiftenden Rolle der Kritik war bei manchen dieser Kritiker taktisch motiviert und begründet durch die Sorge um den Verlust der eigenen Position und Autorität, um den Zerfall der bestehenden literarischen Hierarchie. Hinter der Betonung organischer Einheit stand eine Haltung, die intellektuell-analytische kritische Distanz grundsätzlich als eine negative zersetzende Kraft ablehnt.

Postulate der „staatsbürgerlich engagierten Kritik" 1990-1993

Nach dem Einsetzen der Kommerzialisierung des Buchmarkts veränderten sich auch die selbstformulierten Ziele der Literaturkritik. Die endgültige, durch den Putsch von 1991 besiegelte Abkehr von der marxistisch-leninistischen Ideologie bedeutete schließlich auch das Ende aller offiziell formulierten normativen Postulate. Gleichzeitig konstatierten einige Kritiker, wie Natal'ja Ivanova und Marietta Čudakova, das Ende einer ganzen Epoche des russischen Literaturzentrismus.[31] Das festgefügte Schema einer Opposition zwischen einem parteiloyalen offiziellen, einem

---

28 V. KOŽINOV in: Kritika 1987. Mnenija i somnenija, LG 27.1.1988.

29 JU. ARCHIPOV in: Anketa literaturnoj kritiki, in: VL (1988) 11, S. 87.

30 A. BAJGUŠEV: „Russkost', blagorodnaja i tradicionnost' na stroitel'stvo duši", in der Umfrage von VL (1988) 11, S. 88.

31 M. ČUDAKOVA: Ne zaslonjat' ot real'nosti, in: LG: 2.1.1991; N. IVANOVA: Gibel' bogov (O slome literaturnoj ėpochi), in: NG 10.8.1991. Ivanova stellte den Zusammenbruch dreier Mythen fest: 1. den Mythos von der Literatur als erzieherischer Kraft, 2. den Mythos vom Leser als dem Objekt dieser Erziehung, und 3. den Mythos vom Schriftsteller als Lehrer und Propheten.

liberal-demokratischen und einem nationalpatriotischen Lager der Kritik
brach auf, es kam zu Annäherungen zwischen ehemals verfeindeten Positionen. Parallelen, aber auch neue Gegensätze und Konstellationen taten
sich auf.

Die vorherrschende Reaktion bei den Vertretern aller drei Lager der
„staatsbürgerlich engagierten" Kritik auf den Ausgang der Perestrojka
war Enttäuschung und Resignation über den plötzlichen Rückgang der
Auflagenzahlen und die ausgebliebene Wirkung der gehobenen literarischen Schätze. Die Appelle, zur „realen Kritik" zurückzukehren, verschwanden nahezu vollständig. Stattdessen breiteten sich quer durch alle
Lager und Gruppierungen Klagen oder Selbstanklagen über den Untergang der russischen Kultur und Intelligenz aus, wurden kulturpessimisti-
sche Visionen beschworen. Während die Äußerungen der patriotischen
Kritiker radikaler und zunehmend aggressiver wurden, war der Tenor bei
den liberalen Kritikern deutlich defensiver als in den Jahren zuvor und
schwankte zwischen Ernüchterung und Resignation. In den Äußerungen
mancher Angehöriger der Tauwetter-Generation wurden nun nicht mehr,
wie früher, die gesellschaftspolitischen und didaktischen Aufgaben der
Literatur und Kritik betont, sondern deren wertschöpfende, sittlich-läu-
ternde Funktion bis hin zur aktiven Vermittlung eines religiösen Bewußtseins. Igor' Zolotusskij zum Beispiel gehört zu den Kritikern, die in den
Anfängen ihrer Tätigkeit zu Beginn der sechziger Jahre als engagierte
Liberale begannen. Er berief sich auf Kornej Čukovskij, der als Kritiker
den Formalisten nahestand, auf Belinskij und auf Pisarev, den er besonders wegen seines brilliant-polemischen Stils schätzte. In den siebziger
Jahren bemühte er sich um eine Rehabilitierung der religiös-philosophischen Texte Gogol's. Zu Beginn der Perestrojka gehörte Zolotusskij zu
denen, die die im Tauwetter begonnenen gesellschaftlichen Reformen
mithilfe der Literatur zuendeführen wollten. Zu Beginn der neunziger
Jahre orientierte sich Zolotusskij zunehmend an Religionsphilosophen
und Literaturkritikern der ersten Emigration, wie Florenskij und Struve,
für die er sich als Vorbilder einer zwar nicht politisch-publizistischen,
wohl aber didaktischen Literaturkritik stark machte.

1990 publizierte die Zeitschrift „Literaturnaja učeba", die sich immer
stärker auf religiöse und religionsphilosophische Publikationen spezialisiert hat, eine Podiumsdiskussion über die Unabhängigkeit der Kritik.
Der junge Herausgeber Vladimir Slaveckij[32] erklärte in seinem – Puškin

---

[32] V. SLAVECKIJ: „Ne govorju o bespristrastii...", in der Umfrage „Nezavisim li kritik?",
      in: LU (1990) 2, S. 72-78.

zitierenden – programmatischen Eröffnungsartikel „Ne govorju o be-spristrastii...", die Literaturkritik könne ihre Maßstäbe einzig und allein aus den unvergänglichen Werten der Kunst beziehen. Wenn sie sich auf ein bestimmtes weltanschauliches oder gesellschaftspolitisches Programm verpflichte, etwa im Sinne der „realen Kritik" Dobroljubovs, oder gar auf einen „sozialen Auftrag" („social'nyj zakaz") im Sinne sozrealistischer Parteilichkeit, würden alle ästhetischen Maßstäbe diesem Ziel unterworfen, und die Kritik verlöre ihre Unabhängigkeit. Mit Berufung auf Puškin forderte Slaveckij von der Literaturkritik eine Unabhängigkeit, die im Bewußtsein ihrer Beschränkung auf die Literatur, ohne zur Philosophie zu werden, ihre geistige Freiheit allein in der Liebe zur Kunst und im Gefühl für deren Schönheit realisiere. Vorbildlich verbunden fand er diese Art philosophisch-ethischer Kunstkritik bei Florenskij und bei einigen anderen Religionsphilosophen.

Diese Einstellung, die sowohl von Skepsis gegenüber einer bewußt didaktischen Funktion der Literaturkritik als auch von einem ungebrochen idealistischen Kunstverständnis geprägt ist, war nicht nur typisch für die nationalistisch gesinnten Kritiker, sondern breitete sich, besonders nach dem Einbruch der wirtschaftlichen Krise, auch zunehmend unter Kritikern liberaler Gesinnung aus. Trotz der ideologisch-weltanschaulichen Polarisierung waren – auch über Generationsgrenzen hinweg – die Gemeinsamkeiten zwischen den verschiedenen Richtungen in den Wertvorstellungen und Konzeptionen von Literatur und Literaturkritik unübersehbar.

Nicht Kritik oder Analyse, sondern Bestätigung des künstlerischen Werts wurde von vielen zur Hauptaufgabe der Literaturbetrachtung erklärt. Ganz gleich, ob die Kritiker der Literatur eine moralisch-sittliche Funktion im Sinne von Läuterung oder Lebenshilfe, oder eher eine kognitive Funktion im Sinne von Wahrheitsverkündung, Sozialkritik oder Aufklärung über historische Tatsachen zuwiesen, sie waren sich einig in der Ablehnung einer unterhaltenden Literatur oder einer Literatur, die nur dem ästhetischen Spiel oder Genuß dient. Sie teilten die Auffassung, die Literatur beziehe ihren Wert in erster Linie aus ihrem Dienst an den Interessen der Gesellschaft.

Andere Postulate

Neben dieser dominierenden Tendenz gab es einige Kritiker und Philologen, die sich für beschränktere, literaturbezogene Ziele einsetzten, zum Beispiel Sergej Čuprinin, Vladimir Novikov, Marietta Čudakova und Lev

Anninskij. Sie sahen die vordringlichen Aufgaben der Literaturkritik und
-wissenschaft nach dem Abbau der Zensur in einer *Revision und Umwertung der Literaturgeschichte*, in der Einordnung der nun erst sichtbaren
literarischen Landschaft Rußlands in den Kontext der multinationalen
Sowjetliteratur wie auch der europäischen und der Weltliteratur.[33] Besondere Aufmerksamkeit richtete sich auf die Periode des sogenannten
„Silbernen Zeitalters" um die Jahrhundertwende und das erste Viertel des
20. Jhs..[34]

Čudakova sprach sich für eine Besinnung auf ihre eigentlichen Aufgaben ohne unangemessene Selbstüberschätzung und falschen Populismus
aus.[35] Sie plädierte für eine stärkere Trennung zwischen Literaturwissenschaft und Literaturkritik. Wie Čuprinin und Novikov bekannte sie sich
zur Tradition der Formalen Schule. Im Unterschied zu den frühen sechziger Jahren sah sie jetzt erstmals die Chance einer Neukonzeption der Literaturgeschichte, die allerdings nicht bei einem bloßen „Ausjäten" der
literarischen Landschaft stehenbleiben dürfe.[36] Zwar sei es während der
Tauwetterzeit möglich geworden, viele bis dahin verschwiegene Namen
und Werke aus der frühsowjetischen Zeit zu veröffentlichen, aber damals
sei die bestehende hierarchische Rangordnung dadurch keineswegs erschüttert worden. Man habe die „neuen" Namen lediglich als Randfiguren oder -tendenzen in den offiziellen Hauptstrom eingemeindet. Evgenij
Dobrenko plädierte für eine grundlegend *neue Periodisierung der Sowjetliteratur* und für eine entideologisierte, unvoreingenommene Erforschung
des sozialistischen Realismus und wandte sich gegen einen bloßen
Austausch der einen gegen eine andere Rangfolge von „Klassikern". In
die kritische Revision der Literaturgeschichte sollte nach Ansicht von
Viktor Toporov auch die Analyse zweit- und drittrangiger Schriftsteller
aufgenommen werden.[37]

---

33 M. ČUDAKOVA: Ne zaslonjat' ot real'nosti, in: LG 9.1.1991; DIES.: Aktual'nye pro-
    blemy izučenija istorii russkoj literatury, in: VL (1987) 9, S. 3-78.
34 F. KUZNECOV: Istorija sovetskoj literatury. Novyj vzgljad, in: LG 16.8.1989.
35 M. ČUDAKOVA [M. TSCHUDAKOWA]: Arbeit in völliger Stille, in: FAZ 2.1.1991.
36 M. ČUDAKOVA: Bez gneva i pristrastija. Formy i deformacii v literaturnom processe
    20-30ch godov, in: NM (1988) 9, S. 240-260; dt. Sine ira et studio. Formen und De-
    formationen im literarischen Leben der zwanziger und dreißiger Jahre, in: D. Kas-
    sek/P. Rollberg (Hgg.): Das Ende der Abstraktionen, S. 149-204.
37 E. DOBRENKO: „I, padaja stremglav, ja probuždalsja..." (Ob istorii sovetskoj literatu-
    ry), in: VL (1988) 8, S. 48-92; dt. Eine neue Sicht der sowjetischen Literaturge-
    schichte, in: KUNST UND LITERATUR (1989) 4, S. 435-455. Mündliche Auskunft von

Eine gewisse Sonderstellung nahm Anninskij ein. Er wandte sich gegen jegliche didaktische Zielsetzung der Literaturkritik, sondern sah sie vielmehr als ein mit der Literatur konkurrierendes Genre. Anninskij fand in seiner Tätigkeit einen Spielraum für eigenen kreativen Selbstausdruck. Der Kritiker, so Anninskij, sei keineswegs dazu verpflichtet, nur quasi als Diener der Kunst deren Verfahren am Werk offenzulegen. Vorausgesetzt, er mache die Regeln seines eigenen Spiels transparent, sei er berechtigt, sich den Text distanzlos zu unterwerfen, subjektiv und frei darüber zu urteilen. Anninskij sieht sich selbst in der Tradition der symbolistischen Literaturkritik und nennt als seine Vorbilder Merežkovskij, Rozanov, Geršenzon und Berdjaev.[38] Er verweist darauf, daß in den siebziger Jahren diese Art von literarisierender Kritik zu einer Verbündeten des Leserpublikums geworden sei, selbst ihr Schweigen habe damals zeichenhafte Bedeutung gehabt. Diese Einigkeit sei aber nun – im Jahre 1990 – vorbei.[39]

Nur einzelne Stimmen sprachen in den ersten Jahren der Perestrojka der Kritik die Rolle einer *Vermittlerin der neuen russischen oder der ausländischer Literatur* zu. Noch seltener betrachtete man die *Vermittlung ästhetisch innovativer neuer Literatur* gegenüber einer breiteren Leserschaft als ihre vordringliche Aufgabe. Für eine ernsthafte Auseinandersetzung mit der neuen Gegenwartsliteratur sprachen sich Čuprinin, Novikov, Viktor Erofeev und Vladimir Potapov aus. Čuprinin forderte bessere Möglichkeiten der Veröffentlichung neuer, „junger" Literatur, damit sie überhaupt kommentiert werden könne. Nach Ansicht von Novikov[40] sollte die Literaturkritik sich um eine Übersetzung der Sprache und künstlerischen Verfahren innovativer Autoren in eine kulturell verständliche Sprache bemühen, da die geistige und emotionale Mobilität bei Kritikern höher sei als bei normalen Lesern. Den innovationsfeindlichen „Konservativismus, ein übermäßiger Hang zur goldenen Mitte und zur approbierten Tradition" in der Literaturkritik hielt er für einen „Mangel an Kultur" und plädierte stattdessen für die Wiederherstellung einer

---

V. Toporov, der als einer von wenigen Kritikern auch Unterhaltungsromane und „niedere" Literatur rezensierte.

[38] Anninskij in der von mir durchgeführten Umfrage. Vgl. Anhang 1).

[39] L. Anninskij: Nezavisim li kritik?, in: LU (1990) 5, S. 94ff.

[40] V. Novikov: Deficit derzosti, in: OK (1989) 3, S. 369-400; dt.: Kühnheit tut not. Die literarische Perestroika und die ästhetische Stagnation, in: Kassek/Rollberg: Das Ende der Abstraktionen, S. 369-400.

„Ökologie der Kultur"[41] im Sinne einer Anerkennung verschiedener künstlerischer Sprachen. Die Kritik dürfe dabei eine schwierige, experimentelle Literatur nicht ignorieren oder vorschnell verurteilen. Novikov betrachtete den ästhetischen Konservativismus als eine der verheerendsten Langzeitfolgen des Stalinismus. Er habe dazu geführt, daß die gegenwärtige Kritik den Entwicklungen in der Kunst einfach nicht mehr gewachsen sei:

> Weder die Schriftsteller noch die Kritiker, die über Prosa nachdenken, haben etwas für ästhetische Fragen übrig. Nicht 'Archaisten und Neuerer' streiten untereinander, sondern es streiten Traditionalisten mit Traditionalisten über soziale, historische und ökonomische Themen. (...) In unserer Kunstsphäre wird das bockige Mißtrauen gegenüber allem Neuen besonders im Bereich der Literatur kultiviert. (...) Aber die Kultur muß tolerant und verständnisvoll sein, sie muß sogar die polemische Negation der Kunst anstandslos ertragen können, wenn eine solche Negation mit der Schöpfung von Neuem, das heißt mit einem Wertezuwachs einhergeht.[42]

Im Gegensatz zu Novikovs aufklärerischem Impetus bekannte sich der Schriftsteller und Kritiker Viktor Erofeev vehement zu einer elitären Literatur und hielt die Auffassung, Literatur müsse allen zugänglich sein und vermittelt werden, für unsinnig. Für Erofeev war der Drang, allen alles vermitteln zu wollen, ein Teil jenes „Bazillus der Lehrerschaft", der bei weitem nicht nur auf das Erbe von Belinskij und Černyševskij zurückzuführen sei. Zu ihm gehöre die Verpflichtung der Literatur auf Ideen ebenso wie das Projekt einer moralischen Vervollkommnung des Menschen durch Literatur. Erofeev weigerte sich, Erwartungen der Leser an eine große Literatur, die zugleich die Massen befriedige, zu entsprechen:

---

41 „Ich beginne davon zu sprechen, daß eine *Ökologie der Kultur* (Hervorhebg. v. Verf.) die Anerkennung verschiedener künstlerischer Sprachen voraussetzt, dazu zählen auch absonderliche, undurchsichtige, irrationale Sprachen." Ebd., S. 373. Die von der Natur auf die Kultur übertragene und inzwischen verbreitete Wendung „Ökologie der Kultur" stammte von dem Philologen und Akademiemitglied D. Lichačev. D. LICHAČEV: Ėkologija kul'tury, in: MO (1979) 7, S. 173-179; auch in: DERS.: Prošloe – buduščemu. Sbornik i očerki, L 1985, S. 49-63. In chiffrierter Form wurde sie auch in der Literatur aufgegriffen, so im Titel der Erzählung „Okolo-Ėkolo" und eines gleichnamigen Prosabandes von V. NARBIKOVA (M 1992).

42 NOVIKOV: Deficit derzosti, S. 374, 392. Vgl. als einen der wenigen nach 1993 erschienenen Sammelbände mit literaturkritischen Artikeln V. NOVIKOV: Zaskok, M 1997.

Literatur und Demokratie sind unvereinbare Dinge. Die Literatur ist unde-
mokratisch schon von ihrer Struktur her, sie ist ausgesprochen hierarchisch.
(...) Man sollte sich darauf einigen, daß 4-5 gute Schriftsteller in einer Generation schon völlig ausreichen. Die Leser erwarten, daß sich die gegenwärtige Literatur ähnlich wie die im 19. Jh. entwickeln soll, daß jetzt ein neuer
Dostoevskij auftauchen wird. Der kann aber gar nicht erscheinen, weil er
nämlich schon da war.[43]

Erofeev sah sich dem Vorbild Rozanovs verpflichtet und plädierte dafür,
an die Traditionen der Moderne um die Jahrhundertwende und in den
zwanziger Jahren anzuknüpfen. Als Kritiker trug er selbst durch Werkausgaben und eigene Artikel zu einer breiteren Vermittlung der Werke
von Rozanov bei.[44]

Während die neue, „andere" Literatur seit Anfang der neunziger Jahre
verstärkt wahrgenommen wurde und engagierte Rezensenten fand, stand
es um die Vermittlung der ausländischen Literatur eher noch schlechter
als vorher. Verschiedene Kritiker, die zugleich Germanisten, Anglisten
oder Romanisten waren, beklagten seit 1991 sowohl die erheblich ver-
schlechterten Publikationsbedingungen von ausländischer Literatur als
auch das allgemein stark zurückgegangene Leserinteresse, ausgenommen
die Flut meist schlecht übersetzter reiner Unterhaltungs- und Massenliteratur. Toporov und Anastas'ev[45] forderten die Literaturkritik auf, verstärkt die Auswahl und Editionen westlicher neuer Literatur wie auch in
Rußland noch immer weitgehend unbekannte „Klassiker" der Moderne
zur Kenntnis zu nehmen und in vergleichenden Analysen den russischen
Lesern nahezubringen.

Immer wieder wurde der Mangel an *Professionalität* in der Literaturkritik beklagt. Neben fehlender Selbständigkeit und Begründung ästhetischer Werturteile sei das niedrige philologische und analytische Niveau
vieler Beiträge problematisch. Oft fehle es an einer exakten Textanalyse,
so daß die schlechten, aus „Halbbildung" herrührenden Traditionen des
paraphrasierenden Überfliegens oder unbegründeter, emotional überzo-

---

[43] Legče pišetsja pri svete glasnosti. (Interview mit VIKTOR EROFEEVund T. TOLSTAJA),
in: MOSKOVSKIE NOVOSTI 24.6.1990.

[44] 1991 gab Erofeev unter dem Titel „Nesovmestimye konstrasty žitija" einen Band mit
Essays von Rozanov in Moskau heraus, für den er eine ausführliche Einleitung
schrieb. VIKTOR EROFEEV: Raznocvetnaja mozaika rozanovskoj mysli, in: V. Rozanov: Nesovmestimye konstrasty žitija. Literaturno-ėstetičeskie raboty raznych let, M
1990, S. 6-36.

[45] V. TOPOROV: I vremena i nravy. Zarubežnaja proza – 90, in: LO (1991) 2, S. 37-45;
N. ANASTAV'EV: Začem nam 'Uliss'? in: LO 6 (1991), S. 3-10.

gener Verrisse nach wie vor das Feld beherrschten. Manche erklärten dies mit dem Rückstand in der Literaturtheorie, aber auch mit der mangelhaften Ausbildung. Vladimir Pirožnikov plädierte für eine skeptischere, weniger demütige Haltung gegenüber den literarischen Gegenständen der Besprechung. Ziel der Kritik könne nicht sein, „noch besser die Stimme der Poesie zu vernehmen", sondern literarische Texte zu analysieren und zu vermitteln. Je professioneller der Kritiker lese statt zu verehren, desto mehr lege er die Künstlichkeit, das Gemachte an den Texten offen, und verschaffe sich so Distanz. Seine Unabhängigkeit bewahre er auch in der Distanzierung von einer normativen Kunstauffassung.[46]

Aleksandr Archangel'skij machte die verbreitete *widersinnige Publikationspolitik* für die Desorientierung vieler Leser verantwortlich. Sie würden zu einer neuen „retrospektiven Utopie" verleitet. Literarische Texte, einzelne Briefe und Dokumente würden wie Reliquien zusammenhanglos, ohne qualifizierte Kommentare und informative Analysen in Zeitschriften mit Massenauflagen veröffentlicht. Schon die äußere Aufmachung im Stil der Jahrhundertwende verrate oftmals eher ein kommerzielles oder nostalgisches Interesse der Herausgeber als eine ernsthafte Absicht, das Bewußtsein der Leser für die eigene kulturelle Vergangenheit zu schärfen. Da die Leser die Flut von Texten aus ihnen unbekannten Epochen überhaupt nicht verarbeiten könnten, ginge deren Publikation ins Leere und verfehle ihre mögliche Wirkung. Ohne kritische Erläuterung, die Texte aus der fremden Epoche nahebringe und sie zugleich in eine angemessene historische Distanz setze, würden viele der Texte als unmittelbar gegenwartsbezogene Aussagen mißverstanden und wiederum politisch instrumentalisiert.[47]

Seit Anfang der neunziger Jahre mehrten sich die Beiträge und Stimmen meist junger Kritiker, die, obwohl sie verschiedene ästhetische Konzeptionen und auch weltanschauliche Positionen vertraten, postmoderne wie auch neoslavophile, jegliche didaktische Funktion oder das Selbstverständnis eines politisch-ideologischen Auftrags für die Literatur und Kritik vehement ablehnten. Gemeinsam ist diesen Kritikern, zu denen Alekandr Ageev, Aleksandr Archangel'skij, Leonid Bachnov, Pavel Basinskij, Oleg Dark, Konstantin Kedrov, Vjačeslav Kuricyn, Mark Lipovecki und Andrej Nemzer gehören, eine philologische, teilweise lite-

---

[46] V. Pirožnikov: Čitat', a ne čtit', in: LU (1990) 5, S. 98.

[47] A. Archangel'skij: Nasledie i nasledniki (Vzgljad na archivnye razdely periodiki), in: Ders.: U paradnogo pod-ezda, M 1991, S. 121-151; Toporov: I vremena i nravy.

raturtheoretische Ausrichtung und eine stärkere Betonung formal-ästhetischer Elemente.

Ageev forderte von der Kritik eine wesentlich gründlichere „innere Entstaatlichung", eine Revision des gesamten Literatursystems, und sprach sich dafür aus, mit allen Vorstellungen von einem sozialen und ideologischen Auftrag an Literatur und Literaturkritik radikal Schluß zu machen.[48] Diese hätten eine Schlüsselrolle beim Aufbau des totalitären kommunistischen Systems gespielt. Den neuen Markt und die „Privatisierung der Literatur" begrüßte er emphatisch und forderte die Literaturkritik auf, den Zerfall der vermeintlichen Einheit als Befreiung zu sehen und zu nutzen. Die Kritik könne sich nun an der „Säkularisierung der Kultur" beteiligen und dazu beitragen, den Lesern eine neue, nicht-totalitär geprägte Beziehung zur Literatur zu vermitteln. Dies geschehe am besten anhand der neuen, „artistischen" Prosa. Die Berührungsängste mit der sogenannten „Massenkultur" müßten überwunden werden; vielmehr könne die „hohe" Kultur von dieser „Schule der Freiheit" noch manches lernen.

Was Andrej Bitov Anfang 1992 in bezug auf die Literatur formulierte, kann man auch auf die Literaturkritik beziehen: Daß ihre übersteigerte Bedeutung schwinde und sich auch die Anzahl ihrer Akteure erheblich verringert habe, sei kein Verlust, sondern eher eine gesunde Reduktion auf die ihr angemessene „kleine Existenz".[49] Indem die Literatur ihre hypertrophe Rolle als staatsbürgerliche Institution verliere und ihre Akteure nicht mehr gezwungen seien, aus Mangel an Alternativen schöpferischer Selbstverwirklichung sich im Bereich der Literatur zu betätigen, mache sich der Betrieb von überflüssigem Ballast frei. Manche Literaten könnten ihre Talente statt in unfruchtbare Karrieren in andere Berufe mit praktischem Erfolg umleiten.

Die meisten engagierten Anhänger einer ästhetisch innovativen Literatur sind aus der Sphäre der *Untergrundkultur* hervorgegangen. Dem allgemeinen Bedeutungsverlust und dem schwindenden Einfluß der Literatur auf die Lesermassen trauerten sie kaum nach. Da sie von vornherein keine überzogenen Erwartungen an eine Massenwirksamkeit der nun zugänglichen hohen Literatur hatten und keine weltanschaulich-didaktischem Ambitionen besaßen, waren sie auch nicht von der Sorge um den kulturellen Verfall und von der resignierten Desillusionierung beherrscht.

---

[48] A. AGEEV: Konspekt o krizise, in: Lo (1991) 3, S. 15-19.
[49] A. BITOV: Pisatel', in: STOLICA (1992) 1, S. 50-52.

Gegenüber den Phänomenen der Massenliteratur[50] zeigten sie weniger Ressentiments, eher eine gewisse Offenheit und Neugierde. Die Existenz einer breiten trivialen und unpolitischen Literatur hielten sie nicht nur für berechtigt, sondern sogar für notwendig. Einige Kritiker, wie Ageev und Toporov, plädierten für die Beschäftigung mit ihr im Sinne eines die Literatur bereichernden Rohstoffs ästhetischer Bearbeitung. Statt auf die Massenleser einwirken zu wollen, sollten Literatur und Kritik eher das ästhetische Wirkungspotential der populären, „niederen" Literatur aufspüren. Vereinzelt wurde das Thema des Verhältnisses zwischen hoher und Massenliteratur aufgegriffen und von der Kritik diskutiert. So stellten auch Čuprinin und Ivanova 1993 fest, daß die Annäherung an Verfahren und Sujets der trivialen Massenliteratur tatsächlich inzwischen zu ästhetischer Innovation in der neuen Literatur geführt habe.[51]

Beitrag der Literatursoziologen

Weder die Kritiker des breiten ideologisierend-publizistischen Hauptstroms noch die Befürworter einer ästhetisch-philologischen Literaturbetrachtung, die sich eher an Autoren wandte, sahen in der Kritik jedoch eine *Anwältin der tatsächlichen Leser und ihrer Bedürfnisse*. Gemeint ist damit eine Kritik, die sich in ihrem Duktus nicht nur an Gleichgesinnte, Eingeweihte oder Kenner wendet, die in ihren Auseinandersetzungen nicht nur um die eigenen internen Konflikte kreist und die auch nicht vom Leser als einem „ideellen Gesamtadressaten" spricht. Der Blick einer solchen Kritik ist nach außen, auf die Bedürfnisse und Vorlieben der Rezipienten gerichtet. Daher befaßt sie sich sowohl mit der „hohen" als auch mit populärer Literatur, nimmt die Bedürfnisse der Leser nach guter Unterhaltung ernst und untersucht die angebotene Literatur auf ihre diesbezüglichen Werte und Funktionen. Die wenigen Stimmen, die für eine an konkreten Lesern orientierte Kritik eintraten, stammten von Soziologen, die sich seit Ende der achtziger Jahre vermehrt in die literaturkritischen Diskussionen eingeschaltet hatten. Durch ihre Perspektive „von außen" wurden manche Probleme anders beleuchtet oder überhaupt erst öffentlich thematisiert.

---

50 Näheres zu dem seit Beginn der neunziger Jahre häufig, aber unterschiedlich besetzten Begriff „Massenliteratur" in Kapitel 6.2.2.3.1.

51 S. Čuprinin: Sbyvšeesja – nebyvšee, in: ZN (1993) 9, S 181-188. Der Titel ist ein Zitat von F. Stepun (Byvšee i nesbyvšeesja, London 1990); N. Ivanova: Pejzaž posle bitvy.

So stellte der Literatursoziologe Sergej Zenkin fest: die Kritik sei ohne staatlich-administrative Macht im Rücken vor eine völlig neue Situation gestellt.[52] Zum ersten Mal werde sie mit dem Publikumsgeschmack
konfrontiert, argumentiere aber nach wie vor permanent an ihm vorbei in
dessen Namen. Wenn Ajtmatovs „Placha" und Romane Bondarevs ver-
rissen und die Autoren nun angegriffen würden, so gehe man dabei oft
unsensibel über die Tatsache ihrer außerordentlichen Beliebtheit hinweg
und verurteile damit auch pauschal deren Leser. Den Ruf nach positiven
Helden und Lösungsangeboten der dargestellten Probleme bezeichnete
Zenkin als Ausdruck eines falschen Mißtrauens gegenüber den Lesern.
Die Kritik dürfe kein Kunstrichtertum sein, das sowohl an der Fähigkeit
der Leser zum selbständigen Urteil zweifle als auch den Dialog mit den
Lesern über strittige, aber populäre Werke verhindere.

Sergej Švedov sprach von einer Literatur für die Leser und einer Literatur für die Kritik und plädierte vehement dafür, daß die Literaturkritik
ihre Forschungsgegenstände und ihr Blickfeld erweitert. Bisher betreibe
sie nur eine Zementierung der Werthierarchie. Sie versuche, die Kluft
zwischen „hoher" und „Massenliteratur" aufrechtzuerhalten, indem sie
diese zwei Kategorien als einander ausschließende Größen gegenüber-
stelle. In ihrer moralisierenden hochmütigen Verhöhnung aller Massenliteratur gehe sie bewußt an der breiten Leserschaft vorbei. Damit be-
raube sie sich nicht nur mancher Wirkungsmöglichkeit und diskreditiere
sich in den Augen vieler Leser, sondern verfestige bestehende Ressentiments, statt sie aufzubrechen.[53] Die Kritik dürfe es sich nicht zu einfach
machen. Sie sollte ihren Vermittlungsauftrag ernstnehmen und sich um
den Abbau ihrer eigenen Ressentiments gegenüber den Lesern und deren
literarischem Geschmack kümmern. Die sogenannte Massenliteratur erfülle vitale, ernstzunehmende Bedürfnisse der Menschen. Dabei dürfe
weder die Zuordnung zu diesem Begriff so vorschnell und ungenau erfolgen wie üblich, noch sei eine pauschale ästhetische und moralische
Stigmatisierung angebracht. Vielmehr sollten die spezifischen Wirkungs-
gesetze dieser Literatur untersucht und eine empirische Leserforschung
betrieben werden. Angesichts der unbestrittenen Popularität dieser Mas-

---

[52] S. ZENKIN: O vkusach čitatelja – sporjat. Zametki o kritikujuščej kritike, in: LO
(1988) 7, S. 25-34.

[53] S. ŠVEDOV: Literaturnaja kritika i literatura čitatelej, in: VL (1988) 5, S. 3-31; dt.: Literaturkritik und Leserbedürfnisse. Notizen eines Soziologen, in: KUNST UND
LITERATUR (1989) 2, S. 147-161; DERS.: Masskul'tura, naša, domašnjaja, sovremennaja (Beseda kritika E. Sergeeva i sociologa S. Švedova), in: VL (1990) 6, S. 36-56.

senliteratur müsse das Verhältnis zwischen publizierten und tatsächlich gelesenen Werken untersucht werden. Mit den Ergebnissen solcher Forschung müßten wohl manche gängigen Vorstellungen über die Orientierungen und Bedürfnisse vom lesenden sowjetischen Volk revidiert werden.

3.2.   Historische Voraussetzungen

3.2.1   Literaturkritische Normen und Traditionen vor 1917

Der Zusammenbruch des kommunistischen Systems 1991 hat gezeigt, daß der durch die Revolution ausgelöste Normenwandel komplizierter verlief und andere Formen der Kontinuität zeigte, als es in der offiziellen sowjetischen Geschichtsschreibung dargestellt worden ist. Durch die Kanonisierung der „revolutionär-demokratischen" Linie wurden andere Strömungen, wie die „organische" Kritik und die Literaturkritik der Symbolisten, abgewertet, verdrängt oder verschwiegen. Daher existiert bis heute ein verkürztes Bild der russischen Literaturkritik des 19. Jhs., das trotz mancher Bemühungen der Forschung noch immer viele Fragen offenläßt, das aber gleichwohl nach wie vor die Vorstellungen breiter Kreise der Intelligenz prägt. Neben den Normen der offiziellen sowjetischen Geschichtsschreibung werden im folgenden auch die verdrängten Traditionen skizziert, weil sie heute vielfach wieder aufgegriffen werden.

Drei allgemeine Normen haben die Literaturkritik des 19. Jhs. geprägt, die auch im 20. Jh. weitergewirkt haben und bis in die jüngste Vergangenheit relevant geblieben sind: die „*narodnost'*", der *Synkretismus* und die *Bindung an große Ideen*.

Die Vorstellung der „*narodnost'*" („Volksverbundenheit/Volkstümlichkeit") räumt der nationalen Selbstfindung Priorität vor der literarisch-ästhetischen Weltmodellierung ein. Der Begriff ist in seinen Bedeutungen ebenso vielschichtig wie bis in die jüngste Zeit umstritten,[54] da er

---

[54] Was 1968 in der KRATKAJA LITERATURNAJA ĖNCIKLOPEDIJA zu dem Begriff „narodnost'" steht, trifft auch heute noch zu: „Eine konkrete Erforschung der verschiedenen Aspekte der „narodnost'" hat bisher noch nicht stattgefunden. Der Begriff ist nach wie vor vieldeutig, wird teilweise extrem weit ausgelegt und bleibt in einzelnen Aspekten heftig umstritten." Auch in der westlichen Forschung ist mir bisher, über allerdings zahlreiche diesem Problem gewidmete Abschnitte in jeweils anderen

eng mit dem Problem der nationalen Eigenständigkeit Rußlands und mit dem spannungsreichen Verhältnis von Intelligenz und Volk zusammenhängt. In den Auseinandersetzungen zwischen Westlern und Slavophilen wurde die „narodnost'" zu einem weit über die Literatur hinausreichenden Mythologem. Von Anfang an trug der von P. Vjazemskij 1819 aus dem Französischen „nationalité" übernommene Begriff zwei Bedeutungen: „national" („nacional'nyj") und „populär" („prostonarodnyj"), die in der russischen Kritik von den einen als Gegensätze, von anderen als gleichbedeutend aufgefaßt wurden.[55] Er wurde sowohl von Belinskij übernommen als auch von der zaristischen Propaganda[56] vereinnahmt. In der zweiten Hälfte des 19. Jhs. wurde der Begriff „narodnost'" unter dem Einfluß des Positivismus politisiert, vielfach mit Nationalismus und Chauvinismus gleichgesetzt und zugleich für revolutionär-demokratische Ziele beansprucht. Je nachdem, was man unter „Intelligenz" und „Volk" verstand, wie man beides bewertete und wie das Verhältnis zwischen Volk und Intelligenz eingeschätzt wurde, lassen sich in der russischen Literaturkritik des 19. Jhs. drei Bedeutungsebenen des Begriffs unterscheiden, die im folgenden noch näher erläutert werden.

- „narodnost'" als *nationale Eigenständigkeit* („nacional'nost'"),
- „narodnost'" als *soziale Kategorie* („prostonarodnost'") und
- „narodnost'" als *stilistische Kategorie*.

Ein zweites Merkmal ist der *Synkretismus*, verstanden als eine besondere Nähe von Literatur und Literaturkritik, die ihren Ausdruck sowohl in der Tendenz zur Verschmelzung beider als auch in Strategien der Kritik, die

---

Zusammenhängen hinaus, keine konkrete begriffsgeschichtliche Untersuchung dieser zentralen Kategorie der russischen Geistesgeschichte bekannt.

[55] P. VJAZEMSKIJ in einem Brief an A. Turgenev vom 22.11.1819 aus Warschau (Ostaf'evskij archiv knjazej Vjazemskich, t.1, 1829, S. 357, zit. bei M. K. Azadovskij: Istorija russkoj fol'kloristiki, M 1958, S. 191f.) und O. SOMOV: O romantičeskoj poëzii (1823), in: Russkie ėstetičeskie traktaty pervoj treti XIX veka, Bd. 2, M 1974, S. 545-561. Zum Begriff und Problem der „narodnost'" in der russischen Literaturkritik B. KÜPPERS Die Theorie vom Typischen in der Literatur. Ihre Ausprägung in der russischen Literaturkritik und in der sowjetischen Literaturwissenschaft, München 1966, S. 78-113; STÄDTKE: Ästhetisches Denken in Rußland, S. 53-55; C. KELLY/D. SHEPHERD: Constructing Russian Culture in the Age of Revolution 1881-1940, Oxford 1998, S. 28-36.

[56] 1834 übernahm der russische Bildungsminister S. Uvarov den Begriff in die dreigliedrige Formel der zaristischen Bildungspolitik „Orthodoxie, Autokratie und Volkstümlichkeit" („pravoslavie, samoderžavie i narodnost'"). S. V. UTECHIN: Geschichte der politischen Ideen in Rußland, Stuttgart 1966, S. 72-74.

Literatur zu überbieten, findet. Der Grund für dieses paradoxe Konkurrenzverhältnis lag zum einen in der kulturhistorisch bedingten engen Beziehung zwischen Literatur und Religion in Rußland.[57] Zum anderen besetzte in Rußland im 19. Jh. die Literatur den Platz, den in Westeuropa die Philosophie einnahm.[58] Die Trennung zwischen Philosophie und Literatur einerseits und zwischen Literaturtheorie, -geschichte und -kritik andererseits erfolgte in Rußland erst später als und niemals so deutlich wie in den westeuropäischen Ländern.

Der Synkretismus ist in jüngster Zeit von der Forschung als eine der wesentlichen Eigenarten der russischen Literaturkritik herausgestellt worden. In seiner Untersuchung der Literaturtheorie seit dem 18. Jh. bis zu Belinskij hat Murašov[59] die These aufgestellt, daß der Synkretismus von Literatur und Kritik im Sinne eines „immanenten literaturkritischen Diskurses",[60] einer ständigen Überbietung begrifflich-rationaler Strategien durch eine intuitiv-ästhetisierende Schreibweise, zum programmatischen Kern von Belinskijs literaturkritischer Schreibweise und seinem theoretischen Literaturkonzept gehört. Diese Eigenschaft sei bislang in der westlichen Forschung immer entweder ignoriert oder als darstellerische Schwäche abgewertet worden.[61] Da dieser Synkretismus auch die nachfolgende Entwicklung der Literaturkritik geprägt hat, scheint mir eine kulturhistorisch begründete Erklärung des Phänomens, wie Murašov sie vorschlägt, plausibler und zutreffender, als diese Darstellungsform als „Weitschweifigkeit" vom Standpunkt einer vermeintlichen westlichen ideengeschichtlichen Überlegenheit und Rationalität zu verwerfen. Seine Argumentation sei daher im folgenden kurz skizziert.

Murašovs Erklärung setzt bei dem in der russischen Kulturtradition verwurzelten Gegensatz zwischen diskursiv-analytischer und intuitivsynthetischer Sprechweise an, der unter anderem auf das Übersetzungsverdikt, d.h. den Ausschluß von Übersetzungen zwischen dem Kir-

---

[57] D. LICHAČEV: Drevneslavjanskie literatury kak sistema, in: Slavjanskie literatury. VI meždunarodnyj s-ezd slavistov (Praga 1968), M 1968, S. 5-48.

[58] Dazu A. PYATIGORSKY: Philosophy or Literary Criticism, in: DERS.: Russian Literature and Criticism, Berkeley 1982, S. 235-244.

[59] MURAŠOV: Jenseits der Mimesis.

[60] Ebd., S. 191ff.

[61] Diese abwertende Sicht wird sowohl von westlichen Literaturwissenschaftlern als auch in den Publikationen der russischen Emigration vertreten, etwa von D. MIRSKIJ: Geschichte der russischen Literatur, München 1964, S. 162; KÜPPERS: Die Theorie vom Typischen, S. 115; Ausführlicher dazu MURAŠOV: Die ästhetische Entgrenzung des Begriffs.

chenslawischen und dem Russischen, zwischen sakraler und profaner Sprache, zurückzuführen ist. Dieser Gegensatz leitet sich aus einem zweigeteilten Wahrheitsbegriff, dem einer Verstandes- und dem einer Offenbarungswahrheit, her. Mit der diskursiv-analytischen Sprechweise verbindet sich ein auf rationale Begrifflichkeit gerichtetes, formalisierendes Denken, das allerdings gegenüber der intuitiv-synthetischen Sprechweise deutlich abgewertet wird. Belinskij lehnte eine Trennung zwischen Kunst und Wissenschaft ab, die er nur der Form nach für verschieden hielt, beide hätten aber dasselbe Thema. Er nutzte zunächst in seinem Frühwerk beide polarisierten Sprechweisen als Mittel und Verfahren für die polemische Auseinandersetzung, indem er zum Zweck der Geringschätzung und kritischen Abwertung eine analytisch-rationale Rhetorik anwandte, sich hingegen bei von ihm favorisierten Werken und Strömungen eines mit Paraphrasen und Zitaten durchsetzten intuitiv-allegorischen Stils bediente und damit absichtlich die offene Grenze zur Literatur überschritt. Damit deutete sich bereits eine Konzeption von Literaturkritik an, in der nicht das Argument, sondern der Text selbst ausschlaggebend ist, der mehr durch suggestive Beschwörung wirkt und überzeugt als durch plausible, rational nachvollziehbare Argumentation.

Durch diese Literarisierung kam es jedoch zu einer Art Verdoppelung des literarischen Textes. An diesem Punkt setzt Belinskijs Hegemonieanspruch der Literaturkritik ein. Zwar geht er davon aus, daß die Kunst, indem sie die Regeln für ihr Verständnis bereits enthalte, der Kritik prinzipiell überlegen sei. Aber allein die Kritik könne erst ihren Sinn erschließen, benennen und verschiedene Kunstwerke zu einer einheitlichen Bewegung zusammenfügen. Da für Belinskij die historische Wahrheit der ästhetischen überlegen ist, steckt in dem Projekt einer Literaturkritik, in der sich ästhetische und begrifflich-reflektierende Schreibweise durchkreuzen, eine „Überbietungsstrategie". Mit diesem Projekt will der Kritiker selbst letztlich den Dichter verkörpern, der „den begrifflich-diskursiven Rahmen ästhetisch transzendiert" und so die von der Literatur angestrebte Synthese selbst herstellt. Die Literaturkritik fordert nicht nur von der Literatur, sich die kulturelle Selbstfindung zur Aufgabe zu machen und solche Elemente an ihr bloßzulegen, sondern „selbst unmittelbar ereignishaft an diesem Prozeß teilzunehmen."[62] Belinskij habe so seinen Anspruch eingelöst, die russische Literatur erstmals aus ihrer Immanenz heraus zu beurteilen und damit auch die Forderung erfüllt, ihre nationale Eigenart überhaupt erst aufzudecken und zu begründen:

---

[62] MURAŠOV: Jenseits der Mimesis, S. 197.

Dabei ist es nicht ein konturiertes begriffliches Konzept, sondern es ist der *Text* der *Literarischen Träumereien*, der diese Haltung generiert und der sich damit gleichzeitig selbst in die Position wahrer „Volkstümlichkeit" rückt. Belinskij inszeniert auf diese Weise seine *Literarischen Träumereien* als einen Text, der nicht nur *über* die wahre „Volkstümlichkeit" spricht, sondern der sie gleichzeitig selbst realisiert und sich damit als Prototext einer „neuen Periode" der russischen Literatur unter Beweis stellt.[63]

Eine dritte Norm ist die *Bindung an große Ideen (*„krupnomasštabnost'"[64]), der Anspruch, in der Literatur und mit der Literaturkritik *Probleme und Ideale von universeller Dimension* zu behandeln, Beurteilungen von größter Tragweite abzugeben und der behauptete *Vorrang dieser Ideen vor der formal-sprachlichen Gestaltung*. Literaturkritiker und - theoretiker verschiedener Richtungen wie Belinskij, Grigor'ev und Plechanov teilten die Auffassung, daß künstlerisches Talent, Weltanschauung und literarische Gestaltung eine unlösbare Einheit bildeten. Für Belinskij und Grigor'ev, deren theoretische Konzeptionen von Literatur und Kritik unter dem Einfluß der deutschen idealistischen Philosophie standen und sich teilweise auch im Laufe ihres Werkes veränderten, war die allegorische Gestaltung e i n e r „einigen, ewigen" Idee ein Maßstab für den literarischen Wert. In der Kunst sollte „die Idee des allgemeinen Lebens der Natur", die „große Idee des Universums" dargestellt werden.[65] Plechanov dagegen sprach in seiner marxistischen Konzeption der Literaturkritik von „Ideen" im Plural und führte die Unterscheidung zwischen „falschen" („ošibočnye/ložnye idei") und „richtigen" („pravil'nye idei") Ideen in der Kunst ein.[66] In Verbindung mit der leninistischen Ideologie flossen diese Vorstellungen später in die sowjetische Norm der

---

[63] Ebd., S. 195.
[64] Den Begriff verwendet EGOROV: O masterstve literaturnoj kritiki, S. 36 im u.g. Zitat.
[65] FASTING: V. G. Belinskij, S. 160ff.
[66] G. PLECHANOV: Francuzkaja dramatičeskaja literatura i francuzkaja živopis' XVIII veka s točki zrenija sociologii (1905), in: DERS.: Izbrannye filosofskie proizvedenija v 5 tt., Bd. 5, M 1958, S. 408-434.
      „Ohne Ideen kann die Kunst nicht leben. (...) Wenn ein Künstler sich nicht zum Herrn seiner Ideen macht, dann wirkt sich der Ideengehalt („idejnost'", B.M.) auch schädlich auf das künstlerische Werk aus." „Wenn ein Künstler sich von einer falschen Idee inspirieren läßt, verdirbt er damit sein eigenes Werk. Heute kann ein Künstler sich unmöglich von einer richtigen Idee inspirieren lassen, wenn er zugleich die Bourgeosie und deren Kampf gegen das Proletariat verteidigt." G. PLECHANOV: Iskusstvo i obščestvennaja žizn' (1912-1913), in: DERS: Izbrannye filosofskie proizvedenija, S. 686-748, S. 172.

„idejnost'" mit ein, auch wenn Plechanovs Position vom Standpunkt des Leninismus abgelehnt wurde.

Egorov bezeichnet diese Norm als eine der nationalen Eigenarten der russischen Kritik, die sie von der westlichen unterscheidet:

> Für die russische Literaturkritik ist es charakteristisch, daß *Bewertungen, Ideen und Ideale immer in großem Maßstab* abgegeben werden: Über Entwicklungsperspektiven der Literatur und des Lebens denkt man nicht im Rahmen überschaubarer autonom existierender Kollektive nach, sondern in der Dimension eines ganzen Volkes, des Landes oder gar der ganzen Welt (wenn nicht überhaupt des Universums!).[67]

Die hier genannten allgemeinen Normen wurden von verschiedenen Richtungen der Kritik tradiert. Drei Traditionen können für das 19. Jh. genannt werden, die später von der sowjetischen und postsowjetischen Kritik teils beerbt und teils verdrängt wurden: die *didaktische Tradition, die „organische" Tradition* und *die symbolistische Tradition*.[68] Ihre Grundzüge werden im folgenden kurz umrissen.

Didaktische Tradition

Am stärksten wirkt bis heute die didaktische Tradition, die gesellschafts-politische bzw. staatsbürgerlich engagierte Ausrichtung der Kritik („graždanskaja kritika"). Die sowjetische Literaturkritik bezog ihre historische Legitimation wie auch ihre Bewertung der Literatur des 19. Jhs. aus dem Spätwerk von Belinskij und von den sogenannten „revolutionär-demokratischen" Kritikern der sechziger Jahre des 19. Jhs., Černyševskij, Dobroljubov und Pisarev. Dabei wurden deren Werke und Konzeptionen aus ihrem konkreten historischen Zusammenhang gerissen, selektiv und einseitig rezipiert. Vier Postulate an die Literatur sind für die didaktische Kritik charakteristisch:

– Die Bindung der Literaturkritik an einen gesellschaftlichen Auftrag

In der zweiten Hälfte des 19. Jhs. vertrat die russische Literaturkritik bis auf wenige Ausnahmen die Interessen der Gesellschaft gegen den Staat. Sie sah eine ihrer wesentlichen Aufgaben darin, mithilfe der Literatur die

---

[67] EGOROV: O masterstve literaturnoj kritiki, S. 36.

[68] Wellek unterscheidet vier eigenständige „Positionen" in der russischen Literaturkritik des 19. und 20. Jhs., die „didaktische, „organische", die „symbolistische" und die „formalistische", ohne sie jedoch über allgemeine Aussagen hinaus konkret zu begründen. R. WELLEK: The essential characteristics of Russian literary criticism, in: COMPARATIVE LITERATURE STUDIES (1992) 19, S. 115-140.

gesellschaftliche Selbsterkenntnis und den Widerstand gegen den Staat zu fördern. Belinskij vertrat die Auffassung, daß Literatur und Kritik gleichermaßen Gesellschaftsanalyse und -kritik betreiben müßten:

> Die Kritik ist das philosophisch reflektierte Bewußtsein (ihrer Epoche, B.M.), die Kunst hingegen ist das unmittelbare Bewußtsein. Der Inhalt ist bei beiden derselbe; ihr Unterschied liegt lediglich in der Form. In diesem Umstand liegt die ganze Bedeutung der Literaturkritik, zumal in unserer Zeit, die vorrangig eine reflektierende und urteilende, also folglich eine kritische ist. In der Literaturkritik unserer Zeit drückt sich mehr als je zuvor der Zeitgeist aus. Was ist denn die Kunst unserer Zeit? – Urteil, Analyse der Gesellschaft, also folglich Kritik. Das reflektierende Element fließt gegenwärtig sogar mit dem künstlerisch gestaltenden ineins.[69]

– Ideengehalt als dem historischen Fortschritt verpflichtete Tendenz

Typisch für die Literaturkritik der „revolutionären Demokraten" war das Bestreben, die Weltanschauung der Leser mithilfe der Kunst und Literatur in eine bestimmte Richtung zu lenken. Für Černyševskij lag die „richtige" Tendenz der Literatur in ihrer gesellschaftlichen Nützlichkeit, sie sollte „dem Leben dienen und Ideen verbreiten". Die Vertreter der „reinen Kunst" als der „falschen" Tendenz fragte er polemisch: „Soll sich die Literatur auf die epikuräische Tendenz beschränken und nach Manier der Antike alles übrige außer dem gedeckten Tisch, Frauen und Unterhaltung vergessen?"[70] Für Pisarev, der die Literaturkritik kurzerhand als „geistiges Proletariat" und damit als wichtigsten Hoffnungsträger der „neuen Menschen" verabsolutierte, mußten die „Realisten ihr Leben auf die Idee des allgemeinen Nutzens und der vernünftigen Arbeit ausrichten", d.h. unzusammenhängende Einzelerscheinungen auf ihre Kausalität und eine gemeinsame Idee hin erklären.[71] Dobroljubov unterschied zwischen einer gesellschaftlich nützlichen und einer „üblen" Tendenz („durnaja tendencija").[72] Einen zentralen Stellenwert erhielt die „offene" und „verdeckte" ideologische Strategie später in der marxistischen Konzeption der Literaturkritik von Plechanov.[73]

---

[69] V. BELINSKIJ: Reč' o kritike. Stat'ja pervaja, in: DERS.: PSS , Bd. 6, M 1955, S. 267-287.

[70] N. ČERNYŠEVSKIJ: Izbrannye literaturno-kritičeskie stat'i, M 1950, S. 152.

[71] D. PISAREV: Realisty, M 1956, S. 81, 85, 100.

[72] N. DOBROLJUBOV: Nečto o didaktizme v povestjach i romanach, in: DERS.: Sobranie sočinenij v 9 tt., Bd. 1, M 1962, S. 159-166.

[73] Plechanov stützte sich wiederum auf Engels, der seine Auffassung von der notwendigen didaktischen Ausrichtung und ideologischen Tendenz der Literatur in seinem

– Eine anthropozentristische Literaturbetrachtung, die Konzentration auf literarische Figuren als modellhafte Lebensentwürfe

Die Behandlung von literarischen Helden als quasi-reale Gestalten war verbunden mit einer polarisierenden Wertung in positive und negative Helden. Beides ergab sich aus dem Postulat an die Literatur, Modelle und Perspektiven für die gesellschaftliche Entwicklung herauszubilden. Auch hier war Belinskijs Forderung nach der Gestaltung von Typen in der Literatur wegweisend. Die Raznočincy-Kritiker setzten dem aus geschichtsphilosophischer Sicht negativen „überflüssigen Menschen" mit seiner sozial motivierten Handlungsunfähigkeit den zukunftsgerichteten Tatmenschen entgegen. Nicht Durchschnitts- oder Extremtypen, sondern Idealtypen sollte die Literatur darstellen, „den gegenwärtigen Menschen nicht so, wie er ist, zeigen, sondern so wie er nach der Auffassung der denkenden Minderheit unserer Zeit sein soll", schrieb Petr Tkačev.[74] Die Überschneidung und wechselseitige Beeinflussung von fiktiven literarischen Helden mit den Handlungs- und Lebensentwürfen ihrer Autoren oder der Zeitgenossen bis hin zur Modellierung von Lebensplänen nach literarischen Figuren und umgekehrt ergab sich nicht zuletzt aus der tiefen Kluft zwischen politischem Handlungsdruck und realer Handlungsunfähigkeit der kritischen Intellektuellen in der autokratisch regierten Gesellschaft. Sie war zwar besonders typisch für die sechziger Jahre, hatte aber schon in der Romantik begonnen und blieb auch später, als Konzept des „Leben-Bauens" (žiznetvorčestvo) im Symbolismus und bei den Vertretern der Avantgarde, bis hin zum sozialistischen Realismus eines der grundlegenden Merkmale der russischen Literaturbetrachtung.[75]

– Das Postulat der „narodnost'" im Sinne einer sozialen bzw. klassengebundenen Konzeption mit der Betonung auf der „Verständlichkeit" und „Zugänglichkeit" der Literatur

Bei Belinskij war die „narodnost'" *Ausdruck des nationalen „Volksgeistes" bzw. „Volkslebens",* sie diente der nationalen russischen Identitäts-

---

Brief an M. Kautsky vom 26.11.1885 darlegte. F. ENGELS: Brief an M. Kautsky vom 26.11.1885, in: Marx-Engels Werke, Bd. 36, Berlin 1967, S. 392-394..

[74] P. TKAČEV: Ljudi buduščego i geroi meščanstva, in: DELO No. 4 (1868), S. 7.

[75] Vgl. hierzu die semiotische Verhaltensstudie von PAPERNO: Chernyshevsky and the Age of Realism; SCH. SCHAHADAT (Hg.): Lebenskunst-Kunstleben. Žiznetvorčestvo v russkoj kul'ture XVIII-XXvv, München 1998; H. GÜNTHER: „Leben-Bauen", in: A. FLAKER (Hg.): Glossarium der russischen Avantgarde, Wien 1989, S. 331-337; TH. LAHUSEN: How Life Writes the Book. Real Socialism and Socialist Realism in Stalin's Russia, Ithaka/London 1997.

bildung und war gleichbedeutend mit einem *ethischen Wert*.[76] Die „voll-
ständige Lebenswahrheit" eines literarischen Werkes stelle sich nur im
Zusammenhang mit „Volkstümlichkeit", „Originalität" und „Typisierung" her. 1835/36 schrieb er:

> Was ist „Volkstümlichkeit" in der Literatur? Es ist eine Reflexion der Indivi-
> dualität, des Charakters einer Nation, ein Ausdruck seines inneren ebenso
> wie seines äußeren Lebens mit all seinen typischen Nuancen, Farben und
> Muttermalen, nicht wahr? Wenn dem so ist, so scheint mir, daß man eine
> solche „Volkstümlichkeit" nicht von einem wahren Talent, einen wahren
> Dichter, zu fordern braucht, da es sich unweigerlich und spontan selbst in je-
> dem Kunstwerk offenbart.
> Das Leben eines jeden Volkes äußert sich nur in besonderen, diesem Leben
> eigenen Formen. Ist folglich eine Lebensdarstellung echt, so ist sie auch
> volkstümlich.[77]

Allerdings blieb die „narodnost'" für ihn immer ein Begriff, der sich nur
auf die „gebildeten Schichten" bezog und den er scharf gegen die sogenannte „prostonarodnost'" im Sinne der „populären", „trivialen" Literatur
und Kunst des einfachen Volkes abgrenzte.[78] Belinskij polemisierte gegen ein Verständnis von „narodnost'" als stilistische Kategorie, als naturalistische Wiedergabe von Sprachformen und Redeweisen oder auch
Sitten und Gebräuchen des einfachen Volkes. In diesem Sinne umfaßte
„narodnost'" auch die als „skaz" bezeichneten „volkstümlich" stilisierten
Erzählweisen.

In den sechziger Jahren, als mit dem massiven Einzug der nichtadli-
gen Schichten, der „Raznočincy", ins literarische Leben und mit dem
drängenden Problem der Bauernbefreiung die soziale Dimension des Begriffs stärker ins Bewußtsein rückte, als die Auseinandersetzungen zwischen Westlern und Slavophilen sich politisch zuspitzten, veränderte sich

---

[76] V. BELINSKIJ: Literaturnye mečtanija, in: DERS.: PSS, Bd. 1, M 1953, S. 20-104. Nä-
her zu diesem Aspekt STÄDTKE: Ästhetisches Denken in Rußland, S. 53ff.; V.
TERRAS: Belinskij and Russian Literary Criticism, bes. S. 92ff, Kap. 7; JU. MURAŠOV:
Jenseits der Mimesis, S. 182-199.

[77] V. BELINSKIJ: Ničto o ničem, ili Otčet g. izdatelju Teleskopa za poslednee polugodie
(1835) russkoj literatury, in: DERS.: Pss, Bd. 2, S. 7-50, hier S. 23f; DERS.: O russkoj
povesti i povestjach g. Gogolja (1836), in: DERS.: Pss, Bd. 1, S. 259-307, hier S. 295.

[78] Noch in späteren Jahren betonte er, daß für einen wahrhaft volkstümlichen Dichter
zwar die Kenntnis der Sprache, die Sitten und Gebräuche des einfachen Volkes wichtig seien, daß er selbst aber nur in den gebildeten Schichten verwurzelt sein könnte.
V. BELINSKIJ: Sočinenija Aleksandra Puškina. Stat'ja vos'maja, in: DERS: PSS, Bd. 7,
S. 431-472, hier S. 439. Weitere Nachweise bei TERRAS: Belinskij and Russian Literary Criticism, S. 94.

auch die Auffassung des Begriffs „narodnost'". Dobroljubov verstand die Literaturkritik vor allem als eine Kritik des unterdrückten Volkes an den gebildeten Klassen. Er verband mit dem Begriff erstmals die Forderung nach *Einfachheit, nach sozialer und ästhetischer Zugänglichkeit* („dostupnost'").[79] Das bedeutete sowohl volksnahe Themen und Motive aufgreifen als auch für alle verständlich schreiben.[80]

Was jedoch alle Kritiker, nicht nur jene mit didaktischem Anspruch, mit dem Begriff verbanden, war gleichermaßen ein Verdikt gegen alle elitäre Literatur und gegen „bloß" populäre, „niedere" Literatur. Diese galt nach wie vor als Anpassung an den Geschmack der Masse („tolpa"), als die das „Volk" immer dann bezeichnet wurde, wenn es der Intelligenz um ihre Abgrenzung ging. Die Polemik gegen die „pseudovolkstümliche" sogenannte „Belletristik" zieht sich durch die gesamte Kritik des 19. und 20. Jhs.[81]

„Organische" Tradition

Neben der didaktischen gehörte im 19. Jh. die sogenannte „organische" Literaturkritik zu den stärksten Traditionen. Ihre Rezeption wurde in der Sowjetzeit offiziell unterdrückt, ihre Vertreter blieben bis in die sechziger Jahre des 20. Jhs. weitgehend unbekannt und unerforscht. Dennoch ist mehr aus dieser Tradition in die sowjetische Ideologie der Literaturkritik eingeflossen, als offiziell zugegeben wurde. Wenn die verzerrte Perspektive der offiziösen sowjetischen Literaturgeschichte einmal einer unvoreingenommenen Sicht gewichen ist, spricht vieles für R. Welleks These, daß diese Strömung als die eigentlich dominierende, einflußreichste im 19. Jh. gesehen werden muß.[82] Unter „organischer" Kritik werden hier sowohl die slavophile, von den Zeitgenossen auch „ästhetische Kritik" genannte Richtung der fünfziger und sechziger Jahre um Apollon Grigor'ev, Vasilij Botkin und Aleksandr Družinin als auch die Vertreter der

---

[79] N. DOBROLJUBOV: O stepeni učasti narodnosti v razvitii russkoj literatury (1858), in: DERS.: Sobranie sočinenij, Bd. 2, M 1962, S. 218-272.

[80] Drei Jahrzehnte später vertrat auch L. Tolstoj dieselbe Auffassung. L. TOLSTOJ: Čto takoe iskusstvo, in: DERS.: PSS, Bd. 30, M 1953, S. 27-203.

[81] Vgl. z.B. V. ROZANOV: Ne ver'te belletristam, in: DERS.: O pisatel'stve i pisateljach, S. 483-487.

[82] „Actually the dominant trend of Russian literary criticism in the nineteenth century can be best described as the view that literature is the essence of a nation's history; that each work of art is an organism which reflects the spirit of the nation and that each great writer embodies this spirit." WELLEK: The Essential Characteristics, S. 121.

sogenannten „Bodenständigkeit" („počvenničestvo"), wie Nikolaj Strachov und den Brüdern Fedor und Michail Dostoevskij, verstanden. Sie
gehörten zu den heftigsten Widersachern der „revolutionären Demokraten".

Die „organische" Kritik gehört als Teil der slavophilen Weltanschauung geistesgeschichtlich zu den konservativen Utopien des 19. Jhs.[83] Deren Grundzüge waren

- die Auffassung von der Nationalität als einem geschichtsphilosophischen
  und erkenntnistheoretischen Wert;
- die Verbindung von Kunst und Religion, wobei die Orthodoxie als allen
  anderen Religionen überlegen betrachtet wurde;
- die Einschätzung der Kunst als einer besonderen, anderen menschlichen
  Tätigkeiten überlegenen Erkenntnisweise, was die Auffassung vom
  Künstler als einem Propheten einschließt, und
- die Konfrontation Rußlands mit dem Westen, verbunden mit der Auffassung von Rußland als einer den westlichen Ländern überlegenen Nation.

Als wichtigste Normen der „organischen" Literaturkritik können hier
folgende genannt werden:

1. Die Auffassung vom Kunstwerk als einem ganzheitlichen Organismus, der in Analogie zum lebendigen Organismus betrachtet wird und
eine eigenständige Existenz führt („cel'nost'"/„celost'nost'"/„orga-
ničnost'").

Diese von der Naturphilosophie Schellings[84] beeinflußte idealistische
Kunstanschauung hypostasierte das vermeintlich „Lebendige" im literarischen Werk. Typisch für die „organische" Kritik waren biologistische
und Wachstums-Metaphern.[85]

2. Die Ablehnung der Auffassung von Geschichte als Fortschritt

---

[83] Zum Begriff und zur Bestimmung der „konservativen Utopie" vgl. A. WALICKI: The
      Slavophile Controversy. History of a Conservative Utopia in Nineteenth-Century
      Russian Thought, Oxford 1975. Ferner stütze ich mich auf A. LAZARI: „Poczwien-
      nictwo". Z badań nad historią idei w Rosji, Łódź 1988.

[84] LEHMANN: Der Einfluß der Philosophie.

[85] Grigor'ev, der als einziger eine konsistente Theorie der „organischen" Kritik entwik-
      kelte, nahm eine Zwischenposition zwischen den liberal eingestellten Slavophilen der
      dreißiger und vierziger Jahre und den politisierten Anhängern der panslavischen Be-
      wegung der siebziger/neunziger Jahre ein. Vgl. Begriffe wie die „wachsende Dich-
      tung", „Stamm", „Äste", zum Beispiel in: A. GRIGOR'EV: Neskol'ko slov o zakonach i
      terminach organičeskoj kritiki, in: DERS.: Ėstetika i kritika, M 1980, S. 117-133. Fer-
      ner NOSOV: Apollon Grigor'ev; DOWLER: An unnecessary Man. The Life of Apollon
      Grigorev; SHULAK: Aleksander Druzhinin.

Grigor'ev ging unter dem Einfluß Herders davon aus, daß in der Geschichte einzelne „Volksorganismen" eigenwertig und für sich selbst existierten. In ähnlicher Weise betrachtete er die Existenz von literaturhistorischen Epochen sowie einzelne Werke und Autoren als jeweils in sich
geschlossene Einheiten. Die aus Hegels Geschichtsphilosophie abgelei-
tete Vorstellung von einer linearen Entwicklung der Geschichte und damit auch einen didaktischen Anspruch der Literatur und Literaturkritik
wies er zurück.

3. Eine betont irrationale intuitive Methode der Interpretation

Die „organische" Literaturkritik ignorierte ausdrücklich eine (Litera-
tur-) „Kritik der Form", lehnte jeden analytisch-rationalen Zugang zur
Literatur als abstrakt-intellektuelles Theoretisieren ab. Als Maßstab der
kritischen Wertung wurde nur das sogenannte „ewige Ideal" anerkannt.
Entscheidend für das Urteil des Kritikers war nicht die künstlerische Gestaltung, sondern der ethische Gehalt und das im literarischen Werk sich
abzeichnende Verhältnis des Künstlers zur Wirklichkeit, dessen Weltanschauung.[86] Nach Grigor'evs Auffassung propagierte die „organische
Kritik"

> eine Betrachtung der Kunst als etwas S y n t h e t i s c h e s , als ein ganz-
> heitliches, unmittelbares, gewissermaßen intuitives Verstehen des Lebens im
> Unterschied zum W i s s e n als einem analytischen, zerteilten, sammelnden,
> durch Daten untermauerten Verstehen.[87]

4. Das Verständnis von „narodnost'" als klassenunspezifischer nationaler Einheit von Volk und Intelligenz

Die Vertreter der „bodenständigen" Kritik gingen zwar auch davon
aus, daß das Volk noch erzogen werden und sich entwickeln müsse, aber
sie bestanden darauf, daß Volk und gebildete Schichten in der russischen
Nation vereinigt seien. Fedor Dostoevskij formulierte die „organische"
Auffassung der „narodnost'" in einem programmatischen Vorspann der
Zeitschrift „Vremja" 1863 so:

> Alles hängt am Verständnis des Wortes *narodnost'* (...) Wir geben ihm den
> neuen Sinn einer vollständigen nationalen ethischen Eigenständigkeit, wir
> verteidigen Rußland, unsere Wurzeln, unseren Urgrund (...). Wir stammen
> unmittelbar von ihr ab, von dieser „narodnost'", wie von einem eigenständi-

---

[86] GRIGOR'EV: Neskol'ko slov; DERS.: Sočinenija, Bd. 1: Kritika, Villanova 1970, S.
201-242, hier S. 201. Auch EGOROV: O masterstve literaturnoj kritiki, S. 238ff.

[87] Ebd., S. 201f.

gen Haltepunkt. (...) Bei aller Freiheit zur Entwicklung glauben wir an die
russische Zukunft; wir glauben an die Möglichkeit ihrer Eigenständigkeit.[88]

Symbolistische Tradition

Die symbolistische Literaturkritik gehört, wie auch die Literatur und
Philosophie des Symbolismus, zu den von der sowjetischen Ideologie
und Geschichtsschreibung verdrängten Traditionen. Da es heute jedoch
zunehmend verbreitet ist, an diese Traditionen anzuknüpfen, werden im
folgenden einige ihrer zentralen Merkmale beschrieben. Von einer „symbolistischen Literaturkritik" kann nur mit Vorbehalt gesprochen werden,
da die teilweise sehr unterschiedlichen Konzepte und Strömungen kaum
auf einen einheitlichen Begriff zu bringen sind. Zudem liegen über sie
bisher erst sehr wenige konkrete Forschungen vor, auf die man zurückgreifen könnte.[89]

Zu Beginn der neunziger Jahre des 19. Jhs. kam es zu einem tiefgreifenden Normenwandel. Nach einer jahrzehntelangen zunehmend antiäs-
thetischen Periode übernahmen nun fast ausschließlich Dichter und Philosophen die Führung in der Literaturkritik. Trotz ihrer vehementen Absage an jede gesellschaftspolitische Funktionalisierung von Kunst und
Literatur und der entsprechenden Polemik gegen die „staatsbürgerlichen"
Vorläufer wurde von den Symbolisten dennoch die bereits bei Belinskij
vorhandene synkretistische Verschmelzung von Literatur und Kritik wieder aufgegriffen.[90] Neben den zahlreichen Autorkritikern, bekannten wie

---

[88] F. M. DOSTOEVSKIJ: Redakcionnye ob-javlenija žurnalov „Vremja" i „Ėpocha"
(1862-1865), in: DERS.: PSS, Bd. 20, L 1980, S. 209-212.

[89] Forschungsbedarf besteht auch in bezug auf die Literaturkritik der Emigration. Die
Mehrzahl der symbolistischen Kritiker hat später im Ausland gelebt, wo jedoch neben dem Symbolismus auch andere Traditionen fortwirkten. Obwohl viele Publikationen der letzten Jahre ein gesteigertes Interesse gerade auch an den Kritikern aus
der frühen Emigration belegen, müssen fundierte Aussagen über den Einfluß der
Emigration auf die Entwicklung der sowjetischen und postsowjetischen Literaturkritik zukünftigen Forschungen überlassen bleiben.

[90] Einige symbolistische Kritiker setzten sich polemisch mit der „revolutionär-demokratischen" Tradition auseinander: A. L. VOLYNSKIJ (Pseudonym für Akim/Chajm L.
Flekser): Russkie kritiki, SPb 1896. Andere nahmen eine Umwertung dieser Tradition vor. So fand D. S. MEREŽKOVSKIJ in Belinskij den prototypischen Wegbereiter
der russischen religiösen Intelligenz: Zavet Belinskogo. Religioznost' i obščestvennost' russkoj intelligencii, SPb 1915. Zu Volynskij S. RABINOWITZ: A Room of His
Own: The Life and Work of Akim Volynskii, in: RUSSIAN REVIEW 50 (1991) 3, S.
289-309; P. V. KUPRIJANOVSKIJ: Volynskij – kritik, in: Tvorčestvo pisatelja i literaturnyj process, Ivanovo 1978.

Dmitrij Merežkovskij (1865-1941) und weniger bekannten wie Nikolaj Minskij (1855-1937), waren professionelle Literaturkritiker, wie Julij Ajchenval'd (1872-1928), Ivan Ivanov (1862-1929) und Akim Volynskij (1863-1926),[91] eher die Ausnahme. Die Kritik dieser Zeit zeichnete sich einerseits durch ein hohes sprachlich-stilistisches Niveau aus, zum anderen spielten dichtungstheoretische und religiös-philosophische Probleme in ihr eine ungleich größere Rolle als in der vorangegangenen Epoche oder im westeuropäischen, etwa französischen Symbolismus.

Wie auch in der Literatur und Kunst lassen sich in der symbolistischen Kritik grundsätzlich zwei typologische Richtungen unterscheiden, eine philosophisch-weltanschauliche Richtung auf religiöser Basis und eine ästhetisch-stilistische Richtung, in deren Mittelpunkt mehr die Autonomie der Literatur stand.[92] Von letzterer aus reichen bereits direkte Parallelen zur späteren Literaturkritik der Formalen Schule. Die philosophisch-religiöse Kritik wird stärker von Dichtern der älteren Generation wie Vjačeslav Ivanov und Dmitrij Merežkovskij vertreten,[93] während für die ästhetisch-stilistische Richtung Andrej Belyj, Aleksandr Blok und Valerij Brjusov stehen. Allerdings verliefen diese Richtungen nicht unbedingt chronologisch und sind überdies bei einzelnen Dichtern auch beide zugleich anzutreffen. So sind etwa in der von Hansen-Löve[94] als „mythopoetisch" bezeichneten Phase beide Richtungen mehr oder weni-

---

[91] In dieser Zeit wurde auch zum ersten Mal eine Geschichte der russischen Literaturkritik geschrieben: I. IVANOV: Istorija russkoj kritiki, 2 Bde, SPb 1900. Nähere Angaben über diese und andere Kritiker sind neuerdings in: Russkie pisateli 1800-1917. Biografičeskij slovar', M 1989-1999ff. zu finden.

[92] Vgl. hierzu V. SERGEEV: Nekotorye voprosy gnoseologii russkogo simvolizma, in: Romantizm v chudožestvennoj literature, M 1972, S. 90-108; J. HOLTHUSEN: Studien zur Ästhetik und Poetik des russischen Symbolismus, Göttingen 1957.

[93] Zur religiös-philosophischen Komponente der literaturkritischen Konzeption Merežkovskijs vgl. die Dissertation von U. SPENGLER: D. S. Merežkovskij als Literaturkritiker. Versuch einer religiösen Begründung der Kunst, Frankfurt 1972.

[94] Hansen-Löve unterscheidet in seiner Typologie für die Hauptphase des Symbolismus drei Stadien bzw. Programme, den „diabolischen Symbolismus", den „mythopoetischen Symbolismus" und den „grotesk-karnevalesken Symbolismus" und stellt dieses dreigliedrige Modell der bisher in der Forschung üblichen chronologisch-evolutionären Einteilung in zwei Phasen entgegen, nämlich in eine erste Phase des „dekadenten" oder „älteren" Symbolismus" (1890-1900) und eine zweite Phase des „jüngeren", „religiös-philosophischen" Symbolismus (1900-1910). A. A. HANSEN-LÖVE: Der russische Symbolismus. System und Entfaltung der poetischen Motive. 1. Band, Wien 1989, hier S. 16-17.

ger parallel anzutreffen, und der Religionsphilosoph V. Solov'ev übte starken Einfluß auf Dichter-Kritiker beider Richtungen aus.

Außer dem *Synkretismus* lassen sich fünf weitere Normen, Methoden und stilistische Eigenarten der symbolistischen Literaturkritik festhalten:

1.) Die metaphysische oder religiös begründete Umwertung der vergangenen Literatur

Die symbolistischen Kritiker konstruierten in ihren Autorenporträts aus einem Netz von Parallelen und Gegensätzen einen neuen Zusammenhang der nationalen russischen Dichtung.

2.) Das Thema Liebe, Erotik und Geschlecht

Dem Themenbereich „Liebe" und „Weiblichkeit", der im mythologischen wie auch im religiös-philosophischen Denken der Symbolisten eine zentrale Rolle spielte, sind zahlreiche Abhandlungen gewidmet. Insbesondere V. Solov'ev und V. Rozanov, der in bezug auf die Literatur einen seinerzeit äußerst provokativen amoralischen Standpunkt vertrat, beschäftigten sich mit dem Zusammenhang von Religion und Geschlechtlichkeit.[95]

3.) Das Bekenntnis zur Subjektivität des Urteils

Im Mittelpunkt der Betrachtung stand nicht die Einordnung eines Werkes in einen objektiven literarischen Prozeß oder die Ermittlung seiner Relevanz für die gesellschaftspolitische oder nationale Entwicklung, sondern das einzelne, unwiederholbare herausragende literarische Kunstwerk. Merežkovskij schrieb:

> Das Ziel des Autors (dieser Abhandlung, B.M.) besteht nicht darin, ein mehr oder weniger objektives, vollständiges Bild von irgendeiner Richtung, Strömung oder eines Aspekts der Weltliteratur zu geben: Sein Ziel ist vielmehr ein offen *subjektives.*[96]

Die einzelne momentane Assoziation des Kritikers, die Beobachtung eines Details bis hin zur willkürlichen Impression galt mehr als jede gewissenhafte rationale Analyse. Merežkovskij begründete die „*subjektiv-künstlerische Methode der Kritik*", mit der die elementare Kraft des

---

[95] Vgl. dazu die Anthologie RUSSKIJ ĖROS ili filosofija ljubvi v Rossii, M 1991; K. SCHLÖGEL: Vasilij V. Rozanov. Der präfaschistische Moderne, in: DERS.: Jenseits des Großen Oktober. Das Laboratorium der Moderne. Petersburg 1909-1921, Berlin 1988, S. 125-156; D. RIPPL: Žiznetvorčestvo oder die Vor-Schrift des Textes. Geschlechterethik und Geschlechtsästhetik in der russischen Moderne, München 1999.

[96] D. S. MEREŽKOVSKIJ: Iz sbornika „Večnye sputniki", in: DERS.: Ėstetika i kritika, S. 309. Vgl. auch den lesenswerten Einführungsartikel zu diesem Band von E. ANDRUŠČENKO/L. FRIZMAN: Kritik, ėstetik, chudožnik, ebd., S. 7-57.

Kunstwerkes („stichijnost'"), „das Geheimnis des Genius", nur auf „in-
tuitiv-impressionistische Weise" und nicht auf dem Wege logisch-ratio-
naler, wissenschaftlicher Erkenntnis erfaßt werden könne:

> Das Geheimnis eines Werkes oder das Geheimnis eines Genies kann mitun-
> ter besser von einem Dichter-Kritiker erfaßt werden als von einem wissen-
> schaftlich-objektiven Forscher. Eine einzige zufällige Bemerkung über ein
> gelesenes Buch in den Briefen oder Tagebüchern von Byron, Stendhal, Flau-
> bert oder Puškin eröffnet mit einem Hinweis eine viel größere psychologi-
> sche Tiefe und Durchdringung als die allergewissenhaftesten Artikel der pro-
> fessionellen Kritiker.[97]

Die Kritik verstand sich also selbst als Kunst, die mithilfe intuitiv gelenkter Einfühlung am schöpferischen Prozeß und an den mystischen Erfahrungen des Künstlers teilhatte.

4.) *Polaritäten* und *Antithesen* bestimmen das Denken und den Stil
symbolistischer Kritiker. Literarische Beziehungen und *Widersprüche in
der Person und im Werk eines Autors* wurden meist als *Kampf zwischen
gegensätzlichen Polaritäten* und Prinzipien der literarischen Evolution
dargestellt (Christentum und Heidentum, Himmlisches und Irdisches,
Christ und Antichrist, Weisheit und Leidenschaft oder Weibliches und
Männliches). Besonders Merežkovskij bevorzugte die dichotomische
Betrachtung zweier Dichtergestalten.[98]

5.) Die künstlerische Wahrheit eines Werkes wurde meist über die
Persönlichkeit des Autors zu erschließen versucht. Typisch für die Me-
thode der symbolistischen Literaturkritik war die Konzentration auf den
Autor, dessen geistige und psychologische Struktur man für den Schlüs-
sel zum Verständnis seines Werkes hielt. Die Eigenart und Konsistenz
der Autorpersönlichkeit waren der Garant für den sittlichen Wert des
Werkes. Nur darüber stellte sich für Merežkovskij die Einheit von Talent,
Schönheit und Wahrheit, Ästhetik und Ethik her:

> Die höchste moralisch-sittliche Bedeutung der Kunst liegt nicht etwa in be-
> wegenden moralischen Tendenzen, sondern in der uneigennützigen, unbe-
> stechlichen Wahrheitstreue des Künstlers, in seiner unerschrockenen Auf-

---

[97] D. S. MEREŽKOVSKIJ: O pričinach upadka i o novych tečenijach sovremennoj russkoj
literatury, in: DERS.: Éstetika i kritika., S. 137-225, hier S. 158.

[98] In dieser Weise beschrieb er etwa die Beziehung zwischen Puškin und Gogol' als
diametralen Gegensatz zwischen den Prinzipien Christentum und Heidentum, aus
dem heraus er wiederum die Beziehung zwischen Dostoevskij und Tolstoj erklärte.
Vgl. D. S. MEREŽKOVSKIJ: Čechov i Gor'kij, Gor'kij i Dostoevskij, Tolstoj i
Dostoevskij. Dve tajny russkoj poézii, in: DERS.: Éstetika i kritika; ANDRU-
ŠČENKO/FRIZMAN: Kritik, éstetik, chudožnik, S. 50ff.

richtigkeit. Die Schönheit des Bildes kann nicht unwahrhaftig sein und deshalb auch nicht unmoralisch, allein die Abnormität, die Schändlichkeit in der Kunst sind unmoralisch.[99]

Die Person des besprochenen Autors wurde dabei häufig mythisch überhöht und verklärt zu einem geschichtsbewegenden Träger prophetisch-visionärer Kraft. Nicht zufällig gehörte neben dem *Essay* das *literarische Porträt* zu den mit Abstand häufigsten Genres der symbolistischen Kritik.[100] Die Affinität der Symbolisten zum Irrationalen, Unsichtbaren, vermeintlich Irrealen, ihre Distanzierung von den sichtbaren Erscheinungsformen der alltäglichen, profanen Wirklichkeit verband sich mit einem starken Interesse am Psychologischen, an allen dem logisch-rationalen Denken unzugänglichen Bereichen des Unterbewußten, da diese nur mit schwer greifbaren Bildern und über Symbole zu erschließen und damit der höheren Welt näher waren, welche deshalb aber nicht als weniger real angesehen wurde.

3.2.2   Sowjetische Literaturkritik

1920er Jahre: Formalistische Tradition[101]

Die Oktoberrevolution und ihre Folgen brachten für die Literaturkritik einen grundlegenden Funktionswandel. Der gesellschaftliche Auftrag, den sie im 19. Jh. in Opposition zum Staat übernommen hatte, ging an den sowjetischen Staat, an die kommunistische Partei über. Staat und Partei übernahmen die Ziele der universellen Befreiung, für die die Intelligenz gekämpft hatte, und versprachen, den Antagonismus zwischen Staat und Gesellschaft aufzuheben. Für die literarische Intelligenz verband sich damit die Hoffnung, durch ihre Tätigkeit endlich jenes Volk zu erreichen, das schon seit Jahrzehnten Gegenstand und Ziel ihrer aufkläre-

---

[99] Ebd., S. 162.

[100] Rozanov bevorzugte das Porträt am häufigsten in der Variante des Nekrologs. Von den 99 in dem Band „V. V. ROZANOV: O pisatel'stve i pisateljach" zusammengestellten Artikeln sind 39 Porträts; 16 von ihnen wurden aus Anlaß von Jubiläen, und davon wiederum 12 zu sich jährenden Todesdaten geschrieben.

[101] In diesem Abschnitt geht es nicht um einen Abriß der Literaturkritik in den 1920er Jahren, die natürlich wesentlich mehr und andere, vor allem marxistische Gruppierungen und Vertreter umfaßte. Die historische Darstellung dient hier, meinem Konzept entsprechend, der typologischen und beschränkt sich somit auf die formalistische als einer neuen, eigenständigen Richtung der Kritik.

rischen Bemühungen gewesen war. Erstmals eröffnete sich die Möglichkeit, auf der Seite des Staates für die Interessen der Gesellschaft zu wirken, durch die Literatur nicht nur auf die Geschmacksbildung, sondern
auch auf die politische Entwicklung und Emanzipation des Volkes Einfluß zu nehmen. Mit dem Marxismus verband sich die Vorstellung, erstmals eine wissenschaftlich objektive Methode zur Analyse von Kunst
und Literatur zu begründen. Damit erübrigte sich auch eine klare Trennung zwischen Literaturwissenschaft und Literaturkritik. Beide Bereiche
rückten nah zusammen, wurden zwischen 1930 und 1953 sogar nahezu
gleichgestellt.[102]

Auch wenn zahlreiche literaturkritische Normen der zwanziger Jahre
später in den sozialistischen Realismus eingingen, gehörte diese Periode
doch zu einer anderen kulturellen Formation.[103] In den Debatten der
zwanziger Jahre ging es nicht mehr, wie noch um die Jahrhundertwende,
um das Spannungsverhältnis zwischen Transzendenz und Autonomie der
Literatur, sondern um das zwischen Autonomie und operativer Funktion.
Dabei war die Konfrontation der beiden epochalen kulturtheoretischen
Ansätze, Marxismus und Psychoanalyse, die schon lange vor der Revolution begonnen hatte, noch produktiv und unentschieden. Im Mittelpunkt standen vor allem literaturtheoretische Auseinandersetzungen und
die Bemühungen, neue verbindliche Normen für die Literaturkritik zu
formulieren. Die Ansätze reichten von der gemäßigt-marxistischen Gruppe „*Pereval*" bis zu den mit dem Proletkul't verbundenen Anhängern der
Produktionstheorie und -ästhetik, von der *Formalen Schule*, deren Vertreter in enger Verbindung mit der künstlerischen Avantgarde standen,
bis zur *Literatursoziologie* um Valer'jan Pereverzev, die sich auf Plechanovs Theorie berief.[104]

Von all diesen Richtungen war die Formale Schule die bedeutendste
und einzige, die neue Normen für die Literaturkritik aufstellte und auf die
in der Tauwetterperiode bis in die Gegenwart von einzelnen Kritikern
nach wie vor Bezug genommen wird. Gestützt auf konkrete programma-

---

[102] „Kritiki dolžny stat' literaturovedami, a literaturovedy – kritikami." Za bol'ševistskuju
partijnost' literaturnoj kritiki (red.), in: NM(1948) 12, S. 200.

[103] Dazu V. PAPERNYJ: Kul'tura Dva, Ann Arbor 1985/M 1996.

[104] Vgl. zur Semantik der ideologischen Schlüsselbegriffe des sozialistischen Realismus
das Glossarium H. GÜNTHER/E. DOBRENKO (Hgg.): Socrealističeskij kanon, SPb.
Akademičeskij proekt 2000. Hierzu H.-J. LEHNERT: Pereverzevščina/Vul'garnyj sociologizm. G. BELAJA: Don Kichoty 20-ch godov. „Pereval" i sud'ba ego idej, M
1989, sowie die Dokumentation von Hiersche/Kowalski: Literaturtheorie und Literaturkritik, hier S. 9.

tische Äußerungen und auf die – im Umfang stark variierende – literaturkritische Praxis einiger Formalisten (Boris Ejchenbaum, Jurij Tynjanov
und Viktor Šklovskij) lassen sich folgende fünf Normen der formalistischen Literaturkritik festhalten: [105]

1) Die formalistische Literaturkritik definierte sich als *Teilgebiet der
Literaturwissenschaft* und grenzte sich vehement sowohl von einer
Gleichsetzung mit dem literarischen Schaffen ab als auch von der Philosophie und der Publizistik. Als wissenschaftliche Disziplin erhob sie den
Anspruch auf eine objektive, rationalisierbare Erforschung der Literatur.[106] Die formale Schule ging von der Autonomie der Literatur aus und
sah ihren Gegenstand allein in der *Erforschung der Literarizität*. Ein didaktischer Anspruch wie auch jegliche außerliterarische moralische,
philosophische, religiöse oder gesellschaftspolitische Funktionszuwei-
sung wurde strikt zurückgewiesen. Typisch für die formalistische Kritik
war daher eine besondere Aufmerksamkeit für formal-ästhetische,
sprachlich-stilistische und Gattungsaspekte.

2.) Die formalistische Literaturkritik bemühte sich um die   *Vermittlung der Literatur in ihrer historischen Dimension im Sinne von Gesetzmäßigkeiten der literarischen Evolution*. Da Werke und Autoren immer
in einem komplexen Zusammenhang von literarischen und historisch-ge-
sellschaftlichen Faktoren und im Kontext des literarischen Lebens ihrer
Zeit reflektiert und diskutiert wurden, erbrachte die formalistische Literaturkritik, wie besonders Tynjanov betont hat, den Nachweis für die *In-
kongruenz der gesellschaftlichen und der ästhetischen Entwicklung* und
wirkte so Kanonisierungstendenzen, schematischen Geschichtsentwürfen
und jeder Art von ideologischem Dogmatismus entgegen.

3.) Die Methode der formalistischen Literaturkritik war *induktiv*, ihre
Analysen gingen von der *Betrachtung des einzelnen Werkes* aus und sie
bezog ihre Werturteile allein aus den am Text belegten und aus dessen
historischem Kontext begründeten Beobachtungen und Argumenten. In
ihrer Ablehnung subjektiver, impressionistischer Assoziationen und spe-

---

[105] Die bisher vollständigste Sammlung der Kritiken von Ejchenbaum (33 Artikel) erschien in: B. EJCHENBAUM: O literature. Raboty raznych let, M 1987. Tynjanovs Praxis als Literaturkritiker umfaßte kaum mehr als zehn Artikel, die er Anfang der
zwanziger Jahre schrieb und publizierte (dazu V. Novikov in der Einleitung zu Tynjanov: Literaturnyj fakt, S. 17). Fünf dieser Kritiken wurden in der Ausgabe von 1993
wiederabgedruckt.

[106] Vgl. dazu die Erläuterungen zum Stichwort „Literaturnaja kritika" in: Brods-
kij/Lavreckij: Literaturno-ènciklopedičeskij slovar', L 1925, Sp. 382f.

kulativer Deutungen verzichteten die Formalisten als Literaturkritiker weitgehend auf eine Interpretation der von ihnen analysierten Werke.[107]

4.) Die formalistische Literaturkritik zielte auf die *aktive Mitwirkung des Lesers bei der Rezeption* eines Werkes und bezog den Leser als Adressaten der Kritik in ihre methodologische Reflexion mit ein. Ejchenbaum schrieb in seinem Artikel „Reč' o kritike":

> In der Kunstkritik braucht man Menschen, die immer wieder die Unsinnigkeit einer Suche nach Gedanken (myslej) im Kunstwerk aufzeigen und den Leser immer wieder durch jenes unendliche Labyrinth von Verflechtungen führen, die das Wesen der Kunst ausmachen, Menschen, die den Leser zu jenen Gesetzen hinführen, die zur Begründung jener Verflechtungen dienen (...). Der Kritiker muß dem Leser sagen, daß man ein literarisches Kunstwerk nicht „verstehen" kann. Er muß dem Leser zeigen, daß *er es nicht versteht*, daß er erstaunt und verwirrt ist, – erst dann werden wir begreifen, daß er die Wahrheit sagt, und wir werden ihm zuhören. Pisarev empörte sich über Puškin, weil er ihn nicht „verstehen" konnte, – zu Recht, denn dies war fruchtbarer als alles Verstehen der Puškinisten.[108]

5.) Schließlich gehört zu den Merkmalen der formalistischen Tradition eine *Erweiterung des Literaturbegriffs*. Damit ist nicht zuletzt eine *methodologische Reflexion* und die Reflexion *kommunikationssoziologischer Bedingungen der Kritik* verbunden. Im Zusammenhang mit dem gesteigerten Interesse an dokumentarischen und Gebrauchsgenres der Literatur in den zwanziger Jahren beschäftigten sich die Formalisten auch mit der Poetik und mit Gattungsfragen der Literaturkritik.[109] In der zweiten Hälfte der zwanziger Jahre wandten sich Tynjanov, Viktor Šklovskij und Ejchenbaum unter dem politischen Druck auch verstärkt

---

[107] NOVIKOV: Čto takoe literatura. Besonders Tynjanov betonte in seinen Kritiken wiederholt die Relativität seiner Werturteile, formulierte sie nicht kategorisch, sondern offen und verwies stets auf die Möglichkeit eines Irrtums oder einer Revision durch die historische Entwicklung. So z.B. in seiner negativen Bewertung von Esenin und Chodasevič in „Promežutok", in: TYNJANOV: Literaturnyj fakt, S. 266ff.

[108] B. EJCHENBAUM: Reč' o kritike, in: DERS.: O literature, S. 328-330, hier S. 329.

[109] Wissenschaftler der formalistischen Richtung wie Tynjanov, Vladimir Šklovskij und Leonid Grossman schrieben über den Zusammenhang von Zeitschriften und Literaturkritik (JU. TYNJANOV: Žurnal, kritik, čitatel' i pisatel', in: DERS.: Literaturnyj fakt), über das Feuilleton (VLADIMIR B. ŠKLOVSKIJ: Fel'eton kak literaturnaja forma, in: ŽURNALIST (1926) 5, S. 30-34; DERS.: Fel'eton i ėsse, in: Ju. Tynjanov/V. Kazanskij (Hgg.): Fel'eton. Sbornik statej, L 1925, S. 72-79). Zum Feuilleton bei den Formalisten auch A. GUSKI: Literatur und Arbeit. S. 28-32.

Problemen des literarischen Lebens und der ökonomischen Organisation des Buchmarkts zu.[110]

1930-1950er Jahre: Stalinzeit

In diesen Jahrzehnten gingen aus revolutionären Absichten und einem vielversprechenden Aufbruch zu Beginn der zwanziger Jahre totalitäre Herrschaftsmechanismen hervor, durch die die Literaturkritik zugleich zur verantwortlichen Täterin und zum Opfer der Unterdrückung wurde. Zwischen 1928 und 1934 wurden unter maßgeblicher Beteiligung der Literaturkritik die Prinzipien des sozialistischen Realismus formuliert. In dieser Kanonisierungsphase erhielt durch die Festschreibung der zentralen Postulate „partijnost'", „idejnost'" und – nach 1934 – „narodnost'" der ideologische und der literaturpolitische Diskurs absolute Priorität vor dem literarischen und literaturkritischen Diskurs.[111] Die Prinzipien der „Parteilichkeit" und „Ideenhaftigkeit" wurden zwischen 1929 und 1931, dem Beginn der sogenannten „Leninschen Etappe", im Sinne eines aktiv vertretenen Bekenntnisses zur marxistisch-leninistischen Ideologie, festgelegt. Das Prinzip „narodnost'" wurde im Sinne einer der sozialen Klassengebundenheit übergeordneten „nationalen Einheit" und im Sinne von „Verständlichkeit" („dostupnost'") und „Zugänglichkeit" der Literatur für die Massen („massovost'") übernommen. Die „narodnost'" löste das frühere Postulat der „klassovost'" ab, das inzwischen als vulgärsoziologisch verworfen wurde. Denn mit der gleichzeitig propagierten Losung des Sowjetpatriotismus ging man von einer Überwindung des Klassenantagonismus aus, was zu einer neuen Synthese von proletarischem Internationalismus und sowjetischem Patriotismus führte.[112]

Die Kanonisierung des sozialistischen Realismus war ein komplizierter, widersprüchlicher Prozeß, in dessen Verlauf konkurrierende unversöhnliche Strömungen und alternative marxistische Theoriekonzepte ausgeschaltet wurden. Es gehörte jedoch zum eklektizistischen Wesen des sozialistischen Realismus, daß dennoch Elemente dieser verdrängten Theorien in ihn eingingen und zusammen eine „Synthese" von neuer

---

[110] B. EJCHENBAUM: Literaturnyj byt (1927), in: DERS.: O literature, M 1987, S. 428-436; T. GRIC/V. TRENIN/M. NIKITIN (Hgg.): Slovesnost' i kommercija, M 1929.

[111] GÜNTHER: Die Lebensphasen eines Kanons, S. 138f. und KNEIP: Regulative Prinzipien.

[112] GÜNTHER: Die Verstaatlichung, S. 51-80; M. BALINA: Idejnost', klassovost', partijnost', und H. GÜNTHER: Totalitarnaja narodnost' i ee istočniki, in: Günther/Dobrenko: Socrealističeskij kanon.

Qualität bildeten.[113] Die Forderung nach der Darstellung positiver Helden fiel zusammen mit der Forderung nach historischem Optimismus und bedeutete zugleich die Fortsetzung der traditionell anthropozentristischen Literaturbetrachtung. Das Konzept des positiven Helden stellte eine Synthese aus dem utopischen Entwurf, dem Menschenbild der Avantgarde und einer konventionell-realistischen Typisierung dar. Nach der Konstituierung des Kanons fiel der Literaturkritik die Aufgabe zu, seine Einhaltung zu überwachen. Sie mußte also

- die politisch-ideologischen Prinzipien in literarische Normen transformieren und die Realisierungen der ideologischen Postulate in den verschiedenen Gattungen der Literatur aufzeigen;

- die neu erscheinenden Werke mit dem Erwartungshorizont der politischen Instanzen vergleichen, mehrdeutige ästhetische Texte auf eindeutige Ideen und pragmatische Aussagen reduzieren; und

- die Literatur der vorrevolutionären Vergangenheit nach den Prinzipien der marxistisch-leninistischen Ästhetik reinterpretieren und umwerten.[114]

Die ideologischen Postulate des sozialistischen Realismus waren „keine festumrissenen Termini, sondern inhaltlich flexible, ja teilweise diffuse Wortetikette".[115] Sie wurden zwar eingeklagt, und ihre Nichterfüllung konnte politische Konsequenzen nach sich ziehen, aber zugleich blieben diese Postulate seltsam nebulös, ließen im konkreten Fall verschiedene, mitunter sogar gegensätzliche Auslegungen zu und wurden oft nur ex negativo beschrieben.

Die Literaturkritik unterstand der unmittelbaren Lenkung und Kontrolle durch die Partei. Ihr waren mehr als die Hälfte aller kulturpoliti-

---

[113] Zum Problem der Kanonisierung als einer Synthese aus konkurrierenden Konzepten und Gruppierungen M. DROZDA/M. HRALA: Dvacata leta sovetskie literarni kritiky (LEF-RAPP-Pereval), Praha 1968. Zur „Synthese" eigener Qualität vgl. L. HELLER: „Der sozialistische Realismus ist im Grunde von der Moderne hervorgebracht worden, deren Paradigma sich so drastisch verändert hat und einer Perestrojka unterworfen wurde, daß sich am Ende daraus eine völlig andere, selbständige kulturelle Substanz herausgebildet hat." DERS.: Socialisti̇českij realizm kak kul'turnaja paradigma, in: Schweizerische Beiträge zum XI. Internationalen Slavistenkongreß in Bratislava, September 1993, Bern/Berlin 1994, S.127-156, hier S. 154f.

[114] Unter dem Stichwort „Kritischer Realismus" wurde in der LITERATURNAJA ÈNCIKLOPEDIJA (D. MIRSKIJ, M 1935) mehr als die Hälfte des Textes den Ausführungen der revolutionär-demokratischen Literaturkritiker über die genannte Literatur gewidmet.

[115] GÜNTHER: Die Verstaatlichung, S. 18.

schen Resolutionen der Partei gewidmet.[116] Aus den ZK-Erlassen von 1934, 1940, 1946, 1948 und zahlreichen anderen Parteidirektiven[117] geht hervor, daß für Fehlentwicklungen in der literarischen Produktion in erster Linie die Literaturkritik verantwortlich gemacht wurde. Hatte sich in den Jahren nach dem Schriftstellerkongreß 1934 noch eine gewisse Eigenständigkeit und ein Widerspruchsgeist in den Diskussionen über die Anwendung der Normen des sozialistischen Realismus gehalten, etwa im Umkreis der Zeitschrift „Literaturnyj kritik", so wurden mit der ZK-Resolution „O literaturnoj kritike i bibliografii" („Über die Literaturkritik und Bibliographie") vom 2.12.1940 auch diese letzten Freiräume der Kritik beseitigt und ihre allgegenwärtige Kontrollfunktion festgeschrieben. Die Zeitschrift „Literaturnyj kritik" wurde eingestellt; die Sektion „Kritik" im Schriftstellerverband wurde mit der Begründung aufgelöst, daß die Kritik keine eigenständigen Medien und Organisationsformen brauche, sondern daß sie fortan in allen Medien gleichermaßen anwesend sein solle. Stattdessen wurde die Einrichtung literaturkritischer und bibliographischer Rubriken in allen Zeitungen und Zeitschriften angeordnet, um die Kritiker überall noch enger an die Literaturproduzenten zu binden.[118]

Die Literaturkritik wurde zur höchsten Institution des Kulturbetriebs und übernahm damit auch die Führungsrolle in der literarischen Kommunikation. Nicht die Kritik war abhängig von der neu geschriebenen Literatur, indem sie diese bewertete und vermittelte, sondern die Autoren mußten sich umgekehrt der Kritik unterwerfen; sie lieferten quasi immer nur unfertige Entwürfe und Vorlagen für Werke, die von der Kritik, zusammen mit der hinter ihr stehenden „Öffentlichkeit" („obščestvennost'"), in kollektiver Anstrengung vollendet werden mußten. Dies zeigte sich besonders zwischen 1946 und 1953 in programmatischen Aussagen, aber auch an der verbreiteten Praxis willkürlicher Veränderungen – „Redigierungen" („redaktura") – von Manuskripten, an den geforderten und tatsächlich erfolgten Überarbeitungen zahlreicher literarischer Texte. Der Kritik fiel es zu, die Literatur im Namen der Gesellschaft auf ihre Qualität zu inspizieren. Aleksandr Fadeev schrieb 1947 als Generalsekretär des sowjetischen Schriftstellerverbandes:

---

[116] DOBRENKO: „Zapuščennyj sad veličin", in: VL (1993) 1, S. 28-61, hier S. 33.

[117] Eine Sammlung der wichtigsten Dokumente bietet der Band: Russkaja sovetskaja literaturnaja kritika (1935-1955), S. 13-46.

[118] Zur Diskussion um die Zeitschrift „Literaturnyj kritik": GÜNTHER: Die Verstaatlichung, S. 152ff.

Wir müssen einen neuen Typ von Literaturkritikern anstreben, Kritiker von leninistisch-stalinistischem Typ (...), die es verstehen, Hausherren des literarischen Prozesses („chozjain literaturnogo processa") zu sein und diesen anzuleiten. (...) Unsere Literaturkritik muß eine führende ideelle Rolle in der Literatur spielen.[119]

In demselben Jahr wurde Fadeev für seinen erst 1945 mit dem Stalinpreis ausgezeichneten Roman „Molodaja gvardija" dafür kritisiert, daß er die Rolle der Partei zuwenig herausgestellt habe, und sah sich gezwungen, ihn daraufhin umzuarbeiten. Die Zeitschrift „Novyj mir" publizierte 1948 Forderungen von Arbeiterlesern an die Kritik:

Wir erwarten von den Kritikern, daß sie zu Lehrern und Erziehern vor allem des Lesers werden und unserer Literatur zur Entwicklung und Vervollkommnung verhelfen. Wir möchten der Literaturkritik glauben. Aber das ist nur möglich, wenn der Kritiker über ein künstlerisches Gespür verfügt, das die Fähigkeit hat, weiter als wir zu schauen und die Ereignisse tiefer zu erfassen.[120]

Ein nicht gezeichneter Leitartikel der „Literaturnaja gazeta" von 1948 formulierte die Aufgabe so:

Die sowjetische Literaturkritik ist aufgerufen, einem weisen Gärtner gleich den reichhaltigen Garten der sowjetischen Literatur zu pflegen, sorgfältig Disteln und Unkraut auszujäten, behutsam für die Keimlinge neuer Talente zu sorgen.[121]

Die Literaturkritik übernahm in dieser Situation quasi eine staatlich autorisierte „hygienische Funktion" der Scheidung von reiner und unreiner Literatur.[122] Die Übernahme des martialischen und der Biologie entlehnten Vokabulars zeigte, daß Auseinandersetzungen im Bereich der Literatur von höchster Warte aus als ein entscheidender Kampf für den Aufbau der kommunistischen Gesellschaft, als ein Kampf um Leben und Tod betrachtet wurden. Der Mythos von der monolithischen Einheit der Literatur und Gesellschaft konnte nur aufrechterhalten werden, indem alles Nichtakzeptable in den dämonisierten Bereich des feindlichen „Au-

---

[119] A. FADEEV: Zadači literaturnoj kritiki, in: OK (1947) 7, S. 148-163, hier S. 163. Vgl. auch DERS.: Pisatel' i kritik, in: DERS.: Za 30 let, M. 1957.

[120] L. PODVOJSKIJ/I. TUNKOV: Starye i novye konflikty, in: NM (1948) 12, S. 173-180, hier S. 175.

[121] PEREDOVAJA: Ob otvetstvennosti kritiki, in: LG 14.2.1948.

[122] Vgl. DOBRENKO: „Zapuščennyj sad veličin"; DERS.: Metafora vlasti; Zur „hygienischen Funktion" der Literaturkritik auch M. JAMPOL'SKIJ: Rossija: kul'tura i subkul'tura, in: OBŠČESTVENNYE NAUKI I SOVREMENNOST' (1993) 1, S. 58-67.

ßen" verdrängt wurde. Aus diesem für das Bestehen der totalitären Kultur wesentlichen Impuls der Abgrenzung erklärten sich auch die unaufhörliche Suche nach endgültigen Definitionen und das scholastische Ringen um Begriffe, Termini und Formulierungen als den „Bewahrern der Grenzen der Kultur."[123]

Zwei Eigenschaften waren für die Literaturkritik der dogmatischen Stalinzeit charakteristisch:

Ihre *Entprofessionalisierung.* Zwar forderte die Partei von Schriftstellern und Kritikern immer wieder eine bessere Beherrschung ihres Handwerks („masterstvo"), aber diese Forderungen hatten allein propagandistische Funktion. Tatsächlich sank das Niveau der philologischen Ausbildung durch die nahezu ausschließlich ideologische Literaturbetrachtung und die daraus folgende Ignoranz gegenüber formal-ästhetischen Aspekten. Über den professionellen Erfolg eines Kritikers entschieden nur noch politische Loyalität und Gefügigkeit, während Eigenschaften wie philologische Kompetenz, literarische Sachkenntnis, kritisches Urteilsvermögen oder stilistische Brillanz über mehr als eine Generation hinweg unterdrückt wurden.

Eine *Depersonalisierung.* Eigenständige Urteile, ein persönlicher Stil oder die Entfaltung von polemischer Argumentation und Schärfe in gegensätzlichen Meinungen, all diese Elemente einer persönlichen Profilierung in der Literaturkritik wurden verdrängt oder nach den ersten Ansätzen verurteilt. Nachdem Ende der dreißiger Jahre die meisten bekannten Vertreter früherer Gruppierungen verhaftet und verschwunden waren, wurde die Literaturkritik zu einer Institution ohne bekannte Namen und persönliche Profile.

1950-1980er Jahre: Tauwetter

Die Literaturkritik der Tauwetter-Periode war eine Reaktion auf zwei Jahrzehnte staatlicher Kontrolle über die Literatur, insbesondere auf die vorangehende dogmatische Phase der Stalinschen Kulturpolitik (1946-1953). Die Entwicklung der Literaturkritik nach 1986 ist eine direkte Fortsetzung der Auseinandersetzungen in den vergangenen drei Jahrzehnten. Seit den Ereignissen des Tauwetters und dessen Scheitern war die einmal begonnene Entkanonisierung des sozialistischen Realismus trotz aller staatlichen Repressionen nicht mehr aufzuhalten.

---

[123] DOBRENKO: Metafora vlasti, S. 40.

In den fünfziger Jahren wurde die Kritik, getragen vom Aufschwung
einer neuen Strömung in der Literatur, zu einem wichtigen Auslöser der
Entstalinisierung und brach den Mythos von der Einheit zwischen Staat
und Gesellschaft auf. Damit bekannte sie sich erstmals seit der Revolution zu einem im Widerspruch zum Staat stehenden gesellschaftlichen
Auftrag und knüpfte insofern an ihre vorrevolutionäre Tradition der
„staatsbürgerlichen Kritik" an.[124] In Verbindung mit einem Generationswechsel bildete sie ähnlich wie in der zweiten Hälfte des 19. Jhs. erneut ein Selbstverständnis als Gegenmacht im Staate heraus und wurde
damit in der Tauwetterperiode zur wichtigsten normbildenden Kraft in
der Gesellschaft. Erste Anzeichen für eine *Entkanonisierung* gab es
schon vor Stalins Tod Anfang der fünfziger Jahre, als Dichter und Kritiker die Diskussion über den Konflikt zwischen Individuum und Kollektiv
in der Lyrik eröffneten. Sie klagten das Recht auf die Darstellung norm-
abweichender Gefühle in der Literatur, auf eine subjektive Intention und
Bedeutung ein und versuchten damit, das Postulat der Parteilichkeit zu
relativieren. Paradigmatisch war die von Ol'ga Berggol'c ausgelöste Diskussion um den „Selbstausdruck" („samovyraženie") in der Lyrik.[125]
Ähnliches fand in der Kritik an der unproduktiven, von Scheinkonflikten
durchzogenen Prosa und am Niedergang der dramatischen Gattung
statt.[126]

---

[124] Diese Periode ist in bezug auf die Literaturkritik und -politik und ihrer normenverän-
dernden Rolle bereits wesentlich besser erforscht als die vorangehende.
KRETZSCHMAR: Sowjetische Alltagsliteratur und ihre Rezeption, und: DERS.: Die sowjetische Kulturpolitik; K. EIMERMACHER: Der literarische Normenwandel in der russischen Literatur der fünfziger Jahre, in: WIENER SLAWISTISCHER ALMANACH (1980)
6, S. 105-129; DERS.: Die Gleichzeitigkeit des Ungleichzeitigen, in: Kopfbahnhof 2,
Leipzig 1990, S. 169-191; DERS.: Die Formierung eines neuen Kulturbegriffs in der
russischen Nachkriegskunst (1945 bis 1963), in: Ch. Ebert (Hg.): Kulturauffassungen
in der literarischen Welt Rußlands. Kontinuitäten und Wandlungen im 20. Jh., Berlin
1995, S. 207-236; DERS.: Überlegungen zu einer Geschichte der russischen Nachkriegsliteratur, in: Text-Symbol-Weltmodell. Festschrift für J. Holthusen zum 60.
Geburtstag, München 1984, S. 99-109; EGGELING: Die sowjetische Literaturpolitik
zwischen 1953 und 1970.

[125] Eine Dokumentation und Analyse dieser Diskussion bietet die Habil.-Schrift von
C. TSCHÖPL: Die sowjetische Lyrik-Diskussion (O. Berggol'c' Leningrader Blockade-
Dichtung als Paradigma), München 1988; K. D. SEEMANN: Der Neologismus 'samo-
vyraženie' ('Lyrischer Selbstausdruck'), in: Sprache der Slavia und auf dem Balkan.
Festschrift für N. Reiter zum 65. Geburtstag, Wiesbaden 1993, S. 247-258.

[126] R. M. HANKIN: Postwar Soviet Ideology and Literary Scholarship; K. D. SEEMANN:
Zur Begriffsgeschichte von „Beschönigung" und „Lackierung der Wirklichkeit", in:

Die ersten politischen Sanktionen gegen die Zeitschrift „Novyj mir",
in deren Folge Tvardovskij 1954 seines Postens als Chefredakteur entho-
ben wurde, erfolgten aufgrund der Artikel von jungen Kritikern wie Vladimir Pomerancev, Mark Ščeglov und Aleksandr Makarov. Pomerancevs
Aufsatz „Ob iskrennosti v literature"[127] war damals geradezu eine Sensation. Daß die Literaturkritik eine zeitlang tatsächlich die Interessen der
schweigenden Mehrheit öffentlich artikulierte und auf diese Weise bei
der Leserschaft wieder eine gewisse persönliche Autorität und Anerkennung erlangte, bestätigt die starke damalige Resonanz auf die Aktivitäten
der Zeitschrift „Novyj mir" und läßt sich auch an der großen Anzahl Leserbriefen, von denen einige in den späten achtziger Jahren veröffentlicht
wurden, ablesen.

Die liberale Literaturkritik, unter deren Einfluß sich später die *inoffizielle Kultur* entwickelte, argumentierte fast ausschließlich vom moralisch-ethischen Standpunkt aus. Sie operierte mit den Oppositionen
„Wahrheit" und „Lüge", ihre Schlüsselbegriffe waren „Aufrichtigkeit",
„Wahrheit", „Wahrhaftigkeit" mit Berufung auf die Integrität des Individuums. Der Vorrang moralisch-ethischer Maßstäbe vor solchen der
sprachlich-formalen Gestaltung bewirkte, daß der aufklärerische Gehalt
in der Literatur, nicht jedoch ihre Innovationskraft auf der formal-ästhetischen Ebene erforscht wurde. Dadurch wurde die literatursprachliche
Norm zementiert, und ästhetisch davon abweichende Werke stießen
weiterhin auf die Unduldsamkeit und Ablehnung aller Kritiker.

Die liberale Literaturkritik geriet in das Dilemma, das gesellschaftskritische Potential der Literatur erschließen zu wollen, es aber zugleich
zudecken und verschweigen zu müssen, da der ethische Gehalt vieler
Werke den Normen des sozialistischen Realismus zuwiderlief, auf deren
Vermittlung die Kritik verpflichtet wurde. Den Stalinismus als „Perso-
nenkult" zu bewältigen, bedeutete indirekt eine ungeheure Aufwertung
der Einzelperson gegenüber der Geschichte, während gleichzeitig mit der
Unantastbarkeit der Parteiherrschaft die Idee vom richtigen Kollektiv
aufrecht erhalten blieb. Von dieser Ambivalenz zwischen Absicht und
institutioneller Position, zwischen normauflösender und normstabilisie-
render Funktion war die Entwicklung der Literaturkritik in den darauffolgenden Jahrzehnten geprägt.

Aus 30 Jahren Osteuropa-Forschung. Festschrift für G. Kennert, Berlin 1984, S. 217-
232.

[127] V. POMERANCEV: Ob iskrennosti v literature, in: Nm (1953) 12, S. 218-245.

Was offiziell zugewiesene Postulate und Funktionen betrifft, so verzichtete die Partei im Zuge der Entstalinisierung nach 1956 demonstrativ auf direkte politische Eingriffe in die Literatur und strebte stattdessen eine indirekte Kontrolle und Einflußnahme über administrative Lenkung an. Die Politik der Entstalinisierung förderte einen *Differenzierungsprozeß* in der Literatur und Kultur, in dessen Verlauf verschiedene ideologisch-weltanschauliche Richtungen sich herausbildeten. Wie inzwischen mehrfach nachgewiesen wurde,[128] ging dieser Prozeß einher mit einem *schleichenden Verlust der Parteikontrolle.* Die ZK-Resolutionen „O literaturno-chudožestvennoj kritike" von 1972 und „O tvorčeskich svjazej literaturno-chudožestvennych žurnalov s praktikoj kommunističeskogo stroitel'stva" von 1982, lösten zwar eine Flut von Publikationen und Diskussionen aus, blieben aber, anders als die Resolutionen von 1940 und 1948, in der Praxis nahezu folgenlos.[129]

Bewegung kam auch in die theoretischen Debatten über den sozialistischen Realismus. Es gab Ansätze zu einer breiteren Auslegung der zentralen ideologischen Postulate der „partijnost'" („Parteilichkeit"), „idejnost'" („Ideenhaftigkeit") und „narodnost'" („Volkstümlichkeit"). Auch dies war ein Ausdruck für die Schwächung der normativen Wirkung der Doktrin, da man fortan eher die Theorie der neuen Literatur anzupassen versuchte und nicht mehr umgekehrt von der Literatur eine Anpassung an die Normen durch wiederholt geforderte Umarbeitungen verlangte, wie es in der Stalinzeit üblich war.[130]

Eine weitere Folge der Entstalinisierungspolitik war die starke *Zunahme der Bürokratisierung*, deren Auswirkungen sich bis in die Perestrojkazeit erstreckten. Dadurch daß Entscheidungsprozesse stärker als in

---

[128] KRETZSCHMAR: Die sowjetische Kulturpolitik, S. 42-54.

[129] „O literaturno-chudožestvennoj kritike", in: LG 2.2.1972, auch in: KPSS v rezoljucijach i rešenijach s-ezdov, konferencij i plenumov, Bd. 12, M 1986 S. 29-33. Und „O tvorčeskich svjazej literaturno-chudožestvennych žurnalov s praktikoj kommunističeskogo stroitel'stva", in: LG 4.8.1982; dt. in: KRETZSCHMAR: Die sowjetische Kulturpolitik, S. 466ff. Dazu auch P. G. RÜHL: Aspekte sowjetischer Kulturpolitik seit 1972, in: OE (1986) 2, S. 198-208.

[130] Dazu J.-U. PETERS: Réalisme sans rivages, in: ZSLPH XXXVII (1974), S. 291-324. In der Formel vom „multinationalen Vielvölkerstaat des sowjetischen Volkes" („mnogonacional'noe obščenarodnoe gosudarstvo sovetskogo naroda"), einer in ihrer paradoxen Kombination bemerkenswerten Wortschöpfung aus den frühen achtziger Jahren, wurde aus dem Prinzip der „narodnost'" die Synthese von russischem Nationalismus und multinationalem Sowjetpatriotismus. Dazu A. LAZARI: Kategorija narodnosti u Dostoevskogo i v ėstetike socrealizma, in: RUSSKAJA MYSL' 18.8.1989; H. KNEIP: Regulative Prinzipien, S. 65-66.

der Stalinzeit in den Literaturbetrieb, in Redaktionen und Verlage verlagert wurden und Verantwortung sich auf viele Schultern verteilte, wurden auch die Zensurmechanismen komplexer und schwerer durchschaubar. Auch wenn die Kritik sich in dieser Zeit zur Anwältin der Gesellschaft machte und dadurch wiederholt in Konflikt mit Staat und Partei geriet, behielt sie auch nach Stalins Tod weiter ihre in den dreißiger Jahren etablierte Position als führende Instanz in der literarischen Kommunikation bei.[131]

Die *Auseinandersetzungen über Norm- und Wertkonflikte* in der Literatur fanden in den sechziger Jahren hauptsächlich zwischen der parteiloyalen offiziellen Kritik – in den Zeitschriften „Oktjabr'", „Molodaja gvardija" und „Znamja" – und den um die Zeitschrift „Novyj mir" versammelten Vertretern der gesellschaftskritischen Opposition statt.[132]

Besonders häufig thematisierte sie den Normkonflikt zwischen Individuum und Kollektiv. Zu einem der wichtigsten Topoi der Literaturkritik wie auch der Intelligenz der sechziger Jahre allgemein wurde *die Betonung der Persönlichkeit* („ličnost'").[133] Die Aufwertung der Persönlichkeit wirkte sich nicht nur auf die Bewertungskriterien der Literatur aus, indem das Recht des Einzelnen auf einen eigenen Weg und Widersprüche innerhalb einer literarischen Figur aufgewertet wurden, sondern sie führte zugleich zu einer Aufwertung der persönlichen Autorschaft. Einzelne Kritiker, wie zum Beispiel Vladimir Lakšin oder Igor' Vinogradov, profilierten sich und erlangten hohe persönliche Autorität. Auch die Tendenz zu einer Literarisierung der Kritik war hierfür charakteristisch und zeigte sich etwa im häufigen Gebrauch essayistischer Genres, in der Betonung des eigenen Standpunkts und der Persönlichkeit des Kritikers.[134] Unter den gegebenen Zensurbedingungen war der literarisie-

---

[131] G. HOSKING: The Institutionalization of Soviet Literature, in: G. Hosking/G.F. Cushing (Hgg.): Perspectives on Literature and Society in Eastern and Western Europe, Basingstoke 1989, S. 55-76.

[132] Siehe zum Beispiel KRETZSCHMAR: Sowjetische Alltagsliteratur und ihre Rezeption; G. HASENKAMP: Gedächtnis und Leben in der Prosa Valentin Rasputins, Wiesbaden 1990.

[133] Dazu näher V. SHLAPENTOKH: Soviet Intellectuals and Political Power, Kap. 6.

[134] Man versuchte sogar, diese Tendenz theoretisch zu untermauern und zu legitimieren. BURSOV: Kritika kak literatura. Daß die Anlehnung der Kritik an die Literatur ein Dauerthema war, zeigte auch die Polemik von M. CHRAPČENKO: Metamorfozy kritičeskogo sub-jektivizma, in: NM (1985) 11, S. 225-242. Michail Chrapčenko, Akademiemitglied und einer der engagiertesten Gegner der Tartuer Schule der Semiotik, besaß hohe institutionelle Autorität.

rende Stil allerdings immer auch eine Strategie, der geforderten Eindeutigkeit, direkten Wertungen und pragmatischen Aussagen auszuweichen. Er muß also im Zusammenhang mit anderen äsopischen Strategien der Zensurumgehung und Formen des „literaturkritischen Eskapismus" gesehen werden, zu denen indirekte Anspielungen ebenso gehörten wie die Wahl ideologisch unverfänglicher, historisch fernliegender Gegenstände, wenig bekannter oder umgekehrt durch Kanonisierung „geschützter" Autoren.

Für die Literaturkritik der sechziger Jahre war der *Glaube an die politische Veränderbarkeit* und Reformierbarkeit des sozialistischen Systems von innen, überhaupt an die Wirkung *politischen Handelns* grundlegend. Dieser Glaube war mit einem außerordentlichen Vertrauen in die *Wissenschaft* verbunden. Der Wunsch, den als willkürliche Deformation des sozialistischen Systems verstandenen Stalinismus zu überwinden, führte zu einem erneuten Bemühen um wissenschaftliche Objektivierung der Kunst und Literaturbetrachtung. In der Literaturwissenschaft gab es einen Aufschwung strukturalistischer Methoden bis hin zu Experimenten mit Methoden der Kybernetik im Bereich der Versforschung. Auch die Entstehung der Moskauer und Tartuer Semiotik als eigenständiger Kulturtheorie hing mit diesem Aufschwung der Wissenschaften zusammen. Wissenschaftliche Erforschung der Literatur mit Objektivitätsanspruch und moralische Verklärung der Dichtung existierten nebeneinander.[135]

Nachdem die Hoffnungen auf politische Reformen und auf eine kulturelle Liberalisierung zusammengebrochen waren und sich die Kultur um die Mitte der sechziger Jahre in eine offizielle und mehrere inoffizielle Untergrundsphären spaltete, veränderten sich mit dem Selbstverständnis der Intelligenz auch die Wertvorstellungen einiger Literaturkritiker. Das Vertrauen in *Politik und Wissenschaft* wurde vielfach abgelöst von einem neuen Interesse an *Religion und Philosophie*. Nicht nur im literarischen und publizistischen Untergrund wurden die Schriften russischer Religionsphilosophen wiederentdeckt und rezipiert. Auch bei einigen Literaturkritikern der liberalen Richtung, zum Beispiel Igor' Vinogradov von der Zeitschrift „Novyj mir", kam es zu einer weltanschaulichen Umorientierung von liberal-sozialistischen Reformvorstellungen zu einer religiös-philosophischen Einstellung mit einer betonten Abkehr vom Politi-

---

[135] Ein Beispiel für letzteres war die Anfang der sechziger Jahre geführte Diskussion „Fiziki i liriki,"in der es um die Polarisierung von Kunst und Wissenschaft bzw. von Kunst und Technik ging. R. GRÜBEL: 'Physiker' und 'Lyriker'..., in: Voz'mi na radost'. To Honour Jeanne van der Eng-Liedmeier, Amsterdam 1980, S. 207-231.

schen. Dieser moralisch-weltanschauliche Wandel war auch an veränderten Maßstäben literaturkritischen Bewertung abzulesen.[136]

Im Zusammenhang mit der Dorfliteratur profilierte sich in der Literaturkritik seit den siebziger Jahren zunehmend eine *nationalistische
Strömung*, deren Vertreter die wichtigste Funktion der Literatur darin sahen, traditionelle ethische Werte des bäuerlichen Rußland zu bewahren.
Gegen die Norm der aktiv handelnden, politisch motivierten Figur setzten sie die einer kontemplativen, moralisch überlegenen Persönlichkeit.
Sie argumentierten gegen die offiziellen Normen des sozialistischen
Realismus, vor allem gegen die Parteilichkeit, hielten aber an dem Postulat der *„narodnost'"* fest, allerdings in dem von Dostoevskij und Grigor'ev im 19. Jh. begründeten Verständnis der „Bodenständigkeit"
(„počvenničestvo") und nationalen Überlegenheit des Russischen gegenüber dem Westen. Das Problem der nationalen Selbstfindung und Identitätsbildung wurde wieder als dringlich angesehen und beherrschte viele
Wertediskussionen.

3.3   Prägungen und Rückgriffe der gegenwärtigen
            Literaturkritik

Wenn man nun die Postulate der heutigen Literaturkritik in der Perestrojka mit ihren historischen Normen in Beziehung setzt, so empfiehlt es
sich, „Prägungen" von „Rückgriffen" zu unterscheiden. „Prägungen"
sind unausweichlich und können nur auf ihre Folgen hin beurteilt werden, während „Rückgriffe" auf verdrängte Traditionen und Normen die
Folge von bewußt getroffenen Entscheidungen sind, motivierte Handlungen, für die es also immer auch Alternativen gibt.

Am stärksten geprägt ist die gegenwärtige russische Literaturkritik
von ihrem hegemonialen institutionellen Status im sowjetischen Literatursystem und von ihrem didaktischen Selbstverständnis, das sich – in der
offiziellen wie auch der inoffiziellen Kultur – als langlebigste, seit dem
19. Jh. wirkende Norm erwiesen hat. Es ist typisch für den größten Teil
der Kritik sowohl der liberalen als auch der patriotischen Richtung. Die
dritte entscheidende Prägung geht von der Norm der „narodnost'" – in
verschiedenen Konnotationen – aus. Sie gehört ebenfalls zu den längsten

---

[136] Ausführlich dokumentiert bei N. BIOUL-ZEDGINIDZE: Literaturnaja kritika žurnala
„Novyj mir".

und am breitesten überlieferten Traditionen und erklärt die verbreiteten
Aversionen gegen moderne oder avantgardistische Literatur.

Vor allem die ältere Generation der Kritiker ist von der Stalinzeit und
der Tauwetterperiode geprägt, von der Fixierung auf den Staat als gleichzeitigem Gegner und Brotgeber. In ihrer Rezeption von Literatur konzentrierte sie sich auf äsopische Subtexte; ihre Bewertungsmaßstäbe waren von ideologischen Denkmustern beherrscht. Sozialistische „Parteilichkeit", die Verpflichtung der Literatur auf einen ideologisch verstandenen „Ideengehalt" und auf eine historisch optimistische Botschaft gehören zu den Normen, die die meisten Šestidesjatniki mit den offiziell
vorgegebenen teilten. Es war daher nur folgerichtig, daß sich im Rekurs
auf die leninistischen Prinzipien und im Rückgriff auf die „revolutionär-
demokratische" Tradition der „realen Kritik" zu Beginn der Perestrojka
die Šestidesjatniki mit den offiziellen Literaturfunktionären einig waren.
Auch die anthropozentristische Perspektive, die Erwartung an die Literatur, konkrete Handlungsentwürfe zu bieten, lebensechte, vorbildhafte
Persönlichkeiten darzustellen, die auch außerhalb des Textes weiterleben
könnten, gehört zu den in der spät- und postsowjetischen Literaturkritik
ungebrochenen Normen. Sie prägt nach wie vor die Literaturauffassung
von Kritikern und Lesern nicht nur der älteren Generation.

Die Opposition der Kritiker, die sich zur inoffiziellen Kultur zugehö-
rig fühlten, gegen die offizielle Doktrin verringerte nicht etwa ihre didaktische Tendenz, sondern trug im Gegenteil dazu bei, den didaktisch-
aufklärerischen Anspruch zu verstärken. Beide Strömungen der Literaturkritik, die sich in den letzten Jahrzehnten gegen die offiziellen Normen
richteten, waren vom Pathos der Wahrheitsverkündung erfüllt. Aber
ebenso wie ihre institutionelle Position war auch ihr Selbstverständnis
ambivalent. An die Literatur wurde der Anspruch gestellt, immer zu allen
zu sprechen und für alle verständlich zu sein. Gleichzeitig dienten die
Argumentations- und Handlungsstrategien der Kritik in starkem Maße
der eigenen Identitätsfindung und als Ersatz für unterbundenes soziales
und politisches Engagement.

Das wesentliche Verdienst der „Tauwetter-Kritik" für die spätere
Entwicklung lag darin, den Spielraum für die Behandlung individueller
und allgemeinmenschlicher Werte im Gegensatz zu denen, die von der
offiziellen Ideologie propagiert wurden, erweitert zu haben. Auf diese
Weise hat sie das Bewußtsein einer größeren Vielfalt von Problemen in
der Literatur und Verfahren literarischer Darstellung vermittelt und der
Perestrojka den Weg geebnet. Aber die ausschließlich moralistische Be-

urteilung der Literatur und ihr didaktisch-aufklärerisches Selbstverständnis waren zugleich Eigenschaften, die nach 1986 einer Überwindung der sowjetischen Normen entgegengewirkt haben.

Noch hemmender hat sich die tiefsitzende Prägung durch jene Normen, die mit „narodnost'" konnotiert werden, auf die Entwicklung zu einem pluralistischen, weltoffenen Literatursystem ausgewirkt. Die Mehrheit der Kritiker vertrat eine in der idealistischen Philosophie des 19. Jhs verwurzelte und von der Genieästhetik geprägte „organische" Literatur- und Kunstauffassung. Ein Teil von ihnen greift unmittelbar auf die slavophile Tradition des „narodnost'"-Verständnisses im „počvenničestvo" zurück; bei anderen kam sie vermittelt über die Elemente der „organischen" Ästhetik im sozialistischen Realismus an die Oberfläche. Auf der Suche nach Alternativen zur utilitaristischen Literaturkritik einerseits und zur formalistisch-strukturalistischen andererseits, die sie für eine „Sackgasse" hielten oder als gescheitert betrachteten,[137] griffen viele auf die „organische" Literaturkritik zurück und hielten ihre Maßstäbe für geeignet, die russische Literatur am Ende des 20. Jhs zu beschreiben und zu bewerten. Dieses Denken, in dem die Literaturkonzeption unlösbar mit der „Nationalität" und mit „organischen" Vorstellungen verbunden ist, reichte von den gemäßigten, nationalliberal eingestellten Intellektuellen, wie Zalygin, Lichačev und der Zeitschrift „Novyj mir" nahestehenden Kritikern wie Zolotusskij, Irina Rodnjanskaja und Andrej Vasilevskij bis hin zu aggressiven Nationalisten, wie Vadim Kožinov, Aleksandr Bajgušev, Michail Lobanov, Tat'jana Gluškova und Aleksandr Kazincev, die mit antisemitischen Umdeutungen der Literaturgeschichte xenophobische Klagen über den fortschreitenden Verlust der „echt russischen" Literatur führten. Auch die gemeinsame Abneigung einiger marxistisch-sowjetpatriotischer Kritiker gegen bestimmte Schriftsteller wie Pasternak, Mandel'štam und Bulgakov, denen in den achtziger Jahren von beiden Seiten der Vorwurf des intellektuellen Hochmuts und der Volksferne gemacht wurde, ging auf solche normativen Vorstellungen zurück.

Nachdem die Herrschaft der marxistisch-leninistischen Ideologie gebrochen war und sich erstmals die Möglichkeit bot, offen und ungehindert auf andere Traditionen zurückzugreifen, rückte neben der „organischen" die symbolistische Tradition des „silbernen Zeitalters" um die Jahrhundertwende in den Mittelpunkt des Interesses. Innerhalb weniger Jahre erlangten die meisten Dichter-Kritiker der Symbolisten höchste

---

[137] Vgl. S. VAJMAN: „K serdcu serdcem..." (Ob „organičeskoj kritike" Apollona Grigor'eva), in: VL (1988) 2, S. 150-181, S. 150.

Autorität und wurden in den Status von Klassikern erhoben. Die meisten
Kritiker wandten sich dieser Epoche zu, weil diese ihnen als am weitesten vom sozialistischen Realismus und der sowjetischen Vergangenheit
entfernt erschien. So vielschichtig wie der Symbolismus als Epoche der
russischen Moderne selbst war, so verschieden waren allerdings auch die
Normen, die man damit nun in Verbindung brachte und die Motive für
derartige Rückgriffe.

Die Mehrzahl der Kritiker mit slavophiler, nationaler Gesinnung bezog sich auf das „Silberne Zeitalter" wegen der religiös-philosophischen
Tendenzen und wegen seiner Hypostasierung der russischen Klassiker
Puškin, Gogol', Dostoevskij, Tolstoj. Sie sahen den Wert dieser Tradition
gerade in der Betonung des transzendentalen Potentials in der Literatur,
in der irrational-intuitiven Methode der Literaturbetrachtung, was diese
wiederum mit der „organischen" verband. Auch einige Vertreter der Šestidesjatniki wandten sich dieser Tradition zu.

Nur für eine kleine Minderheit der Kritiker, die eine stärker litera-
risch-ästhetisch oder philologisch ausgerichtete Kritik vertraten, waren an
der Tradition der symbolistischen Kritik das Streben nach einer Autonomisierung der Literatur, methodische und stilistische Aspekte der Literaturbetrachtung und das Moment des Subjektiven, Individuellen und
Ästhetischen entscheidend. Zu diesen Kritikern gehörten neben Anninskij, Viktor Erofeev und Čuprinin besonders junge, aus der verdrängten Kultur hervorgegangene Kritiker.

In der neuerdings verstärkten Reflexion auf das erotische Thema, das
nach dem Zensurabbau in der Literatur eine außerordentlich große Rolle
spielte, beriefen sich einige Literaturkritiker besonders auf die symbolistischen Vorgänger. So betonten Michail Ėpštejn und Viktor Erofeev die
Autorität und den Amoralismus Rozanovs, der erstmals den Zusammenhang von Religion und Geschlecht behandelt habe. Auch Sinjavskij, der
1982 im Pariser Exil als erster aus der Tauwetter-Generation ein Buch
über Rozanov geschrieben hat, hob dieses Thema besonders hervor.[138]
Ähnlich wie Ėpštejn und Erofeev griff auch Anninskij bewußt das essayistische Genre von Symbolisten wie Rozanov, Merežkovskij und
Berdjaev auf. In der postsowjetischen Situation gewann der im Symbolismus ausgeprägte Synkretismus schließlich eine neue Relevanz als ten-

---

[138] EROFEEV: „Bei Rozanov beginnt alles mit Gott und endet beim Geschlecht. Ohne
Gott gibt es kein Geschlecht." In: VIKTOR EROFEEV: Raznocvetnaja mozaika, S. 5; A.
SINJAVSKIJ: V. V. Rozanov. Opavšiesja list'ja, Paris 1982; M. ĖPŠTEJN: Das verhüllte
Ungetüm, in: FAZ 20.7.1988; DERS.: Tod, Erotik, Gott, Juden, in: TAZ 30.6.1990.

denzielle Auflösung der Grenzen zwischen Literatur, Kommentar und Kritik.

Nur wenige Kritiker beriefen sich in ihren Postulaten explizit auf die formalistische Tradition und versuchten sie in ihrer praktischen Tätigkeit umzusetzen. Einflüsse dieser Art sind auf die Wiederentdeckung der Formalen Schule zu Beginn der sechziger Jahre zurückzuführen, manche verdankten ihre Orientierung Philologen wie Lidija Ginzburg, die als Schüler der „ersten" Formalisten deren Normen weitervermittelten. Zu den Kritikern, die sich auf die Formalisten beriefen, gehörten etwa Čudakova, Ivanova und besonders Novikov, der sich mit einer Monographie und der Herausgabe seiner Texte um eine breitere Vermittlung von Tynjanovs Werk verdient gemacht hat.[139]

Andere Vertreter der Šestidesjatniki suchten bei ihren Rückgriffen mehr nach Alternativen innerhalb der sowjetischen Geschichte der Literaturkritik, etwa indem sie sich der Erforschung unterdrückter Gruppen und Konzeptionen zuwandten und deren Normen wiederentdeckten, wie zum Beispiel die Gruppe „Pereval" oder die sogenannte „kulturphilosophische Schule" der marxistischen Ästhetik um Lukács und Lifšic, die eine Vermittlung zwischen „kritischem" und sozialistischem Realismus, zwischen russischer und westeuropäischer Literatur, herzustellen versuchte.[140]

Bei vielen dieser Rückgriffe muß man berücksichtigen, daß jede heutige Rezeption der Vergangenheit bereits durch die sowjetische „gefiltert" stattfindet. Trotz des verständlichen Wunsches, frei von jeglichem Einfluß des sozialistischen Realismus zu sein, kann man sich kaum der Prägung durch die sowjetische Vergangenheit entziehen. Manche widersprüchliche Positionen und Wandlungen der Wertorientierungen erklären sich daraus, daß auch Elemente von offiziell verdrängten Traditionen in den sozialistischen Realismus eingeflossen sind, ja auch die Literaturkritik muß, wie der sozialistische Realismus, als eine Synthese aus teilweise gegensätzlichen Elementen früherer Traditionen verstanden werden. Zwei Beispiele erhellen diesen Gedanken:

In die seit den dreißiger Jahren etablierten Normen des sozialistischen Realismus gingen nicht nur bestimmte amputierte Elemente der Avantgarde ein,[141] sondern auch die von der kulturrevolutionären Bewegung

---

[139] NOVIKOV: Čto takoe literatura, S. 7-22.
[140] BELAJA: Don Kichoty 20-ch godov.
[141] Dazu B. MENZEL: V. V. Majakovskij und seine Rezeption in der Sowjetunion 1930-1954, Berlin 1992.

zurückgewiesene konservative Konzeption des ganzheitlichen, organischen Kunstwerks. Die Kampagnen gegen den „Formalismus" richteten sich gegen die als mechanisch-abstrakt-intellektuell abgelehnten Auffassungen, die man mit den avantgardistischen Strömungen der zwanziger Jahre identifizierte,[142] und zwar im Namen von Postulaten, in der Literatur das „lebendige Leben", „Lebensfreude", „Lebenswahrheit" etc. zu verkörpern.[143] Nach dem Ende des Tauwetters wurde die traditionelle „organische" Literaturauffassung mit dem slavophilen Verständnis von „narodnost'" bei oppositionellen Kritikern erneut populär, woraus sich schließlich die Affinität zwischen der offiziellen, sowjetpatriotischen Literaturkritik und der neoslavophilen Opposition erklärte, die unter dem Eindruck der postsowjetischen Krise Vertreter beider Lager zusammenführte.

Das zweite Beispiel betrifft die sowjetische Rezeption des traditionellen Synkretismus. Im Sinne einer Verschmelzung von Literatur und Kritik stieß dieser im sozialistischen Realismus auf Ablehnung, da die geforderte Monovalenz und die kulturpolitische Funktion der Kritik jede literarisierende Tendenz ausschlossen. Synkretistische Genres wie der Essay oder das Feuilleton wurden verdrängt, und Kritiker, die sich ihrer bevorzugt bedienten und bewußt die Grenzen zur Literatur auflösten, sahen sich immer wieder dem Vorwurf subjektivistischer Willkür und eines dekadenten Impressionismus ausgesetzt. – Im Sinne einer Überbietung der Literatur durch die Kritik hat sich allerdings auch diese Tradition in verzerrter Form in der Sowjetzeit fortgesetzt. Die Kritik übernahm als höchste staatliche Institution im Literatursystem die Führung und „schuf" dadurch erst jene Literatur, die der Gesellschaft als rezeptionswürdig präsentiert und als historisch entwicklungsfähig befunden wurde.

---

[142] Der Weg der „organischen" Konzeption in die Normen des sozialistischen Realismus führte sowohl über die Kritiker der RAPP als auch über den Einfluß der Gruppe „Pereval"; dies änderte nichts daran, daß später die Vertreter beider Gruppen Opfer der Stalinschen Verfolgung wurden.

[143] Dazu PAPERNYJ: Kul'tura Dva.

4. Die Kritiker

4.1 Vorbemerkung: Kritik oder Kritiker?

Die sowjetische Literaturkritik wurde in der UdSSR bis in die erste Hälfte der achtziger Jahre als eine entpersonifizierte, monolithische Institution aufgefaßt. Formulierungen wie „Die Kritik reagierte negativ" oder „Das Werk wurde von der Kritik gelobt", ganz zu schweigen von der Diktion der Parteiresolutionen, vermittelten das Bild einer Einstimmigkeit, hinter dem die Urheber der Texte zurücktraten. Diese anonyme Sicht wurde durch die marxistisch-leninistische Ideologie gefördert und durch die Institutionalisierung der Kritik mit ihrer Abhängigkeit von Staat und Partei verfestigt. Der „literarische Prozeß" wurde als eine quasi-objektive Folge von Entwicklungsstufen dargestellt, hinter denen die Akteure des Literaturbetriebs, die tatsächliche Heterogenität der Konstellationen und kontroverse Positionen der Kritiker verschwinden sollten. Eine differenzierte Betrachtung einzelner Kritiker hätte das gewünschte Bild der Literaturkritik zerstört und konnte daher nicht im Interesse der sowjetischen Literaturpolitik liegen.

> Die Diskussion über die Traditionen der sowjetischen Literaturkritik wird arglos, wie gewohnt, im Sinne von Traditionen der sowjetischen literarischen Presse geführt, und wiederum urteilt man über Tendenzen statt über Personen, über Kontroversen statt über die Streitenden. (...) Der breite Kontext der sowjetischen Literaturkritik wird weder wahrgenommen noch erforscht, im Grunde werden nicht einmal die Fakten gesammelt und registriert.[1]

So beschrieb der Kritiker Čuprinin 1987 die Situation zu Beginn der Glasnost'.[2] Tatsächlich jedoch besaß die sowjetische Literaturkritik bereits lange vor der Perestrojka ein vielstimmiges Personal rivalisierender

---

[1]   S. ČUPRININ: Kritika – ėto kritiki, M 1988, S. 11.

[2]   In der „Kratkaja Literaturnaja Ėnciklopedija" (1976) gibt es zwar Eintragungen zu einzelnen Kritikern; unter dem Stichwort „Literaturnaja kritika" sind jedoch nur vorrevolutionäre und frühsowjetische Kritiker, hingegen kein einziger Eigenname eines zeitgenössischen Kritikers erwähnt. V. ROGOVIN: „Literaturnaja kritika", in: KLĖ, M 1976. Aber auch in Standard-Nachschlagewerken der westlichen Literaturwissenschaft, die sich von anderen Intentionen leiten lassen, sucht man vergebens nach Namen von Literaturkritikern. Vgl. KASACK: Lexikon der russischen Literatur; TERRAS: Handbook of Russian Literature, New Haven/London 1985.

Gruppen und Autoren. Viele Kritiker waren zwischen Konformität und Opposition gespalten. In ihrer öffentlichen Existenz gehörten sie zur offiziellen Kultursphäre und standen unter Loyalitätsdruck, während sie privat die verbotene Samizdat-Literatur rezipierten und am inoffiziellen kulturellen Leben teilnahmen.

Die folgende Situationsbeschreibung der sowjetischen Literaturkritik in den Jahren ihrer Auflösung setzt daher, dem Motto Čuprinins „Kritika – ėto kritiki" entsprechend, bei den Kritikern selbst an. Zunächst werden typische Tätigkeitsbereiche, Karrieremuster und berufliche Werdegänge von Literaturkritikern vorgeführt, und dann verschiedene Gruppierungen, Generationen, politische und ästhetische Einstellungen sowie kulturelle Milieus der Kritiker aufgezeigt. Auf diese Weise sollen die Beziehung zwischen literarischen und ideologischen Konzepten und der Zusammenhang zwischen Bedingungen, Interessen und Positionen der Literaturkritik im Umbruchprozeß erhellt werden. Abschließend wird versucht, die Literaturkritik auch nach methodischen und stilistischen Darstellungsformen zu klassifizieren.

4.2 Produktions-, Existenz- und Karrierebedingungen von Kritikern

4.2.1 Ausbildungswege und Tätigkeitsbereiche

Zahlenmäßig war der Berufsstand sowjetischer Literaturkritiker durch seine zentrale kulturpolitische Stellung im Vergleich zu westlichen Ländern außerordentlich groß. Professionelle Kritiker genossen starke staatliche Aufmerksamkeit und Förderung, es gab eigenständige Ausbildungsgänge und einen weitverzweigten Tätigkeitsbereich. Zu Beginn der achtziger Jahre zählte allein die Moskauer Sektion für Literaturkritik und Literaturwissenschaft des Schriftstellerverbands mehr als dreihundert Mitglieder.[3] Hinzu kamen ungezählte Kritiker, die zu anderen Sektionen (Journalismus, Prosa, Dichtung) gehörten.

Professionelle Literaturkritiker wurden in der Sowjetunion fast ausschließlich als Philologen ausgebildet. Dem Charakter der Lehrinstitution

---

[3] Auskunft von KUZNECOV, dem langjährigen Vorsitzenden der Sektion, am 13.9.1995. Soweit keine schriftlichen Quellen angegeben sind, stammen solche Informationen aus persönlichen Gesprächen mit mir im Zeitraum von 1992-1995.

entsprechend lag dabei der Schwerpunkt mehr auf dem Publizistischen, dem Akademischen oder dem Literarischen. Neben den traditionellen Ausbildungsstätten gab es spezielle Studiengänge und Ausbildungsprogramme für Literaturkritik an pädagogischen Instituten, an der Fakultät für Journalistik oder an Literaturinstituten, die in erster Linie der Ausbildung von jungen Dichtern und Schriftstellern dienten. Durch die ideologische Überfrachtung des Lehrbetriebs wurde aber die Vermittlung literaturwissenschaftlicher Techniken wie auch stilistischer, rhetorischer und genrebezogener Fertigkeiten stark vernachlässigt. So war trotz gezielter Ausbildungsgänge und einer Fülle an didaktischem Material das allgemeine professionelle Niveau ziemlich niedrig.[4] In den siebziger und frühen achtziger Jahren gab es allerdings viele informelle Veranstaltungen und Zirkel, aus denen vor allem jüngere Kritiker in ihrer Ausbildung entscheidende Impulse bezogen. Welche literaturkritischen Traditionen und literaturwissenschaftlichen Methoden in den Instituten auf welche Weise vermittelt wurden, hing weniger vom Charakter der Institutionen als von den jeweiligen Lehrerpersönlichkeiten ab.

Die berufliche Existenz der professionellen sowjetischen Kritiker war teils durch ein festes pauschales Gehalt, teils durch leistungsgebundene Honorare oder Einkünfte aus Buchveröffentlichungen gesichert. Der Berufsalltag bestand in der Regel aus Tätigkeiten in mehreren Bereichen. Für die Mehrzahl der Kritiker geschah dies nicht zuletzt aus ökonomischen Gründen, da ihre Einkünfte durchaus bescheiden waren. Materiell privilegiert und wohlhabend war lediglich eine kleine Zahl, darunter vor allem die Funktionäre in leitenden Positionen.[5]

Die Bezahlung erfolgte in der Regel bei Büchern und Zeitschriftenartikeln nach Druckbögen. Ein Druckbogen („avtorskij list") umfaßt 24 Schreibmaschinenseiten. Vor Beginn der ökonomischen Krise entsprach die Bezahlung eines Artikels von der Länge eines Druckbogens etwa dem Monatslohn eines Redakteurs und lag bei 100-200 Rubeln. Um die materielle Existenz zu sichern, genügte eine Buchproduktion in 3-4 Jahren. Das Honorar für ein Buch entsprach etwa einer Summe, die zum Kauf eines Autos benötigt wurde. Im Krisenjahr 1992, das mit einer Inflationsrate von 2.000 Prozent endete, hatten die 5.000 bis 7.000 Rubel, die durchschnittlich für einen Artikel derselben Länge bezahlt wurden,

---

4   V. NOVIKOV: Poėtika recenzii, in: LO (1978) 7, S. 18-24; S. RASSADIN: Koe-čto o professionalizme, in: OG (1988) 48, S. 29.

5   Hierin war die Situation der Kritiker ähnlich wie die der Schriftsteller. J. u. C. GARRARD: Inside the Writers' Union, London/N.Y. 1990, S. 129f.

nur noch einen Bruchteil der früheren Kaufkraft dieser Summe.[6] Zeitungen bezahlten nach Spalten, und ihre Honorare lagen schon vor 1986, ähnlich wie die beim Rundfunk und Fernsehen gezahlten Vergütungen, wesentlich höher als bei Verlagen und dicken Zeitschriften. Seit 1990 überstiegen sie die Honorare der Zeitschriften sogar um ein Mehrfaches. Viele Kritiker wurden dadurch, gewollt oder ungewollt, in Beschäftigungen als ständige Korrespondenten („obozrevateli") einer Zeitung oder in die audiovisuellen Medien gedrängt.

Der Lohn setzte sich auch Anfang der neunziger Jahre häufig aus einem fest vereinbarten Grundlohn und einem je nach Textmenge variierenden Honorar zusammen. Bei Teilverträgen verpflichtete sich der Kritiker zur regelmäßigen Ablieferung einer bestimmten Anzahl von Artikeln mit festgelegtem Umfang. Unter den Bedingungen des unflexiblen zentralisierten Plansystems führte dieses quantitative Vergütungsprinzip oftmals zu Längen und Redundanzen im Schreibstil.

Während für literarische Autoren der Schriftstellerverband die einzige Existenzsicherung bedeutete, da sie sonst dem Vorwurf des „Parasitentums" ausgeliefert und sozial ausgegrenzt gewesen waren, boten sich für Kritiker neben der Zugehörigkeit zum Verband auch andere Möglichkeiten beruflicher Bindung. Zu ihrer Absicherung genügten schon geringfügige vertraglich gesicherte Verpflichtungen gegenüber einzelnen Zeitschriften oder Verlagen. Bis Ende der achtziger Jahre konnten Kritiker jahrelang auch ohne ausgewiesene dauerhafte Beschäftigung oder mit geringfügigen, seltenen Publikationen unbehelligt leben. Mit der unspezifischen Formel „schöpferisch arbeitend" („na tvorčeskoj rabote") in ihrem Arbeitsbuch waren sie vor dem Vorwurf des Müßiggangs und Faulenzertums („tunejadstvo") geschützt. So war die Mitgliedschaft im Schriftstellerverband für Kritiker weit weniger verbindlich als für Literaten. Selbst Kritiker, die gleichzeitig literarisch oder als Übersetzer tätig waren, zogen es oft vor, anderen Sektionen beizutreten, die ideologisch weniger Bedeutung hatten und zeitweise tatsächliche Arbeitsforen bildeten, wie die Sektion Übersetzung oder die Sektion Dichtung. Schließlich konnten sie auch einer von drei Gewerkschaften beitreten: der Gewerkschaft für Literaten (Profsojuz literatorov), für Journalisten (Profsojuz žurnalistov) oder für Beschäftigte im Kulturbereich (Profsojuz rabotni-

---

6 TREPPER: Kultur und „Markt", S. 106. Zum Vergleich: 1987 lag das Durchschnittseinkommen eines Schriftstellers, der nicht zur Spitze der Nomenklatur gehörte, bei 162 Rubeln, das eines Arbeiters bei 200 Rubeln. In: NEDELJA 17.7.1988, zit. nach SHLAPENTOKH: Soviet Intellectuals, S. 14.

kov kul'tury). Daß trotzdem die Mehrzahl der Kritiker im Schriftstellerverband war, lag vor allem an den materiellen Privilegien des „Litfond".
Sozialleistungen, Aufenthalte in den „schöpferischen Heimen" und Er-
holungseinrichtungen des Verbandes sowie zahlreiche Vergünstigungen
bei Einkäufen und in der medizinischen Versorgung machten die Mitgliedschaft für die meisten Kritiker zumindest bis Ende der achtziger Jahre attraktiv. Als Bedingung für die Aufnahme genügten formal einige
veröffentlichte Rezensionen, tatsächlich aber gab es eine scharfe Auslese,
da Empfehlungen von mindestens zwei namhaften Mitgliedern nötig waren. Für manche Kritiker dauerte es viele Jahre, bis ihnen die Aufnahme
in den Verband gewährt wurde.[7] Kritiker aus der jüngeren Generation
wurden teilweise erst seit Ende der achtziger Jahre aufgenommen. Zu ihnen gehörten Vladimir Novikov, Aleksandr Archangel'skj und Viktor
Toporov, obwohl zumindest die ersten beiden schon seit Anfang der
achtziger Jahre regelmäßig publizierten.[8]

Neben der hauptberuflichen Beschäftigung besaßen Kritiker durch eine Reihe von öffentlichen und nichtöffentlichen Tätigkeiten Einfluß-
möglichkeiten, die ihnen eine entsprechende institutionelle Autorität verliehen. Dazu gehörten neben den bereits angeführten etwa folgende Beschäftigungen, die teils gut bezahlt waren, teils politischen Einfluß sicherten:

- Die Teilnahme an Jurys zur Vergabe der zahlreichen jährlich vergebenen
  staatlichen Literaturprämien, die von einer 111-köpfigen Jury ausgelobt
  wurden;[9]
- Sendungen und Auftritte im Rundfunk oder Fernsehen. Schon in den
  siebziger und frühen achtziger Jahren waren zum Beispiel Lev Anninskij,
  Lazar' Lazarev, Stanislav Rassadin,[10] Evgenij Sidorov, Feliks Kuznecov
  und Andrej Vasilevskij auf diese Weise einem breiteren Publikum bekannt;

---

7   GARRARD: Inside the Writers' Union, S. 174ff. Laut Garrard waren 60% aller Mitglie-
    der im Schriftstellerverband auch Parteimitglieder.
8   Mündliche Auskunft der drei Kritiker im September 1995.
9   1984 gab es insgesamt 116 nationale jährliche Preise für den Bereich Kunst und Lite-
    ratur. Darüber hinaus verliehen auch einzelne Institutionen wie der Schriftstellerver-
    band und Zeitschriftenredaktionen Preise an Autoren und Kritiker. KASACK: Lexikon
    der russischen Literatur (Stichwort „Literaturpreise"); SHLAPENTOKH: Soviet Intellec-
    tuals, S. 15.
10 Rassadin publizierte ein Buch über die Beziehung zwischen Literatur, Kritik und
    Fernsehen: S. RASSADIN: Ispytanie zreliščem. Poėzija i televidenie, M 1984.

- Vortragsreisen, bei denen Kritiker, ähnlich wie Schriftsteller, eingeladen von „Arbeitskollektiven" durch das Land reisten und vor ausgewählten Betriebsgruppen referierten;
- Arbeit als Konsultanten oder Instrukteure im Schriftstellerverband oder in kulturpolitischen Partei- und Staatsorganen;
- Verfassen von – anonymen oder unter Pseudonym erscheinenden – Leitartikeln und Kommentaren in Literaturzeitungen oder in der zentralen politischen Presse. So hatte Kuznecov gut bezahlte feste Verträge über regelmäßige Publikationen von Leitartikeln („Peredovaja") mit der „Pravda", der „Komsomol'skaja pravda" und der „Literaturnaja gazeta";
- Mitglieder des Schriftstellerverbandes in leitenden Positionen mußten alle drei Jahre interne Rechenschaftsberichte über die Rubriken der Literaturkritik in den dicken Zeitschriften abliefern;
- Junge, angehende Kritiker wurden oft mit der Beantwortung der – umfangreichen – Leserpost betraut, zu der jede Redaktion verpflichtet war.

Seit Beginn des Zensurabbaus 1986 haben sich die personelle Zusammensetzung, die Lebensbedingungen und Tätigkeitsbereiche der Literaturkritiker stark verändert. In den Jahren 1987/88 taten sich eine Reihe von Intellektuellen, keineswegs nur Schriftsteller und Literaturwissenschaftler, auf dem Gebiet der Literaturkritik hervor. Verschiedene Spezialisten anderer Gebiete, Historiker (Evgenij Anisimov), Ökonomen (Jurij Karjakin), Publizisten (Jurij Černičenko, Anatolij Streljanyj, Andrej Nujkin und Ol'ga Čajkovskaja), Philologen (Dmitrij Lichačev, Sergej Averincev) und Philosophen (Arsenij Gulyga) hatten maßgeblichen Anteil an den Diskussionen, für die die behandelten literarischen Werke nur als Anstoß und Auslöser galten.[11] Zudem äußerten und betätigten sich

---

[11] E. ANISIMOV: Fenomen Pikulja glazami istorika, in: ZN (1987) 11, S. 214-223; JU. KARJAKIN: „Stoit li nastupat' na grabli?" in: ZN (1987) 9, S. 200-224; JU. ČERNIČENKO: Žurnalist. Ob Anatolii Agranovskom, in: ZN (1987) 7, S. 217-222; A. STRELJANYJ: Dva umozrenija. Ob odnom neudavšemsja literaturnom predprijatii. K 95-letiju so dnja roždenija K. A. Fedina, in: NM (1987) 2, S. 237-249; A. NUJKIN: Novoe bogoiskatel'stvo i starye dogmy (über Č. Ajtmatovs Roman „Placha"), in: NM (1987) 4, S. 245-259; A. GULYGA: Poiski absoljuta. K voprosu o miloserdii, o kotorom napomnil D. Granin, in: OK (1987) 10, S. 245-253.
Zur Rolle und Bedeutung anderer Intellektueller als Literaturkritiker in den ersten Jahren der Perestrojka vgl. A. ARCHANGEL'SKIJ: Funkcii literaturnoj kritiki v period perestrojki. Vortrag auf dem Schwerter Symposium zur Kultur der Perestrojka, 1996 (unveröffentlichtes Manuskript).

Schriftsteller in dieser Zeit häufig nur politisch-publizistisch statt literarisch.[12]

Nach 1986, als die Publizistik außerordentlich populär war, erreichten
Literaturkritiker über illustrierte Zeitschriften, besonders die Wochenzeitung „Ogonek" und die audio-visuellen Medien, ein wesentlich breiteres Publikum. Trotz der personellen Ausweitung gab es für die professionellen Kritiker zunächst kaum materielle Einschränkungen. Häufige Gä-
ste in Fernseh-Talkshows oder Produzenten eigener, regelmäßiger Sendungen waren 1987-1990 Lev Anninskij, Benedikt Sarnov, Natal'ja Ivanova, Pavel Gorelov und Igor' Zolotusskij, die eine relativ breite Popularität erlangten. Selbst Kritiker, die sich früher aktueller politischer Themen enthalten hatten, wie etwa Rassadin, begannen regelmäßig für Illustrierte wie „Ogonek" zu schreiben.[13]

In der Präsentation von Kritikern in Rundfunk und Fernsehen war
nach dem trockenen, offiziell-administrativen Stil der siebziger und frühen achtziger Jahre ein Bemühen um publikumswirksame, unterhaltsame
Akzente zu beobachten. Novikov konstatierte 1990, daß Reklamewirk-
samkeit und das Autorbild zu den wichtigsten Erfolgskriterien der Literaturkritik geworden seien.[14] Bei manchen Zeitschriften entbehrten neue,
werbewirksame Strategien nicht einer gewissen Komik. So stellte die
Wochenzeitschrift „Novoe vremja" einem Artikel der Publizistin Tat'jana
Ivanova 1989 folgende Redaktionsnotiz voran:

---

[12] Zur Rolle der Schriftsteller in der Publizistik und Literaturkritik vgl. K. HIELSCHER:
Glasnost bringt es an den Tag, in: Gorbatschows Reformen, Reihe „Politische Bildung" (1989) 1, Stuttgart 1989, S. 68-80; DIES.: Gegen die Gigantomanie der Bürokraten. Die Ökologie-Debatte in Literatur und Publizistik der Sowjetunion, in: DIE
NEUE GESELLSCHAFT/FRANKFURTER HEFTE (1989) 9, S. 830-836; DIES.: Auf der Suche nach Sündenböcken. Rechtsextremismus und Antisemitismus in der russischen
Publizistik, in: DIE NEUE GESELLSCHAFT/FRANKFURTER HEFTE (1989) 11, S. 1011-
1017.

[13] S. Rassadin gehörte neben A. Nemzer 1993 zu den meistpublizierten Kritikern.

[14] V. NOVIKOV: Raskreposčenie, in: ZN (1991) 3, S. 210-216, hier S. 214. Vajl' und
Genis beschrieben den typischen Pressestil der fortgeschrittenen Glasnost'-Ära als eine Vermischung von Genres, Funktionen und Adressatenkreisen: ein und dieselbe
Zeitung biete nebeneinander politisch-sachliche Informationen, Sensationsmeldungen
der Boulevardpresse, philosophische Hintergrundartikel, Aktfotos und literarische Essays an. P. VAJL'/A. GENIS: Poėzija i pravda. Zametki o žurnalistike glasnosti, in: LG
20.3.1991.

„(Tat'jana Ivanova)...unangefochtener Star der sowjetischen Literaturkritik, mit Körper und Seele ganz der Glasnost' ergeben...lebt sie geradezu dafür, daß Güte und Mitleid in unser Leben einkehren."[15]

Die zahlreichen seit 1991 neu eingerichteten nichtstaatlichen Literaturpreise hatten zwar hauptsächlich die Funktion, nach dem Zusammenbruch des sowjetischen Prämiensystems neue Regeln und Mechanismen für die Feststellung literarischer und gesellschaftlicher Relevanz der Literatur zu entwickeln. Aber dadurch, daß einige Preise, wie der Preis des russischen PEN-Clubs, der Booker-Preis und der Puškin-Preis,[16] vom Ausland finanziert oder von international besetzten Jurys verliehen werden, dienen sie nicht zuletzt der pressewirksamen öffentlichen Selbstdarstellung namhafter Kritiker und einer neuen Popularisierung der Literaturkritik.

Mit dem Einsetzen der Perestrojka und erst recht nach der Kommerzialisierung verringerte sich der Bedarf an professionellen Kritikern in Verlagen und staatlichen Institutionen erheblich. Durch den Abbau ganzer Sektionen und den Zusammenbruch des staatlichen Verlagssystems wurde ein großer Teil der Kritiker arbeitslos. Personalintensive Tätigkeiten wie die schriftliche Beantwortung von eingesandten Manuskripten, Leserzuschriften sowie die internen Rezensionen entfielen weitgehend. Die katastrophale ökonomische Lage der staatlichen Bildungsinstitutionen mit ihren drastisch verringerten Gehältern machte die Tätigkeit als Dozenten und Lehrkräfte für die meisten unattraktiv. Die Konfrontation von Kritikern mit sehr unterschiedlichen Karrieremustern und aus verschiedenen kulturellen Milieus brachen die festgefügten Hierarchien im Literaturbetrieb auf. Seit dem Ende des Auflagenbooms wurde aus dem Kampf um politische Machtanteile ein neuer, ökonomisch bedingter Konkurrenzkampf.

4.2.2   Kritiker als Redakteure und Herausgeber

Viele Kritiker arbeiteten gleichzeitig als *Redakteure* in Verlagen und Zeitungs- oder Zeitschriftenredaktionen. Sie konnten sowohl Vorgesetzte

---

[15] „...bespornaja zvezda sovetskoj literaturnoj kritiki, dušoj i telom predana glasnosti...ona živet d l j a   t o g o , čtoby dobrota i sostradanie vošli v našu žizn'." In: NOVOE VREMJA (1989) 49, (Priložnie) S. 38.

[16] Vgl. A. ARCHANGEL'SKIJ: Preissaison für russische Romane, in: SINN UND FORM 45 (1994) 5, S. 800-805.

oder gar mächtige Funktionäre als auch in untergeordneter Stellung tätig und von anderen Kollegen-Redakteuren abhängig sein. Auch die redaktionsinterne Hierarchie ließ Positionen von unterschiedlichem Grad an Macht und Einfluß zu. Seitdem in den sechziger Jahren literaturpolitische Entscheidungen von der Ebene der zentralen Parteiinstanzen mehr und mehr auf die Ebene des mittleren Apparats, in die Redaktionen und Verlage, verlagert worden waren, hatte die Bürokratisierung erheblich zugenommen. Dadurch erhielten Redakteure aber auch mehr Spielräume und konnten zum Beispiel Konflikte innerhalb des Apparates für sich ausnutzen. Es gab vielfältige Abhängigkeitsverhältnisse nicht nur zwischen Schriftstellern und Redakteuren-Kritikern, sondern auch von Kritikern untereinander. Redakteure hatten selbst als untergeordnete Abteilungsleiter die Verfügungsgewalt über die Annahme oder Ablehnung von Manuskripten. Sie konnten Rezensionen in Auftrag geben, deren Tenor beeinflussen oder gar vorgeben. Positive Rezensionen auf ein neues Werk waren selbst für anerkannte Schriftsteller von erheblicher Bedeutung, so daß das professionelle Schicksal vieler Autoren vielfach von den Redakteuren-Kritikern abhing. Der Kritiker Aleksandr Makarov beschrieb die Zustände in den sechziger Jahren mit bitterem Humor in Form eines Epigramms

Здесь над статьями совершают	(Hier übt man an Artikeln
Вдвойне кощунственный обряд,	ein zweifach schmählich Ritual,
как православных, их крестят	man tauft sie wie Orthodoxe,
И, как евреев, обрезают.[17]	und beschneidet sie wie Juden.)

An dieser Praxis hat sich auch während und nach der Perestrojka nur wenig geändert. Der Schriftsteller Aleksandr Kabakov schrieb 1991 rückblickend: Vor allem Literaturkritiker hätten sich in ihrem Machtanspruch als Redakteure zu „Vorgesetzten der Schriftsteller" erhoben in der Überzeugung, die Schriftsteller würden „nur das Leben gestalten", die Kritiker aber hätten diese Bearbeitung letztlich zu beurteilen.[18]

---

[17] A. MAKAROV, zit. in V. ASTAF'EV: Zrjačij posoch, M 1988, S. 16. Darin steckt ein unübersetzbares Wortspiel: „krestit'" = taufen konnotiert auch krest = das Kreuz bzw. 'ankreuzen/durchkreuzen'; ebenso spielt „obrezat'" = 'beschneiden' mit der wörtlichen und der übertragenen Bedeutung.

[18] A. KABAKOV: Zametki samozvanca, in: ZN (1991) 11, S. 229-234. Vgl. auch die Glosse von M. ÈPSTEJN: Portret kritika, in: Vzgljad, Bd. 3, M 1991, S. 477-485.

Umgekehrt gab es auch Fälle, in denen Schriftsteller als Günstlinge der Partei ihren politischen Einfluß geltend machten, um die Publikation ihrer Texte gegen den Willen des zuständigen Redakteurs zu erzwingen. Oder sie verhinderten den Druck wenig schmeichelhafter Rezensionen und brachten so mißliebige Kritiker zum Schweigen. Alla Latynina, die in den achtziger Jahren selbst als Redakteurin der „Literaturnaja gazeta" und im Verlag „Sovetskij pisatel'" tätig war, berichtete, daß Valentin Kataev 1978 die Entfernung ihres kritischen Artikels über seine Memoiren „Almaznyj moj venec" aus der bereits druckfertigen Nummer der Zeitschrift „Voprosy literatury" von höherer Stelle aus veranlaßt habe. Und Aleksandr Belinskij, der Redakteur des reich ausgestatteten Leningrader Verlages „Lenizdat", vor seiner Verstaatlichung 1991 direkt dem ZK der KPdSU unterstellt, berichtete von etlichen gefürchteten Telefonaten höherer Parteifunktionäre, die ihn anwiesen, bestimmte von ihm als Redakteur abgelehnte Manuskripte ihrer Schriftstellergenossen dennoch zum Druck anzunehmen.

Die Zensur trat dem Kritiker gewöhnlich in der Person des Redakteurs oder der Rezensenten ungedruckter Manuskripte gegenüber. Mit dem in letzter Instanz zuständigen externen Zensor kam er kaum in Berührung.[19] Der Redakteur mischte die Karten für ein Spiel, dessen Regeln von ihm mitbestimmt wurden. Die beteiligten Kritiker kannten zwar die Regeln, waren jedoch oftmals der Willkür ihrer Vorgesetzten ausgesetzt. Viele Kritiker empfanden die interne Redaktionszensur als die schlimmere Form des Eingriffs gegenüber der berechenbaren externen Zensur.[20]

Junge, wenig bekannte Kritiker durften sich ihre Themen selten selbst aussuchen und wurden zunächst aufgefordert, Bücher aus der grauen Menge der offiziellen sogenannten „Sekretärs-Literatur" zu besprechen. Erst nach einer gewissen Anzahl von Auftragsartikeln wurden in den Redaktionen gewöhnlich erste vom Kritiker selbst bestimmte Beiträge akzeptiert. Zwar war man nicht gezwungen, sich auf diese Art hochzudienen, doch mußte man das Maß des unvermeidlichen Kompromisses mit sich und dem Redakteur jeweils aushandeln. Der Kritikerin Natal'ja Ivanova gelang es 1973, mit einem selbst gewählten Thema über einen bekannten Autor zu debütieren.[21] Aus ihrem Artikel über Andrej Vozne-

---

[19] Vgl. hierzu G. HOSKING: The Institutionalization of Soviet Literature. KRETZSCHMAR: Die sowjetische Kulturpolitik, S. 5-26. Näheres in Kap. 5.4.1.2.

[20] V. NOVIKOV: Promežutočnyj finiš (Literaturnye žurnaly na slome vremeni), in: ZN (1992) 9, S. 224-230, bes. S. 228.

[21] N. IVANOVA: „Žadnym vzorom...", in: ZN (1973) 4, S. 231-235.

senskij wurden jedoch alle ihre kritischen Kommentare über den Dichter
gestrichen, was etwa die Hälfte des Artikels ausmachte. In den darauffolgenden Jahren wählte sie zwar die Themen und Gegenstände ihrer Rezensionen selbst aus, große Artikel konnte sie erst später publizieren,
aber auch von diesen wurden etliche nicht zum Druck angenommen.

In ihrer Eigenschaft als Redakteure oder Herausgeber konnten Kritiker natürlich auch umgekehrt auf der Seite „ihrer" Autoren stehen und
diese gegen Eingriffe der Zensur verteidigen. Während des Brežnev-Re-
gimes war es üblich, an die Spitze von Verlagen und Redaktionen nam-
hafte und daher meist ältere Schriftsteller zu berufen, was meist mehr
symbolische als praktische Bedeutung hatte. Diese Schriftsteller waren
oft mit repräsentativen Aufgaben beschäftigt oder auf Reisen. So konnten
Redakteure nicht selten am Chefredakteur vorbei umstrittene Texte zum
Druck bringen.[22] Oder sie zeigten den Autoren die vom externen Zensor
redigierten Manuskripte, was streng verboten war, und bearbeiteten sie
mit ihnen gemeinsam. Wurden vom Zensor Streichungen von bestimmten Namen oder Ereignissen verlangt, so suchte man nach früher bereits
veröffentlichtem Material, wo diese Namen schon erwähnt waren und
konnte sich dann darauf berufen. Eingriffe durch den externen Zensor
nahmen zwar seit 1987 erheblich ab, aber willkürliche redaktionelle Veränderungen blieben auch danach verbreitet und zeugten von einem geringen Respekt vor dem literarischen Manuskript eines Autors. Sie hatten
allerdings ohne die institutionelle Absicherung einen anderen Charakter
und wurden eher nach dem Prinzip der „political correctness", das heißt
nach dem jeweiligen ideologischen Profil der Zeitschrift, vorgenommen.[23]

Für viele Kritiker, die nicht als fest angestellte Redakteure oder als
Dozenten in Universitäten oder pädagogischen Instituten beschäftigt waren, sondern als *freie Mitarbeiter* von Verlagen und Zeitschriften arbeiteten, gehörte das Verfassen sogenannter „interner Rezensionen" („vnutrennie recenzii") zu den wichtigsten Einnahmequellen, mit denen sie ihren Lebensunterhalt bestritten. Im sowjetischen Literaturbetrieb waren
Redaktionen und Verlage nämlich verpflichtet, auf jedes eingesandte Manuskript mit einem schriftlichen Gutachten zu reagieren. 1985 betrug das

---

22   Dies bestätigt NOVIKOV: Promežutočnyj finiš, S. 227f.
23   Noch 1993 wurde ein Interview von LATYNINA mit dem englischen Historiker Geof-
     frey Hosking von der „Literaturnaja gazeta" nicht gedruckt, weil Hosking darin für
     einen „aufgeklärten Nationalismus" in Rußland plädierte, eine solche Einschätzung
     aber nicht in das von der Zeitung vertretene Programm paßte.

Verhältnis von eingesandten zu gedruckten Manuskripten z.B. in der Zeitschrift „Novyj mir" 60:1.[24] Solche Manuskriptberge zu bewältigen, bedeutete einen erheblichen Arbeitsaufwand. Erst seit dem Erlaß des neuen Pressegesetzes von 1990 ist diese Verpflichtung aufgehoben worden.[25] Viele Kritiker rezensierten außer literarischen Manuskripten auch Theaterstücke oder Filmdrehbücher, bevor diese zur Realisierung freigegeben wurden.

Die internen Rezensionen stellten eine nichtöffentliche Form der Vorzensur dar, die als verlags- bzw. redaktionsinterne Gutachten gerade in umstrittenen Fällen für die Entscheidungsfindung über eine Publikation eine wichtige Rolle spielten. Ein Beispiel hierfür ist das Schicksal des Films „Die Kommissarin" von Aleksandr Askol'dov, der schon Ende der sechziger Jahre gedreht wurde, aber erst 1989 zum ersten Mal im Westen gezeigt werden durfte.[26] Um diese Zeit wurden auch die näheren Umstände seiner Entstehung und des jahrelangen Verbots öffentlich bekannt.[27] Das Drehbuch wurde 1967 der Redaktion von „Znamja" zur Begutachtung vorgelegt und sofort als brisant eingestuft. Zur Kommission der Gutachter gehörte damals auch der Literaturkritiker Andrej Turkov. Obwohl Turkov die historische Wahrhaftigkeit der inkriminierten Filmszenen nicht in Frage stellte, plädierte er für ein Verbot des Films, weil die Szenen unerwünschte Assoziationen wecken könnten, und das Publikum anregten, Parallelen zur politischen Gegenwart zu ziehen.[28]

---

[24] SHNEIDMAN: Soviet Literature in the 80ies, S. 21.

[25] Im Impressum vieler Zeitschriften stand schon seit Ende der achtziger Jahre der Hinweis „Redakcija ne recenziruet rukopisi, a tol'ko soobščaet o svoem rešenii." („Die Redaktion rezensiert keine Manuskripte, sondern teilt nur ihre Entscheidung mit").

[26] Der Film stellte das Problem des Bürgerkriegs auf ungewohnte Weise dar, indem er zwei Themen des offiziellen Mythos so miteinander verknüpfte, daß ein tragischer Konflikt entstand: das heroische Thema der „roten Kommissarin" und der Mythos von der sowjetischen Mutter. Die Geschichte des Films beruhte auf einer frühen Erzählung des Prosaautors Vasilij Grossman, der nach der Beschlagnahme seines Romans „Leben und Schicksal" („Žizn' i sud'ba") 1961 jedoch in Ungnade gefallen und verfemt war.

[27] E. STIŠOVA: Strasti po kommissaru, in: ISKUSSTVO KINO (1989) 1; engl. in: WIDE ANGLE 12 (1990) 4, S. 61-74.

[28] „Ich kann mir durchaus vorstellen, daß es historisch ist, daß es so war. Doch das Schlimmste daran ist, daß es eine Kettenreaktion der Assoziation über die Quellen einiger Erscheinungen im Leben der sowjetischen Gesellschaft wachruft ... Ich habe einfach Angst vor einer solchen Wendung der Ereignisse in dieser Szene." So A. TURKOV in seiner internen Rezension zum Film von 1967, zit. nach STIŠOVA: Strasti po kommissaru. Diesen Hinweis verdanke ich Frau Justina Born.

Der Kritiker war also unmittelbar an dem Verbot des Films beteiligt, noch bevor dieser der Zensurbehörde zur Begutachtung vorgelegt wurde.

Interne Rezensionen besaßen jedoch nicht zwangsläufig eine repressive Funktion. Von manchen Schriftstellern wurden sie auch gerade wegen ihres nichtöffentlichen Charakters als offenes Fachgespräch mit dem Autor und als nützliche Form der Beratung geschätzt. Ein Beispiel für eine jahrelange enge Kommunikation zwischen Kritiker und Schriftsteller hinter den Kulissen der Öffentlichkeit ist die Beziehung zwischen Viktor Astaf'ev und Aleksandr Makarov (1912-1968), der den Dorfschriftsteller Anfang der sechziger Jahre „entdeckte". Makarov begegnete dem zwölf Jahre jüngeren aus Sibirien zur Weiterbildung angereisten Astaf'ev 1961 am Moskauer Literaturinstitut zunächst als Lehrer. Zwischen ihnen entwickelte sich über persönliche Gespräche, Briefe, vor allem aber durch etliche interne und publizierte Rezensionen eine Freundschaft, die von gegenseitiger Anregung getragen wurde. Den Einfluß dieses Kritikers auf seine Arbeit schätzte Astaf'ev als so erheblich ein, daß er der Geschichte ihrer Beziehung 1988 eine dokumentarische Erzählung mit dem Titel „Zrjačij posoch" („Der sehende Stab") widmete.[29] 78 von insgesamt mehr als 500 internen Rezensionen Makarovs erschienen 1974 postum in Buchform.[30] Im Vorwort zu dem Band betont N. Makarova die hohe professionelle Bedeutung dieses Genres:

> Die Spezifik des Genres der internen Rezension besteht darin, daß diese Rezensionen nicht nur Gespräche über Vorzüge und Mängel eines Werkes sind, sondern auch offene Gedanken des Rezensenten über das Leben enthalten, über die allgemeinen Umstände und darüber, wie seiner Meinung nach die Logik der Ereignisse, der Charakter eines Romans sich entwickeln sollten, und schließlich darüber, welchen Platz das Werk im literarischen Prozeß einnehmen sollte.[31]

In den Jahren der Perestrojka wurden verschiedene interne Rezensionen bekannter Schriftsteller, z.B. von Tvardovskij, veröffentlicht, die diese Funktion bestätigten.[32] Kritiker waren häufig nicht nur als *Redakteure*, sondern auch als *Herausgeber* tätig. Sie schrieben sowohl Artikel und Rezensionen als auch *Vorworte* und schufen damit die maßgeblichen Kommentare zu den jeweils herausgegebenen Autoren. Die sowjetische Geschichte der Vorworte, besonders solcher zu Ausgaben umstrittener

---

[29] ASTAF'EV: A. Makarov. Zrjačij posoch.
[30] A. N. MAKAROV: Kritik i pisatel', M 1974.
[31] N. MAKAROVA: Ebd., S. 8.
[32] So z.B. von A. TVARDOVSKIJ, in: Vl (1994) 2, S. 368-374; (1994) 3, S. 366-374.

Autoren wäre eine eigenständige Untersuchung wert, sowohl in texteditorischer als auch in literaturhistorischer Hinsicht. Es gab Vorworte, in denen sich der Kritiker vom Autor des Buches distanzierte. Gerade bei offiziell mißliebigen oder nur geduldeten Autoren dienten sie häufig dazu, einen Autor in die „richtige" ideologische Perspektive zu setzen und waren zugleich Teil der Durchsetzungsstrategie für diesen Autor. Beispiele dafür bietet die Editionsgeschichte der Serie „Biblioteka poėta".[33] Das Vorwort zur ersten sowjetischen Kafka-Ausgabe (1964), geschrieben vom damaligen Direktor des Instituts für Weltliteratur, dem Germanisten Boris Sučkov, etwa stellt eine seltsame Mischung aus einer qualifizierten Einführung in Kafkas Werk und einer ideologischen Distanzierung, eine Mischung aus Faszination und Ablehnung dar und versammelte im Grunde mehr Argumente gegen das Werk Kafkas, als daß es die Lektüre seiner Werke empfahl.[34] Der langjährig erkämpften Ausgabe von Marina Cvetaeva (1965) wurde ein Vorwort des damaligen Chefherausgebers der Serie, Vladimir Orlov, vorangestellt, das eine ideologische Distanzierung von der Dichterin enthielt. Die Einführung in dem Gedichtband von Osip Mandel'štam (1973) hatte zunächst die in Fachkreisen hochangesehene Literaturwissenschaftlerin Lidija Ginzburg geschrieben, sie wurde dann aber doch durch ein Vorwort des offiziellen Kritikers und Funktionärs Aleksandr Dymšic ersetzt. Die erste Prosatextausgabe Mandel'štams kommentierte der Kritiker und Funktionär Michail Poljakov statt des ursprünglich vorgesehenen angesehenen Philologen aus der Tartuer Schule Aleksej Toddes. Ähnlich verhielt es sich mit den Werkausgaben von Achmatova, deren Buch nach internen Auseinandersetzungen von dem

---

[33] Eng verbunden mit der Geschichte der Ausgaben und ihrer Vorworte ist auch die Geschichte des Redaktionskollegiums der Serie „Biblioteka poėta" und seiner personellen Besetzung, bei der sich hochqualifizierte Fachwissenschaftler (B. Buchštab, V. Orlov) mit Parteifunktionären (F. Prijma, Ju. Andreev) abwechselten. Einige der hier genannten Beispiele stammen aus A. NEMZER: Nečto o „Vzgljade", in: DN (1988) 12, S. 244-253.

[34] F. KAFKA: Roman. Novelly, pritčy, M 1965. Näheres dazu E. CLOWES: Kafka and the Modernism-Realism Debate in Literary Criticism of the Thaw, in: The European Foundations of Russian Realism, N.Y. 1991, S. 295-321. Clowes stellt fest, daß Literaturkritiker und -wissenschaftler, die sich mit Kafka beschäftigten und in den sechziger Jahren teilweise hohe Posten im Literaturbetrieb bekleideten, auffallend oft selbst direkt oder indirekt zu Opfern des Stalinschen Terrors geworden waren. Die ambivalente Haltung zum sozialen Wandel und zum Problem der Entfremdung, die die Forscher Kafka unterstellten, habe, so Clowes, nicht selten einen autobiographischen Hintergrund.

Dichter Aleksej Surkov eingeführt wurde, und von Bulgakov, den Konstantin Simonov aus kritischer Distanz kommentierte.

Es gibt aber auch Beispiele für ausführliche und informative Vorworte zu den Ausgaben sogenannter „schwieriger" Autoren.[35] Ein Beispiel hierfür ist die ausführliche Einleitung von Andrej Sinjavskij zur Ausgabe von Pasternak (1963).[36] Auch dieser Band war nach der Kampagne gegen den Dichter im Zusammenhang mit der Nobelpreisverleihung und nach dem Tod Pasternaks für die literarische Öffentlichkeit ein lange erwartetes Ereignis von hohem Rang. Das Vorwort von einem jungen Literaturwissenschaftler aus dem Institut für Weltliteratur, der sich schon durch verschiedene Artikel in der Zeitschrift „Novyj mir" einen Namen gemacht hatte, erregte besonderes Aufsehen dadurch, daß das Buch im selben Monat erschien, als Andrej Sinjavskij und Julij Daniel' verhaftet wurden.

Bemerkenswert ist in diesem Zusammenhang auch die Geschichte von Efim Ėtkinds Einführung zu dem zweibändigen Werk „Mastera russkogo stichotvornogo perevoda", einer in Leningrad erschienenen Reihe mit russischen Übersetzungen ausländischer Lyrik. Der Literaturwissenschaftler Ėtkind hatte dort geschrieben, daß die Kunst der Übersetzung besonders in den Jahren des „Personenkults" zu großer Blüte gelangt sei, da einige große Dichter ihre eigenen Werke nicht veröffentlichen konnten und daher auf literarische Übersetzungen angewiesen waren. Dieser Satz passierte überraschenderweise alle Zensurinstanzen, so daß das Buch ungehindert in den Andruck ging. Als die ersten hundert Exemplare herauskamen, wurde der Satz dann doch „entdeckt" und für nicht publizierbar befunden. Auf höchste Anordnung wurden daraufhin die ersten Bücher wieder eingezogen, und die Mitarbeiter des Verlags mußten die betreffende Seite eigenhändig aus den noch unverkauften Exemplaren entfernen. Der Rest der Auflage wurde dann in „bereinigter" Fassung gedruckt.[37] Weit häufiger als solche kritischen waren allerdings die konformen, ideologisch distanzierenden Vorworte. Kritiker und Redakteure kannten ihre ungeschriebenen Grenzen genau, und ihre Risiko-

---

[35] Das Attribut „trudnyj" kann sich sowohl auf den anspruchsvollen Inhalt des literarischen Werkes beziehen, als auch auf das „schwierige" Schicksal eines Autors oder eines Buches anspielen.

[36] A. SINJAVSKIJ: Poėzija Pasternaka, in: B. L. PASTERNAK: Stichotvorenija i poėmy (Biblioteka poėta. Bol'šaja serija), M-L 1965, S. 5-62.

[37] Mastera russkogo stichotvornogo perevoda, Bd. 1. Vstupitel'naja stat'ja, podgotovka teksta i primečanija E. G. Ėtkinda, L 1968. Vgl. E. ĖTKIND Unblutige Hinrichtung, München 1981, S. 146-154.

bereitschaft, Grenzen zu überschreiten, war in den siebziger und achtziger Jahren begrenzt.

Als nach 1986 die Publikation früher verbotener oder unerwünschter Autoren begann, wich auch der kritisch-distanzierte oder sorgfältig ideologisch abgesicherte Ton der Vorworte. Zahlreiche Texte von russischen und westlichen Autoren der Moderne wurden von angesehenen Literaturwissenschaftlern eingeführt, so J. Joyces Roman „Ulysses" von Lichačev, Kafkas „Schloß" von dem Germanisten Vladimir Admoni und Texte Vjačeslav Ivanovs von Sergej Averincev.[38] Vorworte von Kritikern, die in literarische Eigenarten und Qualitäten des Autors einführten oder sich um die Erhellung konkreter literaturhistorischer Zusammenhänge bemühten, waren vor wie nach der Perestrojka selten.[39]

4.2.3 Berufliche Profile und Karrieremuster

Zu den Eigenarten des sowjetischen Literaturbetriebs gehörte die enge personelle und institutionelle Verflechtung zwischen Literaturkritik, Literaturwissenschaft und Literatur. Sie wurde schon am zuvor genannten breiten Spektrum der Ausbildungsmöglichkeiten deutlich. Literaturwissenschaftliche Monographien von Kritikern waren keine Seltenheit·und sind, wenn sie auch in weit geringerer Anzahl erscheinen, bis heute üblich.

Im Vergleich zu westlichen Ländern traten russische Kritiker und Literaturwissenschaftler wesentlich häufiger selbst als literarische Autoren an die Öffentlichkeit. Zu ihnen gehörten zum Beispiel Stanislav Kunjaev, Leonard Lavlinskij, Vladimir Gusev, Vladimir Bondarenko und Vladimir Piskunov.[40] Seit dem Zensurabbau traten weitere – wie Michail Berg, Viktor Erofeev und Andrej Sinjavskij – hinzu. Auch unter den jün-

---

38 D. LICHAČEV: Predislovie. J. Joyce[Ž. Žojs]: Ulysses [Uliss], in: IL (1989) 1, S. 1-12; V. ADMONI: Predislovie. F. Kafka: Zamok, in: NEVA (1988) 1, S. 101-102; S. AVERINCEV: Predislovie. V. Ivanov: Kraj iskonnyj moj i krovnyj, in: DN (1987) 7, S. 161; A. GULYGA: Predislovie, in: F. KAFKA: Izbrannye proizvedenija, M 1988.

39 V. NOVIKOV: A. Terc/A. Sinjavskij. Sobranie sočinenij v dvuch tomach, Bd. 1, M 1992.

40 Vgl. L. LAVLINSKIJ: Ključ. Stichotvorenija, M 1979; DERS.: Poėma-chronika, in: LO (1992) 10, S. 33-36. Lavlinskij, der Chefredakteur der Zeitschrift „Literaturnoe obozrenie", bezeichnet sich selbst in erster Linie als Lyriker. S. KUNJAEV: Izbrannye stichi, M 1979, V. PISKUNOV: Čislo zverja, in: ZN (1990) 8, S. 79-89.

geren Kritikern publizierten einige selbst literarische Texte, so Oleg
Dark, Igor' Jarkevič, Vjačeslav Kuricyn und Evgenij Šklovskij.[41]

Für das Selbstverständnis vieler Kritiker ist es von großer Bedeutung,
gleichzeitig auch Literat zu sein. Literarische Tätigkeit gilt als prestige-
trächtiger und „adelt" so ihr literaturkritisches Schaffen. Im sowjetischen
Literaturbetrieb konnte die eigene literarische Arbeit einen Kritiker mitunter auch von seinen Rollenkonflikten als staatstragendem Literaturbe-
diensteten entlasten.

Die berufliche Entwicklung von Kritikern und Wissenschaftlern war
von der jeweiligen kulturellen Sphäre geprägt, in der sie sich bewegten.
Die wissenschaftlichen Kreise der *offiziellen* und der *inoffiziellen Kultur*
waren in der Wahl und im Ansehen der jeweiligen Forschungsgegenstände auf gegenseitige Abgrenzung bedacht. Für Literaturwissenschaftler der Tartuer Schule zum Beispiel war die Beschäftigung mit bestimmten kanonisierten Autoren nicht opportun. Ihre Aufmerksamkeit richtete
sich auf literarische und kulturelle Gegenstände, die möglichst weit von
der offiziellen Kultur entfernt waren. Wenn sich Philologen um die Erforschung bestimmter verdrängter Autoren wie Bulgakov, Pasternak oder
Mandel'štam bemühten, so begegneten sie immer wieder Schwierigkei-
ten. Außerhalb des Apparats wurden sie jedoch allein schon durch ihren
Gegenstand geachtet, dessen Behandlung Zivilcourage erforderte, woraus
sie einen Teil ihrer Identität bezogen.

Der 1986 einsetzende Zensurabbau hob die enge Verflechtung der
drei Bereiche des literarischen Lebens nicht auf. Zwar schwand die
ideologische Begründung für ihre Nähe, aber die Konfrontation mit der
unterdrückten Literatur der Vergangenheit wie auch der neuen Literatur
aus dem In- und Ausland stellte Kritiker und Wissenschaftler gleichzeitig
vor die Herausforderung, neue Bewertungsmaßstäbe zu finden und auf
aktuelle Entwicklungen zu reagieren. Die mit der Kommerzialisierung
verbundene Konkurrenz innerhalb des eigenen Standes zwang schließlich
die meisten dazu, anders zu arbeiten als bisher. Das personelle Spektrum
der professionellen Literaturkritik wurde seit 1986 immer heterogener.
Seitdem Kritiker aus anderen kulturellen Milieus, aus jüngeren Genera-

---

[41] M. BERG: Tri romana. Sbornik, L 1991; V. KURICYN: Cholodnoe leto 89-go, in:
DERS. (Hg.): Nechorošaja kvartira. Opyt literaturnogo sožitel'stva, o.O. 1992, S. 34-
43; DERS.: Suchie grozy mercanija, in: ZN (1993) 9, S. 90-115; E. ŠKLOVSKIJ: Ispytanija. Rasskazy, M 1990. I. JARKEVIČ [JARKEWITSCH]: Solschenizyn oder die Stimme
aus dem Untergrund, in: V. Erofeev: Tigerliebe, S. 385-390; DERS.: Das Bild, das du
dir machst, in: Kopfbahnhof 2. Sowjetische Kultur im Umbruch, Leipzig 1990, S.
199-210 (zuerst in: CINE-FANTOM (1988) 9).

tionen oder aus der Emigration auftraten, brach die soziokulturelle Einheit im etablierten Literaturbetrieb auf. Vier Karrieremuster trafen in der Perestrojka aufeinander:

1.) Kritiker mit *Funktionärs- bzw. Parteikarrieren*, die vor allem durch ihre politisch-ideologische und nicht in erster Linie durch ihre fachliche Qualifikation in führende Positionen gerückt waren. Zu dieser Gruppe zählten alle Kritiker, die vor 1986 leitende Funktionäre im Schriftstellerverband, Chefredakteure von Verlagen und Redaktionen oder Direktoren von Ausbildungsinstituten waren, und viele, die in den besonders parteiloyalen Zeitschriften, wie „Znamja", „Oktjabr'" und „Molodaja gvardija" und in der zentralen Parteipresse publizierten. Dazu gehörten u.a. Jurij A. Andreev, Jurij Barabaš, Jurij Idaškin, Leonard Lavlinskij, Sergej Lominadze, Vasilij Novikov, Michail Sinel'nikov. Die meisten von ihnen wurden nach 1987 aus ihren Positionen verdrängt und zogen sich Anfang der neunziger Jahre mehr und mehr aus der Öffentlichkeit zurück.

Ein Beispiel für diesen Karrieretypus ist Feliks Kuznecov (*1931). Am Ausgangspunkt seiner Karriere stand die rigorose Abrechung mit der stalinistischen Vergangenheit, solange sie mit der Parteilinie im Einklang geschah. Als liberaler Antistalinist begann er seine Laufbahn in Tvardovskijs „Novyj mir" und machte sich nach dem Studium an der journalistischen Fakultät der MGU in den fünfziger und frühen sechziger als Literaturkritiker einen Namen, indem er die damals noch neuen Autoren der Dorfprosa Vasilij Belov und Fedor Abramov entdeckte und förderte. Gleichzeitig verteidigte er die damals angegriffene urbanistische Prosa Jurij Trifonovs. Seinen ersten Artikel schrieb er über Pisarev, den er nach eigener Aussage bis heute für die höchste Autorität in der Literaturkritik hält. Als Parteimitglied seit 1956 arbeitete er zunächst bei einer Nachrichtenagentur. Als die offizielle Entstalinisierung eingestellt wurde, sicherte sich Kuznecov dank seiner Loyalität seine Stellung im literaturpolitischen Establishment. Zunächst war er Programmdirektor bei Radio und Fernsehen, dann leitender Redakteur der „Literaturnaja gazeta", von „Znamja" und anderen Zeitschriften, später Vorsitzender der Sektion Literaturkritik und später Sekretär des Moskauer Schriftstellerverbands (1977-87), wo er sich der Aufnahme etlicher neuer Mitglieder erfolgreich widersetzte. Schließlich wurde er 1987 zum Direktor des IMLI ernannt. In dieser Funktion hatte er nicht nur erheblichen Einfluß auf die Schwerpunktsetzung von Publikationen und die Herausgabe aufwendiger Werkausgaben, sondern vor allem auch auf die Umschreibung der Literatur-

geschichte, denn vom IMLI werden landesweit maßgebliche neue Lehr-
bücher für den Schul- und Hochschulbereich hergestellt.[42] Nach der
Auflösung des sowjetischen und der Spaltung des russischen Schriftstellerverbandes wurde Kuznecov 1991 wiederum zum Vorsitzenden des
neuen Moskauer Schriftstellerverbandes („Nezavisimaja Moskovskaja
pisatel'skaja organizacija") gewählt. Seine Sympathien mit der patriotischen Dorfliteratur sorgten immer wieder für Kontroversen mit anderen
parteiloyalen Kritikern, so daß er sich, zumindest aus der Rückschau von
1993, als einen immer schon regimekritischen Oppositionellen darstellte.
Kuznecovs Laufbahn zeigt, daß es selbst in der Metropole und nicht nur
in der Provinz literaturpolitische Funktionäre unter den Kritikern gab, die
ihre Positionen während und nach der Perestrojka erhalten oder gar aus-
bauen konnten. In den späten achtziger Jahren verband Kuznecov seine
marxistisch-leninistische Grundeinstellung mit einem russophilen Nationalismus. Seit den neunziger Jahren bekennt er sich offen zur orthodoxen
Religion. Auf die Frage, ob darin nicht gewisse Widersprüche lägen,
antwortete er:

> Für mich gibt es keinen Widerspruch zwischen Kommunismus und Orthodo-
> xie. Sehen Sie, beide sind im Grunde nur verschiedene Aspekte einer Welt-
> anschauung. Der Kommunismus konzentriert sich darauf, die Menschen auf
> dieser Welt glücklich zu machen, während die orthodoxe Rechtgläubigkeit
> sich ihrer auf das jenseitige Leben gerichteten geistlichen Bedürfnisse an-
> nimmt.[43]

Ein weiteres Beispiel für diesen Karrieretypus ist Michail Lobanov
(*1925), der – Parteimitglied seit 1953 – erst als Journalist bei Zeitungen
wie „Slavjane" und „Pionerskaja Pravda" arbeitete, dann 30 Jahre lang
führendes Redaktionsmitglied der Zeitschrift „Molodaja gvardija" war
und daneben seit 1963 als Dozent, seit 1991 als Professor für Publizistik
im Gor'kij-Institut für Literatur arbeitete. Lobanov hatte schon in den
siebziger Jahren, mit Berufung auf Dostoevskij und Leonid Leonov, als
seine größten Vorbilder, vom Standpunkt eines großrussischen Nationalismus aus sowohl gegen die offiziellen Dogmen des sozialistischen Realismus als auch gegen die westliche moderne Literatur angeschrieben.
Als Literaturkritiker und Funktionär tat er dies zum Beispiel, indem er

---

[42] Vgl. hierzu seine Erläuterungen zu dem Projekt einer neuen Literaturgeschichte F.
      KUZNECOV: Istorija sovetskoj literatury. Novyj vzgljad, in: LG 16.8.1989.
[43] Interview mit KUZNECOV im September 1995.

neoslavophile Ideologie an Autoren der „Sekretärsliteratur" herausarbeitete und sie so zu oppositionellen Opfern des Systems stilisierte.[44]

Aber nicht nur ältere, sondern auch auch zahlreiche Kritiker der mittleren und jüngeren Generation waren durch politisch-administratives Wohlverhalten oder durch die Protektion von Parteifunktionären in ihrer Laufbahn vorangekommen. Die meisten von ihnen gehören zum patriotischen Milieu,[45] etwa Aleksandr Fomenko, Larisa Baranova-Gončenko, Tat'jana Gluškova und Aleksandr Kazincev. Ausnahmen sind etwa Andrej Mal'gin und Evgenij Sidorov. Der junge Kritiker Mal'gin gehörte zu den Gründern der reformorientierten Zeitung „Nezavisimaja gazeta" und wurde zugleich von bestimmten Kreisen der Partei protegiert. Auch Sidorov (*1938) kam über die administrativ-akademische Laufbahn zur Literaturkritik. Er absolvierte die Parteihochschule für Gesellschaftswissenschaften und war dann Rektor des Gercen-Instituts für Literatur. In den Jahren der Perestrojka kehrte er in die Politik zurück und wurde zum Kulturminister der russischen Föderation ernannt.

2.) Zu einem zweiten Karrieretypus gehörten die Kritiker der *integrierten legalen Opposition*,[46] die regelmäßig publizierten, also zum offiziellen Literaturbetrieb gehörten, ohne jedoch der Partei anzugehören oder dieser ihre Karriere zu verdanken. Zu diesem Typus gehörte die Mehrzahl der tatsächlich gelesenen Kritiker verschiedener Lager. Einige von ihnen waren schon seit den siebziger Jahren bekannt und wurden in der Perestrojka besonders populär. Dazu gehörten Lev Anninskij, Leonid Batkin, Sergej Čuprinin, Igor' Dedkov, Natal'ja Ivanova, Alla Latynina, Vladimir Novikov, Stanislav Rassadin, Irina Rodnjanskaja, Ljudmila Saraskina, Benedikt Sarnov und Igor' Zolotusskij.[47]

Einer der bekanntesten Kritiker ist Lev Anninskij (*1933). Auch seine öffentliche Laufbahn begann nach 1956 im Einflußbereich der Zeitschrift „Novyj mir", wo er als Parteiloser zu publizieren begann. Seit Mitte der

---

[44] Vgl. hierzu KRETZSCHMAR: Die sowjetische Kulturpolitik, u.a. S. 161.

[45] Zum Karrieretypus junger Kritiker durch parteipolitische Protektion vgl. N. IL'INA: Zdravstvuj, plemja mladoe, neznakomoe, in: OG (1988) 2, S. 23-26.

[46] Šlapentoch unterscheidet vier Ebenen der politischen Opposition: 1. gemäßigte legale Kritik, 2. halblegale Aktivität, z.B. in inoffiziellen, geduldeten Zirkeln, 3. gemäßigt illegale Aktivitäten und 4. radikale illegale Aktivitäten, wie kollektive Westkontakte etc. Demnach gehören die hier genannten Kritiker zum ersten oder zweiten Typus. SHLAPENTOKH: Soviet Intellectuals, S. 79ff.

[47] Über die Popularität einzelner Kritiker bei der Leserschaft geben Auskunft: A. TURKOV: Čitatel' pišet. Strichi k portretu, in: ZN (1988) 12, S. 210; I. DEVJATKO/S. ŠVEDOV: Žurnal i ego čitateli, in: VL (1990) 1, S. 3-22.

sechziger Jahre schrieb Anninskij für verschiedene dicke Zeitschriften
und Zeitungen, veröffentlichte mehr als zehn Bücher zu Themen der Literatur und weitere zwölf zu Film und Theater. Anninskij arbeitete auch
als Theater- und Filmkritiker; in den Jahren 1988-1990 war er wie viele
andere überwiegend Publizist. Anninskij war nebenbei auch Redakteur
verschiedener Zeitschriften, darunter „Družba narodov" und „Literaturnoe obozrenie". In den siebziger und achtziger Jahren gehörte er zur
Minderheit derjenigen Kritiker, die aufgrund ihrer vielfältigen Einkünfte
auch eine materiell privilegierte Existenz führen und damit eine gewisse
Unabhängigkeit erreichen konnten. Auch zu Beginn der neunziger Jahre
war Anninskij einer der aktivsten Kritikern, trat regelmäßig im Fernsehen
auf und publizierte in zahlreichen Zeitungen und Zeitschriften.

Vladimir Novikov (*1948) studierte und promovierte an der philologischen Fakultät der MGU, war dann zunächst Lehrer an einer Mittel-
schule, 1981-1989 Dozent an der journalistischen Fakultät der MGU und
arbeitete 1978-1983 als Redakteur bei der Zeitschrift „Literaturnoe
obozrenie". Novikov begann in den frühen achtziger Jahren regelmäßig
überwiegend in literaturwissenschaftlichen Zeitschriften zu publizieren.
Er war nie Parteimitglied und wurde erst 1988 gegen den Willen einiger
Funktionäre, darunter auch Kuznecov, in den Schriftstellerverband aufgenommen. Während der Perestrojka wurde er Dozent, später stellvertretender Direktor am Moskauer Literaturinstitut, nach 1992 arbeitete er
als freier Kritiker zunehmend für Zeitungen, in denen er auch regelmäßig
für Feuilleton-Rubriken schrieb.

Die Gruppe dieser Kritiker beschränkt sich nicht nur auf die beiden
Metropolen Moskau und Leningrad/St. Petersburg. So arbeitete Sergej
Borovikov (*1946) in seine Geburtsstadt Saratov, an deren Universität er
russische Philologie studierte, publizierte seit Anfang der siebziger Jahre
in zentralen wie auch lokalen Zeitschriften und Zeitungen, trat in Rundfunk und Fernsehen auf, publizierte fünf Bücher und wurde nach mehr-
jähriger Arbeit als Redakteur und Korrektor 1984 Chefredakteur der
Zeitschrift „Volga". Diese Zeitschrift war in den siebziger Jahren durch
eine nationalistische Linie aufgefallen, vollzog aber während der Perestrojka einen Kurswechsel zu einem liberalen Profil und publizierte inzwischen vor allem neue, „andere" Literatur.[48] Borovikov war von 1976
bis 1990 Parteimitglied. Auch er verlegte sich zwischen 1986 und 1989
hauptsächlich auf publizistische Tätigkeit.

---

[48] Vgl. zu „Volga" KRETZSCHMAR: Die sowjetische Kulturpolitik, S. 161 u. 173.

3.) Den dritten Karrieretypus kann man als *Umweg- bzw. Ausweich-karrieren* bezeichnen. Dazu gehörten Literaturkritiker, die lange Jahre gar nicht oder nur selten veröffentlichen konnten und auf andere Tätigkeiten verwiesen waren. Einige von ihnen waren früher schon einmal als Kritiker tätig gewesen, andere wollten als solche arbeiten, hatten aber aufgrund ihrer politischen Einstellung keine Chance zu publizieren. Der Leningrader Viktor Toporov hatte jahrelang deutsche Literatur übersetzt und sich auf diesem Gebiet einen Namen gemacht. Erst in der Perestrojka durfte er sich seinen eigentlichen Berufswunsch erfüllen und als Literaturkritiker arbeiten. Michail Zolotonosov, ebenfalls aus Leningrad, arbeitete in den siebziger und achtziger Jahren als Lehrer und Ingenieur. Weitgehend zum Schweigen verurteilt waren Viktor Erofeev, der Mitherausgeber des unabhängigen Almanachs „Metropol'", und Boris Kuz'minskij. Umwegkarrieren machten auch Kritiker der älteren Generation, die in den fünfziger Jahren zu publizieren begonnen hatten, sich nach dem Ende des Tauwetters aber weitgehend aus der Öffentlichkeit zurückzogen. Jurij Burtin, Irina Rodnjanskaja, Vladimir Turbin und Vladimir Lakšin veröffentlichten in den siebziger und achtziger Jahren nur sehr wenig. Sie arbeiteten entweder an enzyklopädischen und bibliographischen Nachschlagewerken, beteiligten sich an anderen literaturhistorischen Verlagsprojekten oder waren als Hochschuldozenten tätig.[49] Schließlich gehörten auch jene Kritiker zu dieser Gruppe, die sich zur Emigration entschlossen hatten oder dazu gezwungen worden waren. Einige von ihnen, wie Aleksandr Glezer, Petr Vajl' und Aleksandr Genis, fanden im Ausland Möglichkeiten, in Periodika der Emigration zu veröffentlichen und als Literaturwissenschaftler zu arbeiten.

Für die Kritiker, die in den siebziger Jahren vom offiziellen Betrieb ausgegrenzt waren und erst seit der Perestrojka als Kritiker öffentlich in Erscheinung traten, war eine scharfe, bissige Polemik gegenüber korrupten und autoritären Erscheinungen des literarischen Betriebs typisch, ihre publizistischen Beiträge waren mitunter geprägt von einem zynischen Ton und von persönlichen Anklagen. Sie übernahmen in ihrem Stil und

---

[49] Gerade in den siebziger Jahren entstanden große enzyklopädische Nachschlagewerke, an denen eine große Anzahl Philologen beteiligt war. Die wichtigsten davon waren: LERMONTOVSKAJA ÈNCIKLOPEDIJA, pod. red. V. A. Manujlova u.a., M 1981. MIFY NARODOV MIRA, pod red. S. A. Tokareva, 2 Bde, M 1987-1988; RUSSKIE PISATELI 1800-1917. BIOGRAFIČESKIJ SLOVAR', M 1989-1999ff. (bisher 4 Bde.)

in ihren Argumenten die Rolle von Außenseitern.[50] Zolotonosovs Artikel
stellten teilweise hohe Anforderungen an die Belesenheit und Geduld der
Leser. 1990 versammelte der Kritiker in einem Artikel über die Situation
der Literatur auf acht Seiten nicht weniger als einhundertachtzehn Namen
von Schriftstellern und anderen Persönlichkeiten aus dem russischen
Untergrund wie auch Autoren der Weltliteratur aus verschiedensten Epochen. Er führte insgesamt einundvierzig Zitate an, deren Autoren – die
meisten davon zeitgenössische westeuropäische Philosophen und Schriftsteller – der Öffentlichkeit zuvor kaum bekannt waren.[51]

Auch unter den nicht emigrierten Literaturwissenschaftlern gab es einige, die teilweise jahrzehntelang in ihrer Arbeit behindert worden waren. Die Öffnung nach dem Zensurabbau brachte ihnen späte Anerkennung und berufliche Entfaltung, regte sie auch zu publizistischer, literaturkritischer oder politischer Tätigkeit an. Marietta Čudakova z. B. war
zwar seit Jahrzehnten als Spezialistin der Bulgakov-Forschung anerkannt, konnte aber erst seit 1987 frei arbeiten und ins westliche Ausland
reisen. Ihre Veröffentlichungen fanden 1987/88 in der russischen Öffentlichkeit große Resonanz, etwa ihre Biographie Bulgakovs, die trotz ihres
großen Umfangs von der Zeitschrift „Moskva" veröffentlicht wurde. Čudakova gehörte Anfang der neunziger Jahre auch eine zeitlang zum Be-
raterstab von Präsident Jelzin.[52]

Aber mit der Aufhebung der Forschungsunfreiheit zeigte sich auch,
wie sehr diese Umstände sich auf die Psychologie der Betroffenen und,
was vielleicht noch bitterer einzugestehen war, auf ihre Arbeit selbst ausgewirkt hatten. In einer kritisch-würdigenden Rezension auf Čudakovas
Bulgakov-Biographie vom Juli 1989 in „Znamja" machte Boris Sokolov
einige Einwände geltend, die sich auch auf andere, noch unter den Bedingungen der Zensur entstandene Forschungsarbeiten übertragen lassen.
So bezeichne Čudakova ihr Buch zu Unrecht als „erste wissenschaftlich-
liche Biographie Bulgakovs". Eine solche Behauptung ignoriere erstens
bereits vorhandene westliche Arbeiten, zweitens sei an vielen Stellen die
wissenschaftliche Genauigkeit durch eine allzu distanzlos-verklärende

---

[50] V. TOPOROV: S kem vy, mastera chaltury? in: NG 30.4.1993. DERS.: Kritičeskij knut i
       pisatel'skij prjanik, in: POSTSKRIPTUM (1995) 1, S. 270-281. DERS.: I vremena i nravy.
       Zarubežnaja proza – 90, in: LO(1991) 2, S. 37-45.
[51] M. ZOLOTONOSOV: Jajcatuper, in: ZV (1990) 5, S. 162-170; In „Marketokratija" po-
       lemisierte Zolotonosov gegen die neue amerikanisierte Massenkultur, in: VL (1991)
       1, S. 141-145; DERS.: Kakotopija, in: OK (1992) 7, S. 128-137.
[52] M. ČUDAKOVA: Žizneopisanie Michaila Bulgakova, in: MO (1987) 6, 7, 8, (1988) 11,
       12. Die Biographie erschien 1988 in Moskau auch in Buchform.

Analyse des Materials beeinträchtigt. Die Verfasserin bezeuge ihren Respekt vor dem Autor in einer Art Dokumentiereifer mit überlangen Zitaten. Bestimmte Aspekte von Bulgakovs Leben, die sie mit bisher unbekannten Dokumenten belegen könne, beschreibe sie sehr ausführlich, während sie über andere Aspekte, die westliche Forscher längst bearbeitet hätten, gar nicht schreibe. Obwohl ihr diese Forschungen bekannt seien, blieben sie unerwähnt. Widersprüchliche Seiten an Bulgakovs Person oder Werk würden von ihr geglättet oder verschwiegen. Die „Lebensbeschreibung" Bulgakovs, so schrieb der Rezensent, sei „in vielem musterhaft für die Werke jener 'vorkritischen' Periode unserer Literaturwissenschaft".[53]

Manche vor allem ältere Philologen und Kritiker erlebten die neue, ungewohnte Freiheit als ein psychologisches Problem. Ihre ehemals exklusiven Forschungsobjekte standen jetzt jedem Zugriff offen, die Beschäftigung mit ihnen mußte nicht mehr erkämpft oder erlitten werden. Ihre Arbeit erforderte nicht mehr persönliche Zivilcourage, bedeutete nicht mehr einen Akt des Widerstands. Damit aber verloren diese Objekte ihre Aura, die auch immer auf die Forschenden übergegangen war. Einige gestanden sich ein, daß dies für sie einer Entweihung gleichkam.[54] So zog der angesehene Moskauer Mandel'štam-Forscher Jurij Levin im Juli 1991 auf der ersten internationalen Mandel'štam-Konferenz seinen angekündigten Beitrag mit der Begründung zurück, die für ihn und seine Generation einmal lebenswichtige Aufgabe der Beschäftigung mit diesem Dichter habe jetzt ihren symbolischen Wert verloren und habe sich dadurch erübrigt. Er schrieb: „Mandel'štam war eine Art Symbol, ein Paradigma für die Existenz der freien Seele im totalitären Staat."[55]

4.) Zu einem vierten Typus gehörten Kritiker, die erst seit Mitte der achtziger Jahre regelmäßig zu publizieren begonnen hatten und somit *Erst-einsteiger* oder, wie sie sich auch selbst nannten, *Kinder der Perestrojka* waren. Da nach 1987 die ehemals verdrängten Kritiker den Literaturbetrieb dominierten, blieb manchen jungen Kritikern zunächst der Zugang zu den Publikationsmedien versperrt. Sie mußten sich sowohl gegen die Funktionäre aus dem Apparat als auch gegen die Šestidesjat-

---

[53] B. SOKOLOV: Michail Bulgakov. Žizneopisanie i sud'ba, in: ZN (1989) 7, S. 229-231, hier S. 231.

[54] NEMZER plädierte für eine kritische Revision der jüngsten Geschichte von Literaturwissenschaft und -kritik und ihrer engen Beziehung zueinander in: Nečto o „Vzgljade", S. 245ff.

[55] JU. LEVIN: Počemu ja ne budu delat' doklad o Mandel'štame, in: RUSSKAJA MYSL' 26.7.1991, S. 14.

niki als den Statthaltern der Perestrojka durchsetzen. Kaum einer von
diesen jungen Kritikern hatte noch etwas mit der Partei oder dem Schriftstellerverband zu tun. Einige arbeiteten hauptsächlich als Publizisten bei
Zeitungen, wie beispielsweise Pavel Basinskij, Vjačeslav Kuricyn und
Andrej Nemzer, andere wurden Redakteure einer Monatszeitschrift oder
waren als freie Mitarbeiter tätig, etwa Aleksandr Ageev, Aleksandr Archangel'skij, Petr Palamarčuk, Vladimir Potapov, Mark Lipoveckij und
Andrej Vasilevskij. Da kaum einer mit einer längerfristig gesicherten
Existenz rechnen konnte, waren die Kritiker dieser Gruppe in ihren Tätigkeiten sehr flexibel. Manche schrieben sowohl für große Zeitungen als
auch für neue alternative Literaturzeitschriften, die sich an eine beschränkte Öffentlichkeit wandten, und arbeiteten daneben als Dozenten,
wie Oleg Dark, Igor' Jarkevič, Vjačeslav Kulakov, Vadim Lineckij, Sergej Kostyrko und Andrej Zorin.

Die Öffnung zum Westen bot vielen von ihnen neue Möglichkeiten
wie etwa finanziell geförderte Aufenthalte oder Veröffentlichungen im
westlichen Ausland. Diese Entwicklung förderte einerseits Weltoffenheit
und den geistigen Austausch mit westlicher Kultur und Kunst. Andererseits taten sich dadurch im russischen Literaturbetrieb neue Gräben zwischen sozialen und intellektuellen Milieus auf. Sie entstanden durch die
Übernahme westlicher Bewertungsmuster von Literatur, die im Gegensatz zum russischen System der literarischen Reputation standen. Autoren und Literaturkritiker der postmodernen und avantgardistischen Richtung, die im Westen Aufmerksamkeit erregten, hatten in Rußland keine
Chance, bei einer größeren Leserschaft anerkannt zu werden. Manche
von ihnen übersiedelten ganz in den Westen, wie zum Beispiel Michail
Ėpštejn[56] Was im Ausland Erfolg und Prestige garantierte, stieß in der
russischen literarischen Öffentlichkeit weitgehend auf Ablehnung. Indem
diese Kritiker in dicken Zeitschriften und Zeitungen mit großer Auflage
über neue Literatur schrieben, gerieten sie zwangsläufig in Konflikt mit
dem Geschmack der breiten Leserschaft. Zugleich standen sie im Span-
nungsfeld des alten ideologischen Konflikts zwischen Westlern und Slavophilen. Die Soziologin Beljaeva-Konegen und der konzeptualistische

---

[56] Ėpštejn, der seit 1990 in Atlanta/Georgia als Universitätsdozent lebt und arbeitet, ist
in den USA inzwischen zu einem vielbeachteten Repräsentanten der „neuen" Literaturkritik geworden. Das belegt sowohl die hohe Anzahl seiner Publikationen als auch
eine ihm gewidmete Sondernummer der Zeitschrift „Slavic and East European Journal": M. Ėpštejn: Response „Post" and Beyond, in: SLAVIC AND EAST EUROPEAN
JOURNAL 39 (1995) 3.

Dichter Prigov bemerkten ironisch, daß die zunehmende Tendenz, „zu Gastspielen" in den Westen zu reisen, die „unproduktive Vorstellung" fördere – „daß nämlich ein Künstler sich nur dann realisieren und Ansehen gewinnen könne, wenn er vom Westen anerkannt wird."[57]

Für diese Gruppe von Kritikern ist insgesamt ein offeneres Verhältnis zu anderen Kunstbereichen typisch. Ähnlich wie viele Autoren des ehemaligen literarischen Untergrunds haben sie eine enge Verbindung zur bildenden Kunst, zum Theater und zur Musik. Schließlich fällt auf, daß ein deutlich größerer Anteil dieser Kritiker nicht aus den beiden Metropolen Moskau oder Leningrad/St.Petersburg, sondern aus anderen Städten kommt, etwa Aleksandr Ageev (Ivanovo), Vladimir Potapov, Roman Arbitman (beide aus Saratov), Mark Lipoveckij und Vjačeslav Kuricyn (beide aus Sverdlovsk/Ekaterinburg).

Als Beispiel für diesen vierten neuen Typus eines beruflichen Werdegangs sei Mark Lipoveckij (Pseud. für Lejderman *1964) genannt, der seine philologische Ausbildung in Sverdlovsk erhielt, nie Parteimitglied war, allerdings seit 1991 dem neuen russischen Schriftstellerverband beitrat. Schon vom Beginn seiner Ausbildung an spielte die westliche Literatur, Literaturtheorie und Philosophie für ihn eine große Rolle, und er beschäftigte sich mit allen zugänglichen Quellen zeitgenössischer moderner und postmoderner Literatur und Theoriebildung. Seit Mitte der achtziger Jahre publizierte Lipoveckij in den Zeitschriften „Ural" und „Literaturnoe obozrenie", gelegentlich in „Voprosy literatury", seit 1991 regelmäßig in „Znamja", „Novyj mir" und „Literaturnaja gazeta". Daneben lehrte er an verschiedenen pädagogischen und Theater-Instituten. Seit Anfang der neunziger Jahre wurde Lipoveckij auch zu Lehraufenthalten und Vortragsreisen nach Westeuropa und Amerika eingeladen, wo er sich seit 1993 aufhält.

4.3 Politische Positionen und Generationen

Das Profil des Literaturkritikers in der Öffentlichkeit hängt neben seinem persönlichen Stil und seiner Einstellung zu den vorherrschenden literari-

---

57 S. BELJAJEWA-KONEGEN/D. PRIGOW: Tod des heiligen Schriftstellers. Die ganz und gar fürchterlichen Folgen des westlichen Kulturbetriebs für den des Ostens, in: DIE NEUE RUNDSCHAU/ FRANKFURTER HEFTE, 102 (1991) 3, S. 37-56, hier S. 65; russ. Krepkogo vam zdorov'ja, gospoda literatory! in: STRELEC 3 (1992)70, S. 205-212.

schen Normen von seinem Verhältnis zu den bestehenden Konstellationen und Gruppierungen ab. Dieses Verhältnis wird meist politisch definiert, so daß die Einschätzung des Kritikers vor allem von der Zuordnung zu einer politisch-weltschaulichen Richtung bestimmt wird. Dieser Aspekt ist zwar wichtig, weil die politische Einstellung auch das Literaturmodell prägt, für das der Kritiker eintritt, greift aber als alleiniges Klassifikationsmerkmal zu kurz. Je nachdem, ob man politische, ästhetische oder soziokulturelle Kriterien anlegt, ergeben sich nämlich verschiedene Konstellationen, die sich mitunter überschneiden oder sogar quer zueinander stehen. Klassifizierungen der Literaturkritik nach ideologischen Richtungen gehen meist unausgesprochen von der Annahme aus, daß politisch fortschrittliche Positionen mit literarisch avancierten Einstellungen kongruent seien und umgekehrt. Es ist jedoch zu bezweifeln, ob zwischen beidem automatisch eine Übereinstimmung besteht, ob man von einer unmittelbaren, oder gar kausalen Beziehung zwischen politischen und ästhetisch-literarischen Entwicklungen ausgehen kann.

Im kulturellen Umbruch der Perestrojka haben sich sowohl die Auffassungen über politischen Fortschritt als auch die Vorstellungen über einen avancierten literarischen Geschmack verschoben. Eine besonders wichtige Rolle spielen in diesem Prozeß die Generationsfrage und die sichtbar gewordene Heterogenität der sozio-kulturellen Milieus. Nach soziologischen Erkenntnissen können Gruppenbindungen die Form einer bewußten Zugehörigkeit haben, indem sich ein Kritiker zu einer bestimmten Konstellation bekennt. Sie können aber auch unabhängig von persönlichen Dispositionen, Schreibweisen und Stilrichtungen existieren. Man kann je nach Selbstdarstellung und persönlichem Temperament verschiedene Typen von Kritikern unterscheiden. Die einen geben sich als Teil einer Gruppe zu erkennen, treten als Sprachrohre dieser Gruppe auf. Dazu gehören nicht nur Funktionäre, sondern all diejenigen, die sich für bestimmte Gruppeninteressen einsetzen, ganz gleich, ob sie dabei im Namen der Partei, der Leserschaft oder des Volkes sprechen. Beispiele für diesen meist in Polemiken engagierten Typus sind Natal'ja Ivanova, Alla Marčenko, Benedikt Sarnov, Vladimir Bondarenko,[58] Aleksandr Kazincev und Tat'jana Gluškova.

Einen anderen Typus verkörpern Kritiker, wie Anninskij, Zolotusskij, Ėpštejn, Toporov und Michail Zolotonosov, die sich ausdrücklich von jeglicher Gruppenzuordnung distanzieren und in ihrer Selbstdarstellung großen Wert auf eine individualistische Position legen. Im literarischen

---

58 Zu Bondarenko vgl. KRETZSCHMAR: Die sowjetische Kulturpolitik, S. 177, 181ff.

Leben nehmen sie oft die Rolle von „enfants terribles" ein. Sie betonen stets ihre Unabhängigkeit und vermitteln gern den Eindruck, „allein gegen alle" zu sprechen. Als bewußt eingenommene Pose dient dies zugleich der eigenen Stilisierung und kann so Bestandteil ihres ästhetischen Programms sein, das auch ihren literarischen Geschmack bestimmt. Anninskij lehnt es strikt ab, sich mit populärer oder Massenliteratur zu befassen. Er widmet sich nur solchen Gegenständen, die seinen Maßstäben von guter Literatur entsprechen. Toporov dagegen, ebenfalls in der Rolle des Außenseiters, behandelt auch und gerade populäre Literatur. Alla Latynina wird als engagierte Publizistin zwar der Gruppe der liberalen, demokratischen Kritiker zugeordnet. Aus diesem Lager scherte sie aber wiederholt aus und geriet dadurch in die Rolle einer Einzelgängerin, der man den Vorwurf machte, sie rede den politischen Gegnern das Wort. So schrieb Latynina 1988 auf dem Höhepunkt der politischen Auseinandersetzungen zum ersten Mal über das Phänomen des sogenannten „liberalen Terrors" und ging in einer scharfen selbstkritischen Abrechnung dessen historischen Ursachen nach. 1992 wandte sich Latynina wiederum als eine der ersten dagegen, daß Autoren der Emigration nach ihrer Rückkehr zu unangreifbaren Autoritäten wurden. Sie kritisierte die distanzlose Verklärung aller Emigranten, ihre literarischen Qualitätsmaßstäbe aufgebe, und plädierte für eine kritisch differenzierende Rezeption.[59]

4.3.1 Politisch-weltanschauliche Positionen

Seit dem Erstarken der neoslavophilen Tendenzen in den siebziger Jahren gab es in der Literaturkritik drei politisch-weltanschauliche Lager, zwischen denen es während der Perestrojka zur offenen Konfrontation kam:

1. Ein liberales, reformorientiertes Lager, dessen Vertreter eine Orientierung an westlichen Demokratiemodellen und einer offenen, zivilen Gesellschaft, das Bekenntnis zum Pluralismus und die grundsätzliche Bejahung einer marktwirtschaftlichen Ordnung verband. Literaturkritiker dieser Richtung lösten nach 1986 durch ihre entschiedenen Stellungnahmen zu gesellschaftlichen Ereignissen eine Reihe von wichtigen Diskussionen aus. Neben den bereits erwähnten Artikeln von Latynina sind folgende Artikel zu erwähnen: Burtins „ 'Vam, iz drugogo pokolenija ...'. K

---

[59] A. LATYNINA: „Kolokol'nyj zvon – ne molitva". DIES.: „Kogda podnjalsja železnyj zanaves", in: LG. 24.7.1991. Vgl. dazu das Interview von E. Ljamport mit A. LATYNINA: „Lučše ne byt' generalom, čem chodit' v stroju" in: NG 6.6.1992.

publikacii poėmy Tvardovskogo 'Po pravu pamjati"[60], der die Diskussion
über die Rolle der Tauwetterintelligenz in der Stagnationszeit eröffnete;
Čudakovas „Bez gneva i pristrastija. Formy i deformacii v literaturnom
processe 20-30-ch godov"[61], der die widersprüchliche Rolle der historischen Avantgarde auf den Punkt brachte. Čuprinins Artikel „Drugaja
proza"[62] eröffnete die Auseinandersetzung über die sogenannte „andere
Literatur" jenseits von sozialistischem und kritischem Realismus.

2. Ein nationalbolschewistisch – neostalinistisches Lager, das für die
Erhaltung bzw. Wiedereinführung des kommunistischen Systems oder
zumindest für eine autoritäre staatliche Lenkung, Planwirtschaft, Parteiherrschaft und eine entsprechend zentralistische Kulturpolitik eintrat. Literaturkritiker und -funktionäre dieser Richtung, wie zum Beispiel Aleksandr Bajgušev und Pavel Gorelov,[63] polemisierten 1987-89 gegen die
Rehabilitierung der „humanistischen" Schriftsteller, hielten führende
Autoren der sogenannten „Sekretärsliteratur" wie Aleksandr Prochanov,
Anatolij Ivanov, Jurij Bondarev und Georgij Markov dagegen und engagierten sich in der Debatte für eine Erhaltung des sozialistischen Realismus. Sie traten für eine begrenzte Erweiterung der Normen ein, um durch
den Zensurabbau hinzugekommene Autoren in das bestehende System zu
integrieren.

3. Ein wertkonservatives, neoslavophiles Lager, das eine politische
und geistige Erneuerung in der Abkehr vom marxistisch-leninistischen
System, im Rückgriff auf russisch-nationale bäuerlich-patriarchalische
Werte, Traditionen und Lebensformen anstrebte, wobei der russisch-or-
thodoxe Glaube eine entscheidende Rolle spielte. Seine Vertreter, zu deren bekanntesten Irina Rodnjanskaja, Igor' Vinogradov und Vadim Kožinov gehören, hatten sich als erste für die Rehabilitation der Religionsphilosophen und ebenso schon in den siebziger Jahren gegen die Zerstörung der Natur durch die Industrialisierung und Kollektivierung der

---

[60] JU. BURTIN: „Vam, iz drugogo pokolenija ...". K publikacii poėmy 'Po pravu pamjati'
A. Tvardovskogo, in: OK (1987) 8, S. 191-202.

[61] M. ČUDAKOVA: Bez gneva i pristrastija. Formy i deformacii v literaturnom processe
20-30ch godov, in: NM (1988) 9, S. 240-260; dt. Sine ira et studio. Formen und Deformationen im literarischen Leben der zwanziger und dreißiger Jahre, in: D. Kas-
sek/P. Rollberg (Hgg.): Das Ende der Abstraktionen. Provokationen zur Sowjetliteratur, Leipzig 1991, S. 149-204.

[62] S. Čuprinin: Drugaja proza, in: Lg 8.2.1989.

[63] A. BAJGUŠEV: O saddukejstve i farisejstve, in: MO (1988) 12, S. 167-198; P.
GORELOV: Perestrojka i podstrojka (Zametki pisatelja), in: MG (1987) 7, S. 220-245.

Landwirtschaft eingesetzt.[64] Einige Diskussionen wurden durch aufsehenerregende Polemiken von Literaturkritikern dieser Richtung ausgelöst: Tat'jana Gluškova warf mit ihrem Artikel „Kuda vedet Ariadna
nit'?",[65] einer antisemitisch gefärbten Polemik gegen die „zurückgekehrten" Dichter des humanistischen Erbes – unter ihnen Bulgakov, Pasternak, Mandel'štam –, das Thema Intelligenz und Volk neu auf. Der
Kritiker und Lyriker Stanislav Kunjaev lenkte mit „Vse načinalos' s jarlykov" die Diskussion auf die schon in den zwanziger Jahren von der revolutionären Intelligenz auch der literarischen Avantgarde unterdrückten
und später liquidierten Bauerndichter, besonders Nikolaj Kljuev und Pavel Vasil'ev. Mit Kunjaevs Polemik gegen eine junge Gruppe von
Kriegsdichtern, „Radi žizni na zemle",[66] die ebenfalls von antisemitischen Ressentiments durchzogen war, begann die Auseinandersetzung
über eine Revision der Kriegsliteraturgeschichtsschreibung.

Der Machtkampf zwischen den Liberalen und den Neostalinisten
wurde während der Perestrojka zugunsten der Šestidesjatniki entschieden. Im Verlauf der Perestrojka aber näherten sich Neostalinisten und
Wertkonservative immer mehr einander an, frühere Gegensätze zwischen
Angehörigen der offiziellen und der zweiten Kultur, etwa im Verhältnis
zur Religion, schwanden oder wurden nicht mehr als solche empfunden.
Spätestens seit dem Putsch und dem Ende der Sowjetunion 1991 wurden
die Gemeinsamkeiten beider Lager so groß, daß die Grenzen zwischen
ihnen sich auflösten. Die Widerstände gegen die westliche, besonders die
amerikanische Zivilisation, von der in ihren Augen nun die russische Gesellschaft überflutet und bedroht wurde, und das Festhalten an der Be-
wahrung des sowjetischen Imperiums, an der Idee eines starken, autoritären Staates wurden nun zum einigenden Element der beiden ehemals verfeindeten Gruppen. Sie wurden zu Verbündeten im Kampf gegen zwei
gemeinsame Gegner: die amerikanische Kolonialisierung und die Liberalen im eigenen Land.

Als das verstaatlichte sowjetische Literatursystem endgültig zusam-
menbrach und die Folgen für die gesamte Intelligenz spürbar wurden,

---

[64] Über den Zusammenhang von Nationalpatriotismus und ökologischem Bewußtsein
vgl. die Dissertation S. HIRZEL: Ökologie und Öffentlichkeit. Untersuchungen zur
Rolle der sowjetrussischen Schriftsteller in der ökologischen Bewußtseinsbildung der
fünfziger bis achtziger Jahre, Zürich 1996.
[65] T. GLUŠKOVA: Kuda vedet Ariadna nit'? in: LG 23.3.1988.
[66] S. KUNJAEV: Vse načinalos' s jarlykov, in: NS (1988) 9, S: 180-189; DERS.: Radi žizni
na zemle, in: MG (1987) 8, S. 246-268, auch in: Pozicija, Bd. 2, M 1990, S. 145-170.

verschoben sich die Konfliktlinien noch weiter. Immer mehr Liberale,
darunter auch Literaturkritiker, erlebten diese Entwicklung als Verfall der
russischen Kultur und als Ende oder gar Vernichtung der russischen Intelligenz. Aus dieser Krisenerfahrung heraus wandten sie sich einem antiwestlichen, religiösen, russophilen oder imperialen Denken zu. So entstand eine neue Polarisierung zwischen alter und neuer Intelligenz, zwischen Generationen, die nicht nur grundverschiedene Literaturkonzeptio-
nen, sondern auch Kulturmodelle vertraten. Dabei muß betont werden,
daß es auch innerhalb des neoslavophilen Lagers ein breites Spektrum
gab, das von gemäßigt nationalliberalen Positionen bis zu antidemokrati-
schen, aggressiv-nationalistischen Positionen mit Sympathien für faschi-
stisches Gedankengut reicht. Viele der gemäßigten, neoslavophil eingestellten Intellektuellen trafen sich mit radikalen Nationalpatrioten in ihrer
Befürwortung der wiederentdeckten und neu aufgelegten Ideologie des
Eurasiertums.[67]

4.3.2   Generationen

Im kulturellen Umbruch der achtziger und neunziger Jahre entwickelte
sich die Konfrontation der Generationen zu einer der spannungsreichsten
Auseinandersetzungen innerhalb der Intelligenz. Seit Ende der achtziger
Jahre wurde viel über das Thema „Generationskonflikt", meist in polemischer und emotional aufgeladener Weise, gestritten; sachliche literatursoziologische Analysen waren jedenfalls bis 1993 selten zu finden.[68]
    Zwischen der Generationszugehörigkeit, den ästhetischen Einstellun-
gen und den politisch-weltanschaulichen Positionen besteht oftmals ein
enger, wenn auch nicht zwingender Zusammenhang. Ich gehe hier von
dem soziologischen Generationsbegriff Karl Mannheims aus, der als eine
„dynamikstiftende Kraft des Gruppenlebens"[69], als „eine besondere Art

---

[67] Zur Neuauflage dieser Ideologie in den achtziger und neunziger Jahren vgl. K.
     HIELSCHER: Geschichtsmythen der russischen „Neuen Rechten": der Eurasismus, in:
     Friedrich/Menzel: Osteuropa im Umbruch, S. 91-106.
[68] Einen Anfang machte V. VORONKOV: Die Protestbewegung der „Sechziger"-Gene-
     ration. Der Widerstand gegen das sowjetische Regime 1956-1985, in: OE (1993) 10,
     S. 938-956.
[69] Mannheim, zit. nach W. BERNSDORF (Hg.): Wörterbuch der Soziologie, Frankfurt
     1976, S. 279.
     Anregungen hierzu bot mir auch die empirisch untermauerte Studie über die ver-
     schiedenen Kunst- und Kulturverständnisse von vier deutschen Generationen in der

der gleichen Lagerung verwandter Jahrgänge"[70] definiert wird. Neben dem Geburtsjahr sind für das soziologische Profil einer Generation vor allem gemeinsame Prägungen und Ereignisse zwischen dem siebzehnten und dem fünfundzwanzigsten Lebensjahr entscheidend. Die Einheit einer Generation hängt jedoch nicht notwendig mit einer bewußten sozialen Verbundenheit und Gruppenbildung zusammen; eine Generation kann unabhängig von ihrem Selbstverständnis als solche definiert werden. Nicht jede Generation ist sich ihrer selbst auch als Gruppe oder gesellschaftliche Formation bewußt.[71]

Während der Generationsaspekt für die russische Literatur der vergangenen Jahrzehnte kaum relevant war, spielt er für die Gruppenbildungsprozesse in der Literaturkritik eine außerordentlich wichtige Rolle.[72] Im Literaturbetrieb der achtziger und neunziger Jahre trafen drei

---

Nachkriegszeit von A. GÖSCHEL: Die Ungleichzeitigkeit in der Kultur. Wandel des Kulturbegriffs in vier Generationen, Stuttgart/ Berlin/ Köln 1991.

[70] K. MANNHEIM: Das Problem der Generationen, in: DERS.: Wissenssoziologie, Neuwied/Berlin 1964, S. 23-43, hier S. 36. Anders als bei der biologischen Generationsbestimmung, die von einem Intervall von dreißig Jahren ausgeht, unterlegt Mannheim dem soziologischen Generationsschema ein wesentlich kürzeres Intervall von fünfzehn bis zwanzig Jahren. Göschel geht aufgrund seiner empirischen Erhebung für den Kulturbereich sogar von einem noch kürzeren Intervall von zehn Jahren aus. Vgl. auch M. R. LEPSIUS, in: „Generation", in: Greiffenhagen/Greiffenhagen/Prätorius (Hgg.): Handwörterbuch zur politischen Kultur der Bundesrepublik Deutschland, Köln 1981, S. 172-175; C. TRÄGER: Wörterbuch der Literaturwissenschaft, Leipzig 1986, S. 182f.

[71] Der Generationsbegriff steht in einem Spannungsverhältnis zum Epochenbegriff, da sich aus beiden verschiedene Periodisierungen ergeben können. Innerhalb einer Epoche wirken immer mehrere Generationen nebeneinander, ein Generationswechsel findet fließend und damit meist weniger prägnant als ein Epochenwechsel statt. Beides kann, muß aber nicht notwendig miteinander verbunden sein. In unserem Zusammenhang interessiert der Generationaspekt weniger als literarhistorisches Struktur- oder Periodisierungsprinzip, denn als literatursoziologischer Erklärungsansatz für Gründe und Verzögerungen des Normenwandels.

[72] Auf literarische Autoren bezogen haben Generationen als historisches Abgrenzungs- und Periodisierungsprinzip nur sehr bedingten Erkenntniswert. In der avantgardistischen und konzeptualistischen Lyrik des ehemaligen Untergrunds standen einander Dichter verschiedener Altersgruppen wie Gennadij Ajgi (*1934), Genrich Sapgir (*1928-1999), Vsevolod Nekrasov (*1934), Igor' Cholin (*1920) und Dmitrij Prigov (*1940) nahe. Die literarische Verwandtschaft etwa zwischen Andrej Bitov (*1937), Evgenij Popov (*1946) und Oleg Ermakov (*1961) verläuft quer zu ihrer Generationszugehörigkeit. Nur in bestimmten, meist kurzen Perioden läßt sich mit gewissen Einschränkungen auch von einer Schriftstellergeneration sprechen. Diese These ist, mit Bezug auf die Autoren der „Vierzigjährigen" in den siebziger Jahren, auch von

Generationen von Literaturkritikern aufeinander, die sich in bezug auf
ihre Gruppenbildung und durch die „kulturelle Ungleichzeitigkeit" auch
von ihrer Altersstruktur her unterschieden. Sie können in Anlehnung an
Mannheim nach folgenden soziologischen Kriterien beschrieben werden:
nach den Geburtsjahrgängen, nach markanten historischen Ereignissen,
gemeinsamen Sozialisationskontexten, nach der Hauptwirkungszeit ihrer
sozialen Aktivität, dem Grad ihrer gemeinsamen Orientierungs-, Verhal-
tens- und Handlungsmuster und nach ihrem Kulturverständnis.

Von den Kritikern der *ältesten Generation*, den Jahrgängen von 1910
bis 1929, deren berufliche Anfänge noch in die Stalinzeit fielen, waren in
den Jahren der Perestrojka nur noch wenige aktiv, wie etwa Anatolij Bočarov (*1922-1999), Natal'ja Il'ina (1914-1994), Georgij Lomidze
(*1914), Aleksej A. Michajlov (*1922), Viktor Kamjanov (*1924), Vitalij Ozerov (*1917) und Vladimir Piskunov (*1925). In dieser Generation
gab es überwiegend parteiloyale, neostalinistische Funktionäre und vehemente Gegner der liberalen Reformanhänger, wie Lomidze und Michajlov, aber auch einige engagierte Šestidesjatniki wie Il'ina, Bočarov
und Kamjanov. Ihre Auftritte blieben jedoch vereinzelt, weshalb sie hier
auch nicht als gesonderte Generation betrachtet wurden. Bestimmend war
die Konfrontation zwischen den Šestidesjatniki und der jungen Generation, während die mittlere die schwächsten Konturen aufwies.

Am schärfsten konturiert ist das Profil jener älteren, nach der kulturpolitischen Periode genannten „*Tauwetter-Generation*". Für diese Generation war die Tendenz zu einem einheitlichen Denken, Einstellungen,
Erleben und Handeln, die von Mannheim als entscheidender Faktor einer
generationsbestimmten kulturellen Entwicklungsdynamik betont wurde,
typisch. Zu ihr gehörten die zwischen 1925-1940 geborenen Kritiker. In
ihre Kindheit und Jugend fielen bedeutende historische Ereignisse, die
sie ihre eigene Zeit als eine „heroische Epoche" erleben ließen: der
Zweite Weltkrieg und der 20. Parteitag 1956. Ihr Leben wurde geprägt
durch die Stalinzeit mit ihrer Repression und Angst, aber auch durch die
tiefen patriotischen Gefühle beim Sieg über den Nationalsozialismus und
schließlich durch die Hoffnung auf einen gesellschaftlichen Neuanfang
nach Stalins Tod unter Chrušč̌ev. Diese Hoffnung war verbunden mit der
ersten Öffnung des „eisernen Vorhangs" für die westliche Kultur, die

---

einigen westlichen Slavisten vertreten worden. Für die Prosa der „Vierzigjährigen"
diskutiert das Problem, das vor allem von Literaturkritikern aufgeworfen wurde, P.
ROLLBERG: Proza 'sorokoletnich' – izobretenie kritiki ili javlenie literaturnogo processa? in: ZfSL 35 (1990) 3, S. 388-394.

Begegnungen mit der literarischen, künstlerischen und musikalischen Moderne ermöglichte. Diese Generation war besonders durch die Partizipation an historischen Ereignissen und darauf beruhende einheitliche kognitive Handlungs- und Orientierungsmuster verbunden.

Was die soziale Herkunft dieser Generation betrifft, so ist zwar von Bedeutung, ob diese Kritiker aus urbanen oder ländlichen Verhältnissen, aus den Metropolen, Provinzstädten oder vom Dorf stammen. Aber die sozialen Differenzen waren innerhalb dieser Generation weit weniger relevant als in der vorangegangenen, in der das vorrevolutionäre Bildungsbürgertum mit proletarisch-bäuerlichen Aufsteigern der ersten Generation konfrontiert worden war. Die Kritiker jener ältesten Generation verdankten ihre Positionen noch vielfach den „Säuberungen" der dreißiger Jahre und hatten von daher ein grundsätzlich positives Verhältnis zum Stalinschen Regime.

Da Literatur und Kritik in der Tauwetterperiode eine führende Rolle in der Kultur spielten, schätzten die Intellektuellen der fünfziger und sechziger Jahre ihre eigene Bedeutung sehr hoch ein und erhofften sich von ihrer aufklärenden, moralisch reinigenden Wirkung entscheidende Impulse für eine geistige und politische Erneuerung. Shlapentokh bezeichnete den Zeitgeist der Tauwetterperiode als einen „Kreuzzug der Hochkultur".[73] Die meisten Kritiker dieser Generation begannen Ende der fünfziger Jahre zu publizieren und hatten im Antistalinismus eine gemeinsame Ausgangsposition, die für viele noch bis in die sechziger Jahre hinein eine mehr oder weniger verbindende Erfahrung war. Zu den bekanntesten Literaturkritikern dieser Generation gehören Lev Anninskij (*1934), Aleksandr Bajgušev (*1936), Galina Belaja (*1931), Igor' Dedkov (1934-1994), Renata Gal'ceva (*1937), Vladimir Gorbačev (*1941), Vladimir Gusev (*1937), Jurij Idaškin (*1930), Vladimir Kardin (Pseudonym für Ėmil' Vladimirovič *1921), Vadim Kožinov (*1935), Stanislav Kunjaev (*1932), Feliks Kuznecov (*1931), Vladimir Lakšin (1933-1993), Anatolij Lanščikov (*1929), Leonard Lavlinskij (1930*), Lazar' Lazarev (*1924), Sergej Lominadze (*1926), Alla Marčenko (*1932), Oleg Michajlov (*1933), Valentin Oskockij (*1931), Stanislav Rassadin (*1935), Irina Rodnjanskaja (*1935), Benedikt Sarnov (*1937), Evgenij Sidorov (*1932), Andrej Sinjavskij (*1925-1997), Vladimir Turbin (1927-1993), Andrej Turkov (*1924), Igor' Vinogradov (1928*), Vjačeslav Vozdviženskij (*1928) und Igor' Zolotusskij (*1930).

---

[73] SHLAPENTOKH: Soviet Intellectuals, S. 122.

Der Begriff „Tauwettergeneration" umfaßt die gesamte Generation im biologischen Sinne und bezeichnet zunächst nur ihre gemeinsame Sozialisation durch historische Ereignisse und die Literatur, nicht aber ein homogenes Kultur- und Gesellschaftsverständnis. Das Spektrum der politischen und ästhetischen Konzepte war sehr breit und reichte von bedingungsloser Loyalität zum Regime bis zum politischen Dissidententum, von der Verteidigung eines erweiterten sozialistischen Realismus bis zur Absage an jegliche engagierte Kunst. Die nach den sechziger Jahren genannten Šestidesjatniki waren die tonangebende, aber nicht die einzige Schicht in dieser Generation. Obwohl die Begriffe „Tauwetter-Generation" und „Šestidesjatniki" häufig synonym verwendet wurden, muß zwischen beiden unterschieden werden.[74] Die Wege dieser Generation trennten sich erst nach dem Scheitern des Tauwetters, als in den siebziger Jahren die einen sich der herrschenden Ideologie anpaßten, bei den anderen die alte Auseinandersetzung zwischen den Vertretern einer westlich-liberalen und einer slavophil-nationalistischen Gesinnung wieder aufbrach. Mit dem Namen „Šestidesjatniki" verband sich ein intellektueller und moralisch-politischer Widerstand gegen den Stalinismus und gegen das Brežnev-Regime bei grundsätzlicher Loyalität zum kommunistischen System und zu einer sozialistischen Gesellschaft nach marxistisch-leninistischem Vorbild.

Die Kommunikationsformen der Tauwetter-Generation waren geprägt durch ein Doppeldenken („dvoemyslie"). Alle Texte wurden als doppelbödig wahrgenommen, die neben einer Ebene der manifesten eine zweite Ebene unterschwelliger Bedeutungen enthielten. Literarische Texte wurden als Kommentare zur aktuellen gesellschaftlichen Situation gelesen, literaturkritische Beiträge von den Verfassern als verschlüsselte Informationen und Botschaften kodiert und von den Rezipienten entsprechend gelesen. Kritiker und Leser waren so über einen bestimmten Code miteinander verbunden und wurden so zu einer Art verschworener Gemeinschaft. Toporov wies darauf hin, daß die hinter der äsopischen Sprache stehende Absicht, den herrschenden Dogmen Widerstand entgegenzuset-

---

[74] Emigranten wie Aleksandr Glezer wollten unter der Bezeichnung Šestidesjatniki nur kompromißlose Dissidenten von Solženicyn bis Brodskij verstanden wissen, während Soziologen wie Shlapentokh die Loyalität zum kommunistischen System als Kriterium sehen. A. GLEZER in „Zelenaja lampa v Moskve". Šestidesjatniki – Vos'midesjatniki, in: STRELEC 70 (1992) 3, S. 244-265, hier S. 245; SHLAPENTOKH: Soviet Intellectuals, 6. Kap. Vgl. hierzu auch F. THUN: Re-Produktion oder Neusetzung? Zum Kulturverständnis der „Šestidesjatniki", in: Ebert: Kulturauffassungen, S. 159-172.

zen, sich teilweise in ihr Gegenteil verkehrte: Man ließ sich auf ein Spiel
mit ihnen ein und machte sich so in gewisser Weise von ihnen abhängig:

> Man muß anmerken, daß all dies (die äsopische Sprache, B.M.) keine Ver-
> schwörung gegen die Sowjetmacht darstellte, sondern ein schlaues und ris-
> kantes Spiel mit ihr. Sich der äsopischen Sprache zu bedienen, bedeutete ein
> Spiel der Kunst mit der Macht nach deren Regeln, allerdings in der ständigen
> Hoffnung, die Macht auf ihrem eigenen Feld zu schlagen.[75]

Charakteristisch für die Orientierungs- und Handlungsmuster dieser Generation waren ein mit Pathos vertretenes Selbstverständnis als Bewegung einer inneren Opposition, die stellvertretend für das Volk spricht,
ein moralisch-humanistischer Gestus, ideologisches Denken und Kollektivgeist und eine negative Fixierung auf das herrschende politische Regime als Usurpator der Macht.[76] Kennzeichnend war aber auch die innere Widersprüchlichkeit durch die Spaltung der Wege der eigenen Generation in Anpassung und Integration, Verweigerung und Repression
oder Emigration. Zu den literarischen Vorbildern dieser Generation gehörten neben den russischen Schriftstellern des „kritischen Realismus"
besonders Hemingway, an dem man das Pathos des einsamen Widerstands schätzte, und Schriftsteller-Philosophen des französischen Existenzialismus wie Camus und Sartre.[77] Als Gegenstände literaturkritischer
Besprechung bevorzugte diese Generation „große Literatur" und „literarische Größen". Lakšin, einer der tonangebenden Literaturkritiker der
sechziger Jahre, schrieb 1990 rückblickend auf diese Zeit: „Eine große
Literaturkritik ist immer nur von großer Literatur geboren worden."[78]

Die *mittlere Generation* umfaßte die Geburtsjahrgänge 1935 bis 1950.
Ihre entscheidende kulturelle Sozialisation verlief zwischen dem großen
Aufbruch mit liberalem Zeitgeist der sechziger Jahre und dessen gewalt-
samem Ende, markiert durch die Prozesse gegen Sinjavskij, Daniel' und
Brodskij und den sowjetischen Einmarsch in Prag. Ihre Angehörigen
wurden – nach ihrem Lebensalter zum Zeitpunkt ihres ersten kollektiven

---

[75] V. TOPOROV: Na soiskanie. Očerki p.-prozy, in: POSTSKRIPTUM (1995) 2, S. 271-290,
      hier s. 273.
[76] Kritisches Bewußtsein wurde in dieser Generation schon an sich als ein Wert kulti-
      viert: „Along with their special interest in originality and complexity, the intellectu-
      als, much more than any other group, value critical attitudes towards reality. Only cri-
      tical thought is able to create real spiritual values." SHLAPENTOKH: Soviet Intellectu-
      als, S. 66.
[77] So A. BOČAROV im Gespräch mit mir. Ausführlicher P. VAJL'/A. GENIS: 60-e. Mir
      sovetskogo čeloveka, Ann Arbor 1988.
[78] V. LAKŠIN: Puti žurnal'nye, in: DERS.: Puti žurnal'nye, M 1990, S. 5-30, hier S. 13.

Auftretens – als „Sorokoletnie" oder nach dem ersten Jahrzehnt ihres öffentlichen Wirkens als „Semidesjatniki" bezeichnet. Die gemeinsame Erfahrung war in dieser Generation gerade das Fehlen großer historischer Ereignisse nach der vorangegangenen „heroischen Epoche". Dadurch war in ihr, die häufig als „Zwischengeneration", als „verlorene" oder gar „vergessene" Generation bezeichnet wurde, das Bewußtsein einer eigenständigen Formation wesentlich schwächer ausgeprägt als bei den Šestidesjatniki.

Als eigenständige Generation wurde sie denn auch zum ersten Mal ex negativo von Seiten der Šestidesjatniki bezeichnet. Anfang der achtziger Jahre übertrug der Kritiker Dedkov den Namen „Sorokoletnie" von einer Veranstaltung Moskauer Schriftsteller im November 1979 auf eine ganze Generation und eröffnete eine Polemik gegen sie, indem er sie als ästhetische Manieristen, als egozentrisch und moralisch indifferent kritisierte.[79] Tatsächlich war diese Generation geprägt durch den Zusammenbruch der trügerischen Hoffnung auf gesellschaftspolitische Reformen und durch die Bedingungen literarischer Öffentlichkeit in der sogenannten Stagnationszeit. Zu ihr gehörten als bekannteste Literaturkritiker Aleksandr Ageev (*1951), Leonid Bachnov (*1945), Vladimir Bondarenko (*1946), Sergej Borovikov (*1947), Sergej Čuprinin (*1947), Michail Ėpštejn (*1950), Viktor Erofeev (*1947), Aleksandr Genis (*1953), Tat'jana Gluškova (*1945), Natal'ja Ivanova (*1945), Tat'jana Ivanova (*1953) Vladimir Novikov (*1948), Igor' Šajtanov (*1947), Karen Stepanjan (*1953), Viktor Toporov (*1947), Petr Vajl' (*1949) und Michail Zolotonosov (*1953). Etliche Kritiker dieser Generation profitierten in der Ausbildungsphase vom sozialkritischen Geist der Šestidesjatniki. Čuprinin sprach davon, daß die Literaturkritiker der legendären „Novyj mir"-Redaktion unter Tvardovskij und besonders Anninskij zu den großen Vorbildern seiner Generation zählten.[80] Die von Belaja und Bočarov in den siebziger und achtziger Jahren geleitete journalistische Fakultät an der Moskauer Universität (MGU) war für viele ein Ort der freizügigen

---

79 I. DEDKOV: Kogda rassejalsja liričeskij tuman, in: LO (1981), S. 21-32; auch in: DERS.: Živoe lico vremeni, M 1986, S. 220-258 und in: Literatura i sovremennost', Bd 19, M 1982, S. 327-361. L. ANNINSKIJ: Šestidesjatniki, semidesjatniki, vos'midesjatniki. K dialektike pokolenij v russkoj kul'ture, in: LO (1991) 4, S. 10-16; auch in: STRELEC 65 (1991) 1, S. 276-85; L. BACHNOV: Semidesjatnik, in: OK (1988) 9, S. 169-175.

80 Čuprinin und Novikov bezeichneten im Gespräch mit mir Anninskij als ihr Vorbild und als ein Idol („kumir") der Generation junger Kritiker in den siebziger und achtziger Jahren.

Vermittlung von verbotener und inoffizieller Literatur. Beliebt waren
auch die literaturhistorischen Kurse von Turbin an der philologischen
Fakultät der MGU.[81] Für die mittlere Generation spielten besonders die
über den Samizdat und Tamizdat rezipierte Literatur der dritten Emigra-
tionswelle und die Werke der westeuropäischen Moderne eine bedeutende Rolle. Trotz der dogmatischen Verhärtung des politischen Lebens
gab es in der Brežnev-Ära Möglichkeiten und Nischen, die während des
Tauwetters geöffneten Kanäle zu nichtoffizieller russischer und westlicher Literatur offenzuhalten.

Von der Wiederentdeckung des Formalismus und des Strukturalismus, die bereits in den sechziger Jahren eingesetzt hatte, konnten besonders die „Vierzigjährigen" profitieren. Manche Fachdisziplinen ermög-
lichten Freiräume, in denen sich kulturwissenschaftliche Diskurse mit
Einfluß auf Philologen und Intellektuelle anderer Disziplinen entfalteten,
die Moskau-Tartuer Schule der Semiotik oder die Altphilologie und die
Byzantinistik. Halboffizielle, nichtöffentliche Veranstaltungen fanden in
naturwissenschaftlichen Instituten statt. [82] Die Forschungen des schon in
den siebziger Jahren wiederentdeckten Literaturwissenschaftlers und
Philosophen Michail Bachtin fanden große Verbreitung bei vielen Literaturkritikern und Intellektuellen. Philologen und Kulturhistoriker, teilweise Spezialisten entlegener Wissensgebiete, wie Sergej Averincev,
Natan Ėjdel'man, Aaron Gurevič, Dmitrij Lichačev und Aleksej Pančenko, die alle auch an dem zweibändigen Lexikon „Mify narodov mira"
beteiligt waren, hatten eine starke Ausstrahlung auf das geistige Leben
dieser Zeit.[83]

Auch die Rezeption moderner westlicher Literatur und Philosophie
des 20. Jhs wurde für viele Angehörige dieser Generation zu einer
Selbstverständlichkeit. N. Ivanova und K. Stepanjan führten westeuropäische und amerikanische literaturwissenschaftliche Arbeiten, besonders
der Dostoevskij-Forschung, als für sie wichtigste Entdeckungen an, die

---

[81] G. GAČEV: Fenomen Turbina, in: NLO (1994) 7, S. 109-120.

[82] In den späten siebziger und frühen achtziger Jahren waren zum Beispiel das Mos-
      kauer Institut für Informatik und Elektrotechnik „Informélektro", das Institut für
      Kernphysik in Černogolovka und das Institut für molekulare Genetik inoffiziell be-
      kannte Orte für interdisziplinäre Vorträge und Veranstaltungen von Literatur- und
      Kulturwissenschaftlern. Auskunft von G. Gusejnov und A. Archangel'skij.

[83] Neben diesen Namen wurden in den Antworten auf meine Umfrage als einflußreiche
      Publikationen wiederholt genannt: D. LICHAČEV/A. M. PANČENKO: „Smechovoj mir"
      Drevnej Rusi, L 1976; A. M. PANČENKO: Russkaja kul'tura v kanun Petrovskich re-
      form, L 1984.

sie methodologisch beeinflußt hätten. Andere Kritiker, die sich stärker
mit der modernen Literatur beschäftigt haben, nannten Borges, Nabokov,
de Sade, Ortega y Gasset und Barthes.[84]

Manche Kritiker aus dieser Generation standen den Šestidesjatniki
näher als der jüngeren Generation, in ihrem Selbstverständnis, in dem
Streben nach persönlicher Profilierung gegen die verordnete kollektive
Gesichtslosigkeit der Literaturkritik der dreißiger und vierziger Jahre.
Die erste literaturwissenschaftliche Monographie über sowjetische Kritiker stammt denn auch von Čuprinin, einem der führenden Vertreter dieser mittleren Generation. Sein 1988 erschienenes Buch „Kritika – ėto
kritiki" machte erstmals die Akteure selbst zum Gegenstand der Reflexion und brachte ihm Anerkennung sogar im Lager seiner Gegner ein.[85]
Čuprinins auf einzelne Kritikerpersönlichkeiten ausgerichtete Monographie konzentriert sich fast ausschließlich auf Vertreter der eigenen und
der älteren Generation; von den jungen Kritikern hält er nur zwei Namen,
Mal'gin und Kazincev, für erwähnenswert. Seine Darstellung ist nicht
ohne dramaturgische Konzeption: Sie verrät das Bemühen um eine Inszenierung von besonders individuellen Positionen und „schillernden Persönlichkeiten". Gleichzeitig tendiert sie dazu, die Bedeutung der institutionell vorgegebenen Zwänge herunterzuspielen. Andrej Nemzer, einer
der scharfsinnigsten Literaturkritiker der jüngeren Generation, bezeichnete dies in seiner ansonsten durchaus positiven Rezension ironisch als
„Hang zum Selbstausdruck" („ustanovka na samovyraženie") und „Ori-
ginalitätsdrang" („original'ničanie").[86]

Bei den Literaturkritikern der mittleren Generation war das Kollektiv-
bewußtsein schwächer als bei der älteren ausgeprägt. Lagermentalität und
Gruppenbildungen waren bei ihnen kaum zu finden. Ihre Verhaltensmu-
ster waren heterogener und geprägt von einer skeptischen, politisch di-
stanzierten Grundhaltung. Für diejenigen, die während des Brežnev-Re-
gimes regelmäßig publizierten, gehörte eine gewisse Unbestimmtheit zur
politischen Überlebensstrategie. Vorsichtige Kritik, berechenbare Risiko-

---

[84] Michail Berg im Gespräch mit mir. Viktor Erofeev nannte als wichtigste Prägungen
     seiner Generation die „Lehrmeister der anderen Literatur" u.a. Marquis de Sade, die
     Beatles, Nabokov und Borges. Vgl. VIKTOR EROFEEV: Russkie cvety zla, in:
     PANORAMA (Al'manach) (1993), S. 19-25. Dt. („Die russischen Blumen des Bösen")
     in: Ders. (Hg.): Tigerliebe. Russische Literatur am Ende des 20. Jahrhunderts. Eine
     Anthologie, Berlin 1995, S. 7-29; auch in: FR 11.3.1995.
[85] Vgl. die Umfrage zu dem Buch in LO(1990) 1, S. 46.
[86] A. NEMZER: Konec prekrasnoj épochi. Zametki na poljach knigi o kritike i kritikach,
     in: NM(1991) 5, S. 241-248, hier S. 243.

bereitschaft und alle möglichen Vermeidungstaktiken waren notwendige
Verhaltensformen, wenn man im Literaturbetrieb der siebziger und achtziger Jahre bestehen wollte. Nemzer bezeichnete diese Zeit als „berufs-
mäßige Pfuscherei" („professional'naja chalturščina") für die Literaturkritik.[87] Zu dieser Taktik gehörte auch das „beredte Schweigen", d.h. absichtlich über bestimmte Schriftsteller nicht zu schreiben, seien es bekannte Größen der Sowjetliteratur oder bedeutende, aber bloß geduldete
Autoren. Ivanova erinnerte sich, nicht über die Science-fiction-Romane
der Brüder Strugackij geschrieben zu haben, weil dies eine Erläuterung
von Anspielungen erfordert hätte und damit zwangsläufig einem „öffentlichen Verrat" gleichgekommen wäre, der ihnen nur hätte schaden können. Manche Werke hätten schon vor der Perestrojka erscheinen können,
wenn sich ein couragierter Redakteur oder Kommentator für sie gefunden
hätte. So lehnten vor der Perestrojka mehr als zehn befragte Schriftsteller
und Kritiker es ab, die Verantwortung für eine Veröffentlichung von Nabokov mitzutragen, für die sie ein einführendes Vorwort schreiben sollten.[88]

Typisch für die Vertreter dieser Generation war eine grundsätzliche
Skepsis gegenüber allen heroisch-pathetischen Ausdrucksformen im Le-
ben wie in literarischen Werken. Der Literaturkritiker und Schriftsteller
Vladimir Gusev formulierte diese Haltung 1984 so:

> Allmählich wurde der Traum vom normalen Menschen, nicht vom mittelmä-
> ßigen, sondern vom normalen Menschen, zum wichtigsten Traum meiner
> Generation; wenn man so will, von dem Menschen, den wir im hohen Stil der
> Propaganda die harmonisch entwickelte Persönlichkeit nennen.[89]

Die Sehnsucht nach dem „Normalen" war eine Reaktion auf das vorangegangenen „heroische Zeitalter" der Stalinzeit und des antistalinistischen Kampfes der Tauwetterperiode. Der Begriff „Normalität" wurde
verteidigt gegen seine negative Bewertung als „mittelmäßig", was im
ideologischen Verständnis des Sowjetkommunismus gleichbedeutend

---

[87] Ebd., S. 242.
[88] Erst 1988 kam es zur ersten Veröffentlichung eines Textes von Nabokov in der Sowjetunion. Bei dem Text handelte es sich um einen Auszug aus Nabokovs Autobiographie „Drugie berega". Er erschien als sowjetische Erstveröffentlichung von Nabokov in: ŠACHMATNOE OBOZRENIE 64 (1988) 16, S. 24-26 unter dem Titel „Noč', truda i
otrady". Diesen Hinweis verdanke ich Prof. W. Kasack.
[89] V. GUSEV: O sebe i o nas, in: LG 11.4.1984; DEDKOV: Kogda rassejalsja; V. BON-
DARENKO: Avtoportret pokolenija, in: VL (1985) 11, S. 79-114, mit Angaben weiterer
Artikel zu dieser Diskussion; A. BOČAROV: Kak naše slovo otzovetsja, in: VL (1985)
11, S. 115-154.

war mit „kleinbürgerlich" und „unpolitisch". Die Literaturkritiker der
mittleren Generation legten im allgemeinen mehr Wert auf Phänomene
der „kleinen Geschichte", wozu sowohl das Alltagsleben als auch Helden
mit wenig spektakulären Schicksalen gehörten. In Rezensionen behandelten sie vornehmlich Autoren ihrer eigenen Generation zu.[90]

Während Kritiker der mittleren Generation, die aus dem öffentlichen
literarischen Leben verdrängt waren, den gesamten Literaturbetrieb als
ausnahmslos korrupt betrachten,[91] war bei denjenigen, die integriert waren und zugleich Zugang zu den verschiedenen Sphären der inoffiziellen
Kultur gehabt hatten, eine Aufwertung der „Stagnationszeit", bis hin zur
Verharmlosung der Repression zu beobachten. So spielte Gusev 1989 die
literaturpolitische Affäre um den 1979 verbotenen unabhängigen Almanach „Metropol'" herunter, die immerhin einige Schriftsteller nicht nur
die Mitgliedschaft im Schriftstellerverband, sondern viele Jahre ihrer literarischen Existenz gekostet hat. Gusev bezeichnete den Fall „Metropol'" als lächerliche Farce, als „mißlungenen taktischen Fehltritt einiger
Literaten", also als quasi selbstverschuldete Disqualifizierung der Betroffenen aus dem Betrieb.[92] Zugleich warb er an anderer Stelle um Verständnis für Schriftsteller der mittleren Generation, da sie unter Brežnev
noch schlimmer als ihre Kollegen unter Stalin gelitten hätten.[93] Čuprinin,
der den Literaturbetrieb der Brežnev-Ära rückblickend als relativ liberal
und von Zensur kaum behelligt sah, behauptete, man habe schon Anfang
der achtziger Jahre ohne Zugeständnisse an die Zensur seine Themen und
Positionen frei wählen können. Eine selbstkritische Auseinandersetzung
mit der eigenen Rolle und Verstrickung in Repressionsfälle der vergangenen Jahrzehnte fand kaum statt und wurde nur von wenigen angespro-
chen.[94]

---

[90] So schrieb z.B. Novikov Bücher über Vysockij (1938-1980) und Makanin (*1937),
Bachnov über Tolstaja (*1951). Vgl. Anhang).

[91] ZOLOTONOSOV und BURTIN 1992 im Gespräch mit mir.

[92] GUSEV in der Umfrage „Uroki na zavtra. Predvaritel'nye itogi literaturnogo goda", in:
LO (1989) 1, S. 6. Derselben Meinung war auch F. Kuznecov, der im Gespräch mit
mir seine einstigen Ausfälle gegen die Autoren und das Projekt von „Metropol'" nach
wie vor als seinen Beitrag zur „Rettung der russischen Schriftsteller vor dem Verfall"
bezeichnete.

[93] V. GUSEV: Sud'ba pokolenija. O proizvedenijach pisatelej, č'ja tvorčeskaja zrelost'
prišla na gody zastoja, in: PRAVDA 14.11.1988.

[94] SARNOV: O „molčal'nikach". Zum Motiv der „Reue" als Ideologem vgl. G. GUSSEJ-
NOV: Die Sprachprobleme der sowjetischen Intelligenzija in den 20er und in den 90er
Jahren des 20. Jahrhunderts, in: E. Cheauré (Hg.): Jenseits des Kommunismus. So-
wjetisches Erbe in Literatur und Film, Berlin 1996, S. 35-49, hier S. 36.

Die dritte *jüngere Generation* der Literaturkritiker umfaßt die Jahrgänge zwischen 1951 und 1965, die ihre Ausbildung in den siebziger und frühen achtziger Jahren erhielten und erst seit Mitte bzw. Ende der achtziger Jahre regelmäßig zu publizieren begannen. Sie sind als „Dreißigjährige" („Tridcatiletnie") oder „Achtziger" („Vos'midesjatniki") bezeichnet worden.[95] Zu ihr gehörten Aleksandr Ageev (*1953), Aleksandr Archangel'skij (*1962), Larisa Baranova-Gončenko (*1961), Pavel Basinskij (*1961), Oleg Dark (*1959), Aleksandr Fomenko (*1964), Igor' Jarkevič,(*1958), Aleksandr Kazincev (*1953), Vjačeslav Kuricyn (*1965), Mark Lipoveckij (*1964), Andrej Mal'gin (*1958), Andrej Nemzer (*1961), Vladimir Potapov (*1957), Evgenij Šklovskij (*1954), Vladimir Slaveckij (*1951), Andrej Vasilevskij (*1955) und Vladimir Vigiljanskij (*1951). Als erste Nachkriegsgeneration hatten sie den Stalinismus nicht mehr unmittelbar und die Tauwetterperiode nur im Kindesalter miterlebt. Sie waren daher weniger von der beherrschenden Erfahrung der Angst belastet als die älteren Generationen. Hineingewachsen in eine Zeit des politischen Stillstands und ideologischer Aushöhlung des Systems, waren sie weder von den großen Utopien noch von der Enttäuschung und Resignation über deren Uneinlösbarkeit unmittelbar geprägt. Nach dem langjährigen Mangel an gesellschaftlicher Dynamik erlebten sie den Zusammenbruch des kommunistischen Systems als Eröffnung neuer Chancen in den Lebensjahren, in denen sich ihre berufliche Aktivität voll entfalten konnte. Typisch für diese jungen Kritiker ist eine innere Distanz zum sowjetischen System. Sie sind in der Regel weniger ideologisch fixiert als die etablierten und die auf Umwegen spät zu öffentlicher Anerkennung gelangten Kritiker. Allerdings gab es auch unter den jüngeren Kritikern einige militante Verfechter der neuen nationalistischen Ideologien, zum Beispiel Kazincev, Fomenko und Baranova-Gončenko.

Viele dieser Kritikergeneration hatten die Stagnation der siebziger und achtziger Jahre als eine Zeit persönlichen Lernens und geistiger Entdeckungen erlebt.[96] Sie hatten während ihrer Ausbildung durch inoffizielle Kreise Zugang zu einem relativ breiten Spektrum nonkonformistischer wissenschaftlicher, literarischer und philophischer Strömungen in Rußland wie auch zu Literatur aus dem Westen. Typisch für sie war ein pragmatisches, mitunter auch ein elitäres Bewußtsein. Ein Generationsbewußtsein entwickelte sich bei ihnen zumindest bis Anfang der neunziger Jahre weniger aus einer bestimmten ideologischen Einstellung heraus

---

[95] Z.B. bei ANNINSKIJ und PANKEEV: Neizvestnoe pokolenie.

[96] ARCHANGEL'SKIJ, NEMZER, ŠKLOVSKIJ und LIPOVECKIJ im Gespräch mit mir.

als aus der gemeinsamen Erfahrung, von der älteren Generation verdrängt
zu werden.

4.3.3   Zum Generationskonflikt

Die kulturelle Dynamik des Umbruchs ist wesentlich vom Konflikt zwischen der älteren und der jungen Generation bestimmt worden.[97] Dadurch daß die Šestidesjatniki in der Perestrojka zum zweiten Mal auf die
historische Bühne traten, um das zu vollenden, was sie drei Jahrzehnte
zuvor begonnen hatten, war die von Mannheim beschriebene natürliche
Generationsfolge unterbrochen worden, der fällige Generationswechsel
verzögerte sich um einige Jahre.[98] Infolgedessen mußte sich die ältere
Generation nicht, wie üblich, von der vorangehenden, sondern gegenüber
den nachfolgenden Generationen abgrenzen. Die Konfrontation zwischen
alt und jung wurde dadurch verschärft, daß die junge Generation gerade
durch die Erfahrungen der Perestrojka von dem von russischer wie sowjetischer Tradition gespeisten patriarchalischen Verhalten der Älteren
abgestoßen war, während die ältere im Bewußtsein zunehmender Krisen-
und Verfallserscheinungen umso stärker an solchen Traditionen festhielt.
Die Zwischengeneration der „Vierzigjährigen“, die zudem durch Emigration stark ausgedünnt war, bezog in diesem Konflikt nur eine schwa-
che Vermittlerposition.

Literaturkritiker der Šestidesjatniki warfen Angehörigen der mittleren
und jüngeren Generation politische Gleichgültigkeit, Verantwortungslo-
sigkeit, Egoismus und Mittelmäßigkeit vor und versuchten, sowohl die
„Vierzigjährigen“ als auch die jungen Kritiker zu diskreditieren. Anninskij bezeichnete die „Vierzigjährigen“ als kleinbürgerlich und nannte
sie wegen der Vorliebe für „kleine Dinge“ und „private Geschichte“ eine

---

[97]   Laut Mannheim ist für den Konflikt zwischen mehreren Generationen grundsätzlich
        von Bedeutung, ob nahestehende oder entfernte Generationen in ihn verwickelt sind.
        Wichtig ist auch, ob zwei Generationen einander bekämpfen oder ob sie sich gemein-
        sam gegen einen anderen Gegner richten; dieser kann außerhalb oder in den eigenen
        Reihen stehen. K. MANNHEIM: Das Problem der Generationen, S. 36.
[98]   Nach Mannheim ist ein Bestimmungsmerkmal für die natürliche Generationenfolge
        „die Tatsache, daß die Träger eines jeweiligen Generationszusammenhanges nur an
        einem zeitlich begrenzten Abschnitt des Geschichtsprozesses partizipieren“ sowie
        „durch das stete Neueinsetzen neuer Kulturträger“ und „den Abgang früherer Kultur-
        träger“. Ebd., S. 37.

„Generation von Hausmeistern" („pokolenie dvornikov").[99] Den „Acht-
zigern" bescheinigte er eine „traumatische Verlassenheit", sie seien Wai-
senkinder des kommunistischen Systems, Kultur sei für sie völlig funktionslos geworden. Ihnen fehlten Ideale und eine ethisch-sittliche Orientierung. Deshalb huldigten sie einem selbstgerechten moralischen Rigoris-
mus und hedonistischer Vergnügungssucht und ästhetisierten Chaos und
Zerstörung.

Zum offenen Konflikt kam es erst, als das kommunistische System
und mit ihm die Hoffnung auf seine Reformierbarkeit nach dem August-
Putsch 1991 endgültig zusammenbrachen. Als einer der ersten erklärte
der junge Philosoph und Literaturkritiker Dmitrij Galkovskij den Šestidesjatniki den Kampf und schrieb im November 1991 in der „Nezavisimaja gazeta":

> Die Sechziger gingen über die Köpfe ihrer älteren Brüder und Väter hinweg,
> die zu schwachen Widerstand leisteten und zu wenige waren; die Sechziger
> fraßen und verdreckten die goldenen Vorräte der Natur, das Kapital künftiger
> Generationen: Sie pumpten Erdöl, vernichteten Wälder, bauten ohne Sinn
> und Verstand hunderte von dummen Städten und jagten die Arbeit der letzten
> Generationen von russischen Bauern durch den Schornstein des Kosmos. Das
> alles wurde von ohrenbetäubendem Geschrei – nein, vom Infraschallgebrüll
> der Demagogie und der Wortvergeudung begleitet, etwa in der Demagogie
> von talentlosen (vielleicht manchmal auch etwas talentierten) Gedichten in
> den Stadien, in der Eroberung der Berufsverbände der Kunstschaffenden, in
> den zwischen verschiedenen Clans der Sechziger ausgetragenen Auseinan-
> dersetzungen nach dem Abwürgen des Prager Frühlings, in den parodistisch
> anmutenden Beichten und Reuebekundungen und nicht zuletzt in der
> „schlauen Politik" gegenüber den Parteilümmeln.[100]

---

99 L. ANNINSKIJ: Šestidesjatniki, semidesjatniki, S. 10ff. Auch Vajl'/Genis sprachen von
    einer Generation der „dvorniki-pisateli" („Hausmeister-Schriftsteller"), allerdings
    ohne negative Konnotation. (P. VAJL'/A. GENIS: „Novaja proza": Ta že ili „drugaja"?
    (Princip matreški), in: NM (1989) 10, S. 246-250.) Der Begriff „dvornik" ist mehr-
    deutig. Er symbolisiert nicht nur eine kleinbürgerliche Mentalität, sondern spielt auch
    auf die damals verbreitete Tätigkeit marginalisierter Künstler und Schriftsteller aus
    der Untergrundkultur als Hausmeister oder Heizungswächter an. Vajl'/Genis verstan-
    den ihn auch als Metapher für den bewußt gewählten Beobachterstatus des Außensei-
    ter-Schriftstellers, der ihm einen Blick auf die Welt von „unten" oder „außerhalb" er-
    möglichte. Das Motiv des Dichters als Hausmeister wurde übrigens auch in der „an-
    deren" Literatur selbst verarbeitet, z.B. in: T. TOLSTAJA: Poét i muza, in: NM (1986)
    12, S. 113-119; auch in DIES.: Ljubiš' – ne ljubiš', M 1997, S. 247-256.
100 D. GALKOVSKIJ: Otkrytoe pis'mo Michailu Šemjakinu, in: NG 22.11.1991; auch in:
    MULETA. Semejnyj al'bom, M 1992, S. 43-45; dt. zitiert nach GUSSEJNOV: Sprach-
    probleme, in: Cheauré: Jenseits des Kommunismus, S. 41.

Die Vorwürfe der Jüngeren, besonders von Ageev, Mal'gin, Lipoveckij und Beljaeva-Konegen,[101] richteten sich gegen ideologische, psychologische und ästhetische Positionen der Šestidesjatniki; sie reichten von sachlichen Argumenten bis zu persönlichen Beleidigungen und Diffamierungen. Die Šestidesjatniki seien trotz ihrer Verdienste als Oppositionelle Vertreter des politischen Systems. In ihrer Fixierung auf ideologische Gegner, in ihren Freund-Feind-Schemata abhängig von der verstaatlichten Kultur seien sie geradezu „sowjetische Musterschüler" (Lipoveckij: „Obrazcovye sovki"[102]). Sie kultivierten eine anachronistisch gewordene Jugendlichkeit (Galkovskij sprach von „Infantilismus"), seien jedoch psychologisch in einem autoritären und imperialen Bewußtsein (Terechov) verhaftet. Toporov rechnete in einem Artikel mit den „Lakaien des Regimes" ab, dem er, einen bekannten Ausspruch Gor'kijs aus den frühen dreißiger Jahren persiflierend, den Titel „S kem vy, mastera chaltury?" („Mit wem haltet Ihr es, Meister der Korruption?") gab.[103] Das Literaturmodell der Šestidesjatniki wurde von den jungen Kritikern mit der Begründung abgelehnt, es sei von normativem Hypermoralismus und einer ausschließlichen Orientierung auf äsopische Ausdrucksformen geprägt, die meist zur formalisierten Etikette, zu bloß vorgetäuschter Vieldeutigkeit verkommen sei. Dieses Literaturmodell unterscheide sich in seiner autoritären Grundstruktur nicht von dem des sozialistischen Realismus, der seinerseits eine ähnlich ästhetikfeindliche, ideologiefixierte Tradition aus dem 19. Jh. fortgeführt habe.

---

[101] A. AGEEV: Konspekt o krizise, in: LO (1991) 3, S. 15-19; Mal'gin sagte in einer Fernsehsendung: „Es ist Zeit, daß die Šestidesjatniki verschwinden ", STRELEC 70 (1992) 3, S. 253. M. LIPOVECKIJ: Sovok-bljuz. Šestidesjatniki segodnja, in: ZN (1991) 9, S. 226-236; S. BELJAEVA-KONEGEN: Poslednee obol'ščenie Rossii, in: LG 29.1.1992, S. 5; BELJAJEWA-KONEGEN/PRIGOW: Tod des heiligen Schriftstellers. D. GALKOVSKIJ in der Diskussion „Zelenaja lampa v Moskve. Diskussija meždu Šestidesjatnikami i vos'midesjatnikami), in: STRELEC 3 (1992) 70, S. 244-265, hier S. 253.

[102] LIPOVECKIJ: Sovok-bljuz, S. 226. Die verächtliche Bezeichnung „sovok" für einen typischen Sowjetbürger wurde Ende der achtziger Jahre geprägt und fand seitdem weite Verbreitung. Vgl. GUSSEJNOV: Materialien zu einem russischen gesellschaftspolitischen Wörterbuch 1992-1993, S. 224-229.

[103] V. TOPOROV: S kem vy, mastera chaltury? In: NG 30.4.1993. Der Titel von Gor'kijs Artikel von 1932 („Mit wem haltet Ihr es, Meister der Kultur?") gehörte, ähnlich wie Majakovskijs Vers „Kto segodnja ne s nami, tot protiv nas" („Wer heute nicht mit uns ist, ist gegen uns"), zu den Standardzitaten der sowjetischen Propaganda (M. GOR'KIJ: S kem vy, mastera kul'tury? Otvet amerikanskim korrespondentam, in: DERS.: O literature, M 1955, S. 542-560).

Durch den Generationskonflikt verschärfte sich die Polarisierung im literarischen Leben Rußlands an der Schwelle der neunziger Jahre. Zwei grundverschiedene Kulturmodelle, Menschenbilder und Wahrnehmungsweisen trafen aufeinander. Durch ihre Vormachtstellung im administrativen Apparat waren die Älteren in diesem Konflikt zumindest bis 1993 politisch nach wie vor in der stärkeren Position.

4.4   Methoden und Stile

Die Wirkung einer Literaturkritik hängt entscheidend von der Autorität des Urteils ab, die sich aus der institutionellen Machtposition des Kritikers, aus seiner professionellen Kompetenz und aus seiner persönlichen Integrität herleiten kann. Je nach der Motivation der Leser können dabei die politisch-ideologische Position, die Literaturauffassung oder auch der literarische Geschmack des Kritikers ausschlaggebend sein. Eine Kritik überzeugt in den seltensten Fällen allein durch Argumente. Die meisten Leser verbinden mit der Literaturkritik bestimmte Personen, an denen sie entweder programmatische Positionen oder die Darstellungsform, einen bestimmten Stil schätzen.

Ein Beispiel für die personengebundene Rezeption gibt der Literaturwissenschaftler Jurij Mann. In seiner Rezension über ein Buch des Kritikers Andrej Turkov stellt er fest,[104] daß er Turkovs Urteil seit 35 Jahren nahezu blind vertraue, seitdem er nämlich 1954 durch eine beeindruckende Rezension auf den Kritiker aufmerksam geworden sei. Turkovs persönliche Autorität, seine „staatsbürgerliche Position" („graždanskaja pozicija"), gab in diesem Fall den Ausschlag für seine Wirkung.

Die Darstellungsform einer Kritik wird einerseits von dem literaturkritischen Genre und dem Publikationsmedium bestimmt, in dem sie erscheint – von beidem wird im folgenden Kapitel die Rede sein. Andererseits ist sie von der methodischen Richtung und dem persönlichen Stil ihres Verfassers abhängig. Zwar korrespondiert die Darstellungsform häufig mit der ideologisch-weltanschaulichen Position; sie kann aber ihre eigene Wirkung enfalten. Ein brillanter persönlicher Stil kann auch un-

---

[104] MANN in: ZN (1989) 6, S.230. Es handelt sich um eine belletristische Biographie Saltykov-Ščedrins von Turkov. Weitere Beispiele für dieses Rezeptionsverhalten gibt LAKŠIN in seinem Buch „Puti žurnal'nye", bes. Vorwort, S. 5-30.

abhängig von den Argumenten eines Kritikers wirken und diesen unter
Umständen auch bei Lesern mit anderen Anschauungen beliebt machen.
Drei methodische Richtungen der Literaturkritik lassen sich unterscheiden, die oft in vermischter Form vorkommen:
  – eine publizistische Literaturkritik,
  – eine philologisch-akademische Literaturkritik und
  – eine belletristische Literaturkritik.
Ein und derselbe Kritiker kann sich unterschiedlicher Methoden b e-
dienen und innerhalb dieser Richtungen kann es sowohl „autorbezogene"
als auch „leserbezogene", sowohl monologisierende als auch dialogisch
angelegte Kritiken geben. Allerdings kann man beobachten, daß die Be-
vorzugung einer Methode in der Regel auch bestimmten literarischen und
genologischen Präferenzen eines Kritikers entspricht und mit seinem persönlichen Stil korrespondiert.[105] Čuprinin nennt drei Typen von Kritikern: den „Wissenschaftler" („kritik-učenyj"), den „Künstler" („kritik-
chudožnik") und den „Publizisten" („kritik-publicist").[106]

Publizistische Literaturkritik

Natürlich können in Rußland die methodischen Richtungen nicht außerhalb des ideologischen Rahmens betrachtet werden, der bis Ende der
achtziger Jahre durch den sozialistischen Realismus vorgegeben war. Die
offiziell geforderte und auch am meisten verbreitete Methode der sowjetischen Kritik war daher die publizistische. Typisch für sie ist eine direkte, pragmatische, meist gesellschaftsbezogene Argumentation, die sich
an soziologischen, institutionellen oder persönlichen statt werkbezogenen
literarischen Aspekten festmacht und die eng mit der Tradition der didaktischen Kritik verbunden ist. Publizistische Kritiker betrachten die
Werke und Autoren immer in ihrem gesellschaftlichen, sozialen und biographischen Umfeld. Vertreter dieser Richtung in den achtziger und frühen neunziger Jahren sind in allen politischen Lagern und Generationen

---

[105] Auskunft über die methodische Richtung geben oft schon der Titel, der Anfang und
das Ende eines Artikels. Der Titel eines Artikels kann text- oder problembezogen,
sachlich, stilistisch originell oder polemisch-provokativ sein, er kann mehr auf ein li-
terarisch-ästhetisches, ein ideologisches, gesellschaftspolitisches Thema oder auf Erscheinungen des literarischen Lebens verweisen.
Vgl. A. M. ŠTEJNGOL'D: Dialogičeskaja priroda literaturnoj kritiki, in: RL (1988) 1, S.
60-78; M. G. ZEL'DOVIČ: Metod kritika i metod pisatelja. Problemy istorii kritiki,
(Učenye zapiski, vyp. 5) Kujbyšev 1980.
[106] ČUPRININ: Tvorčeskaja individual'nost' kritika, S. 9.

zu finden, etwa Dedkov, Ivanova, Kazincev, Lakšin, Marčenko und Sarnov. Zur publizistischen Richtung gehören nahezu alle neostalinistischen und nationalpatriotischen Literaturkritiker.

Bei manchen Kritikern ist eine Diskrepanz zwischen ihrer Selbsteinschätzung und ihrer literaturkritischen Praxis festzustellen. So präsentiert sich Kožinov als ein betont philologisch-akademischer Kritiker, obwohl die meisten seiner Artikel klar zur publizistischen Richtung gehörten.[107] Kunjaev legte Wert darauf, daß seine Arbeit als „poetische Kritiken" mit allen Zügen der „Prosa eines Dichters"[108] verstanden wird. Er weist eine Verpflichtung zu philologischer Professionalität und Genauigkeit in bezug auf Analysen und Begriffe zurück und erhebt stattdessen einen literarischen Anspruch. Seine Artikel sind jedoch meist von einer aggressiv-nationalistischen Ideologie und der Entlarvung vermeintlicher Gegner geprägt.

Zur publizistischen Methode gehören auch jene für die Perestrojkazeit typischen Kritiken, in denen an der Literatur weniger ein gesellschaftspolitisches als ein ethisches Verhaltensideal herausgestellt wird. Ihre Aufmerksamkeit richtet sich besonders auf die moralisch-sittliche Botschaft eines Buches. Die gesellschaftliche Dimension der Literatur ist hier entscheidend, da das vorbildliche individuelle Handeln, das sich auch gegen die als falsch erkannten Ansprüche eines Kollektivs richtet, implizit als Ausgangspunkt für eine Verbesserung der Gesellschaft herausgestellt wird.

Philologisch-akademische Literaturkritik

Zu den Kritikern, die eine philologisch-akademische Methode der Kritik bevorzugen, gehören Archangel'skij, Čuprinin, Lipoveckij, Nemzer und Novikov. Im Unterschied zur publizistischen Schreibweise legt die philologisch-akademische mehr Gewicht auf literaturhistorische und -theoretische Einordnungen und Verweise. Kritiker dieser Richtung verwenden häufiger Fachtermini, argumentieren bevorzugt mit literarischen Kontexten, erörtern theoretische oder Gattungsprobleme. In ihren Artikeln bemühen sie sich vorrangig darum, die Poetik literarischer Werke zu erklären und zu vermitteln. Typisch für diese Methode ist ein analytisches Vorgehen, ein sachlicher, wenig emotionaler Ton, die Tendenz zu neutral-abwägenden Beobachtungen. In der sowjetischen Kritik berufen

---

[107] V. Kožinov: Razmyšlenija o russkoj literature, M 1991.
[108] Z.B. S. Kunjaev: Ogon', mercajuščij v sosude, M 1986. Vgl. dazu A. Archangel'skij: I esli tak, to čto est' krasota? in: Lo (1988) 9, S. 59-61.

sich Vertreter dieser Methode auf die Tradition der Formalisten, auf den
Strukturalismus, die Semiotik der Tartuer Schule und auf die Schriften
von Bachtin. Als Beispiel sei Novikovs Artikel „Deficit derzosti. Literaturnaja perestrojka i ėstetičeskij zastoj" von 1989 vorgestellt,[109] ein Problemartikel im seltenen Genre des literaturkritischen Dialogs mit einem
fiktiven Gegner („Wissen Sie, mein Lieber", sagt mein Opponent ver-
traulich und sanft", „Hier höre ich schon wieder die Stimme meines Op-
ponenten"). Novikov behauptet, daß die gegenwärtige Literatur in ihrem
ästhetischen Niveau rückständig sei und plädiert für einen „schöpferischen Pluralismus". Er erörtert die Merkmale der historischen Avantgarde, nennt dann einige Dichter der Gegenwart als Beispiele für ästhetische Innovation und stellt einzelne Gedichte vor. Seine Maßstäbe bezieht
er aus den theoretischen Ansätzen von Tynjanov, dessen Formel „Ar-
chaisten und Neuerer" er auf die gegenwärtige Literatur anwendet. Novikov stellt einen Mangel an präzisen, wertfreien Begriffen für die Litera-
turanalyse fest:

> Es ist schlimm, daß unsere Begriffe zu Etiketten und Aufklebern herunterge-
> kommen sind. (...) Mir geht es um ästhetische Dinge, um den Anteil der
> Dichtung an der Prosa, um die Qualität der Sprache. (...) Weder die Schrift-
> steller noch die Kritiker, die über Prosa nachdenken, haben etwas für ästheti-
> sche Fragen übrig.[110]

Novikovs Artikel illustriert, was er 1978 in seinem Artikel „Poetik der
Rezension" programmatisch formuliert hat: die Verbindung von philologisch-akademischer Methode mit einem literarisierenden Stil.[111] Durch
seinen metaphernreichen, von literarischen Anspielungen, spontanen Ein-
fällen, plauderhaftem Gesprächston und Abschweifungen durchzogenen
Stil ist dieser Artikel typisch auch für die Literaturkritik anderer Richtungen. Er beginnt mit einer blumigen Beschreibung des Reichtums aller
Regenbogenfarben im Sonnenlicht. Es folgt eine Erörterung verschiedener Eigenschaften der Farbe Violett, die sich als Metapher für „das neue,
wirklich neue Wort in der Kunst" herausstellt. Dann schweift der Kritiker
unvermittelt ab – „Ich schreibe diese Zeilen und höre, wie die Fernseh-

---

[109] V. NOVIKOV: Deficit derzosti, in: OK (1989) 3, S. 186-195; dt.: Kühnheit tut not. Die
     literarische Perestroika und die ästhetische Stagnation, in: Kassek/Rollberg: Das En-
     de der Abstraktionen, S. 369-400. In seinem 1997 erschienenen Sammelband aus-
     gewählter Kritiken des Jahrzehnts legt Novikov einen deutlich stärkeren Akzent auf
     eine belletristische Kritik. V. NOVIKOV: Zaskok, M 1997.
[110] Zit. nach der dt. Übersetzung, S. 396, S. 370 u. 390.
[111] NOVIKOV: Poėtika recenzii.

kommentatorin Bestushewa sagt ..." –, was ihn zu weiteren Überlegungen zu seinem Thema anregt – „Und überhaupt, was ist das für eine törichte Gegenüberstellung von „Nationalem" und 'Avantgarde'?". Im Plauderton fährt er fort: „Gemeinsam mit mir zweifelt ein auf meinem Schreibtisch hausender Dymkowo-Gockel, der in all seinen unmöglichen Farben funkelt, stolz auf seine unglaublich-avantgardistischen Proportionen und Formen." Über die damit verbundene Assoziation kommt er zu der für seine Argumentation zentralen These, daß nämlich „das Nationale, die Volkskunst (...) eine der Hauptquellen sei, aus denen ästhetische Avantgarde und Innovation hervorgeht."[112]

Auch Ėpštejn vertritt eine philologisch-akademische Literaturkritik. Er bemüht sich um originelle theoretische Konzeptionen, versucht, literarische Erscheinungen auf neue Begriffe zu bringen und pflegt zugleich einen exzentrischen essayistischen Stil. Ėpštejn schreibt – nach eigenen Angaben – weder Rezensionen noch Porträts oder überhaupt über einzelne Bücher und Autoren, sondern ausschließlich große Problemartikel, Essays und „Manifeste". Er nennt sich selbst einen Literaturtheoretiker, der für ein Kennerpublikum, eine intellektuelle Minderheit schreibt, und will sich nicht als Literaturkritiker klassifizieren sehen.[113] Ėpštejn, der sich besonders für die Vermittlung westlicher moderner Literatur und Philosophie in Rußland einsetzt, war einer der ersten, die sich mit der „anderen" Literatur und der Postmoderne beschäftigt und darüber geschrieben hat. Sein Stil ist geprägt von paradoxen Konstruktionen,[114] von wuchernden Metaphern und einer Vorliebe für Neologismen wie zum Beispiel „kataphatische" und „apophatische Avantgarde", „Metaboly" und „Kenotip".[115] Bemerkenswert ist, daß auch dieser Kritiker seine Tätigkeit, die er als „Metasprache der Kultur" bezeichnet, als Teil der Literatur betrachtet:

---

[112] NOVIKOV [W. NOWIKOW]: Kühnheit tut not, S. 396.

[113] So ĖPŠTEJN in der von der Verf. durchgeführten Umfrage.

[114] Vgl. den Sammelband mit Aufsätzen und Essays: M. ĖPŠTEJN: Paradoksy novizny. O literaturnom razvitii XIX-XX vekov, M 1988.

[115] Zu den Begriffen „kataphatische" bzw. „apophatische Avantgarde" M. ĖPŠTEJN: Iskusstvo avangarda i religioznoe soznanie, in: NM (1989) 12, S. 222-235 und Kapitel 6.2.2.3.2. „Metabolen" (griech. meta-ballein: „umwerfen, verändern") bezeichnen verdichtete Metaphern, in denen das Verglichene unkenntlich ineinandergeschoben ist. DERS.: Koncepty...Metaboly...O novych tečenijach v poėzii, in: OK (1988) 4, S. 194-203; „Kenotyp" (griech. kainos: „neu") bezeichnet im Gegensatz zum Archetyp einen neuen literarischen Typ, für den es keine Entsprechung in der Wirklichkeit gibt: DERS.: Posle buduščego. O novom soznanii v literature, in: ZN (1991) 1, S. 217-230.

Die Literaturkritik (als Theorie) ist ein unverzichtbarer Bestandteil des literarischen Prozesses. So wie es die experimentelle und die theoretische Physik
gibt, so gibt es auch die experimentelle (künstlerische) Literatur und die
theoretische Literatur (Literaturkritik und -wissenschaft).[116]

Belletristische Literaturkritik

Die belletristische Kritik ist nach ihrem Selbstverständnis ein Teil der
Literatur und wird auch als „künstlerische Essayistik"[117] bezeichnet. Sie
zeichnet sich durch einen betont impressionistischen Stil und assoziative,
häufig ironisch gebrochene Darstellungsweisen aus. Der literarisierende
Stil wird hier zum Programm. Typisch für diese Art von Literaturkritik
sind ferner lyrische Abschweifungen, narrative Elemente und eine polyvalente, metaphorische Ausdrucksweise mit vielen literarischen Anspielungen. Ihre Vertreter bevorzugen das essayistische oder andere weniger fest umrissene Genres wie das literarische Porträt. Zu den Vertretern der belletristischen Kritik gehören etwa Anninskij und Zolotusskij.
Zolotusskij bestand schon in den siebziger Jahren darauf, daß die Literaturkritik in erster Linie eine künstlerische Tätigkeit sei, die auf Intuition
beruhe, eine „Beichte des Autors", der im Grunde nur für sich selbst
schreibe:

> Die Literaturkritik war immer schon die Schwester der Kunst. Der Kritiker
> schreibt über sich und für sich. Gewöhnlich gilt dieses Privileg nur für den
> Dichter als dem Schaffenden. Aber der Kritiker ist auch ein Dichter und
> Schaffender. Man zählt ihn zu den Dienern; dabei ist er selbst ein Herr. Er
> schafft etwas Ganzheitliches, Schönes. Die geschätzte Wissenschaft hat hier-
> bei zurückzutreten.[118]

Ėpštejn, Rassadin und Turbin haben neben philologisch-akademischen
Artikeln auch „künstlerische Essayistik" geschrieben.[119] Sie berufen
sich dabei besonders auf historische Vorbilder aus der symbolistischen
Literaturkritik, auf Rozanov, Belyj, Brjusov und Ajchenval'd.

---

[116] ĖPŠTEJN in der von mir durchgeführten Umfrage. Vgl. auch DERS.: Teoretičeskie fantazii, in: ISKUSSTVO KINO (1988) 7, S. 69-81.

[117] V. GUSEV: O žanrach i stiljach sovremennoj sovetskoj kritiki, in: Problemy teorii literaturnoj kritiki. Sbornik statej, M 1980, S. 242-260, S. 244f.

[118] I. ZOLOTUSSKIJ: Ne sluga, a gospodin, in: LG 21.12.1977.

[119] Zum Beispiel M. ĖPŠTEJN: Dnevnik Ol'ge. Chronika otcovstva, M 1990; DERS.: Otcovstvo. Roman-ėssė, Tenafly 1992; dt. Tagebuch für Olga. Chronik einer Vaterschaft, München 1990; V. TURBIN: Nezadolgo do Vodolja. Stat'i – novelly, M 1994.

Anninskij, der am liebsten Essays und literarische Porträts schreibt, versucht Problemartikel möglichst zu vermeiden.[120] Seine literaturkritischen Artikel bezeichnet er als „literarisch-künstlerische", nicht etwa „sachlich-objektive" Kommentare – diese überlasse er Wissenschaftlern und Geschäftsleuten –, als „natürlichen Ausdruck seiner Persönlichkeit anläßlich der Lektüre fremder Texte". In seinem persönlichen Stil zeigt Anninskij eine Vorliebe für amorphe Formen, Zwischentöne, ironische Brechungen, elliptische, lakonische Sätze und für expressive Ausdrucksweisen. Er vermeidet neutrale Sprechformen, schreibt fast ausschließlich in der 1. Person oder in der 2. Person im Sinne einer Selbstanrede. So führt er beispielsweise in einem Porträt des Schriftstellers Vjačeslav P'ecuch mit dem Titel „Der Teufel scherzt. Zum Problem unserer Selbstreinigung" („Čert šutit. K voprosu o našem očiščenii") die Leser durch seine Impressionen. An folgender Passage wird der Stil Anninskijs besonders deutlich:

Теперь уж не припомню, как влетело имя Пьецуха в мои читательские уши (...). Я излагаю концепцию Пьецуха вовсе не с целью пропагандировать ее читателю (хотя она того достоина, ибо рискованна и интересна), или опровергать (хотя она уязвима, именно потому что рискованна и интересна) – я хочу понять в этой апологии тайны ее собственный реальный смысл, видимый 'со стороны' (...) Давайте, подойдем к этой загадке со стороны интонации (...) Полное стирание ориентиров. Счастье равно несчастью. И наоборот. Добро и зло обманно смешаны. Правда и ложь все время меняются местами и обликами. Хочется сделать явную гадость, потому что нет сил терпеть вранье (...). Между прочим, в ходе вранья вполне может выскочить и правда. Между прочим, на самом деле соседи давно и регулярно подливают керосин в суп друг другу, но это не важно.[121]

Jetzt erinnere ich mich schon gar nicht mehr, wie der Name P'ecuch an meine Leserohren gedrungen ist. (...) Ich erläutere P'ecuchs Konzept keineswegs, um den Leser davon zu überzeugen (obwohl es dies durchaus verdiente, da es gewagt und interessant ist) oder es zu widerlegen (obwohl es verletzlich ist, gerade weil es gewagt und interessant ist) – ich versuche in dieser Apologie des Geheimnisses seinen eigenen realen Sinn zu verstehen, wie man ihn 'von außen' sieht. (...) Gehen wir diesem Rätsel doch einmal von der Intonation aus nach (...). Man verliert völlig die Orientierung. Glück wird gleich Unglück und umgekehrt. Gut und Böse sind trügerisch miteinander vermischt. Wahrheit und Lüge vertauschen ständig die Plätze und zugleich ihr Aussehen. Man könnte geradezu eine Schandtat begehen, nur weil man nicht die

---

[120] ANNINSKIJ 1992 in der von mir durchgeführten Umfrage.

[121] L. ANNINSKIJ: Čert šutit. K voprosu o našem očiščenii, in: Vzgljad. Kritika. Polemika. Publikacii, Bd. 3, M 1991, S. 60-74, hier S. 62, 64, 66f.

Kraft hat, die Lügen zu ertragen. (...) Übrigens, inmitten der Lüge kann durchaus die Wahrheit herausspringen. Übrigens schütten sich die Nachbarn in Wirklichkeit schon seit langem regelmäßig Kerosin gegenseitig in die Suppe. Aber das ist überhaupt nicht wichtig.

Viele von Anninskijs Büchern und Artikeln sind mit der Intention geschrieben, dualistische Kategorien aufzubrechen und in alternativen Konstruktionen jeweils einen „dritten Weg" aufzuzeigen.[122] Das belegt etwa sein Buch „Leskovskoe ožerel'e", in dem er Nikolaj Leskov als Schriftsteller eines solchen „dritten Weges" in der russischen Literatur darstellt. In dem polarisierten Denken seiner Zeit wie auch in der ähnlich dualistisch angelegten sowjetischen Rezeption habe ein Autor wie Leskov keinen Platz gehabt und sei deshalb bis in die Gegenwart verkannt oder verdrängt worden. Diese Intention unterscheidet Anninskij trotz seines Bekenntnisses zur symbolistischen Tradition von deren literaturkritischem Programm, für das ja, wie hier gezeigt wurde, ein Denken in Antinomien und dualistischen Gegensätzen typisch war.

In einer Art Kurzcharakteristik seiner Kollegen schrieb Nemzer 1991 über methodische und stilistische Eigenarten verschiedener Kollegen: Kardins Stil sei streng und scharf, Rodnjanskaja weiche direkten Verurteilungen aus, Kunjaev argumentiere immer vom Standpunkt der Weltrevolution aus, Bočarov schreibe präzise, strategisch und analytisch, Kožinov polemisiere gegen das Übel der goldenen Mitte. Nemzer sah im schillernden, poetisierenden Stil, ebenso wie in der Form spektakulär inszenierter Polemiken wie etwa der Reihe „Dialog nedeli" in der „Literaturnaja gazeta", eine Tendenz von Kritikern, sich mit ihrer Person oder einem aufdringlichen, suggestiven Stil vor ihren Gegenstand zu drängen. Statt daß man versuche, die Leser mit echten Überlegungen zu überzeugen, greife man lieber zu einem beschwörenden Ton. [123]

---

[122] Vgl. dazu L. ANNINSKIJ: Konec literatury? in: DN (1992) 8, S. 244-246.

[123] A. NEMZER: Nečto o 'Vzgljade'; DERS.: Konec prekrasnoj epochi; DERS.: Oblačno s projasnenijami. Zametki o kritike – 90, in: LO (1991) 2, S. 26-37. Vgl. als eine der wenigen seit 1993 erschienenen Sammlungen literaturkritischer Artikel in Buchform A. NEMZER: Literaturnye segodnja. O russkoj proze. 90-e, M 1998.

5. Die Monatszeitschrift als Publikationsmedium der Literaturkritik

5.1 Über den Zusammenhang von Literaturkritik und Publikationsmedium

Die Darstellungsform und Funktion der Literaturkritik ist in hohem Maße abhängig von dem Medium, in dem sie erscheint. Für die poststalinistische Zeit in Rußland waren dies – in der Reihenfolge ihrer Bedeutung – die literarisch-publizistischen Monatszeitschriften, Bücher, Wochen- und Tageszeitungen. Fernsehen und Rundfunk werden hier nur am Rande erwähnt, aus pragmatischen Gründen, aber auch weil das geschriebene Wort hier noch immer mehr Gewicht hat als die ansonsten dominierenden audiovisuellen Medien.

Das Buch, die Zeitschrift und die Zeitung werden in Rußland aus soziologischer Sicht als Publikationstypen beschrieben, die sich in bezug auf ihre Adressaten, ihre Wirkungsdauer und in ihrer gesellschaftlichen Funktion unterscheiden. Bücher sprechen in erster Linie Individuen an. Ihre Wirkung entfaltet sich in einem Zeitraum von Jahren. Zeitschriften erscheinen und entfalten ihre Wirkung in der Regel im Monatsrhythmus. Über ihre Urteile und Wertungen haben sie wesentlichen Einfluß auf die gesellschaftliche Meinungsbildung und tragen deshalb dazu bei, Gruppen und Institutionen zu formieren bzw. zu konsolidieren. Die Zeitung schließlich „verbrennt" im kürzesten Abstand von Tagen bzw. Wochen. Ihr Adressat ist ganz unspezifisch die gesamtgesellschaftliche Öffentlichkeit.[1]

In der Sowjetzeit gehörten neben der Monatszeitschrift und einzelnen im Wochenrhythmus erscheinenden Zeitungen, insbesondere der „Literaturnaja gazeta", Bücher zu den wichtigsten Publikationsmedien der Literaturkritik. Sie hatten in diesem Bereich einen ungleich höheren Stellenwert als im Westen. Jeder einigermaßen etablierte Kritiker veröffentlichte in seiner Laufbahn üblicherweise eine Reihe von Büchern. Bekannte Kritiker brachten es schon vor Beginn der Perestrojka auf mehr als ein Dutzend eigener Buchpublikationen. Literaturkritik in Buchform umfaßte sowohl Sammelbände bereits erschienener Aufsätze als auch monogra-

---

[1] DUBIN: Dinamika pečati, S. 84f.

phische Abhandlungen zu einzelnen Autoren oder – viel seltener – problembezogene Studien. Die Monographien hatten trotz ihrer aktualisierenden Perspektive meist einen literaturwissenschaftlichen Anspruch und waren einmal mehr Ausdruck der engen institutionellen Verflechtung von Literatur, Kritik und Wissenschaft. Vom hohen offiziellen Status der Literaturkritik zeugten auch spezielle Publikationsreihen, in denen literaturkritische Artikel und Diskussionen wiederabgedruckt bzw. bibliographisch erfaßt wurden.[2] Zu Beginn der Glasnost'-Periode stieg die Anzahl solcher Buchpublikationen noch einmal erheblich. Zwischen 1986 und 1990 erschien, gemessen an der jährlichen durchschnittlichen Produktion vor der Perestrojka, eine überproportional hohe Anzahl literaturkritischer Bücher und Broschüren, allein in Moskau waren es mehr als 50 Bücher. Mehrere Sammelbände – darunter eine dreibändige Ausgabe mit dem Titel „Vzgljad" und zwei Bände mit dem Titel „Pozicija" – hielten vieldiskutierte Artikel aus der Presse und Periodika der Perestrojka-Jahre in Buchform fest. Unter dem Titel „S raznych toček zrenija" wurden Diskussionen zu bestimmten Romanen – Pasternaks „Doktor Živago", Belovs „Kanuny" und Grossmans „Žizn' i sud'ba" – dokumentiert.[3]

Seitdem sich ab 1990 die Buchproduktion auf Angebot und Nachfrage umstellen mußte, ging die Produktion von Büchern mit Literaturkritik erheblich zurück. Die meisten Verlage mußten ihre Sektoren für Literaturkritik schließen. Zwischen 1990 und 1995 erschienen nur noch vereinzelt Bücher mit Literaturkritiken oder von Kritikern.

5.2   Historische Bedeutung und aktuelle Rolle der Monatszeitschriften

Das wichtigste Publikationsmedium der russischen Literaturkritik ist die sogenannte dicke „literarisch-belletristische und gesellschaftspolitische" Monatszeitschrift („ežemesjačnyj literaturno-chudožestvennyj i obščest-

---

[2] So z.B. Literatura i sovremennost', 25 Bde., M 1960-1989.
[3] POZICIJA. Literaturnaja polemika, vyp. 1 (Artikel von (1987) 3 – (1988) 3), M. 1989; vyp. 2 (Artikel von (1988) 7 – (1989) 7), sost. Ju. Bondarenko, M. 1990; VZGLJAD. Kritika. Polemika. Publicistika, 3 Bde, sost. A. Latynina, V. Ockockij u.a., M 1988-1991; S RAZNYCH TOČEK ZRENIJA: „Doktor Živago" B. Pasternaka, M 1990; S RAZNYCH TOČEK ZRENIJA: „Žizn' i sud'ba V. Grossmana", M 1991; S RAZNYCH TOČEK ZRENIJA: „Kanuny" V. Belova. Polemika, M 1990.

venno-političeskij žurnal"). Dieser Zeitschriftentyp ist gewissermaßen ein Modell der russischen literarischen und gesellschaftlichen Kommunikation. Mit seiner traditionellen Verschränkung von Prosa, Lyrik, Publizistik und Literaturkritik spielte er eine entscheidende Rolle bei der Herausbildung der gesellschaftlichen Öffentlichkeit in Rußland seit ihren Anfängen in der ersten Hälfte des 19. Jhs. wie auch im Prozeß der Transformation politischer wie literarischer Normen in der Sowjetzeit.[4]

Literarische Monatszeitschriften gab es zwar schon um die Mitte des 18. Jhs. Als erste Zeitschrift dieses Typs gelten die von dem deutschen Historiker G. F. Müller 1755-1764 herausgegebenen „Monatlichen Schriften zum Nutzen und zur Unterhaltung" („Ežemesjačnye sočinenija, k pol'ze i uveseleniju služaščie").[5] Diese frühen Monatszeitschriften mit Auflagen von weit unter tausend Exemplaren waren jedoch kaum mehr als Sprachrohre des Hofes oder einzelner Gruppen und richteten sich nur an einen kleinen Leserkreis. Zudem wurde bereits in den neunziger Jahren des 18. Jhs. die erste Blütephase der Periodika von der Zensur beendet.[6] Als Institution eines ausdifferenzierten literarischen Lebens, wofür es einer Vergrößerung und Anonymisierung des Leserpublikums bedurfte, konnten sie sich erst in den dreißiger Jahren des 19. Jhs., als Instanz zur Geschmacksbildung und Vermittlung zwischen der literarischen Elite und breiteren Leserschichten überhaupt erst nach den achtziger Jahren etablieren.[7] Zwischen 1910 und 1930 erlebten die Literaturzeitschriften

---

[4] Vgl. hierzu R. A. MAGUIRE: Introduction, in: D. A. MARTINSEN (Hg.): Literary Journals in Imperial Russia, Cambridge/Mass. 1997, S. 1-8. Zur Bedeutung der Zeitschriften im 18. und 19. Jh. besonders die Beiträge von G. MARKER, W. M. TODD, CH. RZADKIEWICZ und R. L. BELKNAP.

[5] G. MARKER: The creation of journals and the profession of letters in the eighteenth century, in: Martinsen: Literary Journals, S. 11-33; T. ŠASTINA: Žurnal „Ežemesjačnye sočinenija" i problema pisatelja, in: RUSSIAN LITERATURE (1987) 3, S. 131-140; auch OČERKI PO ISTORII RUSSKOJ ŽURNALISTIKI I KRITIKI, S. 25-30; P. N. BERKOV: Istorija russkoj žurnalistiki XVIII veka, M 1952.

[6] Zwischen 1787 und 1797 sank die Zahl der literarischen Periodika von sechzehn (bei jährlich ca. 560 neuen Buchtiteln pro Jahr) auf fünf (bei 240 neuen Buchtiteln), in: MICHEL: Die „Literaturnaja gazeta" A. Del'vigs.

[7] 1840 schrieb Belinskij: „Die Zeitschrift hat inzwischen unsere gesamte Literatur geschluckt – die Öffentlichkeit will keine Bücher, sondern Zeitschriften und in den Zeitschriften werden ganze Dramen, Romane veröffentlicht, jeder Band wiegt vierzig Pfund." V. BELINSKIJ: Sobranie sočinenij v 9tt, Bd. 9, M 1982, S. 411. Um die Mitte der vierziger Jahre des 19. Jhs. wurde die Zeitschrift für die literarische Kommunikation wichtiger als das Buch. Die Auflage einer literarischen Monatszeitschrift betrug um 1830-1840 etwa zwischen 2.000-5.000, stieg 1860 auf 30.000, 1870 auf 40.000

durch eine große Zahl an Neugründungen einen unerhörten Aufschwung, wobei es besonders in den zwanziger Jahren Auseinandersetzungen über innovative Funktionen und Profile der Monatszeitschriften gab. Tynjanov schrieb 1924 in dem Artikel „Žurnal, kritik, čitatel' i pisatel'" mit Blick auf die Literaturkritik:

> Lebendig ist eine Zeitschrift im Grunde immer nur durch Kritik und Polemik. Kritik ohne Zeitschrift taugt gar nichts; und eine Zeitschrift ohne Kritik ist unmöglich. Beide sind eng miteinander verknüpft und deshalb erzeugt eine Zeitschrift alten Typs unmerklich auch eine Kritik alten Typs.[8]

Zwischen 1930 und 1953 wurde die Anzahl der dicken Zeitschriften extrem reduziert und durch politische Gleichschaltung beschnitten – verboten wurden die Zeitschriften „Literaturnyj kritik" (1933-1940), „Krasnaja nov'" (1921-1942) und „Leningrad" (1940-1946) nach dem ZK-Erlaß gegen Achmatova und Zoščenko von 1946.[9]

Anfang der fünfziger Jahre gab es nicht mehr als vier dicke Monatszeitschriften: „Novyj mir" (seit 1925), „Znamja" (seit 1931), „Oktjabr'" (seit 1924) und „Zvezda" (seit 1924). Kurz vor und nach dem 20. Parteitag der KPdSU im Jahr 1956 wurde die literarische Zeitschriftenlandschaft dann durch etliche Neugründungen wiederbelebt, die das Bild der zeitgenössischen russischen Literatur bis heute in hohem Maße bestimmen. 1955 wurde „Junost'" gegründet, 1956 „Naš sovremennik", 1957 „Moskva", 1963 kam „Molodaja gvardija" hinzu. Neu gegründet wurden auch die literaturwissenschaftlichen Zeitschriften „Voprosy literatury" (1957), „Russkaja literatura" (1958) und nach dem Parteierlaß über die Literaturkritik von 1972 „Literaturnoe obozrenie" (1973). Vor allem in der Tauwetterperiode entwickelten sich einige Zeitschriften zu Foren der Gesellschaftskritik, wobei sie die aus ideologischen Differenzen innerhalb der politischen Führung erwachsenden begrenzten Spielräume ausnutzten.

---

und betrug 1900 bereits 90.000. W. M. TODD: Periodicals in literary life of the early nineteenth century, in: Martinsen: Literary journals, S. 37-63. A. REJTBLAT: Tolstyj žurnal i ego publika, in: DERS.: Ot Bovy k Bal'montu, M 1991, S. 32-47. J. BROOKS: When Russia learned to read. Literacy and Popular literature 1861-1917, Princeton 1985. Zur Analyse der Literaturkritik in bestimmten Zeitschriften vgl. EGOROV: Bor'ba ėstetičeskich idej, L 1982 und L 1991.

8   JU. TYNJANOV: Žurnal, kritik, čitatel' i pisatel', in DERS.: Literaturnyj fakt, S. 244-247, hier S. 245. Vgl. auch die Polemik von V. PERCOV: Lico tolstogo žurnala, in: NOVYJ LEF (1927) 3, S. 27-36.

9   Hierzu R. MAGUIRE: The Decline of the Thick Journal, in: DERS.: Red Virgin Soil, S. 364-417.

In den sechziger Jahren exponierten sich besonders zwei miteinander konkurrierende Zeitschriften: „Novyj mir" und „Oktjabr'". Die Zeitschrift „Novyj mir" vertrat eine gesellschafts- und sozialkritische Linie und versuchte mithilfe der Literatur, zur Aufklärung, Analyse und Kritik der gesellschaftlichen Mißstände beizutragen. Sie verstand sich als Sprachrohr der schweigenden Lesermehrheit und betonte damit eher die Erkenntnisfunktion der Literatur. „Oktjabr'" hingegen vertrat eine parteiloyale, sozialpädagogische Linie,[10] bestand auf der Erziehung der Leser durch positiv-utopische Vorbilder und war mit hoher institutioneller Autorität ausgestattet. Durch ihre Publikationen und durch den regen informellen Austausch in den Redaktionen prägten diese Zeitschriften das geistige Profil einer ganzen Generation.[11] Nach dem erzwungenen Ende des liberalen Kurses von „Novyj mir" und der Absetzung Tvardovskijs als Chefredakteur 1970 veränderte sich in den darauffolgenden Jahrzehnten auch die Bedeutung einzelner Zeitschriften. Ehemals feste Bindungen von Autoren und Kritikern an bestimmte Zeitschriften gingen verloren. In den siebziger und frühen achtziger Jahren profilierten sich ehemals zweitrangige Zeitschriften wie „Družba narodov" und „Naš sovremennik", indem sie bekannte Autoren wie Trifonov oder die Schriftsteller der sogenannten Dorfprosa für sich gewannen, vor allem aber indem sie durch ihre publizistischen Beiträge die Herausbildung ideologischer Lager förderten.

Die kultursoziologische Bedeutung der dicken Zeitschriften lag besonders seit den fünfziger Jahren darin, daß sie mit jeweils eigenen programmatischen Schwerpunkten – z.B. „Znamja" für die Kriegsthematik, „Družba narodov" für die Literatur anderer Sowjetvölker, „Inostrannaja literatura" für ausländische Literatur – und durch ihr kontinuierliches, regelmäßiges Erscheinen eine konstante Leserschaft an sich banden und so deren Bewußtsein und literarischen Geschmack zum Teil über Jahrzehnte hinweg prägten. Die Leserschaft setzte sich hauptsächlich aus den „humanitären" und technischen Intelligenzschichten der Metropolen und anderen Städte des Landes zusammen. So vermittelten die Zeitschriften zwischen geistiger Elite und breiter intellektueller Mittelschicht, zwi-

---

[10] Eine Analyse der Zeitschrift „Oktjabr'" in den sechziger Jahren bietet E. Dobrenko: Uroki Oktjabrja, in: VL (1995) 3, S. 27-55.

[11] Spechler: Permitted Dissent in the USSR; Bioul-Zedginidze: Literaturnaja kritika žurnala „Novyj mir"; S. Čuprinin: Pozicija (Literaturnaja kritika v žurnale „Novyj mir" vremen A. Tvardovskogo: 1958-1970gg.), in: VL (1988) 4, S. 3-47; Vgl. auch die zahlreichen in den 80/90er Jahren veröffentlichten Memoiren ehemaliger Redaktionsmitglieder, etwa V. Laksin: Otkrytaja dver'. Vospominanija i portrety, M 1989.

schen Hauptstadt und Provinz und auch zwischen den Generationen. Ihre
Bedeutung im Prozeß der gesellschaftlichen Gruppenbildung muß sehr
hoch veranschlagt werden. Manche Soziologen schätzten sie zu Beginn
der neunziger Jahre höher ein als die der neuen politischen Parteien.[12]

Die literarischen Monatszeitschriften waren eine Säule der Wort- und
Lesekultur. Sie veröffentlichten nicht nur literarische Texte, sondern organisierten und förderten durch deren geregelte Distribution zugleich die
Kommunikation über Literatur. Ihre Redaktionen erhielten eine große
Zahl von Leserbriefen, die sowohl an Autoren als auch an Kritiker gerichtet waren. Selbst wenn nur wenige davon publiziert wurden, waren
diese Leserbriefe dennoch ein nicht unbedeutender Teil der literarischen
Kommunikation. So mußten beispielsweise auch anerkannte Autoren auf
massive Leserkritik eingehen, weil „der Leser" ein zentrales Ideologem
war und häufig als Instrument zur Legitimation und Durchsetzung bestimmter Kampagnen eingesetzt wurde.

Manche Publikationen – nicht nur spektakuläre literarische Erstveröf-
fentlichungen, sondern auch literaturkritische und publizistische Texte –
lösten breite Diskussionen aus und wurden zu gesellschaftlichen Ereignissen. Die Zeitschriften trugen bestimmte Themen, Werke und Probleme an die Stammleserschaft heran und schufen dadurch die Voraussetzung für ein dichtes Netz der Kommunikation. Durch den regelmäßigen
Austausch über die „literarischen Ereignisse" entwickelten sich entsprechende kollektive Bewertungsmuster. Auf dieser Grundlage eines relativ
geschlossenen Rezeptionskreises bildete sich die für die sowjetische Intelligenz charakteristische Homogenität des Diskurses heraus. Das wurde
besonders klar, als sich diese Strukturen aufzulösen begannen. Durch die
Zeitschriften bildeten sich – in unvergleichlich stärkerem Maße als in der
disparaten westlichen Öffentlichkeit – intellektuelle „mainstreams", sie
übernahmen Funktionen der individuellen wie kollektiven Selbstverge-
wisserung und Identitätsbildung, in ihnen sammelte sich das „symbolische Kapital" der Intelligenz.[13]

---

[12] GUDKOV in einem Vortrag am Osteuropa-Institut der FU Berlin am 5.6.1992.
[13] GUDKOV/DUBIN: Bez naprjaženija.

5.3   Typen literarischer Zeitschriften zwischen 1986 und 1993

Auf dem Höhepunkt der Glasnost'-Periode (1987-1990) lösten sich nicht nur eine Zeit lang die Grenzen der Literaturkritik auf, wovon die erwähnte personelle Ausweitung der Kritik auf Vertreter anderer Professionen zeugt, sondern es verringerten sich auch die Unterschiede zwischen literarischen Zeitschriften bzw. Zeitungen und anderen Publikationsmedien. Einige Wochenzeitungen, wie die Illustrierte „Ogonek"[14] und „Literaturnaja gazeta" als Befürworter der Perestrojka und „Literaturnaja Rossija" als deren nationalistischer Gegner, spielten in den publizistischen und literaturpolitischen Auseinandersetzungen eine zentrale Rolle, öffneten ihre Sparten für aufsehenerregende literarische und literaturkritische Veröffentlichungen und erschienen in millionenfacher Auflage. In „Ogonek" als einem der Hauptvorreiter der Glasnost' erschienen neben politischen Reportagen zur Aufdeckung der Vergangenheit zum ersten Mal literaturkritische Artikel über politisch verfolgte und emigrierte Autoren, früher verbotene Gedichte und ästhetisch anspruchsvolle literarische Texte der Moderne, zum Beispiel in der von Evtušenko vorgestellten und kommentierten Serie „Unbekannte Dichter des 20. Jhs.".[15] Eine außerordentlich große Leserschaft fanden auch die Büchlein der Beilage „Biblioteka Ogonek"; viele davon waren Wiederabdrucke von Artikeln populärer Literaturkritiker aus den dicken Zeitschriften. Breit rezipiert wurde schließlich auch die 1989 in zwölf monatlich wechselnden Folgen in der „Literaturnaja gazeta" publizierte Artikelserie „Dialog nedeli", in der jeweils zwei Literaturkritiker unterschiedlicher Richtungen aufeinandertrafen.

Selbst wenn die meisten der jahrzehntelang unangefochten etablierten dicken Monatszeitschriften aus Moskau und Leningrad auch nach den Auflageneinbrüchen weiterbestanden und ihre Stellung als Institutionen des literarischen Lebens behaupten konnten, hat sich doch durch die Aufhebung der Zensur und der Schranken zur Untergrund- und Emigrationskultur die Landschaft der literarischen Periodika seit 1990 nachhaltig verändert. Zeitschriften, die seit Jahren im Ausland erschienen waren,

---

[14] Vgl. dazu die Dokumentation D. KRETZSCHMAR/A. LEETZ (Hgg.): Ogonjok. Ein Querschnitt aus dem Perestroika-Magazin, Reinbek 1991; A. ARCHANGEL'SKIJ: Tol'ko i étogo malo ... (Obščestvennoe soznanie v zerkale „Ogon'ka"), in: DERS.: U paradnogo pod-ezda. Literaturnye i kul'turnye situacii perioda glasnosti, M 1991, S. 30-48; zuerst: Meždu svobodoj i ravenstvom. Obščestvennoe soznanie v zerkale 'Ogon'ka' i 'Našego sovremennika', 1986-90, in: NM (1991) 2, S. 225-241.

[15] E. EVTUŠENKO (Hg.): Später publiziert als: Itogi veka. Strofy veka, M 1995.

kehrten aus der Emigration nach Rußland zurück, ehemalige Untergrund-
zeitschriften erschienen nunmehr öffentlich. Daneben wurde eine Vielzahl von neuen literarischen Zeitschriften und Almanachen gegründet.[16]
Sie alle waren zwar marginalisiert, richteten sich meist nur an sehr beschränkte Leserkreise und mußten oft schon bald nach ihrer Gründung
wegen finanzieller Probleme ihr Erscheinen wieder einstellen. Sie waren
also weder von der Auflage und dem Umfang noch von ihrer Repräsentativität her mit den großen Monatszeitschriften vergleichbar. Aber gerade in ihnen manifestierte sich eine neue Literatur und Kritik, so daß
sich das Innovationspotential sowohl in der Literatur als auch in der Literaturkritik deutlich auf diese neuen Periodika verlagerte. In eine Betrachtung der Medien von Literaturkritik müssen daher alle Publikationstypen,
unabhängig von ihrer Auflage, der Dauer ihres Erscheinens oder der
Massenwirksamkeit, miteinbezogen werden. Die Grenzen zwischen den
etablierten und den kleinen und großen neuen Zeitschriften waren nur
wenig durchlässig, da sie häufig nicht nur unterschiedliche literarische
Richtungen und Konzeptionen, sondern auch soziokulturelle Milieus repräsentierten.

Unter den neuen literarischen Periodika lassen sich vier Typen unterscheiden:[17]

Neue Periodika im Stil der traditionellen Monatszeitschriften

Hierzu gehörten liberale, reformorientierte Zeitschriften oder Almanache
wie „Aprel'" oder „Chronograf" und patriotische Almanache wie „Slo-

---

16 Wohl hauptsächlich aus ökonomischen Gründen spielte neuerdings auch die Publi-
    kationsform des Almanachs eine größere Rolle. Als Sammelbände mit literarischen
    Texten oder einer Mischung aus Literatur, Kritik und Publizistik konnten sie zwar
    selbständig existieren, mußten aber nur im Jahresrhythmus erscheinen und waren
    nicht wie die Monatszeitschriften an einen regelmäßigen Publikationsmodus gebun-
    den. Hier werden die Almanache als eine modifizierte Form der Monatszeitschrift
    behandelt. Zur Rolle der literarischen Zeitschriften in der Sowjetunion vgl. DUBIN:
    Dinamika pečati i transformacija obščestva; GUDKOV/DUBIN: Konec charizmatičeskoj
    ėpochi. Zum Stellenwert der literarischen Zeitschriften im Zusammenhang mit ande-
    ren Periodika vgl. die erste empirisch begründete Studie von GUDKOV/DUBIN: Žur-
    nal'naja struktura i social'nye processy, in: DIES.: Intelligencija.
17 Die bisher vollständigste Aufstellung von Periodika und Samizdat der Perestrojkazeit
    ist der Bestandskatalog „Novaja periodika i samizdat na territorii Sovetskogo sojuza
    1987-1991". Zusammengestellt und bearbeitet von E. Schemkova, Forschungsstelle
    Osteuropa Bremen 1992.

vo", „Russkaja starina" oder „Moskovskij vestnik",[18] die eine Mischung
aus Primärliteratur, politischer Publizistik und Literaturkritik präsentierten. Das literarische Angebot beschränkte sich auf konventionell-realisti-
sche Texte, und auch in ihrem gesellschaftspolitischen Profil lehnten sich
diese Periodika eng an die traditionellen dicken Monatszeitschriften an.
Sie spekulierten offenbar auf einen ähnlichen Status wie diese und strebten eine möglichst hohe Auflage an. Sie waren zumeist aus den Auseinandersetzungen im „Bürgerkrieg der Literaten"[19] während der Perestrojka, also aus polarisierten politisch-ideologischen Lagern, hervorgegangen.

*Zeitschriften/Almanache neuen Typs mit Schwerpunkt auf innovativer
Literatur/-kritik*

Diese größte Gruppe umfaßte mehr oder weniger umfangreiche Periodika
mit entschieden kleinerer Auflage als die etablierten Monatszeitschriften,
die sich mit experimentell-avantgardistischen oder literarisch konventionellen Texten, überwiegend der neuen Literatur und Kritik, von jungen
oder unbekannten Autoren, literarischen Randfiguren oder Themen aus
verdrängten Traditionen widmeten. Sie bemühten sich um eine originelle
Gestaltung und sprachen ästhetisch interessierte Leserkreise an. Aus der
großen Anzahl seien hier nur die beiden langlebigsten genannt: „Vestnik
novoj literatury" und „Solo", die 1992 im Rahmen der ersten Verleihung
des russischen Booker-Preises ausgezeichnet wurden.[20] Die Zeitschrift
„Vestnik novoj literatury" hatte zum Ziel, die „geistige und ästhetische
Tradition der 'inoffiziellen', 'zweiten', 'unzensierten' Literatur fortzuset-

---

18 Von dem Almanach „APREL'" erschienen zwischen 1989 und 1997 neun Bände in
    Buchformat (die Auflage sank von anfangs 300.000 auf 30.000). Er war das erste im
    Selbstverlag – noch vor dem Pressegesetz – erschienene literarische Periodikum.
    CHRONOGRAF. Sbornik. Ežegodnik, 3 Bde, M 1989-1991 (Aufl. 50.000); SLOVO. Li-
    teraturno-chudožestvennyj sbornik, hg. von S. A. Lykošin. M 1989 (Aufl.: 30.000);
    RUSSKAJA STARINA. Literaturno-istoričeskij al'manach, hg. von Bondarev, Pikul',
    Proskurin, Solouchin u.a., M 1990 (Aufl.: 100.000); MOSKOVSKIJ VESTNIK. Al'ma-
    nach moskovskoj pisatel'skoj organizacii, M. 1989.
19 V. VIGILJANSKIJ: Graždanskaja vojna ili o tom, kak pomoč' čitatelju L'va Nikolaeviča,
    in: OG 43 (1988), S. 6-8.
20 Von der Zeitschrift VESTNIK NOVOJ LITERATURY, hg. von M. Berg und M. Šejnker in
    St. Petersburg, erschienen zwischen 1990 und 1994 acht Nummern. (Aufl.: 1990:
    40.000-50.000, 1991: 20.000, 1993: 5.000, seit 1994: 2.000); SOLO. Literarisch-
    künstlerische Zeitschrift, wird seit in Moskau von A. Michajlov u.a. herausgegeben
    (Aufl. zwischen 10.000 und 50.000).

zen".[21] Typisch für sie war die häufig explizit formulierte Absage an die Doppelfunktion literarisch-künstlerischer und gesellschaftspolitischer Breitenwirkung, in der eine deutliche Abgrenzung gegenüber den traditionellen Zeitschriften lag.[22] Manche junge oder bis dahin unbekannte Literaturkritiker wie Michail Berg, der Herausgeber des „Vestnik novoj literatury", oder Igor' Jarkevič publizierten ganz oder vorwiegend in solchen Zeitschriften.

Periodika des alten und neuen Samizdat

Eine dritte Gruppe stellten Almanache und Zeitschriften des Samizdat alten und neuen Typs dar. Unter Samizdat alten Typs werden hier Periodika verstanden, die früher im Untergrund erschienen waren und die ihre Existenz nach dem Zensurabbau öffentlich fortsetzten. Die Mehrzahl von ihnen stammte aus Leningrad, so zum Beispiel „Časy", „Obvodnyj kanal" und „Mitin Žurnal", von dem 1991 bereits zweiundvierzig Nummern erschienen waren. Samizdat neuen Typs sind Periodika, die – im Wortsinne eines Selbstverlages – sich trotz abgeschaffter Zensur und ökonomischer Unabhängigkeit weiterhin zu dieser Tradition bekannten, indem sie sich bewußt und äußerlich sichtbar vom literarischen „mainstream" absetzten und sich weiterhin an die marginalisierten Kreise der ehemaligen Untergrundkultur wandten. Diese Intention wurde entweder explizit formuliert oder sie kam indirekt zum Ausdruck. Beispiele für Publikationen dieses neuen Samizdat sind „Andergraund-Underground", „Labirint/Ėkscentr", „Apokrif", „Sumerki" und „Ličnoe Delo No.".[23]

---

[21] Redaktionsnotiz in: VNL (1990) 1, S. 7-10.
[22] Weitere Titel neuer Zeitschriften und Almanache dieses Typs, in denen auch Literaturkritik erschien, waren „GLAS", „VEST'", „POSLEDNIJ ĖTAŽ", „ČISTYE PRUDY", „LICEJ NA ČISTYCH PRUDACH", „LATERNA MAGICA", „NOVYJ KRUG", „ZDES' I TEPER'", „NOVAJA JUNOST'" und „KONEC VEKA".
[23] MITIN ŽURNAL, hg. D. B. Volček, SPb, galt als eine der wichtigsten Zeitschriften vom Samizdat-Typ. (Aufl.: 500). ANDERGRAUND/UNDERGROUND. Sbornik molodych avtorov. Poėzija – proza – kritika, Verlag „Samizdat" M 1990. 295S. (Aufl. o.A.), gedruckt in Frankreich. LABIRINT-ĖKSCENTR. Sovremennoe tvorčestvo i kul'tura. Literaturno-chudožestvennyj žurnal, L/SPb – Sverdlovsk/Ekaterinburg 1990, 1991 (bis 1993 3 Bde.), hg. von A. Gornon, (Aufl.: 15.000 - 25.000). SUMERKI, hg. von A. Gur'janov, A. Novakovskij, D. Sinočkin, seit 1989 in SPb (bis 1991 erschienen 12 No., Aufl.: o.A.); „LIČNOE DELO No.", No. 1, M 1991, No. 2, M 2000. Zur Charakterisierung dieser Samizdat-Periodika vgl. M. BEZRODNYJ: Listaja Sumerki (Samizdat i „Iskusstvo knigi"), unveröff. Ms. Hannover 1993.

An dieser Stelle sei kurz auf die Problematik der Literaturkritik im Samizdat eingegangen. Im Unterschied zu den literarischen Autoren, Philosophen, Philologen und Publizisten, die mehrheitlich den Samizdat beherrschten, spielte Literaturkritik in diesem Bereich keine eigenständige Rolle, wenn man von einzelnen Texten wie z.B. Sinjavskijs Essay „Čto takoe socialističeskij realizm" absieht. Als ein von gemeinsamen literarischen Bezugsfeldern, öffentlichem Austausch und verbindlichen Diskursstrukturen abhängiges Genre konnte sich die Literaturkritik in einer weitgehend atomisierten, individuellen und von Zufällen abhängigen Kommunikationssphäre offenbar nicht entwickeln. Neben der mangelnden Öffentlichkeit kommt aber ein weiteres Moment hinzu, das das Fehlen einer Literaturkritik in der nichtoffiziellen Kultursphäre erklärt. Gudkov und Dubin stellten fest:

> Es ist bezeichnend, daß eine Kritik im eigentlichen Sinne, mit klar gesteckten Grenzen zwischen Literatur und Nichtliteratur, in dieser Sphäre nicht existierte. Dies ist ein weiteres Zeichen dafür, daß sie sich nur an die „Eigenen" wandte und in der Regel nicht über den Kreis der Gleichgesinnten hinausging (wenn sie dies tat, so nicht in literarisch-ästhetischer Eigenschaft, sondern als Dokument). Das aber bedeutet, daß die Bewertung der Literatur weitgehend vorher erfolgte – auf dem Wege der Kommunikationskanäle, über das Milieu der Rezipienten, ihre in Zirkeln organisierte Lebensweise. (...) Es gab keine Presse, keine Literaturkritik, im Grunde gab es gar keine Analyse.[24]

Die hermetischen Kommunikationsstrukturen in den Kreisen von Insidern und Gleichgesinnten im Bereich der Samizdatliteratur ließen kritischen Austausch und Analyse nicht zustandekommen. Der Samizdat organisierte sich nämlich ausschließlich nach dem Bedarf der Rezipienten. Literarische Werke kursierten zwar in relativ großer Anzahl, häufig auch mit Kommentaren von Emigranten oder westlichen Spezialisten. Sie wurden aber immer in einem bestimmten Kontext wahrgenommen und unmittelbar, gewissermaßen als psychologische Gebrauchsliteratur rezipiert. Die in der *inoffiziellen Kultur* vorherrschende distanzlos affirmative, ja oft ehrfürchtige Einstellung zu den Schriftstellern verhinderte die Herausbildung einer analytischen Reflexionsebene und wies in ihrer Struktur wiederum Ähnlichkeit zur offiziellen Sphäre der Kritik auf.

---

[24] GUDKOV/DUBIN: Parallel'nye literatury. Popytka sociologičeskogo opisanija, in: RODNIK (1989) 12, S. 24-31.

Emigrantenzeitschriften

Bei den Emigrantenzeitschriften muß man unterscheiden zwischen solchen, die weiterhin im Ausland erschienen, aber in Rußland vertrieben
wurden, und solchen, deren Redaktionen teilweise oder ganz mit entsprechenden Neubesetzungen nach Rußland zurückkehrten. Zu ersteren gehörte zum Beispiel die seit 1978 von Andrej Sinjavskij seiner Frau und
Marija Rozanova in Paris herausgegebene Zeitschrift „Sintaksis", in der
die Literaturkritik einen besonders breiten Raum einnahm. Weitere Zeitschriften dieses Typs waren die seit 1976 in Tel Aviv/New York und Paris erscheinende Zeitschrift „Vremja i my", der seit 1976/77 ebenfalls in
Paris und New York herausgegebene Almanach „Tret'ja volna" und der
seit 1984 unregelmäßig in Paris erscheinende avantgardistische Almanach „Muleta". Eine der „zurückgekehrten" Zeitschriften war „Kontinent", die 1974-1991 in Paris unter Leitung des Schriftstellers Maksimov
erschien, ihre Redaktion 1991 nach Moskau verlegte und dort seit 1992
mit Igor' Vinogradov einen neuen Chefredakteur aus Rußland bekam.
Ein weiteres Beispiel war „Strelec", die 1984-89 in Frankreich und USA
publiziert wurde und seitdem als Almanach zwei-dreimal jährlich in
Moskau erschien. Zeitschriften wie „Strelec", „Vremja i my" und „Tret'ja
volna" sowie einige Almanache wie „Muleta" und „A-Ja" waren schon in
den achtziger Jahren Foren für die avantgardistische russische Literatur
aus dem Untergrund. Indem sie nach 1987/88 in Rußland erschienen,
sorgten auch sie für eine Vermittlung der „anderen" Literatur. Die meisten dieser Periodika haben sich nach ihrer „Repatriierung" nicht viel
länger halten können.[25] Auf jeden Fall aber hielten zusammen mit diesen
Zeitschriften auch die Konflikte und Polemiken in der russischen Emigration Einzug in das literarische Leben im spät- und postsowjetischen
Rußland.

---

[25] Zum Zeitpunkt der Drucklegung dieses Buches existierten lediglich noch „Kontinent", „Vremja i my" (seit 1974 in New York/New Jersey, seit 1990
N.Y./Moskau/N.J.) und „Strelec". „A-Ja. Contemporary Russian Art/Sovremennoe
Russkoe Iskusstvo erschien 1979-1986 in Paris, gab aber als Erscheinungsort Pa-
ris/New York/Moskau an.

5.4   Die Zeitschrift „Znamja" (1986-1993)

5.4.1   Aufbau und Profil der Zeitschrift

Die Entwicklung der literarischen Zeitschriften und ihrer Literaturkritik zwischen 1986 und 1993 soll im folgenden exemplarisch an der Zeitschrift „Znamja" dargestellt werden. Von allen literarischen Monatszeitschriften hat sie ihr Profil in dieser Zeit am nachhaltigsten verändert. Als eine der ältesten sowjetischen Monatszeitschriften entwickelte sich „Znamja" nach einer Geschichte von mehr als fünfzig Jahren innerhalb von sechs Jahren von einem parteiloyalen, auf Kriegs- und Armeeliteratur spezialisierten Organ des Schriftstellerverbands zunächst zu einem der wichtigsten Meinungsträger der Perestrojka und schließlich zu einem unabhängigen Forum für neue, ästhetisch anspruchsvolle Literatur.[26] Darüber hinaus hat sie sich als erste sowjetische Monatszeitschrift die Unabhängigkeit vom Schriftstellerverband erstritten.

„Znamja" ist somit ein Bindeglied zwischen der alten und der neuen Literatursituation zu Beginn der neunziger Jahre. Sie stellte zunächst konventionelle, breitenwirksame Literatur vor, öffnete sich dann aber auch für nonkonforme Texte, Positionen und Autoren und führte sie einem größeren Leserpublikum zu. Im folgenden wird die Entwicklung der Organisationsstruktur, des inhaltlich-programmatischen Profils und der Literaturkritik von „Znamja" beschrieben und dann im Kontext der übrigen Zeitschriften ausgewertet.

5.4.1.1 Redaktions- und Organisationsstruktur

Nach ihrer Gründung als Publikationsorgan der Roten Armee und der Flotte im Jahre 1931 erschien die Zeitschrift zunächst zwei Jahre lang unter dem Titel „LOKAF" („Literaturnoe ob-edinenie Krasnoj Armii i Flota").[27] 1932 wurde sie in „Znamja" („Das Banner") umbenannt und der Leitung des Offiziers M. M. Landa unterstellt, ab 1935 erschien sie dann als Organ des sowjetischen Schriftstellerverbandes. In der Stalinzeit verhielt sich „Znamja" weitgehend linientreu und druckte nur wenige

---

[26] Hierzu auch IRLENKÄUSER: Die russischen Literaturzeitschriften, S. 38-48.

[27] Zu den Anfängen von „LOKAF"/"Znamja" vgl. eingehend DOBRENKO: Metafora vlasti, S. 138-171. Ferner zur Geschichte der Zeitschrift nach 1986 IRLENKÄUSER: Die russischen Literaturzeitschriften, S. 39ff.

herausragende Autoren (wie etwa I. Il'f und E. Petrov). Zwischen 1946 und 1949 wurde sie im Zusammenhang mit dem Parteierlaß vom August 1946 gegen die Zeitschriften „Zvezda" und „Leningrad" und 1948 im Zuge der Anti-Kosmopolitismuskampagne zur Zielscheibe der Parteikritik, woraufhin ihre Redaktion weitgehend umbesetzt wurde.[28] Von 1949 bis 1984 stand sie unter der Leitung des Schriftstellerfunktionärs Vadim Koževnikov. Bis in die späten achtziger Jahre gehörten dem Redaktionskollegium auch die seit der Ždanov-Zeit berüchtigten Publizistinnen Ljudmila Skorino (1949-1985) und Zoja Kedrina (*1904) an. Letztere hatte sich zum Beispiel 1966 als Nebenklägerin im Prozeß gegen Sinjavskij hervorgetan.[29] Weitere Mitglieder des Kollegiums waren der Kriegsschriftsteller Michail Kolesnikov sowie als hoher Angehöriger des Militärs Dmitrij Volkogonov.

Die Periode des Tauwetters hatte keinen nennenswerten Einfluß auf die Zeitschrift, auch wenn Il'ja Ėrenburgs gleichnamige Erzählung 1954 in ihr erschien.[30] Im Gegenteil, sie war weiterhin verantwortlich für die Verfolgung etlicher Schriftsteller. So schickte der Chefredakteur Koževnikov das Manuskript von Grossmans Roman „Žizn' i sud'ba" („Leben und Schicksal"), das der Autor an die Redaktion gesandt hatte, an den KGB und löste damit die nachfolgende Verhaftung Grossmans aus. Zwar debütierten in der Tauwetterperiode Autoren wie Astaf'ev, Evtušenko und Voznesenskij in „Znamja", und unter der Rubrik „Inostrannaja novella" wurden – bis 1987 – eine Reihe von Werken zeitgenössischer westlicher Autoren (darunter Heinrich Böll, Siegfried Lenz, William Faulkner und Nadine Gordimer) publiziert, aber in ihrem literarischen Programm zeigte sie kein nennenswertes Profil und in ihren publizistischen und literaturkritischen Sparten blieb „Znamja" bis 1987 ein konturloses Organ der parteioffiziellen Literaturpolitik.

Im Oktober 1986 übernahm der Schriftsteller Grigorij Baklanov die Chefredaktion. Baklanov war in den frühen sechziger Jahren mit ungeschönten literarischen Kriegsdarstellungen als Protagonist der Tauwetter-Literatur im Rahmen der parteipolitisch zugelassenen Linie bekannt ge-

---

[28] Näheres dazu in DOBRENKO: Metafora vlasti, bes. S. 337-364.
[29] Skorino war schon in der Kosmopolitismus-Kampagne gegen Vertreter der Avantgarde und der Formalen Schule aufgetreten. L. SKORINO: Novatorstvo i formalizm, in: NM (1948) 5, S. 179-192. Z. Kedrina war als Kollegin von A. Sinjavskij auch im Institut für Weltliteratur (IMLI) beschäftigt. Z. KEDRINA: Nasledniki Smerdjakova, in: LG 22.1.1966, wiederabgedruckt in: Cena metafory. Prestuplenie i nakazanie Sinjavskogo i Danielja, M 1989, S. 38-46.
[30] I. ĖRENBURG: Ottepel', in: ZN (1954) 5, S. 14-87.

worden. Den Führungswechsel von stalinistischen Funktionären zu liberalen Vertretern der Šestidesjatniki vollzog „Znamja" parallel zu anderen
Zeitschriften wie „Novyj mir" und „Ogonek," deren neue Chefredakteure
Sergej Zalygin und Vitalij Korotič in ähnlicher Weise zu Symbolfiguren
für die Glasnost' wurden. Bei „Znamja" führte der Wechsel erstmals seit
vielen Jahrzehnten zu einschneidenden Veränderungen in der Organisationsform und redaktionellen Zusammensetzung. Baklanov brachte
Mitstreiter seiner Generation und Gesinnung, die Kritiker Lakšin und
Oskockij sowie den Publizisten Černičenko, mit. Ab Dezember 1989
machte Baklanov den 20 Jahre jüngeren Literaturkritiker und Philologen
Čuprinin zu seinem „ersten Stellvertreter", der schließlich Anfang 1994
Baklanovs Nachfolge antrat. Diese Umbesetzung war nicht weniger bedeutsam als der Leitungswechsel von 1986, weil damit erstmals ein parteiloser Kritiker diesen Posten übernahm. In der inneren Rangliste hatte
der „erste Stellvertreter" nämlich bis dahin nur scheinbar eine zweitrangige Position; tatsächlich hatte er, ähnlich wie der „verantwortliche Sekretär", traditionell die Funktion eines politischen Instrukteurs, der unmittelbar von der Partei bestimmt und dem Chefredakteur beigeordnet
wurde.

Ab 1990 kamen mit Aleksandr Ageev und Karen Stepanjan zwei
weitere Kritiker der philologisch-akademischen Richtung sowie die Literaturwissenschaftlerin und Kafka-Spezialistin Elena Kaceva hinzu. Und
im August 1991 wurde Natal'ja Ivanova zur Stellvertreterin des Chefredakteurs ernannt.

Um die institutionelle Einbindung eines sowjetischen Literaturkritikers in die Monatszeitschrift zu zeigen, die sowohl einen subalternen
Status, als auch indirekte Macht und Einflußnahme bedeuten kann, sei
hier die typische Redaktionsstruktur einer sowjetischen Monatszeitschrift
vorgestellt:

Chefredaktion (ca.4)
Chefredakteur („glavnyj redaktor")

Stellv. Chefredakteur	Verantw. Sekretär	Stellv. verantw. Sekr.
(verantw. für Ideologie)	(verantw. für Gesamtlinie)	(verantw. für Heft)

Redaktionskollegium (ca.16)

Freie Mitarbeiter (2-3)	Sektion Kultur (1)	Sektion Prosa (5)
(„obozrevateli")		
Sektion Publizistik (3)	Sektion Kritik (3-4)	Sektion Lyrik (1)

Redaktion (ca.6)

Oberredakteure	Redakteure	Unterredakteure
(„**Staršie** redaktory")		(„Mladšie redaktory")

Sonstige Mitarbeiter (4-7)

Die Redaktion einer dicken Monatszeitschrift umfaßte also in der Regel 30 bis 33 feste und einige freie Mitarbeiter. Diese im Vergleich zum Westen außerordentlich hohe Anzahl von Mitarbeitern, relativierte die persönliche Verantwortung einzelner, indem Entscheidungskompetenzen auf viele Personen verteilt wurden. Die bürokratische Struktur diente in erster Linie der mehrfachen Kontrolle der Texte. Es war üblich, daß jede zur Korrektur berechtigte Instanz Eingriffe in die vorgelegten Texte vornahm, auch wenn sie noch so gering waren. Diese Prozedur dauerte gewöhnlich vier bis sechs Monate. Artikel, die auf Empfehlung der Redaktion geschrieben wurden, durchliefen dagegen meist nur drei Instanzen und benötigten zwei bis vier Monate bis zum Erscheinen. Über strittige Texte entschied man in der Chefredaktion oder in höheren politischen Instanzen. Literaturkritiker konnten in nahezu allen Positionen der redaktionsinternen Hierarchie sitzen. Am meisten gefürchtet waren sie gewöhnlich als Redakteure, da sie sich sowohl den Kollegen als auch den Autoren überlegen wähnten.

Auch „Znamja" entsprach in ihrem Aufbau diesem Schema. Erstaunlicherweise wurde nach dem Auflageneinbruch der Personalbestand der Redaktion kaum reduziert. Kürzungen betrafen vor allem die Sparten „Publizistik","Literaturkritik" und „Prosa" – je zwei Redakteure für „Kritik" und „Publizistik" und vier Redakteure in der Abteilung „Prosa".

Anders als im Westen machten Personalkosten in den russischen Zeitschriften nur einen relativ geringen Anteil der Ausgaben aus. Der größte Teil der Kosten entfiel seit 1990 auf die Anschaffung des Papiers und die Typographie. Personelle Kürzungen, die in Zukunft zu erwarten sind, werden in dem Maße anfallen, wie die Beschaffungskosten für Material und die allgemeinen Lebenshaltungskosten und damit auch die Honorare und Gehälter steigen.

5.4.1.2 Formen der Zensur

Die sowjetische Zensur beschränkte sich bei weitem nicht auf jene Instanzen, die, wenngleich in der Öffentlichkeit tabuisiert, unmittelbar damit befaßt waren. Sie wirkte sehr viel breiter und vielschichtiger und begann im Grunde schon vor der Niederschrift eines Textes. An dieser Stelle geht es allerdings nicht um die Formen der Selbstzensur des Kritikers beim Schreiben, sondern um die konkreten manifesten Formen der Zensur und ihre Auswirkungen auf die Arbeits- und Publikationsbedingungen der Kritiker. Dabei wird das Netz von institutionellen Verflechtungen zwischen Zensoren, Redakteuren und Kritikern deutlich, das ihre jeweiligen Handlungsspielräume bestimmte. Die Zensur war sowohl eine konkrete Institution als auch in Form von vielfältigen Textredigierungen in den Verlagen und Redaktionen ein schwer greifbarer allgegenwärtiger Mechanismus. Der Alltag eines sowjetischen Kritikers und Autors war permanent von Auseinandersetzungen mit der Zensur geprägt.

Als offizielle staatliche Institution wurde die 1919 eingerichtete sowjetische Zensur von der Behörde „Glavlit" (bis 1954/55 „Glavnoe upravlenie po delam literatury i izdatel'stv", seit 1966 „Glavnoe upravlenie po ochrane gosudarstvennych tajn v pečati") vertreten, die formal dem Pressekomitee beim Ministerrat der UdSSR unterstellt war. Bei Glavlit wiederum gab es zwei Typen von Texteingriffen: eine „faktologische" und eine „ideologische" Zensur.[31] Die faktologische Zensur hatte die Auf-

---

31 P. HÜBNER: Aspekte der sowjetischen Zensur, in: OE (1972) 1, S. 1-24. In dieser Darstellung stütze ich mich auf folgende Untersuchungen: M. JAKOBSON: Cenzura chudožestvennoj literatury v SSSR, in: STRELEC (1984) 5, S. 42-47; B. ZAKS: Censorship at the Editorial Desk, in: M. Choldin/M. Friedberg (Hgg.): The Red Pencil. Artists, Scholars and Censors in the USSR, Boston 1989; V. GOLOVSKOJ: Suščestvuet li cenzura v Sovetskom Sojuze? (O nekotorych metodologičeskich problemach izučenija sovetskoj cenzury), in: KONTINENT (1984) 42, S. 147-173; L. HELLER: Restructuring Literary Memory in the USSR, in: SURVEY (1989) 30, S. 44-65; M. DEWHIRST/R. FARRELL (Hgg.): The Soviet Censorship, New York 1973; V. STEL'MACH: Čtenie v

gabe, nicht zur Veröffentlichung freigegebene Daten und Informationen zu streichen. Sie betraf im wesentlichen fünf Bereiche: 1. Propaganda gegen die sowjetische Regierung, 2. Militärische Geheimnisse, 3. Verleumderische Gerüchte, 4. Elemente von religiösem oder nationalem Fanatismus und 5. Pornographie. Damit war sie mehr oder weniger berechenbar. Je nach ihrem literarischen Genre konnten Werke oder deren Rezensionen in einzelne dieser Bereiche fallen. So hatten zum Beispiel Autoren von Kriegsliteratur oder Science-fiction-Romanen, der sogenannten „wissenschaftlichen Phantastik", es häufiger als andere mit der zweiten Glavlit-Abteilung für „militärische Geheimnisse" zu tun.

Anders verhielt es sich bei der im Literaturbetrieb am häufigsten angewandten ideologischen Zensur. Sie konnte rein politischer Art sein und damit von der jeweiligen Konjunktur der Parteilinie abhängen, hatte aber seit 1934 prinzipiell auch das Recht, „ideologisch-künstlerische Schwächen" zu beanstanden, womit der Zensor befugt war, auch über die ästhetische Qualität des vorgelegten literarischen Werkes zu urteilen. Allerdings war Glavlit seit den fünfziger Jahren um einheitliche Richtlinien bemüht und beschränkte sich daher hauptsächlich auf die faktologische Zensur, deren Richtlinien in dem dreihundert Seiten umfassenden „Index nicht zum Druck zugelassener Informationen" festgelegt waren.[32] Die verdeckt operierende Behörde sicherte sich die Kontrolle über die Verlage und Redaktionen durch das Recht, den jeweiligen Posten des „verantwortlichen Sekretärs" zu besetzen. Seit den fünfziger Jahren hatte die Parteiführung die höchste Kompetenz in Fragen der Zensur errungen. Diese Führungsrolle rang sie dem Geheimdienst ab, der vorher den Machtbereich der Zensur beherrscht hatte. Von da an entschieden letztlich die leitenden Funktionäre der Partei, jeweils in Absprache mit Glavlit und der Leitung des Schriftstellerverbands. In der Regel fielen die Entscheidungen auf der Ebene der Gebietskomitees („obkom") der Partei. In besonderen Fällen konnte sich aber auch das Politbüro einschalten. Die ideologische Sektion des ZK stellte einen „Kurator", mit dem ideologisch problematische Publikationen zuvor abgestimmt wurden. Mitunter konnte es allerdings auch zu Interessenkollisionen zwischen diesen verschiedenen Instanzen und infolgedessen zu widersprüchlichen Entschei-

uslovijach cenzury, Vortrag auf dem V. Weltkongreß CCEES in Warschau (August 1995); E. ĖTKIND: Zapiski nezago vorščika (Notes of a Non-Conspirator), London 1977; dt.: Unblutige Hinrichtung; H. ERMOLAEV: Censorship in Soviet Literature, 1917-1991, Lanham 1997.

[32] JAKOBSON: Cenzura chudožestvennoj literatury, S. 44ff.

dungen kommen. Zum Beispiel konnte ein von Glavlit zum Druck zuge-
lassenes Buch auf Verlangen des Politbüros noch nach dem Druck der
ersten Exemplare nachträglich aus dem Verkehr gezogen werden.[33]

Die Kommunikation der Redaktionen mit den Zensoren von Glavlit
gestaltete sich folgendermaßen: Nach der Redigierung durch die Redakteure wurden von jeder Nummer zwei druckfertige Exemplare („verstki")
dem Zensor, einem für die jeweilige Zeitschrift zuständigen Angestellten
bei Glavlit, vorgelegt. Nachdem dieser mitsamt seinen Stellvertretern die
Korrekturfahnen bearbeitet und durch den Stempel „Razrešaetsja v pečat'" zum Druck freigegeben hatte,[34] ging ein Exemplar an die Redaktion zurück und anschließend in den Druck, das zweite blieb beim Zensor. Möglichen Einwänden von Seiten des Zensors wurde meist schon
durch die redaktionsinterne Textbearbeitung vorgebeugt. Wenn es dennoch Änderungswünsche des Zensors gab – in der Regel waren dies
handschriftliche Anmerkungen –,[35] so wurden von der daraufhin herge-
stellten Korrekturfahne anschließend zehn erste sogenannte „Signal-
exemplare" („signal'nye ėkzempljary") gedruckt. Ein „Signalexemplar"
wurde dann wiederum dem Zensor vorgelegt, um sicherzustellen, daß
nicht auf dem Weg zum Druck noch unerlaubte Veränderungen am Text
vorgenommen worden waren. Drei Exemplare wurden an die Organe ge-
schickt, die die Arbeit des Literatur-Zensors überwachten: das ZK der
Partei, der Geheimdienst KGB und die zentrale allgemeine Zensurbehörde („Glavnoe upravlenie cenzury"). Die übrigen sechs Exemplare
gingen an die großen zentralen Bibliotheken des Landes. Erst nachdem
der Zensor das Signalexemplar mit einem zweiten Stempel – „Razrešaetsja v svet" – gebilligt und es mit seiner persönlichen Nummer versehen hatte, konnte die gesamte Auflage gedruckt werden.[36] Auf diese

---

[33] Dies geschah zum Beispiel in dem erwähnten Fall des Vorworts von E. Ėtkind zum
zweiten Band von „Mastera chudožestvennogo perevoda". Vgl. Kapitel 4.2.2, Anm.
37.

[34] Bei literarischen Texten und literaturkritischen Monographien wurde dieser Stempel
auf jede einzelne Manuskriptseite aufgedrückt; während des Zweiten Weltkriegs
wurde nur auf jeder sechzehnten Seite gestempelt.

[35] Solche Einwände bezogen sich oft auf literarische Texte. Im Fall der Literaturkritik
wurden etwaige Komplikationen mit der Zensur meist schon vorher durch die Redakteure vermieden.

[36] In allen veröffentlichten sowjetischen Druckerzeugnissen finden sich im Impressum
zwei Angaben: „Sdano v nabor", das Datum des Satzbeginns, und – in euphemisti-
scher Formulierung – „Podpisano v pečat'" für das Datum der endgültigen Drucker-
laubnis. HÜBNER: Aspekte der sowjetischen Zensur, S. 7. Während diese Angaben
früher Hinweise für die verschiedenen Stadien der ideologischen Zensur waren, ha-

Weise durchlief ein Manuskript vom Eingang in die Redaktion bis zur
Annahme zum Druck zwischen fünf und zwölf Zensurinstanzen.[37]

Von allen drei an der Publikation beteiligten Instanzen – Autor, Redakteur und Zensor – sollte offiziell nur der Redakteur die beiden übrigen
kennen. Obwohl jedem Beteiligten die Prozedur bekannt war, wurden die
Arbeit des Zensors verschwiegen und seine Eingriffe als Korrekturen der
Redakteure verschleiert. Daher war es den Redakteuren auch untersagt,
den Autoren die korrigierten Exemplare zu zeigen, woran sie sich jedoch
nicht immer hielten.

Im Sommer 1987 äußerte der Literaturwissenschaftler Georgij Gačev
als einer der ersten offene Kritik an der Zensur. Er forderte jedoch nicht
etwa deren Abschaffung, sondern bemängelte hauptsächlich deren Praxis
ideologischer Gängelung und sprach sich für das Fortbestehen einer
faktologischen Zensur aus:

> Bei uns hat sich im Bewußtsein die Haltung eingebürgert, daß alles verboten
> ist, was nicht erlaubt ist! Dabei müßte es so sein, daß apriori alles erlaubt ist,
> was nicht ausdrücklich mit einem Verbot belegt ist. Wenn etwas Gefährli-
> ches eintritt, so wäre die Regierung imstande, schnell zu reagieren und ein
> Verbot auf diesen kleinen Teilbereich des Lebens erlassen. Aber man kann
> nicht das ganze Leben von der Betrachtungsweise und Voraussicht einzelner
> Geister abhängig machen. Bei der Zensur weiß jeder geistig arbeitende
> Mensch um eine begrenzte Anzahl Dinge, die man nicht tut, sagt, veröffent-
> licht. Da gibt es eine klar definierte Auswahl, die man beachten kann. Die
> Redigierung jedoch arbeitet mit der Methode der Erlaubnis und gehört in den
> Bereich des lebendigen Lebens und Bewußtseins, der im Prinzip unbestimmt,
> schwer faßbar ist. Deshalb bin ich für die Zensur, aber gegen die Redigierung
> in der Literatur und Kunst wie überhaupt in der Kultur.[38]

---

ben sie seit 1991 nurmehr informative Funktion und bezeichnen die Daten des Manu-
skriptabschluß bzw. der Drucklegung.

[37] 1. Redakteur, 2. Sektionsleiter, 3. Verantwortlicher Sekretär, 4. Stellvertretender
Chefredakteur, 5. Chefredakteur, 6. Erster Stellvertretender Chefredakteur. 7. Zensor
(von Glavlit, der staatlichen Zensurbehörde), 8. Bezirks- oder Gebietsparteikomitee,
9. Staatskomitee für Publikationen der RSFSR, 10. Staatskomitee für Publikationen
der UdSSR, 11. Propagandaabteilung oder Kulturabteilung des Partei-Zentralkomit-
tees, 12. KGB. Es kam vor, daß die bereits gesetzte Nummer der Zeitschrift aus der
Typographie zurückkam – diese Version wird als „sobaka" bezeichnet) und nochmals
vom Autor, vom Redakteur und – diesmal – von dem für die Gesamtnum mer verantwortlichen Sekretär gelesen wurde. Erst dieses Exemplar wurde dann dem Zensor
vorgelegt. Vgl. auch ETKIND: Unblutige Hinrichtung, S. 172.

[38] G. GAČEV: Arsenal dobroj voli, in: OK (1987) 8, S. 183-190, hier S. 190.

Diese vermutlich aus taktischen Erwägungen vorsichtig formulierte Position macht deutlich, daß es 1987 trotz der offiziell geforderten Glasnost' noch keineswegs eine offene Diskussion über die Zensur gab.

Nachdem 1990 mit dem neuen Pressegesetz die institutionelle Zensur abgeschafft worden war, bestand auch für „Znamja" die Möglichkeit, sich unabhängig zu machen. Als erste aller dicken Zeitschriften ließ sie sich am 28.8.1990 beim Ministerium für Presse und Masseninformation[39] als juristische Person registrieren und schuf damit einen juristisch-politischen Präzedenzfall. Da das Pressegesetz von der Russischen Föderation (RSFSR) verabschiedet worden war, „Znamja" aber dem Sowjetischen Schriftstellerverband (SP SSSR) unterstellt war, der die Zeitschrift nicht kampflos aufgeben wollte, entstand eine ungeklärte juristische Grenzsituation. Die Verbandsführung versuchte, diese Lage auszunutzen, um ihren gewinnträchtigen Einfluß aufrechtzuerhalten. Der damalige Vorsitzende, Vladimir Karpov, beantragte eine einstweilige Verfügung gegen die Registrierung; es kam zu einer Gerichtsverhandlung.[40] Erst am 7.6.1991 wurde das Urteil zugunsten von „Znamja" gesprochen. Die Redaktion erklärte diesen Tag fortan zu ihrem eigenen „Feiertag der Unabhängigkeit".[41] Seit 1991 gehört die Zeitschrift dem Redaktionskollektiv und seinem Chefredakteur, die auch das alleinige Copyright besitzen.

Während des politischen Konflikts mit dem Schriftstellerverband hatte eine Gruppe von elf bekannten liberalen Intellektuellen, darunter Fazil Iskander, Bulat Okudžava, Sergej Averincev und Vjačeslav Ivanov, die Schirmherrschaft übernommen, die ab März 1991 in Form eines „Beirats" („obščestvennyj sovet") als ein symbolischer Ausdruck der Unterstützung weiterbestehen blieb. Bis 1992 war dann das Redaktionskollegium im Verhältnis zur Zeit vor der Perestrojka vollständig ausgewechselt. Zwischen 1986 und 1993 vollzog sich bei „Znamja" ein Generationswechsel, der das Profil der Zeitschrift stark veränderte.

5.4.1.3 Auflagenentwicklung, Rezeption und Leserschaft

Eine sowjetische Zeitschrift, deren Ziel „Propaganda, Agitation und Organisation" der Bevölkerung war, brauchte ihre realen Leser nicht unbedingt zu kennen. Mit der Einführung marktwirtschaftlicher Bedingungen hat sich dies geändert. Seit 1990/91 wurden verstärkt Umfragen über die

---

[39] Redaktionsnotiz in: ZN(1990) 11, S. 241.
[40] In: ZN (1990) 10, 11, 12.
[41] Umschlagseite in: ZN(1991) 8.

Beliebtheit von Zeitschriften und mediensoziologische Analysen der Auflagen-, Abonnementsentwicklung wie auch der Zusammensetzung der Leserschaft durchgeführt. Gesicherte Aussagen über die Rezeption können dennoch bis heute kaum gemacht werden, da die Medien keine gezielte Marktforschung betreiben. Rückschlüsse auf die Leserschaft sind lediglich anhand der Auflagenentwicklung, statistischer Erhebungen und über Bibliotheksbestände und -benutzung möglich.

In den Jahrzehnten vor der Perestrojka hatte „Znamja" eine durchschnittliche Auflage von 130.000-170.000 Exemplaren.[42] Zwischen 1985 und 1988 stieg sie von 175.000 über 290.000 auf 500.000 Exemplare und erreichte 1989/90 die Millionengrenze. Eine 1991 durchgeführte Umfrage ergab, daß die Leserschaft zu mehr als siebzig Prozent der russischen städtischen Intelligenz aus dem technisch-administrativen und künstlerischen Bereich angehörte, also aus der mittleren und höheren Bildungsschicht stammte, die laut Umfrage religiös eher indifferent war. Nur elf Prozent der Leser abonnierten mehrere Zeitschriften gleichzeitig. Der größte Teil der Leserschaft stand den patriotisch-nationalistischen Monatszeitschriften ablehnend gegenüber. Der Anteil an jungen Lesern unter zwanzig Jahren war mit 18,8 Prozent überdurchschnittlich hoch und deutete auf eine tendenzielle Verjüngung der Leserschaft hin. Die traditionellen Leser von „Znamja" hatten jedoch vielfach Probleme mit der ideologischen Umorientierung und dem veränderten Profil der Zeitschrift. Das läßt sich aus den Leserbriefen und Diskussionen herauslesen.[43]

Nach der Preisfreigabe, der Auflösung des staatlich monopolisierten Vertriebsnetzes und dem Verlust großer Absatzgebiete seit dem Ende der Sowjetunion fiel die Auflage 1991 auf 421.000, 1992 auf 190.000 und Ende 1993 auf 76.000 Exemplare.[44] Produktions- und Finanzierungsprobleme bedrohten die Existenz von „Znamja", deren Redaktion verschiedene Initiativen zum eigenen finanziellen Überleben und zur Förderung

---

[42] Zum Vergleich: In ihrer Gründungszeit hatte die Zeitschrift unter der Bezeichnung „LOKAF" 1931 eine Auflage von 5.000 und 1932 von 11.200.

[43] Z.B. Leserbriefe über Tvardovskijs „Po pravu pamjati" in: ZN (1987) 7, S. 227ff.; Diskussion über den Artikel I. VASJUČENKO: Zametki o tvorčestve A. i B. Strugackogo, in: ZN (1989) 5, S. 216-225; DIES.: Otvergnuvšee voskresenie, in: ZN (1990) 3; Leserbriefe in: ZN(1989) 5.

[44] 1994 erschien „Znamja" in 64.000, 1995 in 33.400, Mitte 1996 in 25.541 Exemplaren. (1997 in 12.800 und 2000 in 10.000 Ex.) Damit lag sie allerdings, gemessen an der veränderten Gesamtsituation der literarischen Periodika, weiterhin im oberen Durchschnitt.

ihrer Autoren ergriff. 1993 gründete die Redaktion eine internationale Stiftung im Dienste der Unterstützung ihrer Autoren („Meždunarodnyj fond v zaščity avtorov 'Znameni'") und richtete – mithilfe von vierzehn Sponsoren – einen neuen Literaturpreis ein. Der Preis wurde für das „ideologisch indifferenteste Werk" („samoe bezidejnoe proizvedenie") eines jeweiligen Jahres ausgelobt, ein ironisch auf ein Kernprinzip des sozialistischen Realismus anspielendes Plädoyer für ästhetische Innovation.[45] Durch ihr neues Profil als breitenwirksame Zeitschrift für neue Literatur und Kritik sicherte sie sich einen relativ stabilen Platz in der postsowjetischen Landschaft der Periodika. So bedauerte der scheidende Chefredakteur Baklanov im Dezember 1993 zwar, daß ein großer Teil der Leser im Land durch die hohen Preise gezwungen war, auf ein Abonnement zu verzichten, konnte aber zugleich mit vorsichtigem Optimismus schreiben:

> Ein ganz normaler Generationswechsel ist fällig. Ich verlasse die Zeitschrift in keinem schlechten Augenblick: Sie steht sicher auf beiden Beinen. Auch wenn die Auflage von „Znamja" nicht zu vergleichen ist mit der vor wenigen Jahren, so ist das eine allgemeine Erscheinung; gemessen an den gegenwärtigen Umständen steht sie keineswegs schlecht da.[46]

5.4.1.4 Inhaltlich-programmatisches Profil

Seit den siebziger Jahren lassen sich drei verschiedene Phasen unterscheiden, die hier bis zur Perestrojka vereinfachend als eine Phase betrachtet werden: vor 1986, 1986-89/90 und nach 1990.

Vor 1986

Das Spektrum der Autoren von „Znamja" umfaßte seit den siebziger Jahren offiziell anerkannte Schriftsteller, die sowohl jenseits der exponierten Dorfprosa mit ihren russisch-national gesinnten Autoren als auch jenseits der sogenannten „Alltagsprosa" („bytovaja proza") standen. Auf beide Richtungen hatten sich „Novyj mir", „Družba narodov" und „Naš sovremennik" konzentriert. Bei den Prosatexten in „Znamja" überwogen Werke mit sowjetpatriotischer Ideologie, deren Schwerpunkt auf der Krieg-

---

[45] 1994 wurden alle Honorare verdoppelt sowie eine Anthologienreihe aus Znamja-Autorentexten begonnen, die mit französischer Unterstützung in Frankreich gedruckt wurde. Die gegenüber der Verf. gemachten Auskünfte stammen im Sommer 1995 von Čuprinin und Ivanova.

[46] BAKLANOV: ZN (1993) 12, S. 4.

sthematik und dem ideologischen Kampf gegen den Westen lag. Zu den häufig gedruckten Autoren gehörten Stanislav Kunjaev, Vil' Lipatov, Nikolaj Tichonov, Stepan Ščipačev und Jurij Levitanskij.

1986-1990

Mit dem Abdruck von dreizehn Gedichten des verfemten Dichters Nikolaj Gumilev aus Anlaß von dessen hundertstem Geburtstag und mit Aleksandr Beks Roman „Novoe naznačenie" eröffnete „Znamja" die Glasnost'-Phase für die russische Literatur. Zwischen 1986 und 1988 folgten eine Reihe bedeutender Publikationen aus dem sowjetischen literarischen Erbe.[47] Der Abdruck von Tvardovskijs Poem „Po pravu pamjati" im Februar 1987 löste die erste öffentliche Diskussion über die Bewältigung der stalinistischen Vergangenheit aus.

Erst ab 1988/89 veränderte sich nach dem entscheidenden Schub im Zensurabbau auch das Gesamtspektrum der in „Znamja" gedruckten Literatur.[48] Die „Sekretärsliteratur" verschwand gänzlich aus dem Programm. In redaktionellen Kommentaren und nicht zuletzt durch die Publikation der Memoiren Andrej Sacharovs vertrat „Znamja" eine liberaldemokratische, der Aufklärung und dem Westen gegenüber aufgeschlossene Linie.

Auch in den Dis kussionen zu Kriegs- und Militärthemen [49] wurden neue Akzente gesetzt und bisher nicht behandelte Probleme diskutiert. 1988/89 kam es zu einer lebhaften Debatte über das Schicksal der Millionen nach Rußland zurückgekehrten und dort bestraften Kriegsgefangenen und über die Verschollenen des Weltkriegs. Grigorij Baklanov warb in seinen Memoiren für die Rehabilitierung der ehemaligen Kriegsgefangenen, was in Leserbriefen auf kontroverse Reaktionen stieß. Auch änderte sich die Art der Betrachtung des Krieges. Der Tenor vieler Texte lag mehr auf individuellen Erlebnissen und Erinnerungen, auf der Darstellung von inneren Widersprüchen als auf heroischer Siegesgewißheit:

---

[47] A. Pristavkin: „Nočevala tučka zolotaja", M. Bulgakov: „Sobačee serdce", A. Platonov: „Juvenil'noe more", Gedichte von V. Chodasevič, V. Grossman: „zizn' i sud'ba", Memoiren von V. Kaverin und M. Zoščenko, sowie Werke von E. Popov und A. Bitov waren früher unterschlagene Texte aus den zwanziger bis siebziger Jahren.

[48] V. Šalamov, I. Brodskij, L. Losev und Ė. Limonov gehörten zu den bereits bekannten Autoren.

[49] ZN (1987) 8 publizierte eine Reihe von Materialien über das Jahr 1812; Schwerpunkt von ZN (1988) 2 war die „Sowjetische Armee und die Literatur". Im Laufe des Jahres 1988 erschienen die Kriegsmemoiren von K. Simonov und G. Baklanov; ZN (1989) 2 war dem Thema „Frontlyrik" gewidmet.

Fragen nach Täterschaft und Opfern und die Entheroisierung des Krieges rückten in den Mittelpunkt.

1990-1993

Seit 1990 verschwand das Kriegsthema aus der Zeitschrift. Zunächst überwogen zwar noch immer literarische Werke aus der Vergangenheit, ihre Autoren – wie Vasilij Aksenov, Jurij Mamleev und Fridrich Goren-štejn – gehörten aber eher zur literarischen Moderne. Die drei neuen Maximen der Redaktion lauteten: 1. keine ästhetische Generallinie vorzugeben; 2. nach dem Augustputsch 1991: Texte mit rechtsradikalem Gedankengut (zum Beispiel von Ėduard Limonov) auszuschließen, und 3. in jeder Nummer einen neuen Autor vorzustellen, wobei junge Autoren zwischen zwanzig und dreißig Jahren bevorzugt wurden.[50] Auch öffnete sich das Programm jetzt immer mehr Autoren aus dem Westen, druckte Texte von Christa Wolf, Heinrich Böll, Franz Kafka, Amos Oz, Vaclav Havel und Arthur Hailey. Schließlich begann sich auch „Znamja" gelegentlich religiös-philosophischen Themen zu widmen, druckte literarische Texte der orthodoxen Priester Blažennyj und Aleksandr Men' und literaturkritische Artikel über Literatur und Religion.[51]

Seit 1990 stieg der Anteil an literarischen Texten von fünfzig auf siebzig Prozent, Memoiren und publizistische Beiträge wurden seit 1992 stark reduziert. „Znamja" öffnete sich der nonkonformen neuen Literatur und bildete so eine wichtige Brücke zu den alternativen Periodika der inoffiziellen Kultur. Autoren, die ihren Ort früher nur im Samizdat hatten und auch nach 1986 meistens in einer kleinen alternativen Zeitschrift debütiert hatten, wurden dadurch in eine der großen Zeitschriften übernommen und einer breiteren literarischen Öffentlichkeit vorgestellt. Für viele der neuen Autoren wurde es immer üblicher, gleichzeitig in Periodika beider Typen zu publizieren.[52] Zwischen 1990 und 1993 erschienen in „Znamja" literarische Texte von mehr als dreiundvierzig neuen, bis dahin unbekannten Autoren , darunter auch Emigranten der jüngeren Generation.[53]

---

[50] Nach Auskunft von S. Čuprinin im August 1991 und im Juli 1994.

[51] A. AGEEV: Na ulice i v chrame, in: ZN (1990) 10, S. 228-237.

[52] Von den jungen Autoren etwa Igor' Klech, Jurij Bujda, Michail Smoljanickij, Zufar Gareev, Andrej Gavrilov, Aleksandr Ivančenko, Valerija Narbikova und Dmitrij Zuev, von älteren „Samizdat"-Autoren z.B. Genrich Sapgir.

[53] Darunter waren inzwischen bekannt gewordene Autoren wie Marina Palej, Michail Ajzenberg, Aleksandr Eremenko, Il'ja Mitrofanov und Sonia Kekova. Zu den jünge-

Für den neugegründeten Booker-Preis, den angesehensten unter allen
neuen Literaturpreisen, debütierten sieben von insgesamt zehn Kandidaten bei „Znamja", die in der Wahl und Förderung neu entdeckter Autoren
offenbar einen besseren Blick hatte als andere Zeitschriften.[54] Der 1992
nach dem gleichnamigen englischen Vorbild gestiftete Literaturpreis
wird alljährlich im Frühjahr für „den besten von einem lebenden Autor in
russischer Sprache geschriebenen Roman gestiftet.[55] Er unterscheidet
sich von den früheren sowjetischen und anderen neuen Literaturpreisen
in mehrfacher Hinsicht. Es gibt eine Vorauswahl durch ein öffentlich be-
kanntes, repräsentativ zusammengesetztes Gremium aus vierzig nur für
jeweils ein Jahr gewählten Schriftstellern, Kritikern und Verlegern, die
jeweils mindestens drei und höchstens sechs Kandidaten vorschlagen.
Aus denen wird dann von der Jury in einer zweiten engeren Wahl zuerst
eine „shortlist" von fünf Anwärtern und schließlich der erste Preisträger
bestimmt. Das Werk mußte nicht unbedingt schon veröffentlicht sein. So
kommt es am Ende nicht nur zur Ernennung eines einzigen Preisträgers,
sondern von Anfang an ist eine „shortlist" von mehreren Kandidaten bekannt. Auf diese Weise wurde ein für die sowjetische Praxis ungewohn-
ter Wettbewerb neuer Literatur angeregt und erstmals das Prinzip des al-
leinigen Siegers relativiert. Dies könnte ein wirksames Mittel sein, um zu
einer Beurteilung einzelner Werke zu kommen und so die traditionelle,
tiefverwurzelte Vorstellung zu überwinden, mit einem Preis könne
grundsätzlich nur das Gesamtwerk eines Autors gewürdigt werden. Außerdem konnten so auch unbekannte Autoren, die erst wenig geschrieben
hatten, ausgezeichnet werden. Nach der unkonventionellen Politik der ersten Kandidatenauswahl und Booker-Preisverleihung 1992 deuteten die
Ergebnisse der darauffolgenden Jahre allerdings eher darauf hin, daß sich
weiter das bewährte Verfahren, nach der Gesamtreputation eines Autors
und nach ideologisch-weltanschaulichem Proporz auszuzeichnen, fort-
setzte.[56]

---

ren Emigrantenautoren gehören Aleksej Cvetkov, Bachyt Kenžeev und Jurij Milos-
lavskij.

[54] Vladimir Makanin, Mark Charitonov und Viktor Pelevin, sowie Oleg Ermakov, Andrej Korolev, Dmitrij Zuev und Fridrich Gorenštejn.

[55] A. ARCHANGEL'SKIJ: Preissaison für russische Romane, in: SINN UND FORM, Jg. 45
(1994) 5, S. 800-805, hier S. 801.

[56] Dazu ARCHANGEL'SKIJ: Preissaison; V. TOPOROV: V čužom piru pochmel'e. Rossijskoe pervoizdanie bukerovskoj literaturnoj premii, in: ZV (1993) 4, S. 188-198.

5.4.2   Die Literaturkritik in „Znamja"

5.4.2.1 Profilwandel und Schwerpunktverlagerung

Bis zur Mitte der achtziger Jahre war das Profil von „Znamja" ausschließlich von der parteioffiziellen Kritik geprägt. Von 1979 bis 1984
verlieh die Redaktion jährlich einen Kritikerpreis an Funktionäre, so zum
Beispiel an Jurij Surovcev, Vitalij Ozerov, Michail Chrapčenko, Feliks
Kuznecov und Grigorij Berdnikov. Auch die biederen Rubriken-Über-
schriften verrieten, daß man unter sich blieb: „An der Front des ideologischen Kampfes" („Na frontach ideologičeskoj bor'by"), „Der Schriftsteller und sein Buch" („Pisatel' i ego kniga"), „Unsere bedeutenden Lands-
leute" („Naši zamečatel'nye sootečestvenniki"), „In den Bruderländern"
(„V bratskich stranach"), „Erzählungen über Kommunisten" („Rasskazy
o kommunistach"), „Literatur und Leben" („Literatura i žizn'"), „Auf
dem Bücherregal" („U knižnoj polki").
Nach der Berufung Baklanovs im Oktober 1986 wurden fast alle Kri-
tiker- Funktionäre der Zeitschrift ausgewechselt.
Seit 1989/90 wurde das Profil von „Znamja" zunehmend von Kriti-
kern aus der Generation der „Vierzigjährigen", Čuprinin, Ivanova, Novi-
kov und Šajtanov, geprägt. Einer Analyse der Leserpost in mehreren
Zeitschriften zufolge gehörten Čuprinin und Ivanova neben Dedkov,
Zolotusskij, Latynina und Semenova zu den beliebtesten Kritikern der
Perestrojka.[57] 1990 kamen neue Kritiker hinzu, teils „Vierzigjährige"
(Ageev und Stepanjan), teils jüngere „Dreißigjährige" (Roman Arbitman,
Oleg Dark, Elena Ivanickaja, Vjačeslav Kulakov, Vjačeslav Kuricyn,
Mark Lipoveckij, Vladimir Potapov und Elena Tichomirova). Letztere
behandelten fast aussschließlich neue „andere" Gegenwartsliteratur.

---

[57] Angaben über die Popularität der Kritiker bei A. TURKOV: Čitatel' pišet. Strichi k
portretu, in: ZN (1988) 12, S. 209-217.

5.4.2.2 Entwicklung der Genres

Die Literaturkritik kennt von der kurzen Glosse über die Rezension bis
hin zum umfangreichen Essay eine Vielzahl von Genres, die sich jedoch
alle auf drei Grundformen zurückführen lassen: die *Rezension*, das *literarische Porträt* und der *Artikel*.[58] Alle anderen Genres sind Varianten
dieser drei Grundformen, die sich weiter unterscheiden nach analytischen, informativen und darstellerischen Kriterien, nach ihrer Intention,
der Methode der Analyse, der literarischen Form oder dem Umfang. Der
Literaturhistoriker Leonid Grossman[59] zählte 1925 nicht weniger als
siebzehn verschiedene literaturkritische Genres:

1. das literarische Porträt,	10. der philosophische Essay,
2. die impressionistische Etüde,	11. der Traktat-Artikel,
3. die literarische Parallele	12. das kritische Feuilleton,
4. der literarische Überblick,	13. die Rezension,
5. die kritische Erzählung,	14. der literarische Brief,
6. der kritische Dialog,	15. das Pamphlet auf Autoren,
7. die Parodie,	16. der akademische Abriß und
8. die kritische Monographie,	17. der publizistische/agitatorische,
9. die Glosse,	Instruktionsartikel.

Die größte Variationsbreite von allen Genres hat der Artikel. Er kann sich
auf ein Problem oder auf eine literarische Entwicklung beziehen und ist
sowohl in seinem Umfang – von der Kritikernotiz („Zametki kritika") bis
zum Jahresüberblick – als auch in der Methode seiner Argumentation –
Jubiläumsartikel, theoretischer, polemischer Artikel – sehr variabel.

Wie in allen sowjetischen Periodika war auch bei „Znamja" das dominierende Genre seit den fünfziger Jahren der große operativ-ideologi-
sche Artikel. Danach folgten nach ihrer Häufigkeit Jubiläumsartikel und
literarische Autorenporträts. In quantitativer Hinsicht war allerdings die
Rezension führend. Der Kritiker und Literaturwissenschaftler Vladimir
Novikov bemerkte schon 1978 in seiner kritischen Bestandsaufnahme zur
„Poetik" der gegenwärtigen Literaturkritik unter anderem zur Hierarchie
der Genres, daß die Rezensionen in der sowjetischen Genre-Skala am
untersten Ende stünden und entsprechend wenig Prestige hätten. Weder
von der Auswahl noch der Qualität her gebe es irgendeine Beziehung

---

[58] BARANOV/BOČAROV/SUROVCEV: Literaturno-chudožestvennaja kritika, S. 140, 154.
[59] L. GROSSMAN: Žanry literaturnoj kritiki, in: ISKUSSTVO (1925) 2, S. 61-81. Auch in
EGOROV: O masterstve, S. 14.

zwischen den Texten der „Kritiker-Solisten" großer Problemartikel und denen des „Rezensenten-Chors".[60]

TABELLE 2: Übersicht über die Verteilung der literaturkritischen Genres in „Znamja" 1986-1993

	1986	1987	1988	1989	1990	1991	1992	1993	insges.
Große Artikel	20	21	15	17	19	18	21	18	149
Problemartikel/ Essays	6	6	7	9	12	8	18	8	74
(Jahres-) Überblicksartikel	1	2	3	1	1	3	-	3	14
Autorenporträts	12	7	4	3	4	3	-	3	36
Davon: Jubiläumsartikel	3	1	-	-	1	1	-	-	6
Große monographische oder Sammelrez.	1	6	1	4	2	4	3	4	25
Rezensionen (einschl. Sachbüchern)	51	40	52	52	25	9	-	8	237
Davon: literarische Rez.	45	29	30	26	15	5	-	4	159

Der Überblick über die Genres in der Zeitschrift „Znamja" zeigt, daß sich an ihrer Verteilung bis 1989 nichts veränderte. Am häufigsten waren in diesen Jahren operative Artikel und *Polemiken* zu Problemen der Literaturpolitik und des literarischen Lebens.[61] Bei den Autorenporträts verringerte sich die in der Vergangenheit überdurchschnittlich große Anzahl an Jubiläumsartikeln. Zwischen 1987 und 1991 griff „Znamja" den in der Sowjetzeit kaum gepflegten *Jahresüberblick* wieder auf. Erst nach 1990

---

[60] V. NOVIKOV: Poëtika recenzii, in: LO (1978) 7, S. 18-24, hier S. 19.

[61] Einer der ersten Artikel dieses Typs, dessen Titel danach wie ein eigenständiges Genre zitiert wurde, war JU. BONDARENKO: Očerki literaturnych nravov (Polemičeskie zametki), in: MO (1987) 12, S. 179-199; JU. KARJAKIN: Stoit li nastupat' na grabli, in: ZN (1987) 9, S. 220-224; A. LATYNINA: Dogovorit' do konca, in: ZN (1987) 12, S. 211-220; S. ČUPRININ: Pokolenie, in: ZN (1987) 8; S. 208-216.

L. Lazarev polemisierte mit S. Kunjaev über die Lyrik der jungen Kriegsdichtergeneration: L. LAZAREV: A ich pobilo železom, in: ZN (1988) 2, S. 215-225; V. NOVIKOV: Protivostojanie, in: ZN (1988) 3, S. 201-208, gegen die fortgesetzte staatliche Bevormundung der Literaturschaffenden; JU. OKLJANSKIJ: Perečityvaja F. Abramova (K segodnjašnym sporam), in: ZN (1988) 10, S. 209-216, gegen die Vereinnahmung der Dorfprosa durch die nationalpatriotischen Kritiker.

änderten sich sowohl der Umfang als auch die Gewichtung der Genres
bei „Znamja". Seitdem tendierte die Literaturkritik mehr zur philologisch-akademischen Richtung. Schon ein Blick auf die quantitative Entwicklung der Problemartikel zeigt, daß der literatur- bzw.
kulturbezogene Problemartikel an die Stelle des publizistisch-politischen trat und zum
vorherrschenden Genre wurde. Erschienen 1985-1989 durchschnittlich
drei bis sechs Problemartikel pro Jahr, so waren es 1990-1993 dreizehn
bis fünfzehn. Andere Genres, wie das Autorenporträt, der Jahresüberblick
und Einzelrezensionen, waren dagegen nur noch wenig vertreten oder
verschwanden ganz aus der Zeitschrift. Nach 1993 erschienen nur wenige
Rezensionen.

5.4.2.3 Jahresüberblicke

Der Jahresüberblick ist ein eigenständiges traditionelles Genre der russischen Literaturkritik. Wie der *Artikelzyklus* ist er ein synthetisches Genre
und setzt sich aus der *literarischen Parallele*, der *monographischen Rezension*, der *Satire* und dem *Problemartikel* zusammen.[62] Zur Gruppe der
Überblicksartikel gehören Artikel, die monatliche, halbjährliche, jährliche oder noch größere Intervalle abdecken; sie können sowohl der literarischen Produktion einzelner Zeitschriften gelten als auch primär sozial-
politischen Entwicklungen und nur in zweiter Linie literarischen Phänomenen gewidmet sein. Der Jahresüberblick ist eine bilanzierende Rückschau auf die gesamte Literaturproduktion oder ausgewählte Gattungen
des jeweils vergangenen Jahres, verbunden mit der Intention, übergrei-
fende Probleme, Strömungen und Tendenzen, theoretische Ansätze oder
historische Zusammenhänge zu formulieren. Er ist zugleich retrospektiv
und prognostizierend, indem er literarische Entwicklungslinien konstruiert und einen hypothetischen Entwurf der zukünftigen Literaturgeschichte
darstellt.

Überblicksartikel in Form einer kommentierten Vorstellung literarischer Neuerscheinungen hat es in der russischen Literaturkritik schon seit
Anfang des 19. Jhs gegeben, etwa in der Zeitschrift „Syn otečestva".[63]
Kritiker der Dekabristen, besonders A. Bestužev (-Marlinskij) („Vzgljad
na staruju i novuju slovesnost' v Rossii", 1823) und V. Kjuchel'beker

---

[62] Die folgende Darstellung stützt sich auf B. EGOROV: O masterstve literaturnoj kritiki.

[63] Zur Entstehung und Entwicklung des Jahresüberblicks V. BEREZINA: Žanr godovogo
obozrenija literatury v russkoj žurnalistike pervoj poloviny XIX veka, in: Russkaja
žurnalistika XVIII-XIX vv. (Iz istorii žanrov), L 1969, S. 42-78.

(„Vzgljad na tekuščuju slovesnost'", 1820) verbanden den bloß bibliographisch informierenden Überblick mit einer problembezogenen Erörterung.

Das Genre entfaltete sich jedoch erst voll bei V. Belinskij, für den der
Jahresüberblick, neben dem Zyklus und dem Problemartikel, zum dominierenden Genre wurde. Mit dem großen Artikel „Literaturnye mečtanija" (1834) begann Belinskij seine Laufbahn als Kritiker, und zwei Jahresüberblicke, „Vzgljad na russkuju literaturu 1846" und „Vzgljad na
russkuju literaturu 1847g.", mit denen die Zeitschrift „Sovremennik"
programmatisch ihre erste Nummer eröffnete, standen am Ende seiner
Laufbahn. Auch erweiterte Belinskij das Genre, indem er chronologisch-
historische und thematische oder an Entwicklungen einzelner Gattungen
orientierte Überblicke schrieb. In einer Periode bedeutender literarischer
Neuerscheinungen – Gogol', Dostoevskij, Nekrasov, Turgenev und Gončarov – formulierte Belinskij in seinen Jahresüberblicken die wichtigsten
Thesen seines philosophisch-ästhetischen Programms der Naturalen
Schule. Charakteristisch waren dabei zwei Merkmale: die Feststellung
eines sogenannten „literarischen Prozesses", das heißt der Kritiker konstruierte mit der Beschreibung verschiedener ausgewählter Werke zugleich eine zusammenhängende, zielgerichtete Entwicklung in der Literatur; und die enge Verbindung von Literaturtheorie, –geschichte und literarischer Praxis. In der von Belinskij entwickelten Form enthielt der
Jahresüberblick Elemente verschiedener Genres, neben solchen des Problemartikels und der monographischen Rezension auch Elemente der *literarischen Parallele*[64] und des *Dialogs*.[65]

---

[64] Die *literarische Parallele*, die vergleichende Darstellung meist zweier Autoren, Werke, Epochen oder Gattungen, ist wie der „Dialog" eines der aus der Antike überlieferten Genres, die seit der Renaissance und Aufklärung in Westeuropa populär
wurden. Plutarchs „Parallele Leben", die Lebensläufe von herausragenden Persönlichkeiten der griechischen und römischen Kultur nebeneinander vorstellten („The-
seus und Romulus", „Themistokles und Kamillus"), gelten als Prototypen der literarischen Parallele. In die russische Literaturkritik wurde sie in den 1820er Jahren vor allem von Vjazemskij („O Deržavine") eingeführt. Belinskij schrieb in diesem unver-
mischten Genre den Artikel „Peterburg i Moskva" (1844).

[65] Eine Variante der literarischen Parallele ist der *Dialog*. Auch diesem Genre liegt eine
vergleichende Betrachtung zugrunde, vor allem aber eine dialektische Auffassung
von Wahrheit. Vorbilder aus der Antike sind die Dialoge von Platon und Sokrates, zu
den späteren Prototypen des *Dialogs* gehörte D. Diderots „Le neuveu de Rameau"
(1762). Im „Dialog" wird der Vergleich in dramatisierter und konzentrierter Form als
Gespräch inszeniert. In der ohnehin genrearmen sowjetischen Literaturkritik wurde
der Dialog nur selten verwendet. Als Beispiele seien die Artikel von S. ČUPRININ/

In der zweiten Hälfte des 19. Jhs. ging die Popularität der Jahresüberblicke deutlich zurück und das Genre wurde kaum mehr gepflegt. In den sechziger Jahren trat an die Stelle des literarischen Überblicks der Abriß über politische und soziale Entwicklungen. Literaturkritiker der Narodniki wie N. Michajlovskij, P. Tkačev oder P. Lavrov bevorzugten neben dem Problemartikel monographische Genres wie die Rezension und das literarische Porträt. Symbolistische Literaturkritiker zogen den synoptischen Überblicken Genres, die den autonomen Status einzelner literarischer Werke und Autoren betonten, vor.

In der sowjetischen Zeit gab es zwar Jahresüberblicke, vor allem in der Stalinzeit zwischen 1946-1953, sie hatten jedoch besonders nach den Parteierlassen zur Literaturkritik die Funktion von Rechenschaftsberichten über die Publikationen einzelner Zeitschriften. Als „Znamja" 1987 mit der Publikation von Jahresüberblicken begann, ging es vor allem darum, den „literarischen Prozeß", zumal in seiner seit den zwanziger Jahren nicht mehr dagewesenen Komplexität zu erfassen. Vier Jahre lang erschienen jeweils in einer der ersten vier Nummern des Jahres ein bis zwei, insgesamt neun Überblicksartikel zu Prosa- oder Lyrikpublikationen des vorangegangenen Jahres, fünf waren der Prosa und drei der Lyrik gewidmet.

Hinter der parallelen Präsentation mehrerer Überblicke über eine literarische Gattung stand die Absicht, verschiedene Perspektiven auf einen Gegenstand zu konfrontieren. Die Inszenierung von Dialogen war schon in der Sowjetzeit in literaturkritischen Rubriken verschiedener Periodika üblich.[66] Aus den Jahren der Perestrojka wurde bereits die 1989 von der „Literaturnaja gazeta" geführte Rubrik „Dialog nedeli" erwähnt. Aber selten wurde dabei die Möglichkeit einer wirklichen Polemik genutzt. Auch in „Znamja" vertraten Kritiker wie Ivanova, Zolotusskij und Dedkov zur Prosa oder Rassadin und Kurbatov[67] zur Lyrik keine grundlegend verschiedenen Einstellungen. Zu einer offenen Kontroverse, in der die Autoren auch aufeinander Bezug nahmen, kam es nur einmal, als

---

A. PRIJMA: Poèzija tranzita? in: DN (1976) 2, S. 275-277 und V. NOVIKOV: Deficit derzosti genannt.

[66] Die Rubrik „Z raznych toček zrenija" in der Zeitschrift „Literaturnoe obozrenie" und die Reihe „Literatura i sovremennost'" dokumentierten in ihren Jahreschroniken solche inszenierten Dialoge und Diskussionen.

[67] N. IVANOVA: Ispytanie pravdoj, in: ZN (1987) 1, S. 198-220; I. ZOLOTUSSKIJ: Otčet o puti, in: ZN (1987) 1, S. 221-240; I. DEDKOV: Choždenie za pravdoj, in: ZN (1988) 2, S. 199-214; S. RASSADIN: Kotoryj čas, in: ZN (1988) 1, S. 204-216; V. KURBATOV: Rifm, sovpavšaja s sud'boj, in: ZN (1988) 1, S. 217-222.

1991 Michail Ėpštejn und Igor' Dedkov über den Charakter der neuen postsowjetischen Literatur stritten.[68] Bei ihren Artikeln handelte er sich allerdings weniger um Jahrsüberblicke als eher um Situationsbeschreibungen der veränderten literarischen Kommunikation.

Die vier ersten Überblicksartikel stellten jeweils eine Auswahl literarischer Neuerscheinungen des vorangegangenen Jahres vor. In dem emphatischen Bekenntnis zu den behandelten Autoren und in ihrer Parteinahme für die Schubladenromane sowjetischer Autoren waren sie von der Absicht getragen, diese moralisch zu rehabilitieren.[69]

Als ein Beispiel sei hier Natal'ja Ivanovas Artikel „Ispytanie pravdoj" angeführt, ein Überblick über die Prosa von 1986. Ivanova gehörte zwar zur mittleren Generation, stand aber in ihrer ideologischen Einstellung den Šestidesjatniki nahe. Ihr ging es in erster Linie um die polemische Auseinandersetzung mit den Schriftstellern der „Vierzigjährigen", die nach ihrer Ansicht einen politisch und moralisch verwerflichen Eskapismus betrieben. Ivanova charakterisierte die Prosa von Autoren wie Viktorija Tokareva, Nina Katerli, Natal'ja Koževnikova und Anatolij Kurčatkin als überwiegend flach, prätentiös und detailversessen. Deren Vorliebe für kleine, persönliche Genres, für Briefe und Tagebücher und deren wenig glaubwürdiges Bekenntnispathos („ispovedal'nyj pafos") könnten den hohen moralischen Ansprüchen der großen älteren Schriftsteller Vasilij Belov, Fedor Abramov, Čingiz Ajtmatov und Vasil Bykov, die in ihren Werken die „Wahrheit" rehabilitiert hätten, kaum gerecht werden. In der schon seit Beginn der achtziger Jahre geführten Polemik stellte sich die Kritikerin hinter ihre Kollegen Anninskij und Dedkov. Dedkovs 1981 publizierter Artikel „Kogda rassejalsja liričeskij tuman", den Ivanova als „die beste Literaturkritik der vergangenen Jahre"[70] bezeichnete, hatte seinerzeit die Polemik gegen die Autoren der sogenannten „Moskauer Schule" der „bytovaja proza", Vladimir Makanin, Vladimir Gusev, Anatolij Kim, Anatolij Kurčatkin, Ruslan Kireev und Vladimir Ličutin, eröffnet und sie mit dem Begriff „Vierzigjährige" zugleich als Generation in einen Zusammenhang gestellt. Die Vorwürfe Dedkovs, die Ivanova nun bestätigte, liefen alle auf eine ethische Indifferenz und

---

[68] I. DEDKOV: Meždu prošlym i buduščim, in: ZN (1991) 1, S. 231-240; M. ĖPŠTEJN: Posle buduščego. O novom soznanii v literature, (1991) 1, S. 217-230; erweiterte engl. Fassung in: Th.Lahusen/G. Kuperman (Hgg.): Late Soviet Culture. From Perestroika to Novostroika, Durham/ London 1993, S. 257-287.

[69] Zum Beispiel auch A. LATYNINA: Dogovorit' do konca.

[70] I. DEDKOV: Kogda rassejalsja liričeskij tuman.

den Verzicht auf eine klare Autorposition hinaus. Die vermeintliche Komplexität ihrer „Mikroskop"-Prosa sei nur ein Vorwand für ihre eigene moralische Selbstgenügsamkeit und den Hang zum egozentrischen Selbstausdruck. Ihre bevorzugten Verfahren Surrealismus, Phantastik, Groteske, Melodram etc. seien nicht Mittel zur Darstellung der Wirklichkeit, sondern dienten nur einem „Kult des kreativen Individuums". Anders als parteioffizielle und neoslavophile Kritiker mit ihrer pauschalen Ablehnung der „Alltagsprosa" hatte Dedkov nicht die Behandlung von Problemen des großstädtischen Lebens und des privaten Alltags als solche in der Literatur abgelehnt. Das Private mußte sich jedoch immer erst – hier berief Dedkov sich auf Černyševskij – durch den gesellschaftspolitischen Bezug als literaturwürdig erweisen und daraus moralisch legitimieren. Für Ivanova hatten Autoren wie Jurij Trifonov und Fazil Iskander Autoren die Wertmaßstäbe in der Gegenwartsliteratur gesetzt. Während sie selbst als Kritikerin früher gegen Vorbehalte der Funktionäre und der Zensur für die Prosa Šukšins und Trifonovs hätte kämpfen müssen,[71] würden diese großen Autoren heute als Vertreter der sozialistischen Realismus und als Konformisten des Systems hingestellt.

Einen der Schwerpunkte von „Znamja" bildeten zwischen 1988 und 1991 Sergej Čuprinins (insgesamt fünf) Jahresüberblicke über die Prosa.[72] Diese Artikel, die auch in der Tagespresse diskutiert wurden, waren besonders der Rezeption der literarischen Moderne und der Emigration gewidmet. Sie skizzierten die neue Vielfalt unterschiedlichster Werke, Richtungen und Bewertungen grundsätzlich als eine positive Herausforderung und keineswegs als Anzeichen von Bedrohung oder Verfall. Čuprinin wies die verbreitete Meinung, daß es keine neue Literatur von Rang und Wert gebe, als Ausdruck einer typisch sowjetischen Haltung vehement zurück. Von Krise und Niedergang der Literatur sei immer dann die Rede, wenn es keine eindeutigen Rangführer mehr gäbe. Der Kritiker stellte fest, daß die Literatur selbst schon lange vor der Perestrojka ein pluralistisches Bild geboten habe. Er betonte aber auch, daß sich erst durch die Tatsache ihrer Veröffentlichung die herkömmlichen Normen und Konventionen ändern könnten.[73] Zu den wichtigsten Publi-

---

[71] Ivanova verfaßte die erste Monographie über Ju. Trifonov in der Sowjetunion. N. IVANOVA: Proza Jurija Trifonova, M 1984.
[72] S. ČUPRININ: Predvestie, in: ZN (1989) 1, S. 210-229; DERS.: Situacija, in: ZN (1990) 1, S. 215-219; DERS.: Peremena učasti. Russkaja literatura na poroge sed'mogo goda perestrojki, in: ZN (1991) 3, S. 218-233; DERS.: Normal'nyj chod. Russkaja literatura posle perestrojki, in: ZN (1991) 10, S. 220-234; DERS.: Sbyvšeesja nebyvšee.
[73] ČUPRININ: Normal'nyj chod.

kationen der alten und neuen antistalinistischen Literatur von Fazil Iskander, Daniil Granin und Anatolij Rybakov bis zu Aleksandr Prochanov stellte er fest, daß die Darstellung Stalins jetzt erstmals als ästhetisches Problem in der Literaturkritik diskutiert werden könne, und unterzog diese „Tendenzliteratur" auch gleich einer Stil- und Genrekritik, wobei er gleichzeitig sein eigenes Konzept von literarischer Innovation formulierte. All diese Werke seien literarisch wenig interessant, da sie eine historisch-politische Thematik in einer literarisch obsoleten Form, dem episch breiten heroisch-pathetischen Roman, behandelten. Die Autoren bemühten sich, ihre Texte fast dokumentarisch zu beglaubigen, was persönlich ehrenwert sei, aber „Wahrheitstreue" und „Aufrichtigkeit" reichten letztlich als Kriterien für literarischen Wert nicht aus.

Nicht auf eine Erweiterung der Themen komme es an, sondern auf deren innovative literarische Gestaltung und auf einen Wechsel der Genres. Statt der Roman-Epopöe eigneten sich nunmehr weniger angesehene Genres wie der Abenteuer- oder Kriminalroman oder die Groteske zur Behandlung von Themen des Stalinismus. Das Plädoyer für eine Ablösung von hohen durch niedere Genres rekurriert in postulativer Absicht auf die Theorie literarischer Evolution bei den Formalisten, eine Tradition, auf die sich neben Novikov auch Čuprinin beruft.

In seinem Jahresüberblick „Situacija" von 1989 provozierte Čuprinin viele mit der Ansicht, daß beide Seiten der politisch polarisierten Lager, „rechte" wie „linke" Kritiker und Autoren, gleichermaßen für den Niedergang der literarischen Kultur verantwortlich seien. Die Auseinandersetzungen waren für ihn mehr als bloß machtpolitische oder persönliche Queleren, sondern Anzeichen für eine Konfrontation von teilweise unvereinbaren Kulturauffassungen und Wertpositionen in der sowjetischen Gesellschaft. Die Kluft zwischen den Lagern habe weniger mit politischen oder nationalen, als vielmehr mit soziokulturellen Unterschieden zu tun. Wegen dieses Artikels wurden Čuprinin und die Zeitschrift „Znamja" von anderen des politischen Verrats an der Generation der Šestidesjatniki bezichtigt.

1991 stellte Čuprinin fest, daß mit dem Ende des herkömmlichen „literarischen Prozesses" auch die Reihe der Jahresüberblicke bei „Znamja" eingestellt werde. Zwar gebe es durchaus eine neue, lebendige Literatur, aber die „Literaturkritik und die Kritiker, die das Magnetfeld erst schaffen, (...) in dem die zerstreute Menge selbst der guten Bücher ihre Konturen als Literatur erhält," sei 1991 als eine „Gattung schöpferischer Tätigkeit praktisch verschwunden".[74]

1993 sahen sowohl Čuprinin als auch Ivanova die Literatur in einer Krise. Ivanova stellte sarkastisch fest: viele Schriftsteller, junge ebenso wie Autoren der „Vierzigjährigen", hätten sich auf ein modisch gewordenes Spiel mit den „scharfen" Stoffen, Genres und Verfahren der „niederen" Massenliteratur eingelassen. Ein Teil der Autoren (wie Vladimir Makanin, Michail Kuraev, Vladimir Šarov) hätte sich auf Traktate und einen unverbindlichen Essayismus verlegt, während andere auf der Suche nach neuen Lesern einen Hang zu Aktionismus, Sex und Skandalen kultivierten und daraus doch wieder nur eine neue Elite-Literatur geschaffen hätten. Die Kritikerin äußerte ihr Unverständnis dafür, daß alle Schriftsteller, selbst die, die in der finsteren Stagnationszeit Bücher voller Hoffnung und Lebensfreude geschrieben hätten, jetzt, da sie endlich frei seien und sich geistig wie materiell vieles leisten könnten, in abgrundtiefen Pessimismus verfielen.

Čuprinin prognostizierte drei mögliche Wege für die künftige Entwicklung in der Literatur: 1. Die neue Literatur führt die antididaktischen Traditionen der russischen Klassik fort; 2. Sie übernehme Modelle der westlichen literarischen Moderne und entwickle diese weiter; 3. Sie lasse sich auf die Massenliteratur ein. Diesen dritten Weg hielt Čuprinin für den produktivsten und vielversprechendsten. An den Romanen von Viktor Pelevin („Žizn' nasekomych"), Evgenij Popov („Nakanune Nakanune") und Aleksandr Matveev („Ėrotičeskaja Odisseja") beschrieb er die originelle Vermischung von „hoher" und „niederer" Literatur, die er als gelungene Popularisierung von „Remakes" bezeichnete. Von deren Humor und Lebensfreude sah er eine neue hedonistische literarische Tradition ausgehen.[75]

5.4.2.4 Rezensionen

Die Rezension stellt die Betrachtung des einzelnen literarischen Werkes in den Mittelpunkt. Sie kann sich als *Sammelrezension* auch auf mehrere, gesondert besprochene Werke, als *monographische Rezension* größeren Umfangs auf die Besprechung einer bestimmten Gattung bei einem Autor beziehen. Obwohl sie auf der Einzelbesprechung beruhen, wirken Rezensionen meist erst im Vergleich mit anderen. Für die Gesamtheit der

---

[74] DERS: Peremena učasti, S. 225.
[75] DERS.: Sbyvšeesja nebyvšee.

Rezensionen einer Zeitschrift oder einer bestimmten Periode sind vor allem zwei Fragen relevant: Inwieweit vermitteln sie insgesamt ein repräsentatives Bild von der Literatur in dieser Zeit? Inwieweit werden darin neue Autoren entdeckt, die sich im Laufe der Zeit tatsächlich als bedeutend erweisen?

In Rußland tauchte die Rezension als eigenständiges Genre erstmals im Sentimentalismus auf, und zwar bei Nikolaj Karamzin, der vor allem *monographische Rezensionen* schrieb. Zu den Charakteristika der sentimentalistischen Methode gehörte die Betonung des literarischen Werkes als einzelnem Werk. Der Rezensent hob gern die Zufälligkeit seiner Person hervor. Egorov spricht in diesem Zusammenhang vom Kampf zweier Tendenzen, die die russische Literaturkritik durch das ganze 19. Jh hindurch bestimmten: dem Bemühen um ganzheitliche Betrachtung in großen, synthetischen Genres und dem Bemühen um Einzelbetrachtungen wie in der Rezension, worin sich ein Autonomiestreben ausdrückte, das in letzter Konsequenz zur Auffassung des „l'art pour l'art" führe.[76] Auf die Literaturkritik des 20. Jhs. läßt sich diese These nur mit Einschränkungen übertragen. Zwar dominierten auch hier, klar die synthetisierenden Genres; aber trotz ihrer großen Menge stellten Rezensionen demgegenüber keineswegs durch ihre bloße Existenz ein qualitatives Gegengewicht dar. Vor diesem Hintergrund ist auch die Bedeutung der Rezension seit Mitte der achtziger Jahre zu sehen.

In den vergangenen drei Jahrzehnten erschienen in den dicken Monatszeitschriften durchschnittlich 60 bis 70 Rezensionen pro Jahr. Im Unterschied zu den großen Artikeln, die immer schon bereits bekannte Bücher diskutierten und sich oft auf Literatur der Vergangenheit bezogen, stellten Rezensionen immer neu erschienene, in der Regel noch nicht gelesene Titel vor. Aber schon bei oberflächlicher Betrachtung zeigt sich, daß diese Rezensionen nur selten den literarisch relevanten Neuerscheinungen galten, daß sie ohne Rücksicht auf die tatsächlichen Interessen der Leser geschrieben waren und noch weniger die ganze Breite literarischer Neuerscheinungen repräsentierten. Der größte Teil von ihnen bezog sich auf Sachbücher, unbekannte Autoren und Titel der offiziellen Literatur. „Znamja" tat sich besonders in den Jahren nach dem Parteierlaß über die Literaturkritik von 1972 mit einer großen Anzahl an Rezensionen von Büchern über Produktionserfolge, Bestarbeiter und andere Helden besonders hervor. Über die Repräsentativität von Rezensionen in bezug auf die jährlichen Neuerscheinungen gibt es in lesersoziologischen

---

[76] EGOROV: O masterstve literaturnoj kritiki, S. 46, Anm. 2.

Untersuchungen nur wenige Angaben, die noch dazu weit auseinandergehen. Demnach wurden von der Literaturkritik zwischen drei bis zehn (1977) Prozent, nach anderen Quellen gar dreißig Prozent (1984) aller neuen Titel[77] rezensiert. Man muß davon ausgehen, daß literarische Rezensionen in der Sowjetunion bei weitem nicht jene Funktion der Information und sichtenden Vorauswahl literarischer Neuproduktionen hatten, die im Westen unter den Bedingungen eines für den einzelnen unüberschaubaren Buchmarktes unabdingbar ist. Im sowjetischen Literaturbetrieb mit seinen staatlich geregelten Verlagsprogrammen und geplanten Pflichtzuteilungen neuer Titel durch einen zentralisierten Vertrieb blieb das Angebot an literarisch oder gesellschaftlich relevanten Neuerscheinungen immer überschaubar. Bedeutende Veröffentlichungen sprachen sich über andere informelle Wege und nicht über Rezensionen herum. Bedeutende oder umstrittene Werke wurden fast ausschließlich in großen Artikeln diskutiert.

Da in der sowjetischen Literaturkritik das Prinzip „Bekannte Kritiker schreiben große Artikel über bekannte Autoren" herrschte und das Schreiben von Rezensionen vor allem wenig erfahrenen Kritikern überlassen blieb, war das professionelle Niveau in diesem Genre sehr niedrig. Als Rubrik am Schluß eines jeden Heftes waren die Rezensionsteile oft auch schon formal nachlässig und fehlerhaft redigiert.[78] Typisch für die erdrückende Mehrzahl der Rezensionen war daher das Fehlen eigenständiger oder kritischer Wertung. Wertungen waren fast ausschließlich positiv, wurden jedoch kaum explizit formuliert und noch weniger argumentativ begründet. Von 591 im Jahr 1977 untersuchten Rezensionen waren nur drei negativ,[79] von 600 anderen aus den Jahren 1982-83 waren es nur vier.[80] Die meisten Rezensionen beschränkten sich auf Inhaltsangaben, kommentierende Paraphrasen und allgemeine Empfehlungen. Bei Lyrikbänden wurden vorrangig Anthologien und Gesamtausgaben rezensiert, da es weniger um Betrachtungen einzelner Werke als vielmehr darum ging, objektive Gesetzmäßigkeiten, Entwicklungen und Perspektiven aufzuzeigen.

---

[77] V. NOVIKOV: Poėtika, S. 18; G. GORDEEVA: Oblačno s projasnenijami, in: Lo (1984) 3, S. 20-26, hier S. 22; A. ŽAKOV: Iskusstvo pisat' recenzii, in: Lo (1977) 3. S. 72-76.
[78] Dies bemängelt auch A. ŽAKOV, ebd.
[79] V. NOVIKOV: Poėtika recenzii.
[80] G. GORDEEVA: Oblačno.

Nicht nur bekannte Literaturkritiker, wie A. Turkov und V. Novikov,[81] schrieben über diesen Mißstand und beklagten den Mangel an
Professionalität in den Rezensionen. Rhetorische Appelle, man solle
doch endlich offener und mutiger Kritik üben, waren seit den frühen
siebziger Jahren auch ein fester Bestandteil der offiziellen Reden von
Funktionären auf Partei- und Verbandskongressen, wo immer von Literaturkritik die Rede war. Als ein Beispiel von vielen sei V. Ozerov, ein
Vorstandsmitglied des sowjetischen Schriftstellerverbandes, zitiert, der
auf einer der Literaturkritik gewidmeten Vorstandssitzung 1982 sagte:

> Man kann sich weiterhin der bitteren Wahrheit nicht verschließen, daß das
> Rezensieren bei uns als unwichtig gilt. Das Übel liegt aber nicht nur in der
> Anzahl der „vergessenen" Werke. Schlimmer ist, daß selten qualifizierte Re-
> zensionen erscheinen und sie fast immer durch oberflächliche „Urteile" und
> standardisierte Anmerkungen ersetzt werden. Es bleibt die nicht auszurotten-
> de sattsam bekannte „Komplimentiersucht" („komplementarnost'").[82]

Die literaturpolitische Linie der Partei in bezug auf die Literaturkritik war
durchaus ambivalent. Einerseits forderte sie wiederholt und lautstark
mehr Kritik im Sinne einer rücksichtslosen Verurteilung unerwünschter
Entwicklungen in der Literatur, andererseits war sie jedoch deutlich bestrebt, aufsehenerregende Prozesse gegen Schriftsteller, wie sie in den
sechziger Jahren stattgefunden hatten, zu vermeiden und rief entsprechend zu einem respekt- und rücksichtsvollen Umgang mit bekannten
Autoren auf.[83] Die Folge dieser Entwicklung war, daß in die nach wie
vor affirmativen Rezensionen geradezu rituell und meist am Schluß einige kritische Bemerkungen eingeflochten wurden, die aber dann als ent-
schuldbare Schwächen das positive Gesamturteil nicht beeinträchtigten.

Aber nicht nur politischer Konformismus und mangelnde Professionalität waren für diesen Mißstand verantwortlich. In einem Literaturbetrieb, in dem bürokratische Strukturen und personelle Überbesetzungen
überall dem Zweck dienten, Verantwortung abzuwälzen, bedurfte es, um
ein Buch negativ zu beurteilen, entweder institutioneller Autorität oder
persönlicher Zivilcourage, die nur wenige Kritiker aufbrachten. Sofern es
negative Rezensionen überhaupt gab, waren sie in der Regel weniger

---

[81] A. TURKOV: Peredovaja est' peredovaja, in: JU (1974) 4, S. 60-64; V. NOVIKOV: Poė-
    tika recenzii.
[82] V. OZEROV: Stenogramm der Sitzung des Rates für Literaturkritik des SV der UdSSR
    vom 2.2. 1982, zit. nach D. KRETZSCHMAR: Die sowjetische Kulturpolitik, S. 25.
[83] Vgl. dazu D. KRETZSCHMAR: Die sowjetische Kulturpolitik, S. 44.

sachlich begründete Kritik als persönliche Diffamierungen des Autors.[84] Viel weniger berechenbar und daher noch demoralisierender waren die unbeabsichtigten negativen Folgen, die liberale Kritiker auslösen konnten, wenn sie das Buch eines Autors kritisch rezensierten oder als Mißerfolg bewerteten.[85]

Nach der Wende von 1986 gab es zunächst im Bereich der Rezensionen kaum Veränderungen. Wohl tauchten ab 1987 einige Namen bekannter liberaler Kritiker in diesen Schlußrubriken der Zeitschrift auf, die weiterhin nicht unter der Bezeichnung „Literaturkritik", sondern als „In der Welt der Bücher", „Auf dem Bücherregal" o.ä. firmierten; unter den besprochenen Büchern fanden sich vereinzelt bekannte Namen aus dem Kanon der inoffiziellen Kultur (etwa von M. Petrovych, A. Platonov und M. Bulgakov). Die Anzahl negativer Besprechungen nahm zu,[86] aber der affirmative Tenor, die Maßstäbe der Bewertung und die Tendenz, statt der Leser die eigene Zunft zu bedienen, blieben unverändert. Überdurchschnittlich viele Rezensionen bezogen sich auf Publikationen der eigenen Kollegen. Zwischen 1986-1991 erschienen allein 13 Rezensionen zu Memoiren, Sammelbänden und Monographien professioneller Literaturkritiker. Dasselbe galt für die von der Redaktion unter der Rubrik „Sovetuem počitat'" empfohlenen Buchtitel.

Zu den typischen Bewertungskriterien der Rezensenten gehörte etwa, ob ein Buch eine ganzheitliche, zielgerichtete, auf eine klare Aussage hinauslaufende Struktur hatte. Für den Wert eines Werkes erklärte man die moralische Integrität eines Autors als unabdingbar, und die Glaubwürdigkeit der Botschaft eines Buches wurde eng an die Biographie seines Autors gebunden.

> Gerade seine Ganzheitlichkeit und die beständige, auf ein Ziel gerichtete Suche machen die besondere, unwiederholbare Welt dieses Schriftstellers aus. (...) Das Buch macht den Leser nicht nur mit der schöpferischen Biographie

---

84 Darauf geht genauer V. Novikov: Poėtika recenzii ein.

85 Hier kann ich mich nur auf mündliche Angaben stützen. Genannt wurde z.B. die Kritik von L. Anninskij an Ju. Trifonov oder von I. Zolotusskij an M. Charitonov. Letztere war durch die Konstellation „bekannter Kritiker – unbekannter debütierender Autor" noch nachteiliger als im ersten Fall. Charitonov habe nach dieser Kritik bis zur Perestrojka nichts mehr weiter veröffentlichen können.

86 Z. B. I. Fon'jakov in: ZN (1991) 4 über eine Lyrik-Anthologie der Tauwetterperiode, und ebd. über den Roman „Skandalistka" von L. Beljaeva. Buch und Rezension waren auch in anschließenden Leser-Diskussionen wegen des Lenin-Bildes und der militanten „Glasnost'"-Rhetorik umstritten. A. Ageev: Varvarskaja lira. Očerki „patriotičeskoj poėzii", in: ZN (1991) 2, S. 221-216.

V. Koževnikovs bekannt, sondern es zeigt ihn auch als einen Menschen von unermüdlichem Arbeitseifer, der im Dienste der Gesellschaft und des Staates tätig war, der sein ganzes Leben und Schicksal seiner Generation und seinem Volke widmete.[87]

Die handelnden Figuren wurden immer wieder mit der Person des Autors in Beziehung gesetzt:

> Das Bild des Autors und das seiner Helden stehen, wie immer bei Granin, in einer komplizierten Wechselbeziehung. Er hat ein Buch über einen Helden mit großem Talent und einem herausragenden Schicksal geschrieben.[88]

Die Botschaft eines Buches wurde vom Kritiker meist am Ende der Rezension formuliert und häufig mit einer aktuellen publizistischen Wendung versehen, ein Verfahren, das zu den typischen, in den sowjetischen Ausbildungsinstituten propagierten Merkmalen der revolutionär-demokratischen Literaturkritik Černyševskijs und Dobroljubovs gehörte.[89]

Bei der Bewertung überwogen nach wie vor vage Formulierungen, wie „brilliant erzählt" („blestjašče rasskazano"), „begabt" („talantlivyj"), „organisches Ganzes" („organičeskoe slijanie"), „Natürlichkeit" („estestvennost'"), „Scharfsinnigkeit" („pronzitel'nost'"), „psychologische und moralische Spannung" („psichologičeskaja i nravstvennaja naprjažennost'"), „menschlich glaubwürdig" („čelovečeskij dostoverno") oder „wahrhaft künstlerische politische Prosa" („podlinnaja chudožestvennaja političeskaja proza").[90]

An den Büchern zu Themen der stalinistischen Vergangenheit wurden am meisten Persönlichkeiten gerühmt, die unbeirrt ihren eigenen Weg gingen, und Werte wie Selbsttreue und moralische Unbeugsamkeit betont:

> Sich selbst treu sein und bleiben – das ist die schwerste Wissenschaft der Welt, aber es ist die einzige Weise für eine denkende Persönlichkeit, in der realen Welt zu überleben, den Menschen und der Gesellschaft das zu geben, was man kann und zu dem man berufen ist.

---

[87] V. Lazarev über eine Biographie von V. Koževnikov, dem langjährigen Chefredakteur von „Znamja", in: Zn (1986) 12, S. 237.

[88] E. Sidorov über D. Granins Roman „Zubr", in: Zn (1987) 6, S. 226.

[89] B. Egorov: O masterstve literaturnoj kritiki, S. 212ff.

[90] Vgl. Rezensionen von A. Karpov (über V. Dement'ev), in: Zn (1986) 3, S. 235ff.; V. Toper (über Kriegsprosa), in: Zn (1986) 8, V. Lazarev (über L. Leonov), in: Zn (1986) 5, S. 238; A. Vasilevskij (über Ju. Dombrovskij), in: Zn (1986) 6, S. 231ff.

Man findet viele Parallelen zwischen den Helden seiner (Trifonovs) Bücher und der allerwirklichsten Wirklichkeit. Reue – das ist vor allem allseitige Selbstreinigung im Bewußtsein vergangener Tragödien und Fehler. Dafür muß man offen und direkt darüber sprechen.[91]

Eine Rezensentin, für die der Wert des besprochenen Lyrik-Bandes vor allem im tragischen Schicksal seiner politisch verfolgten Autorin begründet lag, schrieb:

> Es bleibt ein Rätsel, wie ein Mensch mit diesem Schicksal solche (lebensfrohen, B.M.) Verse schreiben kann. Ich würde diese Verse gern endlos lange zitieren, die wie ein Vermächtnis, ein Credo der kühnsten und reichsten Natur sind, für die leben schaffen heißt.[92]

Typisch für viele Rezensionen war eine überbordende Metaphorik:

> Keiner von uns Lesern, nicht einmal der Autor selbst, hat die Kraft zu bestimmen, in welche Tiefen und Fernen das epische Meer führen wird, in das Anan'ev in seinem ersten Buch gesprungen ist. (...) Heute blicken wir in das tosende Meer unseres Volkes in der Gegenwart, dessen Ufer schwer zu erkennen sind, und das Schiff des neuen Romans legt hier an. [93]

Die Beschreibung der Bücher erfolgte häufig in narrativem Stil, wobei für den Leser unklar blieb, inwieweit Inhalte des Buches referiert wurden und wo es sich um Einschätzungen des Kritikers handelte.[94]

Neu in den Rezensionen seit 1988/89 war zum einen ein Tenor persönlicher Betroffenheit und emotionaler Beteiligung, zum anderen eine allgemeine Tendenz, die Persönlichkeit des Kritikers stärker hervorzuheben. Das zeigte sich sowohl in der Auswahl und Darstellung der rezensierten Texte als auch in der Präsentation von Autoren und Kritikern durch die Redaktion. So wurden literarische Autoren und Kritiker, die zum ersten Mal in „Znamja" publizierten, mit einer kurzen biographischen Notiz vorgestellt. 1990 führte die Zeitschrift eine neue Rubrik „Sovetuem počitat'" ein, in der statt der Redaktion ein bekannter Schriftsteller oder Kritiker seine persönliche Auswahl von Büchern oder Zeit-

---

[91] E. SIDOROV (über D. Granin), in: ZN (1987) 6, S. 226 A. TURKOV (über Ju. Trifonov), in: ZN (1987) 5, S. 232; L. ANNINSKIJ (über M. Kuraev), in: ZN (1989) 3, S. 220.

[92] L. ZACHAROVA (über L. Jakuševa), in: ZN (1990) 8, S. 238.

[93] A. BOČAROV über einen Roman von Anatolij Anan'ev, dem Chefredakteur der Zeitschrift „Oktjabr'", in: ZN (1989) 9, S. 221; S. RASSADIN (über N. Il'ina), in: ZN (1989) 5, S. 230.

[94] Beispiele hierfür sind: L. ANNINSKIJ (über Bulgakov), in: ZN (1986) 1; I. VASJUČENKO (über Vojnovič), in: ZN (1989) 10, S. 214f.; V. KONDRAT'EV (über Ju. Ščeglovs Kriegsprosa), in: ZN (1987) 4, S. 234f.

schriften vorstellte und kommentierte.[95] Neu war auch die 1990 erstmals vorgestellte Kontrastierung zweier gegensätzlicher Rezensionen zu einem Buch, eine von einem professionellen Kritiker und eine zweite von einem normalen Leser. Zumindest die Absicht, originell zu sein, zeigte sich nicht zuletzt in den expressiven, provokativen und paradox formulierten Titeln, wie zum Beispiel „Žizn' s kokainom" („Leben mit Kokain"), „Ėros iz podpol'ja" („Eros aus dem Untergrund"), „Sovok-Bljuz" („Sowjetspießer-Blues"), „Neopalimyj golubok" („Unauslöschliches Täubchen"),"Kruče, kruče, kruče" („Cooler, cooler, cooler") oder Phantasietiteln wie „Jajcatuper", „Kakotopija" und „(...)".[96]

Nach 1990 ging die Anzahl der Rezensionen drastisch zurück. 1990 brachte „Znamja" statt der früher üblichen 50-60 zwei- bis vierseitigen Rezensionen pro Jahr nur 25 (davon 15 literarische) und in den Jahren 1991 bis 1993 nur noch weniger als 10 Rezensionen pro Jahr. Die Mehrzahl von ihnen bezog sich, entsprechend der allgemeinen Schwerpunktverlagerung nun nicht mehr auf Werke der Vergangenheit, sondern auf aktuelle Veröffentlichungen neuer Literatur. Den um sich greifenden Kürzungen fielen die Rezensionen zuerst zum Opfer, da für die Redaktion die Beschaffung und Redigierung einer Vielzahl von kurzen Artikeln mehr organisatorischen Aufwand als die Betreuung einiger weniger großer Artikel bedeutete. Auch für viele Kritiker, denen diese quantitativ umfangreichen Rubriken früher eine wichtige Einnahmequelle bedeutet hatten, lohnten sich Rezensionen unter den zunehmend schwieriger gewordenen Existenzbedingungen nicht mehr.

---

[95] I. SLJUSAREVA rezensierte neue Almanache mit Frauenliteratur in: ZN (1991) 11, S. 238f.; I. ŠAJTANOV stellte unbekannte neue Prosa vor in: ZN (1991) 6, S. 234f.; I. FONJAKOV besprach literarische Almanache aus Leningrad/St. Peterburg in: ZN (1992) 3-4, S. 230. 1993 kam eine weitere Rubrik mit dem ironischen Titel „Ne sovetuem čitat'" hinzu.

In der „Literaturnaja gazeta" erschien seit 1987/88 der handschriftliche Namenszug oder ein Bild des jeweiligen Kritikers unter manchen Artikeln.

[96] V. KURICYN: Žizn' s kokainom, in: ZN (1992) 1, S. 212-218; E. TICHOMIROVA: Ėros iz podpol'ja (Seks-bestsellery 90-ch i russkaja literaturnaja tradicija), in: ZN (1992) 6, S. 220-229; M. LIPOVECKIJ: Sovok-bljuz. Šestidesjatniki segodnja, in: ZN (1991) 9, S. 226-236; N. IVANOVA: Neopalimyj golubok. („Pošlost'" kak ėstetičeskij fenomen), in: ZN (1991) 8, S. 211-223; A. ZORIN: Kruče, kruče, kruče, in: ZN (1992) 10, S. 198-205; M. ZOLOTONOSOV: Jajcatuper; DERS.: Kakotopija, in: OK (1990) 7, S. 192-198; V. KURICYN: (...), in: OK (1991) 7, S. 161-168. Vgl. zur Veränderung der Titelgebung in der Presse der Perestrojka auch E. A. ZEMSKAJA: Jazyk sovremennych gazet i perestrojka, in: ZIELSPRACHE RUSSISCH 12 (1991) 1, S. 1-8.

5.4.2.5 Autorenporträts/Jubiläumsartikel

Das literarische Porträt, eines der großen, umfangreicheren Genres der Literaturkritik, bietet in der Auswahl seiner Gegenstände, in der Art der Analyse und Darstellung mehr Freiheit als die Rezension und gilt der Präsentation eines literarischen Autors. Das (Autoren-)Porträt konzentriert sich weniger auf einzelne Werke als auf ein Gesamtwerk, dessen Stellenwert in der Literaturgeschichte und bezieht stärker biographische, persönliche und zeitgeschichtliche Zusammenhänge mit ein.[97] Die Grenzen des Genres sind einerseits zur Literatur hin fließend – daher auch die häufige Bezeichnung „literaturnyj" oder „tvorčeskij portret"; andererseits kann es zur philologisch-akademischen Kritik hin tendieren. Fließend sind auch die Grenzen zwischen dem Autorenporträt und der monographischen Rezension. Das Porträt gehört sowohl in der professionellen Literaturkritik als auch bei Schriftstellern seit jeher zu den beliebtesten Genres, weshalb dafür auch häufig der Begriff „pisatel'skaja" oder „avtorskaja kritika" verwendet wird.[98] Es gibt selbständige und unselbständige, das heißt in literarische Werke integrierte Autorenporträts. Je nach Schwerpunkten lassen sich beim Autorenporträt drei Typen unterscheiden:

1. Das biographische bzw. autobiographisch-memoiristische Porträt, bei dem die Person des Autors im Mittelpunkt steht. Zu dieser Kategorie gehören in der Regel der Jubiläumsartikel und der Nekrolog.[99] Hierfür ist von Bedeutung, ob der porträtierte Autor ein Zeitgenosse des Kritikers, etwa mit diesem persönlich bekannt ist oder war.

2. Das wissenschaftlich-monographische Porträt bemüht sich um eine eher sachlich-distanzierte Betrachtung des Werkes in seiner Gesamtheit, wobei die Person des Autors mehr oder weniger stark gewichtet werden kann.

3. Das skizzenhaft-impressionistische Porträt beleuchtet nur ausgewählte Züge oder Werke eines Autors unter bestimmten Aspekten, bemüht sich zum Beispiel um eine Umdeutung des bisher verbreiteten Autorbildes und betont deshalb häufig in Untertiteln seinen selektiven, fragmentarischen Charakter.

---

[97] O.V. MARKOVA: Literaturnyj portret kak vid „pisatel'skoj kritiki", in: Chudožestvennoe tvorčestvo i literaturnyj process, vyp. VIII, Tomsk 1988, S. 210-224.

[98] Dazu ebd; BARANOV/BOČAROV/SUROVCEV: Literaturno-chudožestvennaja kritika.

[99] Hierzu auch W. HAACKE: Die literarisch-journalistischen Gattungen des Feuilletons, in: DERS.: Handbuch des Feuilletons, 3 Bde, o.O. 1951-1953, Bd. 2, VIII, S. 243ff.

Die Popularität dieses Genres läßt sich über die sowjetische Zeit hinaus,
für die besonders der panegyrische Jubiläumsartikel typisch war, bis in
die Anfänge des 19. Jhs. zurückverfolgen. Zum ersten Mal wurde das
Autorenporträt im Sentimentalismus verwendet. Es entsprach dem damaligen Zeitgeist, den individuellen Charakter eines Autors zu betonen.
Als erstes Beispiel dieses Genres gilt N. Karamzins Artikel „O Bogdanoviče i ego sočinenijach", der 1803 in seiner Zeitschrift „Vestnik Evropy"
erschien.[100] Nach einer Blütezeit bei P. Vjazemskij, N. Polevoj und V.
Belinskij wurde das Autorenporträt dann erst in den 1870/80er Jahren
wieder von den Literaturkritikern der Narodniki aufgriffen und war auch
bei den Symbolisten besonders beliebt. Narodniki und Symbolisten hatten in bezug auf das Porträt manches gemeinsam. In ihrer Vorliebe für
das Subjektive, Psychologische versuchten sie, die originäre Methode eines Autors herauszustellen und bemühten sich zugleich, ein psychologisches Porträt seines jeweiligen Charakters zu geben, so zum Beispiel Petr
Lavrov in „Sent-Bef kak čelovek" (1881). Auch die Vorliebe für antithe-
tische Gegenüberstellungen und für eine Kombination von *Autorenporträt* und *literarischer Parallele* war nicht nur, wie oben erwähnt, typisch
für die symbolistischen Literaturkritiker, sondern auch bei den Kritikern
der Narodniki anzutreffen, etwa in N. Michajlovskijs Artikeln „Vol'ter-
čelovek i Vol'ter-myslitel'" (1869) und „Prudon i Belinskij" oder in P.
Lavrovs Artikel „Dva starika", einem Vergleich zwischen V. Hugo und
H. Michelet. Schließlich gehörte das Autorenporträt auch zu den bevor-
zugtesten Genres der marxistischen Kritiker, die dabei meist eine konkrete Einzelbetrachtung mit verallgemeinernden Synthesen und aktueller
Polemik verbanden. Beispiele hierfür sind G. Plechanovs Artikel „
Tolstoj i Gercen„ (1912) und V. Vorovskijs Artikel „Bazarov i Sanin"
(1909).[101]
In „Znamja" erschienen zwischen 1986 und 1993 von insgesamt 149
großen Artikeln 36 Autorenporträts (neben 74 Problemartikeln, 14 (Jah-
res-)Überblicken und 25 monographischen Rezensionen):

---

[100] N. KARAMZIN: O Bogdanoviče i ego sočinenijach, in: VESTNIK EVROPY (1803) 9.
   Hierzu auch EGOROV: O masterstve literaturnoj kritiki, S. 47.
[101] G. PLECHANOV: Tolstoj i Gercen (1912), in: DERS.: Iskusstvo i literatura, S. 725-733;
   V. VOROVSKIJ: Bazarov i Sanin. Dva nigilizma, in: DERS.: Éstetika. Literatura. Iskusstvo, M 1975, S. 229-255.

TABELLE 3: Autorenporträts in „Znamja" 1986-1993

	AUTOR	KRITIKER	JAHR	No
1.	F. Abramov	I. Zolotusskij	1986	6
2.	F. Abramov	J. Okljanskij	1988	10
3.	A.Agranovskij	Ju. Černičenko	1987	7
4.	Č. Ajtmatov	V. Oskockij	1988	2
5.	V. Béékman	Ju. Boldyrev	1986	12
6.	V. Belinskij	I. Vinogradov	1986	6
7.	O. Berggol'c	V. Lakšin	1987	3
8.	M. Bulgakov	A. Šindel'	1991	5
9.	N.Dobroljubov	P. Nikolaev	1986	2
10.	M. Dudin	M. Karim	1986	11
11.	O. Ermakov	A. Ageev	1993	4
12.	D. Fekete	S. Zalygin	1986	5
13.	A. Gercen	I. Dedkov	1987	4
14.	E. Isaev	M. Čislov	1986	5
15.	F. Iskander	N. Ivanova	1988	3
16.	S. Kol'basev	V. Koneckij	1986	7
17.	V. Koževnikov	L. Leonov	1986	5
18.	E.Kublanovskij	S. Lipkin	1991	10
19.	D. Lichačev	N. Tjul'pinov	1986	10
20.	V. Makanin	L. Anninskij	1986	12
21.	O. Mandel'štam	S. Averincev	1990	4
22.	V. Nabokov	E. Lebedev	1989	10
23.	V. Pikul'	S. Anisimov	1987	11
24.	A. Platonov	A. Šindel'	1989	9
25.	V. Rasputin	E. Semenova	1987	2
26.	E. Rejn	I. Brodskij	1991	7
27.	A. Solženicyn	N. Ivanova	1990	8
28.	A. Solženicyn	V. Potapov	1990	3
29.	A./B.Strugackij	I. Vasjučenko	1989	5
30.	N. Tichonov	L. Skorino	1986	11
31.	A. Tvardovskij	G. Baklanov	1990	7
32.	V. Vysockij	S. Čuprinin	1988	7
33.	S. Zalygin	E. Sergeev	1987	3
34.	V.Majakovskij/V. Vysockij	V. Novikov	1993	7
35.	T.Kibirov/ A. Slapovskij	A. Nemzer	1993	12

Dreißig dieser Porträts galten literarischen Autoren, sechs galten entweder Literaturkritikern oder anderen Persönlichkeiten des öffentlichen Lebens. Aus der Übersicht über die literaturkritischen Genres (Tabelle 2,
S. 203) kann man über die hohe Gesamtanzahl der Artikel hinaus eine
deutlich abnehmende Tendenz in diesem Genre erkennen. Sechsund-
zwanzig Porträts erschienen zwischen 1986 und 1989, allein zwölf im

Jahr 1986. Fast alle Porträts in „Znamja" stammten von professionellen Literaturkritikern.

Weitaus die meisten von ihnen galten offiziellen oder halboffiziellen sowjetischen Autoren, deren wichtigste Werke zwischen den fünfziger und achtziger Jahren entstanden waren. Die Mehrzahl der Porträts gehörte zum skizzenhaft-impressionistischen Typ, worauf schon einschränkende Untertitel wie „Zametki o tvorčestve..." (Sergeev/ Zalygin, Tjul'pinov/Lichačev, Oskockij/Ajtmatov) oder „Štrichi k portretu..." (Turkov über den Leser) hindeuteten. Einige der Porträts sowjetischer zeitgenössischer Autoren gehörten zum früher besonders beliebten biographisch-memoiristischen Typ (Baklanov/ Tvardovskij, Sergeev/Zalygin, Skorino/Tichonov). 1989/90 wurden mit V. Nabokov, A. Platonov, A. Solženicyn und M. Bulgakov vornehmlich früher verfemte Autoren der inoffiziellen Kultur aus dem 20. Jh. vorgestellt. Typisch für viele Artikel war das Bestreben, das Werk eines Autors auf eine griffige Formel zu bringen. Der Kritiker formulierte ein bestimmtes Thema bei einem Autor als dessen künstlerische Hauptaufgabe („sverchzadača") und prüfte dann, ob er die Aufgabe erfüllte. Inoffiziell kanonisierte Schriftsteller wie Platonov, Makanin und Bulgakov wurden als Nachfolger der Klassiker Dostoevskij, Gogol' und Puškin oder selbst als Klassiker behandelt.[102]

Der Artikel „Fenomen Pikulja" des Leningrader Historikers Sergej Anisimov fiel insofern aus dem Rahmen der übrigen Porträts, als er einem der populärsten, aber bis dahin von der Kritik ignorierten Autor gewidmet war. Anisimov widerlegte darin die vom Autor selbst verbreitete Meinung, in den historischen Romanen Valentin Pikul's werde die russische Geschichte wahrheitsgetreu, sorgfältig recherchiert und dokumentarisch genau wiedergegeben, lediglich in ansprechende, belletristische Form gekleidet. An einer Reihe von Beispielen belegte er, wie Pikul' die Ereignisse und Gestalten der Geschichte verzerrt, und zeigte auch dessen Verfahren und Muster der Trivialisierung und ideologischen Manipulation. Dieser Artikel provozierte viel Widerspruch und fand von allen Literaturkritiken in „Znamja" dieser Jahre das stärkste Leserecho.[103]

Zwischen 1990 und 1993 erschienen insgesamt nur zehn Porträts, von denen allein acht von Schriftstellern oder Spezialisten anderer Fachge-

---

[102] A. ŠINDEL': Zametki ob osobennosti Platonova; DERS.: Bulgakov; L. ANNINSKIJ: Makanin.

[103] Zu den Reaktionen auf Anisimovs Artikel A. TURKOV: Čitatel' pišet. Turkov schrieb, daß viele Leser schon früher die Literaturkritik aufgefordert hätten, sich mit Pikul' zu beschäftigen.

biete stammten. Zwei davon (V. Novikov über V. Majakovskij und V. Vysockij und A. Nemzer über T. Kibirov und A. Slapovskij) gehörten zum wissenschaftlich-monographischen Typ, in denen die porträtierten Autoren als Person hinter die Erörterung der Werke zurücktraten.

5.4.2.6 Problemartikel/Essays

Im Unterschied zur Einzel-, Sammel- oder monographischen Rezension ist in diesem Genre der Ausgangspunkt ein allgemeines, oft außerliterarisches gesellschaftliches Problem, auf das die Überlegungen zur Literatur bezogen werden. Der Kritiker greift sich einzelne Autoren und Werke heraus, um sie in einen neuen, möglichst originellen gedanklichen Zusammenhang zu stellen. Da das Genre für die verschiedensten Fragestellungen und Methoden offen ist – analytische, literaturtheoretische oder prognostische –, sind auch seine Grenzen fließend. Wird das Problem mehr impressionistisch-assoziativ dargestellt, so nähert es sich dem Essay; in der Form mehrerer konkreter Analysen ähnelt es der Rezension und als literaturtheoretische Erörterung kommt es der wissenschaftlichen Abhandlung am nächsten.

Ausschlaggebend für die besondere Popularität des Genres in Rußland ist die synthetisierende Bemühung bei gleichzeitig großer darstellerischer Freiheit und relativ großem Umfang. Da es um die Mitte des 19. Jhs. noch keine eigenständigen Bereiche von Literaturtheorie und -wissenschaft gab, wurde der Problemartikel zum wichtigsten Ort für Begriffsklärungen und theoretische Konzepte. So kann Egorov, der sich in seinem Material ausschließlich auf die Kritik des 19. Jhs. stützt, zu der Definition kommen, die auf die sowjetische Zeit so kaum mehr zutrifft: „Der Problemartikel löst an konkretem Material literaturtheoretische Probleme."[104] Die historische und nationale Spezifik des Genres charakterisiert Egorov folgendermaßen:

> Insgesamt herrschten hier die Synthese, die Geschlossenheit der Analyse und die Offenheit in der Komposition von Höhepunkten und Schlüssen vor. Wenn ein programmatischer Artikel ein einzelnes literarisches Werk untersuchte, so schlug er konsequent den Bogen zu allgemeineren gesellschaftlichen oder literarhistorischen Problemen. (...) Typisch für die russische Kritik ist die enge Verbundenheit des Kritikers mit der Welt, der Wissenschaft, einer gesellschaftlichen Gruppe, dem Redaktionskreis, fast immer mit einem Seitenblick auf das Volk, auf seine Bedürfnisse, seine Meinung. Autoren,

---

[104] B. EGOROV: O masterstve literaturnoj kritiki, S. 53.

Werke, Leser, alle verknüpft der Kritiker mit dem Kollektiv, mit einer Gruppe.[105]

Vom Aufbau und von ihrer Darstellungsweise her kennt die russische Tradition zwei verschiedene Typen von Problemartikeln. Den Typus des logisch aufgebauten und klar gegliederten Artikels, in dem eine bestimmte Idee konsequent entwickelt und an Beispielen erörtert wird, verkörpern die Kritiker der Dekabristen und die der Šestidesjatniki des 19. Jhs. Die historischen Wurzeln für den anderen Typus des Problemartikels, der aus einer ungegliederten Folge von Überlegungen mit assoziativen Abschweifungen und situativen Kommentaren besteht, liegen eher bei den Romantikern, dem frühen Belinskij und späteren Vertretern der „organischen Literaturkritik", die sich ja gegen eine logisch-rationale Form der Kritik wie überhaupt gegen eine Formanalyse literarischer Werke ausgesprochen hatten. Vorgänger für die im literarischen Essay sich auflösende Form des Problemartikels wiederum lassen sich bei den Dichter- und Philosophen-Kritikern des Symbolismus finden.

Betrachtet man nun die Problemartikel der Zeitschrift „Znamja" zwischen 1986-1993, so lassen sich aus ihnen zunächst die wichtigsten Themen und Inhalte der Literaturdiskussionen jener Jahre entnehmen und in ihren Positionen verfolgen. Darüber hinaus offenbaren sie genretypische Darstellungsformen und einige neue Tendenzen im literaturkritischen Genresystem. Ein Überblick über die wichtigsten in den Kritiken behandelten Themen zeigt, daß sich bis 1989/90 die Artikel nahezu ausschließlich an den aktuellen gesellschaftlichen Problemen orientierten. Eines der ersten durch Glasnost' zur Behandlung freigegebenen Themen war das der Verantwortung und Schuld für die Verbrechen der Stalinzeit und das Ende der Tauwetterperiode. Letzteres wurde zum Beispiel in der Diskussion um Tvardovskijs Poem „Po pravu pamjati" behandelt.[106] Die starke Anteilnahme der Rezipienten an diesem Problem spiegelt sich in

---

[105] Ebd., S. 37-38.

[106] Bibliographische Hinweise zu den Themen werden hier nur gemacht, soweit im folgenden nicht näher darauf eingegangen wird. L. VIL'ČEK: Soiskateli istiny, in: ZN (1987) 6, S. 210ff.; A. BOČAROV: Služit' pravdoj i veroj, in: ZN (1987) 11, S. 205-213; A. LATYNINA: Dogovorit' do konca; V. KARDIN: Mifologija osobogo naznačenija, in: ZN (1989) 3, S. 208-221; L. SARASKINA: Primirenie na lobnom meste. Rossijskie pisateli v bor'be za vlast', in: ZN (1990) 7, S. 191-205; N. IVANOVA: Nauka nenavisti (Kommunisty v žizni i v literature), in: ZN (1990) 11, S. 220-238; LIPOVECKIJ: Sovok-Bljuz. Šestidesjatniki segodnja.

den dokumentierten Leserbriefen.[107] Ein anderes Thema war die Rolle des Krieges und der Armee für die Literatur und Schriftsteller.[108] Schließlich zeugte die bereits erwähnte verstärkte Publikation von Texten emigrierter oder in Ungnade gefallener Kritiker der Sowjetära in anderen Zeitschriften in „Novyj mir" und „Voprosy literatury" mehr noch als in „Znamja" von einem starken Interesse an der Historiographie und an unterdrückten Traditionen der russischen Literaturkritik. Nicht wenige Artikel waren Problemen der Bewußtseinskrise, Funktionsbestimmung und Neuorientierung in der Literaturkritik gewidmet.[109] Zu diesem Komplex gehörte auch die „Entdeckung" des Lesers, der bis dahin immer nur als abstrakte Projektion und als Objekt der Erziehung existiert hatte, und das Interesse an empirischen literatursoziologischen Forschungen.[110] Die aktuelle Bedeutung der Klassiker, ein Problem, daß in den übrigen dikken Zeitschriften die Spalten der Literaturkritik beherrschte, und dessen Diskussion hier gesondert dokumentiert wird, spielte in „Znamja" nur eine untergeordnete Rolle.

Ab 1990 schlug sich die Vielfalt der inzwischen öffentlich zugänglichen Literatur in einer thematischen Ausweitung der Problemartikel nieder; zugleich zeichnete sich eine weniger emotionale, sachlichere Behandlung ab. Die offenen Fragen aus der Tauwetter- bzw. Brežnevperiode wurden im größeren Kontext des Verhältnisses von Schriftsteller

---

[107] ZN (1987) 8, S. 227ff. Vgl. dazu die zusammenfassende Darstellung von TREPPER: Rückblick. Die Auseinandersetzung um die Zeitschrift „Novyj Mir".

[108] Die Polemik von L. LAZAREV: A ich pobilo železom, in: ZN (1988) 2, S. 215-225 über die junge Generation der Kriegsdichter (vor allem gegen S. KUNJAEV: Radi žizni na zemle, in: MG (1987) 8, S. 246-68), S. SOLOŽENKINA: A èti utverždenija, in: Vzgljad, M 1988, S. 289-310; T. IVANOVA: Vot pridet barin, in: OG (1988) 16, S. 27-29.) Zum Afghanistankrieg als literarischem Thema V. KURICYN O čem dumaet 'šapernaja lopatka'? Afganskij opyt. Pesni, stichi, proza, in: ZN (1990) 5, S. 212-220; A. AGEEV: Varvarskaja lira. Očerki 'patriotičeskoj prozy', in: ZN (1991) 2, S. 221-231.

[109] JU. ČERNIČENKO: Žurnalist, in: ZN (1987) 7, S. 217-222; JU. SUROVCEV: Publicistika i publicističnost', in: ZN (1986) 4, S. 208-224, (1986) 10, S. 215-226; A. MARČENKO: Deti našej bedy, in: ZN (1988) 11; A. KABAKOV: Zametki samozvanca, in: ZN (1991) 11, S. 229-234; O. DARK: Černaja messa imperativnoj kritiki, in: ZN (1992) 8, S. 225-228; V. NOVIKOV: Promežutočnj finiš. (Literaturnye žurnaly na slome vremeni), in: ZN (1992) 9; ČUPRININ: Pervency svobody.

[110] A. TURKOV: Čitatel' pišet; V. NOVIKOV: Raskrepoščenie. Vospominanija čitatelja, in: ZN (1990) 3, S. 210-217.

und Macht bzw. Intelligenz und Macht diskutiert. In „Znamja" kamen dabei auch erstmals westliche Wissenschaftler zu Wort.[111]

Im Mittelpunkt der Literaturkritik seit 1990 standen Tendenzen und Motive der neuen Literatur und Probleme der neuen literarischen Kultur, so zum Beispiel die Postmoderne,[112] Erotik und Moral,[113] vulgäre, destruktive Elemente[114] sowie das Verhältnis von Hoch-, Alltags- und Massenkultur. Neue literaturhistorische Konzepte und Periodisierungen wurden angeboten.[115] Einzelne Artikel griffen auch Themen der westlichen Literatur (Rezeption der Moderne und ausländische Bestseller)[116] und den Zusammenhang von Literatur und Religion auf.[117]

Fragt man nun über die Themen der Problemartikel hinaus nach ihren Darstellungsformen, so lassen sich einige typische Merkmale nennen, die nicht nur für die Literaturkritik in „Znamja", sondern auch auf die anderer literarischer Monatszeitschriften zutreffen:

Die Mehrzahl der Problemartikel gehörte zum Typ des wenig strukturierten, assoziativ-impressionistischen Artikels, in dem allgemeine Betrachtungen zur Gesamtsituation der Literatur oder der Kultur angestellt

---

[111] ZN (1992) 1 hat dies als Schwerpunktthema mit Beiträgen russischer und westlicher Wissenschaftler wie K. Clark, N. Condee/V. Padunov und Ch. Engel.

[112] N. AŽGICHINA: Razrušiteli v poiskach very (Novye čerty sovremennoj molodoj prozy), in: ZN (1990) 9, S. 223-228; M. LIPOVECKIJ: Apofeos častič ili dialogi s chaosom, in: ZN (1992) 8, S. 214-223; K. STEPANJAN: Realizm kak zaključitel'naja stadija postmodernizma, in: ZN (1992) 9, S. 231-238; A. ZORIN: Kruče, Kruče, Kruče; K. STEPANJAN: Nazovu sebja Cvajšpaciren? (Ljubov', ironija i proza razvitogo postmodernizma), in: ZN (1993) 11, S. 184-194; S. ČUPRININ: Sbyvšeesja nebyvšee; N. IVANOVA: Pejzaž posle bitvy.

[113] E. TICHOMIROVA: Éros iz podpol'ja; A. ZVEREV: Prestuplenija strasti, in: ZN (1992) 6, S. 212-220; A. VJAL'CEV: Literatura i moral', in: ZN (1993) 6, S. 193-195.

[114] N. IVANOVA: Neupalimyj golubok; N. AŽGICHINA: Razrušiteli v poiskach very.

[115] N. CONDEE [KONDI]/V. PADUNOV: Samoubijstvo perestrojki, in: ZN (1992) 1, S. 209-213; E. IVANICKAJA: Ne soblaznjajte nas idealom, in: ZN (1991) 12, S. 230-234; V. ZVINJACKOVSKIJ: Partijnaja literatura bez partijnoj organizacii, in: ZN (1992) 2, S. 226-237; S. RASSADIN: Iz žizni Kentavrov. Intelligent – obyvatel' – ljumpen, in: ZN (1992) 3-4, S. 221-234; N. IVANOVA: Smena jazyka, in: ZN (1989) 11, S. 221-232; M. ÉPŠTEJN: Posle buduščego; E. DOBRENKO: Stoj! Kto idet? (U istokov sovetskogo manicheizma), in: ZN (1993) 3, S. 180-189; auch in: Ders.: Metafora vlasti, S. 138-208; M. LIPOVECKIJ: Sovremennost' tomu nazad (Vzgljad na literaturu „zastoja"), in: ZN (1993) 10, S. 180-189.

[116] R. ARBITMAN: Kapitan F'jučer v strane bol'ševikov (Zapadnaja belletristika na našich knižnych lavkach), in: ZN (1993) 8; E. KACEVA: Opisanie odnoj bor'by (Franc Kafka - po-russki), in: ZN (1993) 12, S. 194-200.

[117] M. RUDENKO: Posle literatury: igra ili molitva, in: ZN (1993) 6, S. 186-192.

werden. Diese Art der literaturkritischen Reflexion deutete sich oft schon
in Titeln wie „Razmyšlenija", „Obščie rassuždenija", „Literaturno-publi-
cističeskie zametki" oder „Obščie zametki" an. *Die meisten Kritiken gingen dabei deduktiv vor:* Eine bestimmte These oder Konzeption stand im
Mittelpunkt, für die eine Reihe von zitierten Autoren und Werken als Il-
lustration und Beleg angeführt wurden. In manchen Artikeln, besonders
über die neue Literatur, führte dies dazu, daß eine größere Anzahl von
neuen Autoren und Werken, die auch an anderer Stelle noch keiner genaueren Analyse unterzogen worden waren, nur kurz und unverbindlich
erwähnt wurden. Sie wurden auf ein bestimmtes Konzept hin abgehan-
delt oder einer Gruppierung zugeordnet und dienten dem Kritiker als Argument für seine originelle Gedankenkonstruktion. Manche der vorgestellten Thesen bleiben spekulative Behauptungen, die einer genaueren
Analyse des einzelnen Werkes kaum standhielten. Beispiele hierfür waren die Artikel „Mir možet byt' ljuboj" (1990) von O. Dark und „Patogenez i lečenie gluchonemoty" (1992) von M. Lipoveckij,[118] ließen sich jedoch auch in Artikeln anderer Kritiker finden.

Ein weiteres Merkmal war *die weitschweifige, expressive, am mündli-
chen Gespräch orientierte Form der Darstellung.* Viele Artikel sind voll
mit scheinbar spontanen, expressiven Ausdrücken und gedanklichen Abschweifungen. Für den westlichen Betrachter ist diese Weitschweifigkeit
ungewohnt, bisweilen befremdlich, zumal sie wenig der konkreten Beschreibung, Analyse oder Wertung literarischer Werke und noch weniger
dem gattungsspezifischen Gebot der Kürze dient. Als Beispiel wurde hier
bereits der Artikel „Deficit derzosti" von V. Novikov genannt. Ein weiteres stammt aus einem Artikel von S. Rassadin:[119]

> Винить интеллигенцию за то что они оказались бессильны, нея
> пость. А уж самим уподобляться лому и сапогу – это...Да что толко-
> вать! Худо, что мы, слава Богу, не все, но многое потеряв, норовим
> разделаться чуть ли не с последним из того, что нам досталось. У лю
> – лю! – при виде, интеллигента, при намеке на интеллигентность.
> Дзык, дзык! Хр-рясь! И – пряником в духовные аристократы?...

Was für ein Unsinn, die Intelligenz dafür verantwortlich zu machen, daß sie
ohnmächtig war. Aber selbst zum Brecheisen und Stiefel werden – das
ist...Was soll man da lange reden! Schlecht ist nur, daß wir, die wir, Gott sei
Dank, nicht alles, aber vieles verloren haben, darauf erpicht sind, uns fast das
Letzte, das wir noch haben, vom Halse zu schaffen. Halali, beim Anblick des

---

118 O. Dark: Mir možet byt' ljuboj, in: DN (1990) 6, S. 223-235; M. Lipoveckij: Patogenez i lečenie gluchonemoty, in: NM (1992) 7, S. 213-223.
119 S. Rassadin: Dzyk! Dzyk! in: LG 17.2.1993.

Intelligenzlers, bei jeder Andeutung von Intelligenz. Krach, bumm! Und so
wirst du selbst geradewegs zum geistigen Aristokraten...

Diese Weitschweifigkeit war vielfach durch die sowjetische Vergangenheit bedingt. Sowohl die Sprache der offiziellen politischen Rhetorik als
auch die äsopischen Gegenstrategien, mit denen man sie zu unterlaufen
suchte, und nicht zuletzt der praktische Umstand, daß Artikel nach ihrer
Länge in Druckbögen bezahlt wurden, leisteten einem wortreichen, red-
undanten Stil Vorschub. Aber es würde zu kurz greifen, die Ursachen dafür nur in der sowjetischen Geschichte zu suchen. Der wenig strukturierte
expressive Gesprächsstil der russischen Kritik gehörte zu den aus dem
19. Jh. übernommenen Konventionen.

Eine weitere Eigenschaft der meisten Problemartikel war ihre *Selbst-
bezogenheit* und *binnenkommunikative Ausrichtung*. Durch eine Vielzahl
von Verweisen, Zitaten und polemischen Anspielungen auf andere Kritiker und Akteure des politischen und literarischen Lebens waren diese
Kritiken praktisch nur in einem fortlaufenden Diskussionszusammenhang
zu verstehen. Der gegenseitige Bezug war oftmals so stark, daß man, um
eine Argumentation zu verstehen, auch die übrigen erwähnten Positionen
und Artikel kennen mußte. Leser, die nicht mit dem Diskussionsprozeß
vertraut sind, werden viele Artikel nur schwer verstehen können.

Diese Art von Literaturkritik setzt breite, homogene Interessen der
Leser in bezug auf die Literatur voraus, ein bestimmtes kontinuierliches
Leseverhalten, eine Vertrautheit zwischen Kritiker und Leser und nicht
zuletzt Muße, alles Elemente, die unlösbar mit dem Medium der dicken
Zeitschrift verbunden sind. Außerhalb dieser Institution verlieren diese
Darstellungskonventionen weitgehend ihre soziale und kommunikative
Bedeutung und, wenn die Kritik auf eine Leserschaft angewiesen ist,
auch ihre Wirkung. Sie werden in dem Maße anachronistisch, wie die
Homogenität der Intelligenz zerfällt und diese Zeitschriften ihre Basis,
die Leserschaft der breiten Intelligenzschichten, verlieren.

Literaturkritischer Essay

Viele Problemartikel hatten durch ihre wenig strukturierte Offenheit und
durch den allgemein verbreiteten literarisierenden Stil eine Tendenz zum
Essayistischen. Beispiele für Problemartikel mit essayistischer Tendenz
in „Znamja" waren etwa S. Rassadins unkonventionelle, von nationaler
Glorifizierung freie Betrachtungen über Puškin und einige Aufsätze von

A. Jakimovič, V. Kuricyn und A. Zorin.[120] Auch die Selbsteinschätzung
mancher sowjetischer Kritiker und die unbekümmerte Verwendung des
Begriffs legten den Schluß nahe, daß beides als nahezu gleichbedeutend
angesehen wurde. Obwohl eine klare Grenze zwischen diesen Genres nur
schwer zu ziehen ist, da Offenheit und Unbestimmtheit zu den Haupt-
merkmalen des Essays gehören, wird hier aber doch von einer Eigenständigkeit dieses Genres und seiner Rezeptionsgeschichte in der russischen
Literaturkritik ausgegangen. Erst bei einer solchen differenzierten Betrachtung kann man nämlich beobachten, daß der Essay, der in der Sowjetunion seit den dreißiger Jahren nicht zufällig ungebräuchlich war,
seit den späten achtziger Jahren eine neue Renaissance erlebte, in der Literaturkritik und Publizistik Verbreitung fand und auch in seiner literaturhistorischen und –theoretischen Dimension reflektiert wurde. So
stellte M. Ėpštejn den Essay als Genre 1987 in einem umfangreichen
Aufsatz vor und formulierte seine eigene Auffassung zu seiner Erschei-
nungsform in Rußland.[121] In Diskussionen über die Situation der gegenwärtigen Literatur und Kritik wurde der Essay und seine Bedeutung in
Rußland wiederholt thematisiert.[122]

Das neu erwachte Interesse an diesem Genre hing nicht zuletzt damit
zusammen, daß die Entstehung und Definition des Essays in Westeuropa
eng mit der geistesgeschichtlichen Entwicklung und den philosophischen
Auffassungen der Aufklärung verbunden ist. Die Auffassungen über seine Bedeutung, Verbreitung und Tradition in Rußland gingen daher auch
in der russischen Literaturkritik auseinander.

Beim Essay hat man es mit einem der seltenen Fälle zu tun, in denen
ein ganzes Genre im Grunde durch ein einziges Werk begründet worden
ist: die im 16. Jh. geschriebenen „Essais" („Versuche") von Michel de

---

[120] Reine Essays waren in „Znamja" seltener, dafür aber in anderen Zeitschriften zu finden. Beispiele für essayistische Problemartikel waren: S. RASSADIN: Bez Puškina, ili
Načalo i konec garmonii, in: ZN (1991) 7, S. 216-230; A. JAKIMOVIČ: Ėschatologija
smutnogo vremeni, in: ZN (1991) 6, S. 221-228; V. KURICYN: Žizn' s kokainom.;
A. ZORIN: Kruče, Kruče.

[121] M. ĖPŠTEJN: Zakony svobodnogo žanra (Ėsseistika i ėsseizm v kul'ture novogo vremeni), in: VL (1987) 7, S. 120-152, auch in: DERS.: Paradoksy novizny, M 1988, S.
334-380; engl.: At the Crossroads of Image and Concept. Essayism in the Culture of
the Modern Age, in: DERS.: After the Future. The Paradoxes of Postmodernism &
Contemporary Culture, Amherst/Mass. 1995, S. 214-252.

[122] Etwa in der über mehrere Hefte abgedruckten Diskussion über die „junge Prosa am
Ende des 20. Jhs." in: LU (1991).

Montaigne.[123] Die Entstehung dieses Genres in Frankreich ist auf die westeuropäische Aufklärung und die damit verbundene kritische Selbstreflexion des Individuums zurückzuführen. In seine Entwicklung fließen die Erkenntnis der unendlichen Vielfalt des konkreten diesseitigen Daseins und die Einsicht in die Existenz und Notwendigkeit von Widersprüchen mit ein. Aus der Betrachtung von Montaignes Werk können die typischen Merkmale des Essays gewonnen werden, die sowohl auf thematischer und stilistischer als auch auf struktureller und gnoseologischer Ebene liegen. Zum Gegenstand essayistischer Betrachtung können prinzipiell alle Phänomene des menschlichen Lebens und Geistes werden, so wie in sie Elemente aller Textgattungen wissenschaftlicher, literarisch-künstlerischer und dokumentarischer Art eingehen können. Im Essay verbindet sich rationale Erörterung mit bildhafter Darstellung; dabei kann entweder ein konkretes Problem oder ein Lebensbereich von den verschiedensten Seiten aus eingekreist werden oder es können umgekehrt an einem Bild die vielfältigsten Probleme und Deutungen erprobt werden. Der Autor selbst ist jedoch in keinem der Bereiche ein Spezialist, sondern eher ein bewußter Dilettant. Diese Eigenschaft gilt ihm allerdings nicht als Mangel, sondern im Gegenteil als besonderer Vorzug.

Charakteristisch für den Stil des Genres ist eine freie, brillante Darstellungsweise, die den Essay in die Nähe der Literatur bringt. Da er die Intention zu unterhalten besitzt, sind für ihn eine gewisse Leichtigkeit und Witz, eine aspekthaft-unsystematische, bewußt fragmentarische Gedankenführung typisch. Zu den strukturellen Merkmalen gehört sein paradigmatischer Anspruch. Aus der am konkreten Einzelfall angestellten Betrachtung lassen sich Schlußfolgerungen über das Allgemeine ziehen. Zu den gnoseologischen Eigenschaften des Genres gehört schließlich eine bestimmte skeptisch-souveräne Denkhaltung, die geprägt ist von einem „Mißtrauen gegen feste Ergebnisse", einer „Einsicht in die Komplexität der wirklichen Erfahrungswelt". Fragen und Suchen gilt dem Essay als Methode, Wahrheitssuche als prinzipiell unabgeschlossener Prozeß, Erkenntnisse werden als Möglichkeiten vermittelt, die erwogen oder verworfen werden können.[124]

---

[123] M. de MONTAIGNE: Essais, in: DERS.: Oeuvres Complètes, Paris 1967, S. 17-450.

[124] Stichwort „Essay", in: METZLERS LITERATUR-LEXIKON, hg. von G. und I. Schweikle, Stuttgart 1990, S. 139-140; L. ROHNER: Der deutsche Essay, Berlin/Neuwied 1966; P. MERKER/ W. STAMMLER: Reallexikon der deutschen Literaturgeschichte, 2. Aufl., Bd. 1, Berlin 1958, S. 408-410. Vgl. auch die kurze, ausgezeichnete Studie von VLADIMIR B. ŠKLOVSKIJ: Fel'eton i ėssė, die den Essay und das Feuilleton vom „lite-

Über die Rolle und Verbreitung des Essays in Rußland im 19. und noch mehr im 20. Jh. gibt es verschiedene Auffassungen. Neben „Ėssė" waren Genrebezeichnungen wie „Opyt" und „Rassuždenija" gebräuchlich. Nach der in sowjetischen Nachschlagewerken vertretenen Auffassung ist der Essay ein in Rußland unterentwickeltes Genre, das wenig gepflegt wurde und in der Literatur- und Geistesgeschichte nur selten anzutreffen ist.[125] Danach wurde der Essay vor allem in der Philosophie und Literaturkritik um die Jahrhundertwende und in den zwanziger Jahren des 20. Jhs. gepflegt. Vom Standpunkt der historisch-materialistischen Ideologie aus ist die Ablehnung des essayistischen Genres folgerichtig, da seine Eigenschaften als Unentschiedenheit, Oberflächlichkeit oder Standpunktlosigkeit gelten müssen.[126] Der Essay war ein brisantes Genre, das eher zu jenen verdrängten Traditionen gehörte, die in der inoffiziellen Kultursphäre gepflegt wurden. Schriftsteller, Wissenschaftler und Kritiker, wie V. Šklovskij, Ju. Tynjanov, K. Paustovskij, A. Sinjavskij oder L. Ginzburg, die häufiger in diesem Genre schrieben, waren wiederholt Vorwürfen eines überzogenen Hangs zum „Selbstausdruck" („samovyraženie") und des Subjektivismus von offizieller Seite ausgesetzt.

Eine andere Auffassung von der russischen Geschichte des Genres vertritt Michail Ėpštejn. Er geht von einer sehr breiten Konzeption des Essays aus und spricht allgemein von der Neuzeit, betont also nicht die Unterschiede, sondern das Gemeinsame in der russischen und westeuropäischen Tradition. Seiner Ansicht nach hat es den Essay auch in Rußland seit Beginn der Literaturkritik gegeben, da er genau dem entspreche, was für die russische Kritik typisch sei: dem gleichzeitigen Hang zum Synthetischen und zum Literarischen. Nach Ėpštejns geschichtsphilosophischer Auffassung hat der Essay in der Neuzeit die Funktion des griechischen Mythos übernommen, Synthesen zu bilden. Paradoxerweise wirke der Essay heute jedoch zugleich entmythisierend, da er die modernen Formen der Mythenschöpfung nicht reproduziere, die sich allesamt gegen eine Autonomie des Individuums richteten. Damit meint er sowohl

---

rarischen Brief" herleitet und als genealogische Reihe vorschlägt „Feuilleton – Essay – wissenschaftlicher Artikel – Monographie" (S. 76).

[125] „Dlja russkoj i sovetskoj literatury žanr ėsse menee charakterna." in: KOŽEVNIKOVA/NIKOLAEVA: Literaturnyj ėndiklopedičeskij slovar'. In dem als Lehrbuch konzipierten Buch von BARANOV/BOČAROV/SUROVCEV: Literaturno-chudožestvennaja kritika, wird der Essay nur zweimal kurz erwähnt.

[126] Auf diese Gefahr weist C. TRÄGER (Wörterbuch der Literaturwissenschaft, S. 147-149) hin.

autoritäre und totalitäre Mythen als auch die Mythen der modernen Massenkultur.[127] Insofern habe der Essay zugleich eine von anderen Mythen abgrenzende, entmythologisierende und damit aufklärerische Funktion.

Für beide Auffassungen gibt es plausible Argumente. Dennoch muß man gegenüber Ėpštejns Theorie einschränkend festhalten, daß das Genre des Essays in der vorrevolutionären Zeit nur in bestimmten Perioden verwendet wurde, in der Romantik und um die Jahrhundertwende, und daß es in der offiziellen sowjetischen Kritik seit den dreißiger Jahren kaum eine Rolle spielte.

Auch Ėpštejn sieht in den achtziger Jahren in der Literaturkritik ein neu erwachtes Interesse am Essay. Darin entdeckt er eine befreiende Tendenz zum „Selbstausdruck",[128] zu einer subjektiven Expressivität und zur Literarisierung der Kritik. Die essayistische Form werde im Zeichen des Aufbrechens bisheriger Normen von vielen als ein Ausweg aus der didaktischen, vom ideologisierten Bewußtsein geprägten Kommunikation in der Literaturkritik gesehen, als eine Form, die dem Kritiker größeren Spielraum bietet, neue Ideen und Perspektiven zu versuchen. Zugleich räume sie dem Leser mehr Mündigkeit ein und verstärke die Unterhaltungsfunktion der Kritik, ohne dabei die Erörterung ernster Themen preiszugeben.

Auch der Literaturwissenschaftler Michail Gasparov stellte anläßlich einer Diskussion über die „junge Prosa am Ende des 20. Jhs." 1991 fest, daß man gegenwärtig in einer „essayistischen Zeit" lebe. Diese Bemerkung fiel allerdings in einem anderen Zusammenhang und mit kritischer Absicht: Sie galt nämlich einer Tendenz zum Essayistischen in der neuen, „anderen" Literatur. In der gegenseitigen Überlagerung von Literatur und Kritik sah Gasparov eine für beide Seiten nachteilige Entwicklung. Nicht die klassische Literatur des 19. Jhs. sei didaktisch, wie von jungen Kritikern neuerdings unterstellt werde, sondern gerade die"elitäre" avantgardistische Literatur, indem sie sich selbst interpretiere und damit den Lesern das vermeintlich „richtige" Verständnis aufdränge:

> Die Literatur stürzt sich auf die öffentliche Selbstreflexion: auf die Essayistik, die Selbstkommentierung, auf historische und kulturhistorische Phantasien. Damit gerade schreibt sie dem Leser vor, wie er sie zu rezipieren habe. Derzeit beunruhigt dieser neue Schub nicht nur die Literaturkritiker, sondern

---

[127] ĖPŠTEJN: Zakony svobodnogo žanra, S. 129.
[128] Zur Begriffsgeschichte von „Selbstausdruck" vgl. K.-D. SEEMANN: Der Neologismus 'samovyraženie', in: U. Hinrichs/H. Jachnow u.a. (Hgg.): Sprache in der Slavia.

auch die Schriftsteller: Es scheint, daß sich die Literatur dadurch selbst verändert.[129]

5.5   „Znamja" im Kontext der anderen Literaturzeitschriften[130]

Charakteristisch für die russischen Monatszeitschriften ist neben ihrem
Umfang und der Mischung aus literarischen, literaturkritischen und pu-
blizistisch-gesellschaftspolitischen Texten, daß jede Zeitschrift eine bestimmte programmatische Linie, ihre eigene sogenannte „Zeitschriften-
philosophie" („žurnal'naja filosofija") vertritt.[131] Nicht zufällig wurden
in den ersten Jahren der Perestrojka die Fragen nach der Verantwortung
und Schuld für die Repressionen der Stalinzeit zuallererst in der Publizistik und Literaturkritik der Monats- (und Wochen)zeitschriften gestellt
und alle gesellschaftspolitisch relevanten Probleme dort diskutiert, noch
bevor sich in anderen Disziplinen, besonders in den Geschichtswissen-
schaften, in der Philosophie und Religion, eigenständige Diskurse entfalteten.

Die unterschiedlichen Einstellungen zur Reformpolitik führten nach
1986 zu einer scharfen politisch-ideologischen Polarisierung der Zeitschriften. In den ersten Jahren der Perestrojka (1986-1988) war ihre Konstellation bestimmt vom Kampf zwischen zwei entgegengesetzten Lagern: auf der einen Seite standen die Zeitschriften der Reformanhänger,
allen voran „Ogonek", gefolgt von „Znamja", „Oktjabr'", „Družba narodov", „Junost'", „Literaturnoe obozrenie",[132] „Neva" und „Zvezda" sowie die Wochenzeitung „Literaturnaja gazeta".

Auf der anderen Seite standen „Naš sovremennik", gefolgt von „Molodaja gvardija", „Moskva" und der Wochenzeitung „Literaturnaja Rossija". „Novyj mir" trat zwar engagiert für Reformen und eine Liberalisierung ein, nahm jedoch mit ihrer ökologisch, gemäßigt national und wert-
konservativ orientierten „Philosophie" eine Mittelstellung zwischen den

---

129 M. GASPAROV: Neskol'ko parallelej, in: LU (1991) 5, S. 180-182, hier S. 181.

130 Überblicke über Publikationen und Schwerpunkte der dicken Zeitschriften während
der Perestrojka bieten PITTMAN: Perestroika and Soviet Cultural Politics; GRAFFY:
The Literary Press.

131 A. ARCHANGEL'SKIJ: V ob-jatijach 'zaslužennogo sobesednika', in: DERS.: U paradnogo pod-ezda, S. 49.

132 „Literaturnoe obozrenie" profilierte sich in diesen Jahren durch eine Erweitung von
literatursoziologischen und leserbezogenen Rubriken und Publikationen. Vgl. die
Rubrik „Literatura i čitateli".

beiden Lagern ein. In dem Kampf zwischen Gegnern und Befürwortern der Reformen vertraten die Publizisten und Kritiker von „Naš sovremennik" Positionen eines russophilen, christianisierten Sozialismus. Bis 1989 argumentierten sie dabei in ihren Polemiken gegen die Reformpolitik von marxistisch-leninistischen Standpunkten aus, forderten die Einhaltung der Normen „Parteilichkeit" und „narodnost'" des sozialistischen Realismus und die Rückkehr zur Leninschen Lehre.[133]

Während sie in politisch-ideologischer Hinsicht scharf polarisiert waren, wurden die Literaturzeitschriften mit Beginn der Glasnost' in der Auswahl ihrer literarischen Texte einander immer ähnlicher, da alle um die Erstveröffentlichung der Werke des literarischen Erbes konkurrierten. Manche Texte, z. B. das Poem „Rekviem" von A. Achmatova oder der Roman „Das Schloß" von F. Kafka,[134] wurden gar gleichzeitig in verschiedenen Zeitschriften publiziert. Auch literarische und Zeitschriften für bildenden Kunst (wie „Iskusstvo" und „Dekorativnoe iskusstvo"), Theater („Teatr") oder Kino („Iskusstvo kino") näherten sich einander an. Viele der früher verbotenen Texte gehörten zur Avantgarde der zwanziger Jahre, deren Vertreter sowohl Dichter als auch Künstler waren. So erschienen zum Beispiel literarische Texte von M. Chagall und K. Malevič in „Junost'" und „Inostrannaja literatura" und literaturkritische Essays von M. Ėpštejn und L. Anninskij in „Iskusstvo kino".[135]

Ab 1990 veränderten sich die Profile einiger Zeitschriften und damit auch ihre Konstellation.[136] Primär ideologisch exponierte Zeitschriften

---

[133] P. MEZENCEV: Leninskij obraz revoljucii, in: NS(1987) 4, S. 3-8; B. GONČAROV: O Majakovskom v bor'be s meščanstvom i bjurokratizme, in: NS(1988) 2, S. 173-177; M. ANTONOV: Nesuščestvujuščie ljudi, in: NS(1989) 2, S. 125-150; A. KAZINCEV: Četyre procenta i naš narod, in: NS(1989) 10, S. 152-172.

[134] A. ACHMATOVA: Rekviem, in: OK (1987) 3; NE (1987) 6; F. KAFKA: Zamok, in: NE (1988) 1-4; IL (1988) 1-3.

[135] „Inostrannaja literatura" druckte Gedichte von M. Chagall (Stichi, (1988) 5, S. 34-40); „Junost'" publizierte Memoiren von M. Chagall (Moja žizn', (1987) 12, S. 62-66) und autobiographische Aufzeichnungen mit Bildern von K. Malevič (Iz otrjada solnceljubov, (1988) 7, S. 32); weitere Beispiele bei GRAFFY: The Literary Press, S. 152, Fn. 147. ĖPŠTEJN: Teoretičeskie fantazii.

[136] Čuprinin verglich 1992 die Konstellationen der Literaturzeitschriften mit denen der Vorperestrojkazeit und stellte fest, daß früher zwischen den einzelnen oppositionellen Lager viel mehr Offenheit und Durchlässigkeit geherrscht habe. Durch die Distanzierung von der offiziellen Kultur sei klar gewesen, daß sich Geist, Mut, Talent und Geschmack ausschließlich jenseits dieser Grenze versammelten, so daß zum Beispiel dieselben Autoren zugleich in „Družba narodov" und in „Naš sovremennik" publizierten, der Kritiker V. Kožinov ein Buch des Modernisten A. Bitov, der Dorfschrift-

wie „Ogonek" und „Molodaja gvardija" verloren nach dem Ende der
Mobilisierungsphase erheblich an Bedeutung.[137] „Naš sovremennik" und
„Moskva" brachen mit der marxistisch-leninistischen Diktion und konzentrierten sich stattdessen ganz auf eine nationalpatriotisch-religiöse Linie. Die meisten publizistischen und literaturkritischen Beiträge in „Naš
sovremennik" beschränkten sich auf aggressiv-nationalistische, antisemitisch gefärbte Polemik. Die Auswahl und Qualität ihrer literarischen
Texte zeigte allerdings mit Publikationen von M. Cvetaeva, L. Borodin
und A. Solženicyn ein höheres Niveau und vertrat ein breiteres Spektrum.[138] Publikationen religiös-philosophischer Literatur, von Archivdo-
kumenten und Memoiren wurden zu einem neuen Schwerpunkt auch in
„Novyj mir", deren Profil durch kultur- und religionsphilosophische Beiträge von S. Averincev, D. Lichačev, A. Gulyga und S. Zalygin, von
Kritikern wie I. Rodnjanskaja und R. Gal'ceva geprägt wurde.

Auf die neue „andere" Literatur ließen sich die meisten literarischen
Periodika nur zögernd und unter dem Druck der finanziellen Krise ein. S.
Čuprinin stellte 1993 fest, daß bei den meisten Zeitschriften geradezu ei-
ne Jagd auf junge, neue Talente begonnen habe, die wohl in erster Linie
ökonomisch bedingt sei und mehr mit dem Prestigedruck der Zeitschrift
als mit ihrem Interesse an der neuen Literatur zusammenhänge.[139] Neben
„Znamja" zeigten sich am ehesten „Družba narodov", „Junost'" und
„Oktjabr'" dafür aufgeschlossen. Auch einige Zeitschriften aus anderen
Städten und Regionen, vor allem „Volga" (Saratov), „Ural"

---

steller V. Rasputin den liberalen V. Evtušenko und Ju. Trifonov den nationalistischen
A. Prochanov rezensieren konnten. Inzwischen bestehe zwischen ihnen aber eine un-
überbrückbare Kluft, und es komme in manchen Zeitschriften zu den merkwürdigsten
Allianzen zwischen erst- und drittrangigen Autoren und Kritikern. ČUPRININ: Pervency svobody.

[137] In einer am Ende der Mobilisierungsphase im November 1989 vom Institut für Buch-
forschung durchgeführten Umfrage in Massenbibliotheken zur Rangliste der Popularität dicker Zeitschriften lagen „Novyj mir" und „Znamja" an erster Stelle, gefolgt
von „Oktjabr' „, „Junost'", „Družba narodov", „Neva" und „Zvezda". An zwölfter
Stelle lag „Inostrannaja literatura", an sechzehnter „Moskva", und „Naš sovremennik" stand an neunzehnter und letzter Stelle. In: ZN (1990) 1, S. 238ff.

[138] Im Oktober 1989 löste der Schriftsteller Sergej Vikulov als neuer Chefredakteur von
„Naš sovremennik" den seit den siebziger Jahren bekannten Dichter und Kritiker Stanislav Kunjaev ab. Wie Kunjaev war auch Vikulov als militanter Nationalist bekannt
und unter anderem als Unterzeichner des „Briefes der 11" 1969 gegen A. Tvardovskij
hervorgetreten. Vgl. „Samaja bolšaja opasnost'", wiederabgedruckt in: Ns (1989) 1,
S. 175-176.

[139] ČUPRININ: Sbyvšeesja nebyvšee.

(Sverdlovsk/Ekaterinburg) und „Don" (Rostov), wandelten ihr Profil und traten mit Publikationen innovativer Literatur und entsprechenden literaturkritischen Artikeln hervor. Die Zeitschrift „Volga", die in den siebziger und achtziger Jahren eine nationalpatriotische Linie vertreten hatte,[140] profilierte sich Anfang der neunziger Jahre durch kritische Analysen zur Ästhetik des sozialistischen Realismus.[141] „Ural" brachte als erste aller dicken Zeitschriften schon 1988 eine Spezialnummer für neue experimentelle Literatur heraus und druckte neben literarischen Texten unbekannter Autoren auch Texte von Roland Barthes. Seit Februar 1988 erschienen unter dem Titel „Tekst. Žurnal v žurnale" mehrere Beilagen mit Texten neuer Autoren aus dem literarischen Untergrund.[142] Auch die Zeitschrift „Don" öffnete ihre Spalten, z.B. mit Prosa von Aleksandr Ivančenko, für neue Autoren der „anderen" Literatur. In den meisten Redaktionen gab es jedoch gegenüber der „anderen" Literatur erhebliche Reserven. Die in den etablierten Zeitschriften publizierten neuen Texte bewegten sich fast alle im Rahmen der Konventionen des Realismus.[143]

„Znamja" nahm seit Anfang der neunziger Jahre mit ihrer Orientierung auf innovative literarische Entwicklungen und einer primär philologisch ausgerichteten Literaturkritik eine Zwischenposition zwischen zwei Typen der neu gegründeten alternativen Zeitschriften, dem literatur- und kulturtheoriebetonten Typus (wie „Novoe Literaturnoe Obozrenie") und dem Typus der kleinen, ausschließlich der neuesten literarischen Avantgarde gewidmeten Zeitschrift mit bewußt elitärem Anspruch (wie „Solo"), ein.[144] Gegenüber diesen am Rande des Literaturbetriebs stehenden Zeitschriften erfüllte „Znamja" eine wichtige Brückenfunktion. Einen Überblick über die Schwerpunkte der Literaturkritik in drei der wichtigsten Monatszeitschriften bieten die Tabellen 4, 5, 6 und 7 im Anhang 1 dieses Buches.

---

[140] Vgl. KRETZSCHMAR: Die sowjetische Kulturpolitik, S. 54, 161, 173 und 224.

[141] DOBRENKO: Nekto v serom.

[142] TEKST. ŽURNAL V ŽURNALE „URAL". Zwischen 1988 und 1990 erschienen fünf Beilagen, die sich unter das von R. Barthes entlehnte Motto stellten „Unsere Gegenwart beginnt mit der Suche nach der 'Unmöglichen Literatur'." Vgl. die Rezension M. LIPOVECKIJ: Pravila igry, in: LO (1990) 12, S. 43-45.

[143] Unter der 1990 eröffneten Rubrik „Novye imena" stellte „Oktjabr'" einzelne kurze lyrische und Prosatexte „junger Autoren" vor, die in ihrer Auswahl, Relevanz und literarischen Qualität allerdings deutlich hinter denen in „Znamja" oder manchen der nichtetablierten Zeitschriften zurückstanden.

[144] Vgl. dazu MENZEL: Krise der Aufklärer und neue Solisten.

Betrachtet man die thematischen Schwerpunkte der Literaturkritik in „Znamja", die bevorzugten Gattungen und Perioden der Literaturgeschichte zeigt sich neben einer Dominanz der Prosa-Gattung, wie die Aufmerksamkeit für die Literatur der Tauwetter-Periode ab 1989 schwand und sich stattdessen auf die neueste Gegenwartsliteratur richtete. Am häufigsten waren Artikel zum literarischen oder literaturpolitischen Leben und bis 1990 Artikel über die Literatur seit der Tauwetterperiode. Über die Literatur der Avantgarde wie auch über die des Symbolismus erschienen zwischen 1986-1993 nur wenige literaturkritische Artikel. Und auch Literatur aus dem westlichen Ausland wurde in „Znamja" nur sehr wenig wahrgenommen.

Der Vergleich mit den Überblicken über die Zeitschriften „Novyj mir", „Oktjabr'" und „Naš sovremennik" zeigt einige typische Tendenzen der Literaturkritik ablesen. Zwischen 1986 und 1989 lagen die Schwerpunkte aller Zeitschriften auf der Prosaliteratur der sechziger bis achtziger Jahre und der dreißiger bis sechziger Jahre. Erst nach 1990 zeichnete sich eine Verlagerung der Schwerpunkte auf die Gegenwartsliteratur ab. Insgesamt waren Prosagattungen deutlich stärker vertreten als lyrische. Ein ähnlich starkes Gewicht lag während des gesamten Zeitraums auf Problemen der Literaturkritik, -theorie und -geschichte und auf dem Zusammenhang von Politik bzw. Macht und Literatur. Ab 1991 ging die Gesamtzahl der großen Artikel zurück, und zwar am meisten in den nationalkonservativen Zeitschriften („Naš sovremennik", „Moskva" und „Molodaja gvardija").

Was ferner aus den Überblicken hervorgeht, ist die nahezu ausschließliche Konzentration der Kritik auf die russische Literatur. Nicht nur die Literatur des multinationalen sowjetischen Kulturraums und die der mitteleuropäischen ehemals sozialistischen Bruderländer wurde weitgehend ignoriert. Auch die Gegenwartsliteratur aus dem westlichen Ausland gehörte zu den am wenigsten behandelten Themenbereichen.[145] Dies erstaunt umso mehr, als nach dem Zensurabbau eine große Menge westlicher Literatur aller Ebenen publiziert wurde, die größte Popularität bei den Lesern besaß. Noch weniger Kritiker, wie Viktor Toporov und

---

[145] N. Anastas'ev, V. Toporov und Viktor Erofeev gehörten zu den wenigen Kritikern, die auch westliche Literatur behandelten. Vgl. den Sammelband mit literaturkritischen Essays zur russischen und westeuropäischen Literatur von VIKTOR EROFEEV: V labirinte prokljatych voprosov, M 1990.

Roman Arbitman,[146] setzten sich ohne moralische oder ästhetische Vorbehalte mit populären Werken ausländischer Literatur oder massenhaft erfolgreichen Bestsellern der russischen Literatur auseinander und gingen dabei auch auf verbindende Elemente zwischen hoher und niederer Literatur ein.[147]

Der Vergleich der in „Znamja" verwendeten Genres mit denen in anderen Literaturzeitschriften zeigt, daß die dort festgestellte Entwicklung allgemein typisch war. Aus der folgenden Übersicht wird der Rückgang an Einzelrezensionen deutlich, die teilweise ganz aus den dicken Zeitschriften verschwanden:

---

[146] Toporov rezensierte einige Romane von Stephen King, analysierte deren literarische Verfahren und diskutierte ihren Stellenwert für das Literaturkonzept der Postmoderne. Eine andere Rezension befaßte sich mit populären ausländischen Titeln der erotischen Literatur, zum Beispiel Henry Millers „Wendekreis des Krebses". V. TOPOROV: Zapretnyj plod slašče (Rez. H. Miller und D. J. Lawrence), in: LO (1992) 1, S. 93-97. DERS.: „Besy" dlja bednych. Tendencioznyj roman našich dnej, in: ZV (1989) 12, S. 194-202; DERS.: Četyre dyry čtenija (über Stephen King's Roman „Misery"), in: NG 24.6.1993; Der junge Kritiker R. Arbitman aus Saratov widmete dem neuen Markt der Massenliteratur einige differenzierte Analysen. Er verglich populäre westliche Kriminal-, Jugend- und Phantasy-Bücher mit jeweiligen Mustern aus der russischen Literatur. R. ARBITMAN: Kapitan F'jučer.

[147] Zur Repräsentativität der von der Literaturkritik erfaßten literarischen Neuerscheinungen gaben Gudkov und Dubin für 1990/91 einige Annäherungswerte. Sie konstatieren, daß die Literaturkritik, gemessen an den Aktivitäten der jeweiligen Kritik in anderen Bereichen der Kultur (sie nennen Film, Theater, bildende Kunst, Soziologie, Religion und Philosophie) noch am aktivsten sei, daß aber trotzdem nur noch etwa zwei bis drei Prozent statt wie früher acht bis zehn Prozent aller literarischen Neuerscheinungen von der Literaturkritik erfaßt würden. GUDKOV/DUBIN: Konec charismatičeskoj ėpochi, S. 37.

TABELLE 8: Quantitative Entwicklung der Rezensionen in den wichtigsten Monatszeitschriften in den Jahren 1976, 1986 und 1993

1976[148]

Zeitschriften	Prosa	Lyrik	Drama	Lk/Lw	Publ./Mem./ Skizzen	Gesamt
Novyj mir	43	18	-	34	17	112
Družba narodov	40	21	1	16	6	84
Moskva	19	13	1	7	4	44
Znamja	18	10	-	8	18	54
Zvezda	21	16	1	30	4	72
Neva	19	18	-	32	10	79
Insgesamt	196	110	3	145	71	525

1986

Zeitschriften	Prosa	Lyrik	Drama	Lk/Lw	Publ./Mem./ Skizzen	Gesamt
Novyj mir	19	12	-	11	4	46
Družba narodov	-	-	-	-	-	-
Moskva	22	14	-	6	4	46
Znamja	17	6	-	3	4	40
Zvezda	12	3	-	10	6	31
Neva	17	7	-	14	6	34
Insgesamt	87	42	-	44	24	197

1993

Zeitschriften	Prosa	Lyrik	Drama	Lk/Lw	Publ./Mem./ Skizzen	Gesamt
Novyj mir	7	3	-	3	3	16
Družba narodov	-	-	-	-	-	-
Moskva	3	1	-	-	3	7
Znamja	4	2	-	-	3	9
Zvezda	-	-	-	-	-	-
Neva	-	-	-	-	-	-
Insgesamt	14	6	-	3	9	32

Unverändert führend blieb überall der synthetisierende, große Problemartikel. Seit 1990 wurde allerdings gegenüber dem früher vorherrschenden publizistischen Typ der kulturphilosophische (besonders in „Novyj

---

[148] Entnommen aus: A. Žakov: Iskusstvo pisat' recenzii.

mir") oder literaturtheoretische (besonders in „Znamja") immer häufiger. Auch die neue Tendenz zum Essayistischen war in den meisten Zeitschriften unabhängig von ihrem ideologischen Profil verbreitet. In den literarischen und literaturkritischen Spalten der Zeitschriften und in Buchform erschienen zahlreiche Essays von Schriftstellern und anderen Intellektuellen der Vergangenheit und Gegenwart.[149] Autorenporträts und auch andere literaturkritische Genres wurden dagegen seltener. V. Novikov stellte 1992 eine allgemeine Genrearmut in der Literaturkritik fest und wiederholte damit seine bereits 1978 geäußerte Klage.[150] Tatsächlich nahm sich, gemessen an der möglichen Vielfalt literaturkritischer Genres, das Spektrum der russischen Kritik während und nach der Perestrojka eher schmal aus, auch wenn es in einigen dicken Zeitschriften Bestrebungen gab, vor allem kleine Genres wie Glossen, Skizzen, polemische Bemerkungen, Empfehlungen und Feuilletons mit der Einführung von neuen Rubriken zu fördern.[151] Obwohl der Buchmarkt zunehmend unübersichtlicher geworden war und die neue Vielfalt literarischer Modelle und Schreibweisen bei vielen Lesern ein Bedürfnis nach Information, Orientierung und Vorauswahl vermuten ließ, was gerade eine vermehrte Rezensionstätigkeit nahelegte, hatte sich an den traditionellen Darstellungsformen der Literaturkritik in den dicken Zeitschriften, etwa in Richtung einer stärker informierenden, induktiv vorgehenden, auf literarische Einzelphänomene konzentrierten Kritik, bis 1993 jedoch noch kaum etwas geändert.

---

[149] Nicht selten bezogen sich essayistische Problemartikel explizit auf V. Rozanov, wie zum Beispiel E. ŠKLOVSKIJ: Neobjazatel'nye zametki po motivam 'Apokalpsisa russkoj literatury' Vasilija Rozanova, in: OK (1992) 10, S. 180-188; dt. [J. Schklowski]: Bemerkungen am Rande, in: SINN UND FORM 45 (1993) 3, S. 449-463; M. ČUDAKOVA: Plyvuščij korabl', in: NM (1989) 7, S. 231-235 (im Anschluß an V. Rozanovs Essay „Russkij Nil"); M. ZOLOTONOSOV: Kartezianskij kolodec, in: OK (1992) 2, S. 188-193.

[150] V. NOVIKOV: Poėtika recenzii; DERS.: Promežutočnj finiš, S. 224ff.

[151] So stellte die von L. Anninskij geführte Rubrik „Ėcho" in „Družba narodov" eine Wiederbelebung des Feuilletons dar. Andere Beispiele sind etwa in den Rubriken „Pristal'noe pročtenie", „Meždu pročim", „S togo berega" und „Gipotezy, spory, otkrytija" von „Znamja" zu finden.

Buchausgabe Abram Terc (Andrej Sinjavskij): Progulki s Puškinym. Paris 1989/
SPb 1993. Umschlagbild von Michail Šemjakin.

6. Zwei exemplarische Diskussionen

6.1 Umwertung des klassischen Erbes

6.1.1 Vorbemerkung

Von den vielen Diskussionen, die nach 1986 die spät- und postsowjetische Literaturkritik beschäftigten, sollen zwei besonders gewichtige hier exemplarisch vorgestellt werden: die Diskussion über die russische Klassik des 19. Jhs. und die Diskussion über den Charakter und Stellenwert der neuen, „anderen" Literatur. Sie nahmen von allen Auseinandersetzungen den größten Raum ein und spiegeln zugleich das breiteste Spektrum der zwischen 1986 und 1993 von der Literaturkritik vertretenen Positionen. Beide Debatten berühren sich insofern, als in ihrem Verlauf von einigen Kritikern das gesamte Wertesystem der russischen Literatur in Frage gestellt wurde.

Über die zentrale normbildende Bedeutung der klassischen Literatur für die russische Kultur und deren künftige Entwicklung waren sich seit Beginn der dreißiger Jahre die politischen Instanzen der offiziellen sowjetischen Kultur, die oppositionelle Intelligenz sowie der größte Teil der Literaturkritik einig. Nachdem das staatliche Monopol auf die Literaturkritik verschwunden ist, stellt sich die Frage, wie sich dieser Wandel auf deren Verhältnis zur Klassik und zu den als Klassik sanktionierten Kanones auswirkt. Schwindet mit der Verstaatlichung auch das Bedürfnis, die Gesellschaft über einen einheitlichen Kanon, eine bestimmte Rangfolge von Autoren, Werken und Deutungsansätzen zusammenzuhalten und zu lenken? Wird der offizielle Kanon zerstört und durch einen anderen ersetzt? Oder treten an die Stelle des einen staatlich propagierten Kanons viele verschiedene, die gleichberechtigt nebeneinander existieren? Welche Rolle spielt die Literaturkritik in diesem Prozeß?

Um die Diskussion über die russische Klassik zu dokumentieren, bietet sich aus mehreren Gründen die Kontroverse über A. Sinjavskijs/A. Terc' Essay „Progulki s Puškinym" als Fallbeispiel an. Puškin nimmt selbst unter den wenigen großen Autoren des 19. Jhs. eine Sonderstellung als nationale Symbolgestalt ein. Zudem war diese Kontroverse typisch für die literaturkritischen Debatten der spät- und postsowjetischen Zeit, in denen literarische Wertungen ständig von sozialen, politischen und

Generationsproblemen überlagert und bestimmt wurden. Schließlich ist mit der Debatte um die „Progulki" der letzte sowjetische literaturpolitische Skandal verbunden. Insofern markiert sie einen Einschnitt im literarischen Leben Rußlands am Ende des 20. Jhs., als der gesellschaftliche und kulturelle Umbruch in seine entscheidende Phase trat.

Die Diskussion der „Progulki" ist allerdings nur vor dem Hintergrund der offiziellen und inoffiziellen sowjetischen Klassiker-Rezeption zu verstehen. Sie wird hier durch eine seinerzeit tabuisierte Diskussionsveranstaltung 1977 in Moskau mit dem Titel „Klassika i my" dokumentiert. Um die „Progulki" in den literaturhistorischen Kontext und auch in die Tradition der russischen Puškin-Rezeption einordnen zu können, werden bei der anschließenden Dokumentation des „Falles Sinjavskij" die jeweils relevanten tradierten Dichterbilder Puškins skizziert und präsent gemacht.

6.1.2 Zur sowjetischen Rezeption des klassischen Erbes

In der sowjetischen Klassik-Rezeption lassen sich drei Phasen unterscheiden, die mit jeweiligen Umdeutungen der Literaturgeschichte verbunden waren:

1. Die zwanziger Jahre waren eine Periode intendierter Traditionsbrüche, in der die russische Klassik aus dem 19. Jh. einer Umwertung unterzogen wurde und zugleich hinter die Autorität der zeitgenössischen neuen Literatur zurücktrat.

2. Zwischen 1930 und 1953 etablierte die staatlich gelenkte Literaturkritik einen Kanon der russischen und sowjetischen Klassik, im Sinne einer strengen „Auswahl von Autoren und Werken, die sich als führende Gemeinschaft zur Repräsentanz einer Gesellschaft versteht."[1] Dieser Kanon verdankte seine Wirkung dem „weltanschaulichen Wahrheitsmonopol, einer institutionellen Absicherung und bestimmten Selektions- und Ausschlußmechanismen".[2]

---

[1] R. von Heydebrand: Probleme des 'Kanons'- Probleme der Kultur- und Bildungspolitik, in: Kultur im Wandel (1993) 4, S. 3-22.

[2] Vgl. dazu H. Günther: Die Lebensphasen eines Kanons – am Beispiel des sozialistischen Realismus, in: A. und J. Assmann (Hgg.): Kanon und Zensur. Archäologie der literarischen Kommunikation II, München 1987, S. 138-148. Zum Problem von Kanonisierungsprozessen in der Literatur neben anderen Beiträgen in diesem Band besonders Assmann: Kanon und Zensur, ebd., S. 7-27.

3. In den drei Jahrzehnten nach Stalins Tod, in denen die Weichen für die Klassik-Rezeption in der Perestrojka gestellt wurden, entwickelte die Literaturkritik äsopisch verschlüsselte Gegenstrategien zur offiziell vorgegebenen Rezeption der Klassik.[3] Die verstärkte Hinwendung zu Autoren des 19. Jhs. war eine der besonders seit den siebziger Jahren verbreiteten Formen des literaturkritischen Eskapismus.[4]

Nachdem schon in der Tauwetterperiode viele bekannte und verdrängte Autoren des 19. Jhs. wiederentdeckt worden waren, wurden die entscheidenden Weichen für die Klassiker-Rezeption nach 1986 in den siebziger Jahren gestellt, als die Bemühungen, viele Autoren aus der schematischen Sicht der Stalinzeit zu befreien, zu neuen Interpretationsansätzen führten. Dieser Prozeß verlief in zwei Richtungen, deren Vertreter sowohl in Opposition zur offiziellen Rezeption als auch in polemischem Streit miteinander standen. Auf der einen Seite gab es neoslavophile Ansätze, durch die bestimmte Autoren aus einer russisch-nationalen und religiösen Perspektive umgedeutet wurden. Auf der anderen Seite standen betont subjektive Interpretationen des als progressiv und humanistisch verehrten Erbes, Versuche, persönliche Zugänge zu den großen Dichtern der Vergangenheit zu finden.

Zu den am heftigsten umstrittenen Autoren gehörten F. Dostoevskij, N. Gogol', N. Gončarov und A. Puškin. Dostoevskijs Werke wurden teilweise jahrzehntelang verdrängt und stießen auch offiziell auf Ablehnung. Mit seinem Namen verbanden sich gegensätzliche ideologische und ästhetische Positionen. Seine Deutung stand unter dem Einfluß der seit Anfang der sechziger Jahre wiederentdeckten Schriften von M. Bachtin. Während die einen sich mehr auf seine weltanschaulichen Positionen beriefen, auf die publizistischen Schriften und den Roman „Besy" („Die Dämonen"), dem sie eine prophetische Sicht auf die Oktoberrevolution zuschrieben, sahen andere in Dostoevskij einen Vorläufer der literarischen Moderne oder Postmoderne.[5] – Kontroversen um Gogol' hingen

---

3   Vgl. hierzu LOSEV: On the beneficence of censorship.

4   Daß die klassische russische Literatur des 19. Jhs. jenseits aller verordneten Lektüren und ungeachtet ihrer offiziellen Vereinnahmung immer ein Objekt intensiver wissenschaftlicher Erforschung und in weiten Teilen der Bevölkerung ein bevorzugter Gegenstand individueller Aneignung gewesen ist, wird von dieser Analyse weder berührt noch in Frage gestellt.

5   Einige Auseinandersetzungen um Dostoevskij sind dokumentiert bei K. HIELSCHER: Von Marx zu Dostoevskij. Die Rolle F. M. Dostoevskijs in den aktuellen ideologischen Debatten in der Sowjetunion 1954-1983, Hagen 1987. Als Beispiel für eine postsowjetische Deutung Dostoevskijs im Rahmen der Postmoderne M. RYKLIN:

maßgeblich mit seiner sowjetischen Kanonisierung als „kritischer Realist" und mit der Rehabilitierung seiner religiösen Schriften, vor allem des moralisch-didaktischen Traktats „Vybrannye mesta iz perepiska s druz'jami", zusammen. Einige Literaturkritiker, besonders I. Zolotusskij, hatten schon in den frühen achtziger Jahren vorsichtig eine Umdeutung Gogol's eingeleitet. Die Gogol'-Rezeption zu Beginn der neunziger Jahre geht in Rußland und im Westen verschiedene Wege: während russische Untersuchungen vornehmlich im Zeichen einer religiös-philosophischen Renaissance stehen, wird das Werk des Dichters in der westlichen Forschung eher im Zusammenhang mit postmodernen Theorien diskutiert.[6] Mit Gončarov verbanden sich vor allem ideologische Debatten um seinen Roman „Oblomov". Schon 1977 war in großer Auflage eine sehr erfolgreiche Biographie erschienen, deren Autor Jurij Loščic, ein Literaturwissenschaftler und -kritiker aus dem Umkreis der Zeitschrift „Molodaja gvardija", den Roman im neoslavophilen Sinne mit antisemitischen Untertönen umdeutete.[7] Die gegensätzlichen Deutungen der Figuren Oblo-

---

Russisches Roulette. Dostojewskijs Spieler und die Instanz der Bank, in: LETTRE (1995) 30, s. 72-77.

[6] Die 1984 in der angesehenen Reihe „Žizn' zamečatel'nych ljudej" erschienene Monographie Zolotusskijs ging erstmals ausführlicher auf die bis dahin ignorierten religiösen Werke Gogol's und Seiten seiner Biographie ein. I. ZOLOTUSSKIJ: N. Gogol', M 1984. Vgl. I. ESAULOV: Kategorija sobornosti v russkoj literature, Petrozavodsk 1995, S. 61-82; JU. BARABAŠ: Gogol'. Zagadka „Prošćal'noj povesti" (Vybrannye mesta iz perepiska s druz'jami". Opyt nepredvzjatogo pro čtenija), M 1993; R. A. MAGUIRE: Exploring Gogol, Stanford 1994; N. DRUBEK-MEYER: Gogol's eloquentia corporis. Einverleibung, Identität und die Grenzen der Figuration, München 1998. Zur sowjetischen Gogol'-Rezeption vgl. ST. MOELLER-SALLY: Klassičeskoe nasledie v epochu socialističeskogo realizma, ili pochoždenija Gogolja v strane sovetov, in: GÜNTHER/DOBRENKO (Hgg.): Socialističeskij kanon.

[7] JU. LOŠČIC: N. Gončarov, M 1977 (2. Aufl. 1986). Loščic entwickelt eine antimarxistisch und russophil geprägte Sicht auf Gončarov und stellt eine Deutung seines Romans „Oblomov" vor, die sich explizit von der sowjetischen „Schulauffassung" absetzte, mit Elementen von antiwestlichen wie auch antisemitischen Verschwörungstheorien. Näheres zur aktuellen Rezeptionsgeschichte von Gončarov und „Oblomov" in MONDRY: Nineteenth Century Russian Literature, S. 14-21. Eine weitere Popularisierung dieser Interpretation von Gončarov brachte 1980 N. Michalkovs Verfilmung des Romans „Oblomov". Statt die Figur des Oblomov, wie seit Dobroljubov über Lenin und Stalin in allen Schulen üblich, als einen faulen, rückständigen Vertreter der alten feudalen Gesellschaft, den Typus des „überflüssigen Menschen", zu zeigen, erschien er in dem Film als eine Art kontemplativer, weiser Träumer. Gegenüber der westlichen Zivilisation mit ihrem Materialismus und ihrer Oberflächlichkeit in Gestalt des zweifelhaften Freundes Štol'c verkörperte Oblomov den von menschlicher

mov, Štol'c und Ol'ga hingen mit dem wiederbelebten Streit zwischen Westlern und Slavophilen zusammen.[8]

Ungeachtet der unterschiedlichen Zugänge waren nahezu alle Neuinterpretationen und Umdeutungen klassischer Werke und Autoren der vergangenen drei Jahrzehnte durch den Wunsch motiviert, in verschlüsselter Form aktuelle kulturelle und gesellschaftliche Probleme zu erörtern. Unter dem Schutz der „unermeßlichen Größe" eines klassischen Autors gab es mehr Freiraum für individuelle Betrachtung und „Selbstausdruck" als bei zeitgenössischen Autoren, mit denen die Zensur wesentlich schärfer und unberechenbarer verfuhr.

6.1.2.1 Die Diskussion „Klassika i my" von 1977

Als eines der wichtigsten Ereignisse im literarischen Leben der siebziger Jahre wird rückblickend von vielen die Diskussion „*Klassika i my*" betrachtet, die am 21. Dezember 1977 von der RSFSR-Sektion Literaturkritik und Literaturwissenschaft des sowjetischen Schriftstellerverbandes in Moskau veranstaltet wurde.[9] Obwohl sie erst 1990 nahezu vollständig dokumentiert wurde[10] und vorher in den öffentlichen sowjetischen Medien keinerlei Erwähnung fand, wurde die Diskussion durch Berichte und Hinweise in der westlichen Presse schon bald nach 1977 bekannt. In Frankreich und Belgrad erschienen Rezensionen, in Radio Liberty wurde darüber berichtet. Im Februar 1980 druckte die in New York erscheinende Zeitschrift „Poiski"[11] kommentierte Auszüge eines illegal herausge-

---

Wärme und Güte geprägten russischen Nationalcharakter. Vgl. zu den editorischen, historiosophischen und biographiepolitischen Prinzipien der Serien „Žizn' zamečatel'nych ljudej" und „Pisateli o pisateljach" A. ARCHANGEL'SKIJ: Proza mira, in: NM (1993) 1, S. 233-241, bes. S. 236.

8   Zur Diskussion um den Roman „Oblomov" im aktuellen Kontext der Perestrojka vgl. V. KANTOR: Dolgij navyk ko snu (Razmyšlenie o romane I. A. Gončarova „Oblomov", in: VL (1989) 1, S. 149-185; MONDRY: Nineteenth Century Russian Literature, S. 14-18; M. ÈPSTEJN: Oblomov i Korčagin, in: VREMJA I MY (1990) 109, S. 69-81.

9   Vgl. die Erinnerungen des Historikers M. GEFTER: Klassika i my. Posleslovie, perenesennoe v načalo, in: OK (1990) 5, S. 171-190; A. ARCHANGEL'SKIJ: Nasledie i nasledniki (Vzgljad na archivnye otdely periodiki), in: DN (1990) 8, S. 249-261; auch in DERS.: U paradnogo pod'ezda. Literaturnye i kul'turnye situacii perioda glasnosti (1987-1990), M 1991, S. 122-151, bes. S. 124f.

10   Am ausführlichsten, d.h. bis auf den auf dem Tonband nicht erhaltenen Schluß, wurde die Diskussion dokumentiert in: MO (1990) 1, S. 183-200, (1990) 2, S. 169-190, (1990) 3, S. 186-196.

11   „Klassika i my", in: POISKI (1980) 2, S. 65-85.

geschmuggelten Stenogramms, das im Moskauer Samizdat kursierte. Die sich daran anschließende Polemik in der Emigrantenpresse zeigte, daß es in den Kreisen der emigrierten Russen die gleichen kontroversen Positionen wie in Moskau gab. An der Veranstaltung waren zum Teil dieselben Kritiker aktiv oder passiv beteiligt, die sich Ende der achtziger Jahre in dem Streit über Sinjavskij und Puškin engagierten. Zu ihnen gehörten V. Kožinov, F. Kuznecov, M. Lobanov, S. Lominadze, I. Rodnjanskaja und I. Zolotusskij.

Die in ihrer Offenheit und Schärfe für diese Zeit beispiellose Diskussion fand unter der Leitung von E. Sidorov im überfüllten Saal des „Zentralen Schriftstellerhauses" statt und artete streckenweise in einen Tumult aus, als von verschiedenen Teilnehmern, auch aus dem Publikum, persönliche Angriffe im demagogischen Stil der späten vierziger Jahre geäußert wurden und antisemitische Bemerkungen gegen sowjetische Dichter und Teilnehmer fielen.[12] Die Diskussion blieb nicht ohne Folgen. Hinter den Kulissen gab es Denunziationen bis ins ZK der Partei und Forderungen, die Organisatoren der Veranstaltung zu bestrafen. Worum ging es in diesem Streit? Was stand dahinter?

Die Kontroverse entzündete sich an der außerordentlichen Popularität einiger unkonventioneller Theaterinszenierungen, Verfilmungen und literaturkritischer Umdeutungen klassischer Literatur durch Angehörige der Šestidesjatniki, wie zum Beispiel den Inszenierungen von Ju. Ljubimov und dem Film „Neokončennaja p'esa dlja pianino" von N. Michalkov über A. Čechov. Drei Positionen standen sich gegenüber. P. Palievskij, S. Kunjaev, V. Kožinov, S. Lominadze, Ju. Seleznev und M. Lobanov vertraten eine neoslavophile Einstellung zur Klassik, in der sich Elemente der „organischen" Tradition, des „počvenničestvo", mit offiziellen sowjetischen Positionen vermischten. Petr Palievskij, der damalige Direktor des Moskauer Instituts für Weltliteratur (IMLI), eröffnete den Streit mit einer Brandrede gegen die im Tauwetter erfolgte Renaissance der Avantgarde und benannte damit den eigentlichen Stein des Anstoßes, der die Klassik-Rezeption so umstritten machte. Er behauptete, die Klassik sei ein zeitloser Fundus, dem man sich unterzuordnen habe und der keinerlei Aktualisierung benötige. Es sei Aufgabe der Literaturkritik, diese Literatur für die Masse der Bevölkerung einschlägig auszulegen und

---

12 So behauptete P. Palievskij, É. Bagrickij sei kein sowjetischer Dichter. M. Lobanov forderte, jüdische Regisseure wie A. Éfros und É. Bagrickij sollten ihr eigenes nationales Theater organisieren und sich nicht an der russischen Klassik vergreifen. In: Mo (1991) 1, S. 196-198.

verständlich zu machen. Dies sei in der Sowjetunion musterhaft in den dreißiger Jahren geschehen:

> Nicht wir interpretieren die Klassik (...), sondern vielmehr interpretiert die Klassik uns. (...) Wie immer wir zu den dreißiger Jahren in politischer Hinsicht stehen, wir sollten nicht vergessen, daß erst in dieser Zeit die klassische Kultur zur Masse des Volkes gelangte und daß sie selbst von dieser auf sehr ernsthafte Weise bereichert worden ist. [13]

Unter „klassischer Kultur" verstand Palievskij auch die neue sowjetische Klassik. Alle Methoden, die nicht „lebensbejahend über einfache Dinge schreiben, Humanismus, Volkstümlichkeit und Naturliebe" verkörpern, wie Kunjaev es ausdrückte, seien abzulehnen. Der Anspruch auf eine individuelle subjektive Deutung im Sinne eines Mit- und Neuschöpfens, so der Kritiker S. Lominadze, sei egozentrisch und gefährlich, die klassische Literatur brauche keine Vermittlung. Dieser Haltung schlossen sich auch I. Zolotusskij und I. Rodnjanskaja an, wenn auch moderater und in weniger aggressivem Ton. Zolotusskij zeigte sich mit Palievskij einig gegen „die nackte Methodentechnologie in der Kunst":

> Die Klassik bietet uns eine Idealvorstellung vom Menschen und von der Welt, sie setzt uns einen hohen sittlichen Maßstab, unter den der Mensch sich nicht abzusinken erlauben sollte. Verstehen Sie doch, man kann nicht die kurzlebige Kleinlichkeit des Alltags in das hineintragen, was uns Menschen hinterlassen haben, die mit ihrem Leben für die von ihnen durchlittenen Ideen bezahlt haben. [14]

Auch Zolotusskij und Rodnjanskaja polemisierten gegen die Avantgarde und deren Renaissance als „Anti-Klassik-Epoche". Im Gegensatz zu Palievskij hielten sie jedoch die breiten Popularisierungskampagnen der klassischen Literatur in der Stalinzeit für verfehlt, da diese, so Rodnjanskaja, „die Klassiker auf sowjetisches Alltagsniveau hinabgezogen"[15] hätten. Die Kritikerin meinte, daß die neumodische Aktualisierung im sogenannten „Stil Retro" den Interpreten allein zu ihrer „eigenen Nabelschau" diene. Beides, triviale Popularisierung und neumodische Aktualisierung, sei dem Niveau der Klassiker mit ihrem „Ideal der Mäßigung", ihrer Betrachtung „ewig menschlicher Probleme" nicht angemessen. Über die Verteidiger der Avantgarde entrüstete sich schließlich auch F. Kuznecov, der spätere Nachfolger von Palievskij, der als einziger offi-

---

[13] In: Mo (1990) 1, S. 184.
[14] ZOLOTUSSKIJ, Ebd., S. 186f.
[15] Ebd., S. 189.

zielle Positionen verteidigte. Kuznecov kritisierte die Mißachtung sowjetischer Klassiker der „entwickelten sozialistischen Gesellschaft", wie
Majakovskij und Bagrickij, und rühmte zugleich deren staatlich geförderte Rezeption und Popularisierung in den dreißiger Jahren. Schon 1977
trafen sich also marxistisch-leninistische mit neoslavophil-nationalisti-
schen Kritikern in der gemeinsamen Ablehnung der Šestidesjatniki und
ihrer Sicht der Avantgarde.

Auch das gegnerische Lager der Šestidesjatniki mit E. Evtušenko, A.
Ėfros, A. Bitov und A. Borščagovskij war in seiner Zusammensetzung
sehr heterogen. Alle verteidigten das Recht und die Notwendigkeit, die
Literatur der Klassiker aus ihrer simplifizierenden Verzerrung in den
dreißiger bis fünfziger Jahren zu befreien und im Rekurs auf die Avantgarde einen neuen, individuellen Zugang zu ihr zu erschließen. Aber Evtušenko konterte Palievskij im Namen eines kollektiven „Wir" mit Argumenten, in denen die Klassik ähnlich pauschal und ideologisch instrumentalisiert wurde. Sie habe, so Evtušenko, das Beste der westlichen
Kultur adaptiert, indem sie gegen Antisemitismus und Chauvinismus an-
getreten sei. Die Schriftsteller Bitov und Borščagovskij und der Regis-
seur Ėfros hingegen versuchten, dem eine weniger ideologisch über-
frachtete Sicht der Klassik entgegenzusetzen. Borščagovskij plädierte gegenüber der „dummen und kurzsichtigen" Ansicht Palievskijs dafür, den
„vielfältigen Schatz völlig verschiedener Interpretationen" anzuerkennen.
Mit der klassischen Literatur könne sich angemessen nur ein „von sich
selbst überzeugter schöpferischer Geist, kein Kriecher voller Unter-
würfigkeit" auseinandersetzen, und ein solcher werde dabei zu immer
neuen Deutungen kommen.[16]

In der ideologisch und emotional aufgeheizten Atmosphäre gelang nur
wenigen Teilnehmern der Diskussion ein sachlicher, differenzierender
Beitrag zum Thema. Einer von ihnen, der Dichter und Übersetzer
Vjačeslav Kuprijanov, wies auf die doppelte Konnotation und Funktion
des Begriffs „Klassik" hin: Es handle sich dabei sowohl um „Schlüssel-
texte mit mythologischem, folkloristischem, religiösem Gehalt und Erbe"
als auch um ein „allgemeines breites Bildungsgut in allen Schulen und
Fragmente der nationalen Sprache, also ein Attribut der Nation". Zum
Klassiker werde ein Text durch seine norm- und modellbildende „Kraft
des grammatischen Beispiels". Demgegenüber gebe es auch eine Gram-
matik der Zeit. Die Avantgarde der zwanziger Jahren habe einen solchen
historischen Bruch in der Klassiker-Rezeption ausgelöst, indem sie nicht

---

[16] BORŠČAGOVSKIJ, ebd., S. 169-171.

zuletzt durch Dichter wie Majakovskij ein völlig neues Kommunikations-
und Wahrnehmungssystem errichtet und durchgesetzt habe. Während allerdings die echte Klassik mit ihrer „kosmologischen Gleichniskraft
durch den Kanon von unten geadelt" worden sei, habe man „Majakovskij
von oben gewaltsam kanonisiert". Die Literaturkritik und Literaturwissenschaft mit ihrem niedrigen professionellen Niveau hätten anschließend den Verfall des „grammatischen Beispiels" eingeleitet. Kuprijanov
plädierte dafür, erneut an die frühsowjetische skeptische Betrachtung der
Klassiker anzuknüpfen.[17]

Die Diskussion „Klassika i my" ist ein Symptom für die Kontinuität
der literarischen Wertvorstellungen zwischen den sechziger und den
neunziger Jahren. In ihr kann man bereits die meisten Positionen der Literaturkritik zur Klassik erkennen, die nach 1986 das Feld beherrschten,
bis zu dem Zeitpunkt, als eine neue Generation von Kritikern in Erscheinung trat.

6.1.3   Der Fall A. Sinjavskij/Abram Terc: „Progulki s Puškinym"

6.1.3.1 Der Text. Entstehungsumstände. Erstrezeption (1976-1988)

Die „Progulki": ein literaturkritischer Essay

Auch der während der Perestrojka am heftigsten umstrittene Text über
Puškin stammt aus den späten sechziger Jahren und gehört zu jener Re-
zeptionslinie der Klassiker, die auf die Avantgarde rekurrierte. Als lite-
raturkritischer Essay gehören die „Progulki s Puškinym" zu einem an der
Grenze zwischen Literatur und Kritik angesiedelten Genre, das in der
Sowjetunion seit den dreißiger Jahren mißbilligt und verdrängt wurde.
Sinjavskij wies eine Bestimmung seiner „Progulki s Puškinym" als Literaturkritik explizit zurück und bezeichnete sie stattdessen als „lyrische
Prosa".[18] Den aus dem Odessaer jüdischen Gaunermilieu entlehnten
Pseudonym Abram Terc verwandte er nur für seine literarischen Werke,
nicht aber für publizistische Texte. Formale Elemente wie der komposi-
tionelle Aufbau, die betont subjektive Perspektive, der assoziativ unge-
bundene Fluß der Gedanken und die sprachlich-stilistische Durchgestal-
tung sprechen für den literarischen Charakter dieses Textes. Zitate mit

---

[17] KUPRIJANOV, ebd., S. 194-196.
[18] A. SINJAVSKIJ: Čtenie v serdcach, in: SINTAKSIS (1987) 17, S. 191-204, hier S. 192.

Quellenangaben aus der Sekundärliteratur, zahlreiche pointiert subjektive
Aussagen über das Leben und Werk Puškins, explizit wertende Aussagen
und der ständige Rekurs auf das Bild Puškins in der sowjetischen Rezeption sind dagegen Merkmale einer Literaturkritik. Auch gelegentliche
Anspielungen auf die aktuelle Entstehungssituation beim Schreiben, die
den Eindruck des Spontanen, Improvisierten verstärken, sind typisch für
viele literaturkritische Texte.[19] Zu den Charakteristika des Essays gehört
der bewußte Verzicht des Autors auf die – künstlerische oder wissenschaftliche – Originalität seiner Thesen und Aussagen. Nicht zuletzt zeugen der saloppe umgangssprachliche Stil und die Erzählweise von einer
Lust an Spiel und Witz und machen die Lektüre der „Progulki" zu einem
beabsichtigt kurzweiligen Vergnügen.

Der Text – ein stilisierter persönlicher Dialog des Autors (eines Häft-
lings) mit dem Dichter – zeichnet ein provokatives Porträt Puškins, zielt
jedoch in erster Linie auf die sowjetische Puškin-Rezeption, auf eine De-
kanonisierung des offiziell propagierten Dichterbildes. Die kompositio-
nelle Anordnung als lose Folge von Gedanken hängt in erster Linie mit
der sukzessiven Entstehungsgeschichte des Textes zusammen. Es ist eine
respektlos persönliche Hommage an den Dichter und Menschen Puškin,
indem Motive der Puškinschen Dichtung in Verbindung mit seiner Biographie dargestellt und mit Deutungen zu einzelnen Werken, besonders
„Evgenij Onegin" und „Mednyj vsadnik", veranschaulicht werden. Die
Verbindung erfolgt unsystematisch, aber nicht ohne kompositorisches
Prinzip. Entsprechend dem Genre der „Promenaden" („Progulki"), das
im 19. Jh. von D. Pisarev begründet und gepflegt wurde,[20] reihen sich
Motive in einer bestimmten assoziativen Folge aneinander: von der Rolle
des Schicksals bei Puškin zu der des Zufalls, von seiner Vorliebe für das
Anekdotische zur Fragmentarizität und zur „Statuenhaftigkeit" seiner
Werke, vom Motiv der Erinnerung zur Figur des Ausgestoßenseins, zum
Verhältnis von Herrschaft und Selbstherrschaft zueinander. Einige davon
treten als Leitmotive hervor, die sich allmählich zu einem Gesamtbild des
Dichters zusammenfügen.

---

[19] So beginnt ein Absatz (jener übrigens, der den in „Oktjabr'" abgedruckten Auszug
eröffnet) mit den Worten: „Ein alter Lagerinsasse hat mir erzählt, daß Puškin, im
Bewußtsein des ihm drohenden Paragraphen immer zwei Peitschen bei sich trug." A.
TERC: Progulki, S. 363. Zitiert wird hier und im folgenden aus der Ausgabe A.
TERC/A. SINJAVSKIJ: Sobranie sočinenij v dvuch tomach, M 1992, tom 1.

[20] D. PISAREV: Progulka po sadam rossijskoj slovesnosti, in: DERS.: Sočinenija v 4 tomach, M 1956, Bd. 3, S. 251-305.

Eines der Leitmotive ist der Zusammenhang von Eros und Kreativität.
Terc entwickelt in den „Progulki" die Ansicht, Puškin habe seine kreativen Impulse aus einem erotisch-libidinösen Verhältnis zu den Frauen wie
zur Dichtung bezogen, sein bevorzugter Ort des Schaffens sei das Bett
gewesen. Der Satz „Auf dünnen erotischen Beinchen stürmte Puškin in
die russische Dichtung und stellte alles auf den Kopf" („Na tonen'kich
ėrotičeskich nožkach vbežal Puškin v russkuju poėziju i proizvel perepo-
loch")[21] enthält eine im russischen kulturellen Kontext provozierende
Feminisierung des Dichters und verweist zugleich auf das allein dem ari-
stokratischen Stand vorbehaltene erotische Raffinement. Die Bedingung
für Puškins Genie sei eine gewisse innere Leere gewesen, eine ethische
Indifferenz, aus der heraus er alle ihn umgebenden lebensweltlichen Erscheinungen und Gegenstände gleich einem Vampir „ausgesaugt" und zu
reiner Kunst jenseits ethisch-moralischer Verpflichtung umgeformt habe.
Der Vampir ist in der russischen Kultur traditionell eine Projektionsflä-
che für alles Böse.[22] Das Bild konnotiert überdies ein parasitäres Wesen
und damit ein weiteres, in der Sowjetunion besonders negativ besetztes
Wortfeld. Literaturhistorisch wird Puškin bei Sinjavskij nicht im Kontext
des realistischen, demokratischen 19. Jhs., sondern eher im klassizisti-
schen 18. Jh. angesiedelt:

> In seinem Hang zum Anekdotischen war Puškin dem Geschmack des 18. Jhs.
> verhaftet. Von dort übernahm er die altmodische Eleganz in der Darlegung
> unterhaltsamer Geschichtchen, die den Hang dieses Jahrhunderts zu allem
> Unwahrscheinlichen befriedigten. [23]

Sein Ziel sei es gewesen, „reine Kunst" zu schaffen, obwohl er sich als
Jüngling um die Kunst nicht geschert habe:

> Dieser in der russischen Literatur erste (wie sich später herausstellte) Ver-
> treter der reinen Kunst gab keinen Heller auf die Kunst und zog ihr demon-
> strativ die vergänglichen Gaben des Lebens vor. [24]

An manchen Stellen ist die Verbindung der Motive alogisch und paradox.
Ein anderes Mal lassen monströse Übertreibungen, wie etwa die angebliche Überladenheit der Puškinschen Bühne mit Leichen, woraus die

---

[21] TERC: Progulki, S. 346. Vgl. auch S. SANDLER: Sex, Death and Nation in the 'Strolls
with Pushkin'-Controversy, in: SLAVIC REVIEW 51 (1992) 2, S. 294-308.

[22] Vgl. dazu JAN P. PERKOWSKI: The Darkling: A Treatise on Slavic Vampirism, Columbus 1989.

[23] TERC: Progulki, S. 361.

[24] Ebd., S. 343.

Behauptung einer Nekrophilie Puškins abgeleitet wird, den Leser im Un-
klaren, ob der Autor eine ernsthafte Aussage oder nur einen makabren
Scherz mit dem Leser im Sinn hat. Der Text ist in einem frechen, beiläu-
figen Gesprächsstil geschrieben, enthält zahlreiche erotische Anspielungen und ist von mitunter derber Komik geprägt:

> Er war mit den Frauen verbündet, eine Art Spezialist, der zu jeder beliebigen
> Stunde Zutritt zum Haus hatte, unverzichtbar wie ein Schneider, ein Friseur,
> ein Masseur..., oder wie ein Schoßhündchen (so ein wolliges, lockiges...). (So
> ein Frechling! Schlingel!)

> Wer zahlt heute? – Puškin, Puškinzon, unser Charlie-Chaplin, ein Ersatz-
> Petruška der Gegenwart, ein populärer Fleck mit Backenbart.

> Ist er denn wirklich so groß, Euer Puškin, und wodurch ist er eigentlich so
> berühmt, wenn man mal von dem Dutzend smart gefügter Stücke absieht,
> gegen die man nichts einwenden kann, außer daß sie smart gestrickt sind?[25]

Durchgehend ist eine ironische Erzählhaltung und eine für russische Leser ungewohnte hyperbolisch-metaphorische Schreibweise. So erstreckt
sich die Theatermetaphorik auch auf das Duell und den Tod des Dichters,
der als schlechter Witz im skandalträchtigen Programm von Puškins Leben bezeichnet wird, als mißlungener Jungenstreich im Stil seiner leicht-
sinnigen lyrischen Anfänge.[26] Daß sich hinter den verschiedenen narrati-
ven Posen zwischen Hochachtung und Respektlosigkeit eine zwiespältige
Einstellung des Autors zu Puškin verbirgt, kommt an mehreren Stellen
zum Ausdruck, am deutlichsten im Schlußsatz des Essays: „Einige glauben, daß man mit Puškin leben könne. Ich weiß es nicht, habe es nicht
probiert. Spazieren kann man jedenfalls mit ihm...".

Das Innovative an diesem Essay liegt weniger in der Originalität seiner Thesen zu Puškin als vielmehr in der Art der Darstellung. Seine literaturhistorische Bedeutung besteht vor allem darin, daß er als erster die
offizielle sowjetische Kanonisierung Puškins provoziert und untergraben
hat. Keine der Deutungen selbst ist eigentlich neu. Die Verwurzelung
Puškins im 18. Jh., die spielerische Leichtigkeit vor allem der frühen Lyrik, der von der französischen Kultur beeinflußte erotische Esprit, all dies
ist schon Gegenstand der Forschung in Rußland gewesen. Im Westen
sind selbst Puškins besonderer Vorliebe für zierliche weibliche Füße, für

---

[25] Ebd., S. 348, 342, 341. Der „Fleck mit Backenbart" ist eine karikierende Anspielung
      auf die allseits verbreiteten Bilder von Puškin.
[26] Ebd., S. 362.

deren Beschreibung er immer das Diminutiv „nožki" wählte und in der sich erotische und poetische Inspiration miteinander vermischten, schon Spezialstudien gewidmet worden.[27] Innovativ im Kontext der Tauwetterliteratur und offenbar noch später für viele ungewohnt war die Auflösung der Grenzen zwischen Autor- und Erzählerinstanz bis hin zum Spiel mit der Identität des realen Autors. Die konsequente Verwendung eines Pseudonyms zur Schaffung einer gänzlich neuen Autorperson in klar definierten Grenzen, der sogar körperliche Züge verliehen wurden, hatte es bis dahin in der russischen Literatur – mit wenigen Ausnahmen aus dem 19. Jh., wie Koz'ma Prutkov und Osip Senkovskij/Baron Brambeus, – noch nicht gegeben. Sinjavskij beschrieb seinen Doppelgänger Abram Terc – schon aus der Emigration – wie eine lebendige Gestalt:

> Er ist viel jünger als ich. Hoch gewachsen. Mager. Schnurrbart, Schirmmütze. Läuft, die Hände in den Hosentaschen, mit wiegendem Gang. Ist in jedem beliebigen Moment bereit loszuschlagen – nicht mit dem Messer, sondern mit einem scharfen Wörtchen, einem verballhornten Allgemeinplatz, einem Vergleich... Der Fall Terc ist komplizierter als die gewöhnliche Geschichte eines Pseudonyms... Terc – das ist mein gesellschaftlicher Stil, so etwa würde sein Träger aussehen.[28]

Im Rahmen der sowjetischen außerordentlich prüden moralischen Normen stellte Sinjavskijs Essay jedenfalls eine gehörige Provokation dar. Gemessen an der übrigen, seit Ende der achtziger Jahre veröffentlichten „anderen Literatur" nimmt sich das erotische Thema hier allerdings recht harmlos aus. Innovativ ist ferner der radikal persönliche, nicht verklärende Zugang zum Gegenstand, der Betrachtungen zu Leben und Werk Puškins, zu dessen Deutungen und zur eigenen Gegenwart im Lager miteinander vermischt. Der Grenzgang zwischen Literatur, Wissenschaft und Kritik schließlich, das freie Schweben zwischen ästhetischem und pragmatischem Genre, gehört zu den jahrzehntelang verschütteten Traditionen in der russischen Literatur.

Literaturhistorisch stehen die „Progulki" mit ihrer Hypostasierung der privaten Außenseiterperspektive und der provokativen Betonung des Erotischen in der Tradition des russischen Essayismus um die Jahrhun-

---

[27] A. Cross: Pushkin's Bawdy or, Notes from the Literary Underground, in: Russian Literature Triquarterly (1974) 10, S. 203-236; H. Goscilo: Feet Puškin Scanned, or seeming idée fixe as implied aesthetic credo, in: Slavic East European Journal, N.S. 32 (1988), S. 562-573.

[28] Zit. nach Novikov: Sinjavskij i Terc, in: Terc/Sinjavskij: Sobranie sočinenij, S. 4. Zur innovativen Poetik Terc/Sinjavskijs vgl. auch C. Theimer-Nepomnyashchy: Abram Tertz and the Poetics of Crime, Yale UP 1995.

dertwende und der zwanziger Jahre. Mit Rozanov beschäftigte sich Sinjavskij in einer Pariser Vorlesungsreihe, die unter dem Titel „Opavšiesja list'ja" 1982 in Paris publiziert wurde.[29] Parallelen gibt es aber auch zu D. Pisarev, dessen provokative Aufforderung, „die falschen literarischen Götter zu entthronen," sich ebenfalls in erster Linie gegen die Rezeption Puškins und weniger gegen sein Werk richtete.[30] Das in den „Progulki" vermittelte Puškin-Bild knüpft an die Tradition der Formalisten an. V. Majakovskij (in seinem Gedicht „Jubilejnoe")[31] und M. Cvetaeva (in dem Gedicht „Stichi k Puškinu" und in ihrem Essay „Moj Puškin")[32] entwarfen das Bild „ihres eigenen", den Vorstellungen von einem Repräsentanten nationaler Kultur diametral entgegengesetzten Puškin. Sie eröffneten einen persönlichen Dialog mit dem Dichter und schlugen dabei erstmals einen neuen, intim-familiären Umgangston an.[33] Literaturwissenschaftler der Formalen Schule, besonders V. Žirmunskij, B. Ejchenbaum und Ju. Tynjanov, traten der Kanonisierung Puškins als Begründer der russischen Literatur und seiner Verklärung zur überhistorischen nationalen Symbolgestalt entgegen. Sie betonten in ihm eher den Vollender des Klassizismus, des 18. Jhs., als den Wegbereiter des Realismus.[34]

---

[29] A. SINJAVSKIJ: Opavšiesja list'ja, Paris 1982.

[30] Der Angriff auf Puškin war für Pisarev ein Teil der Romantikkritik. Für ihn gehörte der Dichter eher in die „friedlichen und stillen Schlafgemächer (...) der Romantiker und Philister", sei weder in der Lage gewesen, das Leben angemessen darzustellen noch die „großen sozialen und philosophischen Fragen" des Jahrhunderts zu verstehen. D. PISAREV: Puškin i Belinskij, in: DERS.: Sočinenija v desjati tomach, M-L 1911, Bd. 5, S. 1-63, hier S. 64, 85, 118. Vgl. dazu I. KONDAKOV: „Populjarizator otricatel'nych doktrin".

[31] V. MAJAKOVSKIJ: Jubilejnoe, in: DERS.: PSS v 13 tt., Bd. 6, M 1957, S.47.

[32] M. CVETAEVA: Moj Puškin, in: DIES.: Izbrannye proizvedenija v dvuch tomach, Bd. 2 (1917-1937), N.Y. 1979, S. 249-279.

[33] Majakovskij und Cvetaeva betonten zwar beide in Puškin den von seiner Umwelt verkannten Außenseiter als ihren persönlichen Weggefährten, waren aber ansonsten in ihrem Puškin-Bild sehr verschieden. Im Gegensatz zu Majakovskijs respektlosem, kumpelhaften Ton trug das Bild des Dichters bei Cvetaeva nach wie vor die Züge eines Propheten, war mythisch verklärt und enthielt eine absolute Wertung. Hier und bei den übrigen Rekursen auf die Geschichte der russischen Puškin-Rezeption stütze ich mich auf R. GRÜBEL: Convention and Innovation of Aesthetic Value: The Russian Reception of Aleksandr Puškin, in: Convention and Innovation in Literature, hgg. von T. d'Haen/R. Grübel/H. Lethen, Amsterdam/Philadelphia 1989, S. 180-223. Vgl. auch die Textsammlung von Zeugnissen der russischen Puškin-Rezeption: D. J. RICHARDS /C. R. COCKRELL: Russian Views on Pushkin, Oxford 1979.

[34] B. EJCHENBAUM: Problemy poėtiki Puškina, in: DERS.: O poėtike, L 1969, S. 23-24; JU. TYNJANOV: Puškin i Tjutčev (1923), in: DERS.: Archaisty i novatory, L 1929, S.

Ejchenbaum schrieb 1921 in seinem Aufsatz „Problemy poėtiki Puš-kina":

> Puškin ist ein Vollender und kein Begründer. Er nahm die poetischen Tradi-tionen des 18. Jhs. in sich auf, dieses wahrhaft arbeitsamen, für die russische Kunst mühevollen Jahrhunderts, – Puškin schuf einen hohen, in seiner Aus-gewogenheit und scheinbaren Leichtigkeit klassischen Kanon.[35]

In den Mittelpunkt des Forschungsinteresses der Formalisten rückte das Werk selbst in seiner ästhetischen Form. Indem sie sich gegen die Auto-matisierung der Wahrnehmung wandten und zwischen einem relativen, mechanischen Erinnern und einem aktualisierenden, aktiven Erinnern unterschieden, wollten die Formalisten – als Theoretiker der Avantgarde – Puškin der „organischen" Tradition entreißen und ihn für die innova-tive, avantgardistische Literatur fruchtbar machen.

Die literarische Strategie der respektlosen Familiarität und die von Ironie und Witz durchzogene Position des Amoralischen in der Kunst standen nicht zuletzt auch in der Tradition trivialisierender, folkloristi-scher Satire, die immer parallel zur offiziellen Sakralisierung und am Rande der wissenschaftlichen Rezeption existiert hat.[36] Und schließlich ist Sinjavskijs ironische Setzung eines anderen Autors als ein Teil jenes „Kultes der freien Persönlichkeit" zu sehen,[37] der ihn selbst als einen Zeitgenossen des Tauwetters der sechziger Jahre kennzeichnet.

Entstehungsumstände

Auf den Schlußsatz der „Progulki" folgt im Text die Angabe „1966-1968. Dubrovlag", eine bewußt angefügte rezeptionslenkende Informa-tion über Ort und Zeit ihrer Entstehung. Sie bedeutet dem Leser, daß es sich hier um ein Stück „Lagerliteratur" handelt. Tatsächlich wurde der Essay in Form von zahlreichen Briefen an Sinjavskijs Frau Marija Roza-

---

330-366; V. ŽIRMUNSKIJ: Valerij Brjusov i nasledie Puškina (1922), in: DERS. Teorija literatury. Poėtika, stilistika, L 1977, S. 142-204.

[35] EJCHENBAUM: Problemy poėtiki Puškina, S. 24.

[36] Außer dem bereits erwähnten Buch von V. V. VERESAEV erschien etwa zur gleichen Zeit P. GUBER: Don Žuanskij spisok A. S. Puškina (1923), Paris 1979. In den dreißi-ger Jahren verfaßte D. Charms teilweise unflätige Anekdoten über Puškin und andere Klassiker (D. CHARMS: Polet v nebesa, L 1988); in den siebziger Jahren setzten an-dere Zeitgenossen diese Tradition unter seinem Pseudonym fort. Anekdoty pri-pisyvaemye Daniilu Charmsu, in: D. CHARMS: Gorlo bredit britvoju, M 1991, S. 217-236.

[37] NOVIKOV: Sinjavskij i Terc, in: TERC/SINJAVSKIJ: Sobranie sočinenij, S. 6.

nova in jenem Lager geschrieben und gelangte in pragmatisch-verschlüs-
selter Form nach draußen. Die Idee dazu und erste Aufzeichnungen über
Puškin entstanden bereits im Laufe des Prozesses im Februar 1966, in
dem Sinjavskij zusammen mit dem Schriftsteller Julij Daniel' wegen der
Veröffentlichung seiner ästhetisch und politisch nonkonformen literarischen Werke im westlichen Ausland zu sieben Jahren Lagerhaft verurteilt
worden war.[38]

Dieser erste politische Prozeß gegen zwei Schriftsteller nach Stalins
Tod hatte großes Aufsehen erregt, traf das Urteil mit Sinjavskij doch einen namhaften Literaturwissenschaftler und -kritiker aus Tvardovskijs
„Novyj mir" und dem Institut für Weltliteratur IMLI. Von Sinjavskijs
Doppelexistenz hatten bis zur Verhaftung nicht einmal die engsten Mitarbeiter etwas geahnt.[39] Als Literaturwissenschaftler und -kritiker hatte
Sinjavskij Anfang der sechziger Jahre in „Novyj mir" mit einigen Artikeln, besonders aber durch ein für damalige Verhältnisse kühnes Vorwort
zu einem Gedichtband von Boris Pasternak Ansehen erlangt.[40] Der Band
in der Serie „Biblioteka poéta" erschien zeitgleich mit seiner Verhaftung
im Herbst 1965. Später blieb Sinjavskij als Autor lediglich einigen Moskauer Intellektuellen präsent, die Zugang zum Samizdat hatten.[41] Da
selbst unter den Šestidesjatniki viele in der Doppelstrategie von
Terc/Sinjavskij einen Verrat sahen, forcierte sein Fall den sich abzeich-
nenden Spaltungsprozeß der Intelligenz in einen weiterhin legal und öffentlich agierenden Teil und einen, der sich in die Untergrundkultur zu-
rückzog.

---

[38] Zu den Entstehungsumständen ebd. und M. ROZANOVA: K istorii i geografii étoj knigi, in: VL (1990) 10, S. 154-161, auch in: A. TERC: Progulki s Puškinym, SPb 1993,
S. 147-159.

[39] Mündliche Auskunft von Galina Belaja, die seinerzeit mit Sinjavskij studiert und zu-
sammengearbeitet hatte. Stanislav Kunjaev zitiert eine Zeugin, die A. Achmatovas
ungläubiges Erstaunen erlebte, als sie nach der Verhaftung erfuhr, daß Sinjavskij mit
Terc identisch ist: „Er kam mich öfter besuchen. Ein Mensch von hervorragendem
Geist. Aber Abram Terc – das ist die reinste schwarze Bosheit.", in: VL (1990) 10, S.
102.

[40] Zwischen 1959 und 1965 erschienen zehn große Artikel von Sinjavskij in „Novyj
mir", unter anderem über A. Achmatova und zeitgenössische Lyriker. Vgl. dazu
BIOUL-ZEDGINIDZE: Literaturnaja kritika žurnala „Novyj mir", die Sinjavskijs literaturkritische Arbeit eingehend analysiert.

[41] Dort kursierte neben literarischen Texten besonders Sinjavskijs Schrift „Čto takoe socialističeskij realizm?" Der Text wurde in der UdSSR erstmals veröffentlicht in:
TEATR (1989)5, S. 73-83.

Im Straflager standen dem Autor einige literaturwissenschaftliche Bücher aus der Gefängnisbibliothek als bibliographische Hilfsmittel zur Verfügung, darunter auch das zweibändige biographisch-dokumentarische Werk „Puškin v žizni" von V. Veresaev. Dieses Buch war zwar außerordentlich populär und seit seiner ersten Veröffentlichung 1926 sechsmal wiederaufgelegt worden, hatte aber von Anfang an scharfe Kritik auf sich gezogen, weil sein freizügiger Umgang mit dem biographischen Material gegen das „Unberührbarkeitsdogma" der kanonisierten Biographie Puškins verstieß.[42] Zur Entstehung und Idee des Essays, die ihm zum ersten Mal vor der Urteilsverkündung im Gerichtssaal kam, erläuterte Sinjavskij später:

> Damals bedeutete dieses Buch für mich eine Art Resümee des schriftstellerischen Weges von Abram Terz, eines Weges, der mich schließlich ins Gefängnis und ins Lager führte. Es war eine Art Vermächtnis, das letzte Wort eines Schriftstellers (...) im Angesicht des Todes.[43]

Für den Autor waren die „Progulki" also nicht nur eine literarisch verkleidete Auseinandersetzung mit der sowjetischen Puškin-Rezeption, sondern sie hatten darüber hinaus auch pragmatische Bedeutung: Sie wurden als Trost und zur Aufmunterung für die Ehefrau, die unmittelbare Adressatin der „Aufzeichnungen"[44] und als zeitweilige Überlebenshilfe für den inhaftierten Autor geschrieben: „Puschkin war mir nötig, um zu überleben, Puschkin hat mich gerettet und war mir, um es gehoben auszudrücken, so etwas wie die Lager-Muse."[45]

---

[42] V. V. VERESAEV: Puškin v žizni, 2 Bde., M 1926, Reprint Mouton (Slavistic Printings and Reprintings 157/1) 1969. Zur Popularität und früheren Rezeption des Werkes vgl. die Vorworte des Verfassers zu den jeweiligen Auflagen. Frühere Einwände der Literaturkritik an dem Buch referiert auch S. RASSADIN in seiner Rezension „Junoše, obdumyvajuščemu žit'e", in: JU (1964) 3, S. 70. Man warf Veresaev vor, er breite alle möglichen Belanglosigkeiten aus Puškins persönlichem Leben aus und gehe so unverantwortlich und leichtfertig mit dem Leben des großen Dichters um.

[43] A. Sinjavskij an seine deutsche Übersetzerin, in: A. TERZ: Promenaden mit Puschkin, Frankfurt 1975, S. 5. Auch ROZANOVA: K istorii i geografii, S. 149.

[44] Rozanova schreibt, vor seiner Verhaftung habe sie ihn gebeten: „Schreib mir als Geschenk etwas Fröhliches, Engelhaftes, schreib mir über Mozart...", in: ROZANOVA, K istorii i geografii, S. 149.

[45] TERZ: Promenaden mit Puschkin, S. 5.

Zur Erstrezeption (1976-1988)

Die Reaktionen auf die erste Publikation der „Progulki" 1975 in London waren fast ausschließlich negativ und stark emotional bestimmt.[46] Eine der ersten ausführlichen Rezensionen stammte von Roman Gul', einem bekannten Schriftsteller und Literaturkritiker aus der ersten Generation der Emigranten. Als Chefredakteur der in New York erscheinenden Zeitschrift „Novyj žurnal" publizierte Gul' unter dem Titel „Spaziergänge eines Flegels mit Puškin" (Progulki chama s Puškinym)[47] einen vernichtenden Verriß. Mit dem Gestus alttestamentarischen Zorns warf Gul' Sinjavskij vor, er betrüge seine Leser, indem er nichts ernstnehme und betreibe Totenschändung auf dem sprachlichen Niveau von Prostituierten. Indem er Puškin als Gestalt mit „affenhaften Zügen" beschreibe, stelle er sich auf eine Ebene mit rassistischen Beschreibungen von „Judenfratzen" aus der Nazizeit – ein indirekter Vorwurf des Antisemitismus. Gul' bezeichnete Sinjavskij als geistigen Sohn Pisarevs, als „Smerdjakov",[48] der „geschmacklose Graphomanie" betreibe, und stellte ihn neben Majakovskij in eine Traditionslinie der verleumderischen Erniedrigung Puškins. Sein Hauptvorwurf bestand darin, daß sich Sinjavskij mit seiner vulgären, respektlosen Sprache als typischer Sowjetbürger gezeigt habe. Sittenverfall, Verderbtheit der Beziehungen, Werteverlust als Sprachverfall durch das Eindringen von „mat"-Flüchen und alltagssprachlichen Vulgarismen in die Literatur und literarische Formlosigkeit seien typische Symptome der bolschewisierten Sowjetgesellschaft. Gul' ging so weit, dem Autor Kollaboration und politischen Verrat zu unterstellen, da ein Essay mit so vielen Zitaten und genauen Quellenangaben unmöglich im Lager entstanden sein könne. Der Autor müsse also entweder ein privilegierter Häftling gewesen oder vorzeitig vom KGB aus dem Lager befreit worden sein.[49]

---

46 TERC: Progulki s Puškinym, London 1975.
Das Umschlagbild (s. Abbildg.) stammt von dem emigrierten Künstler Michail Šemjakin und wurde auch auf die erste in Rußland erschienene Buchausgabe des Textes, SPb 1993, reproduziert.

47 R. GUL': Progulki chama s Puškinym, in: NOVYJ ŽURNAL (1976) No. 124, S. 117-130.

48 Diese Figur aus Dostoevskijs Roman „Brat'ja Karamazovy" symbolisierte sowohl den Vatermörder – Smerdjakov beging den Mord an dem alten Karamazov – als auch den Bastard und überhaupt einen niederträchtigen Charakter.

49 Denselben Verdacht äußerte übrigens seinerzeit ein deutscher Rezensent der Londoner Ausgabe. W. KASACK: Über Puschkin? in: NEUE ZÜRCHER ZEITUNG 3.9.1977, S. 35.

Das Buch, das bald nach seinem Erscheinen in mehrere Sprachen übersetzt und auch von westlichen Slavisten rezensiert wurde,[50] erregte Aufsehen auch bei etlichen anderen Kritikern und Intellektuellen der Emigration, darunter Nikolaj Struve, Mark Slonim und Aleksandr Solženicyn,[51] der innerhalb der Emigration damals als exponierter ideologischer Gegenspieler Sinjavskijs galt.[52] In seinem 1984 in Paris publizierten Artikel „Es schwankt dein Dreistuhl" („Koleblet tvoj trenožnik") polemisierte Solženicyn, ähnlich pathetisch und sprachmächtig wie Gul', gegen Sinjavskijs angebliche Schändung des ohnehin „unglücklichen, vom Leben genug gequälten und gepeinigten Dichters in seinen Ehejahren". Auch er sah in Sinjavskij ein typisches Produkt sowjetischer Sitten in der „revolutionär-demokratischen" und der Tradition der linken Avantgarde und bezeichnete die „Progulki" als „Gaunermüll" („blatnyj musor") und „Wurmgenage" („červogryz"). Darüber hinaus sah Solženicyn in Sinjavskij einen Repräsentanten der Šestidesjatniki-Generation[53]

---

[50] J. SCHERRER: Der zweite Prozeß des Abram Terc, in: MERKUR (1977) 31, S. 486-492; KASACK: Über Puschkin?

[51] M. SLONIM: Terc i Sinjavskij. O knige „Progulki s Puškinym", in: RUSSKAJA MYSL' 18.3.1976, S. 6; Rezensionen von N. STRUVE, G. POMERANC und D. MIROV, in: VESTNIK RUSSKOGO CHRISTIANSKOGO DVIŽENIJA (VRchD) (1984) 142; Z. Šachovskaja: in: VRchD (1984) 140. Eine der wenigen positiven Kritiken stammt von N. RUBINŠTEJN: Abram Terc i Aleksandr Puškin, in: VREMJA I MY (1976) 9, S. 118-133.

[52] In dem Traktat „Naši pljuralisty" griff Solženicyn wiederholt Sinjavskij als Vertreter dieser Generation an, der seinerseits mit mehreren polemischen Artikeln in der von ihm herausgegebenen Zeitschrift „Sintaksis" antwortete. A. SOLŽENICYN: Naši pljuralisty. Otryvok iz vtorogo toma „Očerkov literaturnoj žizni" (Mai 1982), in: VRCHD (1984) 139; A. SINJAVSKIJ: Čtenie v serdcach (1985); DERS.: Solženicyn kak ustroitel' novogo edinomyslja, in: SINTAKSIS (1985) 14, S. 16-32; auch in: NM (1992) 4, S. 204-210.

[53] A. SOLŽENICYN: Koleblet tvoj trenožnik, in: VRCHD, (1984)142, S. 133-152. Der Titel zitiert die Schlußzeile aus Puškins Sonett „Poètu" („Dem Dichter"), in dem es heißt: „Dovolen? Tak puskaj tolpa ego branit (...) I v detskoj rezvosti koleblet tvoj trenožnik" (A. PUŠKIN: PSS v 10tt., t. 3, S. 174; dt. „Genügt es Dir? Dann mag die Menge noch so schrein (und) rütteln an Deinem Thron mit kindischem Vergnügen." A. PUSCHKIN: Gesammelte Werke, München 1966, S. 74.) und greift die mythische Überhöhung des Dichters als Prophet auf. Die Zeile spielt auf die Priesterin von Delphi an, die ihr Orakel auf einem Dreistuhl spricht. Bei Puškin gerät der Dreistuhl des Dichters allerdings ins Wanken durch die „Altarschändungen" des Pöbels („tolpa"), die ihm aber letztlich nichts anhaben können. Als Titel einer gegen Sinjavskij gerichteten Kritik erhält die Zeile zusätzlich einen ironischen Unterton im Sinne einer Drohung, daß sein eigener Thron bald stürzen werde. Der Titel enthält aber noch eine weitere, vermutlich beabsichtigte Anspielung. Er rekurriert auf eine fast gleichlau-

und damit einer typischen Geisteshaltung der neuen sowjetischen Emigranten, der sogenannten „Pluralisten". Diese machten sich, einmal von der Zensur befreit, sofort völlig zügellos über die Klassik, über alles Gute und Schöne her, weil es ihnen nur darum ginge, grundsätzlich alle Autoritäten zu erniedrigen und zu stürzen:

> Solche Vivisektionen und Pygmäen-Tricks wandte bevorzugt die vorrevolutionäre revolutionär-demokratische, danach die sowjetische und jetzt die neu emigrierte Kritik an. (...) Schon ein ganzer Zweig arbeitet praktisch daran, „alles zu erniedrigen". (...) Ihm (Sinjavskij, B.M.) gefällt es, in der Gestalt Puškins auf jegliche Autorität einzuschlagen.[54]

Besonderen Anstoß nahm Solženicyn an Sinjavskijs Verfahren, bereits vorhandene literarische Vorlagen aufzugreifen und zu bearbeiten. Er warf ihm mangelnde Originalität („vtoričnost'"), peinliche Selbstentblößung („samo-samo-samovyražat'sja") und ein Ausnutzen der Inspiration anderer vor („pererabotka uže gotovoj literatury, čužogo vdochnovenija").

In ihrem vehementen Antikommunismus identifizierten beide Rezensenten, Gul' und Solženicyn, Sinjavskij mit jenen sowjetischen Verhältnissen, die zu seiner Verfolgung geführt hatten, und stellten ihn als Verräter an den Ideen der russischen Kultur hin.

6.1.3.2 Ein literaturpolitischer Skandal

Im April 1989 veröffentlichte die Zeitschrift „Oktjabr'" ein acht Seiten langes Fragment aus dem über hundert Seiten umfassenden Essay „Progulki s Puškinym".[55] Das Fragment war der erste in der Sowjetunion publizierte literarische Text Sinjavskijs und, abgesehen von einem Interview mit ihm in der „Literaturnaja gazeta" vom Januar 1989, die erste Veröffentlichung seit seiner Emigration.[56] Die Publikation löste in den

---

tende Rede V. Chodasevičs von 1921 – „Koleblemyj trenožnik",- in der Chodasevič einen unwiderruflichen Epochenbruch der Puškin-Rezeption im 20. Jahrhundert festgestellt hatte. V. CHODASEVIČ: Koleblemyj trenožnik (1921), in: DERS.: Sobranie sočinenij v 2 tt., Bd. 2, Ann Arbor 1990., S. 309-316. Vgl. zu Solženicyns Position und Stil auch S. SANDLER: Sex, Death and Nation in the 'Strolls with Pushkin'-Controversy, in: SLAVIC REVIEW 51 (1992) 2, S. 294-308.

54   SOLŽENICYN: Koleblet tvoj trenožnik, S. 144, 152.
55   A. TERC: Progulki s Puškinym. Fragment, in: OK (1989) 4, S. 192-199.
56   Interview mit A. Sinjavskij: Grigorij Nechorošev: Tam my sčitaemsja krasnymi, in: KNIŽNOE OBOZRENIE 13.1.1989), S. 3; ein weiteres Interview mit A. Sinjavskij, geführt von T. Putrenko, erschien unter dem Titel „Puškin – naš smejuščij genii", in: LG 8.8.1990.

nationalistischen Zeitungen und Periodika einen beispiellosen Sturm der Entrüstung aus, der sich zu einer über mehrere Monate geführten Kampagne gegen Sinjavskij ausweitete.

Anfang August 1989 veröffentlichte die nationalpatriotisch orientierte Wochenzeitung „Literaturnaja Rossija" einen offenen Brief, unterzeichnet von M. Antonov, V. Klykov und I. Šafarevič, drei Angehörigen der Akademie der Wissenschaften, an die Führung des Schriftstellerverbandes der RSFSR. In ihm wurde Sinjavskij mit seiner „skandalösen Pasquille" auf Puškin als Drahtzieher einer um sich greifenden „Russophobie" bezichtigt.[57] Der Brief klagte vor allem die Zeitschrift „Oktjabr'" als Organ des russischen Schriftstellerverbandes und ihren Chefredakteur Anatolij Anan'ev an und forderte die Verbandsleitung zu einer Distanzierung und zu disziplinarischen Maßnahmen auf.[58] Auch von anderen Seiten kamen Forderungen nach administrativen Konsequenzen aus Anan'evs „Fehltritt", den Text in einem Organ des Schriftstellerverbands abzudrucken. Selbst zu einem Boykott der Zeitschrift „Oktjabr'" wurde aufgerufen. Einige Publizisten des nationalpatriotischen Lagers drohten darüber hinaus sogar mit gerichtlichen Schritten und verlangten, Sinjavskij wegen „Beleidigung nationaler Würde" vor Gericht zu stellen.[59]

Sinjavskijs Essay wurde unversehens zum Instrument des politischen Konflikts zwischen nationalpatriotischen, mehr oder weniger offen antisemitischen und westlich-liberal gesinnten Intellektuellen. Gleichzeitig wurde er zum Auslöser für einen literaturpolitischen Machtkampf zwischen den Führungsfunktionären des russischen Schriftstellerverbandes und der Mehrheit von reformwilligen Mitgliedern und Anhängern der Perestrojka. Im September und Oktober 1989 folgte eine Flut von weiteren Anklagen in den nationalpatriotischen Zeitungen und Zeitschriften, vor

---

[57] Die Anklage richtete sich neben Sinjavskij auch gegen Vasilij Grossman, besonders dessen kurz zuvor veröffentlichte Erzählung „Vse tečet", und gegen den in die USA emigrierten Historiker Aleksandr Janov (Yanov), einen bekannten Spezialisten auf dem Gebiet des russischen Nationalismus.

[58] M. F. ANTONOV/V. M. KLYKOV/I. R.ŠAFAREVIČ: Pis'mo v sekretariat pravlenija SP RSFSR, in: LR 4.8.1989.

[59] Nicht nur Šafarevič drohte verbal mit Vergeltungsmaßnahmen im Stil des islamischen Fundamentalismus, sondern auch A. Kazincev und G. Borovik kündigten im Mai 1989 für den Fall einer Veröffentlichung des gesamten Terc-Textes gerichtliche Schritte dagegen an. A. KAZINCEV: Novaja mifologija, in: Ns (1989) 5, S. 144-168, hier Fn. 152.

allem in „Literaturnaja Rossija" und „Naš sovremennik".[60] Sinjavskij wurde dort mit Salman Rushdie verglichen, dessen „Satanische Verse" als die islamische Variante der „Progulki" bezeichnet wurden.[61] Mit dem Artikel „Russofobija" machte sich Igor' Šafarevič, Mathematiker und Akademiemitglied, im Juni 1989 zu einem der führenden Ideologen der nationalistischen Rechten. Šafarevič fiel über die gesamte innere und äußere Emigration der siebziger und achtziger Jahre her und wiederholte damit teilweise Solženicyns Jahre zuvor geäußerte Vorwürfe. Šafarevič nannte Sinjavskij ironisch einen Angehörigen der entwurzelten und atomisierten „Emigration der Hoffnung" und stellte ihn in eine Reihe mit jenen liberalen Intellektuellen, die angeblich zusammen mit den Juden, dem sogenannten „kleinen Volk", schon seit Jahrhunderten danach trachteten, das „große" russische Volk zu vernichten.[62]

Aus dem liberalen Lager folgten zahlreiche Gegendarstellungen und Solidaritätsresolutionen mit der Zeitschrift „Oktjabr'". Nahezu alle namhaften reformwilligen Intellektuellen beteiligten sich daran. Der Streit wurde im Fernsehen ausführlich übertragen, und auf beiden Seiten fehlten nicht einmal die aus früheren sowjetischen Kampagnen bekannten Leserbriefe aufgebrachter Werktätiger, die Konsequenzen für alle Verantwortlichen verlangten.[63] Führende Sekretäre des Verbandes machten mehrere Anläufe, Anan'ev von seinem Posten als Chefredakteur abzusetzen. Berühmt-berüchtigt wurde das sechste erweiterte Moskauer Plenum des Schriftstellerverbandes der RSFSR am 13./14. November 1989. Fast alle liberalen Schriftsteller und Kritiker waren der Veranstaltung ferngeblieben. Dafür äußerten sich viele Teilnehmer, darunter V. Belov, Ju. Bondarev, T. Gluškova, S. Kunjaev, S. Michalkov, V. Rasputin und S. Vikulov, in aggressiv nationalistischer und offen antisemitischer Weise

---

60 G. ORECHANOVA: Posleslovie k replike, in: SR 10.10.1989, V. GUSEV: Krajne ser'ezno, in: LR 22.9.1989, N. DOROŠENKO: Pozicija redaktora, in: MOSKOVSKIJ LITERATOR, 20.10.1989; D. MERKULOV: Klevetnikam Rossii, in: MOSKOVSKIJ LITERATOR 15.9.1989.

61 I. ŠAFAREVIČ: Fenomen ėmigracii, in: LR 8.9.1989. Šafarevič fährt fort, die islamische Gesellschaft habe auf Rushdies Verleumdung mit massiven Demonstrationen und praktischen Schritten reagiert, während „unsere Antwort (auf die Provokationen Sinjavskijs, B.M.) noch bevorsteht".

62 I. ŠAFAREVIČ: Russofobija, in: NS (1989) 6, S. 183-192, hier S. 192, und 11, S. 162-172.

63 A. ANAN'EV: Kritika ili obvinenie, in: LR 1.9.1989 mit Repliken der Redaktion und Führung des Schriftstellerverbandes; Resolutionen des Redaktionskollegiums von „Oktjabr'", des PEN-Zentrums, der Gruppe „Aprel'", offene Briefe und Leserbriefe in: OK (1989) 9, S. 204-208, OK (1989) 12, S. 205ff.

über Sinjavskij/Terc und die „Progulki". Man verglich Terc mit D'Anthes, dem Mörder Puškins. Der Schriftsteller Jurij Borodkin sagte:

> Der Sozialismus und das Vaterland sind in Gefahr. (Applaus.) Über das Pro-
> blem des Sozialismus reden wir ein anderes Mal, aber bei dem des Vater-
> lands halte ich an, weil nämlich unser Vaterland in diesem Zusammenhang –
> Puškin ist.[64]

Sergej Michalkovs Aufforderung, Anan'ev zu entlassen und Partei und
Volk endlich in dieser schweren Stunde zu unterstützen, war manchen
Teilnehmern noch zu wenig. Tat'jana Gluškova, die sich schon früher
mit Angriffen gegen Schriftsteller wie Pasternak und Bulgakov hervorgetan hatte, erklärte:[65]

> Es handelt sich um einen national-ideologischen Streit, (....) um einen Streit
> zwischen dem Zionismus, der schlimmsten Form des weltweiten Faschismus,
> und der Menschheit.[66]

Das Plenum, in dessen Mittelpunkt die „Progulki" standen, wurde
schließlich zum Anlaß für die Spaltung des russischen Schriftstellerverbandes. Der politische Zugriff auf „Oktjabr'" gelang nicht mehr. Denn
die Zeitschrift hatte sich inzwischen in Erwartung des neuen Pressegesetzes formal dem übergeordneten sowjetischen Verband unterstellt und
sich so der Weisungsbefugnis des Verbandes der RSFSR entzogen.[67]
Damit scheiterte der letzte Versuch im sowjetischen Literaturleben, einen
Literaturstreit in der bewährten Weise mit machtpolitischen Mitteln statt
mit Argumenten auszutragen.

---

[64] Vgl. die Dokumentation „Vse zaedino!" in: OG (November 1989) 48, S. 6-9 und 31.

[65] In ihrem Artikel „Kuda vedet Ariadna nit'" (LG 23.3.1988) hatte Gluškova Bulgakov
und Pasternak als hochmütige, dem Volk entfremdete Intellektuelle dargestellt und
Pasternak sogar Feigheit und Vaterlandsverrat vorgeworfen, da er sich im Krieg der
intimen lyrischen Dichtung hingegeben und sich an einer Stelle sogar einmal als
glücklich bezeichnet habe, statt seinem Volk an der Front zu dienen.

[66] „Vse zaedino!" S. 7.

[67] Zur Geschichte und zum ideologischen Profil der Zeitschrift „Oktjabr'" vgl.
DOBRENKO: Uroki „Oktjabrja".

6.1.3.3 Die literaturkritische Kontroverse zu den "Progulki" (1989-1993)

Eröffnet wurde die literaturkritische Kontroverse im Juni 1989 durch die Publikation von Roman Gul's Verriß aus dem Jahre 1976 in der national-patriotischen Wochenzeitung „Literaturnaja Rossija".[68] Im redaktionellen Kommentar zu dem Artikel, der in der Rubrik „Rossija v zarubežnom mire" (Rußland in der ausländischen Welt) erschien, wurde Gul' als Repräsentant der Emigration vorgestellt: Selbst das „russische Ausland" habe Sinjavskijs Werk bereits vor langer Zeit rechtmäßig verurteilt. Hier zeigte sich bereits eine gewandelte Einstellung zur Emigration, die nicht mehr als antisowjetischer Feind, sondern als hohe Autorität und Kronzeugin für die eigene Position zitiert wurde.

Parallel dazu wurden zwei Jahre nach dem feierlich begangenen 150. Todesjahr des Dichters 1989/90 in verschiedenen Zeitungen und Zeitschriften Aufsätze von Philosophen und Literaturkritikern aus der früheren Emigration über Puškin wiederabgedruckt, zum Beispiel *Petr B. Struves* „Počemu inostrancy ne znajut i ne cenjat Puškina" (1926) und „Duch i Slovo" (1937),[69] *Semen Franks* „Puškin i duchovnyj put' Rossii" (1937),[70] und *Georgij P. Fedotovs* „Puškin i osvoboždenie Rossii".[71] Einige der Aufsätze waren seinerzeit als antisowjetische Manifestationen gegen den stalinistischen Puškin-Kult im Jubiläumsjahr 1937 geschrieben

---

[68] R. GUL': Progulki chama s Puškinym, in: LR 30.6.1989. Der Wiederabdruck wurde um einige Passagen gekürzt, z.B. die, in denen Gul' sich verächtlich über Lenin äußert, in denen er Grobheit („chamstvo") als die hervorstechende Eigenschaft der Russen seit siebzig Jahren bezeichnet und in denen er den Dichter und Nobelpreisträger J. Brodsky einen Sklaven und Graphomanen nennt.

[69] P. STRUVE: Duch i slovo, in: DERS.: Duch i slovo. Sbornik statej o russkoj i zapadno-evropejskoj literature, Paris 1981, S. 32-45.; wiederabgedruckt in: VL (1989) 12, S. 233-244. Dieser Aufsatz war ursprünglich eine Rede zum Jubiläumsjahr am 10.2. 1937 in der Belgrader Sektion der ausländischen Puškin-Kommission, gehalten im Haus des ehemaligen Zaren Nikolaj II., der aber erst 1981 in Paris veröffentlicht wurde. DERS.: Počemu inostrancy ne znajut i ne cenjat Puškina, in: VOZROZDENIE 20.6.1926. Wiederabgedruckt in: LR 2.6.1989, S. 16f.

[70] S. FRANK: „Net istiny gde net ljubvi", wiederabgedruckt im Dossier zur LG Juni 1990 (Auszug aus DERS.: Puškin i duchovnyj put' Rossii. Odnodnevnaja gazeta, Paris 1937, S. 3-4.

[71] G. P. FEDOTOV: Puškin i osvoboždenie Rossii, in: DERS.: Sud'ba i grechi Rossii. Izbrannye stat'i po filosofii russkoj istorii i kul'tury, Bd. 2, SPb 1992, S. 129-132. Fedotov nannte Puškin einen „Dichter des Imperiums". Daß Puškin seit der Revolution vom ganzen sowjetischen Volk gelesen werde, bezeichnete Fedotov als eigentümliche Konkordanz zwischen Staatsmacht und Volk und als „barbarisch, da dieses Volk auf der primitivsten Bewußtseinsstufe" stehe (Ebd., S. 131).

worden. Sie alle vermittelten ein Bild Puškins als eines Dichters, der orthodoxe, metaphysische Werte, nationale Identität und russische Geistigkeit verkörperte. Diese verspätete Rezeption in Rußland bedeutete eine Vereinigung von inner- und auslandsrussischer neoslavophiler Literaturkritik zu Puškin, in bewußtem Rückgriff auf deren „organische" Tradition, die von den genannten religiös-philosophischen Kritikern in der Emigration weitergeführt worden war.

Nach dem literaturpolitischen Skandal von 1989 publizierte die Zeitschrift „Voprosy literatury" im Sommer 1990 erstmals den vollständigen Text des Essays.[72] Im August 1990 veranstaltete die Redaktion derselben Zeitschrift zusammen mit der Puškin-Kommission am Institut für Weltliteratur (IMLI) eine Diskussion, über die auch Presse und Fernsehen ausführlich berichteten, und die im Oktober-Heft 1990 von „Voprosy literatury" dokumentiert wurde.[73] Zwischen 1989 und 1992 erschienen dann mehr als zwanzig weitere literaturkritische Artikel und Rezensionen über die „Progulki", darunter auch 1992 in „Novyj mir" Solženicyns frühere Polemik gegen Sinjavskij.[74]

Die Mehrzahl der Kritiker beider Richtungen bewertete den Essay kritisch bis negativ.[75] Welches waren die Positionen und Argumente der Kritik, und inwiefern geben sie über den Einzelfall hinaus Aufschluß über ihre Einstellung zur Klassik? Insbesondere mit Bezug auf die Diskussion in „Voprosy literatury" lassen sich die Aussagen der Kritiker in drei Gruppen von Problemen und Argumenten zusammenfassen:

- das von Sinjavskij entworfene Puškin-Bild,
- die sprachlich-formale Darstellung, die Offenheit des Genres und das Verhältnis zum Leser, und
- das Bild des Autors Terc/Sinjavskij und das Verhältnis des Textes zur literaturkritischen Tradition, sein Stellenwert in der Puškin-Rezeption.

---

72 A. SINJAVSKIJ: Progulki s Puškinym, in: VL (1990) 7, S. 155-175; (1990) 8, S. 81-111; (1990) 9, S. 146-178.
73 Diskussionaja tribuna „Progulki s Puškinym", in: VL (1990) 10, S. 77-153.
74 A. A. SOLŽENICYN: Naši pljuralisty, in: NM (1992) 4, S. 211-225.
75 Allein von den sechzehn Teilnehmern der Podiums-Diskussion in „Voprosy literatury" äußerten sich nur sechs explizit positiv über den Essay.

Anstößiges Puškin-Bild

Die meisten kritisch eingestellten Rezensenten verstanden die „Progulki"
als Abrechnung mit Puškin, nicht jedoch mit dessen sowjetischer Rezeption. Sie warfen Sinjavskij vor, er habe in seinem Text Puškin erniedrigt
und entwürdigt. Es sei ihm wesentlich darum gegangen, den Dichter zu
entehren. Einen wichtigen Anteil daran hatte die Betonung der Erotik.
Der Gedanke, daß Puškin zu seiner Dichtung ein ebenso leichtfertig-ero-
tisch-libidinöses Verhältnis gehabt habe wie zu den Frauen, daß sein bevorzugter Ort der dichterischen Inspiration das Bett gewesen sei, stellte
für viele eine unerträgliche Provokation dar. Immer wieder wurde als
Beleg der Satz mit den „dünnen erotischen Beinchen" des Dichters zitiert.

Auf heftige Kritik stieß Sinjavskijs freizügiger Umgang mit der Biographie des Dichters, die ständige Vermischung von Leben und Werk,
von Autor und den Figuren seiner Werke. Es sei Unsinn zu behaupten, so
D. Urnov, Puškin habe sich mit Tat'jana identifiziert, die er als seine eigene Geliebte vorgesehen habe und deshalb Onegin vorenthalte.[76] Einige
äußerten auch Ressentiments gegen die Biographie von V. Veresaev, auf
die sich Terc stützte, und sahen in den „Progulki" die Fortsetzung einer
unseriösen, populistischen Puškin-Forschung.[77] Die meisten nahmen Anstoß an der Auffassung von Puškin als einem immoralischen Dichter, der
„reine Kunst" jenseits von jeglicher Nützlichkeit und Moral geschaffen
habe. Daß die Voraussetzung für seine Kunst seine „innere Leere" gewesen sein soll, die ihn zum „Vampir" für seine Umgebung gemacht habe,
empfanden viele als Beleidigung Puškins. I. Zolotusskij sorgte sich darum, daß mit Texten wie diesen das „Maß und die Grenzen für den le-
gitimen Umgang mit der klassischen Literatur" verloren gingen.[78]

Nur wenige Kritiker erkannten die Ambivalenz des Verhältnisses von
Terc zu Puškin, wie sie im Text vermittelt wird. I. Volgin, Ju. Mann und
S. Lominadze[79] vertraten die Ansicht, daß es sich bei den „Progulki" eigentlich um eine Hommage an den Dichter handle. A. Vajl' , A. Genis
und S. Bočarov betonten, daß Sinjavskij/Terc Puškin schätze und liebe.[80]

---

[76] D. URNOV, in: VL (1990) 10, S. 137-143, weitere Belege bei ZOLOTUSSKIJ, ebd., S.
107f.

[77] ZOLOTUSSKIJ, in: VL (1990) 10, S. 107f.

[78] DERS.: Zavet Puškina, in: MOSKOVSKIE NOVOSTI 8.7.1990.

[79] I. VOLGIN: Vozvraščenie s progulki, in: JU (1990) 12, S. 58-61; Ju. MANN und S.
LOMINADZE in: VL (1990) 10, S. 115-116 bzw. 95-100.

[80] S. BOČAROV, P. VAJL' und A. GENIS, in: VL (1990) 10, S. 80, 109-112.

Einer der Hauptgründe für die starken emotionalen Widerstände gegen das unkonventionelle Puškin-Bild Sinjavskijs war die sakrale Aura des Dichters, die Identifikation Puškins mit dem russischen Nationalcharakter und mit der russischen Kultur, eine Haltung, die von der Mehrheit der Literaturkritiker geteilt wurde. Vladimir Gusev, ein Kritiker der Tauwettergeneration, nannte Sinjavskij einen „elitären Revolutionär", der in den „Progulki" „das letzte uns noch verbliebene Heiligtum geschändet" habe: „Veröffentlichungen wie diese gleichen einer Kapitulation vor der russischen Geschichte und Kultur auf ihren eigenen Mauern."[81]

Der bekannte Puškin-Forscher und Vorsitzende der Kommission für die Ausrichtung des Jubiläumsjahres 1987 Valentin Nepomnjaščij schrieb, Puškin biete die Möglichkeit, aus „der Katastrophe der Gottlosigkeit des 20. Jhs." herauszufinden:

> Puškin empfindet weiter, richtiger und harmonischer als alle anderen das heilige, göttliche Wesen des Daseins, der Welt, des Lebens und des Menschen. (...) Ein gottloser, areligiöser Kampf gegen seine Kanonisierung ist vollkommen unsinnig.[82]

Wie auch andere, die in Puškin den russischen Nationaldichter verehrten, berief sich Nepomnjaščij auf den bereits idiomatischen Ausspruch von Gogol', Puškin sei „Rußland, in Worten ausgedrückt", er verkörpere „den russischen Menschen in seiner Entwicklung".[83] Einen wissenschaftlichen Dialog mit Sinjavskijs Buch könne es nicht geben, weil es ohne Würde und Verantwortung allein auf Sensation spekuliere. Nepomnjaščij schloß als Vorsitzender die Diskussion in „Voprosy literatury" mit der Bemerkung:

> Die Wahrheit im eigentlichen Sinne, eine allgemein benötigte und wichtige Wahrheit, jene Wahrheit, um deretwillen die echte Literatur existiert, (...) hat in diesem Buch keiner finden können.[84]

---

[81] GUSEV: Krajne ser'ezno.

[82] Unter der Rubrik „Kafedra" erschien der Artikel von V. NEPOMNJAŠČIJ: Predpolagaem žit'. Puškin. Rossija. „Vysšie cennosti", in: LG 5.9.1990, hier: 12.9.1990.

[83] N. GOGOL': Neskol'ko slov o Puškine, in: DERS.: PSS, Bd. 7, M-L 1952, S. 30-38, hier S. 33.

[84] V. NEPOMNJAŠČIJ: in: VL (1990) 10, S. 152.

Sprache, Form, Genre, Verhältnis zum Leser

Ein zweiter Argumentationsstrang betraf die Art der Darstellung in den
„Progulki" und ihre vermeintlich schädigende Wirkung auf die Leser.
Vor allem die Sprache und Form des Textes wurde von vielen als provozierende Entwürdigung Puškins empfunden. Literaturkritiker der Emigration, liberale Šestidesjatniki und patriotische „Fundamentalisten" waren sich einig darin, daß in derart familiärem, respektlosem Stil nicht
über den großen Dichter geschrieben werden dürfe. Jurij Davydov, Evgenij Sergeev und Dmitrij Urnov bemängelten die angeblich gänzliche
Formlosigkeit des Textes. Sie fanden darin nur prätentiöse Redundanz,
eine Montage von willkürlich angeordneten zufälligen Gedankenfetzen.

Viele Kritiker beschäftigte die Sorge, die „Progulki" könnten einen
schlechten Einfluß auf die Leser haben, sie moralisch und ästhetisch auf
eine schiefe Bahn lenken. Ein häufig geäußerter Einwand lautete, die
„Progulki" übten gegenüber den Lesern Betrug und Irreführung, verdür-
ben ihr Puškinbild und bestätigten ohnehin verbreitete Vorurteile. Di-
daktisches Selbstverständnis verband sich hier mit einem tief von der
Zensur geprägten Bewußtsein. Denn es ging nicht nur um den Anspruch,
als Autor und Kritiker Verantwortung für die Geschmacksbildung der
Leser zu übernehmen, sondern auch darum, welche Texte den sowjetischen Lesern überhaupt zuzumuten waren. Igor' Zolotusskij räumte ein,
daß er noch zwanzig Jahre früher selbst entsetzt auf Sinjavskijs „Progulki" reagiert hätte. Heute dagegen, nachdem man zum Beispiel Rozanov
rezipiert habe, könne er dem Text einen gewissen Reiz und ein Talent
nicht absprechen. Aber anders verhalte es sich mit den Lesern:

> Ich denke, daß die russische Literatur trotz allem sich noch das Recht erhal-
> ten hat, für alle zu sprechen und nicht nur für uns. Deshalb weiß ich nicht,
> wenn vom Tod Puškins die Rede ist und da gesagt wird, das alles sei nur ir-
> gendein Spiel, ob der normale Mensch in der Lage ist, das zu verstehen.[85]

Für Zolotusskij waren die „Progulki" eine psychologische Fehlleistung,
ein mißlungenes „Drama der Befreiung". Sinjavskij habe die sowjetischen Puškinisten und den sowjetischen Untertanen „schlagen" wollen
und habe stattdessen nur Puškin selbst und seine ihn liebenden Leser ver-
höhnt. Die „Negation des klassischen Erbes ist kein Schlüssel zur
Öffnung der Gefängnistür," erklärte er.[86] Nur wenige Literaturkritiker
gingen, wie Vladimir Skvoznikov und Igor' Volgin, davon aus, daß der

---

[85] I. ZOLOTUSSKIJ, in: VL (1990) 10, S. 108.
[86] DERS.: Zavet Puškina.

mündige Leser den Text als eine von vielen Puškindarstellungen durchaus einzuordnen wisse. Volgin empfahl den Essay besonders Jugendlichen als fruchtbare Ergänzung zur langweiligen Schullektüre, da ihnen Puškin als ein erfrischend unkonventioneller „avtor-neformal" geboten werde, der ihnen einen neuen Zugang zur russischen Klassik ermögliche.[87]

Für die negative Bewertung der „Progulki" war nicht zuletzt die Unklarheit über das Genre ausschlaggebend. Die meisten Kritiker konnten mit einem solchen Text nicht umgehen. Sollte man ihn als wissenschaftlichen Beitrag zur Puškinforschung, als literaturkritischen Kommentar oder als autobiographische Literatur einstufen? Entsprechend vielfältige Genre-Bezeichnungen wurden in Umlauf gebracht: „Literaturkritik", „literaturwissenschaftlicher Essay", „autobiographische Prosa", „Pasquille", „Scherzgeschichte" („anekdot"), „höfisch-lyrischer 'Roman' über Puškin", und „Promenaden" („progulki") als eigenständiges literaturkritisches Genre.[88] Die meisten Kritiker verstanden die „Progulki" nicht als mehrdeutigen literarischen, sondern als pragmatischen Text – literarische Qualitäten sprachen ihm ohnehin nur die wenigsten zu – und nahmen, ungeachtet seiner ironischen, paradoxen oder metaphorischen Darstellungsweise, alle Aussagen als unmittelbare Anschauungen des Autors ernst. Der angebliche Mangel an Ideen machte den Text sowohl als wissenschaftlichen Beitrag zur Puškinforschung als auch als literarischen Text in ihren Augen wertlos. Besonders Literaturwissenschaftler sahen in den „Progulki" einen Angriff auf die seriöse Puškinforschung. Urnov warf Sinjavskij eine absichtliche Mißachtung grundlegender Quellen der Puškinforschung vor, was gerade für einen Kritiker und Wissenschaftler unverzeihlich sei. Der Text sei nicht wissenschaftlich objektiv, methodisch zweifelhaft, talentlos, er könne unmöglich im Lager geschrieben worden sein und lohne entsprechend keine nähere Beschäftigung.[89]

---

[87] VOLGIN: Vozvraščenie s progulki, S. 6.

[88] A. SOLŽENICYN in: Koleblet tvoj trenožnik, E. SERGEEV in: VL (1990) 10, S. 83f. („Literaturkritik"); L. BATKIN: Sinjavskij, Puškin – i my, in: OK (1991) 4, S. 164-193, hier S. 164 („literaturwissenschaftlicher Essay"/autobiographische Prosa"); Pis'mo v Sekretariat Pravlenija („Pasquille"); A. KAZINCEV: Novaja mifologija, S. 151 („anekdotičeskij šarž"); P. VAJL'/A. GENIS: Vzgljad iz tupika, in: OG (1990) 50, S. 19. S. NEBOL'SIN wies auf die Fortführung des von Pisarev eingeführten Genres der „Progulki" in der sowjetischen Literatur bei Majakovskij, Bagrickij („Fevral'"), Vysockij und Okudžava hin. In: VL (1990) 10, S. 116-122.

[89] D. URNOV, in: VL (1990) 10, S. 137-143.

Wie schon Solženicyn, verurteilte Evgenij Sergeev Stil und Methode des „Kritikers" Sinjavskij als willkürlich und exhibitionistisch. Die Absicht, „sich im Lager an Puškin zu wärmen", erfülle allenfalls eine private Funktion, rechtfertige aber keine Veröffentlichung. Diese habe Terc also nur aus Geltungsdrang und Lust an der Provokation gesucht.[90]

Nicht der persönlich-intime Zugang als solcher wurde als anstößig empfunden. Gul' wies auf die Puškin-Essays von Cvetaeva und Brjusov hin, die in ähnlich familiärem Ton über Puškin, aber ungleich besser geschrieben hätten. Was viele abstieß, war die ironisch-respektlose Art der Darstellung Sinjavskijs, die stilistischen Brüche, die Ambivalenz, die Erzählhaltung, die unentschieden zwischen Faszination und Distanz schwankte.

Leonid Batkin, ein liberaler Literaturkritiker der mittleren Generation, war einer der wenigen positiven Rezensenten, der den „Progulki" eine ausführliche Besprechung widmete. Er bezeichnete sie als einen „zwischen Literaturwissenschaft und autobiographischer Prosa angesiedelten Essay",[91] der gerade durch diese Zwitterstellung zur originellsten Sekundärliteratur über Puškin gehöre. Die Besonderheit des Genres Essay liege eben darin, daß es gar nicht darauf ankomme, neue Ideen, Konzeptionen oder Forschungsanstöße zu geben, sondern allein auf die Freiheit der Darstellung. Auch für Petr Vajl' und Aleksandr Genis, zwei nach Amerika emigrierte Literaturkritiker, die an der Podiumsdiskussion von „Voprosy literatury" teilnahmen, lag der Wert des Textes gerade in seiner originellen Grenzlage zwischen Literatur und Kritik. Sinjavskij habe mit den „Progulki" ein eigenes Genre, „Literatur über Literatur", geschaffen, für das er in seiner Eigenschaft als Autor und Kritiker gleichermaßen prädestiniert gewesen sei. Vajl' und Genis wiesen allerdings darauf hin, daß diese Doppelexistenz Sinjavskij vom Staat verwehrt worden sei und der Text erst aus der Unterdrückung heraus entstanden sei.[92]

Diese und wenige andere Kritiker – alle hatten entweder Umwegkarrieren oder gehörten zur „neuen" jungen Generation – rezipierten die „Progulki" als primär literarischen Text und versuchten, ihm in seiner ästhetischen Eigenart gerecht zu werden. Vajl', Genis und Volgin vertraten die Ansicht, daß der Text eine modellbildende Bedeutung für die

---

[90] E. SERGEEV, in: VL (1990), S. 83-85.
[91] BATKIN: Sinjavskij – Puškin i my, S. 165.
[92] P. VAJL'/A. GENIS, in: VL (1990) 10, S. 122-128; auch DIES: Labardan! Andrej Sinjavskij kak Abram Terc, in: URAL (1990) 11, S. 184-192.

neue sogenannte „artistische Prosa" gehabt habe.[93] Für sie war nicht von Belang, ob es sich um eine adäquate Puškin-Darstellung handelte oder nicht. Sie würdigten vielmehr seinen Unterhaltungswert, die hedonistische Funktion des Textes, die stereoskopische Methode und die fragmentarische Darstellung.[94] Verfahren wie die Multiperspektivität des Textes und Stilbrüche, die assoziative Montage-Struktur sowie die spielerische Verschmelzung des Autors mit seinem Objekt und dessen fiktiven literarischen Figuren seien für die experimentelle Literatur nach der Tauwetterperiode bahnbrechend gewesen und hätten beispielhaft gewirkt. Vladimir Novikov erinnerte daran, daß die „Progulki" in der inoffiziellen Kultur schon in den siebziger Jahren als polyvalente Literatur positiv rezipiert worden seien:

> Alle verstanden im Grunde die durch den spielerischen Charakter eingeschränkte Bedeutung der „Progulki". Sie verstanden, daß Sinjavskij einer alten Tradition „Lob durch Spott" (chvaly čerez chulu) gemäß schrieb, daß seine familiäre Beziehung zur Klassik eine der Möglichkeiten war, in ihre Tiefe einzudringen.[95]

---

[93] Zu dem Begriff „artistische Prosa" vgl. das folgende Kapitel über die „andere Literatur". Volgin stellte in seinem Artikel „Vozvraščenie s Progulki" fest, daß die ästhetischen Gestaltungsmittel des Abram Terc zur Norm der „jungen Prosa" der sechziger Jahre (er nannte V. Aksenov, V. Krupin, A. und B. Strugackij) geworden seien, und äußerte die Vermutung, daß seine Werke, wenn sie erst einmal publiziert seien, erheblichen Einfluß auf die neue Literatur ausüben würden.
Tatsächlich ist bei einigen Autoren der „anderen Prosa", z.B. bei V. Narbikova und A. Ivančenko, ein starker Rekurs auf Puškin zu beobachten, wobei besonders dessen Person, Biographie und Verhalten im literarischen und öffentlichen Leben, aber auch die Auseinandersetzung mit verschiedenen tradierten Dichterbildern thematisiert werden. V. NARBIKOVA: Okolo-Ëkolo, M 1992; A. IVANČENKO: Avtoportret s dogom, in: URAL (1985) 1.
Am Schluß dieses Romans findet sich die amüsante Episode eines Gesprächs zwischen einem Liebespaar über Puškin, in dem der Autor seine eigenen ambivalenten Gedanken über den Dichter eingeflochten hat. Auch andere Intellektuelle, wie etwa der Gründer und Vorsitzende der „Kommission für das literarische Erbe der Stalinopfer", Vitalij Šentalinskij, beruft sich unmittelbar auf Puškins Verhalten als Vorbild für seine Arbeit. Vgl. zu Šentalinskij und Ivančenko: B. VEIT: Puschkin – ein Nationalheiligtum, Ms. einer Rundfunksendung im Deutschland Radio am 27.10.1994.
[94] V. SKVOZNIKOV, in: VL (1990) 10, S. 109-112.
[95] V. NOVIKOV: Raskreposčenie (Vospominanija čitatelja), in: ZN (1990) 3, S. 210-216, hier S. 215.

Bild des Autors, Traditionen der Literaturkritik und der Puškin-Rezeption

Ein dritter Argumentationsstrang hing mit dem Schicksal des Autors als eines Angehörigen der Tauwetter-Generation und mit der Beziehung zu unterschiedlichen Traditionen der Literaturkritik zusammen. Handelte es sich um einen Text im Stil der linken Avantgarde, und wenn ja, eher im pro- oder im antisowjetischen Sinne, oder war er vielmehr als ein völlig unideologischer Text zu verstehen, in dem es nur um das ästhetische Spiel ging? Dabei ging es besonders um die Frage, ob die „Progulki" aus innerer Unabhängigkeit entstanden waren und demnach einen Akt künstlerischer Freiheit repräsentierten oder ob sie nicht vielmehr als „Lagerliteratur" ein nur durch die Umstände sowjetischer Repression geprägter Text waren.

Ungeachtet der Tatsache, daß der Autor selbst ein Opfer des sowjetischen Regimes war, galt Sinjavskij für seine neoslavophilen und patriotischen Kritiker als typischer Šestidesjatnik und der Text, obwohl er im Lager entstanden war, als Produkt typisch sowjetischen Bewußtseins und ideologischer Befangenheit. Für sie lebte das sowjetische, „bolschewistische" Bewußtsein selbst in den Dissidenten der erzwungenen Emigration fort, das sie in geradliniger Verbindung auf die Tradition der frühsowjetischen Avantgarde und der „revolutionären Demokraten" des 19. Jhs. zurückführten.

Bemerkenswert an dieser Argumentation, bei der politische mit ästhetischen Einwänden zusammenfielen, war, daß diese Kritiker ästhetischen Nonkonformismus als ein typisch sowjetisches Produkt betrachteten. Puškin als „Schoßhündchen" der Damen und „Usurpator", die Frage, „was denn an 'eurem' Puškin so Großartiges dran sei", Bezeichnungen wie „poetischer Striptease", all dies wurde als eine Art von Kultur- und Sittenverfall und als Trivialisierung empfunden, die man als Folge und Ausdruck der sowjetischen Politik und Mentalität verstand.

Paradoxerweise identifizierten einige Kritiker Sinjavskijs Text gleichzeitig mit dem Konzept der „reinen Kunst", die doch der sowjetischen diametral entgegenstand. Für den Soziologen Jurij Davydov waren die „Progulki" sowohl ein Produkt sowjetischen Bewußtseins als auch ein Manifest der „reinen" Kunst. Die Tradition der Moderne sah er in dem unverantwortlichen Ästhetizismus, der für ihn auch Hochmut und Verachtung der Leser, des einfachen Volkes bedeutete. Dichtung, Geist und Macht würden in den „Progulki" unzulässig gleichgesetzt, Freiheit werde mit Despotie verwechselt und Erotik mit Machtstreben. Sinjavskij beerbte in seinen Augen nicht nur die russische Dekadenz Rozanovs und

Merežkovskijs und den Nietzscheanischen „Willen zur Macht", sondern
auch die westliche „neue linke, quasi-revolutionäre Ästhetisierung der
Anarchie" im Stil von Theodor Adorno und Herbert Marcuse. Entscheidend für Davydovs Ablehnung sowohl der russischen als auch der westlichen Moderne war deren vermeintlicher Wertrelativismus, den er auch
als die größte Erblast des sowjetischen Systems betrachtete.[96]

In Davydovs Beitrag wurde ein grundsätzliches Dilemma deutlich, in
dem die meisten Literaturkritiker mit liberaler Gesinnung, besonders die
Šestidesjatniki, steckten. Sie bekannten sich einerseits zum „unerschöpf-
lichen Wert" der Klassik als Inbegriff der russischen Kultur des 19. Jhs.
und zu Puškin als einer unangreifbaren Autorität und waren andererseits
von der literarischen und philosophischen Moderne vom „Silbernen Zeitalter" bis zur Avantgarde fasziniert. Sie betonten zwar ihre positive Einstellung zu Sinjavskij als Person und ihre Solidarität mit ihm als politisch
verfolgtem Autor. Geradezu überschwenglich begrüßten sie seine Demontage des sowjetischen Puškin-Bildes.[97] Aber die „Progulki" gingen
den meisten dann doch zu weit. Man räumte dem Autor gewissermaßen
als Entschuldigung für die künstlerische Fehlleistung einen Lagerbonus
ein. Hätten nicht die nationalpatriotischen Literaten den Text zum Anlaß
für einen literaturpolitischen Skandal genommen, so hätten ihn die meisten Kritiker der Šestidesjatniki, wie Alla Latynina empfahl, lieber mit
Schweigen übergangen.[98] Andere Kritiker hielten als Repräsentanten einer adäquaten Puškin-Rezeption F. Dostoevskij, V. Chodasevič, V. Solo-
v'ev und S. Frank, auch die Dichter/innen M. Cvetaeva, V. Brjusov und
A. Achmatova dagegen.[99]

---

[96] JU. DAVYDOV, in: VL (1990) 10, S. 129-137. Davydov, dessen Schriften teilweise
auch auf deutsch vorliegen, gilt als Spezialist für westliche Philosophie und ist u.a.
als Kenner der Frankfurter Schule ausgewiesen.

[97] A. Marčenko bezeichnete die „Progulki" als einen Akt der Opposition und der Befreiung aus sowjetischer ideologischer Umklammerung: „Im Grunde war die Gesetz-
losigkeit Sinjavskijs befreiend." A. MARČENKO, in: VL (1990) 10, S. 95. Lominadze
meinte, der Name „Dubrovlag" stehe als Symbol für die Situation des Sowjetmen-
schen, und Sinjavskij/Terc habe sich mit dem Essay seine innere Befreiung von diesem System verschafft. S. LOMINADZE, ebd., S. 115.

[98] Alla Latynina sprach sich für eine Zurückhaltung, gegebenenfalls auch Schweigen
über solche Texte wie „Progulki" aus. Sie seien schließlich vor langer Zeit und im
Lager geschrieben worden. A. LATYNINA: Cena metafory, cena inakomyslija, in: LG
15.2.1990.

[99] D. Urnov verwies auf V. Chodasevič als eine Autorität unter den Puškin-Spezialisten
der ersten Emigration, weil er sich schon früh der „bolschewistischen Zerstörung"
widersetzt habe. D. URNOV, in: VL (1990) 10, S. 140.

Nur einzelne meist jüngere Literaturkritiker, die den Text primär unter
ästhetischen Gesichtspunkten betrachteten, standen dem ganzen Streit
skeptisch gegenüber.[100] Die „feierlich-strenge Einstellung zum Tempel
der Kultur" war ihnen ebenso fremd wie die Haltung, „Literatur immer
als Metapher des Lebens" zu lesen. Für sie gab es keine unberührbaren
Autoritäten mehr. Igor' Volgin bemerkte, daß seine Generation spätestens nach Michail Šolochovs Rede auf dem 23. Parteikongreß 1966 das
Vertrauen darauf verloren habe, daß ein genialer Dichter auch ein guter
Mensch sei. Der sowjetische Nobelpreisträger hatte damals die Milde des
Urteils gegen Sinjavskij und Daniel' kritisiert und auf die für das „revolutionäre bolschewistische Rechtsempfinden" angemessene Todesstrafe
angespielt.[101] Ähnlich illusionär wie die Idee, Literatur könne das Leben
verändern, sei die neuerdings unter den Liberalen verbreitete Vorstellung,
man müsse nur alle Werke der zurückgekehrten Emigrantenliteratur auf
einmal schlucken, um sich dadurch vom Schmutz der sowjetischen Vergangenheit zu reinigen. Schließlich habe auch die große Literatur zu Anfang des Jahrhunderts das Land nicht vor dem Verhängnis des Kommunismus gerettet. Volgin wies auf einen Unterschied zwischen Sinjavskij
und Valam Šalamov (1907-1982) hin, der zwanzig Jahre im Lager ver-
bracht hatte und neuerdings ebenfalls als ein Begründer der „anderen
Prosa" galt. Šalamov hatte ästhetische Verfahren wie Phantastik und
Groteske entschieden abgelehnt, da man angesichts des selbst erfahrenen
Leides und Elends nicht spielerisch mit ernsten literarischen Stoffen und
Gegenständen umgehen könne. Zu Sinjavskij äußerte sich Šalamov in
diesem Zusammenhang folgendermaßen:

> Mir scheint, daß unser beider Erfahrung einfach den Gebrauch der Groteske
> oder der wissenschaftlichen Phantastik ausschließt. Aber weder Sinjavskij

---

[100] VOLGIN: Vozvraščenie s progulki.

[101] In den Dokumentationsband „Cena metafory" wurde diese Rede nicht aufgenommen.
Sie wird aber im Vorwort von Galina Belaja erwähnt. Das hier erwähnte Zitat lautet
im Zusammenhang: „Попадись эти молодчики с черной совестью в памятные
двадцатые годы, когда судили, не опираясь на строгоразграниченные
статьи Уголовного кодекса, а руководствуясь революционным право-
созннием, ох, не ту меру наказания получили бы эти оборотни! А тут, видите
ли, еще рассуждаю о 'суровости' приговора." (Wären diese Jungens mit schwar-
zem Gewissen in den ruhmreichen zwanziger Jahren aufgetaucht, als man sich in seinen Urteilen noch von der revolutionären Rechtsprechung leiten ließ! Oh, dann wären
sie nicht so leicht davongekommen! Und hier soll ich noch Überlegungen über die
angebliche Härte des Urteils anstellen!) M. ŠOLOCHOV, in: XXIII S-ezd KPSS. Stenotčet, M 1966, S. 358.

noch Daniel' haben jene Ströme von Blut gesehen, die wir (in der Stalinzeit) gesehen haben. Sie beide können natürlich in den Genres der Groteske oder Phantastik schreiben.[102]

Vadim Lineckij bezeichnete in seinem Artikel „Nužen li mat v russkoj proze?"[103] Abram Terc als einen der wichtigsten Vorläufer der „neuen Prosa". Er habe sich als erster konsequent von dem seit dem 19. Jh. vorherrschenden Typus des „Schriftstellerpropheten" und vom Literaturmodell des sozialen Prophetismus abgewandt. Erst bei Terc sei zum ersten Mal eine konsequente Spaltung des Autorbildes vollzogen und dadurch eine wirkliche Autonomie der Literatur erreicht worden. Lineckij stellte den Autor in die Tradition der „heiligen Narren" („Jurodivye") und einiger Romane Dostoevskijs. Die Verwendung von vulgärer Sprache, dem „mat", bedeute in diesem Zusammenhang nicht nur eine Erweiterung des Darstellungswürdigen, sondern habe auch ohne einen bestimmten Sinngehalt rein expressive Funktion. Diese niedere Sprache sei schließlich auch ein bewußt eingesetztes Verfahren zur Erniedrigung des Autorbildes.

Der junge Literaturkritiker Sergej Bočarov betonte, daß die „Progulki" in erster Linie eine Auseinandersetzung mit der Rezeption Puškins seien. Sie knüpften unmittelbar an den Epochenbruch in der Puškin-Rezeption nach der Revolution an, der sich schon bei Symbolisten wie Geršenzon angekündigt habe und von Chodasevič in seiner Rede „Koleblemyj trenožnik" beschrieben worden sei.[104] Der Literaturwissenschaftler Oleg Proskurin sprach von einem Epochenbruch in der Gegenwart. Das breite Interesse an Puškin werde allmählich verschwinden: „Die veränderte kulturelle Situation führt unweigerlich zu einem starken Rückgang des massenhaften Interesses an Puškin und zu einer Krise der gesamten Puškinforschung."[105]

---

[102] ŠALAMOV zit. bei VOLGIN: Vozvraščenie, S. 60.

[103] V. LINECKIJ: Nužen li mat v russkoj proze? in: VNL (1992) 4, S. 224-231.

[104] S. BOČAROV: in: VL (1990) 10, S. 78-83, hier S. 81.

[105] O. PROSKURIN: Trevogi, naděždy i rabota, in: LO (1989) 6, S. 21. Belege für diese Einstellung bei jungen Russen in den 90er Jahren bei B. VEIT: Puschkin – ein Nationalheiligtum, z.B. die junge Schriftstellerin RADA POLISČUK: „Ich habe keine besondere Beziehung zu Puschkin. Natürlich ist Puschkin ein großer Schriftsteller. Aber um Puschkin wird bei uns ein solcher Kult getrieben! Man müßte ihn erst von all dem befreien. Ich habe keine persönliche Beziehung zu ihm. Und das liegt auch an diesem ganzen Brimborium, das man um Puschkin macht und das eigentlich nicht das geringste mit ihm zu tun hat."

Rückblickend lassen sich aus der Kontroverse über Terc' „Progulki"
folgende Erkenntnisse über die Literaturkritik festhalten: Die Mehrzahl
der Kritiker und Literaturwissenschaftler war sich über die Grenzen
Rußlands und der Generationen hinweg einig in ihrer negativen Bewertung des Textes. Dabei wurden von den nationalpatriotischen Kritikern
seit 1989 dieselben Argumente wiederholt, die die Emigranten Gul' und
Solženicyn schon 1976 und 1984 geäußert hatten. Abweichungen von
den ästhetischen und literatursprachlichen Normen wurden als Produkte
sowjetischen Bewußtseins und Sittenverfalls gesehen. Die Diskussion
wurde nicht zuletzt deshalb so heftig geführt, weil es neben der politischen Dimension des Falles um das Problem der Freiheit in der Kunst,
um die Kunst als Trägerin von Werten ging. Dabei zeigte sich, daß die
meisten liberal gesinnten Literaturkritiker vor allem der älteren Generation in ihren Argumenten gegen Sinjavskijs Puškin-Bild mit den nationalpatriotischen Kritikern in ihrem Ressentiment gegen eine moralischer
Kontrolle und ethischer Bindung entzogene Kunst übereinstimmten.[106]

Argumentationsformen und rhetorische Strategien

In der Polemik um Sinjavskijs „Progulki s Puškinym" zeigten sich nicht
nur Normen und Wertvorstellungen der Literaturkritik, sondern auch typische rhetorische Formen und Strategien der Polemik, die sich teilweise
bis ins 19. Jh. zurückverfolgen lassen und an denen sich auch in der postsowjetischen Situation zunächst wenig geändert hat. Eine der häufigsten
Strategien bestand darin, Analogien mit kanonisierten literarischen Figuren, Figurenkonstellationen oder Zitaten als Argumente in der Polemik
zu verwenden.[107] Aleksandr Archangel'skij sprach von einem perma-
nenten Streit der Literaturkritik mit literarischen Texten über andere
Texte.

---

[106] Natürlich gab es auch hier Ausnahmen. Nicht alle Šestidesjatniki lehnten Terc ab, und
nicht alle Kritiker waren Šestidesjatniki oder Fundamentalisten. L. Batkin zum Beispiel nannte die „Progulki" das beste und freieste Werk des Autors, in dem A. Terc
sich souverän aus der Unfreiheit des Lagers erhebe. Ein innerlich freier Autor lade
hier die unfreien sowjetischen Leser zu einem Spaziergang ein. (L. Batkin: Puškin,
Sinjavskij i my.) Der Literaturwissenschaftler Jurij Mann stellte den Text in eine sogenannte „karnevalistische Linie" der Puškinforschung, die lange Zeit nur verschüttet
existiert habe und die u.a. von M. Bachtin, O. Freudenberg und V. Ivanov abseits des
wissenschaftlichen Hauptstroms entwickelt worden sei (Ju. Mann, in: Vl (1990) 10).
[107] Dazu auch Mondry: O „literaturnosti" polemiki.

Wir haben immer gestritten, aber wir haben – *mit Texten* gestritten. Kommt ihr mit einer Proklamation und mit der Streitaxt – dann antworte ich euch mit den „Vätern und Söhnen" oder den „Dämonen". Werft ihr mir irgendeine Kleinigkeit vor – dann pariere ich mit einer genialen Strophe aus „Evgenij Onegin".[108]

Vergleiche mit negativen literarischen Figuren, die wesentlich häufiger vorkamen als andere, wurden oftmals eingesetzt, um den Gegner bloßzustellen oder zu diffamieren. Besonders bevorzugt waren Figuren aus Werken von Puškin und Dostoevskij. Nicht zufällig wurde Sinjavskij in der Polemik immer wieder mit d'Anthes, dem Attentäter Puškins, mit Salieri,[109] dem neidischen Gegenspieler und Mörder Mozarts aus Puškins gleichnamigem Drama, und mit Smerdjakov,[110] dem Vatermörder und Bastard aus Dostoevskijs Roman „Brat'ja Karamazovy", gleichgesetzt.

Zitate wurden zu polemischen Zwecken oftmals aus ihrem Kontext gerissen und entstellt wiedergegeben. Ein Beispiel dafür war die Äußerung Sinjavskijs „Rossija – mat', Rossija – suka", die als eine vermeintliche Textstelle aus „Progulki s Puškinym" mehrmals als Beleg für Sinjavskijs angeblich russophobische Einstellung genannt wurde.[111] Indem

---

[108] A. ARCHANGEL'SKIJ: Ostorožno, dveri zakryvajutsja. K voprosu o tvorčeskom povedenii, in: JU (1988) 9, S. 83-84, hier S. 83.

[109] Mit Mozart und Salieri sollte entweder eine Konstelation von genialem Künstler und neidischem Dilettanten benannt werden, der schließlich den Künstler zugrunderichtet, oder sie wurde als Muster für die gegenwärtig wieder aktuelle Konfrontation von Geist und Antigeist gedeutet. Auf dem Plenum des Moskauer Schriftstellerverbandes 1989 zog A. Turkov diese Analogie zu Puškin und Sinjavskij. A. TURKOV in: Vse zaedino, S. 6; T. GLUŠKOVA: Pritča o Sal'ieri, in: DIES.: Tradicija – sovest' poèzii, M 1987. Dazu auch N. BOGOMOLOV (Rez.), in: LO (1988), 4, S. 74-76.

[110] T. Gluškova verglich 1988 in ihrem Pamphlet „Kuda vedet Ariadna nit'" die Liberalen, die sich um die Rehabilitierung früher verfemter Dichter bemühten, mit den Figuren der „literarischen Quadrille" aus Dostoevskijs Roman „Besy". Diese waren liberale Adlige der 1840er Jahre, die in ihrer unkritischen, ignoranten Selbstgefälligkeit kommende Katastrophen heraufbeschworen. T. GLUŠKOVA: Kuda vedet Ariadna nit'?, dagegen u.a. E. SIDOROV: V labirinte pristrastii. Vergleiche mit „Smerdjakov" fielen auch in: Z. KEDRINA: Nasledniki Smerdjakova, und: S. LYKOŠIN in: Provincial'nye anekdoty. O 'Rjazanskom desante', Petre III. i čistote krovi, in: OG (1988) 52. Als patriotische Literaturkritiker 1988 die Forderung der Reformer nach Pluralismus „smerdjakovščina" nannten, unterstellten sie ihren Gegnern Vatermord und setzten so die Analogie in der aktuellen Polemik gegen die jüngere Generation ein.

[111] Der Satz lautete in vollem Wortlaut „Россия – Мать, Россия – Сука, ты ответишь и за это очередное, вскормленное тобою и выброшенное потом на помойку, с позором – дитя!" („Rußland-Mutter, Rußland-Hündin, Du trägst auch die Verantwortung für dieses von Dir genährte und dann schändlich auf den Müll geworfene

eine pragmatische Aussage in ein Zitat gekleidet und damit mehrdeutig wurde, eröffnete sie ganze literarhistorisch aufgeladene Assoziations- räume. Der sachliche Kern der Polemik wurde überlagert von Assozia- tionen mit anderen traditionsbeladenen Kontroversen, die von dem Zitat abgerufen wurden. Dadurch kam es oft zu Mißverständnissen über die Konnotationen, zu Vorwürfen und Erklärungen darüber, was mit dem Zitat gemeint sein sollte. Statt der Verständigung über ein bestimmtes Problem oder Werk entspannen sich endlose Auseinandersetzungen über den zitierten Text und die Aussage, die damit intendiert war.

An die Stelle einer sachlichen Auseinandersetzung mit anderen Posi- tionen traten häufig persönliche Diskriminierungen und Strategien zur „rhetorischen Vernichtung" des Gegners.[112] Manche Artikel über Sin- javskij erinnerten nicht nur wegen antisemitischer Äußerungen,[113] son- dern auch durch besetzte Begriffe, idiomatische Wendungen und Wort- zusammensetzungen stark an die stalinistische Vergangenheit: „obsku- rantizm", „psevdo-mrakobesie", „mafija dlja proverki", „trockizm" , „li- teraturnyj pogromščik" und „diversant"[114] und Attribute wie „jakoby",

---

Kind!"). Er stammte aus A. Sɪɴᴊᴀᴠꜱᴋɪᴊs Artikel „Literaturnyj process v Rossii" (in: Kᴏɴᴛɪɴᴇɴᴛ (1974) 1, S. 143-190, hier S. 183). A. Tᴜʀᴋᴏᴠ sah in diesem Satz wie- derum eine Anspielung auf eine Äußerung Bloks (in einem Brief an K. Čukovskij), in der es hieß „Слопала-таки поганая, гугнивая матушка-Россия, как чушка, своего поросенка." („Hat also Mütterchen Rußland, die widerliche, näselnde Alte, ihr junges Ferkel wie eine Sau zugrunde gerichtet."), in: Vse zaedino; bei A. Aɴᴀɴ'ᴇᴠ: Kritika ili obvinenie, und G. Pᴏᴍᴇʀᴀɴᴄ: Urok medlennogo čtenija, hier S. 178; M. F. Aɴᴛᴏɴᴏᴠ/V. M. Kʟʏᴋᴏᴠ/I. R. Šᴀꜰᴀʀᴇᴠɪᴄ: Pis'mo v sekretariat pravlenija.

[112] Novikov stellte 1978 fest, daß negative Rezensionen, die ohnehin seltene Ausnahmen seien, fast nie sachlich begründete Kritik enthielten, sondern sich in erster Linie in persönlicher Diffamierungen der Autoren erschöpften. Nᴏᴠᴋɪᴋᴏᴠ: Poëtika recenzii, S. 19ff.

[113] Einer Denunziation Sinjavskijs kam gleich, daß man ihm Kooperation mit dem KGB unterstellte und daß sein tatsächlicher Name vor den Lesern als Pseudonym hinge- stellt wurde. Durch die Schreibweise A. Sinjavskij (Abram Terc) implizierte die Zei- tung „Literaturnaja Rossija", daß der Autor seine eigentliche – jüdische – Identität kaschieren wolle. So z.B. im redaktionellen Kommentar von LR 1.9.1989 und bei G. Oʀᴇᴄʜᴀɴᴏᴠᴀ: Posleslovie k replike. Beide zitierten „A. Sinjavskij (Abram Terc)" statt umgekehrt. Besonders absurd an diesen Unterstellungen war, daß man Sinjavskij schon während seines Prozesses 1965 Faschismus und Antisemitismus vorgeworfen hatte.

[114] Sinjavskij selbst zitierte einige Beispiele von Emigranten in seinem 1985 geschrie- benen Artikel „Čtenie v serdcach" als „Übertragung von Wörtern und Begriffen aus dem sowjetischen Schema". Sɪɴᴊᴀᴠꜱᴋɪᴊ: Čtenie v serdcach, S. 203. Diesen Artikel publizierte Sinjavskij in seiner eigenen Zeitschrift, nachdem er von der Pariser Emi-

„nekij" oder „nebezyzvestnyj" gehörten zum Vokabular von Gul', Anan'ev, Kazincev und Šafarevič.[115]

Solche Indefinitivpronomina wurden in den politischen Kampagnen
der Stalinzeit immer dann verwendet, wenn ein Gegner als Feind und
Unperson gekennzeichnet werden sollte, als jemand, den nicht zu kennen
man vorgab bzw. dessen Existenz man quasi in Zweifel zog. Nach Untersuchungen über die sowjetische politische Rhetorik bezeichnen sie im sowjetischen „Newspeak" unerwünscht Existierendes und stellen lingui-
stisch den Gegenpol zur „Totalitätssemantik" dar, die nur das innerhalb
des Systems Definierte als existierend anerkennt. In diesem manichäi-
schen Freund-Feind-Schema gehörten das „Wir", die „Totalität", immer
zum „Allquantor", während der Feind zum „Existenzquantor" zählte. [116]

6.1.3.4 Der Fall „Progulki s Puškinym" als Paradigma für den „Klassik"-Diskurs

Die hier dokumentierte Kontroverse über „Progulki s Puškinym" er-
streckte sich von der Spätphase der Perestrojka über deren Ende im Jahr
1991 hinaus bis in die ersten postsowjetischen Jahre. Während dieser Zeit
schlug die anfängliche Euphorie der Intelligenz über die Reformen in eine tiefe Orientierungskrise um. Nicht nur die weitere wirtschaftliche,
sondern auch die kulturelle Entwicklung des Landes erschien unklar. Die

---

grantenzeitschrift „Vestnik russkogo christianskogo dviženija" abgelehnt worden
war.

[115] ANAN'EV: „Nekij Gul', Janov...", in: Kritika ili obvinenija; GUL': „jakoby", Progulki
chama s Puškinym; KAZINCEV: „Nekij Boris Grojs...", in: Novaja mifologija, S. 144.
D. MIROV: „Literaturnyj pogrom nekoego Sinjavskogo po Solženicyne", in: VRCHD
(1984) 142.
A. Kazincev erklärte, Sinjavskijs Puškin-Schändung erfolge aus dem niederen Trieb,
„einen öffentlichen Ort zu beschmutzen" und sei allein Ausdruck für die Rache der
Zukurzgekommenen. Der Kritiker lehnte es ab, aus dem Text „Progulki" zu zitieren:
„Damit „besudelt man die Sprache und die Seele, so als würde man in Scheiße wüh-
len." KAZINCEV in: Novaja mifologija, S. 152.
1958 behauptete der Komsomolsekretär V. E. Semičastnyj, der Schriftsteller Pasternak verhalte sich schlimmer als ein Schwein, denn „dieses scheißt niemals dort, wo
es frißt und frißt niemals dort, wo es scheißt." V. E. SEMIČASTNYJ, Rede auf dem Plenum des Komsomol-ZK am 29.10. 1958, in: KOMSOMOL'SKAJA PRAVDA 30.10. 1958,
zit. in: S RAZNYCH TOČEK ZRENIJA: „Doktor Živago" Borisa Pasternaka, S. 115.
[116] D. WEISS: Was ist neu am „Newspeak"? Reflexionen zur Sprache der Politik in der
Sowjetunion, in: Slavistische Beiträge zur Linguistik (Konstanz XI. 1985), München
1986, S. 247-325.

Aufarbeitung der Tauwetterperiode, der politischen Repressionen in der
Stalin- und Brežnev-Zeit, des Verhältnisses der Sowjet-Intelligenz zur
Emigration drängte sich auf und verlangte nach Klärung. All dies hatte
zur Folge, daß in literaturkritischen Kontroversen über Autoren der russischen Klassik immer mehrere brennend aktuelle Probleme zur Sprache
kamen. Die Diskussion fand in einer Situation statt, in der gewissermaßen alle bisherigen Konzeptionen der russischen Literaturgeschichte ins
Wanken gerieten und fragwürdig wurden.

Wenn man diese Diskussion nun in den Kontext der übrigen literaturkritischen Äußerungen nach 1986 stellt und mit den offiziellen und inoffiziellen Positionen vor der Perestrojka vergleicht, so kann man drei verschiedene Einstellungen zur russischen Klassik unterscheiden:[117]

1. Das Verständnis der Klassik als Modell staatsbürgerlich-humanisti-
scher Befreiung

Diese Einstellung ging von der Kontinuität einer demokratischen, humanistischen Tradition von der klassischen Literatur des 19. Jhs. zur sowjetischen Literatur aus, die grundsätzlich den Interessen des Volkes bzw.
der Gesellschaft entsprach. Die Klassik des 19. Jhs. wurde als geistige
Wegbereiterin der Revolution und ihrer besten Traditionen im 20. Jh.
betrachtet, als Fundus für die Befreiungsgeschichte der Menschheit.
Vertreter dieser Position beriefen sich sowohl auf die Klassiker-Rezeption der „revolutionär-demokratischen" Kritiker als auch auf die der linken Avantgarde.

Während der ersten Jahre der Perestrojka, als ein „universeller Humanismus", das „Allgemeinmenschliche" und das „demokratische Potential" einer zivilen Gesellschaft als offizielle Ziele propagiert und als wesentliche Elemente des klassischen Erbes aktualisiert wurden, teilte
die Mehrzahl der reformorientierten Literaturkritiker, besonders aus der
Šestidesjatniki-Generation, diese Einstellung. Zu Beginn der neunziger
Jahre war sie, wenngleich selten explizit, noch immer verbreitet. Einzelne
Literaturkritiker, die weiterhin das staatsbürgerliche Element im humanistischen Erbe betonten und mit dem Ethos der Revolution verbanden, bekannten sich weiterhin zu dieser Einstellung.[118] Man kann davon ausgehen, daß diese Einschätzung häufiger war, als sie offen geäußert wurde,

---

[117] Vgl. hierzu auch L. GUDKOV/B. DUBIN: Ponjatie „klassiki" i ee social'nye funkcii, in:
Problemy sociologii literatury za rubežom, M 1983, S. 40-82.

[118] Zu diesen gehörten zum Beispiel A. Bočarov, A. Marčenko und F. Kuznecov, die ihre
diesbezüglichen Ansichten jeweils im Gespräch mit mir äußerten.

zumal dieses Verständnis der Klassik auch weiterhin zu den Grundlagen des in den Schul- und Lehrbüchern vermittelten Bildungsguts gehört. V. Novikov stellte 1991 fest, daß das gesellschaftspolitische Potential der Klassik ein noch immer ungeklärtes Problem bleibe und appellierte an die Literaturkritik, den emanzipatorischen Gehalt dieser Literatur neu zu diskutieren. Er fragte: „Ist das Revolutionäre der russischen Literatur des 19. Jhs. eingeschrieben oder ist es von den Interpretatoren in sie hineingelesen worden?"[119]

2. Das Verständnis der Klassik als Modell des russischen Nationalcharakters

Nach dieser Auffassung verkörperten die Autoren und Werke der russischen Klassik vor allem die vermeintlichen Eigenschaften eines spezifischen russischen Nationalcharakters. Sie ging von einer unlösbaren Verbindung von Literatur und jener Religionsphilosophie aus, die in der sowjetischen Zeit nur in der inoffiziellen Literatur und im Untergrund erschlossen werden konnte. In diesem Zusammenhang wurde die klassische Literatur von vielen neoslavophil gesinnten Kritikern mit religiösen Anschauungen besetzt und als moralisches Gegengift zur offiziellen sowjetischen Ideologie verstanden. Damit wurde die religiös-philosophische Linie der „organischen" Kritik vom Ende des 19. Jhs. wiederaufgenommen, die im 20. Jh. in der Emigration fortgeführt worden war.

Seit 1990/91 wurde das Problem der russischen Identität und des russischen Nationalcharakters zum beherrschenden Thema im Diskurs über die Klassik. Zahlreiche Artikel und Diskussionsrunden über Gogol', Dostoevskij, Tolstoj und andere bestätigten, daß die klassische Literatur nach wie vor in ihrer kulturellen und gesellschaftspolitischen Funktion für die Gegenwart beurteilt wurde.[120] Irina Rodnjanskaja sprach 1992 auf einem Kongreß in St. Petersburg mit dem Titel „Der Himmel über Europa – die zweite Renaissance" von einer Wiedergeburt eben jener verlorenen hohen Kultur der Klassik:

---

[119] V. NOVIKOV: Osvoboždenie klassiki, in: NM (1991) 3, S. 242-250, hier 245.

[120] V. ASTAF'EV: Vo čto veril Gogol'? in: MO (1990) 4, S. 3-5.; M. KURAEV: Čechov s nami? in: ZN (1990) 6, S. 206-213; V. BUZNIK: Mera klassiki – gumanizm (o uvstve novogo v sovremennoj literature i kritike), in: RL (1987) 3, S. 3-15; B. TARASOV: Večnoe predos022ereženie. „Besy i sovremennost'", in: NM (1990) 8, S. 234-247; DERS.: Uroki iz klassiki: Dostoevskij i sovremennost', in: MO (1989) 5, S. 186-195; DISKUSSIONNAJA TRIBUNA: Dostoevskij i kanun 21-go veka, in: ZN (1990) 7, S. 205-218.

Unter Wiedergeburt verstehe ich den Aufschwung einer religiös-gesättigten, seriösen Kultur, die Wiederkehr von Höhe und Tiefe in die Kultur. Die erreichte Gedankenfreiheit, das Spiel, die Parodie und die Farce, das Lachen und die Ironie dürfen aus ihr nicht vertrieben werden, aber sie nehmen in ihr den angemessenen Platz von Säuren oder anderen Reagentien ein, mit denen das Gold der Wahrheit auf makellose Reinheit überprüft wird.[121]

Die Tendenz zu einem national orientierten, hierarchisch gegliederten Kulturmodell verstärkte sich proportional zu dem sich ausbreitenden Krisenbewußtsein. Die nach dem Zensurabbau eingetretene Entwicklung wurde als Aushöhlung des von der Klassik verkörperten kulturellen Wertesystems erlebt. Allerdings wurde die Frage, von wo aus es denn untergraben werde, von den Kritikern verschieden beantwortet. Für die einen war das Erbe der Klassik von der sowjetischen Ideologie ausgehöhlt worden. Karen Stepanjan definierte die russische Klassik ausschließlich durch ihr unbedingtes Eintreten für die Persönlichkeit des einzelnen Menschen und die christliche Nächstenliebe.[122] Andere sahen es vor allem von der destruktiven Ästhetik der Moderne her bedroht, ganz gleich ob in Form von westeuropäischer Literatur und Forschung oder von Seiten der russischen Avantgarde aus den zwanziger Jahren. Als weiterer Grund für eine zunehmende Entwertung des Erbes wurde der trivialisierende Zugriff der Massen und die Wirkung der Medien genannt, die die Bedürfnisse der Massen bedienten und dadurch das Erbe der klassischen hohen Literatur entwerteten.

Die massive Umwertung vieler Autoren der Klassik im Rückgriff auf die früher verschüttete symbolistische Tradition des „Silbernen Zeitalters" äußerte sich besonders deutlich im Wandel der zitierten Autoritäten. Gehörten bis zu Beginn der Perestrojka noch Belinskij, die revolutionären Demokraten, Lenin und Gor'kij zu den zitierten Standardautoren, so wurden nun Namen wie Solov'ev, Berdjaev, Rozanov, Leont'ev und Bachtin als Autoritäten, nicht selten in einem Atemzug, genannt. Diese wenige Jahre zuvor noch tabuisierten Namen wurden plötzlich fast ebenso häufig zitiert wie zuvor die „Klassiker" des Marxismus-Leninismus. Man kann geradezu einen Austausch von literaturhistorischen Genealogien und literarischen Autoritäten beobachten, ohne daß die hierarchische

---

[121] I. RODNJANSKAJA: Russkij zapadnik v kanun „vtorogo vozroždenija Evropy", in: ZDES' I TEPER' (1992) 2, S. 85-95, hier S. 94-95.

[122] Der Kritiker schloß daher Autoren der von der sowjetischen Kritik propagierten „revolutionär-demokratischen" oder „staatsbürgerlichen" Klassik, wie Černyševskij und Pisarev, von diesem Begriff aus. K STEPANJAN: Nužna li nam literatura?, in: ZN (1990) 12, S. 222-230, hier S. 224.

chische Grundstruktur oder die Berufung auf unantastbare literarische Autoritäten als solche sich änderten.

Zu den bemerkenswertesten Phänomenen der literaturkritischen Debatten gehört es zum Beispiel, daß Literaturkritiker aller ästhetischen und ideologischen Positionen und Richtungen gleichermaßen *Vasilij Rozanov* zitierten oder sich auf ihn beriefen. Der Name dieses in der Sowjetzeit verschwiegenen Schriftstellers, Kritikers und Philosophen gehörte, seitdem seine Texte in Rußland wieder erschienen,[123] binnen kurzer Zeit zu den am häufigsten zitierten literarischen Autoritäten der Vergangenheit. Wiederentdeckt hatten ihn für sich zuerst ästhetische Nonkonformisten des literarischen Untergrunds wie Venedikt und Viktor Erofeev.[124] In der Diskussion über Sinjavskij wurde Rozanov von Jurij Davydov – in negativer Konnotation -, von I. Zolotusskij, D. Urnov und I. Rodnjanskaja erwähnt. Rodnjanskaja, die gegen den „frommen Zorn" der patriotischen Fundamentalisten einschließlich Solženicyn polemisierte, noch heftiger jedoch gegen das russische Westlertum und die westeuropäische Zivilisation selbst ankämpfte, bezeichnete Terc als talentierten, aber epigonalen Autor der Rozanovschen Linie.[125]

Die Beschäftigung mit Autoren der Klassik diente zwar inzwischen nicht mehr der Vermittlung kryptischer Botschaften und Kommentare zur aktuellen gesellschaftspolitischen Situation, war aber nach wie vor mehr durch ein ethisch-moralisches Orientierungsbedürfnis als durch ein ästhetisches oder historisches Erkenntnisinteresse motiviert. In der starken affektiven Besetzung der klassischen Literatur für die oppositionellen Intellektuellen lag gewiß auch ein Grund für die emotionale Aufgeladenheit vieler Auseinandersetzungen. Für eine bestimmte intellektuelle

---

[123] Hinweise zu alten und neuen Werkausgaben Rozanovs bei R. GRÜBEL: Zeugen und Erzeugen als Grenzgang und Grenzverschiebung zwischen Religion und Natur. Zum Kulturbegriff bei Vasilij Rozanov, in: Ch. Ebert (Hg.): Kulturauffassungen in der literarischen Welt Rußlands, S. 116-139.

[124] VENEDIKT EROFEEV: Glazami ėkscentrika (verfaßt 1973), N.Y. 1982.

[125] I. RODNJANSKAJA, in: VL (1990) 10, S. 85-91. Ein bizarres Beispiel für die Berufung auf Rozanov bietet T. Napolova. Sie konstruierte eine geradlinige Tradition von Dostoevskij, Leskov, Bunin und Čechov über Leonov, Šolochov bis hin zu Bondarev und den „Dorfschriftstellern"-, die sich seit dem 19. Jh. dem destruktiven, „russophobischen" Radikalismus widersetzt hätten. Zu diesen „besten russischen Geistern" zählte Napolova auch Rozanov, der den Wert des „Mitleids" („sostradanie") als einen entscheidenden Zug im nationalen Selbstbewußtsein des russischen Volkes erkannt habe. Der „Schmerz am Leben" sei für Rozanov wichtiger gewesen als das „Interesse am Leben". T. NAPOLOVA: Preemstvennost' zla, in: Ns (1990) 1, S. 177-188, hier S. 188.

Schicht hatte die Berufung auf zeitlos-ewige literarische Leitbilder unter
den Bedingungen der politischen Stagnation eine identitätsstiftende und
kompensatorische Funktion erfüllt. Aus der Ontologisierung dieser Leitbilder hatte sich der geistige Widerstand gegen die sowjetische Kulturpolitik gestärkt und legitimiert. Viele Literaturkritiker beanspruchten nun
ein Monopol auf die Deutung der Klassiker und versuchten damit, den
sakral aufgeladenen, didaktisch-autoritären Literatur- und Kunstbegriff
aufrechtzuerhalten.

Nicht nur neoslavophile, sondern auch viele Literaturkritiker der
„staatsbürgerlichen" Linie sahen sich vor 1986 als Oppositionelle des
Regimes. Sie gingen davon aus, daß ihre Interpretationen den Lesern ein
Widerstandspotential gegen die offizielle Ideologie erschlossen.[126] Ebenso hielten sie ihre Positionen gegenseitig für unvereinbar. Schon in der
hier ausgebreiteten „Progulki"-Diskussion wurde jedoch deutlich, daß es
trotz aller Unterschiede sowohl Gemeinsamkeiten zwischen den unversöhnlich zerstrittenen Oppositionellen als auch Übereinstimmungen zwischen ihnen allen und den offiziellen Normen gab.

Gemeinsam war den meisten Literaturkritikern beider Linien, daß sie
ihre Wertmaßstäbe zur Beurteilung der Literatur bis in die Gegenwart
nach wie vor aus der russischen Klassik des 19. Jhs. bezogen. Die Literatur von Puškin bis Čechov wurde als Trägerin absoluter Werte, ethisch-
moralischer Orientierungen, als Verkörperung nationaler Eigenschaften

---

[126] A. Latynina nährte diesen Mythos der Opposition, indem sie die „staatsbürgerliche"
Rezeptionslinie als offizielle bezeichnete und die meisten anderen unter dem Begriff
„Katakombenlinie" zusammenfaßte, die sie folgendermaßen kommentierte:
„Die Kultur, die wir hier als Katakombenlinie bezeichnen, hat man bei uns bis in die
jüngste Zeit als fremde, gegen jene befreiende Linie gerichtete Kultur gesehen, die
man von Puškin zu Gor'kij, von den Dekabristen zu den Bolschewisten zog. Dabei ist
es vielmehr so, daß die Linie von Puškin, dem Sänger von Freiheit und Barmherzig-
keit, von Dostoevskij, der auf dem Semenov-Platz im Hemd des zum Tode Verurteil-
ten stand, von Vladimir Solov'ev, der den Zaren um Gnade für seine Attentäter bat,
und von Tolstoj, der seine Stimme gegen die Todesstrafe erhob, eben nicht zu denen
führte, die den grandiosen Bau des Weißmeer-Kanals besangen, sondern zu denen,
die mit ihren Händen am Grund des Kanals die Erde aushoben, die mehr mit der Fe-
der als mit dem Spaten vertraut waren, die nicht den Versprechungen des Großinqui-
sitors glaubten, sondern die das geistige Wesen des Menschen bewahrten, die den
Menschen nicht als Material behandeln konnten, um damit den Weg ins irdische Paradies zu pflastern." A. LATYNINA: Solženicyn i my, in: NM (1990) 1, S. 241-258,
hier S. 249.
Für Latynina stellte allein A. Solženicyn eine Brücke zwischen dieser Untergrundli-
teratur und der heutigen literarischen Kultur dar. Er repräsentiere die wahrhaft huma-
nistische Kontinuität in der Literatur von der Klassik zur Gegenwart.

und als moralische Verpflichtung an die Kritik und Wissenschaft betrachtet. Die Mehrzahl der Kritiker ging davon aus, daß es kaum Probleme gibt, die nicht schon in der klassischen russischen Literatur bedacht und behandelt worden wären. Für sie gab es keinen Anachronismus in bezug auf die Klassik. Nicht selten wurde die Literatur der Vergangenheit als eine Art „verlorenes Paradies" dargestellt, als eine an Komplexität der Wahrnehmung, an emotionaler Tiefe und enzyklopädischem Wissen reiche Welt, die der armseligen Gegenwart weit überlegen sei. Der Literaturwissenschaftler Jurij Levin schrieb in einem Aufsatz über die Traditionen der klassischen Literatur in Venedikt Erofeevs „Moskva-Petuški", das heutige Leben sei im Vergleich zu der Zeit Dostoevskijs unvergleichlich schmutziger, primitiver und nichtswürdiger geworden. Deshalb müsse auch Erofeev anders als in der großen Literatur Dostoevskijs heute an der niederen, primitiven Schicht der Sprache anknüpfen.[127] Eine ähnliche retrospektive Verklärung der Vergangenheit klang bei Irina Rodnjanskaja durch, die in ihrem Kommentar zu einer in „Novyj mir" inszenierten Polemik über die neue Literatur Ende 1989 schrieb, daß man zu jener wunderbaren früheren Vollendung der alexandrinischen Epoche, zu dem „verlorenen Paradies" der vergangenen Literatur nicht mehr zurückkehren könne. Die Kritikerin sah darin eine unausweichliche historische Tragik.[128]

3. Das Verständnis der Klassik als Erblast imperialen Bewußtseins

Während die beiden bisher genannten Einstellungen schon in den sechziger Jahren vertreten wurden und die Polemiken vergangener Jahrzehnte, wie etwa die Diskussion „Klassika i my" geprägt hatten, begann sich eine dritte Einstellung gegenüber der Klassik erst seit den späten achtziger Jahren öffentlich zu artikulieren. Sie wurde besonders von Schriftstellern, Literaturkritikern und Literatursoziologen aus dem Milieu der neuen, „anderen" Literatur vertreten. Gemeint ist eine Einstellung, die in der russischen Klassik selbst wie auch in dem von ihren Autoren vertretenen Dichterbild ein autoritäres, imperiales Potential enthalten sah, ihr einen Machtanspruch unterstellte, der sich bruchlos mit dem sozialistischen Realismus verbinden ließ. Diese Position formulierte im März 1991 pro-

---

[127] JU. LEVIN: Klassičeskie tradicii v 'drugoj proze'. Ven. Erofeev/F. Dostoevskij, in: LO (1992) 2, S. 45ff.
[128] I. RODNJANSKAJA: Zametki k sporu, in: NM (1989) 12, S. 222-235.

vokativ zugespitzt A. Ageev in seinem Artikel „Konspekt o krizise".[129]
Ageev behauptete eine Kontinuität von der russischen Klassik bis zum
sozialistischen Realismus, er stellte „Tolstoevskij", Blok, Solov'ev, Lenin
und Fadeev in eine Reihe. Alle seien „Großschriftsteller", Vertreter einer
autoritären, synthetisierenden Literatur, die sich zur Beantwortung der
letzten Fragen, zur Rettung der Welt berufen fühle, Macht und Ruhm repräsentiere und daher einen totalitären Kern habe. Der zweite provozierende Gedanke seines Artikels war die Behauptung, daß die Rezeption
jeglicher Literatur eine ausschließlich private, individuelle Angelegenheit
sei und sich keinerlei kollektiv bindende Normen oder Werte daraus ableiten lassen könnten.

Ageevs Angriff auf die „totalitäre Klassik" war ein Teil der allgemeinen Offensive neu auftretender Kritiker gegen die sowjetische Literatur
und Intelligenz. Im Juli 1990 hatte Viktor Erofeev mit seinem „Nachruf
auf die Sowjetliteratur" („Pominki po sovetskoj literature") sowohl die
„offiziöse" als auch die „liberale" und die „Dorfliteratur" seit 1953 als
Produkte des sozialistischen Realismus behandelt und die Sowjetliteratur
als eine von Anfang an ideologisch konstruierte Fiktion, die nichts
künstlerisch Eigenständiges hervorgebracht habe, fröhlich verabschiedet.
Mit diesem Artikel begann die Demontage des Mythos von der vermeintlich einheitlichen sowjetischen Literatur und der russischen Klassik.[130]

Dieser und einige andere im Tenor der „Abrechnung" geschriebene
Artikel provozierten sich über Monate ausdehnende Debatten.
Rodnjanskaja und Vasilevskij, beide Literaturkritiker der Zeitschrift
„Novyj mir", warfen Ageev typisch marxistischen „Vulgärsoziologis-
mus" und „Pisarevščina" vor und meinten, er wolle um jeden Preis der
„totalitären westlichen Ideologie" das Wort reden.[131]

---

[129] A. AGEEV: Konspekt o krizise, in: LO (1991) 3, S. 15-19. Bezogen auf die imperiale
Intelligenz und ihr Dichterbild auch S. BELJAEVA-KONEGEN/I. DISKIN: Poslednee
obol'ščenie Rossii; S. BELJAEVA-KONEGEN/D. PRIGOV: Tod des heiligen Schriftstellers.

[130] VIKTOR EROFEEV: Pominki po sovetskoj literature, in: LG, 4.7.1990; dt.: Letztes Geleit für die Sowjetliteratur, in: FAZ 27.1.1990, Kopfbahnhof 2, Leipzig 1990, S. 52-
66 und MOSKAU-BERLIN (1990) 6, S. 41-44. Die Kontroverse ist dokumentiert in: G.
WITTE: Können Mumien sterben? Zur russischen Diskussion um das Erbe der literarischen Kultur, Vortrag auf dem Schwerter Symposium zur Kultur der Perestrojka,
Bochum 1995 (unveröff. Ms.).

[131] RODNJANSKAJA: Zaživem bez velikogo, und A. VASILEVSKIJ: No my živem v Rossii,
in: LG, 29.5. 1991.

Daß auch diese Kritik an der Klassik-Rezeption in der russischen Literaturkritik nicht neu war, sondern sich auf Vorläufer bis zurück zur Jahrhundertwende berufen konnte, wurde erst nach dem Zensurabbau bekannt, als aus den Archiven Texte von Valam Šalamov und Vasilij Rozanov publiziert wurden, die zuvor nur wenigen aus dem Samizdat bekannt waren. In einem in den siebziger Jahren verfaßten Manuskript, das 1989 unter dem Titel „Manifest der neuen Prosa" in der Zeitschrift „Voprosy literatury" veröffentlicht wurde, hatte Šalamov geschrieben:

> In der neuen Prosa – nach Hiroshima, nach der Selbstbedienung in Auschwitz und der Serpentine auf Kolyma, nach Krieg und Revolution – muß alles Didaktische abgelehnt werden. Die Kunst hat das Recht verwirkt, prophetisch zu sein. Niemand kann und darf mehr andere belehren. (...) Die Kunst ist eine Art zu leben, nicht aber eine Art der Erkenntnis des Lebens. (...) Die russischen Schriftsteller-Humanisten der zweiten Hälfte des 19. Jhs. haben eine große Sünde auf sich geladen, indem in ihrem Namen im 20. Jh. viel menschliches Blut vergossen worden ist. Alle Terroristen waren Tolstojaner und Vegetarier, alle Phantasten waren Schüler der russischen Humanisten. Von dieser Sünde können sie sich nicht durch Beten befreien. Von ihrem Erbe sagt sich die neue Prosa los.[132]

Von Rozanov wurde 1990 ein später Essay „Apokalypse unserer Zeit" (geschrieben 1917/18) veröffentlicht, in dem es hieß:

> Dem Inhalt nach ist die russische Literatur eine einzige Abscheulichkeit, eine solche Ausgeburt an Unverschämtheit und Dreistigkeit, wie es keine andere Literatur gibt. In diesem riesigen Reich, mit so riesiger Kraft, mit einem arbeitsamen, aufgeweckten, gefügigen Volk – was tat sie da? Sie lehrte nicht, drängte nicht einmal darauf, daß dieses Volk wenigstens lernte, einen Nagel zu schmieden, einen Säbel oder eine Sense für die Mahd zu machen. Das Volk wuchs vollkommen primitiv seit Peter dem Großen vor sich hin, während die Literatur sich einzig damit beschäftigte, „wie man liebte" und „worüber man sich unterhielt". Und alle „unterhielten sich", taten nichts anderes, „liebten" und „liebten" noch einmal.[133]

Wie sich im folgenden Kapitel zeigen wird, spielt Rozanov auch für die „andere" postsowjetische Literatur und Kritik eine bedeutende Rolle.

---

[132] V. Šalamov: Manifest o novoj proze, in: VL (1989) 5, S. 241-248, hier S. 241 u. 243.
[133] V. Rozanov: Apokalipsis našego vremeni, in: Ders: Sočinenija, M 1990, S. 465-530, hier S. 470.

6.1.4   Literarische Autoritäten, Literaturkritik und Leserschaft

Die Beobachtung, daß sich bei einem Großteil der Literaturkritik zusammen mit einer nationalpatriotischen Umwertung der Klassik eher ein Wechsel von Genealogien und literarischen Autoritäten als ein Abbau von Hierarchien und ideologischer Literaturbetrachtung vollzog, führt zu der eingangs gestellten Frage langfristiger Traditionen der Klassik und Kanonpflege zurück. Sie soll hier noch einmal unter dem Aspekt empirischer Rezeption und der Leserinteressen mithilfe einiger literatursoziologischer Untersuchungen aufgegriffen werden. Aufschluß sowohl über Wertungen der Literaturkritik als auch der Leserschaft über einen längeren historischen Zeitraum hinweg (1820 – 1978) geben die 1990 publizierten Untersuchungen von B. Dubin und A. Rejtblat aus dem Leserforschungsinstitut der Moskauer Lenin-Bibliothek über die Struktur literarischer Autoritäten in Rußland.[134] Die Literatursoziologen stützten sich in ihren Studien nicht auf quantitative Größen wie Titelvielfalt und Auflagenhöhen. Denn da beides in sowjetischer Zeit von der politischen Administration gesteuert wurde, mußten Rückschlüsse von der Auflagenhöhe auf tatsächliche Autorität oder Nachfrage, wie sie in einigen westlichen Untersuchungen – sicher auch aus Mangel an genauerem Material – früher vorgenommen wurden,[135] irreführend und spekulativ bleiben. Die Studien von Dubin und Rejtblat basieren auf systematischen Inhaltsanalysen literaturkritischer Rezensionen und Artikel ausgewählter Jahrgänge zwischen 1820-1978. An der Art und Häufigkeit, in der bekannte Namen genannt wurden, auf die man sich berief oder an die man als literarische Autoritäten appellierte, stellten sie fest, ob und inwieweit sich die Literaturkritik an Vorbildern der Vergangenheit oder der Gegenwart orientierte. Parameter waren Oppositionen wie „noch lebende Zeitgenossen – verstorbene Vorbilder aus der jüngeren Vergangenheit, aus zurückliegenden Epochen", Erwähnungen mit der Konnotation „alt-neu", „klassisch-modern". Dabei kamen die Forscher zu folgenden Erkenntnissen:

Während sich in den dreißiger Jahren des 19. Jhs., analog zu den dreißiger Jahren des 20. Jhs. mehr als die Hälfte aller Rezensenten auf eine literarische Autorität berief, waren es im Umbruchsjahr 1840/41 nurmehr

---

[134] B. DUBIN/A. REJTBLAT: O strukture i dinamike sistemy literaturnych orientacij žurnal'nych recenzentov (1820-1978gg.), in: Kniga i čtenie v zerkale sociologii, M 1990, S. 150-167.

[135] Vgl. G. P. DENICKE: Links with the Past in Soviet Society, U.S. Dept. of State office. Intelligence Research, series 3, Washington D.C. 1952.

ein Fünftel, und 1960 appellierte nur ein Viertel der Kritiker an eine literarische Autorität. Um 1820 stammte mehr als die Hälfte aller erwähnten Vorbilder aus der Vergangenheit, während es 1930 nur sechs Prozent waren. Allerdings setzten sich drei Viertel der 1860 genannten Autoren auf die Dauer tatsächlich durch, während 1930 mehr als die Hälfte der Autoritäten später in Vergessenheit geriet. In den sechziger Jahren des 19. Jhs. bildete sich eine Grundstruktur der Orientierung heraus, die bis zum Beginn der achtziger Jahre des 20. Jhs. unverändert geblieben ist: Als Autoritäten wurden weit überwiegend russische Autoren genannt, bei den Vorbildern ging es in der Regel um den Status als „Klassiker" bzw. Anwärter auf diesen Status; bindend war die retrospektive Wertungsperspektive von einer kleinen Gruppe „großer" Klassiker aus, an der auch Autoren der Gegenwart gemessen wurden.

Parallelen lassen sich zwischen 1860, 1930 und 1960 ziehen. In dieser Zeit wurden jeweils auffallend mehr Namen lebender Zeitgenossen als in allen anderen Perioden genannt, die Orientierung an den „großen" Autoren des 19. Jhs. war also am wenigsten ausgeprägt. Mehr als zwei Drittel aller erwähnten Autoritäten, 1860 sogar 81 Prozent, waren noch lebende Zeitgenossen unter 70 Jahren. Diese Perioden bezeichnen die Soziologen als „antiklassische Perioden", in denen eine erhebliche „Verjüngung" der Autoritäten stattgefunden hat.[136] Eine andere Parallele läßt sich zwischen den späten dreißiger und den späten sechziger Jahren des 20. Jhs. ziehen. In beiden Perioden gab es ein im Vergleich zu anderen Perioden festgefügtes, stark retrospektiv orientiertes Schema literarischer Autoritäten, in dem das Gewicht auf wenigen Autoren, fast ausschließlich aus der Vergangenheit der russischen Klassik lag – wobei Puškin mit Abstand an der Spitze stand – und kaum zeitgenössische Autoritäten genannt wurden.[137] Für die siebziger Jahre stellen die Soziologen fest, daß ein festes System literarischer Autoritäten nicht mehr auszumachen sei, da die Situation sich zunehmend öffne und auch in der Literaturkritik ein Differenzierungsprozeß in verschiedene Sphären mit unterschiedlichen Autoritätsmustern eingesetzt habe.

Relativ konstant entfielen etwa ein Drittel der Erwähnungen auf ausländische Autoren. Klassiker ausländischer Literatur, an deren Vorbild die Literaturkritik appellierte, waren zwischen 1880-1900 Emile Zola, Charles Dickens und Henrik Ibsen, in den zwanziger Jahren mit großem

---

[136] DUBIN/REJTBLAT: O strukture i dinamike, S. 163.
[137] Die Rangliste der höchsten Autoritäten war: Puškin, Tolstoj, Majakovskij, Gor'kij, Blok, Dostoevskij, Gogol' und Čechov (Ebd., S. 165).

Abstand Shakespeare, um 1930 Erich Maria Remarque und Ende der
dreißiger Jahre wie auch in den sechziger Jahren, ebenfalls mit Abstand,
Ernest Hemingway.

Seit dem Umbruch um 1990 hat es vergleichbare empirische Forschungen zur Literaturkritik noch nicht gegeben. Dafür haben allerdings
Umfragen bei der lesenden Bevölkerung eine Tendenz ermittelt, nach der
die Neigung, sich an Autoritätsschemata mit einzelnen Führerpersönlich-
keiten zu orientieren, wie auch die Bedeutung der russischen Klassiker
insgesamt deutlich zurückgangen ist. Am meisten sank demnach – zwischen Mai 1992 und Juli 1994 – unter den russischen Klassikern die Popularität Puškins, während gleichzeitig relativ dazu die Popularität
Čechovs stieg.[138] Seit 1990-1991 konnten im Bereich der Literatur, wie
auch parallel dazu in der Politik, zum ersten Mal keine festen, einheitlichen Ranglisten mehr aufgestellt werden, da als Vorbilder erheblich mehr
Namen genannt wurden als früher, so daß man nicht mehr von einer Au-
toritätspyramide sprechen kann.

Diese Beobachtungen zeugen von einer deutlichen Diskrepanz zwischen den Interessen und Wertmaßstäben der Literaturkritik und großen
Teilen der Leserschaft. Die Literaturkritik sah sich innerhalb kurzer Zeit
weitgehend unvorbereitet vor die Aufgabe gestellt, alle Epochen, Traditionen und Strömungen der Literaturgeschichte bis in die Gegenwart neu
zu überdenken und zu konzipieren. Die meisten Kritiker reagierten auf
diese Herausforderung, indem sie durch Umdeutungen und ideologische
Neubesetzung traditionelle festgefügte Hierarchien weiter zementierten.
Dabei wurde teilweise die frühere offizielle Rangordnung, sowohl was
die Gegenwart als auch was die Literatur vergangener Epochen betrifft,
von der Rangordnung der ehemals inoffizellen, nichtöffentlichen Kultur
abgelöst. Die Vorstellung einer Einheit von hoher und niederer Literatur,
von intellektueller und Massenkultur, die von der offiziellen sowjetischen
Ideologie immer propagiert worden war und die hinter den didaktischen
Anstrengungen der nationalpatriotischen wie auch der staatsbürgerlich
gesinnten liberalen Kritiker stand, erwies sich angesichts der Ausbreitung
einer neuen Massenkultur und der empirischen Leserumfragen als Illusion. Während in der lesenden Bevölkerung ein Differenzierungsprozeß
begonnen hatte, in dessen Verlauf einheitliche literarische Autoritäten
abgebaut wurden, hielt der größte Teil der Literaturkritik weiterhin an
einem festgefügten Autoritätsschema fest.

---

[138] B. DUBIN: Čitatel'skie avtoritety i bestsellery nynešnogo dnja, in: KNIŽNOE OBOZRENIE
(1994) Oktober (liegt mir nur als Manuskript vor).

Zumindest in dieser „antiautoritären" Tendenz gibt es daher eine
Übereinstimmung der Leserschaft mit jener Minderheit unter den Literaturkritikern, die für einen radikalen Abbau der Wertorientierung an der
russischen Klassik eintreten. Auch wenn ihre Formulierungen und Argumente mitunter selbst provokativ überspitzt und einseitig sind, stellt sie
ein Gegengewicht zu den bisherigen Konventionen der Literaturkritik
dar.

6.2   Die „andere" Literatur / Postmoderne

6.2.1   Methodische Überlegungen und Fragestellungen zur
Untersuchung

Seit 1988 konnten neben den Werken der dritten Emigration und religi-
onsphilosophischer Literatur der Vergangenheit auch literarische Neuerscheinungen und Werke aus dem ehemaligen literarischen Untergrund
publiziert werden. Erst jetzt trat eine Literatur jenseits des „moralischen
Appells"[139] an die Öffentlichkeit, die teilweise schon seit Jahrzehnten im
Samizdat kursierte. Eine Kluft zwischen der ästhetischen Praxis der Literatur und den analytischen Beurteilungskategorien der Literaturkritik
wurde sichtbar, da sich sowohl die Maßstäbe des sozialistischen Realismus als auch die aus der russischen Klassik gewonnenen Bewertungsmuster des kritischen Realismus als unbrauchbar erwiesen. Zwischen 1989
und 1992 erhielt die „andere" Literatur durch eine steigende Zahl von
Neuerscheinungen zunehmend mehr Gewicht sowohl gegenüber den
Werken des humanistischen Erbes als auch gegenüber der spätsowjeti-
schen Literatur, die in den ersten Jahren der Perestrojka die Seiten der
dicken Zeitschriften füllte. Seit 1989 wurden neue und bisher unbekannte
Autoren und Autorengruppen der jüngsten Vergangenheit publiziert.[140]

---

[139] Zu diesem Begriff vgl. G. WITTE: Appell – Spiel – Ritual: Textpraktiken in der russischen Literatur der sechziger bis neunziger Jahre, Wiesbaden 1989, S. 8-37.

[140] Unter dem Namen „Lianosovo" wurde seit Anfang der neunziger Jahre eine Gruppe
von Dichtern und Malern bekannt, die sich schon in den fünfziger Jahren um den Ma-
ler Oskar Rabin in einer Moskauer Vorstadtbarracke regelmäßig versammelt hatte
und somit eine frühe Form des nichtpolitischen künstlerischen Untergrunds darstellt.
Unmittelbar mit ihr verbunden waren I. Cholin, V. Nekrasov, E. und A. Kropivnickij
und G. Sapgir. Das Beziehungsnetz reichte aber wesentlich weiter und ist bisher noch

In den etablierten und den neugegründeten nonkonformistischen Zeitschriften beteiligten sich ausländische und emigrierte Literaturkritiker
ebenso wie Autoren der „anderen" Prosa selbst an der Diskussion über
die neue Literatur.[141] Das Beobachtungsfeld der Literaturkritik verschob
sich dadurch innerhalb weniger Jahre erheblich.

In diesem Kapitel wird die Auseinandersetzung der Literaturkritik mit
dieser neuen, „anderen" Literatur vorgestellt und auf das Konzept der
Postmoderne hin eingekreist. Anders als in der zuvor dokumentierten
Auseinandersetzung über das Erbe der Klassik ist die Kritik hierbei vor
die Aufgabe gestellt, ihren Gegenstand erst bestimmen zu müssen. Sie
tritt nicht als aktualisierende Reinterpretin von Werken der Vergangenheit auf, sondern als erste Wertungsinstanz aktueller literarischer Ereignisse. Dadurch erhält sie eine meinungsbildende und für die Literaturwissenschaft auch orientierende Funktion. Es ist daher zunächst zu fragen,
wie das Neue überhaupt definiert, welche Literatur bevorzugt behandelt
und wie sie zum Bestehenden in Beziehung gesetzt wird.

Angesichts der schon nach wenigen Jahren schwer zu überblickenden
Publikationen „anderer" Literatur sind einige Eingrenzungen der Frage-
stellung und methodische Vorentscheidungen erforderlich. Eine Untersuchung darüber, inwieweit die bisher vorgeschlagenen Interpretationen
oder Klassifizierungen einer konkreten literaturwissenschaftlichen Analyse der Texte standhalten, ob und inwiefern man – aus der Sicht der
westlichen Literaturwissenschaft – von einer postmodernen Literatur in
Rußland sprechen kann, soll hier nicht erfolgen und bleibt zukünftigen
Forschungen vorbehalten. Bei der Analyse des literaturkritischen Post-
moderne-Diskurses geht es darum zu zeigen, wie der im westlichen kulturellen Kontext geprägte vielschichtige Begriff Eingang in den Diskurs
der russischen Literaturkritik gefunden hat und in welcher Weise er dort
verwendet wird.

Die Untersuchung will die Kontroverse um die neue Literatur, d.h.
Ansätze zu ihrer Beschreibung und Klassifizierung zusammenfassend
dokumentieren und die wichtigsten Positionen und Wertungen der Literaturkritik dazu vorstellen und einschätzen. Schließlich soll an einer

---

nicht erforscht. Vgl. G. HIRT/S. WONDERS (Hgg.): LIANOSOVO. Gedichte und Bilder
aus Moskau, Wuppertal 1992.

[141] Vgl. V. KULAKOV: E. Kropivnickij – „Ja poèt okrainy...", in: VNL (1993) 5, S. 171-
175. I. SEVERIN: Novaja literatura 70-80ch, in: VNL (1990) 1, S. 222-239;
I. JARKEVIČ: Literatura, èstetika, svoboda i drugie interesnye vešči, in: VNL (1993) 5,
S. 293-252; Z. GAREEV: Ferfičkin velel puščat', in: STRELEC 67 (1991) 3, S. 203-211;
B. PARAMONOV: Čapek ili O Demokratii, in: ZV (1990) 1, S. 143-147.

Analyse der Darstellungsweisen geklärt werden, ob sich am Diskurs etwas verändert hat und wie das Neue an die Leser vermittelt wird. Folgende Leitfragen stehen im Mittelpunkt der Analyse:

- Welche literarischen Gegenstände werden bevorzugt ausgewählt, nach welchen Kategorien werden sie bewertet und wie erfolgt ihre literaturhistorische Einordnung?
- Inwieweit ist der Umgang mit dem Neuen weiterhin von sowjetisch bzw. vorsowjetisch geprägten Werthaltungen, Argumentationsmustern und Verhaltensstrukturen bestimmt?
- Gibt es eine neue Literaturkritik, die den Herausforderungen der anderen Literatur gewachsen ist? Oder anders gefragt: Werden konventionelle Haltungen und Darstellungsweisen durch neue Bewertungskriterien und eine Erweiterung des Literaturbegriffs überwunden, so daß man von einem Paradigmawechsel in der Literaturkritik sprechen kann?

Das auszuwertende Material hierfür ist sehr heterogen. Es enthält Zeitungsartikel mit stark publizistischem Charakter, die dem polemischen Schlagabtausch dienen, und Aufsätze, die sich in einer dicken Zeitschrift eher sachlich-literaturwissenschaftlich um eine differenzierende Beschreibung literarischer Gegenstände bemühen. Insgesamt fanden die Kontroversen jedoch in einer emotional aufgeladenen und von zugespitzter Polemik geprägten Atmosphäre statt. Die Beschreibung der Postmoderne-Diskussion wird insbesondere durch eine verwirrend diffuse Diktion erschwert. Trotz ihrer Heterogenität und unterschiedlichen Aussagekraft werden hier alle Texte als Bestandteile *einer* Auseinandersetzung gesehen, die in einem bestimmten Zeitraum Ansätze zur Beschreibung und Einordnung der neuen Literatur bietet.

6.2.1.1 Klassifizierungen eines neuen literarischen Feldes

6.2.1.1.1 Die Entdeckung der „anderen" Literatur durch die Literaturkritik

Als die ersten Prosatexte von Autoren wie Ljudmila Petruševskaja, Tat'jana Tolstaja, Evgenij Popov, Valerija Narbikova, Viktor Erofeev und Venedikt Erofeev oder Aleksandr Ivančenko erschienen, war in der Literaturkritik bei Vertretern aller Generationen und Richtungen die Klage über fehlende Originalität der literarischen Neuerscheinungen, über den Mangel an jungen Talenten verbreitet.[142] Die neuartige, von der geläufigen literarischen Praxis abweichende Literatur wurde vielerorts zunächst mit dem Etikett „junge Prosa" versehen und ganz *im Rahmen der Sowjetliteratur* besprochen. Als „junge Prosa" wurden völlig unterschiedliche literarische Erscheinungen und Autoren verschiedener Altersgruppen bezeichnet. Der Begriff – ein Standardtopos des sowjetischen Literaturbetriebs – bezog sich ebenso auf die graue Menge der Nachfolgeliteratur aus der Brežnev-Zeit, die nach wie vor die Seiten der dicken Monatszeitschriften füllte, wie auf neue experimentelle Werke junger Autoren. Es gehörte zu den Konventionen dieses paternalistisch geprägten Literaturbetriebs, daß neue Autoren, ungeachtet ihres meist fortgeschrittenen Lebensalters, als junge Autoren bezeichnet wurden, wobei der Status der Jugend immer als ein „noch unreif", „lernend", „nicht vollwertig" galt. Ganze literaturhistorische Strömungen wie der Futurismus der zehner und zwanziger Jahre galten in der offiziellen Literaturgeschichtsschreibung als jugendliche Verirrungen, als Übergangsstadien und Vorstufen zu jeweils „reiferen Epochen". Das Attribut „junge Prosa" diente somit zunächst zur Abqualifizierung dieser andersartigen Literatur.

Um eine Aufwertung der „jungen Prosa" bemühte sich als einer der ersten Andrej Bitov. Im August 1988 erklärte er im Vorwort zur ersten veröffentlichten Erzählung von Valerija Narbikova, hier werde eine Literatur der vermeintlich stummen jungen Generation vorgestellt, die aber sehr wohl eine eigene Stimme habe; man müsse nur genauer hinhören, da

---

[142] A. ARCHANGEL'SKIJ: Ostorožno, dveri zakryvajutsja. K voprosu o tvorčeskom povedenii, in: JU (1988) 9, S. 83-84. K. STEPANJAN: Vypavšie iz vremeni, ili čut'-čut' ne sčitaetsja. Zametki o proze, poèzii i kritiki „tridcatiletnich", in: DN (1988) 11, S. 248-258; V. GUSEV: „Gde, nakonec, molodye?" zit. ebd., S. 248; E. ŠKLOVSKIJ: Iduščee vosled, in: ZN (1988) 4, S. 217-226; DERS: Neugasajuščaja plamja. Žurnal'naja proza 1988g., in: LO (1989) 2, S. 20-37.

ihre Schreibweise und ihre Empfindungswelt nicht den gängigen Klischees der Literaturbetrachtung entsprächen. Bitov forderte die Kritik auf, diese Literatur zur Kenntnis zu nehmen und sich an ihr abzuarbeiten.[143]

Die ersten Beiträge der Literaturkritik zur „anderen" Literatur stammten von Michail Ėpštejn, Sergej Čuprinin und Mark Lipoveckij. Ėpštejn[144] stellte im April 1988 in seinem in der Zeitschrift „Oktjabr'" erschienenen Artikel „Koncepty..., Metaboly... O novych tečenijach v poėzii" erstmals die Dichter des Moskauer Konzeptualismus[145] vor, deren Texte damals noch unveröffentlicht waren. Er setzte sie in Beziehung zu der von ihm schon früher als „neue Welle" beschriebenen Strömung des sogenannten „Metarealismus" in der Lyrik. Als einer der tonangebenden Literaturkritiker der Perestrojka spräsentierte Čuprinin[146] im Februar 1989 in der „Literaturnaja gazeta" erstmals eine Reihe von unbekannten Autoren und faßte sie unter dem Begriff „andere Prosa" zusammen. Damit wurde die „andere" Literatur als ein eigenständiges literarisches Faktum anerkannt und die Diskussion über eine Literatur, die außerhalb der offiziellen wie auch der ehemals oppositionellen Sphäre stand, eröffnet. Im September 1989 erschien von dem jungen, noch unbekannten Literaturkritiker Lipoveckij in „Voprosy literatury" der erste ausführliche analytische Artikel über die „andere Prosa".[147] Lipoveckij nannte die Strömung wegen ihrer Ausrichtung auf ästhetisch-sprachliche Innovation „artistische Prosa", faßte ohne weitere Differenzierung ein ebenso breites Spektrum von Autoren darunter wie Čuprinin, und zeigte

---

[143] A. BITOV in: JU (1988) 8, S. 15. Bitov war Narbikovas Lehrer am Moskauer Literaturinstitut.

[144] M. ĖPŠTEJN: Koncepty...Metaboly.... O novych tečenijach v poėzii, in: OK (1988) 4, S. 194-203.

[145] Der Moskauer Konzeptualismus war eine „im Grenzgebiet zwischen bildender Kunst, Performance, Literatur und Theorie arbeitende künstlerische Richtung, die in den späten sechziger Jahren in Moskau entstand". Zu seinen allgemeinen Kennzeichen gehört, „daß er weniger mit konkretem Material als vielmehr mit dem Kontext arbeitet, in den die häufig bewußt 'schlechten' oder fragmentarischen Werke gestellt werden." S. KÜPPERS: Zum Werk Lev Rubinštejns, in: ZFSL 40 (1995) 4, S. 434-450, hier S. 437.

[146] S. ČUPRININ: Drugaja proza, in: LG 8.2.1989.

[147] M. LIPOVECKIJ: Svobody černaja rabota (Ob „artisti českoj proze" novogo pokolenija), in: VL (1989) 9, S. 3-45. Inzwischen hat der in den USA lebende Kritiker seine Beiträge zu einer Monographie erweitert: M. LIPOVETSKY: Russian Postmodernist Fiction. Dialogue with Chaos, N.Y./London 1999.

ihre möglichen Wurzeln in mehreren, teilweise verdrängten Traditionen
der russischen Literatur des 19. und 20. Jhs. auf.

Čuprinin formulierte den Begriff des „Anderen" in einem sehr weiten
Verständnis als alles von bisher öffentlich möglichen literarischen Konventionen Abweichende. Als Beispiele für die „andere Prosa" nannte er
Leonid Borodin, einen religiösen, national eingestellten Autor,[148]
Ljudmila Petruševskaja, Evgenij Popov, Venedikt Erofeev ebenso wie
seinerzeit noch unveröffentlichte Autoren experimenteller Literatur wie
Vladimir Sorokin, Vjačeslav Kuricyn und Zufar Gareev. Den unabhängigen Almanach „Metropol'" (1979) bezeichnete er gleichermaßen als „Vi-
sitenkarte der anderen Prosa" wie den halboffiziellen Leningrader Almanach „Krug" (1985). Ihren gemeinsamen Nenner sah Čuprinin in der Abkehr von der offiziellen Norm sozialistisch-realistischer Schreibweise
und darüber hinaus von den literarischen Normen des 20. Jhs., wobei er
die oppositionelle Aufklärungsliteratur ausdrücklich einschloß. Diese
Prosa unterscheide sich gänzlich von den in der Perestrojka populär gewordenen Schubladenwerken anerkannter sowjetischer Autoren, da ihr
Nonkonformismus sich über das Inhaltlich-Thematische hinaus auf die
literarische Sprache und Form erstrecke. Čuprinin sah hierin den Ausdruck eines erweiterten, aber wahrheitsgetreuen Wirklichkeitsverständ-
nisses und erinnerte an ähnliche innovative Strömungen wie den Futurismus, die Dorfliteratur bis hin zur Literatur der „Vierzigjährigen", die allesamt zu Beginn ihres Erscheinens abgelehnt worden seien. Er hielt
Einwände nicht für unbegründet, die in dieser Literatur „ein Symptom
geistiger und schöpferischer Krankhaftigkeit, eines Verfalls von Moral
und Geschmack und einer 'dekadenten' Fäulnis" sahen, und machte kein
Hehl daraus, daß vieles seinem literarischen Geschmack zuwiderlief. Ja,
er äußerte sogar Bedenken im Hinblick auf eine mögliche moralische Ge-
fährdung der Jugend:

> In der Tat schockiert die andere Prosa viele durch ihre skandalöse, tabulose,
> für unsere keuschen Ohren teilweise beleidigende Verwendung von Worten,
> Sujets, moralischen Bewertungen, so daß wir uns hüten müssen, heranwach-

---

[148] L. Borodin, der wegen seiner engagierten christlichen Einstellung seit 1967 mehrmals
verhaftet und verurteilt worden war, wurde erst dank der Perestrojka im Sommer
1987 nach langen Jahren Haft aus dem Lager entlassen, gehörte seit 1990 der Leitung
des Schriftstellerverbandes der RSFSR und ist seit September 1992 Chefredakteur
der Zeitschrift „Moskva".

senden Kindern zum Beispiel die Erzählung von Juz Aleškovskij „Nikolaj Nikolaevič" in die Hand zu geben.[149]

Sein Artikel wandte sich jedoch klar gegen die pauschale moralisch-politische Verurteilung dieser Literatur als Schwarzmalerei („černucha"). Er plädierte für einen weiteren Zensurabbau, dafür, die literarische Produktion in ihrer tatsächlichen Breite wahrzunehmen und die Werke der „anderen" Literatur uneingeschränkt zu veröffentlichen.

Auch von anderen liberal gesinnten Kritikern wurde diese Literatur zunächst im *Paradigma der Ideologiekritik* wahrgenommen und begrüßt. Natal'ja Ivanova sah ihr Verdienst vor allem in der Entkanonisierung der literarischen Tradition und im Potential einer ethischen Erneuerung im Sinne einer „Selbstreinigung vom Bösen" durch größere Wahrhaftigkeit.[150] Neben der Bezeichnung „junge Prosa", „andere Prosa" und „neue Welle" verbreitete sich auch die Bezeichnung „harte (žestkaja) Prosa", die auf eine „harte" Darstellung oder die Schilderung einer „harten" Realität verweist. Galina Belaja, eine typische Vertreterin der Šestidesjatniki, begrüßte die „harte Prosa" wegen ihrer Protestfunktion gegen den sozialistischen Realismus, insbesondere gegen die Literatur der Stagnationszeit und sprach von einer „Demontage der offiziellen Ideologie", von einer heilsamen „Polemik gegen die lügnerischen Mythen des sowjetischen Staates".[151]

Versuche, die Vielfalt der neuen Literatur auf e i n e n Begriff zu bringen, erwiesen sich jedoch bald als unmöglich, die genannten Einschätzungen stießen bei einem Teil der Literaturkritiker auf Widerspruch. Mark Lipoveckij und Andrej Nemzer polemisierten gegen die Bezeichnung „junge Prosa" als irreführende ideologische Konstruktion, die sich ohnehin nur auf das „Publikationsalter" beziehen könne.[152] Vladimir Potapov kritisierte die ungenaue Bestimmung und vorschnelle Vereinheitlichung der „anderen" Literatur zu einer Richtung (napravlenie).[153] Diese und andere zum Teil neu auftretenden Kritiker, wie Oleg Dark, Petr Vajl', Aleksandr Genis, Ivor' Severin und Andrej Zorin, bemühten sich um eine

---

[149] S. ČUPRININ: Drugaja proza.

[150] N. IVANOVA: Namerennye nesčastlivcy? (O proze „novoj volny"), in: DN (1989) 7, S. 239-252.

[151] G. BELAJA: „Žestkaja proza": predvestie novogo iskusstva, Vortragsmanuskript V. World Congress of SEES, Harrogate 1990.

[152] M. LIPOVECKIJ: Svobody černaja rabota, S. 3; A. NEMZER: Nečto o 'Vzgljade', in: DN (1988) 12, S. 246.

[153] V. POTAPOV: Na vychode iz „andergraunda", in: NM (1989) 10, S. 251-257.

stärkere Eingrenzung des Begriffs „andere" Literatur, um ihre genauere
Beschreibung nach literarisch-ästhetischen Maßstäben[154] und machten in
der Folge Vorschläge zu ihrer weiteren Klassifizierung. Die bisherige
Ausgrenzung vom offiziellen Literaturbetrieb reichte ihnen als gemein-
sames außerliterarisches Merkmal nicht aus, zumal sie nicht die institutionelle Zensur für die Ausgrenzung der „anderen Prosa" verantwortlich
machten, sondern auch die „Zensur der öffentlichen Meinung" und die
„moralisch-ästhetische Zensur der Literaturkritik", die bis heute nach
nicht der Literatur angemessenen Maßstäben urteile. Für sie standen viele
neue Autoren ganz in der vorherrschenden literarischen Tradition. Autoren wie Sergej Kaledin, Tat'jana Tolstaja und Oleg Ermakov gehörten, so
Potapov, eher zu einer „Prosa der Glasnost'-Epoche", womit wohl gemeint war, daß ihr Wert vornehmlich in der offenen Sozial- und Gesellschaftskritik, nicht aber in ästhetischer Innovation bestand.[155]

Natal'ja Ivanova schlug 1989 drei Strömungen für eine erste Klassifizierung der „anderen Prosa" vor:

1. eine „historische" Strömung, zu der sie Autoren wie Michail Kuraev und
   Vladimir P'ecuch zählte. Diese Strömung eröffne neue Perspektiven auf
   die Geschichte, indem sie Ereignisse erstmals aus der Sicht der bisher ge-
   sichtslosen Untertanen darstelle. Sie gehe auf den Einfluß Trifonovs,
   Grossmans und Dombrovskijs zurück

2. eine „sozialkritische" Strömung, eine Art neuer „naturaler" Schule, mit
   Autoren wie Sergej Kaledin, Nikolaj Golovin, Andrej Dmitriev, Ljudmila
   Petruševskaja und Tat'jana Nabatnikova. Sie beerbten neben der „phy-
   siologischen Skizze" die Prosa der Tauwetterautoren um „Novyj mir

3. die Strömung einer „ironischen Avantgarde", zu denen sie Evgenij Popov,
   Viktor Erofeev, Tat'jana Tolstaja, Valerija Narbikova und Aleksandr
   Ivančenko zählte

Dieses Schema bestimmte die „andere Prosa" allerdings nur thematisch
oder in bezug auf ihren Anschluß an jeweilige Traditionen der sowjetischen Literatur bzw. ihre Abgrenzung davon, nicht aber nach formal-
strukturellen Kriterien realistischer oder nichtrealistischer Schreibweise.

---

[154] A. ZORIN: Muza jazyka i semero poėtov. Zametki o gruppe „Al'manach", in: DN
(1990) 4, S. 239-249; unter dem Titel „Vzgljad iz zala" auch in dem Almanach der
gleichnamigen Gruppe: „Ličnoe delo No.", M 1991, S. 246-271; A. AGEEV: Prevratnosti dialoga, in: ZN (1990) 4, S. 213-222.
[155] POTAPOV: Na vychode iz „andergraunda", S. 251f.

Einer der Kernpunkte der Diskussion um die „andere" Literatur war, ob es sich dabei um eine erweiterte Darstellung der Realität, gewissermaßen um die Widerspiegelung einer anderen, bisher nicht wahrgenommenen Realität handelte, wie Ivanova behauptete, oder um Fiktionen, für die andere als realistische Maßstäbe gelten müssen und für die also auch eine Erweiterung des Literaturbegriffs notwendig wäre. Nach Ivanovas Auffassung machten die Autoren der sogenannten „neuen Welle" eine neue Dimension der Wirklichkeit sichtbar:

> Die neue Prosa begann damit, daß Prosaautoren den phantastischen Schub der Wirklichkeit erfaßten und darstellten, übrigens ohne jegliche phantastische Wendung oder Umfunktionierung der Figuren. Das Phantastische wurde in der Realität selbst gefunden.[156]

Für Potapov zeichnete sich die „andere" Literatur in erster Linie durch ein neues Literatur- und Selbstverständnis der Autoren jenseits allen Widerspiegelungs- oder Aufklärungswillens und der Haltung des „moralisch-historischen Pathos" aus. Sie sei vom Zweifel an ihrer sozialen Sprengkraft, vom Bewußtsein ihrer realen Folgenlosigkeit und von einer Absage an jeglichen außerliterarischen Legitimationszwang getragen: „Die 'andere Prosa' ist eine Literatur, die sich selbst ausschließlich als Phänomen der Sprache begreift und anerkennt."[157]

6.2.2.2 Neuer Realismus

Wenn im folgenden die Darstellung der Diskussion nach den Begriffen „neuer Realismus" und „Postmoderne" erfolgt, so gibt diese Klassifizierung mehr Klarheit vor, als das Bild und die Aussagen der Literaturkritik vermitteln. Viele Literaturkritiker waren in ihren Äußerungen widersprüchlich, in der Verwendung von Begriffen wie auch in der Zuordnung einzelner Autoren unklar. So stellte Dark 1990 Autoren wie Sokolov, Mamleev und Narbikova in eine Tradition des „Hyper-Realismus" („sverch-realizm"). Sie stellten in ihren Werken extreme menschliche Zustände dar, wofür es literarische Vorbilder bei Lermontov, Dostoevskij und im 20. Jh bei Šalamov gebe.[158] Lipoveckij bezeichnete 1989 eine Reihe von Werken als „artistische Prosa", unterschied erst später zwi-

---

[156] IVANOVA: Namerennye nesčastlivcy, S. 242.
[157] POTAPOV: Na vychode iz „andergraunda", S. 252.
[158] O. DARK: Mir možet byt' ljuboj. Dark sprach von einer mimetischen und einer amimetischen Prosa innerhalb der realistischen Tradition, von „phantastischem" und „mythologischem Realismus" (S. 223, 226).

schen realistischer und nichtrealistischer Literatur und ordnete innerhalb
der nichtrealistischen nur bestimmte Autoren der Postmoderne zu.[159]
Ėpštejn sprach von einem „apokalyptischen Realismus" mit „amimeti-
schem Gestus". Er bezeichnete manche Dichter, wie zum Beispiel Viktor Krivulin und Tat'jana Ščerbina, als „Metarealisten" („Metarealisty"),
die dennoch dem Realismus verhaftet blieben, und stellte sie in einem
anderem Zusammenhang in die Postmoderne.[160]

Es zeigte sich, daß einer der Hauptanlässe für Mißverständnisse unterschiedliche, aber selten explizit gemachte Auffassungen des Realismus-
Begriffs waren. Ein großer Teil der „anderen" Literatur wurde als realistische rezipiert, ließ sich jedoch weder in den Kategorien des herkömmlichen „kritischen" noch denen des sozialistischen Realismus erfassen.
Da sich jede neue, normbrechende Literatur in der russischen und sowjetischen Vergangenheit immer als realistische legitimieren mußte, hat man
manche entsprechenden Behauptungen der Kritiker auch als Teil ihrer
Durchsetzungsstrategien zu verstehen.

Die Diskussion über das Neue wurde überwiegend im *Paradigma eines erweiterten Realismus*, nur von einer kleinen Minderheit im *Paradigma der Postmoderne* geführt. Die Mehrheit der Kritiker ging davon
aus, daß die Wirklichkeit darstellbar ist und daß sie in der Literatur wi-
dergespiegelt werden kann und soll. Ihre Beurteilung bemaß sich danach,
ob die besprochenen Werke Bereiche der Realität erschließen, die bisher
der russischen Literatur nicht zugänglich waren. Da nur eine geringe Anzahl von Autoren der experimentellen Literatur sich jeglicher realistischer Lesart versperrte, wurden viele Werke und Autoren der neuen Literatur von den Kritikern als Abbildung der Wirklichkeit in anderer Perspektive gesehen. Die von Literaturkritikern wie Ėpštejn, Lipoveckij,
Dark, Zorin und Ivanova genannten Merkmale und Verfahren eines „erweiterten Realismus" waren auf der Ebene des Dargestellten:

---

[159] M. LIPOVECKIJ: Svobody černaja rabota; DERS.: Pravila igry; DERS.: Zakon krutizny.
(Princip matreški), in: VL (1991) 11-12, S. 3-36.

[160] M. ĖPSTEJN: Postavangard: Sopostavlenie vzgljadov. Iskusstvo avangarda i religioznoe soznanie, in: NM (1989) 12, S. 222-235, hier S. 222f.; DERS.: Koncepty...Metaboly, S. 198; DERS.: Posle buduščego, S. 229f..

– Enttabuisierung bzw. Erweiterung des Darstellungswürdigen

Die Literaturkritiker stellten eine Enttabuisierung auf drei verschiedenen Ebenen fest:[161]

- auf der Ebene der Themen und Sujets, indem etwa Gewalt, Erotik und Sexualität in den Vordergrund rückten,
- auf der moralischen Ebene der kulturellen Ideale, indem bisher verschwiegene, ausgegrenzte Lebensbereiche wie das Physiologische, Krankheit und Tod, aber auch das Skandalöse, Peinliche oder Lächerliche für die Literatur neu erschlossen wurden, und
- auf der sprachlich-ästhetischen Ebene, indem vulgäre, sexualisierte oder ordinäre Lexik und drastische Beschreibungen sich Eingang in die Literatur verschafften.

Nach Ėpštejn war die gesamte Literatur der „neuen Welle" in Themen und Sujetwahl Extremen und Grenzgängen verpflichtet. Ihr hervorstechendes Merkmal sei die Abkehr vom traditionell vorherrschenden Prinzip der Mäßigung, von der Norm des mittleren Stils.[162] Zorin schrieb:

> Der Tod und seine Physiologie, Krankheit, erotisches Verlangen, darunter auch ungewohnte Arten desselben, die Kehrseite des familiären Lebens und von Liebesbeziehungen, sexuelle Unerfülltheit, Abtreibungen, Alkoholismus, Armut, der Kampf ums physische Überleben usw. All diese Themen boten Gelegenheit zu einer Vertiefung der in der russischen Literatur traditionellen Vorstellungen von dem „Milieu, das die Persönlichkeit auffrißt" bis hin zum sozial-physiologischen Determinismus.[163]

Ivanova sah in der neuen Prosa eine Aufwertung des jahrzehntelang nicht literaturwürdigen Alltagsbereichs. In einem Artikel mit dem Titel „Die 'Nichtswürdigkeit' als ästhetisches Phänomen"[164] beschrieb sie am Beispiel von Tolstaja und Petruševskaja, wie Erscheinungen der ungeschminkten Alltagswelt, die bisher in der offiziellen Literatur verschwiegen oder von der Literaturkritik als kleinbürgerlich, abgeschmackt und individualistisch („meščanskaja pošlost'") bekämpft worden waren, nun ohne jegliche Abwertung durch den Autor zum ästhetischen Gegenstand erhoben würden. Mehrere Literaturkritiker, wie Dark, Tichomirova und Viktor Jucht, besprachen das Erotische und Sexuelle als literarisch neu

---

[161] A. Shukman spricht von drei Tabubereichen: „language, subject-matter, and cultural ideals". A. SHUKMAN: Taboos, Splits and Signifiers: Limonov's Eto ya – Edichka, in: ESSAYS IN POETICS 7-8 (1982-83) 2, S. 1-15.

[162] ĖPŠTEJN: Koncepty...Metaboly; DERS.: Posle buduščego.

[163] ZORIN: Kruče, kruče, hier S. 199.

[164] IVANOVA: Neopalimyj golubok.

erschlossenen Themenbereich und stellten Thesen zu deren Traditionen
in der russischen Literatur auf.[165]

*– Neue Figuren: soziale Randgruppen, Versager, Grenzgänger und Aus-
nahmeexistenzen*

Bevorzugte Figuren der „anderen Prosa" seien, so Čuprinin, gesellschaftliche Außenseiter, die unfähig zum geistigen oder moralischen Widerstand seien und von den Autoren weder heroisiert noch verurteilt
würden. Auch andere Kritiker hoben hervor, daß das Außenseitertum zur
Norm und zum Lebensstil der „neuen Welle" werde. Dark ging diesem
Aspekt bei verschiedenen Autoren nach und sprach vom bevorzugten
„Thema der fehlerhaften Existenz", von einer Erkundung des „physiolo-
gischen Untergrunds", von Krankheit, Tod, körperlichem Zerfall und
„schicksalhaften Verirrungen". Es handle sich dabei nicht um einen politischen, sondern um einen selbstgewählten, als existentielle Bedingung
erlebten Untergrund. Die typischen Figuren seien Versager, und ihr Verhalten werde bestimmt durch das Bedürfnis nach Schocktherapien und
Skandalen.[166]
    Auf der Ebene der Darstellung nannten die Kritiker folgende Kenn-
zeichen eines neuen, „erweiterten" Realismus:

– Erweiterung der stilistischen Gestaltungsmittel

Im Vergleich zu den Strömungen der urbanistischen oder Dorfprosa der
Tauwetterperiode und zur Prosa der „Vierzigjährigen" erkannten Vajl'
und Genis als stilistische Merkmale der „anderen Prosa" eine Vorliebe
für Parodien und eine vielschichtige Ironie, die sie als „Matreška-Prin-
zip" bezeichneten. Allerdings diene diese Ironie im Unterschied zur Literatur der sechziger Jahre nicht als Maskierung gegen eine verlogene Realität und habe daher auch keine Protestfunktion. Sie entspreche eher einer
existentiellen Grundhaltung der Skepsis und sei typisch für die Generation der Außenseiter- oder „Hausmeister-Schriftsteller" („dvorniki-
pisateli"), wie die Kritiker jene Autoren nannten, die – gewollt oder ungewollt – als soziale Außenseiter lebten.[167] Sowohl Vajl' und Genis als

---

[165] O. DARK: Tri lika russkoj ėrotiki, in: STRELEC 3 (1991) 67, S. 223-229. E.
TICHOMIROVA: Ėros iz podpol'ja; V. JUCHT: V poiskach utračennogo ėrosa, in: LO
(1991) 9, S. 24-28.
[166] O. DARK: Mif o proze, in: DN (1992), 5-6, S. 218-232, hier 220.
[167] Zum Begriff „dvorniki-pisateli" vgl. Kapitel 4.3.3, Fn. 99.

auch Lipoveckij und Natan Lejderman konstatierten eine Vorliebe für ungewöhnliche Metaphern und für naturalistische und unbelebte Details. Besonders häufig, so Lipoveckij und Lejderman, seien detaillierte Beschreibungen und Metaphern von Tod und Essen.[168]

– Öffnung und Erweiterung der Genres

Nach Ansicht mehrerer Kritiker gehörte die Erweiterung der literarischen Genres „nach unten", die Verwendung von bisher als trivial geltenden Genres zu den typischen Merkmalen der „anderen" Literatur. Während in der sowjetischen Hierarchie große Prosaformen wie die Roman-Epopöe am prestigeträchtigsten waren, wurden nun der populäre, feuilletonistische Kriminal-, Abenteuer- oder Science-fiction-Roman, die sogenannte „wissenschaftliche Phantastik" (naučnaja fantastika) mit ihrer Dominanz des Handlungsprinzips[169] sowie mancherlei groteske oder parodistische Kleinformen „rehabilitiert", bis hin zu Texten, die nach dem Prinzip von Comic-strips strukturiert sind.[170] Für Vajl' und Genis reflektierten die literarischen Kurz- und Kürzestformen die Schnellebigkeit der Perestrojka und den rapiden Wandel nicht zuletzt im Bereich der Medien: „Alle Genres sind zu Zeitungsgenres ausgeartet."[171]

Ivanova sah eine Renaissance des sentimentalen Melodrams, der „grausamen Romanze" („žestokij romans").[172] Dieses als trivial geltende Genre sei um die Jahrhundertwende in den Großstädten entstanden, besonders nach den Kriegen populär gewesen und erfreue sich nun bei einigen Autoren, wie Petruševskaja und Tolstaja, neuer Beliebtheit.[173] Ty-

---

[168] N. LEJDERMAN/M. LIPOVECKIJ: Meždu chaosom i kosmosom. Rasskaz v kontekste vremeni, in: NM (1991) 7, S. 240-257, hier S. 249f.

[169] VAJL'/GENIS: Vzgljad iz tupika, S. 18; ČUPRININ: Predvestie, S. 217f.

[170] Ein Beispiel dafür ist Z. GAREEVS collagenhafte Erzählung „Mul'tiproza", in: SOLO (1991) 4, S. 61-73; auch M 1993; DARK: Mif o proze, S. 229-231.

[171] VAJL'/GENIS: Vzgljad iz tupika, S. 17.

[172] IVANOVA: Neopalimyj golubok, S. 212. Der „žestokij romans" war ursprünglich eine Variante der liedhaften oder balladesken Romanze, wobei das Adjektiv einer schicksalhaften Stimmung entsprach. Seit dem 19. Jh. wurde auch ein sozial-tragischer Unterton typisch für das Genre. Vgl. G. GIESEMANN: Die Strukturierung der russischen literarischen Romanze im 18. Jahrhundert, Köln/Wien 1985, S. 11, Fn. 30; É. POMERANCEVA: Ballada i žestokij romans, in: RUSSKIJ FOL'KLOR, Bd. 14, L 1974, S. 203-209.

[173] Ivanova wies auf einen möglichen Einfluß Bachtins auf diese Autoren hin. Zumindest habe Bachtin durch seine Analyse der „Lachkultur" und der Groteske wesentlich zur kulturtheoretischen Erklärung und Aufwertung verschiedener „niedriger" Genres beigetragen. Ebd. S. 219.

pisch für diese Prosa-Kurzform sei eine Mischung aus Elementen der hohen und niederen Kultur, Literatur und Sprache, aus der sie auch ihren neuen Reiz beziehe: Für die Sujets seien Kontraste zwischen hohem und niederem sozialen Status sowie Elemente des Phantastischen und Geheimnisvollen typisch. Auf der Ebene der Sprache mischten sich vulgärer Argot der großstädtischen „Gosse", die Sprache der offiziellen Bürokratie, der pseudovolkstümliche Stil sowjetischer Kleinbürger und der galante Stil des Melodramas der Jahrhundertwende. Typisch sei eine Mischung aus Bewußtseinsformen des „normalen, einfachen Volkes" und Elementen der sowjetischen Ideologie, da dieses Bewußtsein einerseits von elementaren Wünschen nach Gerechtigkeit und einem ideologiefreien Leben geprägt sei und andererseits als Produkt der offiziellen Mythologie mit ihrer „abgeschmackten" Ethik vom „Wahren, Guten und Schönen" ironisch gebrochen präsentiert werde. Die „grausame Romanze" sei eine konzentrierte Mischung von starken Gefühlen und Bewußtseinsformen, deren Existenz in der Sowjetzeit unterdrückt worden seien.

Vorläufer für die Ablehnung alles Monumental-Pathetischen und die Vorliebe für „niedere Genres" oder das vermeintlich Nichtswürdige wurden in der russischen Literatur des 20. Jhs. wie auch des 19. Jhs. gefunden. Ivanova entdeckte sie bei Gogol', der in seinen ukrainischen Erzählungen eine „Poesie der Abgeschmacktheit" hervorgebracht habe; bei Dostoevskij, der mit der Figur des Lebjadkin aus dem Roman „Dämonen" den Prototypen des lächerlichen Gelegenheitsdichters aus der untersten Schicht geschaffen habe; bei Rozanov, der sich gerühmt habe, die „winzigsten Spinnweben des Alltags" in die Literatur eingeführt zu haben; bei den „Obėriuten" (die sich auch auf Lebjadkin beriefen) mit ihrer Vorliebe für kleine, nichtige „Fälle" des Alltags, und bei Bulgakov, für den die Niederungen des Alltags zu einem vollständigen Bild der Kultur gehört hätten.[174] Ėpštejn nannte als Vorläufer der Konzeptualisten in der russischen Literatur Koz'ma Prutkov und ebenfalls Dostoevskij, der mit seiner „Lebjadkinschen Graphomanie" den Grundstein für manche parodistische Verfahren der „anderen" Literatur gelegt hätte.[175] Čuprinin sprach von einer Popularisierung des „Remakes" in literarischen Adap-

---

[174] IVANOVA: Neopalimyj golubok, S. 211-219.

[175] ĖPŠTEJN: Posle buduščego, S. 196; DERS.: Postavangard. Sopostavlenie vzgljadov, S. 234.

tionen von Vorlagen der russischen Klassik und sah erste Anzeichen für eine Entwicklung erotischer Genres.[176]

Für Ivor' Severin[177] stand die Mehrzahl der Autoren und Strömungen auch der inoffiziellen Untergrundkultur innerhalb und außerhalb Rußlands seit den siebziger und achtziger Jahren in der realistischen Tradition. Gemeinsame Kennzeichen dieser von ihm als „nichtkanonisch-tendenziös" oder „ganzheitlich" bezeichneten Literatur sah er darin, daß sie an einem ganzheitlichen Werkbegriff festhalte, bewußt für das Bewahren der Tradition eintrete und nach wie vor eine außerliterarische, wertschöpfende Funktion dominant setze. Severein machte dies an Beispielen der Lyrik fest und nannte Dichter wie Viktor Krivulin, Elena Švarc, Sergej Stratanovskij und Ol'ga Sedakova. Alle „nichtkanonisch-tendenziöse" Literatur habe, sofern sie nicht unmittelbar ideologisch sei, im weitesten Sinne eine religiöse oder christliche Orientierung:

> ... die nichtkanonisch-tendenziöse Literatur fährt unter dem Eindruck des einstürzenden Gebäudes (der Literatur, B.M.) fort, dieses zu stützen und nach möglichst soliden, krisenfesten Aufbauverfahren zu suchen; sie errichtet Texttürme aus Elfenbein, die nach ihrem Verständnis jedem Erdbeben und Zusammenbruch standhalten sollten und sich dabei nicht von der Tradition abwenden.[178]

Um 1992 sahen mehrere Kritiker Anzeichen dafür, daß die neueste Literatur sich vom überstrapazierten hermetischen Experimentieren mit Extremen abkehren würde. Sie betonten die Tendenz zu einem neuen Realismus, der sich wieder mehr dem Leser zuwende, zum Beispiel bei Mark Charitonov, Marina Palej, Andrej Dmitriev, Aleksandr Kabakov, Viktor Pelevin und Anatolij Kurčatkin. Dabei betonten einige, daß die realistische Literatur von den Erfahrungen der Postmoderne profitiert habe und nicht unbeeinflußt geblieben sei. Lipoveckij plädierte für eine Erweiterung des Realismus-Begriffs, um auch Autoren der anderen Literatur zu erfassen, die weder in der Tradition des kritischen noch des sozialistischen Realismus stünden. Er sprach von einem mythopoetischen, einem naturalistischen und einem expressionistischen Realismus.[179]

---

[176] S. ČUPRININ: Sbyvšeesja nebyvšee, S. 184ff. Čuprinin nannte als Beispiel für ein „Remake" E. Popovs auf Turgenev basierende Erzählung „Nakanune. Nakanune", als Beispiel für einen erotischen Roman neuen hedonistischen Typs A. Matveevs „Ėrotičeskaja Odisseja".

[177] SEVERIN: Novaja literatura 70-80ch.

[178] Ebd., S. 234.

[179] LIPOVECKIJ: Zakon krutizny , S. 13.

6.2.2.3 Postmoderne

Seit 1989 wurde für einen Teil der „anderen" Literatur der Begriff Postmoderne übernommen, der sich außerordentlich schnell ausbreitete und
1992/93 im Mittelpunkt der Diskussion stand. Unter dem Stichwort
„Postmoderne" wurde eine Diskussion in Gang gebracht, in der es zwar
um die Eigenschaften einer bestimmten anderen Literatur ging, aber darüber hinaus um nichts weniger als den Stand der gegenwärtigen russischen oder gar der globalen Kultur. Damit wurde ein im Westen seit zwei
Jahrzehnten entwickeltes, bis heute umstrittenes philosophisches bzw.
kulturwissenschaftliches Deutungskonzept auf russische Verhältnisse
übertragen und forderte die Literaturkritiker zu Gesamteinschätzungen
auf der kulturellen Makroebene heraus. Innerhalb kurzer Zeit erschien
eine große Anzahl von Artikeln zu diesem Thema in Zeitschriften und
Zeitungen. Eine im März 1991 vom Moskauer Literaturinstitut veranstaltete Konferenz zum Thema „Postmodernizm i my" zog eine Kontroverse
in der Presse nach sich. In fast allen dicken Zeitschriften eroberte sich die
literaturkritische Debatte über die „Postmoderne" seither einen festen
Platz, selbst in Zeitschriften mit religiös-philosophischem Profil, wie
„Novyj mir" und „Literaturnaja učeba", die sich bis dahin der „anderen"
Literatur gegenüber verschlossen hatten. Die Herausgeber von „Voprosy
literatury" fragten im Vorspann einer Diskussionsrunde zum Thema
„Nach der Postmoderne" Ende 1991, ob es sich hierbei wirklich um ein
neues literarisches Weltbild oder nur um eine modische Begriffsspielerei
handle und stellten dazu fest:

> Der Streit um die provozierenden Texte der russischen Postmoderne zieht
> immer mehr neue Teilnehmer in seinen Bann. Die Literaturwissenschaftler
> suchen eine Erklärungsmöglichkeit für viele Erscheinungen der gegenwärti-
> gen Prosa und Lyrik im Begriffssystem der Postmoderne.[180]

Der Begriff „postmodernizm" selbst ist in Rußland zuerst nicht mit Bezug auf die Literatur, sondern auf die bildende Kunst rezipiert worden.
Einige Künstler des Moskauer Konzeptualismus, besonders Vitalij Ko-
mar, Aleksandr Melamid und Il'ja Kabakov und ihnen nahestehende
Theoretiker, wie Boris Groys und I. Bakštejn, lebten oder arbeiteten
schon seit den siebziger Jahren oder Anfang der achtziger Jahre im westlichen Ausland. Im Zusammenhang mit diesen Künstlern hatte sich dort

---

[180] Vorspann zu den Artikeln von M. LIPOVECKIJ und V. SLAVECKIJ: Posle postmodernizma, in: VL (1991) 11-12, S. 37-47, hier S. 3.

bereits seit längerem eine kunsttheoretische Diskussion entfaltet.[181] Über diese Brücke in der bildenden Kunst fanden Begriffe und Konzepte der westlichen Postmoderne erstmals 1983/84 Eingang in den russischen Diskurs.[182] Auch in der Philosophie gab es bereits eine Rezeption der Postmoderne.[183] Eine wichtige Rolle spielten vor dem Zensurabbau Verlage und Literaturzeitschriften aus den baltischen Republiken wie „Daugava" und „Rodnik", die früher als die entsprechenden russischen mit der Veröffentlichung experimenteller Literatur und deren Theoriediskussion begonnen hatten.

Allerdings verschaffte erst die russische Literaturkritik dem Begriff ab 1990/91 Popularität und breite Resonanz.[184] Durch sie wurde er über die Presse und andere Medien bald zu einem, wenn auch heftig umstrittenen, allgemeinen Topos des kulturellen und gesellschaftlichen Austauschs. Die literaturkritische Debatte erhielt dadurch eine neue Dynamik, der Horizont, vor dem geurteilt wird, weitete sich erheblich aus. Neue literaturhistorische Genealogien ergaben sich, die Perioden des dogmatischen sozialistischen Realismus, die man während der Perestrojka ausgeklammert hatte, wurden nun wieder einbezogen und in völlig neuer Weise beleuchtet. Vergleichende internationale Betrachtungen und eine Einordnung der neuen Literatur nicht nur in die russische und sowjetische, sondern in die gesamteuropäische Kultur im 20. Jh. drängten sich auf.

Nahezu gleichzeitig mit der Übernahme des Begriffs von der russischen Litereraturkritik erschienen erstmals literarische Werke von Autoren und „Klassikern" der westlichen Moderne und Postmoderne wie James Joyce, José Louis Borges, Umberto Eco, Vladimir Nabokov und Pat-

---

[181] Texte, Bilder und theoretische Kommentare des literarischen und künstlerischen Untergrunds wurden zum Beispiel in der Pariser Exilzeitschrift A-JA (1979-1986) publiziert und in Deutschland von G. HIRT/S. WONDERS (Kulturpalast. Neue russische Poesie und Aktionskunst, Wuppertal 1984) herausgegeben.

[182] Zu den ersten Veröffentlichungen gehörten: V. SAMOCHIN: Psichologičeskie tendencii v iskusstve postmodernizma, in: ISKUSSTVO (1983) 4, S. 40-44; A. RJABUŠIN/V. CHAJT: Postmodernizm v real'nosti i predstavlenijach, in: ISKUSSTVO (1984) 4, S. 39-43.

[183] V. JA. IVBULIS: Modernizm i postmodernizm: idejno-èstetičeskie poiski na Zapade, in: ZNANIE No. 12, M 1988; DERS.: Ot modernizma k postmodernizmu, in: VL (1989) 9, S. 256-261.

[184] In auflagenstarke Literaturzeitschriften und damit breite Rezeptionskreise fand er nicht, wie von M. Lipoveckij behauptet, Ende 1989 Eingang, sondern wurde erst ab März 1991 nach der ersten öffentlichen Moskauer Konferenz zum Thema „Postmodernizm i my" verwendet.

rick Süskind, in russischen Übersetzungen.[185] Auch wurden theoretische
Schriften westlicher postmoderner Philosophen bzw. Poststrukturalisten
in russischen Übersetzungen herausgegeben[186] und von einzelnen Kritikern rezipiert. 1991 erschien zum ersten Mal ein von der Akademie der
Wissenschaften herausgegebenes umfassendes Lexikon der zeitgenössischen westlichen Philosophie, das fundierte Informationen zur westlichen
Postmoderne gab.[187]

Da es sich auch im Westen keineswegs um einen klar umrissenen Begriff handelt, der in verschiedensten philosophischen, kulturhistorischen
und ästhetischen Zusammenhängen verwendet wird und mit entsprechend vielfältigen Bedeutungen und Werturteilen besetzt ist, werden im
folgenden zunächst einige für den Literaturbereich relevante Grundzüge
der Postmoderne einschließlich ihrer in der westlichen Forschung stritti-
gen Probleme umrissen.

6.2.2.3.1 Zum Konzept der Postmoderne im Westen

In der westlichen Debatte ist die Postmoderne ein heuristischer Begriff,
der in den siebziger und achtziger Jahren in den Gesellschafts-, Kultur-
und Sozialwissenschaften und in der Philosophie auftauchte, um den sozialen Wandel seit den späten fünfziger Jahren zu erklären und damit
verbunden Modelle der Theoriebildung zu schaffen. Seine Verwendung
ist vielschichtig, weil die Theorien der Postmoderne einerseits von der
Rezeption des französischen Post- bzw. Neostrukturalismus und andererseits vom amerikanischen Dekonstruktivismus geprägt worden sind.[188]

---

[185] BORGES erschien erstmals M 1985 in der Reihe „Mastera sovremennoj prozy"; auch
DERS.: Cabbalah, in: DAUGAVA (1988) 7; U. ECO: Imja rozy, in: IL (1988) 8-10; J.
JOYCE: Uliss, in: IL (1989) 1-12; P. SÜSKIND [ZJUSKIND]: Parfjum, in: IL (1991) 8.

[186] So zum Beispiel R. BARTHES [BART]: Izbrannye raboty. Semiotika. Poëtika, M 1989.
Hierzu gehören auch die seit 1989 in Rußland publizierten Aufsätze des 1981 in die
Bundesrepublik emigrierten Kunst- und Kulturtheoretikers Boris Groys; B. GROYS
[GROJS]: Soc Art, in: ISKUSSTVO (1990) 1, S. 30-33; DERS.: Russkij avangard po obe
storony černogo kvadrata, in: VOPROSY FILOSOFII (1990) 11, S. 67-73; DERS.: Apolo-
gija rynka, in: DEKORATIVNOE ISKUSSTVO (1991) 2, S. 14-15; DERS.: Neosakral'nye
mify rossijskogo avangarda, in: DEKORATIVNOE ISKUSSTVO (1991) 8, S. 31-33; DERS.:
Utopija i obmen, M 1993.

[187] Sovremennaja zapadnaja filosofija, hg. von V. Malachov/V.P. Filatov, M 1991; 2.
erw. überarb. Aufl. M 1998.

[188] Auf eine Differenzierung zwischen Poststrukturalismus, Neostrukturalismus, Dekonstruktivismus und Diskursanalyse wird hier verzichtet, da sie für unseren Zusammenhang nicht relevant ist.

Postmoderne wurde zu einer Art Oberbegriff für verschiedene neue
Denkmodelle. Gleichzeitig wurde er im Verlauf der achtziger Jahre zum
Reizwort polemischer Debatten und auch zur Modeerscheinung. Konsistente philosophische Ansätze mit einer „Gesamtdeutungsambition"[189]
wurden erst in den achtziger Jahren, etwa von Jean François Lyotard und
Wolfgang Welsch, entwickelt.[190] Die Herausbildung postmodernen Denkens ist nicht zu trennen von der linksintellektuellen Protestbewegung,
ihrem Anspruch, Kultur und Gesellschaft zu demokratisieren, die Schranken zwischen elitärer und Massenkultur einzureißen, sowie von dem darauffolgenden Scheitern der marxistischen Gesellschaftsutopien und des
geschichtsphilosophischen Optimismus.

Der Begriff Postmoderne kennzeichnet eine historische Situation, in
der epistemologische und wissenschaftliche Wert- und Wahrheitskon-
zepte ihre Verbindlichkeit verloren haben. Folglich ist auch die Annahme
eines linearen, fortschrittsgeleiteten und rational lenkbaren Geschichts-
verlaufs aufgegeben oder zumindest relativiert worden. Die Vorstellung
von einem einheitlichen Ziel der Geschichte und von einem Subjekt, das
die Wirklichkeit philosophisch erkennen und ästhetisch bewältigen kann,
hat sich aufgelöst. Selbst wenn dieses Subjekt nur noch im „Trost der
guten Formen" möglich ist, im „Konsensus eines Geschmacks, der ermöglicht, die Sehnsucht nach dem Unmöglichen gemeinsam zu empfinden und zu teilen",[191] ist es nicht mehr als konsistente Einheit denkbar.
Diese Tatsache hat weitgehende Konsequenzen für alle Kultur- und Wis-
sensbereiche.

Postmodernes Denken geht von der Annahme aus, daß sich die inno-
vatorische Kraft der Moderne als der dominierenden kulturellen Aus-
drucksform in den entwickelten Industrienationen des 20. Jhs. erschöpft

---

[189] W. WELSCH: Postmoderne. Zwischen Indifferenz und Pluralität, in: P. Burtscher/W.
Donner/M. Fischer (Hgg.): Postmoderne – Philosophem und Arabeske. Salzburger
Schriften zur Rechts-, Staats- und Sozialphilosophie. Bd. 8, Frankfurt/Bern/New
York 1989, S. 21-35, hier S. 22f.

[190] J. F. LYOTARD: Das postmoderne Wissen. Ein Bericht, Graz u.a. 1986; DERS.: Nach-
wort. Ein Denkmal des Marxismus, in: DERS.: Streifzüge. Gesetz, Form, Ereignis,
Wien 1989, S. 89-137; W. WELSCH: Heterogenität, Widerstreit und Vernunft. Zu
Lyotards philosophischer Konzeption von Postmoderne, in: PHILOSOPHISCHE
RUNDSCHAU 34 (1987) 3, S. 161-218; DERS.: Unsere postmoderne Moderne, Weinheim 1987; DERS.: „Postmoderne". Genealogie und Bedeutung eines umstrittenen
Begriffs, in: P. Kemper (Hg.): Postmoderne oder der Kampf um die Zukunft, Frankfurt 1988, S. 9-36; S. WEBER: „Postmoderne" und „Poststrukturalismus". Versuch ei-
ne Umgebung zu benennen, in: ÄSTHETIK & KOMMUNIKATION (1986) 63, S. 105-111.

[191] LYOTARD, zit. in Welsch: Heterogenität, S. 202.

und ihr utopischer Impuls sich überlebt hat. Die einseitige Orientierung
auf Rationalität, Zukunft und Fortschritt und der Anspruch auf universelle Gültigkeit wird als „geheimer Absolutismus",[192] als elitär und autoritär erlebt. Gegen den Anspruch auf e i n e , für alle gültige Wahrheit,
gegen den einen „Meta-Diskurs", setzt die Postmoderne eine „mit grund-
sätzlichen Dissensen rechnende (...) Pluralität",[193] die „Überlagerung und
Durchdringung von Heterogenem", die „Vielfalt von Zeit- und Ge-
schichtsformen" und lebt im Bewußtsein der „ Gleichzeitigkeit des Ungleichzeitigen".[194] Die Postmoderne äußert „Bedenken gegen den Zwang
eines argumentativen Diskurses" und richtet sich gegen jegliche Form
der Metaphysik, sei sie philosophischer oder religiöser Art. Indem sie
von der herrschenden Rationalität Ausgegrenztes aufgreift, „in der Darstellung selbst auf ein Nicht-Darstellbares" anspielt, wird zwar eine Re-
aktivierung mythischer Potentiale möglich. Dennoch ist die Postmoderne
weder mit einem Plädoyer für Irrationalität noch mit einem „Oberflä-
chen-Pluralismus" gleichzusetzen, wie ihre Gegner unterstellen und wie
es in manchen modischen Argumentationen vertreten wird.[195] In ihrer
„Insistenz auf das individuelle, konkret inhaltlich Bestimmbare"[196] enthält sie sehr wohl Rationalität und treibt Prozesse der Entmythisierung
voran.

Für die Literaturtheorie bedeutet die Postmoderne vor allem eine radikale Konzentration auf die Sprache und die Materialität von Texten.
Postmodernes Denken ist antihermeneutisch und antidialektisch. Kein
verborgener Sinn ist mehr zu suchen. Die Postmoderne versteht sich weder als Gegensatz zur Moderne noch als Synthese alles Vorangegangenen
im Sinne einer Aufhebung früherer Bedeutungen und Wertsysteme, Stile
und Epochen, sondern es geht ihr gerade um die Distanzierung von jeglichen dualistischen Oppositionen und hierarchischen Strukturen. Mit der

---

[192] WELSCH: Postmoderne. Zwischen Indifferenz, S. 25.
[193] DERS.: Rückblickend auf einen Streit, der ein Widerstreit bleibt. Noch einmal: Moderne versus Postmoderne, in: INITIAL (1991) 4, S. 341-351.
[194] Ebd.
[195] Zur Kritik an der Postmoderne M. FRANK: Zwei Jahrhunderte Rationalitäts-Kritik und
ihre „postmoderne" Überbietung, in: D. Kamper/W. van Reijen (Hgg.): Die unvollendete Vernunft, Frankfurt 1987, S. 99-120; J. HABERMAS: Motive nachmetaphysischen Denkens, in: DERS.: Nachmetaphysisches Denken. Philosophische Aufsätze,
Frankfurt 1988, S. 35-63; K. LAERMANN: Lacancan und Derridada. Über die Frankolatrie in den Kulturwissenschaften, in: KURSBUCH (1986) 84, S. 34-43.
[196] W. VAN REIJEN: Post-scriptum, in: D. Kamper/W. van Reijen (Hgg.): Die unvollendete Vernunft, S. 9-37.

Ablehnung verbindlicher ästhetischer Werturteile löst sich der herkömmliche Begriff der Literaturkritik in Richtung literarischen Schreibens auf.[197]

Schließlich ist auch im Bereich der Literatur das Verhältnis zwischen Avantgarde, Moderne und Postmoderne relevant, das in der Debatte umstritten ist. Handelt es sich um einen Gegensatz, um etwas qualitativ Neues,[198] geht es lediglich um den „Einbruch der avantgardistischen Problematik in die Kunst der Moderne", oder ist die Postmoderne die radikalisierte Fortführung der Moderne mit anderen Mitteln? Sie würde dann mit deren Aporien auch das Programm beerben, „das vor dem Rückfall in die Barbarei bewahren soll."[199] Die postmoderne Konstellation knüpft an die Erfahrungen der Avantgarde an, indem sie die Autonomie der Kunst leugnet, radikalisiert allerdings deren Potential, da sie die Originalität des Künstlers und seiner Leistung wie auch die Innovation als Grundprinzip der Kunstevolution und jegliche stilistische Hierarchie verwirft. Sie stellt sich damit teilweise auch gegen Traditionen der Avantgarde, indem sie deren didaktisch-aufklärerisches Pathos und deren utopischen Impuls ablehnt. Da die Auffassungen von der historischen Avantgarde in der westlichen Forschung je nach der Bewertung ihres autoritären bzw. kritisch-emanzipatorischen Potentials verschieden sind, gibt es auch zu ihrer Rolle in bezug auf die Postmoderne unterschiedliche Einschätzungen.[200]

Die Auseinandersetzung über das Verhältnis der Postmoderne zur Aufklärung ist als „Kampf um die Zukunft" bezeichnet worden, da es in ihr um die Möglichkeit oder Unmöglichkeit allgemeinverbindlicher Werte und einer vernunftgeleiteten Vision der zukünftigen Gesellschaft geht, nachdem alle bisherigen Utopien sich in der Praxis als repressiv erwiesen haben. Gerade die avanciertesten philosophischen Vertreter der Postmoderne, wie Jean François Lyotard und Wolfgang Welsch, behar-

---

[197] Dazu J. C. SCHÜTZE: Aporien der Literaturkritik – Aspekte der postmodernen Theoriebildung, in: A. Huyssen/K. Scherpe (Hgg.): Postmoderne. Zeichen eines kulturellen Wandels, Reinbek 1986, S. 196-218.

[198] Diese Position vertritt zum Beispiel Ihab Hassan. I. HASSAN: Postmoderne Heute, in: W. Welsch (Hg.): Wege aus der Moderne, Weinheim 1988, S. 47-56;

[199] WELSCH: Rückblickend auf einen Streit, S. 343.

[200] Während B. GROYS (Gesamtkunstwerk Stalin, München 1988; russ. in: DERS.: Utopija i obmen) von einem Gegensatz ausgeht und von der Postmoderne als Postavantgarde spricht, sieht Peter BÜRGER eine Kontinuität von Moderne und Avantgarde aus und bezeichnet die Postmoderne als „Einbruch der avantgardistischen Problematik in die Kunst der Moderne." in: CH. u. P. BÜRGER: Postmoderne: Alltag, Allegorie und Avantgarde, Frankfurt 1987.

ren gegen alle Vorwürfe der „Beliebigkeit" oder einer „Apologie der Sinnlosigkeit" immer wieder darauf, daß sie die heute zeitgemäße Kontinuität der Aufklärung verkörpere, die in der Skepsis gegenüber jeglichen allgemeinverbindlichen Wert-, Erklärungs- und Handlungsmodellen liege und zugleich permanente Selbstreflexion auf die Ausgangsbedingungen der eigenen Position bedeute.

6.2.2.3.2   Postmoderne in der russischen Literaturkritik

Um festzustellen, was der Begriff für die Beschreibung und Klassifizierung der neuen Literatur in Rußland leistet, soll zunächst danach gefragt werden, welche Werke/Autoren von der Literaturkritik als postmodern bezeichnet werden und an welchen konkreten Merkmalen und Verfahren sie dies festmacht. Anschließend werden drei Konzepte einer literatur- bzw. kulturhistorischen Einordnung der Postmoderne (von Lipoveckij, Ėpštejn und Kuricyn) vorgestellt und diskutiert. Zu den Vertretern einer neuen Literaturkritik, die sich um eine Analyse und Klassifizierung der „anderen" Literatur im Sinne einer russischen Postmoderne bemühten, gehörten besonders Michail Berg, Oleg Dark, Michail Ėpštejn, Vjačeslav Kuricyn und Mark Lipoveckij. In der Einschätzung dessen, welche Literatur als postmodern zu gelten habe, gab es eine klare Übereinstimmung nur in bezug auf den Moskauer Konzeptualismus, also auf Autoren wie Dmitrij Prigov, Lev Rubinštejn, Vladimir Sorokin und andere Dichter in diesem Umfeld sowie auf einzelne Autor(inn)en, wie Andrej Bitov, Saša Sokolov, Jurij Mamleev, Viktor Erofeev, Evgenij Popov und Valerija Narbikova. Daneben wurden von verschiedenen Kritikern etliche neue, unbekannte, zum Teil junge Autoren genannt, denen jedoch wenig literarische Bedeutung zugesprochen wurde. Nicht eindeutig bzw. umstritten war die Zuordnung einer Reihe anderer Autoren, wie Vladimir Nabokov, Joseph Brodsky, Venedikt Erofeev und Tat'jana Tolstaja, zur Postmoderne. Sie wurden sowohl der Postmoderne als auch der Moderne oder einem neuen Realismus zugeordnet.

Folgende Merkmale wurden übereinstimmend als typisch für die postmoderne Schreibweise genannt:[201]

---

[201] LIPOVECKIJ: Zakon krutizny; DERS.: Apofeoz častic, hier S. 219; K. STEPANJAN: Realizm kak zaključitel'naja stadija postmodernizma, in: ZN (1992) 9, S. 231-238, S. 231. V. KURICYN: Postmodernizm: novaja pervobytnaja kul'tura, in: NM (1992) 2, S. 223-232, hier S. 227.

– Polystilistik *("polistilistika")*

Der Begriff bezeichnet die gleichzeitige Verwendung verschiedenster Stile, und zwar sowohl in der Konfrontation von hohem und niederem Stil oder mehreren Epochalenstilen als auch im weiteren Sinne als Vermischung von „kulturellen Sprachen". Lipoveckij bezeichnete dies als „Paradox der Vielsprachigkeit".[202] Das Spektrum dieser Vielsprachigkeit reicht von bisher tabuisierten Ebenen des Vulgären bis zu sprachlichen Stereotypen und Klischees. Charakteristisch sei auch die Vermischung unterschiedlichster Stile, woraus sich Brüche und Dissonanzen ergäben. In einigen Texten werde das Verhältnis von Autor und Text bis hin zu grammatisch falschen Sätzen deformiert und die Polystilistik ins Extrem getrieben.[203]

– Zitathaftigkeit *("citatnost'"*, *„kentonnost'"*[204] bzw. *„vtoričnost'")*

Hiermit ist der freie Umgang mit nicht als solchen gekennzeichneten Zitaten aus allen literarischen, künstlerischen und sonstigen sprachlichen Texten der Vergangenheit und Gegenwart gemeint. Dieses Zitieren geht insofern über ähnliche traditionelle Verfahren hinaus, als ihm ein Verzicht auf jeglichen Originalitätsanspruch zugrundeliegt. Dadurch, daß alle bisherige Literatur und Realität als ein Fundus an Texten verstanden wird – Kuricyn und Lipoveckij übernahmen die semiotische Formel von der „Welt als Text" -, über den jeder Dichter frei verfügen kann, gewinnt das Spiel mit Zitaten eine neue Qualität.

Andrej Zorin stellte fest, daß sich bei einigen Dichtern Stilzitate aus dem klassischen Erbe und aus der Literatur des „Silbernen Zeitalters" mit Zitaten aus der sowjetischen Estradenlyrik der fünfziger Jahre und der pathetischen Tauwetter-Literatur mischten. Diese Mischung habe die Funktion zu verdeutlichen, daß alle klassischen Texte, seien sie von Puškin, Mandel'štam oder Pasternak, durch die sowjetische Rezeption gefiltert und durch den sowjetischen Sprachgebrauch gewissermaßen „ernied-

---

[202] LIPOVECKIJ: Apofeoz častic, S. 217.
[203] DERS.: Zakon krutizny, S. 9.
[204] Die Metapher „kentonnost'" oder „kentonnaja poėzija" bezeichnet ein poetisches Verfahren, in dem aus fertigen „Würfeln" anderer Gedichte neue zusammengetragen werden. In einschlägigen etymologischen Nachschlagewerken ist dieser Neologismus bisher nicht aufgeführt. V. KURICYN: Na poroge ėnergetičeskoj kul'tury, in: LG 31.10.1990.

rigt" worden seien. Im Grunde handle es sich also immer um sowjetische Zitate.[205]

Nach Ėpštejns Auffassung entblößten die Konzeptualisten in ihren Werken durch die Auflistung und Kombination von Zitaten aus dem Kanon des sozialistischen Realismus das Schema der ritualisierten Sprache der Ideologie:

> Anstelle eines „Werkes mit einer Konzeption" haben wir eine „Konzeption als Werk". (...) In den Werken der Konzeptualisten vollzieht sich der Bruch zwischen der Idee und dem Gegenstand, zwischen dem Zeichen und der Realität, allerdings intendiert, als stilistisches Prinzip.[206]

Indem sie diese Ideologeme völlig distanzlos inszenierten, sei ein „Alphabet der Stereotypen" entstanden, das mehr als nur Sozialkritik bedeute, da es die existentielle Dimension der Herrschaft durch Sprache bloßlege. Jede „Ideenhaftigkeit" als traditionell höchstes Kriterium für literarischen Wert, sei sie humanistischer, moralischer, nationalpatriotischer oder philosophischer Art, werde parodiert und abgelehnt. Aber nicht nur das, sondern auch die zweite traditionelle Bedingung für künstlerisch wertvolle Literatur, das professionelle Handwerk des Schriftstellers („masterstvo"), werde in diesen Texten demonstrativ verletzt.

Nach Ivor' Severins Ansicht durchbricht die „konzeptualistische" Strömung radikaler als alle anderen die Grenzen zwischen Kunst und Nichtkunst. Sie verzichte auf jegliche außerliterarische Referenz und inszeniere stattdessen – metaphorisch – Nichtliteratur, in der es weder ein lyrisches Ich noch eigenständige poetische Bilder gebe. Dies geschehe aus der Erfahrung heraus, daß keine Originalität, keine Erkenntnis ohne Reflexion auf die vorangegangene Literatur möglich sei.[207]

– Ein neues Verhältnis zwischen Autor, Figuren und Text und neue Anforderungen an die Leser

Entscheidend für dieses neue Verhältnis war nach Lipoveckij die Selbstreflexion, die in radikaler Weise im literarischen Text offengelegt und sogar konstitutiv wird. Der Autor erscheine als alles beherrschende und alles kontrollierende Instanz, indem er permanent den eigenen Schaf-

---

[205] Vgl. dazu auch V. LETCEV: Konceptualizm, čtenie i ponimanie, in: DAUGAVA (1989) 8, S. 107-113.
[206] ĖPSTEJN: Koncepty..., Metaboly, S. 195.
[207] SEVERIN: Novaja literatura 70-80ch, S. 222ff.

fensprozeß kommentiere und so beim Leser die Illusion erzeuge, daß der Text spontan vor seinen Augen entstehe, wie etwa bei Bitov („Puškinskij Dom") oder Popov („Duša patriota, ili Različnye poslanija k Ferfičkinu").

Gleichzeitig ordne sich dieser scheinbar omnipotente Autor/Erzähler seinem Text unter, der wiederum abhängig von einem noch größeren, übergeordneten Text sei. So trete er zum Beispiel selbst als Figur unter eigenem oder fremdem Namen gleichberechtigt neben anderen oder sogar als Alter Ego des Autors auf. Als Beispiele für solche Verfahren, für die Lipoveckij die Formel Roland Barthes' vom „Tod des Autors" zitierte, nannte er Kataev, Tolstaja und Ivančenko. Es handle sich jedoch nicht um ein autobiographisches Schreiben, da das Autorbild durch Ambivalenz, Selbststilisierung, Selbstparodie oder sonstige Beschränkungen in seiner Bedeutung relativiert werden solle.[208] Vadim Lineckij betonte in diesem Verfahren die Zertrümmerung der Autorität des Autors und damit tradierter Lesererwartungen an seine moralische und aufklärende Funktion. Ein Autor, der sich als Erzähler oder Figur vulgärer, erotischer Sprache oder des „mat" bediene, erniedrige sich dadurch bewußt selbst und könne vom traditionellen Leser nicht mehr als Ideologe ernstgenommen werden.[209]

Am radikalsten werde die Distanz zwischen Autor und Figuren wiederum bei den Konzeptualisten aufgehoben. Zwar sei, so Ėpštejn, diese Entwicklung schon in der Literatur der vergangenen Jahrzehnte vorbereitet worden, aber erst in der konzeptualistischen Literatur trete das anonyme Massenbewußtsein als Subjekt in reiner, entpersonalisierter Sprachform auf und die Wertewelt des Autors erscheine als identisch mit der des Dargestellten. Aber auch Autoren, die diesen Weg weniger radikal gingen, wurden als postmodern bezeichnet. Lipoveckij sprach zunächst von „artistischer Prosa",[210] Berg von einer Strömung der „nicht-tendenziösen" Postmoderne, in der es – im Unterschied zum Konzeptualismus – noch Figuren mit einer gewissen Konsistenz und häufig auch eine erkennbare Autorgestalt gebe, die nicht nur ein Konstrukt aus fremden Worten sei. Als Beispiele nannten die Kritiker Evgenij Charitonov, Viktor Erofeev, Ėduard Limonov, Vladimir P'ecuch, Evgenij Popov, Saša Sokolov und Tat'jana Tolstaja. Sie verweigerten zwar die Referenz auf eine konkrete historische oder soziologische Realität, blieben aber in ih-

---

[208] LIPOVECKIJ: Zakon krutizny, S. 8-9. und Apofeoz častic, S. 214.
[209] LINECKIJ: Nužen li mat russkoj proze.
[210] LIPOVECKIJ: Svobody černaja rabota.

rem Schreiben dennoch sujet- und zeitgebunden. Die dargestellten Figuren seien oft weder nach ihrer Zugehörigkeit zu geographischen Orten
wie Stadt oder Dorf noch nach sozialer Herkunft wie Klasse, Schicht
oder Milieu zu bestimmen, sie seien aber trotz aller Enthistorisierung
vom Bewußtsein der Zeitgenossenschaft getragen.[211]

Die Auflösung der Bedeutungshierarchie von schaffendem Autor und
Text wirkte sich auch auf die Figuren aus. Als hervorstechender Zug
postmoderner Literatur wurde der Antipsychologismus der Figuren her-
vorgehoben.[212] Sie seien, so Lipoveckij, nicht „typische Charaktere in
typischen Umständen", sondern psychologisch inkonsistente Konstruktionen. So könne ein und dieselbe Figur naiv, geistig beschränkt sein und
zugleich die oberste reflexive Instanz des Textes darstellen:

> Ein solcher Held verfügt über eine gewisse Unabhängigkeit von den Um-
> ständen (obwohl er zunächst zu ihrem Opfer wird), er verkörpert gewisser-
> maßen die ewig naive und ewig raffinierte geistige Kraft der Kunst; er ist zu-
> gleich lebendiger Mensch, Metapher, Symbol und Zeichen.[213]

Die Protagonisten der neuen Prosa, so Vajl' und Genis, seien häufig
selbst Schriftsteller. Ihre pseudophilosophischen Reflexionen über die eigene Tätigkeit hätten aber im Gegensatz zu den Protagonisten der Tauwetterliteratur meist parodistischen Charakter und seien nicht ernst gemeint.[214]

Die Rolle des Lesers solcher Texte wurde entsprechend aktiver als in
konventionellen Texten eingeschätzt. Michail Ajzenberg, selbst ein junger Dichter dieser Richtung, schrieb, daß im konzeptualistischen Werk
der Leser viel stärker einbezogen werde. Er betonte die prinzipielle Dialogizität, ein Gleichgewicht zwischen Text, Autor und Leser, bei dem
keine Instanz mehr wisse als die andere. Paradoxerweise bringe sich gerade im konzeptualistischen Gedicht der Autor als ganzer Mensch ein

---

[211] VAJL'/GENIS: „Novaja proza".

[212] KURICYN: Postmodernizm: Novaja pervobytnaja kul'tura, S. 231; DARK: Mif o proze.

[213] LIPOVECKIJ: Zakon krutizny, S. 10.

[214] ÈPSTEJN: Postavangard.
Für die konsequente Absage an eine implizite Autorposition im Text als Bruch mit
einer der letzten Konventionen, die einen literarischen vom nichtfiktionalen Text
trennen, prägte Sven Gundlach, selbst einer der Künstler aus dem Umfeld des Moskauer Konzeptualismus, den Begriff „personažnyj avtor" bzw. „avtor-personaž": S.
GUNDLACH: Personažnyj avtor, in: LITERATURNOE A-JA (1985) 1, S. 76-77. Vgl. dazu
(am Beispiel von E. Popov) F. TSCHOUBOUKOV-PIANCA: Die Konzeptualisierung der
Graphomanie in der russischsprachigen postmodernen Literatur, München 1995, S.
46-48.

und werde dadurch mehr dem Anspruch auf Selbstausdruck gerecht als in der traditionellen Literatur, in der es immer eine Distanz zwischen dem Vers und dem Autor als Person gebe.[215] Kuricyn nannte als beispielhaftes Verfahren postmoderner Auflösung des hierarchischen Autor-Leser-Verhältnisses das auch in Rußland bekannt werdende Spiel der sogenannten „Mail-Art". Sender und Empfänger von Postsendungen korrespondierten miteinander über kreative Gestaltungen der Sendung vom Stempel über die Briefmarke bis zum Briefinhalt und schufen so eine neue Kunstform über Post-Korrespondenz. Die postmoderne Literatur zeichne sich gerade durch solche offenen Texte aus.[216]

– Fragmentarismus, Aufhebung der Konsistenz von Raum und Zeit

Einige Kritiker hoben die psychologisch inkonsistente Darstellung von literarischen Figuren, die Collagenhaftigkeit und prinzipielle Offenheit der Texte und die gänzliche Auflösung raum-zeitlicher Zusammenhänge hervor (bei Autoren wie Sokolov, Narbikova oder Sorokin). Sie wiesen auf einen Grundzug der Fragmentarizität in der postmodernen Literatur hin. Lipoveckij schrieb:

> In einem solchen (postmodernen, B.M.) Text erfreuen sich zusammen mit dem Autor Raum und Zeit einer eigenen Unselbständigkeit. Sie erscheinen nicht selten in Auflösung – sind zerschlagen in autonome Chronotopen, jedes einzelne erzeugt wieder einen oder mehrere kulturelle Codes.[217]

– Verfahren der Aufzählung („perečen'"), Collagen und Tautologien

Sie wurden von Kuricyn und Lipoveckij besonders an der Literatur der Konzeptualisten in Anlehnung an die sogenannte Soz-Art in der bildenden Kunst festgemacht. Kuricyn erklärte die Aufzählung gar zu einem eigenständigen Genre: „In der Postmoderne ist das Genre der Aufzählung sehr beliebt, sein Rhythmus hilft durch seine offene Unendlichkeit die Betonung von 'Form' und 'Inhalt' zu tilgen und sich für eine rituelle Handlung zu öffnen."[218]

---

[215] M. AJZENBERG: Kartina soveršenno obratnaja, in: TEATR (1990) 4, S. 63-66.

[216] KURICYN: Postmodernizm: novaja pervobytnaja kul'tura, S. 227. Vgl. auch die ironische Redaktionsnotiz in NM, ebd.

[217] LIPOVECKIJ: Zakon krutizny, S. 10.

[218] KURICYN: Postmodernizm: novaja pervobytnaja kul'tura; DERS.: Apofeoz častic, S. 218.

Der Literaturwissenschaftler Zorin beschrieb in einer Sammelrezension der Dichtergruppe „Al'manach", zu der Ajzenberg, Gandlevskij, Kibirov, Novikov, Prigov und Rubinštejn gehören,[219] solche Verfahren als Katalogisierung und Inventarisierung der literarischen Tradition und des sowjetischen Alltags in der Lyrik besonders der Konzeptualisten.

– Ästhetisches Spiel und spielerischer Umgang mit Wertpositionen

Alle genannten Verfahren dienten im wesentlichen dazu, den moralischen Geltungsanspruch ideologisch-weltanschaulicher Botschaften von Literatur zu unterlaufen und Inhalte und Wertpositionen grundsätzlich in Frage zu stellen. Die meisten der genannten Kritiker hoben als wesentliches Element der postmodernen Literatur das ästhetische Spiel hervor, bei dem die Sprache vor den Inhalt tritt und eine eigenständige Dynamik entfaltet. Lipoveckij schrieb hierzu:

> Die Bewegung des Sujets entgegen allen realistischen Kanons wird weniger vom Charakter der Figuren und von der Logik der Umstände geführt, als vielmehr durch Wortspiele, durch die geschmeidigen und ungehemmten Konturen der Erzählung, die fast immer äußerst merkwürdig und raffiniert organisiert ist.[220]

Eine Hierarchie von Werten, so Kuricyn,[221] werde in der postmodernen Literatur grundsätzlich abgelehnt. Da es ihr ebenso gleichgültig sei, wie man sie „von außen" beurteile, wirke sich dieser Wertrelativismus auch auf die „unbequeme" Frage nach ihrer eigenen Bewertung aus. Wenn man überhaupt Qualität und Wert der gegenwärtigen postmodernen Literatur in Rußland beurteilen wolle, so biete sich als einziges Wertkriterium die „Fähigkeit, sich selbst zu entsprechen", an, die Übereinstimmung der „Technologie" mit dem eigenen Anspruch, sich als sekundäre in der bereits vorhandenen Kultur zu situieren.

– Tendenz zur Selbstauflösung und zur Negativität

Als gemeinsame Züge der postmodernen Literatur wurden von verschiedenen Kritikern Figuren der Negativität und Verweigerung, ein starker Hang zu Tod und Zerstörung, zur Selbstverleugnung („samootricanie") genannt. Lipoveckij sah in vielen der neuen Texte apokalyptische Motive

---

[219] A. ZORIN: Muza jazyka i semero poètov. Zametki o gruppe „Al'manach", in: DN (1990) 4, S. 239-249.

[220] LEJDERMAN/LIPOVECKIJ: Meždu chaosom i kosmosom, S. 253.

[221] KURICYN: Postmodernizm. Novaja pervobytnaja kul'tura, S. 231.

von Chaos, Nichts, Leere, Taub- und Stummheit. In der Lyrik überwogen Motive „ontologischer Selbstzerstörung" und des Zweifels an der Möglichkeit des poetischen Wortes sowie immer wieder das Motiv der Verlorenheit der eigenen Generation.[222] Maja Kučerskaja stellte die Verneinung als dominierendes Verfahren bei Valerija Narbikova fest.[223] Viktor Erofeev sprach von den „russischen Blumen des Bösen" und bezeichnete es als Hauptanliegen der „anderen" Literatur, das verdrängte Negative, Destruktive, die „Macht des Bösen" offenzulegen.[224] Wegen ihrer Tendenz zur Einebnung aller Bedeutungsunterschiede sprachen Lipoveckij, Vajl' und Genis von einer „Null-Grad" oder „Nullstellen-Prosa", in der Lyrik von „Null-Bildern" („nulevye obrazy"), in der alle Werte und Gefühle, „Gutes, Böses, Schmerz und Freude, Lachen und Tränen, Haß und Liebe," nivelliert worden seien.[225]

– Mythenschöpfung, Selbstmythisierung

Einige Kritiker diagnostizierten trotz der behaupteten Negation des Utopischen in der russischen Postmoderne nach wie vor utopische Züge und eine Tendenz zum Mythischen, die sich auch in einer besonderen Vorliebe für Motive der griechischen Mythologie äußert.[226] Oleg Dark bezeichnete die Mythenschöpfung sogar als wichtigstes Merkmal der „anderen Prosa" der achtziger Jahre. Er betrachtete diese vor allem in bezug auf den Autor und seine Verkörperung im Werk: „Die 'neue Prosa' beginnt mit der Selbstmythisierung. (...) Das zentrale, organisierende Ereignis im Mythos ist das Wunder."[227]

Die mythische Überhöhung der eigenen Person trat nach Ansicht Darks in verschiedener Gestalt auf: als physiologische Entgrenzung – Krankheit als Weg zur Offenbarung (Mamleev), als ironisch gebrochenes Martyrium (der Mythos vom Weg als unendlichem Leidensweg bei Venedikt Erofeev, Sokolov) bis hin zur rituell organisierten Selbstaus-

---

[222] LIPOVECKIJ: Patogenez, S. 216f; DERS.: Apofeoz častic, S. 223f.: DERS: Zakon krutizny.

[223] M. KUČERSKAJA: Neplaneta neljudej, in: KONTINENT (1991) 67, S. 350-354.

[224] VIKTOR EROFEEV [W. JEROFEJEW]: Die russischen Blumen des Bösen, in: DERS. (Hg.): Tigerliebe. Vgl. Fn 89 Kap. 4.

[225] LIPOVECKIJ: Patogenez i lečenie, S. 222. Lipoveckij nannte als Beispiel hierfür die Lyrikerin Nina Iskrenko. VAJL'/GENIS: Novaja proza, S. 250. Der Topos einer „Literatur am Nullpunkt" wurde von R. Barthes geprägt. R. BARTHES: Le Degré zéro de l'écriture. Suivi de Nouveaux essais critiques, Paris 1972.

[226] LIPOVECKIJ: Patogenez i lečenie, S. 219.

[227] DARK: Mif o proze, hier S. 220; DERS.: Mir možet byt' ljuboj.

löschung (Sorokin).[228] Ein historisch bedingter, zeitlich begrenzter Zustand mit apokalyptischen Zügen werde in einen zeitlosen überführt, gestaltet werde die „Erfahung der Umgestaltung und Umwandlung der historischen Hölle in einen paradiesischen Karneval."[229]

Diese Prosa habe auch eine Tendenz zum Hermetischen. Manche Werke gäben sich als nur für einen begrenzten Kreis von Eingeweihten geschaffen zu erkennen, andere spielten mit dem Topos des Auserwähltseins, der absoluten Freiheit und Unabhängigkeit von gesellschaftlichen und historischen Einflüssen. Immer handle es sich dabei um Ausbrüche eines ungehemmten Individualismus. Dark betrachtete den Hang zur Selbstmythisierung zum einen als Folge der jahrelangen gesellschaftlichen Ausgrenzung der Autoren. Auch in der Memoirenliteratur sei die Tendenz zu einer übersteigerten Selbstkanonisierung zu finden. Zum anderen sah er darin ein Bedürfnis der Autoren nach metaphysischer Entgrenzung, ein fast religiöses Erlösungsbedürfnis, das er „eschatologische Ungeduld" nannte:

> In der Parodierung des religiösen Rituals wird auch die Gleichgültigkeit des Göttlichen gegenüber den Formen und Arten seiner Geschöpfe bloßgelegt. (...) Der Instinkt der „neuen Prosa" ist die Rettung der Welt ohne Gott und ihm zum Trotz.[230]

In den Phantasien von der Symbiose von Körpern und Geschlechtern (Narbikova), von der Auflösung des eigenen Körpers (Sorokin, Mamleev) oder der Verwandlung der Realität (Sokolov) seien die Konzepte russischer Kulturphilosophen wie Nikolaj Fedorov von der Unsterblichkeit wiederzuerkennen. Überhaupt sah der Kritiker in der „neuen" Prosa neben der Tendenz zur Selbstauslöschung und hermetischen Selbstisolierung eine Affinität zu letzten philosophischen Fragen (Popov, Narbikova, Petruševskaja, Gavrilov). Der mythisch-utopische Impuls richte sich allerdings nicht auf etwas zukünftig zu Schaffendes – wie jener der sowjetischen Avantgarde -, sondern auf eine Rückkehr in einen „irgendwann einmal gewesenen ursprünglichen Zustand".[231] Narbikova verteidigte er

---

[228] Zufar Gareev, selbst ein Autor der „anderen Prosa", schloß sich dieser Einschätzung an, indem er zur erotischen Thematik schrieb, sie habe vor allem metaphysische Bedeutung, sei oft stark verfremdet und intellektualisiert und deshalb nicht als bloße Enttabuisierung mit außerliterarischer Funktion mißzuverstehen. GAREEV: Ferfičkin velel puščat'.

[229] DARK: Mif o proze, S. 221.

[230] Ebd., S. 221 u. 222.

[231] DARK: Mir možet byt' ljuboj, S. 226f.

gegenüber dogmatisch-autoritären Angriffen, die in ihren Texten satanischen Hochmut und christliche Todsünden anprangerten. Die „fröhliche Nonne" („veselaja monachinja") Narbikova sei im Grunde ehrlicher und gottesfürchtiger als jene Kritiker, die ihr Nihilismus vorwarfen und selbst einen sklavisch-unterwürfigen oder utilitaristisch eingesetzten Glauben praktizierten.[232]

Lipoveckij betonte in dieser Prosa zugleich die Züge der Enthistorisierung, ihre „Bekenntnishaftigkeit" („ispovedal'nost'") und ein trotz aller ironischen Brechung vorhandenes philosophisches Potential. Natal'ja Ivanova stellte verwundert fest, daß dieselben Autoren, die aus tiefem Mißtrauen gegen alles Ideologische jede engagierte Literatur ablehnen, nach wie vor ein außerordentlich großes Vertrauen in die Wirkung von Literatur setzen.[233]

– Synkretismus der Genres; Auflösung der Grenzen zwischen Literatur und Literaturkritik

Neben der Auflösung der traditionellen Kategorie des Autors wurde der Synkretismus nicht nur literarischer Genres, sondern aller Kunstarten und darüber hinaus die Auflösung der Grenzen zu außerkünstlerischen Texten betont. Als deren Beispiel in Rußland nannte Kuricyn die Soz-Art:

> Offensichtlich ist in der Postmoderne die Tendenz zum Synkretismus, zum Ineinandergreifen und Verschmelzen verschiedener Kunstarten, zu einer Einheit von Arten und Genres, eine Tendenz nicht nur zu einem äußerlichen Synkretismus, sondern überdies, was noch wichtiger ist, zu einem Synkretismus im Denken. [234]

In der Überschneidung von Literatur und Kritik, in der Mischung aus Rebellion, Skepsis und Desillusionierung und im Gestus, von sich betont in der ersten Person Singular zu sprechen, sah Vladimir Potapov den „Geist des Essayismus" von Rozanov in den neuen Autoren der Postmoderne wiederaufleben.[235] Auch Vladimir Slaveckij entdeckte 1991 in der jüngst veröffentlichten Literatur einen starken Hang zum Essayistischen und umgekehrt bei manchen Kritikern die Intention, die Grenzen zwischen Literatur und Kritik demonstrativ zu nivellieren. Er polemisierte

---

[232] DERS.: Černaja messa imperativnoj kritiki, in: ZN (1992) 8, S. 225-228, hier S. 227. Der Artikel polemisierte besonders gegen R. Gal'cevas Angriffe auf Narbikova und die „andere" Prosa in R. GAL'CEVA: Sem' zlejšich duchov, in: LG 15.1.1992.

[233] IVANOVA: Namerennye nesčastlivcy, S. 239-52.

[234] KURICYN: Postmodernizm: novaja pervobytnaja kul'tura, S. 229.

[235] POTAPOV: Na vychode iz „andergraunda", S. 255.

gegen den modischen Stil endloser Kommentare „à la Rozanov" („roza-
novstvo"). Die neue Literatur vermische sich immer mehr mit der Literaturkritik, postmoderne Autoren wählten als Genrebezeichnungen „Anmerkungen" („primečanija"), „Rezension" („recenzija") und unverbind-
liche „Erörterungen" („rassuždenija"). Bei manchen, wie Dmitrij Galkovskij, sei gar nicht zu unterscheiden, ob man es mit einem literarischen
oder einem literaturkritischen Text zu tun habe. Slaveckij zitierte das
Autorenpaar A. Levkin und O. Chrustaleva, das einem seiner literarischen Texte den Titel „Recenzija v trech konceptach i s ėpigrafom" gegeben habe.[236] Solche Bemerkungen über den vermeintlich abstrakten
Stil neuer literarischer Texte und über das Schreiben nach vorherbe-
stimmten Regeln waren zwar polemisch gemeint, bestätigten aber die
neue Tendenz einer gegenseitigen Durchdringung von Literatur und Kritik. Sicherlich spielte hierfür auch die enge Beziehung zwischen Kritikern bzw. Theoretikern und Autoren der „neuen" Literatur eine Rolle
(Viktor Erofeev, Berg, Kuricyn, Jarkevič).

Vajl' und Genis nannten als Beispiel für eine Auflösung der Grenzen
zwischen Literatur und Kritik bzw. Literaturwissenschaft die die sogenannte „geisteswissenschaftliche Literatur" („gumanitarnaja slovesnost'"), worunter sie bestimmte Schriften von Bachtin und Averincev,
Sinjavskijs/Terc' Essay „Progulki s Puškinym" und die Essays von
Brodskij verstanden.[237] Dieses auch als „philologische Prosa" bezeichnete Genre gab es tatsächlich schon in der sowjetischen Vergangenheit
und wurde, obwohl von der offiziellen Kritik abgelehnt, von Kritikern,
Literaturwissenschaftlern und Philosophen immer wieder verwendet, in
den siebziger und achtziger Jahren etwa von Jurij Karabčievskij, Vladimir Kantor und Lev Losev.[238]

---

[236] SLAVECKIJ: Posle Postmodernizma; A. LEVKIN/O. CHRUSTALEVA: Recenzija v trech
konceptach i s ėpigrafom, in: TEKST. ŽURNAL V ŽURNALE (1989) 2.

[237] VAJL'/GENIS: Vzgljad iz tupika. Vgl. Kapitel 4.2.3, Fn. 38. Ein neueres Beispiel für
„philologische Prosa" ist: M. BEZRODNYJ: Konec citaty, in: NLO (1995) 12, S. 266-
333.

[238] JU. KARABČIEVSKIJ (1938-1992) wurde einem breiten Publikum durch sein Buch
„Voskresenie Majakovskogo" (1980-1983) bekannt (in: TEATR (1989) 7-10; und M
1990). DERS.: Kto bliže v ėtot mir, in: NM (1990) 6, S. 118-129; DERS.: Nezabvennyj
Mišunja, in: OK (1990) 7, S. 21-48; DERS.: Každyj raz vesnoj, in: DN (1993) 8, S. 10-
51; V. KANTOR: Dva Doma, M 1985; DERS.: Krokodil. Povest', in: NEVA (1990) 4, S.
49-116; L. LOSEV: „...Dve žizni kak odna", in: OK (1990) 9, S. 136f-141; DERS.: Novye stichi, in: OK (1992) 3, S. 75-78.

Was leistete der Begriff „Postmoderne" für die Umwertung der literaturhistorischen Vergangenheit?

Fast alle Kritiker verbanden ihre Äußerungen über einzelne postmoderne Werke und Autoren mit Überlegungen zu einer literaturhistorischen Einordnung, mit Neubewertungen des sozialistischen Realismus, der russischen Moderne, der Avantgarde und ihres Verhältnisses zueinander. Autoren verschiedener, bisher entgegengesetzter kultureller Sphären und literarischer Reihen wurden auf einmal in einen Zusammenhang gestellt. Varlam Šalamov, ein Autor der Lagerliteratur, und der Dorfschriftsteller Viktor Astaf'ev wurden zusammen mit neuen postmodernen Autoren publiziert und als deren Vorläufer genannt.[239] Igor' Jarkevič, ein junger Autor und Kritiker aus dem Soz-Art-Milieu, bezeichnete Fadeevs Roman „Molodaja gvardija" als den eigentlichen „Klassiker der Untergrundkultur":

> Was den Untergrund betrifft, so kann man heute als klassisches Werk dieses Genres den Roman „Molodaja gvardija" von Aleksandr Fadeev ansehen. Ein Roman über den Untergrund, alle Helden sind bedingungslos dem Untergrund ergeben und denken ihre Existenz allein innerhalb dieser Grenzen; zudem ist der Roman in einem Stil angefertigt, der als Inbegriff des Untergrundstils gelten kann – schwerfällig, ohne jeden ästhetischen Reiz, einfach abstoßend für jeden nur vorstellbaren Leser.[240]

Indem er ironisch mit den verschiedenen Bedeutungen des Begriffs „Untergrund", als Thema, Genre und Mythologem der Opposition spielte, argumentierte Jarkevič selbst im Stil der Soz-Art, die gerade modellbildende Werke des sozialistischen Realismus als Vorbilder für ihre eigene subversive Ästhetik zitierte, und mockierte sich dabei zugleich über modische neue Begriffe wie „Underground" und „andere" Kultur.

Mit der Diskussion über die Postmoderne begann eine umfassende Neubewertung aller kulturellen Epochen des 20. Jhs. Die Diskussion über den sozialistischen Realismus wurde auf eine andere Ebene gestellt.[241]

---

[239] V. ASTAF'EV [W. ASTAFIEW]: Ljudotschka, in: Viktor Erofeev (Hg.): Tigerliebe, S. 56-110; V. ŠALAMOV [W. SCHALAMOW]: Typhusquarantäne, ebd., S. 30-55.

[240] JARKEVIČ: Literatura, ėstetika, S. 243.

[241] Eine analytische Auseinandersetzung mit dem sozialistischen Realismus hatte bis dahin in der Literaturkritik noch nicht, wohl aber unter einigen literaturwissenschaftlichen Spezialisten begonnen. Vgl. die beiden Sammelbände „Totalitarizm kak istoričeskij fenomen", M 1989, und „Izbavlenie ot miražej. Socrealizm segodnja, sost. E. Dobrenko, M 1990, sowie die Aufsätze von DOBRENKO: „Zapuščennyj sad veličin"; DERS.: Fundamental'nyj leksikon. Literatura pozdnego stalinizma, in: NM (1990) 2, S. 237-250; dt. in: D. Kassek/P. Rollberg: Das Ende der Abstraktionen, S. 266-301;

Sie war bis dahin nur 1987/88 im Kontext einer Erweiterung der offiziellen Normen und Statuten des Schriftstellerverbandes geführt worden[242]
oder, im Anschluß an Viktor Erofeevs provokativen Artikel „Pominki o
sovetskoj literature", hoch emotionalisiert und von den Positionen der
Šestidesjatniki beherrscht gewesen.

Das auffallendste Merkmal an den literaturkritischen Äußerungen zur
Postmoderne war ihre enge Bezugnahme auf die *Avantgarde*. Die meisten Kritiker sahen in der russischen Postmoderne eine unmittelbare Fol-
geerscheinung, eine radikalisierte Weiterführung oder ein letztes Stadium
der historischen Avantgarde der zwanziger Jahre. Der Begriff „Avantgarde" wurde dabei sowohl im historischen als auch im typologischen
Sinne gebraucht, die Begriffe „postavangard(izm)" und „ar'ergard" meist
synonym mit „postmodernizm" verwendet.

Konkrete Vorschläge für eine *Umschreibung der literaturhistorischen
Traditionen und Periodisierung der Postmoderne* entwickelten Lipoveckij, Ėpštejn und Kuricyn. Alle drei Kritiker setzten den Beginn der postmodernen Literatur in den sechziger und siebziger Jahren an und unterschieden drei Phasen:

1.) Für die erste Phase in den sechziger und siebziger Jahren wurden
als Beispiele Bitov („Puškinskij Dom"), Brodskij, einige Autoren der
Tauwetterliteratur wie Aksenov, Kušner und Kim, aber auch Nabokov
genannt. Charakteristisch für diese Phase sei der „Dialog mit dem Chaos"
gewesen, der durch den „Kontrast zwischen Unfreiheit und absurder
Sinnlosigkeit in der realen gesellschaftlichen Sphäre und einer tragisch-
reinigenden Weite im geistig-existentiellen Raum" hervorgerufen worden
sei.[243]

2.) Die zweite Phase in den siebziger und achtziger Jahren umfaßte
ein breites Spektrum von Autoren der innerrussischen und Emigrationsliteratur, das Lipoveckij 1989 als „artistische Prosa" beschrieben hatte.
Ėpštejn nannte als Beispiele für Vorgänger der gegenwärtigen Postmoderne literarische Typen, in denen das Massenbewußtsein zum literarischen Subjekt geworden sei, wie den „Sonderling" („čudak'") bei
Zoščenko, der im Rahmen des Erlaubten individuelles Abweichen von
der Norm verkörperte, oder den von kollektiver Deformation gezeichne-

---

DERS.: Stoj! Kto idet? (U istokov sovetskogo manichejzma), in: ZN (1993) 3, S. 180-
189; auch in: DERS.: Metafora vlasti, S. 138-208; DERS: Nekto v serom, ili čto takoe
„partijnaja literatura"?, in: VOLGA (1992) 2, S. 143-165.

[242] Dazu MENZEL: Streitkultur oder 'literarischer Bürgerkrieg'? S. 201.

[243] LIPOVECKIJ: Patogenez i lečenie, S. 223.

ten Typ des „nichtswürdigen Primitivlings" („mudak") in der Prosa von P'ecuch, Aleškovskij oder Popov.[244] Für Lipoveckij war diese Phase die eigentliche Blütezeit der Postmoderne, da sich die Literatur auf eine enge Wechselbeziehung zwischen den verschiedenen kulturellen Sphären, auf das Spiel mit ihren Bewußtseinstypen und Sprachstilen eingelassen habe.

3.) Zur dritten, exzentrischsten Phase („krutoj period", „krutizna")[245] wurden eine Reihe von noch weitgehend unbekannten Autoren und Dichtern gezählt, deren Texte erst allmählich an die Öffentlichkeit und in die Seiten der dicken Zeitschriften gelangten, wie zum Beispiel Narbikova, Kibirov, Berg (unter dem Pseudonym F. Ėrskin), Ruslan Marsovič, Vitalij Kal'pidi und Nina Sadur, aber auch die Moskauer Konzeptualisten wie Prigov, Rubinštejn und Sorokin. In dieser noch andauernden Phase sei, so Lipoveckij, das relativistische Bewußtsein im Gegensatz zu den früheren Phasen bereits zur allgemeinen Norm geworden.

Lipoveckij begriff diese Phasen nicht nur als chronologische, sondern auch als qualitative Entwicklungsstadien der postmodernen Literatur. In der ersten und zweiten Phase sei die Postmoderne in Rußland schöpferisch-konstruktiv gewesen; inzwischen sei sie jedoch in eine zersetzende Auflösung, in ein unproduktives Endstadium geraten, in der sie mit teils destruktiv-apokalyptischem, teils mythisch überhöhtem, egomanischen Gestus die Deformation des Verhältnisses zwischen Autor, Text und Leser betreibe und immer mehr nur um sich selbst kreise.[246]

Lipoveckij und Ėpštejn bemühten sich um eine Abgrenzung der Begriffe Avantgarde, Moderne und Postmoderne.[247] Beide Kritiker unterschieden in der historischen Avantgarde zwei Strömungen, den Futurismus und den Akmeismus, deren gemeinsame Wurzeln zwar im Symbolismus, der russischen Moderne lägen, von denen aus sich die Literatur aber in verschiedene Richtungen entwickelt habe. Alle drei Strömungen seien durch das utopische Bewußtsein einer Transzendenz der Realität miteinaner verbunden; während jedoch die futuristische, linksrevolutio-

---

[244] Der Begriff „mudak" gehört zur nichtnormativen Lexik und hat mehrere Bedeutungen: 1. männliches Geschlechtsorgan oder 2. verachtenswerter, primitiver Mann; A. FLEGON: Za predelami russkich slovarej, London 1973, S. 201; ĖPŠTEJN: Posle buduščego, S. 219-220.

[245] Der Begriff „krutoj" oder – als Substantiv – „krutizna", der immer wieder in Zusammenhang mit der neuesten Literatur auftaucht, ist mehrdeutig und läßt sich etwa mit „scharf, schroff, cool" auch als „letzter Schrei" in der Mode übersetzen.

[246] LIPOVECKIJ: Patogenez i lečenie; LIPOVECKIJ: Zakon krutizny, S. 14f.

[247] ĖPŠTEJN: Postavangard; DERS.: Posle buduščego; LIPOVECKIJ: Patogenez i lečenie, S. 215; DERS.: Zakon krutizny, S. 6.

näre Avantgarde um Majakovskij und den LEF in den sozialistischen
Realismus gemündet sei, habe die Linie des Akmeismus über die Obèri-
uten und Autoren wie Bulgakov und Zoščenko zur späteren Postmoderne
geführt, die zugleich eine Antwort auf die Moderne und deren Überwindung sei. Lipoveckij vertrat, wie Boris Groys, auf den er sich stützte, die
These einer inneren Kontinuität zwischen Moderne, Avantgarde und sozialistischem Realismus:

> Was spielte in der russischen Literatur die Rolle der Avantgarde – als Objekt
> der Überwindung und Abstoßung? So paradox dies auch klingt, aber allem
> Anschein nach übernahm diese Rolle der sozialistische Realismus.[248]

Um die Postavantgarde noch tiefer in der russischen Tradition zu vera n-
kern, brachte Ėpštejn die Avantgarde in Verbindung mit der alten russischen Tradition des „Jurodstvo", des heiligen Narrentums und sah in beiden verschiedene Transformation des religiösen Bewußtseins. Die
Avantgarde sei eine „intendierte Selbsterniedrigung der Kunst als religiöser Akt", die in den zwanziger Jahren utopisch, in in der Soz-Art nach
dem Tauwetter, ihrer zweiten Phase dagegen antiutopisch aufgetreten sei,
indem sie die Idole des Glaubens zerstört habe.[249] Ėpštejn entwarf ein
zyklisches Modell von aufeinanderfolgenden triadischen Zyklen der Literaturgeschichte: 1. vom Beginn des Klassizismus im 18. Jh. bis zu Puškin, 2. von der zweiten Hälfte des 19. Jh. bis zu den zwanziger Jahren
und 3. von den zwanziger bis zu den neunziger Jahren des 20. Jhs. Jeder
dieser Zyklen habe nacheinander vier verschiedene Stadien durchlaufen:
ein soziales, ein moralisch-humanistisches, ein religiöses und ein ästhetisches. Im 19. Jh. sei das soziale Stadium die Naturale Schule, das moralisch-humanistische der Realismus gewesen. Ihm sei, vorbereitet durch
Dostoevskij, das religiöse Stadium des Symbolismus gefolgt, und
schließlich als ästhetisches Stadium die Avantgarde. Im sowjetischen Zyklus stellten die zwanziger bis fünfziger Jahre das soziale Stadium, die
Tauwetterperiode das moralisch-humanistische, die siebziger Jahre das

---

[248] DERS.: Zakon krutizny, S. 6.

[249] Ėpštejn bemühte als Bezeichnungen für die unterschiedlichen Einstellungen der
Strömungen zum Absoluten die Neologismen „kataphatische" Avantgarde, (im Sinne
von „bestätigend", „die Zukunft vorwegnehmend", für den Futurismus und die übrigen linksrevolutionären Strömungen der zwanziger Jahre) und „apophatische" (im
Sinne von „verleugnend", „ablehnend", für die akmeistischen Strömungen und die
Postavantgarde der sechziger und siebziger Jahre); DERS.: Iskusstvo avangarda, S.
226-227.

religiöse und schließlich die achtziger und neunziger Jahre das ästhetische Stadium dar.

In noch größeren Dimensionen als Ėpštejn betrachtete Kuricyn die
russische Postmoderne. Er sah darin eine Art „zweite primitive Kultur",
welche die seit Beginn der Menschheit bestehende Abbildkunst abgelöst
habe. Merkmale, die seiner Ansicht nach die neueste mit der antiken
Kunst verbanden, seien ihr Synkretismus, das Verschwinden der personalisierten Autorkategorie und die Ritualität. Die Zahl der Autoren und
Werke, die diese Epoche verkörperten, war allerdings verschwindend gering. Sie beschränkte sich auf die Bewegung der Soz-Art in den siebziger
Jahren und deren Radikalisierung in der neuesten Literatur. Ähnlich wie
Lipoveckij ging auch Kuricyn davon aus, daß die russische Moderne mit
dem sozialistischen Realismus zusammenfiel, wodurch die Begriffe
„postmodern" und „postsozialistisch" zu Synonymen wurden, und berief
sich dabei auf die Argumentation von Groys:

> Die Postmoderne entsteht in jeder beliebigen Kultur nach einer wie auch
> immer gearteten „Moderne", in unserem Fall – nach dem Sozrealismus (der
> einen direkten, unvergleichlichen Aufschwung der Avantgarde darstellt). Ei-
> ne verrückte Idee – nicht im Sinne ihrer Unvereinbarkeit mit einer hypo-
> thetischen Wahrheit, sondern weil man darüber eine schöne, brillante Arbeit
> schreiben könnte.[250]

> Aus der Physik ist bekannt, daß ein hermetisches System, das keine Energie
> von außen bezieht, zur Entropie verurteilt ist, zum Chaos, zum Absterben; so
> hat sich der sozialistische Realismus mit der Zeit in die Soz-Art verwandelt,
> in die Parodie auf sich selbst.[251]

Schließlich hatte die Postmoderne in der Diskussion der Literaturkritik
neben der literaturhistorischen und kunstphilosophischen auch eine geschichtsphilosophische Dimension. Allen Äußerungen von Protagonisten
wie Gegnern gemeinsam war nämlich die Identifizierung des Begriffs
Postmoderne mit dem Bewußtsein einer Endzeit, sei es mit dem Ende der
Sowjetliteratur, dem Ende der „großen" Literatur überhaupt, der Intelligenz, der Kultur oder des Sowjetreiches. Die Postmoderne wurde in der
Literaturkritik als Ende der Geschichte aufgefaßt und mit der Posthistoire
identifiziert.[252] Lediglich die Bewertungen dieses Zustandes gingen weit

---

[250] Ebd., S. 226. DERS.: K voprosu o socialistiĉeskom realizme, in: LG 18.9.1991.

[251] KURICYN: Postmodernizm: novaja pervobytnaja kul'tura, S. 229.

[252] L. ANNINSKIJ: Konec literatury? in: DN (1992) 8, S. 244-246; M. BERG: Konec russkoj istorii, in: MOSKOVSKIE NOVOSTI 21.2.1993; S. RASSADIN in: LG 17.2.1993. Wei-

auseinander. Was die einen als Untergang erlebten, begrüßten andere
Kritiker als Befreiung zum Neuen und sprachen ironisch vom Ende der
Zukunft oder vom Zustand nach dem Tod.[253]

6.2.2.3.3 Differenzen der russischen gegenüber der westlichen Postmoderne-Konzeption

In der spät- und postsozialistischen Situation der Kultur in Rußland gibt
es einige Phänomene, die Parallelen zu der für die westlichen Länder beschriebene Konstellation aufweisen. Dazu gehören:

- der Verlust eines allgemeinverbindlichen, teleologisch ausgerichteten
  Weltmodells und des damit verbundenen Fortschrittsglaubens,
- der Verlust eines politischen, moralischen oder geistigen Zentrums, von
  dem aus die hierarchisch gegliederte Gesellschaft organisiert und geführt
  wird, und die Krise jeglicher ideologischer Konstruktionen;
- eine allgemeine Wertkrise, die sich auch als Krise der Institutionen zeigt,
  da ihr eine Institutionalisierung der Werte vorausging,
- eine starke kulturelle Migration, sowohl vertikal zwischen verschiedenen
  sozialen Schichten als auch horizontal zwischen Stadt und Land, kulturellen Milieus, In- und Ausland.[254]

Diese Parallelen erlauben es, trotz aller historischen Unterschiede auch in
Rußland von einer postmodernen Konstellation zu sprechen. Der Prozeß
der inneren Auflösung der kommunistischen Ideologie begann lange vor
der Perestrojka und vollzog sich in den einzelnen gesellschaftlichen Bereichen ungleichzeitig und auf unterschiedliche Weise. In der literarischen Praxis des Untergrunds und der Emigration wurden postmoderne
Strategien und Schreibweisen bereits in den sechziger Jahren entwickelt,
die auch von einigen westlichen Slavisten inzwischen festgestellt und an
einzelnen Beispielen analysiert worden sind.[255]

---

tere Belege bei E. MARKSTEIN: Der geistesgeschichtliche Kontext der russischen literarischen Postmoderne, in: OE (1993) 10, S. 957-964.

[253] ÈPSTEJN: Posle buduščego.

[254] Vgl. hierzu N. CONDEE [KONDI] /V. PADUNOV: Proigrannyj raj: ruletka socializma,
rynočnyj determinizm i postmodernizm po objazatel'noj programme, in: ISKUSSTVO
KINO (1992) 2, S. 72-81.

[255] Vgl. E. BORENSTEIN: Suspending Disbelief: „Cults" and Postmodernism, in: A.
BARKER (Hg.): Consuming Russia. Popular Culture, Sex, and Society Since Gorbachev, Durham/London 1999, S. 437-462; M. EPSTEIN/A. GENIS/S. VLADIV-GLOVER:
Russian Postmodernism: New Perspectives on Post-Soviet Culture, N.Y./Oxford
1999; R. ESHELMAN: Von der Moderne zur Postmoderne in der sowjetischen Kurz-

In der Diskussion der russischen Literaturkritik über die Postmoderne fallen allerdings mehrere Differenzen zur westlichen Konzeption auf: *zum einen ihre enge Verknüpfung mit der historischen Avantgarde, und zum anderen die unterschiedlichen, teilweise widersprüchlichen Auffassungen über die russische Moderne.* Einige Kritiker verstanden unter Moderne hauptsächlich die literarische Epoche zwischen Symbolismus und Futurismus,[256] andere sahen die gesamte Avantgarde als Teil der Moderne, die den Zeitraum zwischen 1893-1932 umfaßte[257] oder schränkten die Moderne nur auf den westlichen Existenzialismus ein.[258] Diese Differenzen sind nicht voneinander zu trennen und erklären sich aus der Diskontinuität in der russischen und der westlichen kulturellen Entwicklung. Während im Westen die Moderne den Hauptstrom der literarischen Entwicklung darstellte und sich parallel zu den gesellschaftlichen Veränderungen entfalten konnte, stand sie in Rußland von Anfang an in Opposition zu einer offiziellen Literatur und diente vor allem dazu, die ästhetischen Funktionen der Literatur gegenüber der pragmatischen Funktion aufzuwerten. Vor der Revolution war diese Funktion primär sozialkritisch, in der Sowjetzeit primär ideologisch bestimmt. Die Entwicklung der literarischen Moderne war daher immer von ihrem offiziell nicht anerkannten Status geprägt und ihre Existenz blieb auf den verbotenen oder ausgegrenzten Untergrund beschränkt.[259]

---

prosa. Zoščenko – Paustovskij – Šukšin – Popov, in: WSA (1993) 31, S. 173-207; DERS.: Early Soviet Postmodernism, Frankfurt/M. 1997; K. KASPER: Zur Frage der literaturgeschichtlichen Stellung der „anderen Prosa Rußlands", in: ZFSL 38 (1993) 1, S. 70-78; DERS.: Obėriutische und postmoderne Schreibverfahren: Zu den Relationen von Prätext bei Vaginov und Sorokin, in: ZFSL 40 (1995) 1, S. 23-30; A. LEITNER: Andrej Bitovs „Puschkinhaus" als postmoderner Roman, in: WSA (1988) 22, S. 213-226; H. SCHMID: Postmodernizm in Russian Drama: Vampilov, Amalrik, Aksenov, in: Fokkema/Bertens (Hgg.): Approaching Postmodernism, Amsterdam/Philadelphia 1986, S. 157-18; I. SMIRNOV: Zur Geschichte der Nachgeschichte. Zur russisch-sprachigen Prosa der Postmoderne, in: M. Titzmann (Hg.): Modelle des literarischen Strukturwandels, Tübingen 1991, S. 205-219.

[256] VIKTOR EROFEEV: Na grani razryva, und ČUPRININ: Predvestie; DERS.: Sbyvšeesja nebyvšee.

[257] „Die Moderne, angefangen von ihrer geistigen Begründung in D. Merežkovskijs Essay „Über die Gründe des Verfalls und über die neuen Tendenzen der gegenwärtigen russischen Literatur" von 1893 bis zu ihrem gewaltsamen Abbruch in der ZK-Resolution der KPdSU vom 23. April 1932, hatte in Rußland kein großes Glück." CONDEE/PADUNOV: Proigrannyj raj, S. 78.

[258] IVBULIS: Ot modernizma k postmodernizmu.

[259] Hierzu SCHMID: Postmodernizm in Russian Drama.

Wenn man als Bedingung einer wie auch immer gearteten Postmoderne nicht nur die Existenz, sondern auch die kulturelle Dominanz einer
vorausgegangenen Moderne annimmt, dann kann von einer russischen
Postmoderne nur gesprochen werden, wenn die Moderne auf die Epoche
des Stalinismus und die Literatur des sozialistischen Realismus ausge-
dehnt wird. Man könnte also nicht mehr davon ausgehen, daß die Moderne in sowjetischer Zeit zurückgedrängt und unterdrückt worden ist,
sondern daß sie sich in der Stalinzeit erst verwirklicht und durchgesetzt
hat.[260]

Eine Identifizierung des sozialistischen Realismus und der stalinistischen Kultur mit der Moderne, wie sie von Groys und einigen der neuen
Literaturkritiker vorgenommen wurde, steht jedoch in eklatantem Widerspruch zu der in der Sowjetunion sowohl in der offiziellen als auch in der
in der inoffiziellen zweiten Kultur vertretenen Auffassung der Moderne.
In der sowjetischen Literaturwissenschaft verstand man unter diesem Begriff vor allem eine Krisenerscheinung der westlichen bourgeoisen Gesellschaft, die auf die Entfremdung des Individuums im Kapitalismus
reagierte und zugleich deren vorherrschende künstlerische Ausdrucks-
form darstellte. Nach der offiziellen Position, wie sie in dem Sammelband „Sovremennye problemy realizma i modernizma" von 1965 formuliert wurde, brachte die Moderne eine „Literatur der Zerstörung des Menschen"[261] hervor. Ihr Einfluß in Rußland beschränkte sich nach dieser
Auffassung auf einige Strömungen der frühen Avantgarde wie den Futurismus und auf Erscheinungen des sogenannten Formalismus als Folge
der ästhetischen Autonomisierung, jedenfalls auf die vorrevolutionäre
Zeit. Der Symbolismus wurde zwar teilweise auch im Zusammenhang
mit der Moderne gesehen, aber eher als dekadente Strömung in den russischen Traditionen des 19. Jhs. eingebunden. Diese Moderne sollte zwar
erforscht, aber zugleich bekämpft werden.[262]

Daneben entwickelte sich seit dem Tauwetter in Teilen der Literaturwissenschaft eine differenziertere Auseinandersetzung mit der Moderne
im Sinne einer gesamteuropäischen epochalen Erscheinung vor allem
zwischen der Jahrhundertwende und etwa 1930. Man wandte sich der Erforschung des Symbolismus zu, den man verstärkt im Kontext der euro-

---

[260] Diese These vertritt Groys in Bezug auf die russische Avantgarde. Vgl. GROYS. Gesamtkunstwerk Stalin.

[261] Sovremennye problemy realizma i modernizma, M 1965, hier S. 15 (I. I. ANISIMOV).

[262] Davon zeugen zahlreiche Veröffentlichungen der siebziger und achtziger Jahre, z.B.
V. VANSLOV: Modernizm – krizis buržuaznogo iskusstva, M 1980.

päischen Moderne betrachtete, und begann auch Traditionen einer inner-russischen literarischen Moderne im 20. Jh. zu entdecken. Besonders in der inoffiziellen Sphäre, etwa im Umkreis der Tartuer Schule, konzentrierte man sich auf die Erforschung der russischen Moderne und trug damit zu ihrer Umwertung in der oppositionellen Intelligenz bei. Diese Auffassung wurde zum Beispiel auch in der Kratkaja Literaturnaja Ènciklopedija (1976) vertreten. Unter dem Stichwort „Modernizm" wird dort das Plädoyer für eine positive Einschätzung und verstärkte Erforschung der literarischen Moderne mit Zitaten und damit der Autorität von Anatolij Lunačarskij untermauert.[263] Dennoch blieb die persönliche Einstellung vieler Literaturwissenschaftler zu diesem Gegenstand zwiespältig und schwankte zwischen Faszination und Ablehnung.

Während der Perestrojka kam es zu einer massiven Renaissance der vorrevolutionären Epoche. Einer der treibenden Impulse, verschüttete kulturelle Strömungen wiederzubeleben, richtete sich auf das sogenannte Silberne Zeitalter. Literaturwissenschaftler und -kritiker verschiedener Orientierungen sahen in der Literatur der russischen Moderne eine Gegenströmung zum Stalinismus im Sinne eines ästhetischen und humanistisch geprägten Widerstands des Einzelnen gegen den aufgezwungenen Kollektivismus. Die Hoffnungen vieler Reformanhänger waren mit der Wiedererweckung dieser kulturellen Tradition verbunden. Sie wurde als unterdrückte Alternative zur sowjetischen Literatur gesehen, als Leitbild einer kulturellen Neuorientierung. Viele Literaturkritiker plädierten emphatisch dafür, an die ästhetische Schule der russischen Moderne nach der historischen Unterbrechung von siebzig Jahren Sowjetherrschaft wieder anzuknüpfen.[264] Sowohl Gegner als auch Befürworter der Moderne gingen also fast ausschließlich davon aus, daß diese Strömung zur sowjetischen Kultur und Ideologie keinerlei Beziehung hatte und konnten so heterogene Autoren wie Vasilij Rozanov und Nikolaj Ostrovskij, Maksimilian Vološin und Aleksandr Fadeev unter keinen Umständen auf einen gemeinsamen Begriff bringen.

---

[263] I. B. ČERNOVA , die in ihrem Artikel A. Belyj, P. Valéry und L. Šestov zitiert, schreibt am Ende, „es sei völlig abwegig, Werke von Autoren wie Apollinaire, Proust, Kafka, Musil, Joyce, Camus und Eliot als avantgardistische Experimente einer hermetischen Literatur für Snobs oder als 'Nichtliteratur' abzutun." In: Stichwort „Modernizm", KRATKAJA LITERATURNAJA ÈNCIKLOPEDIJA, M 1976. Als ein Beispiel, das auch als Vorbild für eine „andere" Literaturkritik noch vor der Perestrojka zitiert wird, sei hier genannt VIKTOR EROFEEV: Na grani razryva. („Melkij bes" F. Sologuba na fone russkoj realističeskoj tradicii), in: VL (1985) 2, S. 140-158.
[264] ČUPRININ: Situacija, S. 204f.

Heftig umstritten war die Einschätzung der Avantgarde und ihrer Beziehung zur Moderne und zum sozialistischen Realismus. Ein Teil der liberalen oppositionellen Intelligenz knüpfte seit den sechziger Jahren emphatisch an die Erfahrungen der zwanziger Jahre an, während Funktionäre und wertkonservative Antimarxisten ihr den Kampf erklärten, wie hier besonders in der Diskussion über die Klassik deutlich wurde.[265]

Eine dritte Differenz der russischen zur westlichen Postmoderne betraf die Bedeutung und Funktion der Massenliteratur. Das Verhältnis von „hoher" und Massenliteratur war durch den sozialistischen Realismus in der Sowjetunion im Vergleich zum Westen vielschichtiger und mit anderen Funktionen behaftet. Mit der Postmoderne verbindet sich das Streben nach Enthierarchisierung, nach einer Vermischung bzw. einem gegenseitigen Durchdringen von „hoher" und „Massenliteratur".[266] Als postmoderne Enthierarchisierung gilt die Mehrfachkodierung, die Vermischung von hohen und trivialen Sprachschichten, Stilen und Stoffen in der Literatur, die Ästhetisierung des Alltagslebens oder – als kulturelles Phänomen – die Einführung und Kombination von „remakes" bzw. „readymakes".[267] In der Sowjetunion war dieses Phänomen durch die Verstaatlichung der Literatur mehrschichtig. Massenverständlichkeit war eine der zentralen Normen des sozialistischen Realismus. Offiziell als sozrealistisch anerkannte Literatur wurde im Rahmen der Ideologie als „hohe Literatur" propagiert und von der Kritik entsprechend rezipiert, auch wenn sie nach ästhetischen Kriterien vielfach zur Trivialliteratur[268] ge-

---

[265] In diesem Zusammenhang sei an die vorab referierte Diskussion „Klassika i my" von 1979 erinnert.

[266] Als erster erhob 1969 provokativ im Stil und Publikationsmedium diese Forderung: L. FIEDLER: Cross the boarder – close the gap, in: PLAYBOY, Dezember 1969, S. 51, 230, 252-254, 256, 258; auch in: M. Pütz/P. Freese (Hgg.): Postmodernism in American Literature. A Critical Anthology, Darmstadt 1984, S. 151-166.

[267] ČUPRININ: Sbyvšeesja nebyvšee. Als postmoderne „readymakes" in Rußland bezeichneten die in Amerika lebenden Kulturwissenschaftler N. Condee und V. Padunov auch die in Massenauflage vertriebenen Reprints im Westen längst erschienener russischer Literatur. Nancy CONDEE [KONDI]/Vladimir PADUNOV: Makulakul'tura ili vtoričnaja pererabotka kul'tury, in: VL (1991) 1, S. 101-121.

[268] Dieser Begriff wird hier ohne negativ wertende Konnotation verwendet, einzig deshalb, weil er sich gegenüber anderen von der Forschung vorgeschlagenen Termini wie „Schemaliteratur", „Popularliteratur" bzw. „populäre Lesestoffe" (Roth) oder „Unterhaltungsliteratur" (Hügel) durchgesetzt hat. Da man in der Forschung lange Zeit davon ausging, daß nur „hohe" Literatur „gute" Literatur sei, waren der Begriff und die Erforschung von „Trivialliteratur" mit einer Diskriminierung verbunden. Vgl. dazu P. NUSSER: Trivialliteratur, Stuttgart 1991; H. O. HÜGEL: Unterhaltungsliteratur,

hörte. In Ermangelung einer von den Lesern frei wählbaren Unterhaltungsliteratur erfüllten Romane von Autoren wie Anatolij Ivanov, Julian Semenov oder Jurij Bondarev auch Funktionen von Massenliteratur.[269] Der Begriff umfaßt aber zugleich die populäre, ideologisch mehr oder weniger unverfängliche Unterhaltungsliteratur in- und ausländischer Herkunft außerhalb des sozrealistischen Kanons. Romane Valentin Pikul's und Kriminalromane von Agatha Christie waren offiziell nur widerwillig geduldet und wurden teilweise auch über den Samizdat verbreitet. Der mit dem Zensurabbau erfolgte uneingeschränkte Zugang zu solcher Massenliteratur weitgehend westlicher Provenienz wurde daher auch als eine Befreiung von Indoktrination und nicht so sehr als Manipulation durch den Markt erlebt.[270]

Vergleicht man die in der russischen Literaturkritik angeführten Merkmale mit dem Katalog postmoderner literarischer Verfahren, den der amerikanische Literaturwissenschaftler Ihab Hassan aufgestellt hat, so gibt es zahlreiche Übereinstimmungen.[271] Dazu gehörte etwa der

---

in: H. Brackert/J. Stückrath (Hgg.): Literaturwissenschaft. Ein Grundkurs, Reinbek 1992, S. 280-296. Nach K. Roth ist die Bestimmung der „Popularliteratur" von einem ganzen Bündel historischer, sozialer, technischer, quantitativer und ästhetischer Kriterien abhängig. Als wesentliche allgemeine Kennzeichen der „Popularliteratur" nennt er ihren kompilativen Charakter, die Variabilität, Anonymität, den additiven und seriellen Charakter und ihre Funktion als Ware. K. ROTH: Populare Lesestoffe in Südosteuropa, in: Ders. (Hg.): Südosteuropäische Popularliteratur im 19. und 20. Jahrhundert, München 1993, S. 11-32.

[269] Der Zusammenhang von sozialistischem Realismus, Massenliteratur und Postmoderne wurde Anfang der neunziger Jahre erst vereinzelt diskutiert, etwa von Ė. NADTOČIJ: Druk, tovarišč i Bart (R. Barthes, B.M.). Neskol'ko predvaritel'nych zamečanij k voproščeniju o meste socialističeskogo realizma v iskusstve XX veka, in: DAUGAVA (1989) 8, S. 115-121. E. DOBRENKO: Nekto v serom. Vgl. auch den von der Sowjetischen Assoziation Junger Philosophen herausgegebenen Sammelband: Totalitarizm kak istoričeskij fenomen, M 1989.

[270] Vgl. hierzu A. LEVINSON: Analiz nekotorych koncepcij massovogo kul'turnogo obsluživanija v zarubežnoj sociologii, in: Metodologičeskie problemy teoretiko-prikladnych issledovanij kul'tury. Sbornik naučnych trudov, M 1988, S. 26ff; A. MITROFANOVA: Fenomen massovoj kul'tury, in: LABIRINT-ĖKSCENTR (1991) 1, S. 4ff.

[271] Hassan nannte elf gleichrangig gültige Merkmale, von denen die ersten fünf modernistische Traditionen dekonstruierten und die übrigen sechs konstruktiven Charakter hätten: 1. Unbestimmtheiten, 2. Fragmentarisierung, 3. Auflösung des Kanons, 4. Verlust von 'Ich' und 'Tiefe', 5. Das Nicht-Darstellbare, 6. Ironie/Spiel, 7. Hybridisierung von Genres und Ebenen, 8. Karnevalisierung, 9. Performanz, 10. Konstruktcharakter, 11. Immanenz/Intertextualität. I. HASSAN: Postmoderne heute, in: W. Welsch (Hg.): Wege aus der Moderne, S. 47-56.

Synkretismus, der nach Hassan unter den Stichworten „Parakritik", „fiktiver Diskurs", „neuer Journalismus" und „nonfiktiver Roman" auch zu ambivalenten Erscheinungsformen der Literaturkritik geführt hat.[272] Als eine Differenz fällt jedoch auf, daß die russische Kritik als wesentliche Elemente der „anderen" Literatur die auf utopische Harmonie gerichtete Mythenschöpfung mit quasi-religiösen Zügen und eine Affinität zu philosophischen Fragen betonte. Dem entsprach auch eine Tendenz zur Ontologisierung der Postmoderne, eine Betonung ihrer kosmologischen oder metaphysischen Dimension in der Diktion und im Stil einiger „neuer" Kritiker. Bei Lipoveckij etwa übertrug sich die metaphorische Ausdrucksweise häufig auf theoretische Kategorien und Bewertungsmaßstäbe und überlagerte so deren analytische Intention. Seine Artikel bemühten sich zwar einerseits nach eigenen Aussagen um einen analytischen Zugang, um begriffliche und gedankliche Klarheit, waren aber andererseits voll von ontologisierenden Antithesen wie „Chaos-Kosmos", „Apokalypse-ewige Harmonie", „Leben-Tod", „Wahrheit-Lüge". Die Situation der Realität wurde von ihm immer wieder als „Chaos" dargestellt, das vordringliche Postulat an die Literatur als „Dialog mit dem Chaos" formuliert. Die Metapher des „Chaos", dem die „ewige Harmonie" des „Kosmos" gegenübergestellt wurde, zog sich mit Wendungen wie „Dialog mit dem Chaos", „Logik des Chaos" und Titeln wie „Pathogenese und Heilung der Taubstummheit", „Apotheose der Teile oder Dialoge mit dem Chaos", „Leben nach dem Tod" durch viele seiner Artikel.

Ein Grund für die teilweise verwirrende und widersprüchliche Diktion, die seit der Übernahme des Begriffs „Postmoderne" in die literaturkritische Diskussion festgestellt wurde, lag in der mangelhaften Auseinandersetzung der Kritik mit der Moderne. Ein weiterer Grund lag in der undifferenzierten Vermischung von Ebenen der Literaturwissenschaft, der Kultur- und Gesellschaftsanalyse und der Geschichtsphilosophie. Der Begriff wurde auf drei verschiedenen Ebenen verwendet, die sich ständig überlagerten: a) auf der literaturwissenschaftlichen Ebene als literarische Strömung mit bestimmten Verfahren und Schreibweisen, b) auf der Ebene der Kultur- und Gesellschaftsanalyse als Entwicklungsstadium oder Modell einer postsowjetischen Kultur und c) und auf der ge-

---

[272] Hassan sprach in diesem Zusammenhang von einer „Entdefinierung" und „Deformation literarischer Genres". Vgl. zur Grenzauflösung von Literatur und Kritik in der westlichen Diskussion auch CH. MENKE-EGGERS: „Deconstruction and Criticism" – Zweideutigkeiten eines Programms, in: W. Barner (Hg.): Literaturkritik, S. 351-366.

schichtsphilosophischen bzw. erkenntnistheoretischen Ebene als eine bestimmte Bewußtseinsstufe innerhalb der Zivilisation. Nicht zuletzt diese methodologische Unklarheit leistete manchen Mißverständnissen und Kontroversen Vorschub.

6.2.3   Kontroverse Bewertungen

Wenn man bedenkt, daß die hier zur Debatte stehende Literatur, verglichen mit Werken populärer Autoren verschiedener Genres, nur von einem sehr kleinen Leserkreis rezipiert wurde, so erstaunt die breite Resonanz, die das Thema Postmoderne in der Öffentlichkeit hatte und die Heftigkeit der Diskussion. Während Kritiker der jungen und mittleren Generation sich um eine argumentative Verteidigung oder zumindest um eine nüchterne Bestandsaufnahme der postmodernen Literatur bemühten, waren die Reaktionen älterer Kritiker oft übersteigert emotional, aggressiv, undifferenziert oder auf reine Geschmacksurteile beschränkt. Die Auseinandersetzung über die postmoderne Literatur ist nicht von ihren gesellschaftlichen Begleitumständen zu trennen, setzte sie doch zu einem Zeitpunkt ein, als die ökonomische Krise die Hoffnungen der ersten Perestrojka-Jahre zunichte machte, die ehemals homogene Intelligenz sich aufzulösen begann, dabei in eine tiefe Identitätskrise stürzte und gleichzeitig alle traditionellen Werte der russischen und sowjetischen Literatur in Frage gestellt wurden. Nicht zuletzt diese Umstände ließen die Debatte um die Postmoderne auch zu einem Konflikt zwischen Generationen, Kulturmodellen und Wertsystemen werden.

In der Bewertung der „anderen"/postmodernen Literatur zeigte sich, wie tief die Kluft zwischen den verschiedenen Lagern der Literaturkritik inzwischen geworden war. Unversöhnlich standen sich Gegner und grundsätzliche Befürworter der anderen Literatur gegenüber. Während ein großer Teil der Literaturkritiker, darunter nicht nur Fundamentalisten nationaler und religiöser Orientierung, sondern auch liberale Šestidesjatniki, in einer Haltung *pauschaler Ablehnung* verharrte, erkannten andere die Existenz einer „anderen" Literatur an und ließen sich auf deren Beschreibung und Klassifizierung ein. Auch sie gingen dabei allerdings von verschiedenen Literaturauffassungen aus und in ihrer Beurteilung weit auseinander.

1.) Pauschale Ablehnung / Verurteilung der anderen Literatur

In den Argumenten der Gegner wurden Ressentiments deutlich, die teilweise weit über den Gegenstand der Literatur hinausgingen. Sie machten die „andere" Literatur verantwortlich für den gegenwärtigen kulturellen Verfall. Durch ihre ausschließliche Konzentration auf das Negative sei diese Literatur maßgeblich an der moralischen Zersetzung und der sich ausbreitenden Orientierungslosigkeit in der Bevölkerung beteiligt.

Dmitrij Urnov, Chefredakteur der Zeitschrift „Voprosy literatury" und als Anglist kompetenter Kenner und Kritiker der westlichen Moderne, nannte seine Erwiderung auf die von der „Literaturnaja gazeta" inszenierte Polemik mit Čuprinin „Plochaja proza".[273] Er bezeichnete die „andere Prosa" als schlechte, manirierte und unoriginelle Literatur, die ihre Popularität allein der Tatsache verdanke, daß sie früher verboten oder schwer zugänglich gewesen sei. Im übrigen handle es sich um einen „abgestandenen Modernismus (...), ein tausendfaches Echo vor allem auf die Prosa Nabokovs", etwa bei Saša Sokolov. Gegen die Prosa Valerija Narbikovas, über die er eine „innere Rezension" verfaßte, erhob Urnov den alten Vorwurf des Formalismus. Der Autorin gehe es nur darum, einen Geschlechtsakt zu beschreiben, „eine triviale Situation, die, um nicht trivial zu erscheinen, mit rein formalen Wortverrenkungen verkompliziert" werde."Alles willkürlich-konstruiert, alles ausgedacht und verdreht." Venedikt Erofeevs „Moskva-Petuški" bezeichnete er als „ungeschickt gemachten Unsinn".

Auch liberal eingestellte Kritiker, wie Stepanjan und Anninskij, warfen der „anderen" Literatur einen Hang zum Hedonismus, zum Egozentrischen, die Konzentration auf die eigene Selbstverwirklichung und Oberflächlichkeit vor. Sie erschöpfe sich in Beschreibungen und lasse sich in gefährlicher Weise auf eine Ästhetisierung des Chaos ein. Stepanjan schrieb, in der „Stagnationszeit" sei es verständlich und legitim gewesen, einen wertenden Autorstandpunkt zu verweigern und sich neutral zu verhalten, da man sich nur so dem ideologischen Zwang entziehen konnte. Angesichts der drohenden Menschheitsprobleme sei diese gleichmütige Haltung aber verantwortungslos:

> Oberstes Ziel des Schriftstellers ist es, den Menschen Lebenshilfe zu leisten. Stattdessen überläßt der junge talentierte Autor seine vordringlichste Pflicht, auf die Fragen seiner Zeitgenossen, seiner Mitbürger, zu antworten, den Lehrern und Philosophen. (...) Die Unlust oder Unfähigkeit, Antworten zu geben,

---

[273] D. URNOV: Plochaja proza, in: LG 8.2.1989. Vgl. DERS.: Literaturnoe proizvedenie v ocenke anglo-amerikanskoj „novoj kritike", M 1982.

führt zu solch charakteristischen Eigenschaften in den Werken junger Schriftsteller wie dem Mangel an Geschlossenheit und Stimmigkeit. Der Text bricht nach halben Worten ab, weil es keinen übergreifenden Sinn, keine Idee gibt.[274]

Jungen konzeptualistischen Dichtern wurde der Vorwurf gemacht, sie verhielten sich durch ihre Kommunikationsverweigerung leserfeindlich und elitär. Anninskij[275] attestierte Autoren „anderer Prosa" wie Tolstaja, Narbikova und solchen der Soz-Art zwar eine sensible Wahrnehmung, aber ethisch-moralische Orientierungslosigkeit. Kultur sei für sie völlig funktionslos, Phantastik eine Existenzform, Spielregeln ersetzten einen ernsthaften Realitätsbezug. Stepanjan weigerte sich, auf „nicht-seriöse Schriftsteller" oder auf Werke „außerhalb der Literatur", die nur an Instinkte appellierten, einzugehen, womit er offenbar die konzeptualistische Literatur meinte.[276]

2.) Grundsätzliche Anerkennung der „anderen" Literatur

Eine Minderheit unter den Kritikern bewertete die Existenz der „anderen" Literatur grundsätzlich positiv. Diese stelle die Wirklichkeit wahrhaftiger und glaubwürdiger dar als die bisherige, indem sie das zuvor von literarischer Wahrnehmung Ausgegrenzte einbeziehe und zugleich auf jegliche Beschönigung verzichte, schrieb Igor' Kavelin.[277] Eine adäquate Erfassung der Wirklichkeit in den dreißiger Jahren wie auch der heutigen Zeit sei nur in nichtrealistischer Literatur möglich. Die Tauwetter-Literatur der Šestidesjatniki habe mit ihrer anachronistischen Poetik die Illusion einer künstlerischen Bewältigung der Realität im traditionellen Genre des großen psychologischen Romans nur noch verlängert und so die ästhetische Zensur – trotz ihrer Kritik daran – noch zementiert. Nicht die Konfrontation zwischen politischen Positionen oder Weltanschauungen sei für die Literatur entscheidend, sondern die zwischen der Poetik des Realismus, eines „erhebenden Betrugs", und einer zeitgemäßen Poetik, die das Dunkel bitterer Wahrheiten auch in künstlerische Form umsetze.

Allerdings stellte sich bei näherem Hinsehen heraus, daß auch das Urteil dieser Literaturkritiker in den meisten Fällen letztlich negativ ausfiel, da sie die andere Literatur nur insoweit anerkannten, wie sie eine sinnstiftende, wertorientierende oder ideologiekritische Funktion erfüllen

---

[274] STEPANJAN: Vypavšie, S. 253.
[275] ANNINSKIJ: Šestidesjatniki, semidesjatniki.
[276] STEPANJAN: Vypavšie, S. 253.
[277] I. KAVELIN: „Novyj mir" i drugie, in: VNL (1991) 3, S. 246-261.

konnte. Autoren, deren Poetik und Schreibweise sich nicht in den Rahmen eines erweiterten Realismus oder eine gemäßigte Form der Moderne-Tradition einfügen lassen, wurden auch von ihnen abgelehnt oder ignoriert. Eine grundsätzliche Anerkennung der „anderen" Literatur konnte allerdings einhergehen mit einer ablehnenden Haltung gegenüber der Postmoderne, die ja nur einen kleinen Teil von ihr umfaßte.

3.) Positive Bewertung der „anderen" Literatur

Nur wenige Kritiker erkannten nicht nur die Existenzberechtigung der „anderen" Literatur vorbehaltlos an, sondern bewerteten sie auch positiv. Sie sahen gerade in deren Anspruch auf ästhetische Autonomie, in der Trennung von Ästhetik und Ethik und in der Absage an eine Geschlossenheit des literarischen Werkes ihren Wert. In diesem Sinne argumentierten Ėpštejn, Kuricyn, Jarkevič und Dark. Für Ėpštejn gehörten zwar Originalität und Verantwortung für das eigene Wort zu den Bedingungen jeglicher Kunst. Diese Literatur müsse jedoch, statt nach dem Kriterium der Wahrheit, danach bewertet werden, wie korrekt sie die Phänomene der totalitären Sprachwirklichkeit registriere. Das herkömmliche Kriterium „aufrichtigen Ausdrucks eigener Überzeugungen" des Autors sei hier völlig unangebracht. Vielmehr müßten die Autoren der „anderen" Literatur wie „Sammler eines Wörterbuchs" betrachtet und ihre Werke danach beurteilt werden, wie „vollständig sie die Gesetze und Möglichkeiten der Sprache vorstellten."[278]

Gesellschaftspolitische und kunstphilosophische Einwände gegen die Postmoderne

Neben viel schriller Polemik löste die Diskussion über die Postmoderne eine kunstphilosophische Debatte mit teilweise überraschenden Argumentationen aus, in der sich die Überlagerung von sowjetischen mit neu übernommenen antisowjetischen Einstellungen besonders deutlich zeigte.

Die Postmoderne wurde nicht nur von allen pauschalen Gegnern der „anderen" Literatur, sondern auch von den meisten derjenigen, die sich auf die Beschäftigung mit ihr einlassen, als eine aus dem Westen eingeführte, zum schnellen Scheitern verurteilte Strömung einer kleinen intellektuellen Minderheit, als etwas der russischen Kultur Fremdes abge-

---

[278] ĖPŠTEJN: Koncepty..., Metaboly, S. 197.

lehnt.[279] Ein typisches Beispiel für die Argumentation fundamentalistischer Kritiker bot *Aleksandr Kazins* Artikel „Kunst und Wahrheit",[280] in
dem die Postmoderne – gemeint war die gesamte Literatur des „Underground" – als ein antirussisches Kulturmodell dargestellt wurde. Kazin
unterschied nicht zwischen Moderne, Avantgarde und Postmoderne. Er
sah in allen gleichermaßen Strömungen, mit denen Probleme des We-
stens nach Rußland eingeführt würden, dort aber nur die Illusion eines
Pluralismus erzeugten. Da in Rußland die Voraussetzungen für einen
kulturellen Pluralismus fehlten, nämlich die allgemeine Verfügbarkeit
der materiellen und geistigen Erzeugnisse, könne solche Literatur immer
nur dem raffinierten Genuß und der Aufklärung einer elitären Minderheit
dienen. Für solche Produkte des westlichen Individualismus gebe es jedoch in Rußland keinen kulturellen Nährboden. Die Postmoderne emp-
fand der Kritiker offenbar als ein noch größeres Übel als das gerade zu-
sammengebrochene sowjetische Kulturmodell. Gegenüber der Postmoderne, in der er das letzte Stadium der Selbstzerstörung der Kultur sah,
verteidigte er den sozialistischen Realismus als zumindest ernsthaftes
und wertorientiertes Kulturmodell. Angesichts dieser Bedrohung beschwor er die positiven Werte russischer Kultur, wie Kollektivgeist, As-
kese- und Opferbereitschaft, eine religiöse Mentalität, die er gleichermaßen in der jahrhundertealten Mönchs- und Ikonenkultur, bei Lev Tolstoj,
in Werken des sozialistischen Realismus – er nannte ohne Ironie Fadeevs
Roman „Molodaja gvardija" als Beispiel – und schließlich sogar im „natürlichen Geist der sowjetischen Kleinbürgermentalität" fand. Alle diese
Traditionen hätten gemeinsame Grundzüge: das Bemühen, dem Volk
verständlich zu sein, hohe Ideale, Askese, Opferbereitschaft und Skepsis
gegenüber materiellen Interessen. Zwar seien sie alle hierarchische Kulturmodelle gewesen, aber zumindest teilweise getragen von einem Kon-
sens der Einheitlichkeit. Kazin bezeichnet das sowjetische Ideal der Einigkeit von Staat, Schriftstellern und Volk als „sobornost'". Auch in der
sowjetischen Epoche habe es diese sobornost', wenn auch nur rudimentär
und deformiert, gegeben. In der Argumentation dieses Kritikers wurde
eine Haltung deutlich, in der einst tabuisierte Ideologeme religiösphilo-
sophischen vorrevolutionären Gedankenguts sich mit sowjetisch gepräg-

---

[279] I. RODNJANSKAJA: Zaživem bez velikogo, in: LG 29.5.1991; I. ZOLOTUSSKIJ: Naši nigilisty, in: LG 23.6. 1992; A. MAŠEVSKIJ: V situacii sorokonožki, in: NM (1992) 7, S.
228-231.
[280] A. KAZIN: Iskusstvo i istina, in: NM (1989) 12, S. 235-245.

tem Denken zu einem neuen „pravoslavnyj marksizm"[281] verband, um
damit eine vermeintliche nationalkulturelle Kontinuität zu konstruieren,
aus der alles davon Abweichende ausgegrenzt wurde.

Andere Teilnehmer der Debatte kritisierten die Postmoderne nicht,
weil sie eine dem Russischen fremde Strömung, sondern weil sie einen
allgemeinen Wertrelativismus vertrete. *Vladimir Maluchin*,[282] der die
Postmoderne als eine „metaphysische Rebellion der Mittelmäßigkeit" bezeichnete, hielt die wertrelativistische Position in der Kunst für eine gefährliche Form der Freiheit. Die Vision einer kulturellen Situation, in der
alles beliebig sei, habe es in der russischen literarischen Tradition schon
früh gegeben. Dostoevskij habe sie mit der Formel „vse dozvoleno"
(„Alles ist erlaubt") prognostiziert und vor ihr gewarnt. *Aleksandr Maševskij*[283] verwahrte sich dagegen, daß eine extreme Richtung (napravlenie) in der Gegenwartsliteratur die Führung übernehme und hegemoniale
Ansprüche erhebe, obwohl sie selbst nichts als Unverbindlichkeit
anzubieten habe. In der Pose der Unangreifbarkeit führten ihre Vertreter
alle Beurteilungsmaßstäbe ad absurdum. In der Reduktion auf Technologie und anonyme Autorschaft sah der Kritiker eine Rückkehr zu mittel-
alterlicher Scholastik. Die Postmoderne ziehe zwei Konsequenzen aus
der Krise der Kunst, entweder das von jeglicher Bedeutung unabhängige
Spiel mit der Sprache oder den Rückzug in ein hermetisches, individuelles Bedeutungssystem. Beide seien keine vermittelbaren und damit gang-
baren Wege für die Kunst, die immer in irgendeiner Weise an „Glauben,
Wunder und Bedeutung" gebunden sei. Während die Avantgarde sich
zumindest noch für die Aufhebung der Grenzen zwischen Kunst und Leben bemüht hätte, interessiere sich die Postmoderne überhaupt nicht
mehr für die Realität.

Ein Beispiel für die Polemik von fundamentalistischer Seite war *Renata Gal'cevas* Vortrag, den sie auf der Konferenz „Literatur und Religion" im September 1991 hielt und der unter dem Titel „Sieben böse
Geister" („Sem' zlejšich duchov") in der „Literaturnaja gazeta" veröffentlicht wurde. Gal'ceva bezeichnete die Literatur der Postmoderne als
das „satanische Absurde" („sataničeskij absurd") von „neuen Zuwande-
rern" („novye prišel'cy"), die „sich auf kriminelle Abweichungen" spezialisierten und „das Grauen erfinden und als Ware verkaufen, aber selbst

---

[281] So bezeichnete I. Rodnjanskaja in ihrem kritischen Kommentar zu dieser Polemik
Kazins Position. RODNJANSKAJA: Zametki k sporu, S. 247.

[282] V. MALUCHIN: Post bez modernizma, in: IZVESTIJA 8.5.1991.

[283] A. MAŠEVSKIJ: V situacii sorokonožki, S. 230.

keines kennen". Zur Zielscheibe ihres Angriffs wurde besonders Narbikova, deren Werke ein „Evangelium für sexuell Perverse" seien. Eine solche Art von Realismus habe sich in der russischen Literatur jedoch noch nie durchgesetzt: „Die Literatur hat immer schon etwas anderes angestrebt, als nur das Leben widerzuspiegeln; die russische Tradition war immer bestrebt, Wahrheit ins Leben zu tragen, um damit das Gute und Schöne zu vermehren."[284] Auch die Literaturkritiker, die sich solcher Werke annahmen, wurden von Gal'ceva als Mitschuldige verurteilt.

Die Mehrzahl der gemäßigt-liberalen Literaturkritiker hielten den Begriff „Postmoderne" für gänzlich ungeeignet. In den künstlerisch innovativen Werken der anderen Literatur würden lediglich Traditionen der Moderne nachgeholt und weitergeführt, sie stelle jedoch nichts wirklich Neues dar. Soweit man überhaupt von einer eigenständigen postmodernen Strömung sprechen könne, etwa bei den Moskauer Konzeptualisten, handle es sich um eine reine Reproduktion der sozialistisch-realistischen Ideologie, in deren Falle diese Autoren gefangen seien. *Stanislav Rassadin* und *Vladimir Slaveckij* sahen in der Postmoderne lediglich eine vorübergehende begrenzte Krisenerscheinung der Literatur, die sich schnell überlebe, jedoch keinerlei Ansätze zu einer neuen Ästhetik.[285] Rassadin schlug statt „Postmoderne" den Begriff „Postsekretärsliteratur" vor. Ebenso wie die sozialistisch-realistische sei die postmoderne Literatur nicht lesbar, weil sie an den realen Bedürfnissen und Interessen der Leser vorbeiginge. Ihre Prinzipien und Kriterien hätten nichts mit den Lesern zu tun, nur mit dem Wunsch nach schnellem Erfolg.

Sergej Nosov[286] lehnte die postmoderne Literatur mit ihrer ästhetischen Autonomie ab, weil in ihr das Prinzip des unverbindlichen Spiels verabsolutiert werde. Für ihn hatte das Spielerische in der Literatur eine nur begrenzte, historisch bedingte Berechtigung. Beschränkt darauf, die Differenz von Schein und Sein zu thematisieren, müsse es über die Ironie immer eine Versöhnung mit der unvollkommenen Welt ermöglichen. Das Spielerische sei aber grundsätzlich unvereinbar mit einem Ideal, mit einem Bekenntnis zur Wahrheit, und könne daher nur als Prinzip, das ei-

---

[284] R. GAL'CEVA: Sem' zlejšich duchov. Auf Narbikova sowie auf jede Art von Darstellung erotischer Freizügigkeit konzentrierten sich die Angriffe nicht nur Rodnjanskajas, sondern auch anderer Kritiker, zum Beispiel A. PROKOF'EVA: Dva mnenija ob odnoj probleme, in: LG 8.2.1989; A. VASILEVSKIJ: Bespredel, in: LG 12.9.1990.

[285] S. RASSADIN: Golos iz ar'ergarda; V. SLAVECKIJ: Posle Postmodernizma. Ähnlich argumentiert auch A. ARCHANGEL'SKIJ in seiner Rezension von V. Sorokin: A tumbočka ne vinovata, in: OBŠČAJA GAZETA 18.- 25.6.1993.

[286] S. NOSOV: Literatura i igra, in: NM (1992) 2, S. 232-239.

nem höheren Ziel der Kunst untergeordnet sei, Geltung beanspruchen. Diese Einstellung stand ganz in der Tradition der offiziellen sowjetischen Kritik und wiederholte Positionen, wie sie etwa aus der über Jahrzehnte geführten Satire-Diskussion bekannt waren.

Bemerkenswert war, daß selbst Vertreter der neuen Literaturkritik, die sich eingehend mit der anderen Literatur und ihrer westlichen Theoriebildung beschäftigten und mit der Kategorie der Postmoderne das Neue an der anderen Literatur zu erfassen suchten, vor den Konsequenzen der ästhetischen Autonomie, einer radikalen Trennung zwischen Ethik und Ästhetik, zurückschreckten. Eine Zukunft für die Literatur sahen auch sie nur in einem erneuerten Realismus.

Lipoveckij sah in den Verfahren der Negation, des Widerspruchs und der Dekonstruktion ein Kernproblem der neuen Literatur. Im Gegensatz zu den Frühphasen der russischen postmodernen Literatur, die noch von Dialogizität geprägt worden seien, herrsche in der neuesten Literatur nur noch der Topos der Taubstummheit. Der Wert der Literatur bemaß sich für ihn in der Epoche der Postmoderne, da auch ästhetische Innovation kein Wertkriterium mehr sein könne, allein nach ihrer Konkretheit und der Authentizität des dargestellten Leidens an der Realität:

> Die Postmoderne, selbst jene, die an die Grenzen der Ästhetik stößt, erwächst, wie jede Kunst, aus dem authentischen und existentiellen Leiden. Wo kein Leiden ist, da gibt es keine Kunst.[287]

Eben diese Authentizität jedoch vermißte der Kritiker in der neuen Literatur. Der Blick für den konkreten Menschen sei verlorengegangen, stattdessen seien zahlreiche neue Texte hermetisch abstrakt und konstruiert. Ähnlich wie Stepanjan, Nemzer, Slaveckij, Čuprinin und die meisten übrigen Kritiker,[288] sah auch Lipoveckij eine produktive Weiterentwicklung der Literatur nur in ihrem lebensbejahenden, hoffnungstragenden Ursprung, im Rahmen eines sujet- und figurengebundenen erweiterten Realismus:[289]

---

[287] LIPOVECKIJ: Patogenez i lečenie, S. 223.

[288] STEPANJAN: Realizm kak zaključitel'naja stadija; ČUPRININ schrieb über eine Wiederbelebung des Romans nach einer Periode der Kurzformen und über die Lesbarkeit neuester Literatur in: Sbyvšee, nebyvšee LEJDERMAN/LIPOVECKIJ sprachen von einem vom Paradigma der Künstlichkeit geprägten neuen „Postrealismus", in: in: Žizn' posle smerti.

[289] SLAVECKIJ (Posle postmodernizma) beschwor eine Rückkehr zum kultischen Ursprung der Kunst im Sinne des emigrierten Philosophen V. Veidlé ; S. NOSOV bezeichnete die neue postmoderne als ideenlose, daher gottlose, leser-, daher menschen-

Das relativistische Bewußtsein, das zur Norm geworden ist, schafft eine *allumfassende* postmoderne Situation, in der auch „reine" Realisten – V. Makanin, L. Petruševskaja, F. Gorenštejn – sich im Prinzip nicht der ästhetischen Farben aus der Palette der Postmoderne entziehen können. (...) Ich bin überzeugt, daß die interessantesten Funde der russischen Literatur in nächster Zukunft gerade vom Realismus zu erwarten sind, von einer durch die Erfahrung der Postmoderne hindurchgegangenen, in ihren Fundamenten aber traditionell gebliebenen Poetik des psychologischen Realismus.[290]

Viktor Erofeev trat in seinen programmatischen Äußerungen als einer der engagiertesten Verfechter von radikalen Traditions- und Tabubrüchen jeglicher Art, sei es im Namen der Moderne oder der Postmoderne, auf. Sowohl in der Wahl seiner literaturkritischen Gegenstände als auch in seinen eigenen literarischen Texten kultivierte er eine Faszination für alles Abartige, Böse, für eine ungehemmte Subjektivität.[291] Aber in den mitunter zynischen Abgesängen Erofeevs nicht nur auf die sowjetische, sondern auf die „große Literatur" in Rußland überhaupt,[292] in seinem geradezu obsessiven Hang zur blasphemischen Provokation war die Stimme des desillusionierten Romantikers nicht zu überhören, nicht zuletzt das Bedauern über den Verlust humanistischer Werte oder überhaupt einer metaphysischen Instanz.[293] So hatte Erofeev zwar unbestritten zur Rehabilitierung und positiven Umwertung Nabokovs beigetragen, aber seine literaturkritischen Kommentare waren dennoch nicht frei von Ressentiments gegenüber Nabokovs individualistischer, betont amoralischer Literatur und Position als Schriftsteller. In einem umfangreichen Porträt Nabokovs, das Erofeev 1988 in der Zeitschrift „Voprosy literatury" publizierte und das er selbst ironisch als „Anti-Nabokov-Pamphlet" bezeichnete, erklärte er, Nabokov kenne keinen Ausdruck authentischen Schmerzes. Jeder Schmerz werde bei ihm in Spiel verwandelt. Literarisch gelungen seien nur seine wenigen schwachen, zweifelnden Figuren, nicht

---

feindliche Literatur, in: Vselennaja bezydejnosti, in: NM (1992) 7, S. 224-227. S. RASSADIN endete mit den Worten: „Sie (die Postmodernisten) werden vor der großen Pragmatik unserer Literatur Unrecht bekommen, die niemals die Hoffnung aufgab, im Menschen das Menschliche zu finden und ihn darin zu bestätigen." RASSADIN: Golos iz ar'ergarda, S. 218.

[290] LIPOVECKIJ: Patogenez i lečenie, S. 215 (Hervorhebung vom Autor).

[291] Vgl. die bereits zitierten Aufsätze VIKTOR EROFEEVs über Marquis de Sade, F. Sologub und V. Rozanov.

[292] VIKTOR EROFEEV: Krušenie gumanizma No. 2, in: MOSKOVSKIE NOVOSTI 22.12. 1991.

[293] Hierzu auch H. GOSCILO: Position, Proposition, and Preposition in Postmodernism, Vortrag auf dem VI. Weltkongreß CCEES in Warschau August 1995.

jedoch die vielen aus dem egozentrischen Hochmut des extrem indivi-
dualistischen Selbstausdrucks heraus konzipierten Werke und Figuren:

> In seinem positiv angelegten Werk kann der Held Nabokovs sich lediglich
> selbst ausdrücken („Ich" = „Ich"), und dann offenbart sich die allgemeine
> Schwäche dieser Literatur, die nur auf dem Prinzip des Selbstausdrucks be-
> ruht, ohne Beziehung zu einer ontologischen Realität, ohne Beziehung zu
> dem, was jenseits der Grenzen des „irdischen Paradieses" existiert. (...) Aber
> wenn es keine gemeinsamen Maßstäbe gibt (...), dann tendiert der Stil zur
> Selbstvernichtung, er gebiert einen krüppelhaften Stil, das zerrissene, gebro-
> chene Surrogat eines Stils, der nicht die Erschaffung, sondern den Verlust der
> Welt widerspiegelt. Wenn es keine Rettung gibt, dann gibt es auch keine
> Rettung im Wort.[294]

Demgegenüber vertraten einige wenige Literaturkritiker die Position, daß
die Epoche der russischen Postmoderne zugleich ein Ende und ein Neubeginn sei. Am weitesten ging Vjačeslav Kuricyn. Er behauptete, die
Postmoderne sei die gegenwärtig höchste Stufe der kulturellen Evolution:

> Einzig die Postmoderne, die real „andere" Kultur, ist heute der letzte und –
> im innerkulturellen Maßstab – aktuellste ästhetische Zustand.[295]

> Die Postmoderne ist heute der lebendigste, ästhetisch aktuellste Teil der ge-
> genwärtigen Kultur und unter seinen besten, musterhaften Werken gibt es
> einfach großartige Literatur.[296]

Während die als „andere Prosa" bezeichnete Literatur noch nicht souverän über der sowjetischen stehe, sondern ihr gegenüber in ästhetischem
Protest verhaftet bleibe, sei einzig frei und damit postmodern, nur die
Literatur der Soz-Art, des Konzeptualismus und ihre postsowjetischen
Nachfolger. Damit unterstellte der Kritiker eine Kongruenz zwischen den
ästhetisch avanciertesten und den kulturell-gesellschaftlich fortschritt-
lichsten Strömungen und beanspruchte für die postmoderne Literatur den
ersten Platz in der literarischen Werthierarchie.

---

[294] VIKTOR EROFEEV: Russkij metaroman Vladimira Nabokova ili v poiskach poterjannogo raja, in: VL (1988) 10, S. 125-160, hier S. 133, 155 u. 158. Zur sowjetischen
Rezeption Nabokovs bis 1989 vgl. CH. HÜLLEN: Der Tod im Werk Vladimir Nabokovs (Terra Inkognita), München 1990, S. 66-72; A. LEBEDEV: K priglašeniju Nabokova, in: ZN (1989) 10, S. 203-213; O. DARK: Zagadka Sirina, in: V. Nabokov.
Sobranie sočinenij v 4 tt., Bd. 1, M 1990, S. 403-408.

[295] V. KURICYN: Legko, radostno i pokojno, in: OG (1991) 18.

[296] DERS.: Postmodernizm: novaja pervobytnaja kul'tura, S. 232.

6.2.4 Thesen zum Umgang der Literaturkritik mit der „anderen" Literatur / Postmoderne

Die Diskussion über das Neue in der russischen Literatur, aus deren Anfangsphase hier die wichtigsten Argumente und Darstellungsweisen wiedergegeben wurden, zeugte von einigen allgemeinen Tendenzen der Literaturkritik, die thesenhaft zusammengefaßt werden sollen:

*Die Reaktionen auf die „andere" Literatur und die Postmoderne zeigen, daß
die Mehrheit der Kritiker, unabhängig von weltanschaulichen Orientierungen, politischen Lagern und Generationen außerstande war, der Herausforderung der „anderen" Literatur mit neuen Bewertungsmaßstäben zu begegnen.*

Diese Haltung wurde durch die zunehmenden Krisen- und Auflösungserscheinungen des literarischen Lebens noch verstärkt. Eine für das Neue
aufgeschlossene Minderheit betrachtete und akzeptierte die „andere" Literatur, soweit sie im Rahmen eines neuen Realismus blieb und in ihr eine ethisch orientierende, sinnstiftende Absicht erkennbar blieb.

*Seit den späten achtziger Jahren setzten junge Kritiker und ehemalige Au
ßenseiter des literarischen Lebens Anfänge einer neuen Literaturkritik.*

Von der sowjetischen unterschied sich diese durch eine von institutionellen Zwängen und äsopischer Rhetorik freie Argumentation, ein von
ideologischer Polarisierung unbelastetes Verhältnis zur Literatur und eine
stärkere Konzentration auf formal-ästhetische Aspekte. Ihre Vertreter
bemühten sich um die Herausbildung neuer theoretischer und methodologischer Begriffe und Maßstäbe für die Bewertung der Literatur, um eine Erweiterung des Literaturbegriffs und zeigten sich aufgeschlossen
auch für westliche Literaturtheorien.

*Die Diskussion über die Postmoderne ist in erster Linie als eine Suchbewegung dieser neuen Literaturkritik zu verstehen, um die „andere", neue Literatur einzuordnen und zugleich einen Anschluß an die westliche Diskussion
herzustellen. Dabei ging es im wesentlichen um die Reinterpretation vergangener literarischer Epochen, des Symbolismus, der Avantgarde, des sozialistischen Realismus und der Klärung ihres Verhältnisses zueinander.*

Mit der Übernahme der Postmoderne-Konzeption wurde von der neuen
Literaturkritik innerhalb weniger Jahre eine große Anzahl von bis dahin
unbekannten westlichen Autoren, Theoretikern und Philosophen eingeführt und zitiert. In ihrer oft verwirrenden Diktion, in dem inflationären
Hang, neue Begriffe und Konzepte zu prägen, und in den verschiedenen,

teilweise widersprüchlichen Auffassungen über den Charakter und die
Periodisierung der literarischen Epochen des 20. Jhs. zeigten sich aber
auch methodologische und theoretische Defizite, Erblasten der sowjetischen Kritik, wozu vor allem die unzureichende Aufarbeitung der russischen Moderne gehörte. Während für die oppositionelle Intelligenz sowohl die Avantgarde als auch die Moderne Gegenpole zum sozialistischen Realismus darstellten und mit diesem in keinerlei Verbindung gebracht wurden, gingen „postmoderne" Kritiker von einer inneren Kontinuität zwischen diesen Epochen aus und betrachteten den sozialistischen
Realismus als Teil der Moderne.[297]

> *Die Postmoderne übernahm für die neue Literaturkritik teilweise die Funk-*
> *tion einer umfassenden Literaturtheorie. Alle literarischen Bewegungen des*
> *20. Jhs. wurden von ihr als Bestandteile der Avantgarde oder der Moderne*
> *gesehen und zu Wegbereitern, Vorgängern oder Gegenspielern der Postmo-*
> *derne erklärt.*

Die meisten neuen Literaturkritiker bevorzugten kultur- und geschichtsphilosophische Gesamtbetrachtungen und -konzeptionen gegenüber einzelnen literarisch-ästhetischen Analysen konkreter Werke und Autoren.
Nicht zuletzt dadurch entstand eine Diskrepanz zwischen dem geringen
Umfang, den die als „postmodern" deklarierten Werke und Autoren innerhalb der „anderen" und im gesamten Spektrum der neuen Literatur
hatten und dem universellen kulturtheoretischen Erklärungsanspruch des
Begriffs Postmoderne.

> *In der postmodernen Literatur Rußlands wurden von der Kritik besonders*
> *mythenschöpfende, auf utopische Harmonie gerichtete, dem Religiösen ver-*
> *wandte Elemente und das Bewußtsein vom Ende der Literatur und Ge-*
> *schichte betont.[298] Auch im Stil und in der Lexik einiger literaturkritischr*
> *Artikel zeigte sich eine Tendenz zur Ontologisierung.*

---

[297] V. Novikov kommentierte diese Situation: „Es stellt sich heraus, daß in den Köpfen
unserer gegenwärtigen Führer des literarischen Prozesses in ästhetischer Hinsicht eine wahres Durcheinander herrscht. Es hilft nichts, man muß mit vereinten Kräften
klären, was bei uns die Avantgarde, was die Moderne und was die Postmoderne bedeuten; schließlich was gerade heute Realismus bedeutet." V. NOVIKOV : Tri bol'šie
raznica, in: OBŠČAJA GAZETA 18.-24.2.1994.

[298] Dem Rezeptionstypus nach ähnelte seine Übernahme und plötzliche Ausbreitung der
Einführung des Begriffs „Kultur" nach Rußland in den sechziger Jahren des 19. Jahrhunderts. Vgl. dazu P. GRZYBEK: Zum Aufkommen des Kulturbegriffs in Rußland,
in: Ch. Ebert (Hg.): Kulturauffassungen, S. 47-76.

Mit der Annahme, daß die Postmoderne in Rußland bereits in ein ab-
schließendes Verfallsstadium geraten sei, gingen ihre Protagonisten davon aus, daß sich diese in Rußland früher entwickelt, schneller und radikaler verwirklicht und eher verbraucht habe als im Westen.[299] Auf der
geschichtsphilosophischen Ebene wurde die Postmoderne fast ausschließlich als Endstadium und als Sackgasse des Individualismus rezipiert und nicht, wie auch in westlichen Theorien, als Element einer
Selbstkritik der Aufklärung, ohne daß deren Ziele aufgegeben würden.

Der postmoderne Synkretismus trifft in Rußland auf andere Voraussetzungen
als im Westen. Mit der Tendenz zur Auflösung der Genres und der Grenze
zwischen Literatur und Kritik knüpft die Postmoderne in Rußland an eine be-
reits seit ihren Anfängen und dem Symbolismus im 19. Jh. typische synkreti-
stische Tradition der Literaturkritik an.

Mit ihrer Infragestellung einer literaturkritischen oder –wissenschaftlichen Metasprache, mit der Aufhebung jeglicher reflexiver Distanz und
klarer Begriffe reagierte die Postmoderne im Westen auf die Verselbständigung dieser Metasprache und Begriffe. Sie entstand als Gegenbe-
wegung zum Strukturalismus als dem vorherrschenden literaturwissenschaftlichen Metadiskurs, um dessen Rationalitätsanspruch zu unterlaufen. In der russischen Literaturkritik hatte sich jedoch, bedingt durch ihre
synkretistische Tradition im 19. Jh. und ihre ideologische Funktionalisierung im 20. Jh., eine solche Metasprache gar nicht erst oder nur in Ansätzen herausgebildet.[300] Die neue synkretistische Tendenz äußert sich daher nicht nur in einer größeren Freiheit subjektiven Ausdrucks, stilistischer Vielfalt und in der Verbreitung essayistischer Formen, sondern sie
hat auch einen problematischen Aspekt, indem sie die in der russischen
Literaturkritik verbreitete terminologische Vagheit, den Mangel an präzisen Begriffen, kritischer Distanz zum Gegenstand und argumentativ begründeten Wertungen noch verstärkt.

---

[299] Die russischen Literaturkritiker argumentierten hierbei teilweise übereinstimmend mit
N. CONDEE [KONDI]/V. PADUNOV: Samoubijstvo perestrojki: ne chlebom edinym, in:
ZN (1992) 1, S. 209-212; DIES.: Proigrannyj raj; und GROYS: Gesamtkunstwerk Sta-
lin.

[300] Vgl. dazu K. EIMERMACHER: Zum Problem einer literaturwissenschaftlichen Meta
sprache, in: SPRACHE IM TECHNISCHEN ZEITALTER (1973) 48, S. 255-284.

7. Schlußfolgerungen: Zum Funktionswandel der Literaturkritik 1986-1993

Die mehr als anderthalb Jahrhunderte während Vorrangstellung, die die Literatur in der russischen Kultur innehatte, ist mit dem tiefgreifenden gesellschaftlichen Wandel, der sich seit 1986 vollzogen hat, verlorengegangen. In diesem Prozeß hat auch die Literaturkritik ihren Status als führende normsetzende Instanz und als zentrales Medium gesellschaftlicher und kultureller Selbstreflexion eingebüßt. Innerhalb weniger Jahre hat sie sich von einer staatlich gelenkten und der politischen Macht gestützten Institution zu einem freischwebenden Meinungsträger entwickelt. Viele Funktionen, die die Literaturkritik bis dahin erfüllt hatte, wie etwa die gesellschaftspolitische Aufklärung, die Aufarbeitung der Geschichte, philosophische Reflexion oder nationale Identitätsfindung sind seither an die Publizistik, die Geschichtswissenschaft, die Religion oder die Philosophie übergegangen, Disziplinen, in denen sich inzwischen eigenständige Diskurse entfaltet haben. Unter den völlig neuen Bedingungen eines kommerzialisierten Buch- und Zeitschriftenmarktes und durch den gleichzeitigen allgemeinen Bedeutungsverlust der „hohen" Kultur ist der Handlungs- und Wirkungsbereich der Literaturkritik seit Beginn der neunziger Jahre stark eingeschränkt worden. Gleichzeitig sah sich die Kritik nach dem Zensurabbau einer weitaus vielfältigeren Literatur gegenüber, die sowohl Werke der Gegenwart als auch der Vergangenheit umfaßte, wodurch sie gezwungen war, ihre bisherigen, durch den sozialistischen Realismus geprägten Bewertungsmaßstäbe zu revidieren. Auch die literaturhistorischen Kategorien erwiesen sich unter den neuen Bedingungen als nicht mehr tragfähig, so daß von der Literaturkritik erste Anstöße zu einer Umschreibung der Literaturgeschichte ausgingen. Die neue Freiheit wurde nur um den Preis der Selbstbeschränkung und existentiellen Unsicherheit gewonnen. Sie hat jedoch die jahrzehntelang unterbundene öffentliche Auseinandersetzung mit der Literatur und Ästhetik der Moderne ermöglicht und die Chancen einer internationalen Verständigung darüber vergrößert. Allerdings sieht sich die Literaturkritik weiterhin einem durch die gesellschaftliche Instabilität bedingten politischen Handlungsdruck ausgesetzt, der nach wie vor den Anspruch fördert, mit der Literatur auch die gesamtgesellschaftliche Entwicklung zu beurteilen oder gar mitzugestalten. Da die Literaturkritik schon seit ren Anfängen im 19. Jahrhundert ein zentraler Ort für Auseinandersetzungen über das Schicksal Rußlands und über den Charakter und die Rolle der Intelligenz gewesen ist, erlaubt ihre jüngste Entwicklung nicht nur Rückschlüsse auf die literarische Kommunikation, sondern auch auf die Situation und Bewußtseinslage der russischen Bildungsschichten.

In der ersten Phase der Reformen in den Jahren 1986 bis 1989 war die Literaturkritik eine der wesentlichen Antriebskräfte der gesellschaftlichen Transformation. Durch ihr publizistisches und politisches Engagement und durch die Tätigkeit von Kritikern als Redakteure und Herausgeber war sie maßgeblich am Zensurabbau und an der Erweiterung der sowjetischen Öffentlichkeit beteiligt. In den Jahren danach verlor sie jedoch zunehmend an gesellschaftlicher Bedeutung, und damit schwand auch ihr Einfluß als politisch-ideologische und moralische Leitinstanz.

Der sowjetische Literaturbetrieb war bis Mitte der achtziger Jahre nach einem ständischem Prinzip organisiert, den nicht professionelle Kompetenz und rationale Entscheidungen, sondern persönliche Abhängigkeitsverhältnisse bestimmten. Er war Bestandteil einer repräsentativen, rituell und rhetorisch bestimmten Öffentlichkeit und war zugleich geteilt in drei verschiedene kulturelle Sphären. Neben der offiziellen Kultur entwickelte sich seit den frühen sechziger Jahren eine inoffizielle Kultur, innerhalb derer es wiederum seit Ende der sechziger Jahre eine Sphäre primär ideologischer Opposition und eine von beiden unabhängige dritte Spähre des literarischen Untergrunds gab. Eines der wichtigsten Merkmale des literarischen Lebens vor der Perestrojka war das *Bücherdefizit*, das nicht nur durch technologische Rückständigkeit bedingt, sondern auch Teil einer politisch gelenkten Strategie war, den ständigen Mangel an Konsumgütern durch symbolisches Kapital zu kompensieren. Für die literarische Intelligenz wurde dadurch der traditionelle Gegensatz zwischen geistigen und materiellen Gütern noch weiter verschärft. Der privilegierte Zugang zur Mangelware Buch und die Möglichkeit, über den Samizdat zu kommunizieren, sicherten der staatsloyalen wie auch der oppositionellen Intelligenz ihren Sonderstatus und ein Informationsmonopol an immateriellen kulturellen Gütern. Dies trug zu ihrer homogenen Kommunikationsstruktur bei und förderte analog zur offiziellen Sphäre die Herausbildung ähnlicher Hierarchien und eines komplementären literarischen Gegenkanons.

Die Literaturkritik war in hohem Maße institutionalisiert und hatte die staatlich legitimierte Macht, über die Relevanz und Rangfolge von Autoren zu entscheiden. Sie war darauf verpflichtet, die Einhaltung der Nor-

men des sozialistischen Realismus in ihrer jeweils aktuellen Formulierung in der Literatur zu überprüfen und die einzelnen Werke und Inhalte
auf eine eindeutige ideologische Botschaft zu reduzieren. Da aber die
ideologischen Grundlagen des Systems ausgehöhlt waren und die Partei
schon seit Anfang der siebziger Jahre die kulturelle Entwicklung nicht
mehr zentral kontrollieren und steuern konnte, hatten sich hinter der viel-
beschworenen Fassade von Einheitlichkeit längst mehrere oppositionelle
Lager herausgebildet. Alle Konflikte, die nach 1986 offen ausbrachen,
waren seit mehr als zwei Jahrzehnten latent vorhanden.

Die oppositionelle Literaturkritik befand sich seit dem Ende der Tauwetterperiode in dem Dilemma, das gesellschaftskritische Potential der
Literatur für die Leser erschließen zu wollen, es aber zugleich zudecken
und verschweigen zu müssen, da viele Werke in ihrem ethischen Gehalt
den Normen des sozialistischen Realismus zuwiderliefen. Die Argumen-
tations- und Handlungsstrategien der Kritik folgten dem Prinzip der begrenzten Regelverletzung und eines literaturkritischen Eskapismus, indem man auf historisch entfernte oder ideologisch unverfängliche Perioden und Autoren auswich. Kritik blieb darauf beschränkt, auf einzelne in
der Literatur thematisierte gesellschaftliche Mißstände hinzuweisen, ohne
daß dabei die Grundlagen des politischen Systems angezweifelt wurden.

Die Entwicklung der Literaturkritik seit 1986 wurde in starkem Maße
von den gesellschaftlichen Rahmenbedingungen geprägt. In der *ersten
politisch dominierten Mobilisierungsphase* des Reformprozesses (1986-
1989) führte der Zensurabbau zu einer Erweiterung der literarischen
Kommunikation, die bald über die Grenzen der Tauwetterperiode hin-
ausging, ohne daß sich jedoch die Bewertungsmaßstäbe oder Existenzbedingungen der Kritiker änderten. Liberal-demokratisch gesinnte Kritiker
der älteren Generation, die „Šestidesjatniki", gelangten in Entschei-
dungspositionen und übernahmen die Führung im Literaturbetrieb. Durch
den lange ungestillten Informationshunger der Bevölkerung schnellten
die Auflagen literarischer Periodika in nie dagewesene Höhen. Diese
Entwicklung löste bei den Šestidesjatniki große Hoffnungen aus auf den
Markt, auf die gesellschaftliche Wirkung der Literatur und auf das Zustandekommen einer Interesseneinheit von Staat und Gesellschaft. All
dies bestätigte zunächst noch einmal die traditionelle Vorrangstellung der
Kritik in der russischen Kultur.

Zu einem tiefgreifenden Wandel kam es erst in der *zweiten Phase* der
Reformen (ab 1990) mit der einsetzenden *Kommerzialisierung der Literatur*. Die Entstaatlichung der Gesellschaft vollzog sich für die Kritik am

spürbarsten im Verlust ihres offiziellen institutionellen Status, durch die Auflösung der Schriftstellerverbände und den Zusammenbruch des zentralisierten Verlags- und Vertriebssystems. Durch die Umstellung der Buch- und Zeitschriftenproduktion auf das Prinzip von Angebot und Nachfrage wurden erstmals die tatsächlichen Leserinteressen zu einem marktbestimmenden Faktor. Die Folge davon war eine rapide Verschlechterung der Arbeits- und Einkommensbedingungen von Kritikern – Gehälter, Honorare und Arbeitsbereiche reduzierten sich drastisch – und zugleich ein erheblicher Prestigeverlust aller literaturbezogenen professionellen Arbeit.

Die Mehrheit der Literaturkritiker erlebte den Rückzug des Staates aus der Kultur nicht vorrangig als Befreiung von politischer und moralischer Bevormundung, als Entlastung von der aufgezwungenen Führungsrolle, sondern in erster Linie als kulturellen Verfall. Die Kommerzialisierung, das Ende des sowjetischen Staates und der ihm zugrundeliegenden marxistisch-leninistischen Ideologie hat eine tiefe Identitätskrise der Intelligenz ausgelöst und ihr gesamtes literarisches Wert- und Normengefüge erschüttert. Die Reaktionen auf die unerwarteten Folgen der Kommerzialisierung und auf den Verlust des privilegierten Status waren überwiegend von Abwehr und Orientierungslosigkeit geprägt. Dies führte bei vielen Literaturkritikern zu Rückgriffen auf vor- und antimoderne Traditionen und erzeugte eine ablehnende Haltung gegenüber pluralistischer Vielfalt von Literaturmodellen. Seit der zweiten Phase der Perestrojka (1989/90) sammelten sich in der Literaturkritik Kräfte, die eine ideologische Polarisierung vorantrieben und einer Demokratisierung des Literaturbetriebs entgegenwirkten. Daneben ist eine neue Literaturkritik hervorgetreten, von der Impulse zur Überwindung der sowjetisch geprägten ideologischen Befangenheit ausgehen und die Maßstäbe zu einer angemessenen Bewertung auch der nichtrealistischen, „anderen" Literatur entwickelt hat.

Maßgeblich für die Entwicklung der Literaturkritik seit 1986 war ferner, daß sich der *Kreis der Kritiker* seit der Aufhebung der Grenzen zwischen den innerrussischen kulturellen Sphären wie auch zwischen der russischen Kultur und der Kultur der Emigration *erweitert* hat und in seiner *Zusammensetzung heterogener* geworden ist. Wenngleich sich schon seit den sechziger Jahren verschiedene politisch-ideologische Richtungen herausgebildet hatten – neben der parteiloyalen eine westlich orientierte liberalsozialistische und eine wertkonservative, neoslavophile Richtung –, waren sie doch alle durch eine gemeinsame Überzeugung von ihrer gesellschaftlichen Rolle, durch ihr Selbstverständnis und ihren Begriff von „hoher" Literatur miteinander verbunden. Diese Homogenität hat sich Ende der achtziger Jahre aufzulösen begonnen. Kritiker mit verschiedenen beruflichen Werdegängen und Karrieremustern, aus unterschiedlichen kulturellen Milieus, trafen aufeinander. Eine neue Generation der „Dreißigjährigen" profilierte sich und trat seit 1991 in offenen Konflikt mit den ideologischen Positionen und literarischen Wertvorstellungen der Tauwetter-Generation, besonders der Šestidesjatniki. Viele Kritiker der jungen wie auch der mittleren Generation waren in der dritten literarischen Untergrundkultur sozialisiert worden, dadurch ideologisch weniger belastet und aufgeschlossen für ästhetische Formen jenseits der etablierten Normen, für einen breiteren Literaturbegriff.

Als entscheidender Einschnitt für das Selbstverständnis der älteren Generationen der literarischen Intelligenz erwies sich der endgültige Zusammenbruch des kommunistischen Systems. Erst mit dem Ende des sowjetischen Imperiums stellte sich heraus, wie stark die Literaturkritik von der sowjetischen Vergangenheit, von der Fixierung auf den sowjetischen Staat und von der herrschenden Ideologie geprägt war. Angesichts der unerwarteten Folgen der Kommerzialisierung, des plötzlichen Auflageneinbruchs und des Aufschwungs einer neuen Massenliteratur und -kultur schlugen die anfänglich euphorischen Hoffnungen um in Enttäuschung und Defätismus, in Krisen- und Katastrophenbewußtsein.

Zu den nachhaltigsten *sowjetischen Prägungen* der Literaturkritik gehörte das didaktische Selbstverständnis und die Vorstellung von einem einheitlichen, fortschrittsgerichteten literarischen Prozeß, die sich mit einem Hegemonieanspruch im literarischen Kommunikationssystem verband. Nicht die literarische Evolution, sondern die politisch-ideologischen Funktionszuweisungen hatten die Entwicklung der sowjetischen Kritik gelenkt. Während der Stalinzeit war die Literaturkritik zum „Hausherrn des literarischen Prozesses" („chozjain literaturnogo processa") avanciert und mit höchster staatlich-politischer Autorität ausgestattet worden. Während Schriftsteller in der Regel ihre Werke selbständig und in Eigenverantwortung verfassen und sich die Kritiker auf deren Beurteilung beschränken, griff die Kritik in dieser Zeit sogar in den Entstehungsprozeß von Literatur ein und übernahm damit die Rolle einer ideologischen Erziehung des Autors. Das Bewußtsein einer Interessengleichheit von Partei, Staat und Gesellschaft, von dem sie seit den zwanziger Jahren getragen war, schwand seit Beginn der Tauwetterperiode; in Anlehnung an die „revolutionär-demokratische" Tradition des 19.

Jhs. hatte sich seitdem wieder eine oppositionell gesinnte Kritik formiert, die sich den Interessen der mit dem Staat in Konflikt stehenden Gesellschaft verpflichtet sah. In ihrem Bestreben, von der offiziellen Ideologie usurpierte allgemeinverbindliche moralische Werte aus der Literatur zu extrahieren und universell gültige handlungsanleitende Normen aufzustellen, äußerte sich allerdings ein ähnlicher Hegemonieanspruch wie bei der parteiloyalen Kritik. Weitere belastende Erbschaften, die aus den Produktionsbedingungen der sowjetischen Vergangenheit resultierten, waren eine Entprofessionalisierung, die Bürokratisierung des literarischen Lebens, eine affirmative Rezensionspraxis, Genrearmut und redundante, weitschweifige Darstellungsweisen.

Aber nicht nur die sowjetischen Prägungen und Wurzeln dieses Systems, sondern weit vor 1917 liegende, bis in die erste Hälfte des 19. Jhs. reichende Einflüsse und Traditionen sind in dem gegenwärtig stattfindenden Umbruch sichtbar geworden. Gerade jene Normen und Denkmuster der sowjetischen Literaturtheorie und -kritik haben sich als besonders langlebig erwiesen, die auf vorrevolutionäre Traditionen zurückgehen und in transformierter Form in den sozialistischen Realismus eingegangen sind.

Für eine Neuorientierung stehen der russischen Literaturkritik in ihrer eigenen Geschichte *vier Traditionen* zur Verfügung, an die sie anknüpfen kann:

1. Die *didaktische Tradition,* die sich aus dem Spätwerk V. Belinskijs herleitet und mit den Namen der sogenannten „revolutionär-demokratischen" Kritiker der sechziger Jahre des 19. Jhs. wie auch frühen Vertretern der marxistischen Kritik (G. Plechanov) verbunden ist. Typisch für diese Tradition ist die Bindung der Kritik an einen gesellschaftlichen Auftrag, die Postulate eines Ideengehalts und der „narodnost'" im Sinne einer sozialen oder klassengebundenen Konzeption mit der Betonung auf Verständlichkeit und Massenwirkung.

2. Die „*organische*" *Tradition* der slavophilen Literaturkritik um A. Grigor'ev und die Vertreter der sogenannten „Bodenständigkeit" („počvenničestvo"), die sich auf die deutsche idealistische Kunstphilosophie und Genieästhetik beruft und die zu den konservativen Utopien des 19. Jhs. gehörte. Typisch für diese Auffassung ist die enge Verbindung von Kunst und Religion, die Betrachtung der Nationalität als eines geschichtsphilosophischen Wertes und der Kunst als einer besonderen, anderen menschlichen Tätigkeiten überlegenen Erkenntnisweise, woraus dem Künstler eine prophetische Rolle erwächst. Rußland wird in einer

ständigen Konfrontation mit dem Westen gesehen, wobei es als dem Westen überlegene Nation betrachtet wird. In der „organischen" Kritik wird das literarische Werk als ein lebendiger Organismus betrachtet und ähnlich wie das Volk als ein einheitlicher nationaler Körper mit Vorgängen in der Natur gleichgesetzt. Die Methode der literarischen Interpretation ist betont irrational, formal-strukturelle Aspekte eines Werkes werden weitgehend aus der Betrachtung ausgeklammert.

3. Die *symbolistische Tradition* der Literaturkritik um die Jahrhundertwende. Sie bietet zwei Möglichkeiten des Anknüpfens, die den verschiedenen Strömungen im Symbolismus entsprechen: der religionsphilosophischen Strömung um ältere Symbolisten wie Merežkovskij und Religionsphilosophen wie Solov'ev und Berdjaev, und der ästhetisch-stilistischen Kritik der jüngeren symbolistischen Dichter-Kritiker, wie Belyj, Blok und Brjusov. Letztere betonten die Autonomie der Kunst und führten sie bereits in die Nähe der formalistischen Kritik. Charakteristisch für die symbolistische Literaturkritik insgesamt war die Umwertung der vergangenen Literatur, das offene Bekenntnis zur Subjektivität des Urteils, die Thematisierung von Liebe, Erotik und Geschlecht, ein Denken in Polaritäten und Antithesen sowie eine starke psychologische Komponente, zu der auch die Erschließung der Literatur über die Persönlichkeit des Autors gehörte.

4. Die *formalistische Tradition* die von den Literaturwissenschaftlern der Formalen Schule als die bedeutendste eigenständige Tradition in den zwanziger Jahren des 20. Jhs. geprägt wurde. Typisch für die formalistisch geprägte Literaturkritik ist ihr Selbstverständnis als Teilgebiet der Literaturwissenschaft und die Betrachtung der Literatur in ihrer formalen und historischen Evolution. Als charakteristisch gelten ferner eine induktive Methode der Analyse, die Konzentration auf einzelne Werke und die Intention, die Leser zu veranlassen, ihre Werkauffassung stärker zu reflektieren und bewußter zu gestalten.

Auch in der Literaturkritik nach 1986 war nach wie vor die didaktische Tradition vorherrschend, die sich explizit in den Postulaten der Perestrojkazeit niederschlug, zur „realen Kritik" Dobroljubovs und den leninistischen Prinzipien zurückzukehren. Implizit zeigte sich diese Tradition in der Bindung des literarischen Werts an Ideen und modellhafte Handlungsentwürfe. Mit dem Ende des Kommunismus hat die Literatur und Kultur des Symbolismus um die Jahrhundertwende, vornehmlich dessen religionsphilosophische Strömung, eine starke Aufwertung erfahren. Viele Kritiker, auch solche aus dem politisch liberalen Lager, haben

sich der idealistischen, kulturphilosophischen Tradition zugewandt und
eine Umorientierung auf die Normen der „organischen" Literaturkritik
vollzogen. Nur eine Minderheit knüpft an die Tradition der formalistischen Kritik oder an die autonomieästhetische Strömung des Symbolismus an. Den Interessen der Leser sehen sich nach wie vor die wenigsten
Kritiker verpflichtet, insbesondere weil die Mehrheit den Einfluß der Leserinteressen auf die Buchproduktion als Ablösung der früheren Zensur
durch das „Diktat der Masse" betrachtet.

Zwei Faktoren haben die russische Literaturkritik in ihren Normen
und Darstellungsformen entscheidend bestimmt: die *Zensur* und die *Bindung an das Publikationsmedium der dicken Monatszeitschrift*. Kritiker
waren einerseits der Zensurbehörde unterworfen, andererseits in ihrer
Praxis als Redakteure und Herausgeber selbst Ausübende der Zensur. Die
Ambivalenz ihrer Position, in der sie sowohl über Literaten und den „literarischen Prozeß" herrschten als auch zugleich subalterne Bedienstete
übergeordneter Instanzen waren, hatte sich letztlich stabilisierend auf das
Machtsystem ausgewirkt. Strategien der doppelten Optik und indirekten,
äsopischen Rhetorik haben die Darstellungsweise und Argumentation der
Kritiker der mittleren und älteren Generation nachhaltig geprägt.

Mit der Institution der Monatszeitschrift sind sowohl kommunikati-
onssoziologische Funktionen als auch darstellerische, stilistische Konventionen und Genrepräferenzen verbunden. Sie waren konstitutiv für
den Literaturzentrismus der russischen Intelligenz und leiteten sich also
nicht nur aus der sowjetischen Ideologie und Herrschaft her. Die Monatszeitschrift machte in vieler Hinsicht die Informationsfunktion der
Kritik überflüssig. Dadurch daß bis Ende der achtziger Jahre nahezu alle
neuen literarischen Werke zuerst in der kleinen, überschaubaren Anzahl
dieser Zeitschriften publiziert wurden, erübrigte sich die für den westlichen Buchmarkt vordringliche Aufgabe, aus der Fülle der literarischen
Neuerscheinungen eine erste sichtende und wertende Auswahl zu treffen.
Ihre Besonderheit lag gerade in der Kombination von literarischen, lite-
raturkritischen, publizistischen und gesellschaftspolitischen Beiträgen.
Außerdem erfüllten die Zeitschriften eine wichtige gruppenbildende
Funktion. Über sie wurden wesentlich die alle verbindenden kulturellen
und literarischen Wertvorstellungen geprägt. Sie verbanden die in den
Metropolen angesiedelte Intelligenz landesweit mit einer breiten, festen
Leserschaft. Da diese Zeitschriften einen Umfang von mehreren hundert
Seiten hatten, setzten sich in der Literaturkritik die synthetisierenden und
breit räsonnierenden Genres durch. Die „großen" Genres, zu denen neben

dem Problemartikel das Porträt, der Jahresüberblick und der Essay gehören, setzten in der Regel die Lektüre der besprochenen Werke voraus, so daß die Analyse und Wertung eines Werkes selten dessen Beschreibung erforderte. Das höchste Prestige in der Genrehierarchie besaß der umfangreiche, in Interpretation und Wertung deduktiv vorgehende Problemartikel, während dem einzelnen Werk geltende Rezensionen und kleinere Formen (Kurzüberblicke, Glossen), auch wenn sie quantitativ am häufigsten vertreten waren, zu den wenig geschätzten Genres gehörten.

Unter den postsowjetischen Bedingungen hat sich das Spektrum der Literaturzeitschriften, sowohl quantitativ als auch in seinen literarisch-inhaltlichen Profilen, erheblich differenziert. Trotz existenzbedrohender Krisen und trotz der seit 1992 zunehmenden Konkurrenz durch Tages- und Wochenzeitungen haben sich fast alle etablierten Monatszeitschriften mit einem Bruchteil ihrer früheren Auflagen bis in die neunziger Jahre halten können. Waren sie in den ersten Jahren der Perestrojka durch ihre publizistischen Beiträge in erster Linie politisch-ideologisch polarisiert, so bestehen die Gegensätze in den letzten Jahren auch in der Auswahl, Präsentation und Kritik der Literatur.

Unter den etablierten Zeitschriften hat „Znamja" in ihrer inhaltlichen und ästhetischen Programmatik den größten Wandel vollzogen. Von einer ausgesprochen parteiloyalen offiziellen Zeitschrift wurde sie in der Perestrojka zunächst zum repräsentativen Sprachrohr der reformorientierten Intelligenz, öffnete sich dann als erste der neuen, „anderen" Literatur aus der Untergrundkultur und vertrat programmatisch einen ästhetischen Pluralismus. Damit schlug sie eine Brücke zwischen Samizdatzeitschriften, literarischem Untergrund und dem etablierten Literaturbetrieb. An der Literaturkritik in „Znamja" zeigen sich darüber hinaus allgemein typische Tendenzen der Genreentwicklung: ein starker Rückgang der Rezensionen und eine fortgesetzte Dominanz des synthetisierenden, zum „kulturologischen" tendierenden Problemartikels. Von ihrer politischen Ausrichtung her lassen sich die Monatszeitschriften in nationalpatriotische mit ausschließlich politisch-publizistischer Literaturkritik, gemäßigt-nationale und liberale unterscheiden. Das Profil der letzteren ist weniger von der ideologischen Programmatik und Publizistik als von der neuen, „anderen" Literatur und Kritik bestimmt, in der die realistische Strömung weiterhin dominiert.

Zentrale Schwerpunkte der literaturkritischen Diskussionen Ende der achtziger und Anfang der neunziger Jahre waren die Umwertung des klassischen Erbes der russischen Literatur und die neue, „andere" Lite-

ratur. In beiden Fällen richtete sich das Interesse nahezu ausschließlich
auf die russische Literatur, während die inzwischen uneingeschränkt zu-
gängliche westliche Literatur von der Kritik kaum rezipiert wurde. Am
Beispiel der Kontroverse um A. Terc'/A. Sinjavskijs Essay „Progulki s
Puškinym", dem letzten literaturpolitischen Skandal der sowjetischen
Ära, konnte gezeigt werden, daß die liberaldemokratisch gesinnte und die
nationalpatriotische Literaturkritik dieselben auf moralische Wertschöp-
fung und -erhaltung gerichteten Bewertungsmaßstäbe und dieselben Ressentiments gegen moderne Literatur teilten. Je weniger in der Gegenwart
eine Versöhnung mit der Realität in der Literatur möglich erschien, desto
stärker wandten sich besonders Kritiker der älteren Generation einem religiös und national begründeten Literaturverständnis zu und sahen in den
Werken der kanonisierten russischen Klassiker des 19. Jhs. überzeitliche
ethische und ästhetische Werte verkörpert. Religionsphilosophen aus
Rußland und der Emigration nahmen dabei vielfach den Platz früherer
marxistisch-leninistischer Autoritäten im unverändert hierarchisch
strukturierten Denken ein. Neben dieser auf die „organische" Tradition
zurückgreifenden Mehrheit der Kritik und der von einer Minderheit auch
weiterhin vertretenen Einstellung zu den Klassikern als Modell „staats-
bürgerlicher" Emanzipation artikulierte sich, provokativ vertreten von einigen jungen, aus der Untergrundkultur hervorgegangenen Kritikern, ein
Verständnis der Klassik als Erblast imperialen Bewußtseins. Mit Berufung auf einzelne häretische Vorläufer der Kritik, in erster Linie Rozanov, griffen sie nicht nur die reduktionistische sowjetische Rezeption der
Klassik, sondern das gesamte in der Klassik vertretene Wertsystem als
ästhetisch und moralisch anachronistisch an und verteidigten einen Bruch
mit der Tradition über einen radikal individualistisch geprägten Literaturbegriff.

Die Analyse literaturkritischer Diskussionen über die Klassik seit der
Tauwetterperiode ergab, daß die „*narodnost'*" als zentrale Norm der russischen Literaturkritik seit dem 19. Jh. bis in die unmittelbare Gegenwart
anzusehen ist. Sie wurde jedoch mit unterschiedlichen Bedeutungen belegt: Als an die Literatur gestelltes Postulat kann „narodnost'" explizit
die Gestaltung des russischen Nationalcharakters bzw. „nationaler Eigenständigkeit" meinen; ebenso existiert der Begriff implizit als soziale und
stilistische Kategorie, als Postulat, verständlich und für die breite Masse
zu schreiben. Diese Forderung paart sich mit einem tief verwurzelten
Vorbehalt gegen jede nicht sozial- bzw. gesellschaftspolitisch ausgewiesene Form von Literatur und Kritik.

In der Diskussion über die „andere" neue Literatur und Postmoderne artikulierte sich eine „neue" Literaturkritik. Dieses Neue lag in einer Erweiterung des Literaturbegriffs um bis dahin ausgegrenzte, als nicht literaturwürdig erachtete „niedere" Themen und Genres und in der Bewertung der Literatur nach primär ästhetischen Maßstäben, unabhängig von ihrem ideologischen oder moralisch-ethischen Gehalt. Schließlich begann sich die Literaturkritik mit der Übernahme der Postmoderne-Konzeption auf neue Weise mit der russischen Moderne auseinanderzusetzen, deren Bestimmung und Bewertung zwischen Symbolismus, Avantgarde und sozialistischem Realismus, wie auch das Verhältnis dieser Epochen bzw. Strömungen zueinander ungeklärt und widersprüchlich ist. Das Begriffssystem der „Postmoderne" wurde in Rußland vom größten Teil der Literaturkritiker abgelehnt oder gar dämonisiert, von Slavisten in westeuropäischen Ländern und Amerika dagegen mit hohem Prestige belegt. Jedoch sucht die Fraktion der „Postmodernen" unter den jüngeren russischen Literaturkritikern in enger Anlehnung an die experimentelle Literatur des ehemaligen Untergrunds den Anschluß an die westliche Theorie-Diskussion der achtziger Jahre. Die Postmoderne-Diskussion ist in erster Linie eine auf theoretische und methodische Orientierung gerichtete Suchbewegung wie auch ein Ansatz zur Reinterpretation der literarischen Epochen des 20. Jhs. Sie ist geprägt von inflationären Begriffsbildungen und konzeptuellen Entwürfen literatur- und kulturhistorischer Modelle. Dabei werden literaturtheoretische, kultur- und geschichtsphilosophische Ebenen meist undifferenziert miteinander vermischt. Einige für die sowjetische Kritik typische Eigenschaften wie der universalistische Geltungs- und Erklärungsanspruch und ein deduktives Vorgehen, das sich selten an konkreten Einzelinterpretationen bewährt, sind auch bei Vertretern der „neuen" Kritik zu beobachten. Vergleicht man die für die russische Literatur aufgestellten Merkmale mit dem westlichen Postmoderne-Konzept, so fallen als wichtigste Unterschiede folgende auf: Die russische Postmoderne-Diskussion ist viel stärker retrospektiv als gegenwarts- oder zukunftsgerichtet. Sie wird eher im Diskurs des russischen Sonderweges und weniger komparatistisch als ein mit Entwicklungen in anderen westlichen Ländern konvergentes Phänomen betrachtet. Eine dritte Differenz ergibt sich aus der unter sowjetischen Bedingungen andersgelagerten Bedeutung und Funktion der Massenliteratur. Von den westlichen Theorieansätzen zur Postmoderne werden bevorzugt jene rezipiert und an der neuen russischen Literatur erprobt, die das Irrationale und das Ende der Geschichte beschwören, weniger dagegen jene, die in der Postmoderne eine Entmythisierung und in der Pluralität als qualitativem Wert eine Kontinuität der Aufklärung betonen.

Seit den Anfängen der russischen Kritik läßt sich, besonders in der ersten Hälfte des 19. Jhs. und bei den Dichter-Kritikern des Symbolismus, in Rußland ein hier als *Synkretismus* bezeichnetes besonderes Konkurrenzverhältnis zwischen Literatur und Kritik verfolgen. Dieser Synkretismus äußerte sich zum einen in der Tendenz zur Verschmelzung von Literatur und Kritik, zum anderen in Strategien der Kritik, die Literatur zu überbieten. Für den sowjetischen Literaturbetrieb erklärte sich die charakteristische Nähe von Literatur, Literaturwissenschaft und Kritik aus der Indienstnahme aller drei Bereiche für die Ideologie. Die Überlegenheit der Kritik über die Literatur war ausschließlich institutionell begründet, während ansonsten der ästhetische Diskurs der Literatur und der pragmatisch-kulturpolitische Diskurs der Kritik streng voneinander getrennt waren. Dennoch sind die im Vergleich zum Westen ungleich häufigere Doppelexistenz von Kritikern und Literaten in einer Person und die mit literarischen Metaphern und Analogien aufgeladenen Texte und Polemiken der Literaturkritik als Spuren dieser Nähe zur Literatur zu sehen. Der Synkretismus gehört zu den charakteristischen Merkmalen der Postmoderne, als Auflösung nicht nur von Genregrenzen, sondern überhaupt der Grenze zwischen Literatur und Kritik. Doch auch diese Entwicklung hat im Westen andere Voraussetzungen als in Rußland. In der Tendenz zum Essayistischen in der „neuen" russischen Kritik und zum kritischen Selbstkommentar in der Literatur äußert sich einerseits ein Bestreben nach größerer Originalität und stilistischer Freiheit; andererseits werden mit der Infragestellung einer literaturkritischen Metasprache theoretische und methodologische Defizite verfestigt, die gerade aus dem Fehlen einer solchen ausdifferenzierten Metasprache erwachsen sind.

Ungeachtet der nationalspezifischen, in der sowjetischen und vorrevolutionären Geschichte verwurzelten Normen und Konventionen läßt sich in der russischen Literaturkritik seit 1986 in bestimmten Aspekten eine Annäherung an die Funktion der Kritik in westlichen Ländern erkennen. So liegen in der Aufwertung der Zeitungskritik und in der neuen, aus den Marktbedingungen erwachsenden Informations- und Unterhaltungsfunktion Parallelen etwa zur deutschen Kritik, deren traditionelle Domäne die Rezension in der Tagespresse ist. Gleichzeitig ist in Rußland eine zunehmend engere Verknüpfung von Literaturwissenschaft und Literaturkritik zu beobachten, wie sie für den anglo-amerikanischen Raum charakteristisch ist, in dem Literaturkritik und -wissenschaft traditionell kaum voneinander geschieden sind, wie schon der einheitlich für beide verwendete Begriff „literary criticism" zeigt. Diese jüngsten Veränderungen sind auf die im postsowjetischen Rußland von Kritik und Wissenschaft gleichermaßen formulierten Forderungen zurückzuführen, andere Bewertungsmaßstäbe für die Literatur zu entwickeln und die Literaturgeschichte umzuschreiben. Aber auch das neu entdeckte Interesse an einer philologisch-ästhetischen Literaturkritik führt Literaturwissenschaftler und -kritiker enger zusammen. Die künftige Entwicklung der russischen Kritik wird zwar nicht vom Schicksal der literarischen Monatszeitschriften zu trennen sein; in erster Linie aber wird sie von der mittlerweile von den Fesseln der Zensur befreiten literarischen Entwicklung selbst geprägt werden, der sich die neue Generation von Kritikern stellen muß.

Primärquellen

ADMONI, VLADIMIR: Predislovie. F. Kafka Zamok, in: NE (1988) 1, S.101-102.

AGEEV, ALEKSANDR: Prevratnosti dialoga, in: ZN (1990) 4, S. 213-222.

Ders.: Na ulice i v chrame, in: ZN (1990) 10, S. 228-237.

Ders.: Varvarskaja lira. Očerki „patriotičeskoj prozy", in: ZN (1991) 2, S. 221-231.

Ders.: Konspekt o krizise, in: LO (1991) 3, S. 15-19.

AJZENBERG, MICHAIL: Kartina soveršenno obratnaja, in: TEATR (1990) 4, S. 63-66.

ANAN'EV, ANATOLIJ: Kritika ili obvinenie, in: LR 1.9.1989.

ANASTAS'EV, NIKOLAJ: Napravljajuščaja ideja iskusstva (Zametki zarubežnika), in der Umfrage „O čem my molčim? I počemu?", in: VL (1989) 3, S. 59-83.

Ders.: Začem nam 'Uliss'?, in: LO (1991) 6, S. 3-10.

ANDREEVA, NINA: Otkrytoe pis'mo, in: SR 13.3.1988.

ANISIMOV, E. : Fenomen Pikulja glazami istorika, in: ZN (1987) 11, S. 214-223.

ANKETA Kritika 1987. Mnenija i somnenija, in: LG 27.1.1988.

ANKETA O čem my molčim? I počemu?, in: VL (1988) 11, S. 76-104; (1989) 3, S. 30-59.

ANKETA O čem ne pišut?, in: VL (1989) 1, S. 70-95.

ANKETA Uroki na zavtra. (Predvaritel'nye itogi literaturnogo goda), in: LO (1989) 1, S. 3-16.

ANKETA „Kritika - éto kritiki", in: LO (1990) 1, S. 46-52.

ANKETA Nezavisim li kritik?, in: LU (1990) 5, S. 94-102.

ANKETA Literaturnyj process: Segodnja i zavtra, in: LG 11.7.1990.

ANKETA Literaturnye perekrestki - pozicija i oppozicija, in: MO (1991) 1, S. 188-198; (1991) 2, S. 191-200.

ANNINSKIJ, LEV: Bulgakov vremen „Gudka" i „Buzotera" (Rez. M. Bulgakov), in: ZN (1986) 1, S. 238-240.

Ders.: Struktura labirinta (Vladimir Makanin i literatura „seredinnogo" čeloveka), in: ZN (1986) 12, S. 218-226.

Ders.: Kak uderžat' lico (Rez. M. Kuraev), in: ZN (1989) 3, S. 220.

Ders.: Nezavisim li kritik?, in: LU (1990) 5, S. 94ff.

Ders.: Šestidesjatniki, semidesjatniki, vos'midesjatniki. K dialektike pokolenij v russkoj kul'ture, in: LO (1991) 4, S. 10-16; auch in: STRELEC 65 (1991) 1, S. 276-85.

Ders.: Čert šutit. K voprosu o našem očiščenii, in: Vzgljad. Kritika. Polemika. Publikacii, Bd. 3, M 1991, S. 60-74.

Ders.: Konec literatury?, in: DN (1992) 8, S. 244-246.

ANTONOV, M.F./KLYKOV, V.M./ŠAFAREVIČ, I.R.: Pis'mo v sekretariat pravlenija SP RSFSR, in: LR 4.8.1989.

ANTONOV, MICHAIL: Nesuščestvujuščie ljudi, in: NS (1989) 2, S. 125-150.

ARBITMAN, ROMAN: Kapitan F'jučer v strane bol'ševikov (Zapadnaja belletristika na našich knižnych lavkach), in: ZN(1993) 8, S. 197-203.

ARCHANGEL'SKIJ, ALEKSANDR: I esli tak, to čto est' krasota?, in: Lo (1988) 9, S. 59-61.

Ders.: Ostorožno, dveri zakryvajutsja. K voprosu o tvorčeskom povedenii, in: JU (1988) 9, S. 83-84.

Ders.: Nasledie i nasledniki (Vzgljad na archivnye razdely periodiki), in: Ders.: U paradnogo pod-ezda, S. 121-151.

Ders.: Tol'ko i étogo malo ... (Obščestvennoe soznanie v zerkale „Ogon'ka"), in: Ders.: U paradnogo pod-ezda, S. 30-48.

Ders.: V ob-jatijach „zaslužennogo sobesednika" („Naš sovremennik" v zerkale obščestvennogo soznanija), in: Ders.: U paradnogo pod-ezda, S. 49-67.

Ders.: U paradnogo pod-ezda. Literaturnye i kul'turnye situacii perioda glasnosti (1987-1990), M 1991.

Ders.: PRoza mira, in: NM (1993) 1, S. 233-241.

Ders.: A tumbočka ne vinovata (Rez. V. Sorokin), in: OBŠČAJA GAZETA 18.-25.6.1993.

Ders.: Preissaison für russische Romane, in: SINN UND FORM 45 (1994) 5, S. 800-805.

ASTAF'EV, VIKTOR: A. Makarov. Zrjačij posoch, M 1988.

Ders.: Vo čto veril Gogol'?, (K 180-letiju so dnja roždenija), in: MO (1989) 4, S. 3-5.

AVERINCEV, SERGEJ: Predislovie. V. Ivanov: Kraj iskonnyj moj i krovnyj, in: DN (1987) 7, S. 161.

Ders.: Vizantija i Rus'. Dva tipa duchovnosti, in: NM (1988) 7, S. 210-220.

Ders.: Stichotvorenija, in: NM (1991) 3, S. 3-8.

Ders.: Stichotvorenija, in: NM (1993) 1, S. 44-49.

AŽGICHINA, NATAL'JA: Razrušiteli v poiskach very (Novye čerty sovremennoj molodoj prozy), in: ZN (1990) 9, S. 223-228.

BACHNOV, LEONID: Semidesjatnik, in: OK (1988) 9, S. 169-175.

Ders.: Iskusstvo dobyvanija istiny (Rez. B. Sarnov), in: ZN (1989) 1, S. 229 - 230.

BAJGUŠEV, ALEKSANDR: O saddukejstve i farisejstve, in: MO (1988) 12, S. 167-198.

BATKIN, LEONID: Sinjavskij, Puškin - i my, in: OK (1991) 4, S. 164-193.

BELAJA, GALINA: Don Kichoty 20-ch godov. „Pereval" i sud'ba ego idej, M 1989.

Dies.: „Žestkaja proza": predvestie novogo iskusstva, Vortragsmanuskript V. World Congress of SEES, Harrogate 1990.

BELINKOV, ARKADIJ: O literature, in: VL (1988) 1, S. 146-176.

Ders.: Zdača i gibel' sovetskogo intelligenta. Ju. Oleša, in: VOLGA (1990) 7, S. 3-89.

BELJAEVA [BELJAJEWA-KONEGEN], S./PRIGOV [PRIGOW], D.: Krepkogo vam zdoro'vja, gospoda literatory! in: STRELEC 3 (1992) 70, S. 205-213; dt. Tod des heiligen Schriftstellers. Die ganz und gar fürchterlichen Folgen des westlichen Kulturbetriebs für den des Ostens, in: DIE NEUE RUND-SCHAU/FRANKFURTER HEFTE 102 (1991) 3, S. 37-56.

BELJAEVA-KONEGEN, S./DISKIN, I.: Poslednee obol'ščenie Rossii, in: LG 29.1.1992.

BELYJ, ANDREJ: Ėstetika. Kritika. Teorija simvolizma, 2 Bde, M 1996.

BERG, MICHAIL: Tri romana. Sbornik, L 1991.

Ders.: Konec russkoj istorii, in: MOSKOVSKIE NOVOSTI 21.2.1993.

BERKOVSKIJ, MICHAIL: Mir sozdavaemyj literaturoj. Sost. G. Belaja, M 1989.

BEZRODNYJ, MICHAIL: Konec citaty, in: NLO (1995) 12, S. 266-333.

BITOV, ANDREJ: Vorwort zu V. Narbikova („Ravnovesie..."), in: JU (1988) 8, S. 15.

Ders.: Bitov, Andrej. Pisatel' (Interview), in: STOLICA (1992) 1, S. 50-52.

BOČAROV, ANATOLIJ: Kak naše slovo otzovetsja, in: VL (1985) 11, S. 115-154.

Ders.: Utverždenie čeloveka, in: OK (1986) 6, S. 182-190.

Ders.: Služit' pravdoj i vere, in: ZN (1987) 11, S. 205-213.

Ders.: Pravoe delo Vasilija Grossmana, in: OK (1988) 1, S. 128-134.

Ders.: Idealy i pokolenija, in: LG (Dialog nedeli) 20.9.1989.

BOGOMOLOV, N.: (Rez. T. Gluškova), in: LO (1988), 4, S. 74f.

BONDARENKO, VLADIMIR: Avtoportret pokolenija, in: VL (1985) 11, S. 79-114.

Ders.: Očerki literaturnych nravov (Polemičeskie zametki), in: MO (1987) 12 , S. 179-199.

Ders.: Kružat besy, in: NG 30.11.1991.

BOROVIKOV, SERGEJ: Evgenij Popov bez i drugie, in: DN (1991) 12, S. 231-240.

BURSOV, JURIJ: Kritika kak literatura, L 1976.

BURTIN, JURIJ: Real'naja kritika - včera i segodnja, in: NM (1987) 6, S. 222-239.

Ders.: „Vam, iz drugogo pokolenija ...". K publikacii poėmy 'Po pravu pamjati' A. Tvardovskogo, in: OK (1987) 8, S. 191-202.

BUZNIK, V. : Mera klassiki - gumanizm (o čuvstve novogo v sovremennoj lite-rature i kritike), in: RL (1987) 3, S. 3-18.

CENA METAFORY: Cena metafory ili prestuplenie i nakazanie Sinjavskogo i Danielja. Sost. E. Velikanova, M 1989.

ČERNIČENKO, JURIJ: Žurnalist. Ob Anatolii Agranovskom, in: ZN (1987) 7, S. 217-222.

CHODASEVIČ, VLADISLAV: Koleblemyj trenožnik (1921), in: Ders.: Sobranie sočinenij v 2 tt., Bd. 2, Ann Arbor 1990, S. 309-316.

CHRAPČENKO, MICHAIL: Metamorfozy kritičeskogo sub-jektivizma, in: NM (1985) 11, S. 225-242.

CIPKO, ALEKSANDR: Istoki Stalinizma, in: NAUKA I ŽIZN' (1988) 11; (1988) 12; (1989) 1; (1989) 2.

ČUDAKOVA, MARIETTA: Aktual'nye problemy izučenija istorii russkoj literatury, in: VL (1987) 9, S. 3-78.

Dies.: Žizneopisanie Michaila Bulgakova, in: MO (1987) 6, 7, 8, (1988) 11, 12; auch M 1988.

Dies.: Bez gneva i pristrastija. Formy i deformacii v literaturnom processe 20-30ch godov, in: NM (1988) 9, S. 240-260; dt. Sine ira et studio. Formen und Deformationen im literarischen Leben der zwanziger und dreißiger Jahre, in: Kassek/Rollberg (Hgg.): Das Ende der Abstraktionen, S. 149-204.

Dies.: Plyvuščij korabl', in: NM (1989) 7, S. 231-235.

Dies.: Ne zaslonjat' ot real'nosti, in: LG 2. 1.1991.

Dies.: [M. TSCHUDAKOWA]: Arbeit in völliger Stille, in: FAZ 2.1.1991.

ČUKOVSKAJA, ELENA: Vernut' Solženicynu graždanstvo, in: KNIŽNOE OBOZRENIE 5.8. 1988.

ČUPRININ, S./PRIJMA, A.: Poėzija tranzita? in: DN (1976) 2, S. 275-277.

ČUPRININ, SERGEJ: Pokolenie (V. Bondarenko, N. Ivanova, V. Novikov ili avtoportret so sverstikami), in: ZN (1987) 10, S. 208-216.

Ders.: Pozicija (Literaturnaja kritika v žurnale „Novyj mir" vremen A. Tvardovskogo: 1958-1970gg.), in: VL (1988) 4, S. 3-47.

Ders.: Vakancija poėta (V. Vysockij i ego vremja), in: ZN (1988) 7, S. 220-225.

Ders.: Kritika - ėto kritiki. Problemy i portrety, M 1988.

Ders.: Predvestie, in: ZN (1989) 1, S. 210-229.

Ders.: Drugaja proza, in: LG 8.2.1989.

Ders.: Iz smuty (Sub-ektivnye zametki o literaturnoj kritike 88 goda), in: LO (1989) 3, S. 10-23.

Ders.: Situacija (Bor'ba idej v sovremennoj literature), in: ZN (1990) 1, S. 205-219.

Ders.: Normal'nyj chod. Russkaja literatura posle perestrojki, in: ZN (1991) 10, S. 220-234.

Ders.: Peremena učasti. Russkaja literatura na poroge sed'mogo goda perestrojki, in: ZN (1991) 3, S. 218-233.

Ders.: Pervency svobody (Novaja žurnalistika glazami literaturnogo kritika), in: ZN (1992) 5, S. 209-220.

Ders.: Sbyvšeesja nebyvšee. Literaturnyj vzgljad na sovremennuju literaturu - i „vysokuju", i „nizkuju", in: ZN (1993) 9, S. 181-188.

Ders.: Tvorčeskaja individual'nost' kritika i literaturnyj process 1960-1980 godov (Naučnyj doklad dissertacii), M 1993.

DARK, OLEG: Mir možet byt' ljuboj, in: DN (1990) 6, S. 223-235.

Ders.: Zagadka Sirina, in: V. Nabokov. Sobranie sočinenij v 4 tt., Bd. 1, M 1990, S. 403-408.

Ders.: Tri lika russkoj ėrotiki, in: STRELEC 67 (1991) 3, S. 223-229.

Ders.: Mif o proze, in: DN (1992), 5-6, S. 218-232.

Ders.: Černaja messa imperativnoj kritiki, in: ZN (1992) 8, S. 225-228.

DEDKOV, IGOR': Kogda rassejalsja liričeskij tuman, in: LO (1981), S. 21-32; auch in: Literatura i sovremennost', Bd 19, M 1982, S. 327-361; in Ders.: Živoe lico vremeni, M 1986, S. 220-258.

Ders.: Vozmožnost' novogo myšlenija, in: NM (1986) 10, S. 229-234.

Ders.: Choždenie za pravdoj, in: ZN (1988) 2, S. 199-214.

Ders.: Meždu prošlym i buduščim, in: ZN (1991) 1, S. 231-240.

Ders.: „Ėta bezcennaja konkretnost' žizni". Interview, in: LO (1991) 2, S. 3-10.

DEMENT'EV, VLADIMIR: Freski. Stichi, M. 1986.

DEVJATKO, I./ŠVEDOV, S.: Žurnal i ego čitateli, in: VL (1990) 1, S. 3-22.

DOBRENKO{ XE "Dobrenko, Evgenij" }, EVGENIJ: „I, padaja stremglav, ja probuždalsja..." (Ob istorii sovetskoj literatury), in: VL (1988) 8, S. 48-92; dt. Eine neue Sicht der sowjetischen Literaturgeschichte, in: KUNST UND LITERATUR (1989) 4, S. 435-455.

Ders.: Nekto v serom, ili Čto takoe „partijnaja literatura"?, in: VOLGA (1992) 2, S. 143-165.

Ders.: „Zapuščennyj sad veličin" (Mentalitet i kategorii socrealističeskoj kritiki: pozdnij stalinizm), in: VL (1993) 1, S. 28-61.

Ders.: Stoj! Kto idet? (U istokov sovetskogo manichejzma), in: ZN (1993) 3, S. 180-189; auch in: Ders.: Metafora vlasti, S. 138-208.

Ders.: Uroki Oktjabrja, in: VL (1995) 3, S. 27-55.

DOROŠENKO, N.: Pozicija redaktora, in: MOSKOVSKIJ LITERATOR, 20.10.1989.

DOSTOEVSKIJ, FEDOR M.: Redakcionnye ob-javlenija žurnalov „Vremja" i „Ėpocha" (1862-1865), in: Ders.: PSS, L 1980, Bd. 20, S. 209-212.

DOSTOEVSKIJ I KANUN F. M. Dostoevskij i kanun XXI veka, Diskussionnaja tribuna, in: ZN (1990) 7, S. 205-218.

ĖPŠTEJN, MICHAIL: Na perekrestke obraza i ponjatija (Ėsseistika i ėsseizm v kul'ture novogo vremeni), in: Ders.: Paradoksy novizny, M 1988, S. 334-380; auch als „Zakony sovobodnogo žanra", in: VL (1987) 7, S. 120-152; engl.: At the Crossroads of Image and Concept. Essayism in the Culture of the Modern Age, in: Ders.: After the Future. The Paradoxes of Postmodernism & Contemporary Culture, Amherst/Mass. 1995, S. 214-252.

Ders.: Koncepty...Metaboly...O novych tečenijach v poėzii, in: OK (1988) 4, S. 194-203.

Ders.: Teoretičeskie fantazii, in: ISKUSSTVO KINO (1988) 7, S. 69-81.

Ders: [EPSTEIN]: Das verhüllte Ungetüm, in: FAZ 20.7.1988.

Ders.: Paradoksy novizny. O literaturnom razvitii XIX-XX vekov, M 1988.

Ders.: Postavangard: Sopostavlenie vzgljadov. Iskusstvo avangarda i religioznoe soznanie, in: NM (1989) 12, S. 222-235.

Ders.: Oblomov i Korčagin, in: VREMJA I MY (1990) 109, S. 69-81.

Ders.: Tod, Erotik, Gott, Juden, in: TAZ 30.6.1990.

Ders.: Dnevnik Ol'ge. Chronika otcovstva, M 1990; Otcovstvo. Roman-ėssė, Tenafly 1992; dt. Tagebuch für Olga. Chronik einer Vaterschaft, München 1990.

Ders.: Portret kritika, in: Vzgljad, Bd. 3, M 1991, S. 477-485.

Ders.: Posle buduščego. O novom soznanii v literature, in: ZN (1991) 1, S. 217-230; erweiterte engl. Fassung in: Th. Lahusen/G. Kuperman (Hgg.): Late Soviet Culture. From Perestroika to Novostroika, Durham/London 1993, S. 257-287.

EROFEEV, VENEDIKT: Glazami ėkscentrika (verfaßt 1973), N.Y 1982.

EROFEEV, VIKTOR: Metamorfoza odnoj literaturnoj reputacii (Markiz de Sad, Sadizm i XX vek), in: VL (1973) 6, S. 135-168.

Ders.: Na grani razryva („Melkij bes" F. Sologuba na fone russkoj realističeskoj tradicii), in: VL (1985) 2, S. 140-158.

Ders.: Russkij metaroman Vladimira Nabokova ili v poiskach poterjannogo raja, in: VL (1988) 10, S. 125-160.

Ders.: Raznocvetnaja mozaika rozanovskoj mysli, in: V. Rozanov: Nesovmestimye konstrasty žitija. Literaturno-ėstetičeskie raboty raznych let, M 1990, S. 6-36.

Ders.: V labirinte prokljatych voprosov, M 1990.

EROFEEV, VIKTOR/T. TOLSTAJA: (Interview) Legče pišetsja pri svete glasnosti, in: MOSKOVSKIE NOVOSTI 24.6.1990.

Ders.: Pominki po sovetskoj literature, in: LG, 4.7.1990; dt.: Letztes Geleit für die Sowjetliteratur, in: FAZ 27.1.1990, Kopfbahnhof 2, Leipzig 1990, S. 52-66 und MOSKAU-BERLIN (1990) 6, S. 41-44.

Ders.: Krušenie gumanizma No. 2, in: MOSKOVSKIE NOVOSTI 22.12. 1991.

Ders.: Desjat' let spustja, in: Metropol' (reprint) M 1991, S. 5-15.

Ders.: Russkie cvety zla, in: PANORAMA (Al'manach) (1993) 19-25; dt. als Einleitung zu V. Jerofejew (Hg.): Tigerliebe, Berlin 1995; auch: Die russischen Blumen des Bösen. Über einige Tendenzen der gegenwärtigen Literatur, in: FR 11.3.1995.

FADEEV, ALEKSANDR: Zadači literaturnoj kritiki, in: OK (1947) 7, S. 148-163.

Ders.: Pisatel' i kritik, in: Ders.: Za 30 let, M 1957.

FEDOTOV, GEORGIJ P.: Puškin i osvoboždenie Rossii, in: Ders.: Sud' ba i grechi Rossii. Izbrannye stat'i po filosofii russkoj istorii i kul'tury, Bd. 2, SPb 1992, S. 129-132.

FLORENSKIJ, PAVEL: O literature, in: VL (1988) 1, S. 146-176.

FON'JAKOV, IL'JA: Vesna dalekaja i blizkaja (Rez.), in: ZN (1991) 4, S. 230.

Ders.: Sovetuem čitat', in: ZN (1992) 3-4, S. 237.

FRANK, SEMEN: „Net istiny gde net ljubvi." Puškin i duchovnyj put' Rossii, wiederabgedruckt in: Dossier zur LG Juni 1990; Auszug aus Ders.: Puškin i duchovnyj put' Rossii. Odnodnevnaja gazeta, Paris 1937, S. 3-4.

GAČEV, GEORGIJ: Arsenal dobroj voli. O romane V. Dudinceva „Belye odeždy" i v svjazi s nim, in: OK (1987) 8, S. 183-190 (engl. in: SOVIET STUDies IN LITERATURE XXIV (1988) 4, S. 62-81).

Ders.: Fenomen Turbina, in: NLO (1994) 7, S. 109-120.

GAL'CEVA, RENATA: Sem' zlejšich duchov, in: LG 15.1.1992.

GALKOVSKIJ, DMITRIJ: Otkrytoe pis'mo Michailu Šemjakinu, in: NG 22.11.1991; auch in: MULETA. Semejnyj al'bom, M 1992, S. 43-45.

GAREEV, ZUFAR: Ferfičkin velel puščat', in: STRELEC 67 (1991) 3, S. 203-211.

GASPAROV, MICHAIL: Neskol'ko parallelej, in: LU (1991) 5, S. 180-182.

GEFTER, MICHAIL: Klassika i my, in: OK (1990) 5, S. 171-190.

GLEZER, ALEKSANDR: „Zelenaja lampa v Moskve". Šestidesjatniki - Vos'mi-desjatniki, in: STRELEC 70 (1992) 3, S. 244-265.

GLUŠKOVA, TATJANA: Pritča o Sal'ieri, in: Dies.: Tradicija - sovest' poėzii, M 1987.

Dies.: Kuda vedet „Ariadna nit'"?, in: LG 23.3.1988.

Dies.: Stichotvorenija: Komu dano otnyne vedat' medom, in: NS (1992) 4, S. 15-20; Osen', in: NS (1992) 12, S. 51-52.

GONČAROV, B.: O Majakovskom v bor'be s meščanstvom i bjurokratizme, in: NS (1988) 2, S. 173-177.

GORBAČEV, MICHAIL: „Nur durch Kritik und Selbstkritik können wir uns kontrollieren", in: FRANKFURTER RUNDSCHAU 18.9.1986.

Ders.: O chode realizacii rešenij XXIV s-ezda KPSS i zadačach po uglubleniju perestrojki. Doklad na XIX Vsesojuznoj konferencii KPSS 28.6.1988, in: PRAVDA 29.6.1988.

Ders.: Slovo o Lenine, in: PRAVDA 21.4.1990.

GORDEEVA, GALINA: Oblačno s projasnenijami, in: LO (1984) 3, S. 20-26.

GORELOV, PAVEL: Perestrojka i podstrojka (Zametki pisatelja), in: MG (1987) 7, S. 220-245.

Ders.: „Mne nečego skazat'...", in: KOMSOMOL'SKAJA PRAVDA 19.3.1988.

GOR'KIJ, MAKSIM: S kem vy, mastera kul'tury? Otvet amerikanskim korrespondentam, in: Ders.: O literature, M 1955, S. 542-560.

GRANIN, DANIIL: O Miloserdii, in: LG 18.3.1987.

Ders.: „Ėcho dal'nee i blizkoe", in: LG 27.5.1987.

Ders.: „Mimoletnoe videnie", in: OG (1988) 6, S. 9-29.

GRIGOR'EV, APOLLON A.: Sočinenija, Bd. 1: Kritika, Villanova 1970.

Ders.: Neskol'ko slov o zakonach i terminach organičeskoj kritiki, in: Ders.: Ėstetika i kritika, M 1980, S. 117-133.

GROSSMAN, LEONID: Ruletenburg, M 1932.

GROYS, BORIS [Grojs]: Soc Art, in: ISKUSSTVO (1990) 1, S. 30-33.

Ders.: Russkij avangard po obe storony černogo kvadrata, in: VOPROSY FILOSOFII (1990) 11, S. 67-73.

Ders.: Apologija rynka, in: DEKORATIVNOE ISKUSSTVO (1991) 2, S. 14-15.

Ders.: Neosakral'nye mify rossijskogo avangarda, in: DEKORATIVNOE ISKUSSTVO (1991) 8, S. 31-33.

Ders.: Utopija i obmen, M 1993.

GUL', ROMAN: Progulki chama s Puškinym, in: NOVYJ ŽURNAL (1976) 124, S. 117-130.

Ders.: Progulki chama s Puškinym, in: LR 30.6.1989.

GULYGA, ARSENIJ: Poiski absoljuta. K voprosu o miloserdii, o kotorom napomnil D. Granin, in: OK (1987) 10, S. 245-253.

Ders.: Predislovie, in: F. KAFKA: Izbrannye proizvedenija, M 1988.

GUSEV, VLADIMIR: O žanrach i stiljach sovremennoj sovetskoj kritiki, in: Problemy teorii literaturnoj kritiki. Sbornik statej, M 1980, S. 242-260.

Ders.: O sebe i o nas, in: LG 11.4.1984.

Ders.: Sud'ba pokolenija. O proizvedenijach pisatelej, č'ja tvorčeskaja „zrelost'" prišlas' na gody zastoja, in: PRAVDA 14.11.1988.

Ders.: Krajne ser'ezno, in: LR 22.9.1989.

IL'INA, NATAL'JA: Zdravstvuj, plemja mladoe, neznakomoe, in: OG (1988) 2, S. 23-26.

IVANICKAJA, ELENA: Ne soblaznjajte nas idealom, ZN (1991) 12, S. 230-234.

IVANOV, VJAČESLAV I.: Lik i ličiny Rossii. Ėstetika i literaturnaja teorija, M 1995.

IVANOVA, NATAL'JA: „Žadnym vzorom...", in: ZN (1973) 4, S. 231-235.

Dies.: Ispytanie pravdoj, in: ZN (1987) 1, S. 198-220.

Dies.: Anatomija pereroždenija, in: DN (1987) 8, S. 235-246.

Dies.: Čem pachnet tormoznaja židkost'?, in: OG (1988) 11, S. 25-29.

Dies.: Vot pridet barin, in: OG (1988) 16, S. 27-29.

Dies.: Namerennye nesčastlivcy? (O proze „novoj volny"), in: DN (1989) 7, S. 239-252.

Dies.: Smena jazyka, in: ZN (1989) 11, S. 221-232.

Dies.: Nauka nenavisti (Kommunisty v žizni i v literature), in: ZN (1990) 11, S. 220-238.

Dies.: Gibel' bogov (O slome literaturnoj ėpochi), in: NG 10.8.1991.

Dies.: Neupalimyj golubok („Pošlost' kak ėstetičeskij fenomen"), in: ZN (1991) 8, S. 211-223.

Dies.: Pejzaž posle bitvy, in: ZN (1993) 9, S. 189-198.

IZ POČTY OKTJABRJA Leserbriefe, in: OK (1989) 9, S. 204-208, (1989) 12, S. 205ff.

JAKIMOVIČ, ALEKSANDR: Ėschatologija smutnogo vremeni, in: ZN (1991) 6, S. 221-228.

JAMPOL'SKIJ, MICHAIL: Rossija: kul'tura i subkul'tura, in: OBŠČESTVENNYE NAUKI I SOVREMENNOST' (1993) 1, S. 58-67.

JARKEVIČ, IGOR' [JARKEWITSCH]: Das Bild, das du dir machst, in: Kopfbahnhof 2. Sowjetische Kultur im Umbruch, Leipzig 1990, S. 199-210 (zuerst in: CINE-FANTOM (1988) 9).

Ders.: Solschenizyn oder die Stimme aus dem Untergrund, in: V. Jerofejew (Hg.): Tigerliebe, S. 385-390.

Ders.: Literatura, éstetika, svoboda i drugie interesnye vešči, in: VNL (1993) 5, S. 293-252.

JUCHT, VIKTOR: V poiskach utračennogo érosa, in: LO (1991) 9, S. 24-28.

KABAKOV, ALEKSANDR: Zametki samozvanca, in: ZN (1991) 11, S. 229-234.

KACEVA, E.: Opisanie odnoj bor'by (Franc Kafka - po-russki), in: ZN (1993) 12, S. 194-200.

KANTOR, VLADIMIR: Dolgij navyk ko snu (Razmyšlenie o romane I. A. Gončarova „Oblomov"), in: VL (1989) 1, S. 149-185.

Ders.: Krokodil. Povest', in: NE (1990) 4, S. 49-116.

KARABČIEVSKIJ, JURIJ : Voskresenie Majakovskogo (1980-1983), in: TEATR (1989) 7-12; auch M 1990.

Ders.: Kto bliže v étot mir. Stichi, in: NM (1990) 6, S. 118-129.

Ders.: Nezabvennyj Mišunja, in: OK (1990) 7, S. 21-48.

Ders.: Každyj raz vesnoj, in: DN (1993) 8, S. 10-51.

KARDIN, VLADIMIR: Mifologija osobogo naznačenija, in: ZN (1989) 3, S. 208-221.

KARIM, MUSTAJ: Po zovu mgnovenija ili sud'by (Porträt M. Dudin), in: ZN (1986) 11, S. 225-228.

KARJAKIN, JURIJ: Stoit li nastupat' na grabli, in: ZN (1987) 9, S. 200-224.

KARPOV, A.: Liričeskaja proza kritiki (Rez. V. Dement'ev), in: ZN (1986) 3, S. 235-237.

KASACK, WOLFGANG: Über Puschkin? in: NEUE ZÜRCHER ZEITUNG 3.9.1977.

KASSEK, DAGMAR/ROLLBERG, PETER (Hgg.): Das Ende der Abstraktionen. Provokationen zur Sowjetliteratur, Leipzig 1991.

KAVELIN, IGOR': „Novyj mir" i drugie, in: VNL (1991) 3, S. 246-261.

KAZIN, A.: Iskusstvo i istina, in: NM (1989) 12, S. 235-245.

KAZINCEV, ALEKSANDR: Novaja mifologija, in: NS (1989) 5, S. 144-168.

Ders.: Četyre procenta i naš narod, in: NS (1989) 10, S. 152-172.

KEDRINA, ZOJA: Nasledniki Smerdjakova, in: LG 22.1.1966; auch in: Cena metafory, S. 38-46.

KLASSIKA I MY, in: POISKI (1980) 2, S. 65-85.

KLASSIKA I MY. Diskussija, in: MO (1990) 1, S. 183-200; 2, S. 169-190; 3, S. 186-196.

KLUGE, ROLF-DIETER: Die Schriftstellervereinigung „April" im Streit mit militanten Nationalisten, in: OE (1990) 7, S. 621-626.

KONDRAT'EV, V.: O žizni i šumach (Rez. Ju. Ščeglov), in: ZN (1987) 4, S. 234-236.

KOSTYRKO, SERGEJ: Proščanie otkladyvaetsja (Rez. Z. Gareev), in: NM (1993) 4, S. 244-246.

KOŽINOV, VADIM: Razmyšlenija o russkoj literature, M 1991.

KPSS V REZOLJUCIJACH i rešenijach s-ezdov, konferencij i plenumov CK, Bd. 11-15, M 1983-1989.

KUČERSKAJA, MAJA: Neplaneta neljudej, in: KONTINENT (1991) 67, S. 350-354.

KULAKOV, VJAČESLAV: E. Kropivnickij - „Ja poėt okrainy...", in: VNL (1993) 5, S. 171-175.

KUNJAEV, STANISLAV: Izbrannye stichi, M 1979.

Ders.: Ogon', mercajuščij v sosude, M 1986.

Ders.: Radi žizni na zemle, in: MG (1987) 8, S. 246-268.

Ders.: Vse načinalos' s jarlykov, in: NS (1988) 9, S. 180-189; auch in: Pozicija. Literaturnaja polemika, vyp. 2, M 1990, S. 145-170.

KURAEV, MICHAIL: Čechov s nami?, in: ZN (1990) 6, S. 206-213.

KURBATOV, VALENTIN: Rifm, sovpavšaja s sud'boj, in: ZN (1988) 1, S. 217-222.

KURICYN, VJAČESLAV: O čem dumaet ‚šapernaja lopatka"? (Afganskij opyt. Pesni, stichi, proza), in: ZN (1990) 5, S. 212-220.

Ders.: Na poroge ėnergetičeskoj kul'tury, in: LG 31.10.1990.

Ders.: (...), in: OK (1991) 7, S. 161-168.

Ders.: K voprosu o socialističeskom realizme, in: LG 18.9.1991.

Ders.: Legko, radostno i pokojno, in: OG (1991) 18, S. 20-21.

Ders.: Žizn' s kokainom, in: ZN (1992) 1, S. 212-218.

Ders.: Postmodernizm: novaja pervobytnaja kul'tura, in: NM (1992) 2, S. 223-232.

Ders.: Cholodnoe leto 89-go, in: Ders. (Hg.): Nechorošaja kvartira. Opyt literaturnogo sožitel'stva, o.O. 1992, S. 34-43.

Ders.: Suchie grozy: zona mercanija, in: ZN (1993) 9, S. 90-115.

KUZNECOV, FELIKS F.: Rodoslovnaja našich dnej. Tradicii russkich revoljucionnych demokratov i sovremennost', M 1986.

Ders.: Točka otčeta, in: ZN (1986) 1, S. 222-232.

Ders.: Istorija sovetskoj literatury. Novyj vzgljad, in: LG 16.8.1989.

Ders.: Krug D. I. Pisareva, M 1990.

KUZNECOV, FELIKS F./LESNEVSKIJ, STANISLAV ST.: V mire Dobroljubova. Sbornik statej, M 1989.

LAKŠIN, VLADIMIR: Ivan Denisovič, ego druz'ja i nedrugi, in: NM (1964) 1, S. 223-245; auch in: Ders.: Puti žurnal'nye, S. 30-52.

Ders.: Otkrytaja dver'. Vospominanija i portrety, M 1989.

Ders.: Puti žurnal'nye, M 1990.

Ders.: Okno v mir, in: LG 27.10.1993.

LATYNINA, ALLA: Dogovorit' do konca, in: ZN (1987) 12, S. 211-220.

Dies.: Kolokol'nyj zvon - ne molitva, in: NM (1988) 8, S. 233-244.

Dies.: Solženicyn i my, in: NM (1990) 1, S. 241-258.

Dies.: Kogda podnjalsja železnyj zanaves, in: LG 24.7.1991.

Dies.: Lučše ne byt' generalom, čem chodit' v stroju (Interview), in: NG 6.6.1992.

LAVLINSKIJ, LEONARD: Ključ. Stichotvorenija, M 1979.

Ders.: Ritmy obnovlenija. O literaturnoj kritike našich dnej, in: LO (1988) 6, S. 3-9.

Ders.: Poėma-chronika, in: LO (1992) 10, S. 33-36.

LAZAREV, LAZAR': A ich pobilo železom, in:ZN (1988) 2, S. 215-225.

LAZAREV, VALENTIN: Put' chudožnika (Rez. B. Leonov), in: ZN (1986) 5, S. 237f.

LEBEDEV, A.: K priglašeniju Nabokova, in: ZN (1989) 10, S. 203-213.

LEJDERMAN, N./LIPOVECKIJ, M.: Meždu chaosom i kosmosom. Rasskaz v kontekste vremeni, in: NM (1991) 7, S. 240-257.

LEONT'EV, KONSTANTIN: Analiz, stil' i vejanie. O romanach grafa L. N. Tolstogo. Kritičeskij ėtjud, in: VL (1988) 12, S. 201-247; (1989) 1, S. 203-249.

LETCEV, V.: Konceptualizm, čtenie i ponimanie, in: DAUGAVA (1989) 8, S. 107-113.

LEVIN, JURIJ: Počemu ja ne budu delat' doklad o Mandel'štame, in: RUSSKAJA MYSL' 26.7.1991.

Ders.: Klassičeskie tradicii v „drugoj proze". Venedikt Erofeev/F. Dostoevskij, in: LO (1992) 2, S. 45ff.

LEVKIN, A./CHRUSTALEVA, O.: Recenzija v trech konceptach i s ėpigrafom, in: TEKST. ŽURNAL V ŽURNALE (1989) 2, S. 22-36.

LICHAČEV, DMITRIJ: Ėkologija kul'tury, in: MO (1979) 7, S. 173-179; auch in: Ders.: Prošloe - buduščemu. Sbornik i očerki, L 1985, S. 49-63.

Ders.: Trevoga sovesti, in: LG 1.1.1987.

Ders.: Ot pokajanija k dejstviju, in: LG 9.9.1987.

Ders.: Predislovie. J. Joyce [Dž. Džojs]: Ulysses [Uliss], in: IL (1989) 1, S. 1-12.

LINECKIJ, VADIM: Nužen li mat v russkoj proze? in: VNL (1992) 4, S. 224-231.

LIPOVECKIJ, MARK: Svobody černaja rabota (Ob „artističeskoj proze" novogo pokolenija), in: VL (1989) 9, S. 3-45.

Ders.: Pravila igry, in: LO (1990) 12, S. 43-45.

Ders.: Sovok-Bljuz. Šestidesjatniki segodnja, in: ZN (1991) 9, S. 226-236.

Ders.: Zakon krutizny. (Princip matreški), in: VL (1991) 11-12 , S. 3-36.

Ders.: Patogenez i lečenie gluchonemoty, in: NM (1992) 7, S. 213-223.

Ders.: Apofeoz častič, ili dialogi s chaosom. Zametki o klassike, Ven. Erofeeve, poėme „Moskva-Petuški", i russkom postmodernizme, in: ZN (1992) 8, S. 214-224.

Ders.: Sovremennost' tomu nazad (Vzgljad na literaturu „zastoja"), in: ZN (1993) 10, S. 180-189.

Ders.: (M. LIPOVETSKY) Russian Postmodernist Fiction. Dialogue with Chaos, N.Y./London 1999.

LITERATURA I SOVREMENNOST'. 25 Bde., M 1960-1989.

LOŠČIC, JURIJ: N. Gončarov, M 1977.

LOSEV, LEV: „...Dve žizni kak odna", in: OK (1990) 9, S. 136-141.

Ders.: Novye stichi, in: OK (1992) 3, S. 75-78.

LUKÁCS:, GEORG: Chudožnik i kritik, in: LITERATURNYJ KRITIK (1939) 7, S. 3-31; dt.: Schriftsteller und Kritiker, in: Ders.: Kunst und objektive Wahrheit, Leipzig 1977, S. 218-260.

LUK'JANIN, V.: Metodologija na rasput'e, in: LO (1988) 10, S. 29-31.

LUNAČARSKIJ, ANATOLIJ V.: Tezisy o zadačach marksistskoj kritiki, in: Ders.: Stat'i o literature, M 1957, S. 104-118.

MAKAROV, ALEKSANDR N.: Kritik i pisatel', M 1974.

MALUCHIN, V.: Post bez modernizma, in: IZVESTIJA 8.5.1991.

MANIFEST o sozdanii sojuza nezavisimych pisatelej, in: LG 3.7.1991.

MANN, JURIJ: Neudobnyj klassik, in: ZN (1989) 6, S. 228-230.

MARČENKO, ALLA: Deti našej bedy, in: ZN (1988) 11, S. 211-218.

MAŠEVSKIJ, A.: V situacii sorokonožki, in: NM (1992) 7, S. 228-231.

Ders.: Zavet Belinskogo. Religioznost' i obščestvennost' russkoj intelligencii, SPb 1915.

MEREŽKOVSKIJ, DMITRIJ: Éstetika i kritika, M 1994.

MERKULOV, D.: Klevetnikam Rossii, in: MOSKOVSKIJ LITERATOR 15.9.1989.

MEZENCEV, P. : Leninskij obraz revoljucii, in: NS (1987) 4, S. 3-8.

MICHAJLOVSKIJ, N. K. : Literaturnaja kritika i vospominanija, M 1995.

MOROZOV, A.: My i chudožnik, in: ZN (1990) 9, S. 228-238.

NABOKOV, VLADIMIR: Pis'ma o russkoj poézii (18 Rezensionen aus der Emigrantenzeitschrift „Rul'"), in: LO (1989) 3, S. 96-108.

NAPOLOVA, TAT'JANA: Preemstvennost' zla, in: NS (1990) 1, S. 177-188.

NEMIROVSKIJ, E.: Nametilsja perelom?, in: KNIŽNOE OBOZRENIE 8.11.1994.

NEMZER, ANDREJ: Nečto o „Vzgljade", in: DN (1988) 12, S. 244-253.

Ders.: Oblačno s projasnenijami. Zametki o kritike - 90, in: LO (1991) 2, S. 26-37.

Ders.: Konec prekrasnoj épochi. Zametki na poljach knigi o kritike i kritikach, in: NM (1991) 5, S. 241-248.

Ders.: Strast' k razryvam, in: NM (1992) 4, S. 226-238.

Ders.: Literaturnoe segodnja. O russkoj proze. 90-e, M 1998.

NEPOMNJAŠČIJ, VALENTIN: Predpolagaem žit'. Puškin. Rossija. „Vysšie cennosti", in: LG 12.9.1990.

NOSOV, SERGEJ: Literatura i igra, in: NM (1992) 2, S. 232-239.

Ders.: Vselennaja bezydejnosti, in: NM (1992) 7, S. 224-227.

NOVIKOV, VLADIMIR: Poétika recenzii, in: LO (1978) 7, S. 18-24.

Ders.: Protivostojanie, in: ZN (1988) 3, S. 201-208.

Ders.: Deficit derzosti, in: OK (1989) 3, S. 186-195; dt.: Kühnheit tut not. Die literarische Perestroika und die ästhetische Stagnation, in: Kassek/Rollberg: Das Ende der Abstraktionen, S. 369-400.

Ders.: Vozvraščenie k zdravomu smyslu. Sub-ektivnye zametki čitatelja antiutopii, in: ZN (1989) 7, S. 214-220.

Ders.: Raskrepoščenie (Vospominanija čitatelja), in: ZN (1990) 3, S. 210-216.

Ders.: Osvoboždenie klassiki, in: NM (1991) 3, S. 242-250.

Ders.: Promežutočnyj finiš (Literaturnye žurnaly na slome vremeni), in: ZN (1992) 9, S. 224-230.

Ders.: Sinjavskij i Terc, in: A. Terc/A. Sinjavskij. Sobranie sočinenij v dvuch tomach, Bd. 1, M 1992, S. 3-12.

Ders.: Čto takoe literatura, in: Ju. Tynjanov: Literaturnyj fakt, M 1993, S. 7-22.

Ders.: Tri bolšie raznica, in: OBŠČAJA GAZETA 18.-24.2.1994.

Ders.: Zaskok, M 1997.

NUJKIN, ANDREJ: Novoe bogoiskatel'stvo i starye dogmy (über Č. Ajtmatovs Roman „Placha"), in: NM (1987) 4, S. 245-257.

O LITERATURNOJ KRITIKE i bibliografii (2.12.1940), in: Russkaja sovetskaja literaturnaja kritika, S. 13-15; auch in: KPSS v rezoljucijach i rešenijach, Bd. 7, M 1985, S. 181-184.

O LITERATURNO-CHUDOŽESTVENNOJ KRITIKE, in: LG 2.2.1972, auch in: KPSS v rezoljucijach i rešenijach, Bd. 12, M 1986, S. 170-173; dt. in: D. KRETZSCHMAR: Die sowjetische Kulturpolitik, S. 466-469.

O TVORČESKICH SVJAZEJ literaturno-chudožestvennych žurnalov s praktikoj kommunističeskogo stroitel'stva, in: LG 4.8.1982; auch in: KPSS v rezoljucijach i rešenijach, Bd. 14, M 1988; dt. in: KRETZSCHMAR: Die sowjetische Kulturpolitik, S. 686-690.

OB ĖTIKE LITERATURNOGO SPORA, Diskussionnaja tribuna: VL (1987) 4, S. 208-212.

OKLJANSKIJ, JURIJ: Perečityvaja F. Abramova (K segodnajšnym sporam), in: ZN (1988) 10, S. 209-216.

ORECHANOVA, G.: Posleslovie k replike, in: SR 10.10.1989.

ORLOVA, E.: Spros na ličnost' (Rez. N. Ivanova), in: ZN (1989) 6, S. 227-228.

OSKOCKIJ, VALENTIN: I den', i vek (Zametki o tvorčestve Čingisa Ajtmatova), in: ZN (1988) 12, S. 204-208.

OZEROV, VITALIJ: Stenogramm der Sitzung des Rates für Literaturkritik des SV der UdSSR vom 2.2.1982, in: KRETZSCHMAR: Die sowjetische Kulturpolitik, S. 25.

Ders.: Literaturnaja kritika: četkost' kriteriev, vysota trebovatel'nosti, in: VL (1986) 9, S. 3-30.

PARAMONOV, BORIS: Čapek ili O Demokratii, in: ZV (1990) 1, S. 143-147.

PEREDOVAJA: Ob otvetstvennosti kritiki, in: LG 14.2.1948.

PIROŽNIKOV, V.: Čitat', a ne čtit', in: LU (1990) 5, S. 98.

PIS'MO 11 Samaja bol'šaja opasnost', in: NS (1989) 1, S. 175f.; zuerst in: OG 26.7.1969.

PIS'MO 74 pisatelej Rossii, in: LR 2.3.1990.

PISAREV, DMITRIJ: Progulka po sadam rossijskoj slovesnosti, in: Ders.: Sočinenija v 4 tomach, M 1956, Bd. 3, S. 251-305.

PISKUNOV, VLADIMIR: Čislo zverja, in: ZN (1990) 8, S. 79-89.

PLECHANOV, GEORGIJ V. : Francuzkaja dramatičeskaja literatura i francuzkaja živopis' XVIII veka s točki zrenija sociologii (1905), in: Ders.: Izbrannye filosofskie proizvedenija v 5 tt., Bd. 5, M 1958, S. 408-434.

Ders.: Iskusstvo i obščestvennaja žizn' (1912-1913), in: Ders.: Izbrannye filosofskie proizvedenija, S. 686-748.

Ders.: Proletarskoe dviženie i buržuaznoe iskusstvo (1905), in: Ders.: Izbrannye filosofskie proizvedenija, S. 434-456.

Ders.: Predislovie k tret'emu izdaniju sbornika „Za dvadcat' let", in: Ders.: Iskusstvo i literatura, M 1948, S. 207-215; dt. in: H.-Ch. Buch (Hg.): Parteilichkeit der Literatur. Materialien zu einer undogmatischen marxistischen Ästhetik, Reinbek 1972, S. 73-81.

Ders.: Tolstoj i Gercen (1912), in: Ders.: Iskusstvo i literatura, S. 725-733.

Ders.: Kritika, in: Ders.: PSS, Bd. 5, M 1931, S. 666.

PO MNENIJU REDAKCII: O kul'ture vosprijatija polemiki, in: VL (1988) 2, S. 106-115.

PO MNENIJU REDAKCII: Dostoevskij nakanune 21-go veka, in: ZN (1990) 7, S. 205-218.

PODVOJSKIJ, L./TUNKOV, I.: Starye i novye konflikty, in: NM (1948) 12, S. 173-180.

POMERANC, GRIGORIJ: Urok medlennogo čtenija, in: OK (1993) 6, S. 178-183.

POMERANCEV, VLADIMIR: Ob iskrennosti v literature, in: NM (1953) 12, S. 218-245.

POTAPOV, VLADIMIR: Na vychode iz „andergraunda", in: NM (1989) 10, S. 251-257.

POVARCOV, SERGEJ: Traektorija padenija. O literaturno-éstetičeskich koncepcijach D. Merežkovskogo, in: VL (1986) 11, S. 153-191.

POZICIJA. Literaturnaja polemika. (Opyt kritičeskogo ežegodnika), pod. red. Ju. Bondarenko, vyp. 1, M 1989), vyp. 2, M 1990.

PROGULKI S PUŠKINYM. Diskussionnaja tribuna, in: VL (1990) 10, S. 77-153.

PROKOF'EVA, A.: Dva mnenija ob odnoj probleme, in: LG 8.2.1989.

PROSKURIN, OLEG: Trevogi, nadeždy i rabota, in: LO (1989) 6, S. 21.

PROVINCIAL'NYE ANEKDOTY. O 'Rjazanskom desante', Petre III. i čistote krovi, in: OG (Dezember 1988) 52, S. 13-15.

PUTEM VZAIMNOJ PEREPISKI. Briefwechsel V. Vojnovič -S. Zalygin, in: Novoe russkoe slovo 21.6.1987; dt. Brieffreundschaft, in: SZ 22./23. 8. 1987.

RASSADIN, STANISLAV: Junoše, obdumyvajuščemu žit'e (Rez. V. Veresaev), in: JU (1964) 3, S. 70.

Ders.: Kotoryj čas?, in: ZN (1988) 1, S. 204-216.

Ders.: Koe-čto o professionalizme, in: OG (1988) 48, S. 29.

Ders.: Plennik vremeni (Rez. V. Kornilov), in: ZN (1989) 5, S. 230 -232.

Ders.: Neponjatlivaja Il'ina (Rez. N. Il'ina), in: ZN (1990) 1, S. 228.

Ders.: Bez Puškina, ili Načalo i konec garmonii, in: ZN (1991) 7, S. 216-230.

Ders.: Golos iz ar'ergarda, in: ZN (1991) 11, S. 199-218.

Ders.: Iz žizni Kentavrov. Intelligent - obyvatel' - ljumpen, in: ZN (1992) 3-4, S. 221-234.

Ders.: Dzyk, dzyk!, in: LG 17.2.1993.

REJTBLAT, ABRAM: Izdatel'skij repertuar: krizis ili vozvraščenie k norme? in: KNIŽNOE DELO (1994) 3, S. 13-14.

RJABUŠIN, A./CHAJT, V.: Postmodernizm v real'nosti i predstavlenijach, in: IS-KUSSTVO (1984) 4, S. 39-43.

RODNJANSKAJA, IRINA: Zametki k sporu, in: NM (1989) 12, S. 222-235.

Dies.: Zaživem bez velikogo, in: LG 29.5. 1991.

Dies.: Russkij zapadnik v kanun „vtorogo vozroždenija Evropy", in: ZDES' I TEPER' (1992) 2, S. 85-95.

ROZANOV, VASILIJ: V. Rozanov - Literaturnyj kritik, in: VL (1988) 4, S. 176-200.

Ders.: Apokalipsis našego vremeni, in: Ders.: Sočinenija, M 1990, S. 465-530.

Ders.: Nesovmestimye kontrasty žitija, M 1990.

Ders.: O pisatel'stve i pisateljach, M 1995.

ROZANOVA, MARIJA: K istorii i geografii étoj knigi, in: VL (1990) 10, S. 154-161; auch in: A. TERC: Progulki s Puškinym, SPb 1993, S. 147-159.

RUBINŠTEJN, LEV: Iz neizdannogo, in: LO (1989) 10, S. 87-92.

RUBINŠTEJN, NATAL'JA: Abram Terc i Aleksandr Puškin, in: VREMJA I MY (1976) 9, S. 118-133.

RUDENKO, MARIJA: Posle literatury: igra ili molitva, in: ZN (1993) 6, S. 186-192.

RUSSKAJA KLASSIKA i oktjabr'skaja revoljucija. Rokovaja pričina ili neuslyšannoe predostereženie? Diskussionnaja tribuna, in: ZN (1992) 1, S. 227-234; 5, S. 221-226.

RUSSKAJA SOVETSKAJA LITERATURNAJA KRITIKA (1935-1955). Chrestomatija, M 1983.

RUSSKIE (SOVETSKIE) PISATELI. Poéty, Bd. 1-22, M 1977-SPb 1999 ff.

RUSSKIE SOVETSKIE PISATELI. Prozaiki, Bd. 1-7, M 1959 - 1972.

S RAZNYCH TOČEK ZRENIJA: „Kanuny" V. Belova. Polemika, M 1990.

S RAZNYCH TOČEK ZRENIJA: „Doktor Živago" B. Pasternaka, M 1990.

S RAZNYCH TOČEK ZRENIJA: „Žizn' i sud'ba V. Grossmana", M 1991.

ŠACHOVSKAJA, ZINAIDA: (Rez. A. Terc: Progulki), in: VESTNIK RUSSKOGO CHRISTIANSKOGO DVIŽENIJA (VRchD) (1984) 140.

ŠAFAREVIČ, IGOR': Fenomen émigracii, in: LR 8.9.1989.

Ders.: Russofobija, in: NS (1989) 6, S. 183-192;11, S. 162-172.

ŠAJTANOV, IGOR': „...V SSSR praktičeski ne pečatalsja", in: ZN (1989) 12, S. 215-221.

DERS.: Rez. neue Prosa, in: ZN (1991) 6, S. 237-240.

ŠALAMOV, VALAM: Manifest o novoj proze, in: VL (1989) 5, S. 241-248.

SAMOCHIN, V.: Psichologičeskie tendencii v iskusstve postmodemizma, in: ISKUSSTVO (1983) 4, S. 40-44.

SARASKINA, LJUDMILA: Primirenie na lobnom meste. Rossijskie pisateli v bor'be za vlast', in: ZN (1990) 7, S. 191-205.

SARNOV, BENEDIKT: O „molčal'nikach" i „pervych učenikach", in: OG (1989) 16, S. 28-31.

SAVATEEV, V.: Oščuščenie vremeni, in: OK (1986) 2, S. 177-184.

SCHERRER, JUTTA: Der zweite Prozeß des Abram Terc, in: MERKUR (1977) 31, S. 486-492.

SEMIČASTNYJ, V. E.: Rede auf dem Plenum des Komsomol-ZK am 29.10.1958, in: KOMSOMOL'SKAJA PRAVDA 30.10. 1958, zit. in: S raznych toček zrenija „Doktor Živago".

SEVERIN, IVOR : Novaja literatura 70-80ch, in:VNL (1990) 1, S. 222-239.

SIDOROV, EVGENIJ: Povest' o redkostnom čeloveke (Rez. D. Granin), in: ZN (1987) 6, S. 226.

DERS.: V labirinte pristrastii, in: LG 23.3.1988.

ŠINDEL', ALEKSANDR: Svidetel' (Zametki ob osobennosti prozy Platonova), in: ZN (1989) 9, S. 207-216.

DERS.: Pjatoe ozmerenie (K 100-letiju so dnja roždenija Michaila Bulgakova), in: ZN (1991) 5, S. 193-208.

SINEL'NIKOV, MICHAIL: „Dolžny byt' vse-taki svjatyni...", in: LG 20.3.1988.

Ders.: Starye bedy i novye mify. Polemičeskie zametki, in: MO (1989) 12, S. 183-196.

Ders.: Kolebljuščijsja oklik boli, in: DN (1992) 7, S. 168-170.

SINJAVSKIJ, ANDREJ: Poėzija Pasternaka, in: B. L. PASTERNAK: Stichotvorenija in poėmy (Biblioteka poėta. Bol'šaja serija), M-L 1965, S. 5-62.

Ders.: Literaturnyj process v Rossii", in: KONTINENT (1974) 1, S. 143-190.

Ders.: V. V. Rozanov. Opavšiesja list'ja, Paris 1982.

Ders.: Solženicyn kak ustroitel' novogo edinomyšlja, in: SINTAKSIS (1985) 14, S. 16-32; auch in: NM (1992) 4, S. 204-210.

Ders.: Čtenie v serdcach, in: SINTAKSIS (1987) 17, S. 191-204.

Ders.: „Tam my sčitaemsja krasnymi" (Interview), in: KNIŽNOE OBOZRENIE 13.1.1989.

Ders.: Progulki s Puškinym, in: VL (1990) 7, S. 155-175; (1990) 8, S. 81-111; (1990) 9, S. 146-178.

Ders.: „Puškin - naš smejuščij genii" (Interview), in: LG 8.8.1990.

ŠKLOVSKIJ, EVGENIJ: Iduščie vosled, in: ZN (1988) 4, S. 217-226.

DERS.: Neugasajuščaja plamja. Žurnal'naja proza 1988g., in: LO (1989) 2, S. 20-37.

Ders.: Ispytanija. Rasskazy, M 1990.

Ders.: Neobjazatel'nye zametki po motivam 'Apokalpsisa russkoj literatury' Vasilija Rozanova, in: OK (1992) 10, S. 180-188; dt. [J. Schklowski]: Bemerkungen am Rande, in: SINN UND FORM 45 (1993) 3, S. 449-463.

SKORINO, LJUDMILA: Novatorstvo i formalizm, in: NM (1948) 5, S. 179-192.

Dies.: „Mir molodoj, kak nebo na zare..." (K 90-letiju so dnja roždenij N. S. Tichonova), in: ZN (1986) 11, S. 179-192.

SLAVECKIJ, VLADIMIR: „Ne govorju o bespristrastii...", in: LU (1990) 2, S. 72-78.

Ders.: Posle postmodernizma, in: VL (1991) 11-12, S. 37-47.

SLJUSAREVA, I.: Opravdanie žitejskogo. Novaja ženskaja proza, in: ZN (1991) 11, S. 238-240.

SLONIM, MARK: Terc i Sinjavskij. O knige „Progulki s Puškinym", in: RUSSKAJA MYSL' 18.3.1976.

SLOVO K NARODU, in: SR 23.7.1991.

SMERT' KUL'TURNOJ KNIGI? Diskussionnaja tribuna, in: LG 26.2. 1992.

SOKOLOV, B.: Michail Bulgakov. Žizneopisanie i sud'ba, in: ZN (1989) 7, S. 229-231.

ŠOLOCHOV, MICHAIL: Rede auf dem 23. Parteitag der KPdSU, in: XXIII S-ezd KPSS. Stenotčet, M 1966, S. 354-362.

SOLOŽENKINA, S.: Aèti utverždenija, in: Vzgljad, S. 289-310.

SOLŽENICYN, ALEKSANDR: Koleblet tvoj trenožnik, in: VESTNIK RUSSKOGO CHRISTIANSKOGO DVIŽENIJA, (1984) 142, S. 133-152.

Ders.: Naši pljuralisty. Otryvok iz vtorogo toma „Očerkov literaturnoj žizni" (Mai 1982), in: VESTNIK RUSSKOGO CHRISTIANSKOGO DVIŽENIJA (1984) 139; auch in: NM (1992) 4, S. 211-225.

SSACHNO, HELEN VON: Dokumentation des Falles „Novyj mir", in: SZ 29.5.1990; 12.6.1990; 5.3.1991; 19.7.1992.

STEPANJAN, KAREN: Vypavšie iz vremeni, ili čut'-čut' ne sčitaetsja. Zametki o proze, poèzii i kritiki „tridcatiletnich", in: DN (1988) 11, S. 248-258.

Ders.: Nužna li nam literatura?, in: ZN (1990) 12, S. 222-230.

Ders.: Realizm kak zaključitel'naja stadija postmodernizma, in: ZN (1992) 9, S. 231-238.

Ders.: Nazovu sebja Cvajšpaciren? (Ljubov', ironija i proza razvitogo postmodernizma, in: ZN (1993) 11, S. 184-194.

STIŠOVA, ELENA: Strasti po kommissaru, in: ISKUSSTVO KINO (1989) 1; engl. in: WIDE ANGLE 12 (1990) 4, S. 61-74.

STRELJANYJ, ANATOLIJ: Dva umozrenija. Ob odnom neudavšemsja literaturnom predprijatii. K 95-letiju so dnja roždenija K. A. Fedina, in: NM (1987) 2, S. 237-249.

STRUVE, N./POMERANC/G., MIROV, D.: (Rez. Terc: Progulki), in: VESTNIK RUSSKOGO CHRISTIANSKOGO DVIŽENIJA, (1984) 142.

STRUVE, PETR: Duch i slovo, in: Ders.: Duch i slovo. S. 32-45. Wiederabgedruckt in: VL (1989) 12, S. 233-244.

Ders.: Počemu inostrancy ne znajut i ne cenjat Puškina, in: VOZROŽDENIE 20.6.1926; Wiederabgedruckt in: LR 2.6.1989.

Ders.: Duch i slovo. Sbornik statej o russkoj i zapadno-evropejskoj literature, Paris 1981.

SUCHICH, IGOR': Dodumyvat' do konca. K charakteristike sovremennoj literaturnoj situacii, in: LO (1988) 6, S. 33-37.

SUROVCEV, JURIJ: Publicistika i publicističnost', in: ZN (1986) 4, S. 208-224; 10, S. 215-226.

ŠVEDOV, SERGEJ: Literaturnaja kritika i literatura čitatelej, in: VL (1988) 5, S. 3-31; dt.: Literaturkritik und Leserbedürfnisse. Notizen eines Soziologen, in: KUNST UND LITERATUR (1989) 2, S. 147-161.

Ders.: Masskul'tura, naša, domašnjaja, sovremennaja (Beseda kritika E. Sergeeva i sociologa S. Švedov), in: VL (1990) 6, S. 36-56.

TARASOV, BORIS: Uroki iz klassiki: Dostoevskij i sovremennost', in: MO (1989) 5, S. 186-195.

Ders.: Večnoe predostereženie. „Besy i sovremennost'", in: NM (1990) 8, S. 234-247.

TERC [TERZ], ABRAM: Promenaden mit Puschkin, Frankfurt 1975.

Ders.: Progulki s Puškinym. Fragment, in: OK (1989) 4, S. 192-199.

TERC, ABRAM [A. SINJAVSKIJ]: Čto takoe socialističeskij realizm?, in: TEATR (1989) 5, S. 73-83.

TERC, A./SINJAVSKIJ, A.: Sobranie sočinenij v dvuch tomach, M 1992.

TICHOMIROVA, ELENA: Ėros iz podpol'ja (Seks-bestsellery 90-ch i russkaja literaturnaja tradicija), in: ZN (1992) 6, S. 220-229.

TOLSTAJA, TAT'JANA: Poėt i muza, in: NM (1986) 12, S. 113-119; auch in Dies.: Ljubiš' - ne ljubiš', M 1997, S. 247-256.

TOPER, V.: Pod znakom obščej pobedy, in: ZN (1986) 8, S. 234-236.

TOPOROV, VIKTOR: „Besy" dlja bednych. Tendencioznyj roman našich dnej, in: ZV (1989) 12, S. 194-202.

Ders.: I vremena i nravy. Zarubežnaja proza - 90, in: LO (1991) 2, S. 37-45.

Ders.: Zapretnyj plod slašče (Rez. H. Miller und D. J. Lawrence), in: LO (1992) 1, S. 93-97.

Ders.: S kem vy, mastera chaltury? in: NG 30.4.1993.

Ders.: V čužom piru pochmel'e. Rossijskoe pervoizdanie bukerovskoj literaturnoj premii, in: ZV (1993) 4, S. 188-198.

Ders.: Četyre dyry čtenija (Rez. Stephen King: Roman „Misery"), in: NG 24.6.1993.

Ders.: Kritičeskij knut i pisatel'skij prjanik, in: POSTSKRIPTUM (1995) 1, S. 270-281.

Ders.: Na soiskanie. Očerki p.-prozy, in: POSTSKRIPTUM (1995) 2, S. 271-290.

TURBIN, VLADIMIR: Na rubeže molčanija, in: DN (1989) 8, S. 219-230.

Ders.: Nezadolgo do Vodol'ja. Stat'i - novelly, M 1994.

TURKOV, ANDREJ Po pravu istinnoj družby (Rez. L. Lazarev), in: ZN (1986) 11, S. 238.

Ders.: Ne bojas' povtorit'sja (Rez. Ju. Trifonov), in: ZN (1987) 5, S. 232.

Ders.: Čitatel' pišet. Strichi k portretu, in: ZN (1988) 12 , S. 209-216.

TVARDOVSKIJ, ALEKSANDR: Vnutrennie recenzii, in: VL (1994) 2, S. 368-374; 3, S. 366-374.

TYNJANOV, JURIJ: Puškin i Tjutčev (1923), in: Ders.: Archaisty i novatory, L 1929, S. 330-366.

Ders.: Žurnal, kritik, čitatel' i pisatel', in: ŽIZN' ISKUSSTVA (1924) 22, S. 14-15; auch in: Ders.: Literaturnyj fakt, S. 244-247.

Ders.: Literaturnyj fakt, M 1993.

URNOV, DMITRIJ: Literaturnoe proizvedenie v ocenke anglo-amerikanskoj „novoj kritike", M 1982.

Ders.: Marksistsko-leninskie kriterii cennosti v literature, M 1986.

Ders.: Zapiski zoila (Rez. I. Zolotusskij), in: ZN (1987) 6, S. 228-231.

Ders.: Peremeny i mnenija. O literature v period perestrojki, in: VL (1988) 8, S. 26-47.

Ders.: Plochaja proza. Dva mnenija ob odnoj probleme, in: LG 8.2.1989.

VAJL', PETR/GENIS, ALEKSANDR: „Novaja proza": Ta že ili „drugaja"? (Princip matreški), in: NM (1989) 10, S. 246-250.

Dies.: Labardan! Andrej Sinjavskij kak Abram Terc, in: URAL (1990) 11, S. 184-192.

Dies.: Vzgljad iz tupika, in: OG (1990) 50, S. 19.

Dies.: Poėzija i pravda. Zametki o žurnalistike glasnosti, in: LG 20.3.1991.

Dies.: Strana slov, in: NM (1991) 4, S. 239-251.

VANSLOV, V.: Modernizm - krizis buržuaznogo iskusstva, M 1980.

VASILEVSKIJ, ANDREJ: Kto ustojal v sej žizni trudnoj (Rez. Ju. Dombrovskij), in: ZN (1986) 6, S. 231-233.

Ders.: Bespredel, in: LG 12.9.1990.

Ders.: No my živem v Rossii, in: LG 29.5.1991.

VASJUČENKO, IRINA: Otvergnuvšee voskresenie (Zametki o tvorčestve A. i B. Strugackogo) in: ZN (1989) 5, S. 216-25.

Dies.: Voždja i armejskij ustav, (Rez. V. Vojnovič), in: ZN (1989) 10, S. 214-216.

VIGILJANSKIJ, VLADIMIR: Graždanskaja vojna ili o tom, kak pomoč' čitatelju L'va Nikolaeviča, in: OG 43 (1988), S. 6-8.

VIGILJANSKIJ, V./CHLEBNIKOV, O./ČERNOV, A.: Deti Šarikova, in: OG (1990) 5, S. 2-3.

VIL'ČEK, L.: Soiskateli istiny, in: ZN (1987) 6, S. 210ff.

VINOGRADOV, IGOR': Predislovie. V. Kormer: Nasledstvo, in: OK (1990) 5, S. 3-7.

VJAL'CEV, ALEKSANDR: Literatura i moral', in: ZN (1993) 6, S. 193-195.

VOLGIN, IGOR': Vozvraščenie s progulki, in: JU (1990) 12, S. 58-61.

VOLYNSKIJ, AKIM L. (Akim L. Flekser): Russkie kritiki. SPb 1896.

VOROVSKIJ, V.: Literaturno-kritičeskie stat'i, M 1956, S. 220-232.

VOROVSKIJ, VLADIMIR: Bazarov i Sanin. Dva nigilizma, in: Ders.: Ėstetika. Literatura. Iskusstvo, M 1975, S. 229-255.

VSE ZAEDINO! in: OG (1989) 48, S. 6-9, 31.

VZGLJAD. Kritika. Polemika. Publicistika, Bd. 1, M 1988; Bd. 2 , M 1989, Bd. 3, M 1991.

ZACHAROVA, L.: Rekviem i nežnost' (Rez. L. Jakuševa), in: ZN (1990) 8, S. 238.

ZAJAVLENIE PEN-CENTRA: Dorožaet vse, deševleet liš' tvorčeskij trud, in: LG 26.2.1992.

ZAJCEV, BORIS: Literaturnye portrety, in: ZN (1989) 10, S. 87-202.

Ders.: O russkich i sovetskich pisateljach, in: RL (1989) 1, S. 193-206.

ŽAKOV, A.: Iskusstvo pisat' recenzii, in: LO (1977) 3. S. 72-76.

ZENKIN, SERGEJ: O vkusach čitatelja - sporjat. Zametki o kritikujuščej kritike, in: LO (1988) 7, S. 25-34.

Ders.: Svjaščenno li zaveščannoe? Polemičeskie zametki ob odnoj ėstetičeskoj tradicii, in: LO (1989) 7, S. 89-95.

ZOLOTONOSOV, MICHAIL: Jajcatuper, in: ZV (1990) 5, S. 162-170.

Ders.: Marketokratija, in: VL (1991) 1, S. 141-145.

Ders.: Kartezianskij kolodec, in: OK (1992) 2, S. 188-193.

Ders.: Kakotopija, in: OK (1992) 7, S. 192-198.

Ders.: „Achutokov-Achum" (Opyt rašivrovki skazki K. Čukovskogo o Muche), in: NLO (1993) 2, S. 262-282.

ZOLOTUSSKIJ, IGOR': Ne sluga, a gospodin, in: LG 21.12.1977.

Ders.: N. Gogol', M 1984.

Ders.: Al'ternativa Abramova, in: ZN (1986) 8, S. 222-231.

Ders.: Otčet o puti, in: ZN (1987) 1, S. 221-240.

Ders.: Zavet Puškina, in: MOSKOVSKIE NOVOSTI 8.7.1990.

Ders.: Naši nigilisty, in: LG 23.6.1992.

ZORIN, ANDREJ: Kruče, Kruče, Kruče, in: ZN (1992) 10, S. 198-205.

Ders.: Muza jazyka i semero poėtov. Zametki o gruppe „Al'manach", in: DN (1990) 4, S. 239-249; auch („Vzgljad iz zala") in: „Ličnoe delo No.", M 1991, S. 246-271.

ŽUK, V.: Iz počty oktjabrja (Leserbrief), in: OK (1989) 12, S. 199-205.

ZVEREV, A.: Prestuplenija strasti, in: ZN (1992) 6, S. 212-220.

ZVINJACKOVSKIJ, V.: Partijnaja literatura bez partijnoj organizacii, in: ZN (1992) 2, S. 226-237.

Literaturverzeichnis

AJCHENVAL'D, JULIJ: Sbornik pedagogičeskich, filosofskich i literaturnych statej, M 1990.

AKADEMIČESKIE ŠKOLY v russkom literaturovedenii, M 1975.

AKIMOVA, N. N.: Bulgarin i Gogol', in: RL (1996) 2, S. 3-22; 3, S. 3-18.

ANDRUŠČENKO, E. A./FRIZMAN, L. G.: Kritik, éstetik, chudožnik, in: D. S. Merežkovskij: Éstetika i kritika, M 1994, S. 7-57.

ARCHANGEL'SKIJ, ALEKSANDR: Kulturelle Integration, in: Forschungsstelle Osteuropa (Hg.): Kultur im Umbruch, S. 198-217.

Ders.: Funkcii literaturnoj kritiki v period perestrojki. Vortrag auf dem Schwerter Symposium zur russischen Kultur 1995 (unveröff. Ms.).

ASSMANN, ALEIDA und JAN : Kanon und Zensur. In: Dies. (Hgg.): Kanon und Zensur. Zur Archäologie der literarischen Kommunikation II, München 1987, S. 7-27.

BALINA, MARINA: Idejnost', klassovost', partijnost', in: GÜNTHER/ DOBRENKO: Socrealističeskij kanon.

BARABAŠ JURIJ J.: Gogol'. Zagadka „Proščal'noj povesti" (Vybrannye mesta iz perepiska s druz'jami". Opyt nepredvzjatogo pročtenija), M 1993.

BARANOV, V. I./BOČAROV, A. G./SUROVCEV, JU.: Literaturno-chudožest-vennaja kritika, M 1982.

BARNER, WILFRIED (Hg.): Literaturkritik. Anspruch und Wirklichkeit. DFG-Symposium 1989, Stuttgart 1990.

BARTHES, ROLAND [Bart, Rolan]: Izbrannye raboty. Semiotika. Poétika, M 1989.

Ders.: Le Degré zéro de l'écriture. Suivi de Nouveaux essais critiques, Paris 1972.

BECK, RAISSA: Die Entwicklung der sowjetischen Leserforschung 1970-1990. Empirische Leseruntersuchungen im Spiegel des gesellschaftspolitischen Wandels, (Mag. Arb.) Zürich 1992.

BELINSKIJ, VISSARION G.: Literaturnye mečtanija, in: Ders.: PSS, Bd. 1, M 1953, S. 20-104.

Ders.: Ničto o ničem, ili Otčet g. izdatelju Teleskopa za poslednee polugodie (1835) russkoj literatury (1836), in: Ders.: PSS, Bd. 2, M 1953, S. 7-50.

Ders.: O russkoj povesti i povestjach g. Gogolja (1836), in: Ders.: PSS, Bd. 1, M 1953, S. 259-307.

Ders.: Reč' o kritike. Stat'ja pervaja, in: Ders.: PSS Bd. 6, M 1955, S. 267-287.

Ders.: Sočinenija Aleksandra Puškina. Stat'ja vos'maja, in: Ders.: PSS, Bd. 7, M 1955, S. 431-472.

BEREZINA, V. G.: Žanr godovogo obozrenija literatury v russkoj žurnalistike pervoj poloviny XIX veka, in: Russkaja žurnalistika XVIII-XIX vv. (Iz istorii žanrov), L 1969, S. 42-78.

BERKOV, PAVEL N.: Istorija russkoj žurnalistiki XVIII veka, M 1952.

BERNSDORF, WILHELM (Hg.): Wörterbuch der Soziologie, Frankfurt 1976.

BEYRAU, DIETRICH: Intelligenz und Dissens. Die russischen Bildungsschichten in der Sowjetunion 1917 bis 1985, Göttingen 1993.

BEZRODNYJ, MICHAIL: Listaja Sumerki (Samizdat i „Iskusstvo knigi"), unveröff. Ms., Hannover 1993.

BIOUL-ZEDGINIDZE, NELLY: Literaturnaja kritika žurnala „Novyj mir" A. T. Tvardovskogo (1958-1970), M 1996 (Diss. Genf 1992).

BORENSTEIN, ELIOT: Suspending Disbelief: „Cults" and Postmodernism, in: A. BARKER (Hg.): Consuming Russia. Popular Culture, Sex, and Society Since Gorbachev, Durham/London 1999, S. 437-462.

BOURDIEU, PIERRE: Die feinen Unterschiede. Kritik der gesellschaftlichen Urteilskraft, Frankfurt 1982 (frz. 1979).

BOWMAN, H. E.: V. Belinski 1811-1848. A study in the origin of Social Criticism in Russia, Cambridge 1954.

BRJUCHOVECKIJ, V. S.: Kritika kak myšlenie i dejatel'nost', in: RL (1984) 4, S. 70-84.

BRODSKIJ, N. /LAVRECKIJ, A. : Slovar' literaturovedčeskich terminov, 2 Bde., L 1925.

BROJDE, ANN MARTIN: K polemike o Belinskom v sovetskom literaturovedenii, in: SVANTEVIT (1975) 1, S. 43-55.

Dies.: A.V. Družinin. Žizn' i tvorčestvo, Copenhagen 1986.

BROOKS, JEFFREY: When Russia learned to read. Literacy and Popular literature 1861-1917, Princeton 1985.

BÜRGER, PETER: Institution Literatur und Modernisierungsprozeß, in: P. Bürger (Hg.): Zum Funktionswandel der Literatur, Frankfurt 1983, S. 9-32.

BÜRGER, CHRISTA u. PETER: Postmoderne: Alltag, Allegorie und Avantgarde, Frankfurt 1987.

BURTSCHER, P./DONNER, W./FISCHER, M. (Hgg.): Postmoderne - Philosophem und Arabeske. Salzburger Schriften zur Rechts-, Staats- und Sozialphilosophie, Bd. 8, Frankfurt/ Bern/ New York 1989, S. 21-35.

ČERNOVA, I. B.: Stichwort „Modernizm", in: KRATKAJA LITERATURNAJA ĖNCIKLOPEDIJA, Bd. 4, Sp. 903-912, M 1967.

ČERNYŠEVSKIJ, NIKOLAJ G.: Izbrannye literaturno-kritičeskie stat'i, M 1950.

CHARMS, DANIIL: Polet v nebesa, L 1988.

Ders.: Gorlo bredit britvoju, M 1991.

CHEAURÉ, ELISABETH (Hg.): Jenseits des Kommunismus. Sowjetisches Erbe in Literatur und Film, Berlin 1996.

CLARK, KATERINA: Petersburg - Crucible of Cultural Revolution, Cambridge/ Mass. 1995.

CLOWES, EDITH W.: Kafka and the Modernism-Realism Debate in Literary Criticism of the Thaw, in: The European Foundations of Russian Realism, N.Y. 1991, S. 295-321.

CONDEE, NANCY [KONDI]/PADUNOV, VLADIMIR: Makulakul'tura ili vtoričnaja pererabotka kul'tury, in: VL (1991) 1, S. 101-121.

Dies.: Samoubijstvo perestrojki, in: ZN (1992) 1, S. 209-213.

Dies.: Proigrannyj raj: ruletka socializma, rynočnyj determinizm i postmodernizm po objazatel'noj programme, in: ISKUSSTVO KINO (1992) 2, S. 72-81.

CROSS, ANTHONY: Pushkin's Bawdy, or Notes from the Literary Underground, in: RUSSIAN LITERATURE TRIQUARTERLY (1974) 10, S. 203-236.

ČTENIE V ROSSII v XIX-načale XX veka. Annotirovannyj bibliografičeskij ukazatel', M 1992.

ČTO MY ČITAEM? KAKIE MY? Sbornik naučnych trudov, SPb 1993.

CVETAEVA, MARINA: Moj Puškin, in: Dies.: Izbrannye proizvedenija v dvuch tomach, Bd. 2 (1917-1937), N.Y. 1979, S. 249-279.

DAHRENDORF, RALF: Homo sociologicus. Ein Versuch zur Geschichte, Bedeutung und Kritik der Kategorie der sozialen Rolle, Köln (8. Aufl., zuerst 1958) 1969.

DAVIES, ROBERT W.: Perestrojka und Geschichte. Die Wende in der sowjetischen Historiographie, München 1989.

DENICKE, G. P. : Links with the Past in Soviet Society, U.S. Dept. of State office. Intelligence Research, series 3, Washington D.C. 1952.

DEWHIRST, M./FARRELL, R. (Hgg.): The Soviet Censorship, New York 1973.

DITTRICH, KATHINKA: Das Verlagswesen stochert im Nebel von Dezentralisierung, Demonopolisierung und Neuorientierung, in: BÖRSENBLATT DES DEUTSCHEN BUCHHANDELS 7.1.1992, S. 20-24.

DOBRENKO, EVGENIJ: Metafora vlasti. Literatura stalinskoj épochi v istoričeskom osveščenii, München 1993.

Ders.: Formovka sovetskogo čitatelja, SPb 1997; engl.: The Making of the State Reader. Social and aesthetic Contexts of the Reception of Soviet Literature, Stanford 1997.

DOBROLJUBOV, NIKOLAJ G.: Nečto o didaktizme v povestjach i romanach, in: Ders.: Sobranie sočinenij v 9 tt., Bd. 1, M 1962, S. 159-166.

Ders.: O stepeni učasti narodnosti v razvitii russkoj literatury (1858), in: Ders.: SS, Bd. 2, M 1962, S. 218-272.

DOWLER, WAYNE: An unnecessary Man. The Life of Apollon Grigorev, Toronto 1995.

DROZDA, MIROSLAV/HRALA, MILAN: Dvacata leta sovetskie literarni kritiky (Lef-Rapp-Pereval), Praha 1968.

DUBIN, BORIS/ REJTBLAT, ABRAM: O strukture i dinamike sistemy literaturnych orientacij žurnal'nych recenzentov (1820-1978gg.), in: Kniga i čtenie v zerkale sociologii, M 1990, S. 150-167.

DUBIN, BORIS: Dinamika pečati i transformacija obščestva, in: VL (1991) 9-10, S. 84-97.

Ders.: Žurnal'naja kul'tura postsovetskoj épochi, in: NLO (1993) 4, S. 304-311.

Ders.: Čitatel'skie avtoritety i bestsellery nynešnogo dnja, in: KNIŽNOE OBOZRENIE (1994) Oktober (Ms.).

DUNCAN, HENRY: Die Literatur als gesellschaftliche Institution, in: J. Strelka/ W. Hinderer (Hgg.): Moderne amerikanische Literaturtheorien, Frankfurt 1970, S. 318-337.

EBERT, CHRISTA (Hg.): Kulturauffassungen in der literarischen Welt Rußlands. Kontinuitäten und Wandlungen im 20. Jh., Berlin 1995.

EGGELING, WOLFRAM: Die sowjetische Literaturpolitik zwischen 1953 und 1970. Zwischen Entdogmatisierung und Kontinuität, Bochum 1994.

EGOROV, BORIS F.: O masterstve literaturnoj kritiki. Žanry, kompozicija, stil', L 1980.

Ders.: Bor'ba ésteticeskich idej v Rossii serediny XIXv., L 1982.

Ders.: Bor'ba ésteticeskich idej v Rossii 1860-ch godov, L 1991.

EIMERMACHER, KARL: Zum Problem einer literaturwissenschaftlichen Metasprache, in: SPRACHE IM TECHNISCHEN ZEITALTER (1973) 48, S. 255--284.

Ders.: Der literarische Normenwandel in der russischen Literatur der fünfziger Jahre, in: WSA (1980) 6, S. 105-129.

Ders.: Überlegungen zu einer Geschichte der russischen Nachkriegsliteratur, in: Text-Symbol-Weltmodell. Festschrift für J. Holthusen zum 60. Geburtstag, München 1984, S. 99-109.

Ders.: Die Gleichzeitigkeit des Ungleichzeitigen, in: Kopfbahnhof 2, Leipzig 1990, S. 169-191.

Ders.: Die Formierung eines neuen Kulturbegriffs in der russischen Nachkriegskunst (1945 bis 1963), in: Ebert: Kulturauffassungen, S. 207-236.

EJCHENBAUM, BORIS: Problemy poétiki Puškina, in: Ders.: O poétike, L 1969, S. 23-24.

Ders.: O literature. Raboty raznych let, M 1987.

ENGEL, CHRISTINE: Leser und Literaturbetrieb. Ein kritischer Streifzug durch die aktuelle Diskussion in sowjetischen Zeitschriften, in: OE (1989) 2-3, S.151-164.

Dies.: Abschied von einem Mythos. Funktionswandel des gegenwärtigen russischen Literatursystems, in: OE (1991) 9, S. 831-846.

Dies.: Der Umgang mit dem Neuen: Tendenzen in der russischen Literaturkritik (1986-1992), Ms. eines Vortrags im Dezember 1994 in Berlin.

ENGELS, FRIEDRICH: Brief an M. Kautsky vom 26.11.1885, in: K. Marx/F. Engels Werke, Bd. 36, Berlin 1967, S. 392-394.

EPSTEIN. RESPONSE: M. Épštejn. Response „Post" and Beyond. SLAVIC AND EAST EUROPEAN JOURNAL (Sonderband zu M. Épštejn) 39 (1995) 3.

EPSTEIN, M./GENIS, A./VLADIV-GLOVER, S.: Russian Postmodernism: New Perspectives on Post-Soviet Culture, New York/Oxford 1999.

ERMOLAEV, HERMAN: Censorship in Soviet Literature, 1917-1991, Lanham 1997.

ESAULOV, IVAN A.: Kategorija sobornosti v russkoj literature, Petrozavodsk 1995.

ESHELMAN, RAUL: Von der Moderne zur Postmoderne in der sowjetischen Kurzprosa. Zoščenko - Paustovskij - Šukšin - Popov, in: WSA 31 (1993), S. 173-207.

Ders.: Early Soviet Postmodernism, Frankfurt/M. 1997.

ĖTKIND, EFIM: Zapiski nezagovorščika (Notes of a Non-Conspirator), London 1977; dt.: Unblutige Hinrichtung, München 1978.

FASTING, SIGURD: V. G. Belinskij. Die Entwicklung seiner Literaturtheorie, Bergen/ Oslo 1972.

FIEDLER, LESLIE: Cross the boarder - close the gap, in: PLAYBOY , Dezember 1969, S. 51, 230, 252-254, 256, 258; auch in: M. Pütz/P. Freese (Hgg.): Postmodernism in American Literature. A Critical Anthology, Darmstadt 1984, S. 151-166.

FILOSOFSKAJA ĖNCIKLOPEDIJA, pod. red. F. V. Konstaninova, M 1960-1967.

FLAKER, ALEKSANDAR: Stilformation und gesellschaftliche Funktion der Literatur, in: Rezeptionsästhetik und Literaturgeschichte (Sonderband der Zeitschrift Umjetnost Riječi), Zagreb 1977, S. 83-96.

FLEGON, A.: Za predelami russkich slovarej, London 1973.

FOHRMANN, JÜRGEN/MÜLLER, HARRO (Hgg.): Diskurstheorien und Literaturwissenschaft, Frankfurt 1988.

FORGET, PHILIPPE: Diskursanalyse versus Literaturwissenschaft? in: J. Fohrmann/H. Müller (Hgg.): Diskurstheorien, S. 311-329.

FORSCHUNGSSTELLE OSTEUROPA (Hg.): Kultur im Umbruch. Polen, Tschechoslowakei, Rußland, Bremen 1992.

Dies.: Russland. Fragmente einer postsowjetischen Kultur, Bremen 1996.

FRANK, MANFRED: Zwei Jahrhunderte Rationalitäts-Kritik und ihre „postmoderne" Überbietung, in: D. Kamper/W. van Reijen (Hgg.): Die unvollendete Vernunft. Moderne versus Postmoderne, Frankfurt 1987, S. 99-120.

FRYE, NORTHROP: Analyse der Literaturkritik, Stuttgart 1964.

GARRARD, JOHN u. CAROL: Inside the Writers' Union, London/ N.Y. 1990.

GEBHARDT, PETER: Literarische Kritik, in: Ders. (Hg.): Erkenntnis der Literatur, Tübingen 1982, S. 79-109.

GERSTEIN, L.: Nikolai Strakhov, Cambridge/Mass. 1971.

GIESEMANN, GERHARD: Die Strukturierung der russischen literarischen Romanze im 18. Jahrhundert, Köln/Wien 1985.

GILEL'SON, MICHAIL I.: P. A. Vjazemskij. Žizn' i tvorčestvo, L 1969.

GLOTZ, PETER: Buchkritik in deutschen Zeitungen, Hamburg 1968.

GÖBLER, FRANK: Vladislav Chodasevič in der Sowjetunion, in: E. Reissner (Hg.): Perestrojka und Literatur, Berlin 1990, S. 104-120.

GOLOVSKOJ, V.: Suščestvuet li cenzura v Sovetskom Sojuze? (O nekotorych metodologičeskich problemach izučenija sovetskoj cenzury), in: KONTINENT (1984) 42, S. 147-173.

GÖSCHEL, ALBRECHT: Die Ungleichzeitigkeit in der Kultur. Wandel des Kulturbegriffs in vier Generationen, Stuttgart/ Berlin/ Köln 1991.

GOSCILO, HELENA: Feet Puškin Scanned, or seeming idée fixe as implied aesthetic credo, in: THE SLAVIC AND EAST EUROPEAN JOURNAL, N. S. 32 (1988), S. 562-573.

Dies.: Position, Proposition, and Preposition in Postmodernism, Vortrag auf dem VI. Weltkongreß CCEES in Warschau August 1995.

GRAFFY, JULIAN: The Literary Press, in: J. Graffy/G. Hosking (Hgg.): Culture and The Media in the USSR Today, London 1989, S.107-139.

GRIC, T./TRENIN, V./NIKITIN, M. (Hgg.): Slovesnost' i Kommercija (Knižnaja lavka. F. Smirdina), M 1929.

GROSSMAN, LEONID P.: Žanry literaturnoj kritiki, in: ISKUSSTVO (1925) 2, S. 61-81.

GROYS, BORIS: Gesamtkunstwerk Stalin, München 1988.

Ders.: Paradigmawechsel in der inoffiziellen Kultur der Sowjetunion, in: G. Beyrau/W. Eichwede (Hgg.): Auf der Suche nach Autonomie, Bremen 1989, S. 53-64.

GRÜBEL, RAINER: 'Physiker' und 'Lyriker'..., in: Voz'mi na radost'. To Honour Jeanne van der Eng-Liedmeier, Amsterdam 1980, S. 207-231.

Ders.: Convention and Innovation of Aesthetic Value: The Russian Reception of Aleksandr Puškin, in: T. d'Haen/ R. Grübel/ H. Lethen (Hgg.): Convention and Innovation in Literature, Amsterdam/ Philadelphia 1989, S. 180-223.

Ders.: Zeugen und Erzeugen als Grenzgang und Grenzverschiebung zwischen Religion und Natur. Zum Kulturbegriff von Vasilij Rozanov, in: Ebert: Kulturauffassungen, S. 88-115.

GRZYBEK, PETER: Zum Aufkommen des Kulturbegriffs in Rußland, in: Ebert: Kulturauffassungen, S. 47-76.

GUBER, P.: Don Žuanskij spisok A. S. Puškina (1923), Paris 1979.

GUDKOV, LEV/DUBIN, BORIS: Ponjatie „klassiki" i ee social'nye funkcii, in: Problemy sociologii literatury za rubežom, M 1983, S. 40-82.

Dies.: Literaturnaja kul'tura. Process i racion, in: VL (1988) 2, S. 168-189, auch in: Dies.: Intelligencija, S. 8-41.

Dies.: Žurnal'naja struktura i social'nye processy (1988), in: Dies.: Literatura, S. 288-345.

Dies.: Parallel'nye literatury. Popytka sociologičeskogo opisanija, in: RODNIK (1989) 12, S. 24-31.

Dies.: Bez naprjaženija... Zametki o kul'ture perechodnogo perioda, in: NM (1993) 2, S. 242-523, auch in: Dies.: Intelligencija, S. 95-117.

Dies.: Konec charizmatičeskoj épochi. Pečat' i izmenenija v sistemach cennostej obščestva, in: SVOBODNAJA MYSL' (1993) 5, S. 32-44; auch in: Dies.: Intelligencija, S. 135-152.

Dies.: Literatura kak social'nyj institut. Stat'i po sociologii literatury, M 1994.

Dies.: Igra vo vlast'. Intelligencija i literaturnaja kul'tura, in: Dies.: Intelligencija, S. 118-134.

Dies.: Intelligencija. Zametki o literaturno-političeskich illjuzijach, M 1995.

Dies.: Veränderungen im Massenbewußtsein, in: Forschungsstelle Osteuropa (Hg.): Russland, S. 74-83.

GUDKOV, LEV: Krepostnaja pečat', in: OG (1990) 19, S. 7-8.

Ders.: Social'nye mechanizmy dinamiki literaturnoj kul'tury, in: 4-E TYNJANOVSKIE ČTENIJA, Riga 1990, S. 120-132.

GÜNTHER, HANS: Die Verstaatlichung der Literatur. Entstehung und Funktionsweise des sozialistisch-realistischen Kanons der 30er Jahre, Stuttgart 1984.

Ders.: Die Lebensphasen eines Kanons - am Beispiel des sozialistischen Realismus, in: Assmann (Hgg.): Kanon und Zensur, S. 138-148.

Ders.: „Leben-Bauen", in: A. Flaker (Hg.): Glossarium der russischen Avantgarde, Wien 1989, S. 331-337.

Ders.: Totalitarnaja narodnost' i ee istočniki, in: GÜNTHER/ DOBRENKO: Socrealističeskij kanon.

GÜNTHER, HANS/DOBRENKO, EVGENIJ (Hgg.): Socrealističeskij kanon, SPb. Akademičeskij proekt 2000.

GUNDLACH, SVEN: Personažnyj avtor, in: LITERATURNOE A-JA (1985) 1, S. 76-77.

GUSEJNOV, ČINGIZ: Ėtot živoj fenomen: Sovetskaja mnogonacional'naja literatura včera i segodnja, M 1988.

GUSKI, ANDREAS: Literatur und Arbeit. Produktionsskizze und Produktionsroman im Rußland des 1. Fünfjahrplans (1928-1932), Wiesbaden 1995.

GUSSEJNOV, GASSAN: Die Sprachprobleme der sowjetischen Intelligenzija in den 20er und in den 90er Jahren des 20. Jahrhunderts, in: Cheauré: Jenseits des Kommunismus, S. 35-49.

Ders.: Materialien zu einem gesellschaftspolitischen Wörterbuch 1992-1993. Materialien und Texte, Bremen 1994.

HAACKE, WILMONT: Die literarisch-journalistischen Gattungen des Feuilletons, in: Ders.: Handbuch des Feuilletons, 3 Bde., o.O. 1951-53, Bd. 2, VIII, S. 243-246.

HABERMAS, JÜRGEN: Strukturwandel der Öffentlichkeit, Neuwied/Berlin 1962.

Ders.: Motive nachmetaphysischen Denkens, in: Ders.: Nachmetaphysisches Denken. Philosophische Aufsätze, Frankfurt 1988, S. 35-63.

HANKIN, ROBERT M.: Postwar Soviet Ideology and Literary Scholarship, in: E. Simmons (Hg.): Through the Glass of Soviet Literature, Columbia 1953, S. 244-290.

HANSEN-LÖVE, AAGE A.: Der russische Symbolismus. System und Entfaltung der poetischen Motive. 1. Band, Wien 1989

HASENKAMP, GÜNTHER: Gedächtnis und Leben in der Prosa Valentin Rasputins, Wiesbaden 1990.

HASSAN, IHAB: Postmoderne heute, in: W. Welsch (Hg.): Wege aus der Moderne, S. 47-56.

HELLER, LEONID: Restructuring Literary Memory in the USSR, in: SURVEY (1989) 30, S. 44-65.

Ders.: Socialističeskij realizm kak kul'turnaja paradigma, in: Schweizerische Beiträge zum XI. Internationalen Slavistenkongreß in Bratislava (September 1993), Bern/Berlin 1994, S.127-156.

HIELSCHER, KARLA: Von Marx zu Dostoevskij. Die Rolle F. M. Dostoevskijs in den aktuellen ideologischen Debatten in der Sowjetunion 1954-1983, Hagen 1987.

Dies.: Gegen die Gigantomanie der Bürokraten. Die Ökologie-Debatte in Literatur und Publizistik der Sowjetunion, in: DIE NEUE GESELLSCHAFT/FRANKFURTER HEFTE (1989) 9, S. 830-836.

Dies.: Auf der Suche nach Sündenböcken. Rechtsextremismus und Antisemitismus in der russischen Publizistik, in: DIE NEUE GESELLSCHAFT/FRANKFURTER HEFTE (1989) 11, S. 1011-1017.

Dies.: Glasnost bringt es an den Tag, in: Gorbatschows Reformen, Reihe „Politische Bildung" (1989) 1, Stuttgart 1989, S. 68-80.

Dies.: Verschwörung gegen das russische Volk? Nationalismus und Antisemitismus in Literatur und Publizistik der Perestrojka-Periode, in: E. Reißner (Hg.): Perestrojka und Literatur, Berlin 1990, S. 190-204.

Dies.: Geschichtsmythen der russischen „Neuen Rechten": der Eurasismus, in: C. Friedrich/B. Menzel (Hgg.): Osteuropa im Umbruch, S. 91-106.

HIERSCHE, ANTON/ KOWALSKI, EDWARD (Hgg.): Literaturtheorie und Literaturkritik in der frühsowjetischen Diskussion. Standorte, Programme, Schulen. Dokumente, Bern/Berlin 1990.

HIRT, GÜNTER/WONDers, SASCHA: Kulturpalast. Neue russische Poesie und Aktionskunst, Wuppertal 1984.

Dies. (Hgg.): Lianosowo. Bilder und Gedichte aus Moskau, Wuppertal 1992.

HOGAN, PATRICK COLM: The Politics of Interpretation. Ideology, Professionalism and the Study of Literature, Oxford 1990.

HOHENDAHL, PETER-UWE: Literaturkritik und Öffentlichkeit, München 1974.

Ders.: Vorüberlegungen zu einer Geschichte der Literaturkritik, in: J. Drews (Hg): Literaturkritik - Medienkritik, Heidelberg 1977, S. 68-84.

Ders.: Einleitung zu: Literaturkritik. Textdokumentation zur Geschichte einer literarischen Gattung, Bd. 1, Vaduz 1984, S. 4-50.

Ders.: Einleitung in: P.-U. Hohendahl (Hg.): Geschichte der deutschen Literatur-kritik (1730-1980), Stuttgart 1985, S. 1-9.

HOLTHUSEN, JOHANNES: Studien zur Ästhetik und Poetik des russischen Symbolismus, Göttingen 1957.

HOSKING, GEOFFREY: The Institutionalization of Soviet Literature, in: G. Hosking/ G. F. Cushing (Hgg.): Perspectives on Literature and Society in Eastern and Western Europe, Basingstoke 1989, S. 55-76.

HÜBNER, PETER: Aspekte der sowjetischen Zensur, in: OE(1972) 1, S. 2-24.

HÜGEL, HANS OTTO: Unterhaltungsliteratur, in: H. Brackert/J. Stückrath (Hgg.): Literaturwissenschaft. Ein Grundkurs, Reinbek 1992,S. 280-296.

HÜLLEN, CHRISTOPH: Der Tod im Werk Vladimir Nabokovs „Terra Inkogni-to", München 1990, S. 9-76.

Ders.: Zwischen zwei Ufern: Vladimir Nabokov in der Sowjetunion (1986-1988), in: E. Reissner (Hg.): Perestrojka und Literatur, Berlin 1990, S. 205-221.

IRLENKÄUSER, OLAF: Die russischen Literaturzeitschriften seit 1985. Konti-nuität und Neubeginn, München 1994.

IVANOV, I.: Istorija russkoj kritiki, 2 Bde, St. Petersburg 1900.

IVBULIS, V. JA.: Modernizm i postmodernizm: idejno-ėstetičeskie poiski na za-pade, in: ZNANIE No. 12, M 1988.

Ders.: Ot modernizma k postmodernizmu, in: VL (1989) 9, S. 256-261.

JAKOBSON, MICHAIL: Cenzura chudožestvennoj literatury v SSSR, in: STRELEC (1984) 5, S. 42-47 (zuerst in: USSR. Facts and figures).

KAFKA, FRANZ [Franc]: Roman. Novelly, pritčy, M 1965.

KASACK, WOLFGANG: Lexikon der russischen Literatur des 20. Jahrhunderts. Vom Beginn des Jahrhunderts bis zum Ende der Sowjetära, 2. neu bearb. u. erw. Aufl, München 1992.

KASPER, KARLHEINZ: Zur Frage der literaturgeschichtlichen Stellung der „an-deren Prosa Rußlands", in: ZFSL 38 (1993) 1, S. 70-78.

Ders.: Oběriutische und postmoderne Schreibverfahren: Zu den Relationen von Prätext bei Vaginov und Sorokin, in: ZFSL 40 (1995) 1, S. 23-30.

KELLY, CATRIONA/SHEPHERD, DAVID: Constructing Russian Culture in the Age of Revolution 1881-1940, Oxford 1998.

KIELY, TIMOTHY J.: The Professionalization of Russian Literature. A Case Study of O. Senkovskij, V. Odoevskij et al., Ann Arbor 1998.

KLINE, GEORGE L.: Philosophy, Ideology, and Policy in the Soviet Union, in: THE REVIEW OF POLITICS 26 (1964) 2, S. 174-190.

KNEIP, HEINZ: Regulative Prinzipien und formulierte Poetik des sozialistischen Realismus. Untersuchungen zur Literaturkonzeption in der Sowjetunion und Polen (1945-1956), Frankfurt 1995.

KNIGA I ČTENIE V ZERKALE SOCIOLOGII, 2 Bde, M 1990.

KNIGA V SOCIALISTIČESKOM OBŠČESTVE. Sbornik naučnych trudov, 2 Bde., Tallinn 1985.

KNIGA, ČTENIE, BIBLIOTEKA. Zarubežnye issledovanija po sociologii literatury. Annotirovannyj bibliografičeskij ukazatel' za 1940-1980gg., M 1982.

KOŚNY, WITOLD: A. S. Griboedov. Poet und Minister, Berlin 1985.

KOEPNICK, T.: The journalistic careers of F. V. Bulgarin and N. I. Grech: Publicism and politics in Tsarist Russia, 1812-1859, Ann Arbor 1976.

KÖHLER, JOACHIM: Literaturkritik in „Novyj mir" von 1945 bis 1956, Bonn 1975.

KOŁAKOWSKI, LESZEK: Der Mensch ohne Alternative. Von der Möglichkeit und Unmöglichkeit, Marxist zu sein, München 1960, S. 7-39.

KOLCHEVSKA, N.: „Novyj Lef", Ann Arbor 1981.

KONDAKOV, I. K.: Razdvoenie edinogo (Dve linii v razvitii russkoj kul'tury), in: VL (1991) 7, S. 38-83.

Ders.: Pokušenie na literaturu (O bor'be „literaturnoj kritiki" s literaturoj v russkoj kul'ture), in: VL (1992) 2, S. 75-127.

Ders.: Pered strašnym vyborom (Kul'turno-istoričeskij genezis russkoj revoljucii), in: VL (1993) 6, S. 72-121.

Ders.: „Populjarizator otricatel'nych doktrin". („Fenomen Pisareva" i ėstetika russkogo radikalizma, in: VL (1995) 5, S. 171-210.

Ders.(Hg.): D. I. Pisarev. Issledovanija i materialy, M 1995.

KOŽEVNIKOVA, V. M./NKOLAEVA, P. A.: Literaturnyj ėndiklopedičeskij slovar', M 1987.

KRETZSCHMAR, DIRK: Sowjetische Alltagsliteratur und ihre Rezeption durch die Literaturkritik. Dargestellt anhand ausgewählter Werke der sechziger und siebziger Jahre, Bochum 1988.

Ders.: Die sowjetische Kulturpolitik 1970-1985. Von der verwalteten zur selbstverwalteten Kultur, Bochum 1993.

KRUPIČ, V. C.: Vstupitel'naja stat'ja, in: A. GRIGOR'EV: Kritika, Villanova 1970, S. VII-XXXV.

KÜPPERS, BERNHARD: Die Theorie vom Typischen in der Literatur. Ihre Ausprägung in der russischen Literaturkritik und in der sowjetischen Literaturwissenschaft, München 1966.

KÜPPERS, STEPHAN: Zum Werk Lev Rubinštejns, in: ZFSL 40 (1995) 4, S. 434-450.

KULEŠOV, VASILIJ I.: Istorija russkoj kritiki XVIII, XIV vv. 2. izd., M.1978.

KUPRIJANOVSKIJ, P. V.: Volynskij - Kritik, in: Tvorčestvo pisatelja i literaturnyj process, Ivanovo 1978.

LAERMANN, KLAUS: Lacancan und Derridada. Über die Frankolatrie in den Kulturwissenschaften, in: KURSBUCH 84 (1986), S. 34-43.

LAHUSEN, THOMAS: Socialist Realism Revisited, in: ATLANTIC QUARTERLY 90 (1991) 1, S. 87-107.

Ders.: How Life Writes the Book. Real Socialism and Socialist Realism in Stalin's Russia, Ithaka/London 1997.

LAZARI, ANDRZEJ: „Poczwiennictwo". Z badań nad historia idei w Rosji, Łodz 1988.

Ders.: Kategorija narodnosti u Dostoevskogo i v éstetike socrealizma, in: RUSSKAJA MYSL' 18.8.1989.

LEHMANN, JÜRGEN: Der Einfluß der Philosophie des deutschen Idealismus in der russischen Literaturkritik des 19. Jahrhunderts. Die „organische Kritik" Apollon Grigor'evs, Heidelberg 1975.

LEHNERT, KLAUS-JÜRGEN: „Pereverzevščina"/"Vul'garnyj sociologizm", in: GÜNTHER/DOBRENKO: Socrealističeskij kanon.

LEITNER, ANDREAS: Andrej Bitovs „Puschkinhaus" als postmoderner Roman, in: WSA (1988) 22, S. 213-226.

LENIN, VLADIMIR I.: L. N. Tolstoj i sovremennoe rabočee dviženie, in: Lenin o kul'ture, S. 96-98.

Ders.: L. N. Tolstoj, in: Lenin o kul'ture, S. 91-95.

Ders.: Lev Tolstoj kak zerkalo russkoj revoljucii, in: Lenin o kul'ture i iskusstve, M 1956, S. 73-77.

Ders.: Tolstoj i proletarskaja bor'ba, in: Lenin o kul'ture, S. 99f.

LEPSIUS, M. R.: „Generation", in: M. Greiffenhagen/S. Greiffenhagen/R. Prätorius (Hgg.): Handwörterbuch zur politischen Kultur der Bundesrepublik Deutschland, Köln 1981, S. 172-175.

LERMONTOVSKAJA ÉNCIKLOPEDIJA, pod. red. V. A. Manujlova u.a., M 1981.

LEVINSON, A. G. : Analiz nekotorych koncepcij massovogo kul'turnogo obsluživanija v zarubežnoj sociologii, in: Metodologičeskie problemy teoretiko-prikladnych issledovanij kul'tury. Sbornik naučnych trudov, M 1988, S. 260-273.

LICHAČEV, D. S./PANČENKO, A.M.: „Smechovoj mir" v Drevnej Rusi, L 1976.

LICHAČEV, DMITRIJ: Drevneslavjanskie literatury kak sistema, in: Slavjanskie literatury. VI meždunarodnyj s-ezd slavistov (Praga 1968), M 1968, S. 5-48.

LOSEV [LOSEFF], LEV: On the beneficience of censorship, München 1984.

LYOTARD, JEAN-FRANÇOIS: Das postmoderne Wissen. Ein Bericht, Graz u.a. 1986.

Ders.: Nachwort. Ein Denkmal des Marxismus, in: Ders.: Streifzüge. Gesetz, Form, Ereignis, Wien 1989, S. 89-137.

MAGUIRE, ROBERT: Red Virgin Soil, Princeton 1968.

Ders.: The Decline of the Thick Journal, in: Ders.: Red Virgin Soil. Princeton 1968, S. 364-417.

MAJAKOVSKIJ, VLADIMIR: PSS v 13 tt., M 1955-1961.

MANNHEIM, KARL: Das Problem der Generationen (1928), in: Ders.: Wissenssoziologie, Neuwied/Berlin 1964, S. 23-43.

MARKER, GARY: The creation of journals and the profession of letters in the eighteenth century, in: D. A. Martinsen: Literary Journals, S. 11-33.

MARKOVA, O. V.: Literaturnyj portret kak vid „pisatel'skoj kritiki", in: Chudožestvennoe tvorčestvo i literaturnyj process, vyp. VIII, Tomsk 1988, S. 210-224.

MARKSTEIN, ELISABETH: Der geistesgeschichtliche Kontext der russischen literarischen Postmoderne, in: OE (1993) 10, S. 957-964.

MARTINSEN, DEBORAH A. (Hg.): Literary Journals in Imperial Russia, Cambridge/Mass. 1997.

MASTERA RUSSKOGO STICHOTVORNOGO PEREVODA, Bd. 1. Vstupitel'naja stat'ja, podgotovka teksta i primečanija E. G. Ėtkinda, L 1968.

MECKLENBURG, NORBERT: Kritisches Interpretieren. Untersuchungen zur Theorie der Literaturkritik, München 1972.

MEIER, ARTUR: Abschied von der sozialistischen Ständegesellschaft, in: AUS POLITIK UND ZEITGESCHICHTE (1990) B 16-17,S. 3-14.

MENKE-EGGERS, CHRISTOPH: „Deconstruction and Criticism" - Zweideutigkeiten eines Programms, in: W. Barner : Literaturkritik, S. 351-366.

MENZEL, BIRGIT: Streitkultur oder „literarischer Bürgerkrieg"? Der sowjetische Literaturbetrieb und die Perestrojka, in: OE (1990) 7, S. 606-620.

Dies.: V.V. Majakovskij und seine Rezeption in der Sowjetunion 1930-1954, Berlin 1992.

Dies.: Entmythisierung in der russischen Literatur am Beispiel von A. I. Solschenizyn, in: Friedrich/Menzel: Osteuropa im Umbruch, S. 109-124.

Dies.: Krise der Aufklärer und Neue Solisten. Russische Literaturzeitschriften 1993-94, in: WSA 35 (1995), S. 341-362.

MERKER, PAUL/STAMMLER, WOLFGANG: Reallexikon der deutschen Literaturgeschichte, 2. Aufl., 4 Bde., Berlin 1958-1984.

METČENKO, A.: Sovremennoe i večnoe (K sporam o narodnosti, in: MO (1969) 1, S. 198-211.

METZLERS LITERATUR-LEXIKON, hg. von G. u. I. Schweikle, Stuttgart 1990.

MICHEL, LUTZ P.: Die „Literaturnaja gazeta" A. Del'vigs (1830-1831), Studien zur russischen Publizistik unter besonderer Berücksichtigung der Literaturkritik, Münster 1982.

MIFY NARODOV MIRA, pod red. S.A. Tokareva, 2 Bde, M 1987-1988.

MILLER, T.: „Novyj mir" in 1925-1934. A Study in Early Soviet Literature and Journalism, (Diss.) Ann Arbor 1976.

MIRSKIJ, DMITRIJ S.: Geschichte der russischen Literatur, München 1964 (zuerst New York 1926).

Ders.: Stichwort „Kritischer Realismus", in: LITERATURNAJA ĖNCIKLOPEDIJA, M 1935, Sp. 548-575.

MITROFANOVA, A.: Fenomen massovoj kul' tury, in: LABIRINT-ĖKSCENTR NO. 1 , M 1991, S. 21-23.

MOELLER-SALLY, STEPHEN: Klassičeskoe nasledie v ėpochu socialističeskogo realizma, ili pochoždenija Gogolja v strane sovetov, in: GÜNTHER/ DOBRENKO (Hgg.): Socrealističeskij kanon.

MOMMSEN, MARGARETA: Wohin treibt Rußland? Eine Großmacht zwischen Anarchie und Demokratie, München 1996.

MONDRY, HENRIETTA: The Evaluation of ideological trends in recent soviet literary scholarship, München 1990.

Dies.: Nineteenth Century Russian Literature in Today's Ideological Debates: A Quest for National Identity in Soviet Literary Criticism, Berichte des Bundesinstituts für ostwissenschaftliche und internationale Studien 9, Köln 1991.

Dies.: O „literaturnosti" polemiki v kritike perioda glasnosti i postglasnosti, in: VL (1994) 4, S. 102-119.

Dies.: Literary Criticism in Russia Today: The Last Days of Ideology or its Flourishing? Ms. eines Vortrags auf dem V. Weltkongreß des CCEES in Warschau August 1995.

MONTAIGNE, MICHEL DE : Essais, in: Ders.: Oeuvres Complètes, Paris 1967, S. 17-450.

MORDOVČENKO, NIKOLAJ I.: Russkaja kritika v pervoj četverti 19-go veka, M 1959.

MUKAŘOVSKY, JAN: Ästhetische Funktion, Norm und ästhetischer Wert als soziale Fakten, in: Ders.: Kapitel aus der Ästhetik, Frankfurt 1970, S. 7-112.

MURAŠOV, JURIJ: Die ästhetische Entgrenzung des Begriffs, in: ZFSL 37 (1992) 2, S. 184-196.

Ders.: Jenseits der Mimesis. Russische Literaturheorie im 18. und 19. Jahrhundert von M. V. Lomonosov zu V. G. Belinskij, München 1993.

MURAV'EV, V. S.: Stichwort „Massovaja literatura", in: KLĖ, Ergänzungsband 10, Sp.518-520, M 1978.

MUROMSKIJ, V. P. : Russkaja sovetskaja literaturnaja kritika (Voprosy istorii, teorii, metodologii), L 1985.

NADTOČIJ, ÉDUARD: Druk, tovarišč i Bart. Neskol'ko predvaritel'nych zamečanij k voprošČeniju o meste socialističeskogo realizma v iskusstve XX veka, in: DAUGAVA (1989) 8, S. 115-121.

NOSOV, SERGEJ: Apollon Grigor'ev, M 1990.

NOVAJA PERIODIKA I SAMIZDAT na territorii Sovetskogo sojuza 1987-1991, zusammengestellt und bearbeitet von E. Schemkova, Forschungsstelle Osteuropa Bremen, Bremen 1992.

NOVYE TENDENCII V RAZVITII SOVETSKOJ LITERATURY I KRITIKI. Sbornik obzorov, M 1989.

NUSSER, PETER: Trivialliteratur, Stuttgart 1991.

O LITERATURNOM FONDE sojuza SSR. Svod zakonov SSSR, Bd. 3 II., M 1987.

OČERKI PO ISTORII RUSSKOJ ŽURNALISTIKI I KRITIKI. T 1, XVIII- pervoj pol. XIXv., L 1950.

OFFE, CLAUS: Das Dilemma der Gleichzeitigkeit. Demokratisierung und Marktwirtschaft in Osteuropa, in: MERKUR (1991) 4, S. 279-292.

OPITZ, ROLAND: „Novyj mir" in den 1930er Jahren, in: ZFSL 36 (1991) 2, S. 207-219.

PANČENKO, ALEKSANDR M.: Russkaja kul'tura v kanun Petrovskich reform, L 1984.

PANKEEV, NIKOLAJ: Neizvestnoe pokolenie? M 1990.

PAPERNO, IRINA: Chernyshevsky and the Age of Realism, Stanford 1988.

PAPERNYJ, VLADIMIR: Kul'tura Dva, Ann Arbor 1985/M 1996.

PARCHOMENKO, M. N.: Aktual'nye problemy tipologii socialističeskogo realizma, in: Socialističeskij realizm segodnja, S. 153-180.

PERCOV, VIKTOR: Lico tolstogo žurnala, in: NOVYJ LEF (1927) 3, S. 26-36.

PERKOWSKI, JAN P. : The Darkling: A Treatise on Slavic Vampirism, Columbus 1989.

PETERS, JOCHEN-ULRICH: Réalisme sans rivages, in: ZSLPH XXXVII (1974), S. 291-324.

PETROVA, M.G./CHOROS, V. G.: Dialog o Michajlovskom, in: N. K. Michajlovskij: Literaturnaja kritika, S. 6-47.

PITTMANN, RITA: Perestroika and Soviet Cultural Politics. The Case of the Major Literary Journals, in: SOVIET STUDies 42 (1990) 1, S.111-132.

POGACAR, TIMOTHY: „Junost'", Kansas 1985.

POMERANCEVA, É.: Ballada i žestokij romans, in: RUSSKIJ FOL'KLOR, Bd. 14, L 1974, S. 203-209.

POZEFSKY, PETER C.: Dmitrii Pisarev and the nihilistic imagination. Social and psychological sources of Russian radicalism (1860-1868), Ann Arbor 1993.

PRIGOV, DMITRIJ: Selected Bibliographie, ed. Mary A. Nicholas, in: RUSSIAN LITERATURE XXXIX-I (1996) 1, S. 35-38.

PROCTOR, THEWALL: Dostoevskij and the Belinskij school of literary criticism, Mouton 1969.

PROZOROV, VLADIMIR V.: Utočnenie pozicii. Istorija i teorija literaturnoj kritiki v sisteme filologičeskich nauk, in: Russkaja literaturnaja kritika, Saratov 1988.

Ders.: Predmet istorii literaturnoj kritiki (K postanovke voprosa), in: FILOLO-GIČESKIE NAUKI (1992) 3, S. 22-29.

PUŠKIN, ALEKSANDR S.: PSS v 10 tt, M 1962-1965.

PYATIGORSKY, ALEKSANDR: Philosophy or Literary Criticism, in: Russian Literature and Criticism, Berkeley 1982, S. 235-244.

RABINOWITZ, STANLEY J.: A Room of His Own: The Life and Work of Akim Volynskii, in: RUSSIAN REVIEW 50 (1991) 3, S. 289-309.

RADDATZ, FRITZ: Marxismus und Literatur. Eine Dokumentation, 3 Bde, Reinbek 1969.

RANDALL, FRANCIS B.: V. Belinsky, Newtonville 1987.

REJTBLAT, ABRAM I.: Tolstyj žurnal i ego publika, in: Ders.: Ot Bovy k Bal'montu, M 1991, S. 32-47.

Ders.(Hg.): Čtenie v dorevoljucionnoj Rossii. Sbornik naučnych trudov, M 1992.

Ders.(Hg): Čtenie v dorevoljucionnoj Rossii. Sbornik naučnych trudov, M 1995.

RENNER, ROLF-GÜNTHER: Die postmoderne Konstellation, Freiburg 1988.

REVJAKINA, A. A. : Formirovanie novogo myšlenija: Sovetskaja literatura i kritika v kontekste sovremennoj obščestvennoj situacii, in: Novye tendencii v razvitii sovetskoj literatury i literaturnoj kritiki. Sbornik obzorov, M 1989, S. 5-35.

RICHARDS, D. J./COCKRELL, C. R.: Russian Views on Pushkin, Oxford 1979.

RIPPL, DANIELA: Žiznetvorčestvo oder die Vor-Schrift des Textes. Geschlechterethik und Geschlechtsästhetik in der russischen Moderne, München 1999.

ROGOVIN, V. Z.: Stichwort „Literaturnaja kritika", in: KLĖ, Bd. 4, M 1967, Sp. 254-268.

Ders.: Stichwort „Literaturnye diskussii", in: KLĖ, Ergänzungsbd. 9, M 1978, Sp. 441-472.

ROGOVIN-FRANKEL, EDITH B.: „Novyj mir". A Case study in the Politics of Literature, 1952-58, Cambridge 1981.

ROHNER, LUDWIG: Der deutsche Essay, Neuwied/Berlin 1966.

ROLLBERG, PETER: Proza 'sorokoletnich' - izobretenie kritiki ili javlenie literaturnogo processa? in: ZFSL 35 (1990) 3, S. 388-394.

ROTH, KLAUS: Populare Lesestoffe in Südosteuropa, in: Ders. (Hg.): Südosteuropäische Popularliteratur im 19. und 20. Jahrhundert, München 1993, S. 11-32.

ROTHE, HANS (Hg.): Russkaja mysl' 1905-1918, Gießen 1977.

RÜHL, PETER G.: Aspekte der sowjetischen Kulturpolitik seit 1972, in: OE (1986) 3, S. 198-208.

RUSSKAJA LITERATURNAJA KRITIKA. Istoričeskie i teoretičeskie podchody. Mežvuzovskij sbornik naučnych trudov, Saratov 1991.

RUSSKAJA SOVETSKAJA LITERATURA v 10-om klasse. Učebnoe posobie, M 1987.

RUSSKIE PISATELI 1800-1917. BIOGRAFIČESKIJ SLOVAR', M 1989-1999ff.

RUSSKIJ ĖROS ili filosofija ljubvi v Rossii, sost. V. P. Šestakova, M 1991.

RYKLIN, MICHAIL: Russisches Roulette. Dostojewskijs Spieler und die Instanz der Bank, in: LETTRE (1995) 30, S. 72-77.

RYSKIN, JU. D. (Hg.): Sovetskoe literaturovedenie i kritika, teorija literatury. Bibliografičeskij ukazatel', 4 Bde., M 1989.

ŠAGINJAN, ROBERT: Priroda kritiki v svete specifiki ee predmeta. Problemy metodiki, Taškent 1986.

SAINTSBURY, GEORGE: A History of Criticism and Literary Taste, 3 Bde, Edinburgh/London 1969.

SANDLER, STEPHANIE: Sex, Death and Nation in the 'Strolls with Pushkin'-Controversy, in: SLAVIC REVIEW 51 (1992),2, S. 294-308.

ŠASTINA, T.P.: Žurnal „Ežemesjačnye sočinenija" i problema pisatelja, in: RL (1987) 3, S. 131-140.

SCHAHADAT, SCHAMMA (Hg.): Lebenskunst-Kunstleben. Žiznetvorčestvo v russkoj kul'ture XVIII-XXvv, München 1998.

SCHEFOLD, DIAN: Meinungsfreiheit, Zensur und Meinungslenkung, in: H. Brackert/J. Stückrath: Literaturwissenschaft. Ein Grundkurs, Reinbek 1992, S. 439-52.

SCHLÖGEL, KARL: Vasilij V. Rozanov. Der präfaschistische Moderne, in: Ders.: Jenseits des Großen Oktober. Das Laboratorium der Moderne. Petersburg 1909-1921, Berlin 1988, S. 125-156.

Ders.: Russische Wegzeichen, in: Ders. (Hg.): Wegzeichen. Zur Krise der russischen Intelligenz, Frankfurt/M. 1990,S. 5-44.

SCHMID, HERTA: Postmodernizm in Russian Drama: Vampilov, Amalrik, Aksenov, in: Approaching Postmodernism, ed. Fokkema/ Bertens, Amsterdam/Philadelphia 1986, S. 157-184.

SCHMID, WOLF: Pukšins Prosa in poetischer Lektüre, München 1991.

SCHMIDT, SIEGFRIED J.: Die Selbstorganisation des Sozialsystems Literatur im 18. Jahrhundert, Frankfurt 1989.

Ders.: Grundriß der empirischen Literaturwissenschaft,Frankfurt 1991.

Ders.: Diskurs und Literatursystem, in: Fohrmann/Müller: Diskurstheorien, S. 134-158.

SCHMIDT, S. J./VORDERER, P.: Kanonisierung in Mediengesellschaften, in: A. Poltermann (Hg.): Literaturkanon-Medienereignis-kultureller Text, Berlin 1995, S. 144-159.

SCHÖTTLER, PETER: Sozialgeschichtliches Paradigma und historische Diskursanalyse, in: Fohrmann/Müller : Diskurstheorien, S. 159-200.

SCHÜTZE, J. C.: Aporien der Literaturkritik - Aspekte der postmodernen Theoriebildung, in: A. Huyssen/K. Scherpe (Hgg.): Postmoderne. Zeichen eines kulturellen Wandels, Reinbek 1986,S. 196-218.

SEEMANN, KLAUS DIETER: Zur Begriffsgeschichte von „Beschönigung" und „Lackierung der Wirklichkeit", in: Aus 30 Jahren Osteuropa-Forschung. Festschrift für G. Kennert, Berlin 1984, S. 217-232.

Ders.: Der Neologismus 'samovyraženie', ('Lyrischer Selbstausdruck'), in: U. Hinrichs/ H. Jachnow/ R. Lauer/ G. Schubert (Hgg.): Sprache in der Slavia und auf dem Balkan. Slavistische und balkanologische Aufsätze. Festschrift für N. Reiter zum 65. Geburtstag, Wiesbaden 1993, S. 247-258.

SERGEEV, V. V.: Nekotorye voprosy gnoseologii russkogo simvolizma, in: Romantizm v chudožestvennoj literature, M 1972, S. 90-108.

SHLAPENTOKH, VLADIMIR: Soviet Intellectuals and Political Power. The Post Stalin Era, Princeton 1990.

SHNEIDMAN, NORMAN N.: Soviet Literature in the 80s. Decade of Transition, Toronto 1989.

Ders.: Russian Literature 1988-1994. The End of an Era, Toronto 1995.

SHUKMAN, ANN: Taboos, Splits and Signifiers: Limonov's Eto ya - Edichka, in: ESSAYS IN POETICS 7-8 (1982/83) 2, S. 1-15.

SHULAK, HELEN S.: Aleksander Druzhinin an his place in Russian criticism, Berkeley 1967.

ŠKLOVSKIJ, VLADIMIR B.: Fel'eton kak literaturnaja forma, in: ŽURNALIST (1926) 5, S. 30-34.

Ders.: Fel'eton i ėsse, in: Fel'eton. Sbornik statej, pod red. Ju. Tynjanova/V. Kazanskogo, L 1925, S. 72-79.

SŁAWIŃSKI, JANUSZ: Funktionen der Literaturkritik, in: Ders.: Literatur als System und Prozeß, München 1975, S. 40-64.

SMIRNOV, IGOR': Zur Geschichte der Nachgeschichte. Zur russisch-sprachigen Prosa der Postmoderne, in: M. Titzmann (Hg.): Modelle des literarischen Strukturwandels, Tübingen 1991, S. 205-219.

SOCIALISTIČESKIJ REALIZM SEGODNJA. Problemy i suždenija. Sost. E. Sidorov/A. Jakimenko, M 1977.

SOMOV, OREST: O romantičeskoj poėzii (1823), in: Russkie ėstetičeskie traktaty pervoj treti XIX veka, Bd. 2, M 1974, S. 545-561.

SOVREMENNAJA ZAPADNAJA FILOSOFIJA, hg. von V. S. Malachov/V. P. Filatov, M 1991; 2. erw. überarb. Aufl., M 1998.

SOVREMENNYE PROBLEMY REALIZMA I MODERNIZMA, M 1965.

SPECHLER, DIANE R.: Permitted Dissent in the USSR. Novy mir and the Soviet Regime, New York 1982.

SPENGLER, UTE: D. S. Merežkovskij als Literaturkritiker. Versuch einer religiösen Begründung der Kunst, Frankfurt 1972.

STACY, R. H.: Russian Literary Criticism. A Short History, Syracuse/ N.Y. 1974.

STÄDTKE, KLAUS: Ästhetisches Denken in Rußland. Kultursituation und Literaturkritik, Berlin 1978.

ŠTEINGOL'D, ANNA: Dialogičeskaja priroda literaturnoj kritiki, in: RL(1988) 1, S. 60-78.

Dies.: Vlast' momenta v literaturnoj kritike, in: RL (1992) 1, S. 69-84.

STEL' MACH, VALERIJA: Čtenie pod cenzury, unveröff. Ms. eines Vortrags auf dem V. Weltkongreß des CCEES in Warschau August 1995.

STEPHAN, HALINA: „Lef" and the Left Front of the Art", München 1981.

STRIEDTER, JURIJ: Transparenz und Verfremdung. Zur Theorie des poetischen Bildes in der russischen Moderne, in: W. Iser (Hg.): Immanente Ästhetik. Ästhetische Reflexion. Lyrik als Paradigma der Moderne, München 1966, S. 263-296.

Ders.: Zum Verhältnis von tschechischem Strukturalismus zu russischem Formalismus, in: F. VODIČKA: Die Struktur der literarischen Entwicklung, S. VII-CIII (auch in: Rezeptionsästhetik und Literaturgeschichte, Zagreb 1977, S. 107-151).

TERRAS, VICTOR: Belinski and Russian Literary Criticism. The Heritage of Organic Aesthetics, Wisconsin 1974.

Ders.: Handbook of Russian Literature, New Haven/ London 1985.

THEIMER-NEPOMNYASHCHY, CATHERINE: Abram Tertz and the Poetics of Crime, Yale UP 1995.

THUMIN, DONALD A.: In the Spirit of the Government. Faddei Bulgarin and the Formation of the „Middle Class" in Russia, 1789-1859, Cambridge/Mass. 1995

THUN, FRANZISKA: Re-Produktion oder Neusetzung? Zum Kulturverständnis der „Šestidesjatniki", in: Ebert: Kulturauffassungen, S. 159-172.

TODD, WILLIAM M. (Heg.): Literature and Society in Imperial Russia 1800-1914, Stanford 1978.

Ders.: Fiction and Society in the Age of Pushkin. Ideology, Institutions, and Narrative, Cambridge/London 1986.

Ders.: Periodicals in literary life of the early nineteenth century, in: Martinsen: Literary journals, S. 37-63.

TOLSTOJ, LEV N.: Čto takoe iskusstvo (1897-1898), in: Ders.: PSS, Bd. 30, M 1951, S. 27-203.

TOMAŠEVSKIJ, BORIS: Puškin. Sovremennye problemy istoriko-literaturnogo izučenija, L 1925.

TOTALITARIZM KAK ISTORIČESKIJ FENOMEN, M 1989.

TRÄGER, CLAUS: Wörterbuch der Literaturwissenschaft, Leipzig 1986.

TRAUTMANN, LJUBA: Rußland zwischen Diktatur und Demokratie. Die Krise der Reformpolitik seit 1993, Baden-Baden 1995.

TREPPER, HARTMUTE: Die „Freiheit des Wortes": Nach dem Pressegesetz. Arbeitspapiere und Materialien der Forschungsstelle Osteuropa Bremen, No. 1, Bremen 1991, S. 3-23.

Dies.: Rückblick: Die Auseinandersetzung um die Zeitschrift „Novyj mir" und ihren Chefredakteur A. Tvardovskij, in: Arbeitspapiere und Materialien der Forschungsstelle Osteuropa, No. 1, Bremen 1991, S. 24-46.

Dies.: Massenmedien in Rußland (Januar 1992-April 1993), Arbeitspapiere und Materialien der Forschungsstelle Osteuropa Bremen, No. 6, Bremen 1993.

Dies.: Kultur und Markt 1992/1993 in Rußland. Anatomie eines Diskurses, Arbeitspapiere und Materialien der Forschungsstelle Osteuropa Bremen, No. 9, Bremen 1994.

Dies.: Kultur und „Markt", in: Forschungsstelle Osteuropa (Hg.): Russland, S. 105-133.

Dies.: Kulturbetrieb, in: Forschungsstelle Osteuropa (Hg.): Kultur im Umbruch, S. 155-197.

TSCHÖPL, CARIN: Die sowjetische Lyrik-Diskussion (O. Berggol'c' Leningrader Blockade-Dichtung als Paradigma), München 1988.

TSCHOUBOUKOV-PIANCA, FLORENCE: Die Konzeptualisierung der Graphomanie in der russischsprachigen postmodernen Literatur, München 1995, S. 46-48.

UTECHIN, S. V.: Geschichte der politischen Ideen in Rußland, Stuttgart 1966.

VACURO, VADIM É./GILLEL'SON, MAKSIM I.: Skvoz' „umstvennye plotiny". Očerki o knigach i presse puškinskoj pory, M 1986.

VAJL', PETR/GENIS, ALEKSANDR: 60-e. Mir sovetskogo čeloveka, Ann Arbor 1988.

VAJMAN, S. T.: „K serdcu serdcem..." (Ob „organičeskoj kritike" Apollona Grigor'eva), in: VL (1988) 2, S. 150-181.

VAN DER ZWEERDE, EVERT: Soviet Philosophy - the Ideology and the Hand-maid. A Historical and Critical Analysis of Soviet Philosophy with a Case-Study into Soviet History of Philosophy, Nijmegen 1994.

VAN REES, CEES J.: The Institutional Foundation of a Critic's Connoisseurship, in: POETICS (1989) 18, S. 179-198.

VAN REIJEN, W. : Post-scriptum, in: D. Kamper/W. van Reijen (Hgg.): Die unvollendete Vernunft, Frankfurt 1987, S. 9-37.

VEIT, BIRGIT: Puschkin - ein Nationalheiligtum, Ms. einer Rundfunksendung im Deutschland Radio am 27.10.1994.

VERESAEV, V. V.: Puškin v žizni, 2 Bde., M 1926 (Reprint Mouton 1969).

VJAZEMSKIJ, PETR: Brief vom 22.11.1819 an A. Turgenev, in: Ostaf'evskij archiv knjazej Vjazemskich, t.1, 1829, S. 357, zit. bei M. K. Azadovskij: Istorija russkoj fol'kloristiki, M 1958.

VODIČKA, FELIX: Die Literaturgeschichte, ihre Probleme und Aufgaben, in: Ders.: Die Struktur der literarischen Entwicklung, München 1976, S. 30-87.

VON HEYDEBRAND, RENATE: Probleme des „Kanons"- Probleme der Kultur- und Bildungspolitik, in: KULTUR IM WANDEL (1993) 4, S. 3-22.

VON STEINSHOFF, SYLVIA: Rußland auf dem Weg zur Meinungsfreiheit. Die Pluralisierung der russischen Presse zwischen 1985 und 1993. Münster, Hamburg 1994, S. 220-282.

VOROB'EV, V. F.: O prirode literaturnoj kritiki, in: RL (1978) 4, S. 92-105.

VORONKOV, VIKTOR: Die Protestbewegung der „Sechziger"-Generation. Der Widerstand gegen das sowjetische Regime 1956-1985, in: OE (1993) 10, S. 938-956.

VOZNIKNOVENIE russkoj nauki o literature, M 1975.

WALICKI, ANDRZEJ: The Slavophile Controversy. History of a Conservative Utopia in Nineteenth-Century Russian Thought, Oxford 1975.

WEBER, HANS-DIETER: Über eine Theorie der Literaturkritik. Die falsche und die berechtigte Funktion der Frühromantik, München 1971.

WEBER, SAMUEL: 'Postmoderne' und 'Poststrukturalismus'. Versuch eine Umgebung zu benennen, in: ÄSTHETIK & KOMMUNIKATION 63 (1986), S. 105-111.

WEHNER, MARKUS: Auf der Suche nach „Wahrheit"? Zum polemischen Streit sowjetischer Historiker und Publizisten über die 1920er Jahre und die Ursprünge des Stalinismus, in: OE (1990) 12, S. 1129-1144.

WEISS, DANIEL: Was ist neu am „Newspeak"? Reflexionen zur Sprache der Politik in der Sowjetunion, in: Slavistische Beiträge zur Linguistik (Konstanz XI. 1985), München 1986, S. 247-325.

WELLEK, RENÉ: A History of Literary Criticism, 1750-1950, New Haven/ London 1966; dt.: Geschichte der Literaturkritik (4 Bde), Berlin 1959-1960.

Ders.: The essential characteristics of Russian literary criticism, in: COMPARATIVE LITERATURE STUDies (1992) 19, S. 115-140.

WELSCH, WOLFGANG: Heterogenität, Widerstreit und Vernunft. Zu Lyotards philosophischer Konzeption von Postmoderne, in: PHILOSOPHISCHE RUNDSCHAU 34 (1987) 3, S. 161-218.

Ders.: Unsere postmoderne Moderne, Weinheim 1987.

Ders.: „Postmoderne". Genealogie und Bedeutung eines umstrittenen Begriffs, in: P. Kemper (Hg.): Postmoderne oder der Kampf um die Zukunft, Frankfurt 1988, S. 9-36.

Ders.: Rückblickend auf einen Streit, der ein Widerstreit bleibt. Noch einmal: Moderne versus Postmoderne, in: INITIAL (1991) 4, S. 341-351.

WERBER, NIELS: Literatur als System. Zur Ausdifferenzierung literarischer Kommunikation, Opladen 1992.

WILBERT, GERT: Entwicklung und Perspektiven der sowjetischen Lesersoziologie, in: D. Dorsch/K. Teckentrup (Hgg.): Buch und Lesen International, Gütersloh 1981, S. 650-664.

WITTE, GEORG: Appell - Spiel - Ritual: Textpraktiken in der russischen Literatur der sechziger bis neunziger Jahre, Wiesbaden 1989.

Ders.: Können Mumien sterben? Zur russischen Diskussion um das Erbe der literarischen Kultur. Vortrag auf dem Schwerter Symposium zu russischen Kultur 1995 (unveröff. Ms.).

ŽAKOV, A.: Iskusstvo pisat' recenzii, in: LO (1976) 3, S. 72-76.

ZAKS, B.: Censorship at the Editorial Desk, in: M. T. Choldin /M. Friedberg (Hgg.): The Red Pencil. Artists, Scholars, and Censors in the USSR, Boston 1989, S. 155-163.

ZEL'DOVIČ, M. G.: Metod kritika i metod pisatelja. Problemy istorii kritiki, vol. 5, Kujbyšev 1980.

Ders.: Programmnost' kritiki i kritičeskie žanry. K postanovke problemy, in: Russkaja literaturnaja kritika. Istorija i teorija, Saratov 1988, S. 88-97.

Ders.: Teoretičeskaja istorija literaturnoj kritiki kak literaturovedčeskaja disciplina, in: FILOLOGIČESKIE NAUKI (1991) 5.

ZEMSKAJA, E.A.: Jazyk sovremennych gazet i perestrojka, in: ZIELSPRACHE RUSSISCH 12 (1991) 1, S. 1-8.

ŽIRMUNSKIJ, VIKTOR: Valerij Brjusov i nasledie Puškina (1922), in: Ders.: Teorija literatury. Poètika, stilistika, L 1977, S. 142-204.

ŽOŁKIEWSKI, STEFAN: Pomysły do teorii odbioru dzieł literackich, in: PAMIĘTNIK LITERACKI 67 (1967) 3, S. 3-41.

Verzeichnis der Abkürzungen

DN=   Družba narodov
IL=   Inostrannaja literatura
JU=   Junost'
LG=   Literaturnaja gazeta
LO=   Literaturnoe obozrenie
LR=   Literaturnaja Rossija
LU=   Literaturnaja učeba
MG=   Molodaja gvardija
MO=   Moskva
NE=   Neva
NG=   Nezavisimaja gazeta
NLO=   Novoe literaturnoe obozrenie
NM=   Novyj mir
NS=   Naš sovremennik
OE=   Osteuropa
OG=   Ogonek
OK=   Oktjabr'
RL=   Russkaja literatura
SR=   Sovetskaja Rossija
VL =   Voprosy literatury
VNL=   Vestnik novoj literatury
WSA=   Wiener Slawistischer Almanach
ZFSL=   Zeitschrift für Slawistik
ZSLPH=Zeitschrift für slavische Philologie
ZN =   Znamja
ZV=   Zvezda

Anhang 1) Tabellen

TABELLE 4: Schwerpunkte der Literaturkritik in „Znamja" 1986-1993 nach Gattungen, literaturhistorischen Perioden und Themenbereichen (grosse Artikel)

		1986	1987	1988	1989	1990	1991	1992	1993	Insges.
1.	Lk Artikel über Prosa									
1.1	Gegenwart (ab 1980)	1	-	1	1	2	5	9	8	
1.2	1960-1980	2	7	6	4	4	-	-	-	
1.3	1930-1960	4	1	1	3	2	-	-	-	
1.4	1900-1930	-	-	-	-	-	1	-	-	
1.5	19. Jh.	-	-	-	-	1	-	1	-	
	Gesamt	7	8	8	8	9	6	10	8	64
2.	Lk Artikel über Lyrik									
2.1	Gegenwart (ab 1980)	-	-	2	-	-	2	1	1	
2.2	1960-1980	-	-	1	-	-	2	-	1	
2.3	1930-1960	2	1	1	1	-	-	-	-	
2.4	1900-1930	-	-	-	-	-	-	-	-	
2.5	19. Jh.	-	2	-	1	-	1	-	-	
	Gesamt	2	3	4	2	-	5	1	2	19
3.	Drama	1	1	-	-	-	-	-	-	2
4.	Westliche ausländische Literatur	2	1	-	-	-	-	2	-	
5.	Literaturkritik,-theorie oder -geschichte	5	5	2	-	1	-	3	2	
6.	Kultur- und religionsphilosophische Probleme	-	-	-	-	1	-	-	-	
7.	Literarisches oder literaturpolitisches Leben	-	2	3	4	5	2	5	-	
8.	Andere Künste	-	1	-	-	1	1	1	-	
9.	Multinationale Sowjetliteratur	1	-	-	-	-	-	-	-	
	Gesamt pro Jahr	18	21	17	14	17	14	22	12	135

TABELLE 5: Schwerpunkte der Literaturkritik in „Novyj mir" 1986-1993 nach Gattungen, literaturhistorischen Perioden und Themenbereichen (grosse Artikel)

		1986	1987	1988	1989	1990	1991	1992	1993	Insges.
1.	Lk Artikel über Prosa									
1.1	Gegenwart (ab 1980)	3	1	-	1	1	2	2	2	
1.2	1960-1980	4	4	1	2	1	3	1	2	
1.3	1930-1960	2	1	2	1	3	-	2	1	
1.4	1900-1930	-	-	1	-	-	-	-	-	
1.5	19. Jh.	-	1	1	-	-	1	1	-	
	Gesamt	9	7	5	4	5	6	6	5	47
2.	Lk Artikel über Lyrik									
2.1	Gegenwart (ab 1980)		-	-	-	-	-	1	-	
2.2	1960-1980	1	2	3	1	1	-	2	-	
2.3	1930-1960	-	-	-	1	-	1	-	1	
2.4	1900-1930	-	-	-	1	-	-	-	-	
2.5	19. Jh.	1	5	1	2	-	1	-	1	
	Gesamt	2	7	4	5	1	2	3	2	26
3.	Drama	1	-	-	-	-	-	-	-	1
4.	Westliche ausländische Literatur	-	1	-	-	-	-	-	-	
5.	Literaturkritik,-theorie oder –geschichte	6	2	2	3	3	3	3	5	
6.	Kultur- und religionsphilosophische Probleme	-	1	-	3	1	1	5	1	
7.	Literarisches oder literaturpolitisches Leben	5	-	1	1	1	1	-	-	
8.	Andere Künste	-	1	1	-	-	-	-	-	
9.	Multinationale Sowjetliteratur	1	-	-	-	-	-	-	-	
	Gesamt pro Jahr	24	19	13	16	11	13	18	13	127

TABELLE 6: Schwerpunkte der Literaturkritik in „Oktjabr'" 1986-1993
nach Gattungen, literaturhistorischen Perioden und Themenbereichen
(grosse Artikel)

		1986	1987	1988	1989	1990	1991	1992	1993	Insges.
1.	Lk Artikel über Prosa									
1.1	Gegenwart (ab 1980)	-	1	1	3	1	2	-	-	
1.2	1960-1980	5	6	2	4	6	4	-	1	
1.3	1930-1960	1	-	1	2	2	-	4	2	
1.4	1900-1930	-	-	-	-	-	1	-	-	
1.5	19. Jh.	-	-	-	1	1	1	2	-	
	Gesamt	6	7	4	10	10	8	6	3	54
2.	Lk Artikel über Lyrik									
2.1	Gegenwart (ab 1980)	1	1	1	-	-	-	-	-	
2.2	1960-1980	-	4	2	1	1	-	-	-	
2.3	1930-1960	-	-	-	2	-	1	-	-	
2.4	1900-1930	-	-	-	-	-	-	-	-	
2.5	19. Jh.	-	2	1	-	1	-	-	1	
	Gesamt	1	7	4	3	2	1	-	1	19
3.	Drama	-	-	-	-	-	-	-	-	-
4.	Westliche ausländische Literatur	-	-	-	-	1	-	-	-	
5.	Literaturkritik,-theorie oder -geschichte	8	3	6	1	2	3	3	5	
6.	Kultur- und religionsphilosophische Probleme	-	-	-	-	-	-	-	-	
7.	Literarisches oder literaturpolitisches Leben	-	-	-	2	4	1	1	2	
8.	Andere Künste	-	-	-	-	-	-	-	1	
9.	Multinationale Sowjetliteratur	-	-	-	-	-	-	-	-	
	Gesamt pro Jahr	15	17	14	16	19	13	10	12	116

TABELLE 7: Schwerpunkte der Literaturkritik in „Naš sovremennik"
1986-1993 nach Gattungen, literaturhistorischen Perioden und Themenbereichen (grosse Artikel)

		1986	1987	1988	1989	1990	1991	1992	1993	Ins-ges.
1.	Lk Artikel über Prosa									
1.1	Gegenwart (ab 1980)	1	2	1	1	-	-	1	-	
1.2	1960-1980	6	7	4	2	-	1	3	-	
1.3	1930-1960	4	-	-	3	2	1	1	-	
1.4	1900-1930	-	5	-	-	-	-	-	-	
1.5	19. Jh.	-	2	1	-	2	-	-	-	
	Gesamt	11	16	6	6	4	2	5	-	50
2.	Lk Artikel über Lyrik									
2.1	Gegenwart (ab 1980)	-	-	-	-	-	-	-	4	
2.2	1960-1980	2	4	1	-	-	-	-	-	
2.3	1930-1960	-	-	-	-	-	-	-	-	
2.4	1900-1930	-	-	2	1	1	1	-	1	
2.5	18./19. Jh.	3	6	1	2	1	-	1	2	
	Gesamt	5	10	4	3	2	1	1	7	33
3.	Drama	2	-	1	1	1	-	1	1	7
4.	Westliche ausländi-sche Literatur	-	-	-	-	-	-	-	-	
5.	Literaturkritik,-theorie oder –geschichte	6	2	5	4	5	-	-	1	
6.	Kultur- und religions-philosophische Pro-bleme	-	1	1	-	-	-	-	-	
7.	Literarisches oder lite-raturpolitisches Leben	7	5	6	5	2	-	-	1	
8.	Andere Künste	-	2	-	1	-	1	1	1	
9.	Multinationale So-wjetliteratur	-	2	-	-	-	-	-	-	
	Gesamt pro Jahr	31	38	23	20	14	4	8	11	153

Anhang 2) Fragebogen an russische Literaturkritiker

1. Wann haben Sie begonnen, als Literaturkritiker zu arbeiten/zu veröffentlichen?

   (Ihr „Dienstalter")

2. Ihr Lebensalter?

3. Ihr Geburtsort?

4. Können Sie mir bitte die wichtigsten Stationen Ihres Berufsweges nennen (Zeitschriften, Zeitungen, Verlage, Rundfunk, Tätigkeiten außer „reiner Literaturkritik")?

5. Ist die Literaturkritik Ihre einzige professionelle Beschäftigung, oder haben Sie außerdem als Dozent, Redakteur, Schriftsteller, Publizist o.ä gearbeitet - vor, während, nach der Perestrojka)?

6. Mit welcher Ausbildung sind Sie zur Literaturkritik gekommen, in welcher Institution erhielten Sie Ihre Ausbildung (an welchem Ort)?

7. Gibt es für Sie oder hat es zu Beginn Ihres Berufsweges Kritiker oder andere Autoritäten (Redaktionen, Wissenschaftler o.ä.) gegeben, an denen Sie sich besonders orientiert haben?

8. Sind oder waren Sie Mitglied der Kritiker-Sektion im Schriftstellerverband?

9. Waren Sie Mitglied der KPdSU, wenn ja, seit wann, ggf. bis wann?

10. Wieviele Bücher haben Sie - als Literaturkritiker - veröffentlicht?

11. Welchen Anteil haben ausländische literarische Werke/Autoren an Ihren Besprechungen?

12. Verfolgen Sie alle literarischen Zeitschriften? Welche besonders?

13. Wie ist bei Ihrer Arbeit das Verhältnis von a) Rezensionen (einzel-oder Sammelrezensionen) und Problem-, Porträt- oder allgemeineren Essay-Artikeln, b) von reinen literaturkritischen und publizistischen Veröffentlichungen (möglicherweise anders vor / nach 1986)?

14. Wie gelangen Sie an die Bücher, die Sie besprechen - (wenn möglich, was hat sich seit 1986 daran geändert?) Vorgabe, Empfehlung, freie Auswahl?

15. Werden Bücher zur Besprechung Ihnen, dem Verlag, der Redaktion, anderen Stellen zugestellt?

16. Wie geht die Verteilung der zu besprechenden Bücher an die Kritiker vor sich? Von wem ging/geht in der Regel die Initiative aus (vom Redakteur, vom Kritiker, von der Verlagsleitung, vom Chefredakteur, von der Partei)?

17. Von wem geht gewöhnlich die Initiative für eine Rezension aus, von Ihnen, Auftragsarbeiten vom Redakteur, von Schriftstellern?

18. Es wird immer wieder versucht, von verschiedenen Seiten auf einen Literaturkritiker oder einen Redakteur Einfluß zu nehmen. Würden Sie mir zwei besonders typische Fälle nennen, die Sie erlebt haben und in denen versucht wurde, Sie zu einer Rezension zu veranlassen oder eine Rezension nicht zu schreiben?

Können Sie ein/zwei konkrete Fälle nennen, in denen Sie Erfahrungen mit der Zensur gemacht haben (Rezensionen, Vorworte, Herausgaben o.a.)?

19. Wieviele Rezensionen/ Artikel schreiben Sie durchschnittlich pro Jahr?

20. Gestatten Sie mir eine Frage nach der Art der Bezahlung der Literaturkritik: Pauschale, Honorar für Zeilen, Seiten, Spalten?

21. Erlauben Sie mir eine Frage zu Ihrem Selbstbild als Literaturkritiker: Sehen Sie sich vor allem als „Spiegel" der öffentlichen Meinung oder vor allem als ihr „Führer"? Würden Sie diese Begriffe akzeptieren oder lieber andere bevorzugen?

22. Ein deutscher Literaturkritiker hat einmal die Meinung geäußert: „Jedes Werk erfordert eine adäquate Interpretation. Ein komplexes, ästhetisch anspruchsvolles Werk erfordert eine komplexe, ästhetisch anspruchsvolle Deutung; Literaturkritik kann also nicht immer populär, für alle gleichermaßen verständlich und zugänglich sein." Was halten Sie von dieser Meinung?

23. Empfinden Sie Ihre Berufung/Ihren Auftrag als Literaturkritiker tendenziell mehr als literarischen/ ästhetischen, als publizistischen/ weltanschaulichen bzw. bildungspolitischen oder als wissenschaftlichen/ objektiv-sachlichen?

24. Welchen Leserkreis spricht Ihre Literaturkritik besonders an? Haben Sie eine Vorstellung, wie Ihr durchschnittlicher Leser aussieht? (Bildung, Alter, soziale Schicht, politische Richtung) Spielt dieser Adressat beim Schreiben für Sie eine Rolle?

25. Welche Elemente kommen zusammen, wenn Sie sich entscheiden, ein Buch oder einen Autor zu besprechen? Wodurch z.B. werden Sie angeregt, einen unbekannten Autor zu besprechen (Vorveröffentlichung des Autors, Name des Verlags, der Zeitschrift, persönliche Empfehlung, Zufall)?

26. Wählen Sie ein Buch besonders nach literarischen Qualitäten aus, d.h. besprechen Sie, wenn Sie frei wählen können, nur - für Sie - literarisch gewichtige Bücher?

27. Rezensieren oder schreiben Sie auch über das, was man „Unterhaltungs- oder Trivialliteratur" nennt? Glauben Sie, daß Literaturkritik sich auch der Bücher und Autoren annehmen sollte, die in der lesenden Gesellschaft erfolgreich/ populär sind?

28. Haben Leserbriefe Einfluß auf Ihre Arbeit?

29. Zum Schluß eine allgemeinere Frage: Hat in Ihren Augen die Literaturkritik eine „öffentliche Aufgabe" („obščestvennyj zakas"), die über die Information, Vermittlung von literarischen Werken und Bildung ästhetischen Geschmacks hinausgeht? Welches halten Sie für die Literaturkritik der kommenden Jahre für die vordringlichsten/wichtigsten Aufgaben?

30. Was fehlt Ihrer Meinung nach der gegenwärtigen russischen Literaturkritik am meisten?

Anhang 3) Bücher russischer Literaturkritiker (1986-1993)[1]

ANDREEV, JURIJ: Glavnoe zveno, M 1987.

Ders.: Volšebnoe zrenie. Specifika literatury v sovremennych prelomlenijach, L 1990.

ANNINSKIJ, LEV: Bilet v raj. Razmyšlenija u teatral'nych pod-ezdov, M 1989.

Ders.: Lokti i kryl'ja, literatura 80-ch. Nadeždy, real'nost', paradoksy, M 1989.

ANNINSKIJ, LEV/CEJTLIN, EVSEJ L.: Vechi pamjati. O knigach N. A. Ostrovskogo „Kak zakaljalas' stal'" i Vs. Ivanova „Bronepoezd 14-69", M 1987.

ARCHANGEL'SKIJ, ALEKSANDR: U paradnogo pod-ezda. Literaturnye i kul'turnye situacii perioda glasnosti (1987-1990), M 1991.

BARABAŠ, JURIJ J.: „Znaju čeloveka...". Grigorij Skovoroda. Poėzija. Filosofija. Žizn', M 1989.

Ders.: Gogol'. Zagadka „Prŏščal'noj povesti". („Vybrannye mesta iz perepiski s druz'jami". Opyt nepredvzjatogo pročtenija), M 1993.

BARUZDIN, SERGEJ: Pisatel', žizn', literatura. Literaturnye zametki. Portrety, (2. Aufl.) M 1990 (1. Aufl. M 1985).

BASINSKIJ, PAVEL: Sjužety i lica, M 1993.

BATKIN, LEONID: Pristrast'ja. Izbrannye ėsse i stat'i o kul'ture, M 1994.

BELAJA, GALINA: Literatura v zerkale kritiki. Sovremennye problemy, M 1986.

Dies.: Don Kichoty 20-ch godov. „Pereval" i sud'ba ego idej, M 1989.

BOČAROV, ANATOLIJ: Čem živa literatura? Sovremennost' literaturnogo processa, M 1986.

Ders.: Literatura i vremja. Iz tvorčeskogo opyta prozy 60-80ch gg., M 1988.

Ders.: V. Grossman. Žizn', tvorčestvo, sud'ba, M 1990.

BONDARENKO, VLADIMIR G.: „Moskovskaja škola" ili ėpocha bezvremen'ja, M 1990.

BOROVIKOV, SERGEJ: Zamersšie slova, Saratov 1991.

ČUPRININ, SERGEJ I.: Kritika - ėto kritiki. Problemy i portrety, M 1988.

Ders.: Nastojaščee nastojaščee, M 1989.

DEDKOV, IGOR' A.: Živoe lico vremeni. Očerki prozy semidesjatych - vos'midesjatych, M 1986.

Ders.: Vasil Bykov. Povest' o čeloveke, kotoryj vystojal, M 1990.

ĖPŠTEJN, MICHAIL: Paradoksy novizny. O literaturnom razvitii XIX-XX vekov, M 1988.

---

[1] Diese Liste versteht sich als Ergänzung zu den von einzelnen Kritikern zitierten Artikeln und erhebt keinen Anspruch auf Vollständigkeit. Aufgenommen wurden nur Bücher mit überwiegend literaturkritischem bzw. -wissenschafltichem Inhalt.

Ders.: Dnevnik Ol'ge. Chronika otcovstva, M 1990; Otcovstvo. Roman-ésse, Tenafly 1992; (dt.: Tagebuch für Olga. Chronik einer Vaterschaft, München 1990).

Ders.: „Priroda, mir, tajnik vselennoj...“ Sistema pejzažnych obrazov v russkoj poézii, M 1990.

EROFEEV, VIKTOR: Telo Anny, ili konec russkogo avangarda, M 1989.

Ders.: V labirinte prokljatych voprosov, M 1990.

GAL'CEVA, RENATA A.: Očerki russkoj utopičesko mysli XX veka, M 1992.

GLUŠKOVA, TAT'JANA: Tradicija i sovest' poézii, M 1987.

GORELOV, PAVEL P.: Kremnistyj put'. Kniga literaturno-kritičeskich statej, M 1989.

GUSEV, VLADIMIR I.: Neožidannost' očevidnogo. Dnevnik sovremennogo literatora, M 1988.

IL'INA, NATAL'JA J.: Dorogi i sud'by, M 1988.

IVANOVA, NATAL'JA: Točka zrenija. O proze poslednich let (Trifonov, Ajtmatov, Astaf'ev, Bykov, Iskander, Bitov, Rasputin, Makanin), M 1988.

Dies.: Smech skvoz' strach ili Fazil Iskander, M 1990.

Dies.: Voskresenie nužnych veščej, M 1990.

KANTOR, VLADIMIR: Bor'ba idej v russkoj literature 40-70ch gg XIX veka, M 1988.

KARDIN, VLADIMIR (ÉMIL VLADIMIROVIČ): Pavel Nilin, M 1987.

DERS.: Obretenie. Literaturnye portrety, M 1989.

Ders.: Po suščestvu li éti spory?, M 1989.

Ders.: Gde zaryta sobaka? Polemičeskie stat'i 60-80ch gg., M 1991.

KAREL'SKIJ, AL'BERT: Ot geroja k čeloveku. Dva veka zapadnoevropejskoj literatury, M 1990.

KEDROV, KONSTANTIN A.: Poétičeskij kosmos. S polemičeskimi zametkami Georgija Kunicyna, M 1989.

KOŽINOV, VADIM: Razmyžlenija o russkij literature, M 1991.

KUNJAEV, STANISLAV: Ogon' mercajuščij v sosude, M 1989.

KUZNECOV, FELIKS F.: Rodoslovnaja našich dnej. Tradicii russkich revoljucionnych demokratov i sovremennost', M 1986.

Ders.: Krug D. I. Pisareva, M 1990.

KUZNECOV, FELIKS F. /LESNEVSKIJ, STANISLAV ST.: V mire Dobroljubova. Sbornik statej, M 1989.

LAKŠIN, VLADIMIR J.: Pjat' velikich imen (Puškin, Ostrovskij, Dostoevskij, Lev Tolstoj, Čechov), M 1988.

Ders.: Zakon palaty. Povest', rasskazy, M 1989.

Ders.: Otkrytaja dver'. Vospominanija, portrety, M 1991.

Ders.: Berega kul'tury, M 1994.

LANŠČIKOV, ANATOLIJ: Izbrannoe, M 1989.

LATYNINA, ALLA N.: Vsevolod Garšin. Tvorčestvo i sud'ba, M 1986.

Dies.: Znaki vremeni. Zametki o literaturnom processe 1970-80e gody, M 1987.

DIES.: Za otkrytym šlagbaumom. Literaturnaja situacija konca 80-ch, M 1991.

LAVLINSKIJ, LEONARD: Meta vremeni. Mera večnosti, M 1986.

LIPOVECEKIJ, MARK: Svobody černaja rabota, Sverdlovsk 1991.

Ders.: Poėtika literaturnoj skazki, Sverdlovsk 1992.

LOBANOV, MICHAIL P.: Sergej Timofeevič Aksakov (Žizn' zamečatel´nych ljudej), M 1987.

Ders.: Stranicy pamjatnogo. Literaturno-kritičeskie stat'i, M 1988.

Ders.: Puti preobraženija. Literaturnye zametki, M 1991.

LOMINADZE, SERGEJ: O klassikach i sovremennikach, M 1989.

MARČENKO, ALLA M.: Poėtičeskij mir Esenina, 2-dop. izd., M 1989.

MOTYLEVA, TAMARA: Literatura protiv fašizma. Po stranicam novejšej zarubežnoj literatury, M 1987.

NEMZER, ANDREJ/ZORIN, ANDREJ/ZUBKOV, NIKOLAJ: „Svoj podvig sveršiv...“ (Deržavin, Žukovskij, Batjuškov), M 1987.

NOVIKOV, VLADIMIR I.: Dialog, M 1986.

Ders.: Kniga o parodii, M 1989.

Ders.: Pisatel' Vladimir Vysockij (V sojuze pisatelej ne sostojal...), M 1991.

Ders./NOVIKOVA, OL'GA I.: V. Kaverin. Kritičeskie očerki, M 1986.

NOVIKOV, VLADIMIR I. / V. KAVERIN: Novoe zrenie. Kniga o Ju. Tynjanove, M 1988.

OZEROV, LEV: Strana russkoj poėzii. Stat'i raznych let, M 1996.

Ders.: Dver' v masterskoj. Paris/Moskau/New York 1996.

PANKEEV, IVAN: Neizvestnoe pokolenie?, M 1990.

PISKUNOV, VLADIMIR: Do samoj suti, M 1987.

POMERANC, GRIGORIJ S.: Otkrytost' bezdne. Vstreči s Dostoevskim, M 1990.

RASSADIN, STANISLAV B.: Predpoloženija o poėzii. Iz opyta čitatelja stichov, M 1988.

Ders: Raspljuev i drugie. Stat'i, M 1988.

Ders.: Genij i zlodejstvo, ili delo Suchovo-Kobylina (Pisateli o pisateljach), M 1989.

RODNJANSKAJA, IRINA: Chudožnik v poiskach istiny, M 1989.

SARASKINA, LJUDMILA I.: „Besy“: Roman-predupreždenie, M 1990.

SARNOV, BENEDIKT: Bremja talanta. Portrety i pamflety, M 1987.

Ders.: Po sledam znakomych geroev, M 1989.

Ders.: Založnik večnosti. Slučaj Mandel'štama, M 1990.

Ders.: Smotrite, kto prišel. Novyj čelovek na arene istorii, M 1992.

Ders.: Prišestvie kapitana Lebjadkina. Slučaj Zoščenko, M 1993.

SEMENOVA, SVETLANA G.: Valentin Rasputin, M 1987.

Dies.: Nikolaj Fedorov: Tvorčestvo žizni, M 1990.

SIDOROV, EVGENIJ I.: Evgenij Evtušenko. Ličnost' i tvorčestvo, M 1987.

Ders.: Tečenie stichotvornych dnej. Stat'i, portrety, dialogi, M 1988.

ŠAJTANOV, IGOR' O.: Mysljaščaja muza. „Otkrytie prirody“ v poėzii XVIII veka, M 1989.

SLAVECKIJ, VLADIMIR: Pis'ma s prodolženijami. Stat'i. Portrety. Polemika, M 1989.

Ders.: Šlem Svjatovosa. Kritičeskie stat'i, M 1990.

Ders.: Vozvraščenie Marii. Sovremennaja poėzija. Puti, tendencii, problemy, M 1991.

SUCHICH, IGOR' N.: Problemy poėtiki A. P. Čechova, L 1987.

Ders.: Roman L. N. Tolstogo „Vojna i mir" v russkoj kritike, M 1989.

TOLSTOJ, IVAN: Kursiv ėpochi. Literaturnye zametki, SPb 1993.

TURBIN, VLADIMIR N.: Proščaj, ėpos, M 1990.

Ders.: Nezadolgo do Vodolja. Sbornik statej, M 1994.

TURKOV, ANDREJ M.: Fedor Abramov. Očerk, M 1987.

Ders.: A. P. Čechov i ego vremja, M 1987.

Ders.: Vaš surovyj drug. Povest' o M. E. Saltykove-Ščedrine, M 1988.

Ders.: Vospominanija o Stepane Ščipačeve, M 1989.

URNOV, DMITRIJ M.: Marksistsko-leninskie kriterii cennosti v literature, M 1986.

Ders.: Pristrastija i principy, M 1991.

VINOGRADOV, IGOR': Po živomu sledu. Duchovnye iskanija russkoj klassiki, M 1987.

VOLGIN, IGOR' M.: Poslednij god Dostoevskogo. Istoričeskie zapiski, M 1986.

Ders.: Rodit'sja v Rossii. Dostoevskij i sovremenniki: Žizn' v dokumentach (Pisateli o pisateljach), M 1991.

ZOLOTUSSKIJ, IGOR': Trepet serdca. Izbrannye raboty, M 1986.

Ders.: Poėzija prozy. Stat'i o Gogole, M 1987.

Ders.: Krušenie abstrakcij, M 1989.

Ders.: V svete požara, M 1989.

Ders.: Ispoved' zoila. Stat'i, issledovanija, pamflety, M 1989.

Index